PRÉFACE.

LORSQUE nous entreprîmes d'extraire & de recueillir des meilleurs Ecrits sur l'Italie, ce que cette belle partie de l'Europe offre de plus intéressant, nous n'ignorions point qu'en adoptant la forme de Dictionnaire, nous préviendrions le Public contre notre Ouvrage; cependant s'il en fut jamais aucun qui ait exigé cette forme, c'est celui que nous lui présentons. Les premiers Dictionnaires, genre dont on a encore plus abusé, que de tant d'autres, furent d'amples Recueils de connoissances acquises sur certaines matieres, & principalement sur l'Histoire; Recueils plus susceptibles, que des Ouvrages plus méthodiques, d'être augmentés ou corrigés par le moyen des supplémens, sans recourir à des éditions nouvelles, trop dispendieuses pour être répétées à mesure que les lumieres augmentoient, & que les préjugés se rectifioient. Sous ce point de vue, une description de l'Italie, considérée dans ses rapports avec l'Histoire, avec la Politique, la Morale, les Loix, les Sciences, les Lettres & les Arts, avec la Géographie ancienne & moderne, vue dans le long cours de ses révolutions, étoit un sujet qui ne pouvoit guere être traité que dans l'ordre alphabétique. Il offre tant d'objets différens, qu'ils n'affectent pas également tous les Lecteurs. Et quel temps n'eût pas été obligé de perdre l'Amateur, par exemple, de tableaux, pour chercher un ouvrage de Raphaël & du Titien, dans une description suivie, au milieu de tant de faits étrangers à la Peinture, ou de tant d'Artistes dans tous les genres !

Les recherches sur l'Italie sont si fort du goût de toutes les Nations, les découvertes se sont si multipliées, l'on en fait chaque jour, & l'on en fera vraisemblablement encore un si grand nombre, qu'il ne faut pas craindre de voir, de plusieurs années, cette matiere épuisée. Depuis vingt-cinq siecles, les révolutions que l'Italie a éprouvées l'ont tant de fois bouleversée, que ses ruines en ont changé le sol; & ces décombres, qui en couvrent de plus anciens, sous lesquels reposent des ruines plus antiques encore, forment un terrein d'une espece singuliere : & comme les Naturalistes jugent de l'antiquité du monde, par les couches de terre que divers accidens, inséparables sans doute de l'ordre de la Nature, ont rangées l'une sur l'autre, on peut prendre une idée des destinées de l'Italie par les couches des ruines que ses révolutions y ont entassées; aussi quelques

DICTIONNAIRE
HISTORIQUE
ET GÉOGRAPHIQUE
PORTATIF DE L'ITALIE,

CONTENANT une description des Royaumes, des Républiques, des Etats, des Provinces, des Villes & des lieux principaux de cette Contrée; avec des Observations sur le Commerce de l'Italie, sur le Génie, les Mœurs & l'Industrie de ses Habitans, sur la Musique, la Peinture, l'Architecture, sur les choses les plus remarquables, soit de la Nature, soit de l'Art.

Ensemble l'Histoire des Rois, des Papes, des Grands Hommes, des Ecrivains & des Artistes célebres, des Guerriers illustres, & une exposition des Loix principales, des Usages singuliers & du Caractere des Italiens.

Ouvrage dans lequel on a rassemblé tout ce qui peut intéresser la curiosité & les besoins des Naturels du Pays & des Etrangers.

TOME PREMIER.
A = M

A PARIS,
Chez LACOMBE, Libraire, rue Christine.

────────────

M. DCC. LXXV.
AVEC APPROBATION ET PERMISSION.

PRÉFACE.

recherches qu'on veuille faire, elles font presque toujours couronnées par d'heureuses découvertes. Il y a des parties de l'Italie moderne qui sont presqu'inconnues encore à nos Savans. M. le Baron de Riedezel, Ambassadeur du Roi de Prusse à la Cour de Vienne, & M. Bridonne, Anglois, conduits en Sicile par différens motifs, viennent de publier de ce Royaume, chacun de son côté, & sans s'être communiqués, une relation qui découvre aux Savans une terre nouvelle.

On ne doit donc pas être surpris de cette immense quantité d'Ouvrages sur l'Italie qui paroissent chaque année, tantôt chez une Nation, tantôt chez l'autre, & qui seuls formeroient une bibliothéque très-considérable. La France en a plusieurs, & il faut convenir qu'il y en a peu qu'on ne lise avec plaisir. Depuis que notre Ouvrage est fini, il en a paru dont nous regrettons de n'avoir pu profiter ; mais nous nous proposons bien, si le Public l'accueille favorablement, de nous en servir, pour corriger dans des supplémens les erreurs sans doute nombreuses qui nous sont échappées, à mesure que nous les appercevrons ou que la critique nous les fera appercevoir, pour y faire des additions aux articles qui n'auront pas entiérement satisfait la curiosité de nos Lecteurs. Parmi les erreurs qu'on trouvera dans cet Ouvrage, il en est une qui étoit trop générale pour ne nous avoir point séduits ; c'est celle qui attribue aux Barbares la destruction des beaux monumens de l'ancienne Italie. Il vient de paroître un *Essai sur les Temples anciens & modernes*, dans lequel l'Auteur détruit cette opinion, ou du moins prouve évidemment que les Barbares étoient moins destructeurs que les autres Conquérans, & que de tous les dévastateurs de l'Italie, ce sont ceux qui ont fait moins de mal aux chef-d'œuvres des Arts.

Les Voyages de MM. Grosley, Richard, de la Lande, d'Obessan, & quelques autres, nous ont été d'un grand secours. Le premier de ces Auteurs réfléchit plus sur ce qu'il voit, qu'il ne le détaille. Le second parle en Connoisseur de productions des Arts; mais il paroît sur-tout affectionner ce qui regarde l'Antiquité. Le troisieme embrasse un plus grand nombre d'objets; il observe tout, Monumens anciens & modernes, Beaux-Arts, Histoire naturelle, Mœurs, Loix, Usages, Commerce, Industrie : il n'oublie rien. Il ne parle presque jamais d'une Ville un peu considérable qu'il n'en donne le précis historique depuis sa fondation jusqu'à nos jours, histoire des Académies, listes & éloges des Académiciens, état des Sciences, Religion, Coutumes, Caracteres & Génie des différens Pays, tout est observé. Il y a peu de Tableaux, de Statues, d'Eglises, de Palais qu'il ne dessine. Il seroit à désirer que M. le Président d'Orbessan ne se fût pas borné à un aussi petit nombre d'objets : il a préféré l'exactitude à l'abondance.

Il n'y a personne à qui la description de l'Italie

ne soit agréable ou utile; elle est l'une & l'autre pour le plus grand nombre de Lecteurs. Qui est-ce qui n'aime pas à juger par soi-même si tout ce qu'on nous raconte de la grandeur & de la majesté des Peuples Grec & Romain n'est point exagéré? Une description fidelle met sous ses yeux des monumens, qui tout mutilés qu'ils sont, peuvent servir de pieces justificatives.

Des extrémités de l'Europe, les Curieux vont en Italie pour y admirer les belles productions des Arts de tous les siecles, pour y prendre une idée de ses spectacles, de ses fêtes, pour y jouir, du moins pendant quelque temps, de la douceur de son climat, envié de tant de Peuples, qui, nés sous un ciel rigoureux, ont voulu se fixer dans la Patrie des Lucullus & des Césars.

La plupart des François, & ceux mêmes de nos Artistes qui n'ont point eu occasion de voir l'Italie, n'imaginent pas que les Arts puissent être portés à un plus haut degré de perfection qu'ils l'ont été en France. Cependant, à l'exception de la façade du Louvre, de quelques Maisons Royales, & d'un petit nombre d'Edifices, qu'avons-nous à comparer, dans l'Architecture, à ce qui nous reste de Rome ancienne, & à la plupart des Palais de l'Italie moderne? Quel prix auroient les ruines de nos chef-d'œuvres, si à la suite des temps il ne restoit de Paris que des ruines?

Notre Nation, aussi passionnée pour les jeux du

PRÉFACE.

Théâtre que pouvoient l'être les Grecs & les Romains, aussi riches que les premiers, & incomparablement plus féconds que les derniers en chef-d'œuvres dramatiques, n'a cependant pas une Salle de Spectacles qui puisse supporter le parallele avec le moindre des Théâtres anciens, dont l'Italie conserve les restes. A quoi serviroient, disent nos Artistes, des Salles aussi vastes? Le Spectacle chez nous n'est-il pas interdit au Peuple, & réservé pour cette classe peu nombreuse du Public, qui est en état de le payer? Pourquoi, demanderons-nous à notre tour, le Spectacle est-il défendu au Peuple, puisqu'il est fait pour adoucir les mœurs du Peuple? A la vérité, il ne lui est interdit par aucune loi; mais l'impuissance où il est de le payer, est plus forte que la loi même.

D'ailleurs nos Salles sont si mesquines, ont si peu d'étendue, que la centieme partie de cette classe, qui peut acheter le droit d'assister aux représentations théâtrales, ne peut point, même à force d'argent, se procurer ce plaisir. Les gens riches & les Grands craignant sans doute de partager leurs plaisirs avec les Citoyens aisés, qui pourroient avoir des places en les payant, se sont avisés, depuis quelque temps, de louer des loges à l'année; & par ce monopole, auquel les Comédiens se sont prêtés, les places réservées au Public se trouvent en si petit nombre, que sur quatre mille personnes qui se présentent, il n'y en a pas

PRÉFACE

six cents qui en obtiennent. Cet abus de louer des loges à l'année, est d'autant plus odieux à Paris, que chacune de nos Salles ne pouvant contenir au-delà de deux mille personnes, nombre presque imperceptible sur une aussi grande quantité d'habitans & d'étrangers, il faut réduire ce nombre de plus d'un tiers, parce que ceux qui louent ainsi les loges, ou sont toujours les mêmes, ou souvent ils laissent leurs places vuides.

Si le but du Spectacle n'est pas seulement d'amuser, mais d'instruire, d'adoucir les mœurs, de donner du ressort & de l'énergie au caractere naturel, il semble que le Spectacle devroit être fait pour toutes les différentes classes qui composent la Nation. Telle étoit l'intention de ceux qui gouvernoient à Athenes & à Rome. Lorsqu'on mit au Théâtre le Siege de Calais, non la premiere, comme quelques personnes mal instruites l'ont prétendu, mais la meilleure de celles dont les sujets sont pris de notre Histoire, la Nation s'enflamma pour un moment de l'enthousiasme patriotique, & il fut permis une fois au Peuple d'assister à la représentation de cette Piece.

L'Italie moderne, à l'imitation de l'ancienne, nous offre des modeles de Salles qui paroissent destinées pour contenir la plus grande partie du Public assemblé. Naples, Parme, Vérone, Vicence, Milan, & quelques autres Villes, ont des Salles aussi vastes, relativement à leur population, que l'étoient celles des Grecs & des Romains, eu égard à la leur,

PRÉFACE.

Nos Artistes & nos Acteurs assurent, pour excuser leur incapacité, que dans des Salles plus vastes, sur de plus grands Théâtres que ceux que nous avons, on n'entendroit ni la voix ni le chant, & que si sur leurs Théâtres les Anciens avoient le secret de se faire entendre, c'étoit par des moyens que nous ne connoissons pas. Pourquoi a-t-on donc négligé de faire des recherches sur ces moyens ? Il suffit qu'ils soient possibles pour ne pas désespérer de les retrouver encore. On a découvert tant d'autres secrets des Anciens qu'on avoit perdus, sur la simple certitude qu'ils avoient existé. M. de Buffon n'a-t-il pas renouvellé le fameux miroir d'Archimede, qu'on regardoit comme fabuleux. M. de Caylus n'avoit-il pas retrouvé le secret de leur Peinture ? Avouons-le, un excès d'amour-propre est la seule raison qui retient le génie de nos Artistes, trop prévenus qu'ils ont porté l'art au plus haut degré de perfection. D'ailleurs ces Salles, que l'Italie moderne a élevées, pour être si vastes, ne sont pas si défavorables à la voix des Acteurs qu'on voudroit le faire croire en France. Si quelques-unes ne sont réservées que pour de grandes occasions, si l'on n'y joue point habituellement, c'est parce que la population des Villes où elles ont été érigées a diminuée, qu'elles paroîtroient désertes, & que des Salles moins vastes suffisent au nombre de Citoyens qui fréquentent les Spectacles ; mais il n'en est pas moins vrai qu'on y a long-temps joué, & qu'on y joue

PRÉFACE.

encore quelquefois. M. le Préſident d'Orbeſſan aſſiſta à la repréſentation d'un Opéra de Métaſtaſe au grand Théâtre de Parme, & il ne perdit ni un mot ni une note de cet Opéra, quoiqu'il ſe fût placé à l'autre extrémité de la Salle.

Cette étendue des Salles d'Italie produit des avantages dont les François, amoureux du Spectacle, ſont privés; c'eſt la magnificence & la vérité des repréſentations théâtrales. Dans nos Salles meſquines, le Théâtre, trop rapproché du ſpectateur, n'eſt ni ne peut être dans le point d'optique néceſſaire à l'illuſion, & la petiteſſe du Théâtre empêche que l'Auteur & le Décorateur ne puiſſent déployer toutes les richeſſes de leur imagination. S'ils le haſardent, la ſcène eſt embarraſſée & confuſe, & l'on ne voit qu'un jeu de machines ſans ordre & ſans vérité. Quel terrible ſpectacle ne formeroit pas ce beau chœur de Caſtor & Pollux, où le Ciel & les Enfers ſe combattent, s'il pouvoit être repréſenté dans toute ſa majeſté! En un mot ſi l'Auteur met ſur la Scène un ſiege, un combat ſur mer, un camp, un triomphe ou quelqu'autre action qui exige un grand eſpace rempli de divers objets, ou occupé de pluſieurs événemens ſimultanés, quelqu'habile que ſoit le Décorateur, il eſt obligé de n'offrir que l'à peu près de ces choſes, ou d'en ſupprimer une grande partie. Ces difficultés étouffent ou du moins reſſerent le génie des Auteurs, obligés de reſtraindre leur deſſein aux lieux où il doit être exécuté.

Quant à leurs Eglises & à leurs Palais, les Italiens ont des avantages qu'il n'est pas au pouvoir des François de se procurer; tels que les débris de l'Antiquité, qu'ils ont trop souvent mutilée pour la faire servir à l'ornement de leurs édifices, la solidité de leurs matériaux. Il y a à Rome des Eglises & des Palais, dont presque toutes les colonnes ont été faites dans les beaux jours d'Athenes & de Rome. Les Palais sont ornés de statues antiques, & bâtis avec cette même pierre & ce même ciment qui ont résisté au temps, aux guerres & à la barbarie. Si Paris tomboit sous le joug d'un Peuple ignorant & grossier, qui, ne connoissant point le prix des chef-d'œuvres des Arts, les abandonnât à leur destinée, & négligeât de les entretenir, pourrions-nous nous flatter qu'après deux ou trois siecles il restât beaucoup de grands édifices qui existent aujourd'hui? Le temps seul les détruit sous nos yeux, dans un assez court espace, pour peu que nous négligions de les réparer. Si Trianon, qui compte à peine un siecle depuis sa construction, avoit été bâti du temps & par les Romains, avec leurs matériaux, son beau péristile ne seroit peut-être pas aussi dégradé qu'il l'est; si le Luxembourg n'étoit point habité, il seroit à moitié détruit, & certaines parties extérieures se dégradent tous les jours. L'Observatoire menace d'une ruine prochaine. On ne peut prévenir la ruine de nos édifices qu'à force de répations: & le Colisée, malgré les efforts destructeurs

PRÉFACE.

des guerres & les démolitions qui en ont été faites, pour ainsi dire, de nos jours, montre encore ce qu'il fut, il y a dix-huit siecles. Mais quand nous aurions des matériaux aussi solides qu'en avoient les Anciens, un ciment aussi durable, nos Artistes ont-ils l'art de bâtir aussi solidement? Une partie des murs du Palais de Julien subsistent encore à Paris; ils sont construits en brique; ils sont aussi entiers & ont la même fraîcheur, si l'on peut parler ainsi, que lorsqu'ils furent élevés. Nous avons la facilité de cuire la brique & de la façonner comme au temps de Julien; cependant oserions-nous espérer qu'une semblable construction, faite de nos jours, à notre maniere & avec nos matériaux, survivroit à douze siecles?

Si l'Italie ancienne fut l'Ecole des grands Artistes qui l'ont encore illustrée depuis la renaissance des Beaux-Arts, l'Italie moderne l'est encore de nos Artistes François; & quoique les Italiens d'aujourd'hui ne ressemblent plus à leurs ancêtres par l'énergie du caractere, par l'enthousiasme patriotique, il semble néanmoins que le génie des Arts se soit fixé dans leurs climats. Si des siecles de trouble ou de barbarie le persécutent ou l'empêchent de se développer, il paroît s'assoupir pour un temps, & dès que les circonstances peuvent le lui permettre, il se déploie dans toute sa magnificence. Il y a des Arts que l'Italie moderne semble même avoir créés; telle est la Musique, dont les Anciens ne lui ont point laissé de modeles. Nous ne connoissons de la Musique des Anciens que les effets vrais ou fabuleux qu'elle produisoit; nous n'avons que des notions incertaines de leur méthode. Le génie moderne a tout créé chez les Italiens, & toutes les Nations de l'Europe se sont empressées de le prendre, pour ainsi dire, pour modele. La France seule a long-temps hésité; mais enfin elle l'a adopté, en se réservant le droit de le rectifier; car tel est le François, il invente peu, mais il n'est rien que son goût ne perfectionne.

La Peinture & la Sculpture ne produisent point aujourd'hui en Italie des chef-d'œuvres qui puissent être comparés à ceux de Raphaël, de Michel-Ange, du Bernin, de la Porte, du Titien & de tant d'autres; mais les Italiens sentent peut-être mieux que nous le prix de ces chef d'œuvres; ils les conservent avec un respect religieux; ils ne permettent point que de riches Etrangers les leur enlevent. Les Peintres & les Sculpteurs d'Italie, qui ne se sentent point le génie de créer, copient les tableaux & les statues de ces grands Maîtres, & les vendent aux Etrangers: ils ont cependant encore des Peintres & des Sculpteurs d'un très-grand mérite.

Les sciences ne sont pas moins honorées en Italie que les Arts, & ses bibliothéques recelent des richesses peut-être supérieures aux nôtres & à celles d'Angleterre. Si tous les livres, dit M. l'Abbé

PRÉFACE.

Coyer, étoient détruits, excepté en Italie, Rome seule pourroit réparer la perte générale. On ne cite aucun dépôt dans le monde qui puisse égaler la bibliothéque du Vatican. Celle de la Propagande, de la Sapience, des Dominicains, de la Minerve, & plusieurs autres bibliothéques sont publiques. Les bibliothéques particulieres, telles que la Pamphile, la Barberine, la Borghese, la Chigi, l'Altieri, l'Albani, la Corsini sont très-riches; & si on veut y joindre celles de Naples, de Milan, de Venise, de Turin, de Florence & de plusieurs autres Villes, on conviendra qu'aucun Pays n'en peut montrer autant que l'Italie. Paris a d'immenses richesses dans ce genre; & quand il seroit vrai que cette Capitale pourroit le disputer à Rome, le reste de la France seroit bien loin de pouvoir soutenir le parallele avec le reste de l'Italie. Dans plusieurs Maisons Religieuses de nos Provinces, on trouve d'excellens fonds de bibliothéque, mais le défaut d'entretien les laisse dans leur premier état de médiocrité; & comme depuis que ces bibliothéques ont été commencées, les lumieres dans toutes les sciences ont fait & font encore de très-grands progrès, ces collections ne seront bientôt plus que le dépôt des anciens préjugés & des vieilles erreurs de nos peres.

Telle est l'Italie, considérée relativement aux Arts & aux Sciences. Ses mœurs n'offrent pas un spectacle moins digne de la curiosité du Philosophe. Le sang des anciens Italiens ne coule point dans les veines des habitans de l'Italie moderne. Il s'est trop épuisé dans les diverses révolutions qui ont agité cette belle partie de l'Europe depuis la chûte de l'Empire Romain. Le peu de familles qui ont la prétention de remonter à cette époque, ne peuvent produire que des titres suspects. Les Italiens d'aujourd'hui descendent des Barbares, qui ont détruit leurs ancêtres, des Peuples qui en ont ensuite chassé ces Barbares, & des nouveaux Conquérans, qui ont détruit ces Peuples, & qui s'y sont érigés en Souverains. Normands, François, Espagnols, Allemands, toute l'Europe a fondu dans l'Italie, & comment sur ce théâtre de dévastations continuelles les races se seroient-elles perpétuées ? Mais une des plus grandes causes de la mutabilité de population, est sa constitution même. La Capitale de l'Italie est devenue la Capitale du Catholicisme, & la résidence du Chef de l'Eglise, Souverain temporel de grands Etats. Presque toutes les dignités de cette Cour sont affectées aux Prêtres. Les Prélatures & les Bénéfices étant, pour ainsi dire, les seules récompenses & les seuls trésors dont le Souverain puisse disposer, tout aspire à l'état ecclésiastique, & les familles finissent par le célibat. A ces familles en succedent de nouvelles, qui, à leur tour, ont le même sort. Il en reste bien peu du nombre immense de celles que le népotisme a créées. L'Italie est composée de différens Royaumes, & il est vrai que cette cause de dépopulation n'y a point lieu comme

dans

dans les Etats qui dépendent du Souverain Pontife ; mais elle s'y fait ressentir, du moins dans les premieres familles où la Prélature peut conduire à la Papauté.

Si la constitution politique de l'Italie n'est pas favorable à la population, elle l'est aux Beaux-Arts. Les pacifiques Souverains de Rome, n'ayant eu depuis long-temps rien à craindre de l'ambition des autres Puissances, & n'étant point obligés à entretenir un état militaire ruineux, peut employer en embellissemens des sommes que les autres Souverains sont obligés de ménager pour la guerre. Si la France eût employé en canaux utiles, en constructions nécessaires, en embellissemens un tiers des sommes que des guerres inutiles & quelquefois funestes ont dévorées, la France pourroit le disputer à l'ancienne Italie; mais plus le Militaire qu'entretient une Puissance quelconque est considérable, plus elle est nécessitée à la guerre, soit par les inquiétudes qu'elle donne aux autres Puissances, soit par la nature même du Militaire actif, impatient, & prévenu qu'il n'a jamais autant de considération que lorsque l'Etat a besoin de ses services.

Quoique la guerre ne soit pas depuis long-temps en Italie une cause de dépopulation, quoique cette cause de la dépopulation de tant d'autres contrées ait si souvent dévasté l'Italie sans la dépeupler, parce que des peuplades nouvelles & plus nombreuses succédoient aux peuplades détruites, il

b

PRÉFACE.

n'en est pas moins vrai que les Italiens d'aujourd'hui ne descendent pas plus des anciens Conquérans du monde, que les Chinois ne descendent des François, malgré les prétentions des Transteverins, partie du Peuple de Rome, qui habite au-delà du Tibre, & composée de Pêcheurs, de Laboureurs & de Bergers, qui s'attribuent une si noble origine. Il est vrai que ce préjugé enfle leur courage, dont ils font quelquefois ressentir les effets aux Sbirres & aux Romains d'en-deçà du Tibre, qu'ils regardent comme un assemblage de races étrangeres & parasytes.

M. l'Abbé Coyer rapporte que Benoît XIV, forcé peut-être par quelque besoin pressant & imprévu, avoit mis un nouvel impôt sur des comestibles, que les Transteverins refuserent de payer. On voulut les contraindre par la force militaire ; ils se présenterent armés comme ils purent à la tête du Pont S. Ange. Un jeune homme fut tué au premier feu ; sa mere prit sa place, & la multitude protégeant son ressentiment, mit les soldats en fuite, & la Ville dans le plus grand effroi, parce que cette partie du Peuple pouvoit soulever toute la masse. Il fallut négocier ; on offrit de l'argent à la mere pour la calmer ; elle répondit qu'elle n'étoit pas assez lâche pour vendre le sang de son fils. On aima mieux retirer l'impôt que de s'exposer à une plus grande effusion de sang. Tous les Voyageurs qui ont donné une relation de Rome, ont parlé du courage & de la fierté des

PRÉFACE.

Transteverins; mais que prouve tout ce qu'ils en rapportent, si ce n'est la force qu'ont sur les Peuples l'amour de l'indépendance & l'enthousiasme de l'honneur. L'opinion des Transteverins suffit pour élever leur ame, sans prouver qu'elle soit fondée; mais elle n'en accuse pas moins le reste des Romains de n'avoir aucun rapport de lignée & de vertus avec les Emiles, les Scipions, les Catons & les Césars.

La paresse, naturelle aux Italiens, si opposée à la vie active des anciens Romains, est encore une cause de la dépopulation & de la langueur de l'Italie. On voit sans culture ces champs que labouroient de leurs mains triomphales les Fabricius & les Cincinnatus. Les gens de la campagne, tourmentés par les impôts & par le prix arbitraire que l'administration met aux denrées, trouvent plus commode d'aller mendier leur pain aux portes des Couvents & des Palais, d'aller peupler les Hôpitaux, ou de végéter insolemment au service d'un *Monsignor*, que de solliciter par un travail facile ces terres naturellement fécondes, & dont la végétation est si puissante. Plus on réfléchit, dit encore M. l'Abbé Coyer, sur l'Etat Ecclésiastique, sur son étendue, sur la bonté de ses terres, sur les fleuves qui les arrosent, sur l'avantage de son climat, sur la quantité de ses Villes, sur sa position entre la Mer Tyrrhéniene & la Mer Adriatique, sur ses ports très-susceptibles d'amélioration, plus on conçoit ce qu'il pourroit devenir dans la carte de l'Europe, si le Gouvernement Romain prenoit un système d'agriculture, de commerce, de travail & de richesses, s'il tendoit tous les ressorts de la prospérité & de la force. C'est de cet Etat que les anciens Romains donnoient des loix au monde.

Cette désertion des campagnes est plus funeste aux Italiens qu'elle ne le seroit à tout autre Peuple. L'Italie est arrosée de quantité de fleuves, qui tous viennent des Apennins; les eaux entraînent des sables, qui à la longue ont formé des attérissemens; ces eaux engorgées ont franchi leur lit, se sont répandues dans les campagnes, ont stagné, ont croupi dans des marais pestilentiels. Le mal a toujours augmenté, parce qu'on a négligé d'y porter remede. Les anciens Italiens rendoient aux fleuves leur liberté par des recuremens faciles; ils ramenoient par des canaux les eaux stagnantes dans leur ancien lit. Le Tibre avoit beau se mutiner, renverser le Palais de Numa, détruire le Temple de Vesta, tout étoit bientôt réparé; ils n'attendoient pas que le mal fût à son comble, comme il l'est aujourd'hui, par les dépenses que ce rétablissement occasionneroit. Cependant on voit les champs les plus fertiles ensevelis sous les eaux, & ne produire, au lieu de l'abondance, de la richesse & de la population, que des vapeurs infectes & destructives.

Il n'est pas surprenant que la négligence de

PRÉFACE. xxj

l'agriculture ait entraîné la décadence du commerce, hâtée encore par l'interception du cours des fleuves; les canaux, qui auroient servi à les dégager, auroient fait circuler les objets du commerce dans toute l'Italie & d'une Mer à l'autre, & mis toutes les Nations de l'Europe plus à portée de se les procurer. Quel dommage qu'une contrée si belle, si fertile par elle-même, qui n'exige ni l'activité de la création ni le travail obstiné d'une cultivation difficile, mais les soins modérés de la conservation, périsse par les causes même de son ancienne fécondité !

L'Italie pourroit non-seulement se passer des productions de tous les pays, mais encore, comme autrefois, fournir les siennes à ses voisins, & s'enrichir de leurs besoins. La terre y produit sans cesse, & n'est point dans la nécessité de se reposer : vins, grains, légumes de toute espece, fruits exquis de tous les climats, huile, bestiaux, tout ce qui sert au besoin & au luxe de l'homme : l'Italie abonde en tout. Des feux souterreins y entretiennent la végétation dans toute sa force ; l'explosion de ces fournaux de la nature cause, il est vrai, dans certains lieux des ravages funestes ; les environs du Mont Gibel & du Vésuve ont souvent été les victimes des éruptions de ces volcans : mais dans ces lieux mêmes ces maux passagers sont compensés par des avantages continuels. L'hiver fait rarement sentir ses rigueurs à l'Italie; ainsi les bois, réfervés à couronner les montagnes, n'ont pas befoin d'ufurper à l'agriculture des terreins précieux dans les plaines ; la vigne, mariée aux arbres fruitiers, aux oliviers & aux ormeaux, des peupliers de la plus grande élévation, qui croiffent, pour ainfi dire, d'eux-mêmes aux bords des fleuves, ne laiffent point ces plaines défirer l'ombre rafraîchiffante des forêts.

Les Italiens aiment le fafte & la repréfentation : ce genre de luxe leur eft plus nuifible qu'il ne le feroit à une Nation laborieufe & cultivatrice, parce que ne tirant point de fon fein les matieres premieres du luxe, & laiffant, par leur naturel pareffeux, languir & perdre les Manufactures, l'Italie eft obligée d'acheter de l'Etranger les objets néceffaires à fon luxe. Ainfi une Nation qui fe livre à ce luxe, & qui ne cultive point, porte dans fon fein les deux caufes les plus rapides de fa dépopulation.

Une fuite du luxe, eft l'amour immodéré pour les fpectacles ; tout eft fpectacle pour les Italiens ; mais les cérémonies religieufes font ce qui les affecte le plus : auffi a-t-on obfervé qu'en général la piété des Italiens n'étoit qu'extérieure ; & quoiqu'ils accufent les François d'être irréligieux, il y a en France beaucoup plus de cette religion intérieure, qui honore effentiellement la Divinité.

Tous les Auteurs qui ont parlé du caractere des

Italiens, semblent les avoir vus sous des points de vue différens. Les uns en font les plus grands éloges, & leur attribuent toutes les qualités de l'esprit, & toutes les vertus. Les autres leur imputent d'être jaloux, vindicatifs, trompeurs : ils ne leur font grace d'aucun vice. Barretti a publié un volume, pour les justifier contre les accusations d'un Anglois, qui en avoit fait le portrait le plus odieux. M. l'Abbé Richard voit en Italie, comme chez toutes les Nations, un mélange de vices & de vertus. M. de la Lande les voit sous un aspect encore plus favorable. M. l'Abbé Coyer a vu chez ce Peuple cet amour de la liberté & cette haine du despotisme qu'avoient les contemporains d'Emile & de Scipion. En ce cas, il seroit revenu à son ancien caractere ; car il est certain que ces vertus généreuses s'étoient oblitérées à un tel point sous les Tyrans de l'Empire, qu'alors les Italiens fléchissoient le genou devant leurs bourreaux, & qu'ils mendioient bassement la faveur des monstres qui disposoient à leur gré de leur fortune & de leur sang. De l'esprit républicain qui domine dans toute l'Italie, ajoute-t-il, & de la promptitude du Peuple à se soulever contre la puissance arbitraire, on pourroit conclure que ce Peuple est d'une humeur difficile, brusque, emportée; point du tout, il est plus doux, plus honnête que le Hollandois, l'Allemand, l'Anglois ou le François.

On trouvera dans cet Ouvrage plusieurs traits épars qui caractériseront mieux cette Nation que tant de portraits que les Auteurs prennent dans leur imagination, ou qu'ils esquissent d'après leur maniere particuliere de voir.

DICTIONNAIRE
HISTORIQUE
ET GÉOGRAPHIQUE
DE L'ITALIE.

ABA

BANO, *Aponus*, Village de l'Etat de Venife, à environ fix milles de Padoue, célèbre dans l'Antiquité par fes Eaux minérales, qui lui avoient fait donner le nom d'*Aquæ Aponi*. On les appelle aujourd'hui *Bagni* d'Abano. Ces Bains font très-fréquentés, à cause de la falubrité de ces Eaux. De Seine, dans fon Voyage d'Italie, dit qu'il y a une autre Fontaine à *Abano*, qui pétrifie tout ce qu'on y jette.

ABIAGRASSO, petite Ville du Milanez, à l'occident de Milan, fur le Canal qui va de cette Capitale à Pavie & au Lac majeur.

ABIOSI, (*Giovani*) né à Naples, dans le quinziéme fiécle, Médecin & Mathématicien célèbre. On a de lui plufieurs Ouvrages fort eftimés de fon temps, vers 1494. Son Dialogue fur l'Aftrologie a été mis à l'Index.

Tome I.   A

ABONDANZA, *Abondance*, petite Ville de Savoye, dans le Duché de Chablais, à l'orient du Lac de Genève, auprès d'une Abbaye à laquelle sa richesse a fait donner autrefois le même nom.

ABRUZZE, *Abruzzo*, Province considérable du Royaume de Naples, bornée à l'est par le Golfe de Venise, près de la Mer Adriatique; elle est divisée en deux parties par la Pescara, savoir l'Abruzzo Otra, dont Aquila est la Capitale, & l'Abruzzo Citra, dont la Capitale est Chietti. Ce Pays, quoiqu'environné de montagnes, dont le sommet est le plus souvent couvert de neige, ce pays froid, est pourtant un des plus fertiles de l'Italie, en grains, en vin, en olives & en safran. On y élève des vers à soie; on y trouve d'excellent gibier & de la volaille. Cette Province est très-sujette aux tremblemens de terre. Abruzzo Otra, ou l'Abruzze Ultérieure, est la plus étendue; elle n'a aucun Archevêché, mais cinq Evêchés, Aquila, Atri, Teramo, Campoli & Civita di Penna. L'Abruzze Ultérieure est au levant de la Citérieure. Chieti en est la Capitale; elle a un Archevêché, dont les suffragans sont Atri, la Penna, Ortona & Campoli, qui sont unis. Ses Villes sont *Sulmona*, lieu de la naissance d'Ovide, Valva, Pescara sur la Mer, Lanciano, qui a un Archevêché, sans suffragans, Civita Borella, Evêché. Le Comté de Molise fait partie de l'Abruzze; c'est une petite Province, dont les Villes les plus considérables sont Iternia, Boyano, Trivento, Guardia, Alferes & Lerino: ces Villes sont Episcopales.

ACADEMIA DEL CIMENTO, ou DE L'EXPÉRIENCE. L'Académie Platonique avoit été un premier pas vers la Philosophie. A force de chercher à deviner Platon, on fit quelques découvertes sur le méchanisme de la nature. Galilée composa des instrumens propres à pousser plus loin ces découvertes; il appliqua l'expérience aux principes, ou pour mieux dire aux conjectures. Toricelli, de son côté, assujettit la nature à l'expérience; l'un ressuscita l'Astronomie, l'autre découvrit la pesanteur de l'air & la cause de l'élévation de l'eau dans les pompes: découverte que Pascal porta si loin. Ces découvertes exciterent les Savans. Le Cardinal Léopold de Médicis, pour accélérer les progrès de la Physique, institua l'Académie de l'Expérience, le 19 Juin 1657; c'est la premiere de l'Europe où l'on se soit occupé de la Physique expérimentale. Ce qu'il y avoit de glorieux pour les sciences, c'est que les Princes de la Maison de Médicis en sentoient tout le prix, & s'en occupoient eux-mêmes. Le Grand Duc Ferdinand II fit lui-même beaucoup d'Expériences, avec des tuyaux de verre qu'il avoit inventés. Les Académiciens étoient des Savans, d'un mérite reconnu; c'étoient Viviani, Malpighi, Marsili, Borelli, Magalotti, &c. Cette Académie, qui n'avoit point de statuts, recueillit en un volume toutes ses Expériences, & les fit imprimer in-fol. en 1667. C'est à peu-près à cette époque qu'elle cessa; mais plusieurs Villes d'Italie, à l'exemple de Florence, établirent des Sociétés littéraires & savantes, sous des noms bizarres. Les Académiciens de Spolette s'appellerent les *Ottusi*; ceux de Rome, les *Humoristi*, *Lincei*, *Fantastici*; de Boulogne, les *Otiosi* & *Gelati*; de Gênes, *Addormentati*; de Padoue, *Ricovrati* & *Orditi*; de Vicence, *Olimpici*; de Parme, *Innominati*; de Milan, *Nascosti*; de Naples, *Ardenti*; de Mantoue, *Invaghiti*; de Pavie, *Affidati*; de Cesene, *Offuscati*; de Fabriano, *Defuniti*; de Faenza, les *Filoponi*; d'Ancône, les *Caligenosi*; de Rimini, les *Adagiati*; de Cita di Castello, *Afforditi*; de Pérouse, *Insensati*; de Fermo, les *Raffromati*; de Macerata, les *Catenati*; de Viterbe, les *Ostinati*; de Brescia, les *Oculti*; de Treviso, les *Perseveranti*; de Cortone, les *Humorosi*; de Luques, les *Oscuri*; d'Alexandrie, les *Immobili*. L'Académie de Florence prit celui *della Crusca*

ACADEMIA D'ELLA CRUSCA, ou ACADÉMIE FLORENTINE, fut établie en 1582; elle prend le titre de Reine & Modératrice de la Langue Italienne: la perfection de la Langue, la Poésie & l'Eloquence sont les objets de ses travaux. La dénomination d'*ella Crusca*, qui signifie du son, est une allégorie de ses occupations; c'est-à-dire, qu'elle tire la farine du son. Aussi a-t'elle pris pour emblême un blutoir,

& pour devise, *il piu bel fior ne coglie*; c'est-à-dire, il en tire la plus belle fleur. Tout est emblématique dans la Salle où s'assemblent les Académiciens. On y voit une chaire en forme de trémie, dont les degrés sont des meules de moulin; le Directeur est assis sur une espéce de meule; les siéges des Académiciens sont en forme de hottes; le dossier est une pelle à four, ainsi que les portraits des Académiciens; la table est faite en forme de pétrissoire; on tire les Ouvrages, qu'on lit dans l'assemblée, d'une trémie; celui qui le lit a la moitié du corps passé dans une espéce de blutoir. Ces minuties, qui paroîtroient bizarres aujourd'hui, ont été des objets d'émulation, & ont produit les meilleurs effets; ils sont consacrés par la gloire que cette Académie s'est acquise; son Dictionnaire ou Vocabulaire général de la Langue Italienne, en 6 vol. in-fol. est le plus ample & le meilleur qui ait été fait jusqu'à présent: on eût dû le prendre pour modèle en France de quelques Dictionnaires qui paroissent avoir le même objet que celui *d'ella Crusca*.

Outre l'Académie d'ella Crusca, il y a encore à Florence celle des *Apatistes*, nom pris d'un mot Grec, qui signifie sans passion. C'est une Académie de Belles-Lettres, qui s'assemble de temps en temps à Florence, où tout le monde est admis à lire des Ouvrages, en quelque Langue qu'ils soient écrits. L'amour des Lettres & des Sciences a bien diminué à Florence depuis l'extinction de la Maison de Médicis; qu'il y ait des Mécènes, les Virgiles ne manqueront pas.

ACADÉMIE D'AGRICULTURE, à Rome; c'est une très-ancienne Société, établie au Capitole, pour les progrès de l'Economie politique; elle est composée de Princes, Barons & des Personnes très-habiles. Les Académiciens ont une jurisdiction sur cette partie de la Campagne de Rome, appellée *Agro Romano*, qui s'étend à dix ou douze milles aux environs; mais ou ces Académiciens ne connoissent guères les vrais principes de l'Economie politique, ou l'on a bien peu d'égards pour leurs décisions. Le triste état où est l'Agriculture aux environs de Rome, le peu de soins qu'on montre à cet égard, le pernicieux usage de forcer le cultivateur de vendre au prix de la taxe, de porter ses denrées à Rome, & mille autres erreurs accréditées, occasionnent dans cette Ville des disettes ruineuses, & une pauvreté funeste dans la compagne, qui n'attend, pour enrichir ses habitans, que la main du cultivateur, & la liberté.

Académie de Saint-Luc, à Rome, est l'Académie de Peinture, Sculpture & Architecture; elle tient ses séances dans une maison que Pierre de Cortonne lui a donnée, à côté de l'Eglise de Sainte-Martine, dans le Campo Vaccino, au bas du Capitole; mais pour les receptions, l'Académie s'assemble au Capitole, dans la salle des Conservateurs; chacun de ceux qui sont reçus à l'Académie, doivent y donner un ouvrage de leur façon, un tableau, si c'est un Peintre, une statue ou un bas-relief, si c'est un Sculpteur, ou quelque plan, si c'est un Architecte.

Il y a à Rome douze jeunes Eleves, qui sont entretenus par le Roi de France, pour se perfectionner, soit dans la Peinture, dans la Sculpture ou l'Architecture; ils sont logés & nourris dans le Palais de l'Académie de France, pendant trois ou quatre ans, sous la direction d'un Professeur de l'Académie de Paris, que le Roi y envoie. Ils veillent aux études qu'ils doivent faire des meilleurs morceaux antiques & modernes; ils dessinent sur le nud, deux heures par jour. Ces places s'accordent aux preuves que les Eleves de Paris ont donné de leurs talens, de leur application & de leur assiduité.

On conserve précieusement à l'Académie de Saint-Luc le crâne de Raphaël; il est dans une des trois salles où s'assemble l'Académie, ornées des morceaux de reception des Académiciens. Il y a entre l'Académie de Paris & celle de Rome une union qui fut cimentée par M. de Colbert: ce Ministre obtint de Louis XIV des Lettres patentes pour confirmer cette union.

Académie Platonique. Ce fut vers l'an 1439 que Cosme de Médicis, assistant aux leçons de *Gemistus Pletho*, Philosophe Grec, qui expliquoit la philosophie de Platon, conçut le projet de cette Académie; il ne fut exécuté que par son petit-fils, Laurent le Magnifique, vers l'année 1550; il engagea Pic de la Mirandole, Marsile Ficin à expliquer & à traduire les Ouvrages de ce Philosophe. Plusieurs Savans se joignirent à eux; on ouvrit des assemblées chez Laurent de Médicis. On fixa pour le jour de l'assemblée générale & publique, le 7 Novembre, jour où Platon étoit né, & qui fut celui de sa mort, selon le calcul de ces Savans; & comme Platon mourut après avoir dîné avec ses amis, les assemblées se tenoient après le dîné, que les Académiciens faisoient ensemble. On ne se bornoit point à l'explication de Platon, les régles de la Langue Italienne, les moyens de la perfectionner, les causes de sa corruption, étoient les sujets du travail des Académiciens, parmi lesquels se distinguerent Ficin, Lambin, Pic de la Mirande, le célèbre Machiavel, l'élégant Politien, &c. L'Académie fut dispersée lors des troubles qui agiterent la République, à l'occasion du Cardinal Jules de Médicis; elle fut rétablie par Léopold, frere de Ferdinand, Grand Duc de Toscane, vers la fin du seizième siécle. Elle finit à la mort de ce Prince; mais elle donna lieu à cette foule d'Académies qui s'établirent en Italie, soit pour les Arts, les Sciences & l'Histoire, & dont celle de la Crusca est la plus célèbre. *Voyez* ACADEMIA D'ELLA CRUSCA.

ACADÉMIE A MONTER A CHEVAL, de Turin, est un très-bel Edifice, tenant le Palais du Duc de Savoye. L'architecture en est fort estimée: elle est de Philippe Juvara; le Manége est de la composition du Comte Alfieri; il est ouvert; la voûte en est très-hardie, sans que cette hardiesse nuise à la solidité. Les décorations sont très-belles & analogues à la destination de l'édifice.

ACCARISI, (*Jacques*) de Bologne, Professeur de Rhétorique à Mantoue, & Docteur en Théologie en 1627, a publié un volume de ses Harangues, un autre de Lettres, l'histoire de la Propagation de la Foi, & une version entiere des troubles des Pays-Bas, composée par le Cardinal Bentivoglio. Il aparu en 1770 une traduction Françoise, à Paris chez Nyon & Desaint, de cette histoire des troubles des Pays-Bas.

ACCIA, ancienne Ville de l'Isle de Corse, avoit autrefois un Evêché, qui a été uni à celui de Mariana: elle est située dans la partie orientale, au nord du *Corse*.

ACCIAIOLI, Maison célèbre & très-ancienne de Florence, qui a produit de très-grands Hommes. Reignier Acciaioli, vers le milieu du quinziéme siécle, se rendit maître d'Athènes, de Corinthe, & d'une partie de la Béotie. Athènes passa ensuite aux Vénitiens, qui furent forcés de la laisser aux Turcs. Plusieurs Acciaioli se sont rendus célèbres par les Lettres. Angelo fut Cardinal & Archevêque de Florence; il composa un Livre fort estimé en faveur d'Urbain VI. Il mourut en 1407. Domat Acciaioli, né en 1428, se rendit célèbre par son savoir & par les emplois qu'il exerça dans sa Patrie. On a de lui une traduction latine des vies d'Alcibiade & de Demetrius, attribuées à Plutarque; des Commentaires latins sur la morale & la politique d'Aristote, recueillis des leçons d'Argirophile, Grec célèbre; les vies d'Annibal & de Scipion, & un abrégé de la vie de Charlemagne. Il mourut à Milan, en 1473, à l'âge de quarante-cinq ans, & ses filles furent mariées aux dépens du Public, en reconnoissance des services qu'il avoit rendus.

ACCINO, Village du Pisan, d'où part un très-bel aqueduc, qui porte l'eau à Pise.

ACCURSE, (*François*) né à Florence, Jurisconsulte célèbre, appellé l'idole des Jurisconsultes, professa le Droit à Bologne. Il a fait une glose générale sur le Digeste, le Code & les Novelles; elle est écrite d'un style barbare; mais comme elle est plus méthodique que tout ce qui avoit paru, elle eut le plus grand succès. Il mourut à Bologne en 1241, âgé de soixante-dix-huit ans. Il laissa un fils, héritier de son savoir; qui professa le Droit à Toulouse, avec succès.

ACCURSE, (*Marie-Ange*) né à Amiterno, dans le Royaume de Naples, un des meilleurs Critiques dans le seizième siécle. Il publia de savantes Diatribes sur quelques Auteurs anciens & modernes, imprimées en 1524, in-fol. fort estimées des Savans. Il donna auſſi l'*Ammien Marcellin*, d'Auſbourg, augmenté de cinq livres & des lettres de la premiere édition de Caſſiodore.

ACERBO, (*François*) né à Nocera, Jéſuite & Poëte Latin, a publié, en 1666, des Poëſies recueillies ſous le titre de *Ægro corpori à Muſa ſolatium*, le malade ſoulagé par les Muſes. Il avoit fait ce Recueil pour lui-même.

ACERNO, *Acernum*, Ville Epiſcopale du Royaume de Naples, dans la Principauté Citérieure. Elle eſt entre Falerne & Conza. C'eſt la Patrie d'*Antoine Agellius* : Acerno & Lettera ſont ſituées ſur une montagne.

ACERRA, Ville Epiſcopale du Royaume de Naples, dans la terre de Labour. Elle eſt ſituée ſur la riviere de Patria, entre Naples & Capoue. Acerra a titre de Comté, ſon Evêque dépend de l'Archevêque de Naples.

ACHÉRON, Lac que les Poëtes ont embelli de leurs fictions, à droite du Village de Bauli, entre la pointe de Miſene & les ruines de Cumes. On l'appelle aujourd'hui le Lac Foſſaro. Il falloit paſſer ce Lac pour aller dépoſer ſur la rive oppoſée, où étoient les ſépultures d'une grande partie des Romains, les urnes funéraires, dans des monumens ou tombeaux qui exiſtent encore aujourd'hui; le Batelier, qui s'appelloit Charon, étoit un vieillard, qui ne ſe chargeoit d'aucune de ces urnes qu'il ne fût payé d'avance. *Voyez* BAULI, CUMES.

ACHILLINI, (*Alexandre*) né à Bologne, ſavant Profeſſeur de Philoſophie & de Médecine. Il eut un concours prodigieux d'Ecoliers; on l'appelloit le grand Philoſophe. Il publia différens Ouvrages d'Anatomie & de Médecine. On lui attribue la découverte de deux cartilages de l'ouie, le marteau & l'enclume. Il étoit en rivalité avec Pomponace. Il étoit parent de Philothée Achillin, Auteur du Poëme *Il viridario*, qui contient l'éloge de pluſieurs Littérateurs Italiens, imprimé à Bologne en 1513, in-4°. Alexandre mourut dans cette Ville en 1512. Ses Ouvrages ont été imprimés in-fol. à Veniſe, en 1545. Claude Achillini, ſon petit-fils, a laiſſé pluſieurs Ouvrages de Poëſie & de Litterature. Il mourut en 1640.

ACQUA CHE FAVELLA, l'Eau qui parle, est le nom d'une Fontaine de la Calabre Citérieure, au Royaume de Naples, près de l'embouchure du Crato. On ignore l'étimologie de cette dénomination, mais on sait qu'une Fontaine rendit un oracle qui annonçoit la destruction de Sybaris; il y a apparence que cet oracle, quel qu'il soit, a donné le nom à cette Fontaine. Au reste, la défaite des Sybarites par les Crotoniates, ne coûta qu'une ruse aux vainqueurs. Les Sybarites, dit-on, avoient des chevaux si bien dressés, qu'il marchoient en cadence au son des instrumens; les Crotoniates, qui savoient sur quel ton leurs chevaux dansoient, s'en servirent si à propos, qu'ils défirent toute leur cavalerie, sans qu'elle pût se mettre en défense.

ACQUA DI PISCIARELLI, est une eau qui a sa source près du Lac d'Agnano, derriere la Solfatara, qu'elle traverse, & où elle contracte la chaleur & le goût salin qu'on y trouve au sortir de la montagne, & qui en fait la vertu; elle fait monter le thermomètre, divisé par M. de Réaumur, à 45, tandis que nos eaux minérales les plus chaudes ne le font pas monter au-delà de 40.

ACQUA PAOLA, (*Fontaine de Paola*) ou PAULINE, est une des plus belles de Rome, que Paul V fit construire en 1515, sur les desseins de Jean Fontana, avec des matériaux tirés du *Forum de Nerva*; elle est au sommet du Janicule, près de l'Eglise de Saint-Pierre *in Montorio*. Ce Pape fit réparer l'ancien aqueduc, qui menoit les eaux du Lac *Bracciano*, autrefois Lacus Sabbatinus, jusqu'à Rome. Ce Lac est à sept lieues au nord-ouest de Rome. On ne sait pas au juste si ce fut Auguste ou Trajan qui fit construire cet aqueduc, revêtu dans toute sa longueur de briques très-grandes, rentrantes l'une dans l'autre. Paul V profita de l'ouvrage des Romains, y ajouta le superbe & magnifique réservoir ou *fontanone*, situé dans l'un des endroits les plus élevés de Rome, d'où ces eaux se divisent, passent d'une montagne à l'autre, & vont former de nouvelles sources pour différens quartiers. C'est la plus abondante de toutes les fontaines de Rome; elle est décorée d'un grand nombre de colonnes de granite qui soutiennent une architrave; on y voit l'inscription qui indique l'année où Paul V restaura l'ancien aqueduc, & y en ajouta de nouveaux. Les armes de ce Pape sont dans le couronnement. Entre les colonnes, sont cinq niches, l'eau sort en torrens de trois; dans les deux autres sont les dragons, piéces des armes de la maison Borghese, qui jettent aussi une énorme quantité d'eau; toutes ces eaux se dégorgent dans le grand bassin, d'où elles se dispersent par les canaux qui y sont adaptés, dans d'autres aqueducs; mais quoique divisées, elles sont encore assez considérables pour faire aller des moulins, des papeteries, des forges, sur le penchant du Janicule. L'architecture extérieure de cette fontaine est de Jean *Fontana*.

ACQUA-PENDENTE, Ville assez considérable de l'Etat Ecclésiastique, dans la Province d'Orviette, sur la riviere de Paglia, sur un terrein élevé, & dans un climat qui paroît fertile. Une cascade abondante & naturelle tombe avec beaucoup de bruit du rocher sur lequel la Ville est située, & dont elle a reçu son nom. Cette montagne paroît formée d'une pierre pleine de trous, qui semble composée d'une espéce de gravier mal lié. On avertit les Voyageurs, qui doivent passer par Acqua-pendente, de se méfier des habitans, dont la plupart ne se font aucun scrupule de mettre les équipages & la bourse des étrangers à contribution.

Acqua-pendente n'est devenu considérable que depuis 1647, que le Pape Innocent X y transféra le Siége Episcopal de Castro, parce que les habitans de cette derniere avoient assassiné leur Evêque. Acqua-pendente est presque bâti à neuf. Le Palais du Gouverneur, de l'Evêque & des premiers Magistrats, sont de très-belle apparence. On trouve aux environs d'*Acqua-pendente* quantité de cavernes creusées dans le roc, à une grande profondeur, dans lesquelles les gens de la campagne se retirent avec leurs bestiaux.

ACQUA-PUZZA, sources d'eaux sulphureuses, qui se dégorgent dans les marais Pontins, près de la montagne de Sezze & de Piperno; elles forment des concrétions ou croutes comme la fontaine de Tivoli: il y a un ruisseau qu'on appelle *Fiume-*

Coperte, parce qu'il est couvert de cette croute, comme une voûte d'aqueduc. Il s'en détache de grands quartiers, qui surnagent & forment comme une isle flottante. Le terrein, dans certains endroits des environs, est élastique; mais il est dangereux d'y marcher, parce que la croute n'ayant pas assez de solidité, s'enfonce lorsqu'on y pense le moins.

ACQUARIA ou AQUARIUM, Ville du Duché de Modène, près de la riviere de Saltena, que la réputation, dont ses eaux minérales jouissent, rendent fort fréquentée.

ACQUI, Ville du Montferrat, dans le Mantouan, sur le bord septentrional de la riviere de Bormia, entre Alexandrie de la Paille & Savonne. Cette Ville a soutenu différens siéges, tant du côté des Espagnols, que des Piémontois; il y a des bains chauds & sulphureux, très-frequentés. Acqui est la Capitale d'une petite Province qui s'étend de l'orient au mid du Montferrat. Son Evêque est suffragant de Milan; elle a été beaucoup plus considérable qu'elle ne l'est aujourd'hui; elle est très-ancienne.

ACTIUS ou AZZO VISCONTI, Seigneur de Milan, succéda à Galeas son pere en 1339. C'est à lui que Milan fut redevable d'une partie de sa splendeur. Il épousa Catherine de Savoye, dont il n'eut point d'enfans: ce qui, après sa mort, fit passer la Seigneurie de Milan à Lachen son frere. Actius mourut âgé de trente-huit ans.

ACTIUS SINCERUS. *Voyez* SANNAZAR.

A-DEO-DATUS ou DIEUDONNÉ, Pape Romain, & Moine, il succéda à Vitalien; & quoiqu'on l'eût arraché du Cloître pour le mettre sur le trône Pontifical, il gouverna avec la prudence la plus consommée. Il reste de lui une Epître aux Evêques de France, pour les libertés de l'Eglise de S. Martin de Tours. Il mourut le 26 Juin 676, ayant siégé sept ans deux mois dix-sept jours.

ADDA, (l') Fleuve considérable, qui sort du Pays des Grisons, traverse le Lac de Côme, & se décharge dans le Pô, entre Crémone & Plaisance. Il coule très-rapidement; c'est en entrant dans le Milanez qu'il est le plus beau; vers cet endroit, on voit le Canal de *Martesana*, construit sur les desseins de

Leonardo-Vinci. Ce Canal, pris de la Riviere, deux mille au-dessous de la *Canonica*, est parallèle & plus élevé que le lit de l'Adda, dans une étendue considérable; ses eaux claires & lympides sont encaissées dans des murs épais & bien bâtis, où l'on a ménagé des épanchoirs, pour le dégager, lorsqu'il est trop rempli. Les barques qui y passent semblent portées au-dessus de la rive de l'Adda, qui est plus bas, & qui a une pente plus forte. Des terrasses des Palais Melfi, Monti, Simonnetta, Casuera, qui dominent le Canal & le Fleuve, on jouit du beau spectacle des campagnes fertiles du Bressan & des montagnes riantes du Bergamasque.

ADIAZZO, Ville située sur la côte occidentale de l'Isle de Corse, avec un Château superbe & bien fortifié, son territoire est très-fertile, sur-tout en vin: elle est très bien peuplée, & sa situation est des plus agréables.

ADIGE, (l') Fleuve considérable de l'Italie. Il prend sa source dans la montagne de Brenno, dans le Tirol, traverse l'Evêché de la Ville de Trente, l'Etat de Venise, passe à Véronne, sépare le Polesin de Rovigo du Padouan, & se rend dans le Golfe au-dessous de Venise, entre Chiozza & l'embouchure du Pô. Comme il descend d'un Pays très-élevé, son cours conserve une grande rapidité dans une partie de la plaine de Lombardie, où ses débordemens subits causent quelquefois de grands dégâts.

ADIMARI. Deux hommes de Lettres ont illustré ce nom; l'un est Alexandre ADIMARI, d'une famille Patricienne de Florence, qui, après s'être formé par l'étude des Auteurs Grecs & Romains, s'appliqua avec succès à la Poésie; sa traduction en vers Italiens, des Odes de Pindare, accompagnée de savantes observations, est fort estimée; elle fut imprimée à Pise en 1631. L'autre est Raphaël *Adimari*, né à Rimini, & qui n'est point de la famille du précédent. Celui-ci écrivit l'Histoire de sa Patrie, sous le titre de *Sito Riminese*: elle fut publiée, en 1616 en 2 vol. in-4°. elle est estimée.

ADORNO, l'un des Doges de Gènes, qui ont fait le plus d'honneur à la République. Il succéda à Boccanegra; c'étoit pour la troisième fois qu'il étoit revêtu de cette dignité, lorsqu'il fut obligé d'en remettre les marques aux Commissaires François, que leur Roi Charles VI envoya à la République, qui le reconnut pour son Souverain, suivant les conditions signées le 25 Octobre 1396. Adorno mourut peu de temps après sa déposition, qui fut l'effet des circonstances, & non d'aucun acte du Sénat ni de la Nation.

ADRIA ou HADRIA, Ville très-ancienne de l'Etat de Venise, sur le Taro, entre l'embouchure du Pô & de l'Adige : colonie Romaine, qui avoit donné son nom, selon quelques-uns, au Golfe de Venise; selon Strabon, c'est le fleuve Adria qui a donné le nom à la Ville & au Golfe Adriatique. Le vin d'Adria avoit beaucoup de réputation. C'est de la Ville d'Adria que l'Empereur Adrien a pris son surnom : sa famille étoit originaire de cette Ville, qui a été presque détruite par divers accidens, & sur-tout par les inondations. Ses vins ne sont plus aussi bons que du temps de Pline l'ancien, qui les a fort vantés ; dans quelques quartiers, on fait encore des vins blancs, qui approchent de la bonté du muscat. Le Siége Episcopal d'Adria a été transféré à Rovigo. Quelques Historiens confondent mal-à-propos cette Ville avec une autre du même nom dans l'Abruzze, à laquelle ils prétendent que la famille d'Adrien doit son nom.

ADRIANI, (*Villa*) située au bas de la montagne de Tivoli, au midi ; c'étoit l'Empereur Adrien lui-même qui l'avoit fait bâtir, sur les plans qu'il en avoit donnés ; elle avoit trois milles de longueur sur plus d'un mille de largeur. Elle passoit pour la plus vaste & la plus superbe Maison de plaisance qui fût aux environs de Rome. Elle ne subsista pas plus de quatre vingt ans dans sa beauté. Caracalla en enleva beaucoup de statues & d'autres monumens, pour orner ses bains, dont on voit les ruines sur le *Mont Celius*. Les autres Empereurs imiterent Caracalla ; malgré les dévastations des Barbares & les malheurs de Rome, on a encore trouvé une quantité prodigieuse de statues & d'autres morceaux précieux dans les ruines de la Maison d'Adrien. Il y en a au Capitole, au Palais Albani, dans la *Villa Estense*, au Palais Farnese ; c'est un proverbe, qu'entre

Ponte & Roccabruna, maisons bâties près de ces ruines, il y a un tréfor qui acheteroit Tivoli & Rome. Ce n'est plus aujourd'hui que de vastes mazures, parmi lesquelles on distingue encore le logement des Gardes Prétoriennes en si bon état, qu'à peu de frais on en feroit encore de très-belles cazernes. On reconnoît aux extrémités des ruines, deux Théâtres en demi-cercle, dans l'un desquels on distingue le portique extérieur, les falles qui fervoient aux Acteurs, les escaliers par lesquels on montoit au Théâtre, les portiques des côtés de l'avant-scène, l'orcheftre, la place des instrumens. Il étoit décoré de quarante-huit statues, dont on a trouvé les fragmens. Le Palais étoit quarré, la falle où Adrien donnoit fes Audiences, a cent pas de long fur foixante-dix de large; dans une galerie voûtée qui eft au-deffous, on voit des reftes de frefques, une suite de chambres, de falles, de galeries, des temples domeftiques, mais fort dégradés. Ce qu'il y a de plus conservé, eft une galerie tournante autour d'un Temple couvert & voûté : il y a dans la voûte des peintures qui ont encore de l'éclat. A l'extrémité d'un grand foffé ou baffin, eft un Temple de Neptune Egyptien ou Canope. On y a trouvé un Cheval marin, une Ifis, Ofiris, Orus, l'Ibis, &c. Il y a encore quantité d'autres édifices, des efcaliers, des reftes de colonades, des cascades, de portiques, de grandes cours, de coridors, de périftiles, d'aqueducs. On y devine l'emplacement du Lycée, du Prytanée, du portique, du Temple de Theffalie, du Picile d'Athènes, de la Bibliothèque & de tout ce que l'Antiquité avoit de plus célèbre, & qu'Adrien avoit voulu imiter dans ce Palais. Ce Picile étoit un double portique, avec un mur dans le milieu, difpofé de maniere qu'on y étoit à couvert du foleil, à toute heure du jour: le mur exifte encore en partie. Ce qu'il y a de plus déplorable, c'eft qu'on y voit encore une immenfe quantité de ftatues, brifées par la fuperftition, qui détruifoit à coups de marteaux tout ce qu'on y trouvoit fans le chercher, & dont on faifoit de la chaux. Ce Palais étoit fi confidérable, que M. l'Abbé Richard affure qu'il refte encore affez de matériaux dans ces ruines pour en bâtir une petite Ville. Les Jéfuites occupent une partie de ce terrein, qu'ils ont applani, & sur lequel ils ont fait des plantations, qu'ils étendent même, dit M. l'Abbé Richard, aux dépens des mazures. M. le Comte Fede, à qui partie du terrein a été donnée, a le plus grand soin de la conservation de ces ruines, & fait de temps en temps des fouilles. C'est, dit-on, à la Villa Adriani qu'on trouve beaucoup de plantes étrangeres, que l'Empereur y avoit naturalisées, & entr'autres l'Arbrisseau sur lequel les Arabes recueillent le Baume de la Mecque, que l'Empereur Vespasien apporta de la Palestine.

ADRIANI, (*Jean-Baptiste*) Historien né à Florence en 1511. Il a écrit l'Histoire de son temps depuis 1536, où finit celle de Guichardin, jusqu'en 1575, in-4°. M. de Thou faisoit beaucoup de cas de cet Historien, à cause de son exactitude. On a prétendu que le Grand Duc de Toscane lui avoit fourni des mémoires. Adriani fit l'Oraison funèbre de ce Prince, & celles de Charles V & de l'Empereur Ferdinand. Il publia une Lettre, adressée à Vassari, dont Pline a parlé. Son Histoire a été imprimée à Venise, in-fol. en 1585.

ADRIEN. Il y a eu six Papes de ce nom. Adrien I étoit d'une famille ancienne de Rome. Il avoit le courage des anciens Romains & la politique des nouveaux. Il fut élu en 772. Charlemagne vint à son secours contre Didier, Roi des Lombards. Il mourut en 779, honoré des larmes des Romains, qui lui donnoient le titre de leur pere, pour les avoir secourus dans une famine, occasionnée par l'inondation du Tibre. Charlemagne, qui étoit son ami, fit son épitaphe. Adrien II, né à Rome, fut porté, malgré lui, sur le trône de Pierre, en 867. De concert avec l'Empereur & le Patriarche Ignace, il fit déposer le savant Photius, dans le Concile de Constantinople. Il eut ensuite des démélés avec Ignace & l'Empereur, & avec Charles-le-Chauve, Roi de France. Ce Pontife mourut en 872. Adrien III, successeur de Marin en 884, ne régna qu'un an. Adrien IV étoit fils d'un Mendiant; il faisoit la même profession avant d'entrer, comme domestique, chez les Chanoines de S. Ruf. Ils lui donnerent ensuite l'habit de l'Ordre, & quelque-temps après, il parvint à être Général de l'Ordre. Son mérite se faisant connoître de plus en plus, il parvint au Cardinalat, & obtint l'Evêché d'Albano. Enfin, après avoir exercé, à la satisfaction d'Eugene III sa légation en Dannemarck, il fut fait Pape à son retour. Il montra beaucoup de fermeté en excommuniant les Romains, jusqu'à ce qu'ils eussent fait brûler l'hérétique *Arnaud de Bresce*. Il réclama les biens de l'Eglise usurpés par *Guillaume*, Roi de Sicile, qu'il excommunia aussi jusqu'à la restitution. Il ne fût pas aussi heureux avec l'Empereur Frederic I, qui retenoit les Fiefs de la Comtesse Maltide, le Duché de Spolette, la Sardaigne & la Corse. Ce Pape n'employoit ses foudres qu'en faveur de l'Eglise; il ne s'appropria aucun des biens qu'il revendiqua. Il laissa sa mere dans la pauvreté. Il mourut à Agnanie en 1159.

Adrien V, Génois, élu en 1276, ne jouit qu'un mois de la Tiare. Il mourut à Viterbe. Il disoit à ses parens : » J'aimerois » bien mieux que vous me vissiez Cardinal en santé, que Pape » mourant ».

Adrien VI étoit d'Utrecht, fils d'un Tisserand; de Boursier de l'Université de Louvain, il en devint Vice-Chancelier. Maximilien I le choisit pour être Précepteur de son petit-fils; Ferdinand, Roi d'Espagne, lui donna l'Evêché de Tortose. Après la mort de Ferdinand, Ximenès, qui devoit aussi sa fortune à son mérite, partagea la Régence avec l'Evêque. Il demeura seul Vice-Roi pour Charles-Quint, qui lui procura la Tiare, à la mort de Leon X, arrivée dans ces circonstances. Adrien laissa gouverner Charles, & se contenta de réformer le Clergé & la Cour de Rome. Ses réformes le firent haïr des Romains; cependant il ne fit jamais rien pour sa famille. Dans son Commentaire sur le quatriéme Livre des Sentences, imprimé pendant sa Papauté, il soutient que le Pape peut errer, même dans ce qui appartient à la foi. Il mourut en 1521, & les Romains écrivirent sur la porte de son Médecin : *Au Libérateur de la Patrie.*

ÆTNA, aujourd'hui MONTE-GIBELLO, MONT-GIBEL, la plus haute montagne du Royaume de Sicile, célébre par les feux qu'elle vomit. Tandis que son sommet aride est couvert de laves,

laves, de cendres, de pierres calcinées; la campagne est riante & fertile au pied, & même sur la croupe de la montagne. Les fréquentes irruptions de ce volcan ont fait imaginer aux Poëtes, que lors du combat des Géans contre les Dieux, Jupiter après les avoir foudroyés, les écrasa sous cette montagne. D'autres ont supposé que c'étoit dans son sein qu'étoient les forges de Vulcain. Si l'Ætna a servi d'aliment à l'imagination des Poëtes, il n'a pas moins occupé les Physiciens. Quelques-uns ont prétendu que ce volcan avoit une communication avec les feux souterreins du Vésuve, & de la Solfatare; mais il n'y a aucune correspondance entre leurs effets. Il n'y a ni plus ni moins de flame & de fumée à la Solfatare, dans les plus fortes fermentations du Vésuve. On a prétendu que le Vésuve & l'Ætna s'embrasoient en même-temps: mais il est prouvé que lors de l'éruption du Vésuve, en 1751, qui dura pendant trois mois, il n'y en eût point dans l'Ætna; & qu'au contraire à la suite de celle du Vésuve, qui commença le 3 Décembre 1754, il y en eut une de l'Ætna, dans les premiers jours de Mars 1755, & tous deux se trouverent avoir lieu dans le même-temps pendant plusieurs semaines. En 1693, lorsque par un tremblement de terre, cette montagne s'affaissa, elle entraîna la ruine de plusieurs Villes circonvoisines. Ce volcan est situé près de la Ville de Catane, dans la vallée de Démona.

AGAPET. Il y a eu deux Papes de ce nom. Le premier étoit Romain; il succéda à Jean II, & ne tint le Siége qu'onze mois. Il mourut en 536. Dans ce court intervalle, il fit une réponse pleine de force à la confession de foi que l'Empereur Justinien I adressoit à Jean II, & qu'Agapet reçut d'abord après son élection Il combatit les Hérétiques, qui affligeoient l'Eglise d'Orient. Il établit à Rome une Académie des Saintes Ecritures. Ayant fait un voyage à Constantinople, il chassa du Siége Anthime, Hérétique que l'Impératrice Théodora y avoit élevé. L'Empereur le menaça de l'exil. *J'ai cru*, dit le Pape, *trouver à Constantinople un Empereur Catholique, & je n'y vois qu'un Dioclétien: n'importe, ses menaces ne m'effraient point.* Justinien, frappé de sa fermeté, s'informa de la doctrine d'Anthime, qui, refusant de reconnoître deux natures en J. C, fut chassé du Patriarchat. C'est à ce Pape qu'on attribue faussement l'érection en Royauté de la Terre d'Yvetot, lorsqu'il voulut excommunier le Roi Clotaire I, pour avoir tué Gautier d'Yvetot, dans l'Eglise de Soissons, un Vendredi-Saint.

Le second *Agapet* succéda à Martin II, en 946. Il attira à Rome l'Empereur Othon, pour l'opposer à Berenger qui vouloit se faire Roi d'Italie, & qui maltraitoit les Ecclésiastiques. Il mourut en 955.

AGATHA, (Sancta) petite Ville sur la route de Rome à Naples, entre le Gariglian & Capoue, à quatre lieues de cette derniere, dans la Principauté Ultérieure, dans un pays fertile, abondant & bien peuplé, mais la nature du terrain y rend les chemin impraticables apres les pluies.

AGATHON, (Saint) Pape, Religieux de Sicile, succéda à *Domnus* ou *Domnion*, en 678 Il condamna les Monothélites dans un Synode qu'il assembla à Rome. Il contribua à la convocation du Concile de Constantinople, en 680 & 681. On a de lui plusieurs lettres écrites à l'Empereur Constantin Pagonat, aux Evêques du Concile, à Théodore de Cantorbie. Il mourut en 683.

AGGIUNTI, (*Nicolo*) né le 6 Décembre 1600, à *Borgo san Sepolcro*, d'une famille noble; quoiqu'il soit peu connu, n'ayant laissé que peu d'Ouvrages imprimés, c'étoit un des plus savans Eleves de Galilée, & un de ceux dont l'Académie de Florence faisoit le plus de cas. Son pere fut premier Médecin de Ferdinand I, Cosme II, & Ferdinand II, Grands Ducs de Toscane. Nicolas Aggiunti fut choisi par Galilée même pour remplacer le P. Castelli, dans l'Université de Pise, lorsque ce Religieux fut appellé pour enseigner les Mathématiques au Collége de la Sapience à Rome. Aggiunti fut chargé d'enseigner lui-même cette science à Mathias de Médicis. Il fit des expériences très-curieuses, qui le conduisirent à observer l'élévation des liqueurs dans les tuyaux capillaires, découverte par Toricelli. Aggiunti fut le premier qui l'observa dans cette espéce de tube, dont il étoit l'inventeur: Toricelli n'ayant fait sa découverte de la pésanteur de l'air que sur l'élevation de l'eau dans les pompes, Aggiunti appliqua ses principes à de nouvelles expériences ; il calcula la proportion des résistances de l'air & de l'eau par le mouvement du pendule dans l'un & l'autre de ces liquides. Il marcha toujours avec le flambeau de l'expérience ; & il auroit poussé bien loin les progrès de la Physique, mais la mort l'enleva au milieu de ses travaux en 1635, à l'âge de trente-cinq ans. Il contribua beaucoup aux progrès de la Physique, dans l'Académie *del Cimento*, établie pour les Expériences, par le Grand Duc de Toscane.

AGNADEL, AGNADELLO, AGNIADETTUM, Village du Milanez, dans le territoire de Cresme, entre Lodi & Bergame, célebre par la bataille que Louis XII y gagna contre les Vénitiens, commandés par l'Aviano, en 1509, & qui fit perdre à la République de Venise tous les Etats de Terre-ferme, sur lesquels Jules II, l'Empereur Maximilien, les Rois de France & de Naples, & les Ducs de Savoye & de Ferrare, avoient formé des prétentions. Ce fût sous ce prétexte, que suscité par l'implacable Jules II, ces Souverains conclurent la fameuse ligue de Cambrai, si funeste aux Vénitiens. On appelle indifféremment la bataille perdue par l'Aviano, la bataille d'Agnadel ou de Ghiaradada.

AGNANO, ruines sur le Lac de ce nom, qui sont les seuls restes de l'ancienne Agnano. Le Lac est ce qu'il y a de plus curieux ; il a un demi-mille de diamêtre. Il paroît bouillonner sur les bords ; mais l'eau n'a aucune chaleur sensible. Ces bouillonnemens sont plus considérables quand le Lac est bien plein. Il est couvert d'oiseaux de riviere de toute espéce ; la chasse fait partie des plaisirs du Roi. Les uns attribuent ses bouillonnemens à des feux souterreins, mais fort éloignés ; ce qui semble le prouver, c'est le voisinage de la Grotte du Chien, & les Etuves de S. Janvier ou de S. Germain, qui sont dans le voisinage du Lac ; mais la température de l'eau, les excellentes tanches qu'on pêche dans ce Lac, & d'autres propriétés, semblent prouver le contraire. D'autres prétendent que ce bouillonnement est occasionné par l'air ou les vapeurs qui se font jour au travers de l'eau, ce qui n'est guere plus clair : car quelle est la cause motrice de l'impulsion de cet air & de ces vapeurs ?

AGNANO, (Monte d') dans le Pisan, produit des plantes curieuses; cette montagne est voisine du Monte Pisano, dont les carrieres de marbre sont fort estimées.

AGORO, AGORUM, petite Ville dans le Bellunois, Province de l'Etat de Venise, sur la riviere de Cordevol, au nord de la Ville de Feltri.

AGOSTINI, (*Leonardo*) savant Antiquaire, né dans l'Etat de Sienne, dans le dix-septiéme siécle, possédoit l'érudition la plus profonde. Le Recueil qu'il publia sous le titre d'*Antiche figurate*, précédé d'un Discours très-savant, est fort estimé, & a été traduit en plusieurs langues. Il fut imprimé à Rome en 1657 & 1669, 2 vol. 4°. Cette édition est la meilleure pour la beauté des planches. La seconde, aussi à Rome en 1686, est supérieure à la premiere, pour l'ordre. Ce Recueil a été traduit en Latin par *Gronovius*. Cette traduction a eu beaucoup de succès.

AGRIGENTI. *Voyez* GERGENTI.

AGRIPPINE. (Tombeau d') On sait que Néron, fatigué de la présence & des remontrances de sa mere, résolut de s'en défaire. Il feignit de vouloir se réconcilier avec elle; il l'invita à une fête qu'il donna dans son Palais de Bauli; après le souper, il la reconduisit dans le bateau qui devoit la ramener à Bayes. Ce bateau étoit construit de maniere qu'il devoit s'ouvrir; mais ce moyen n'ayant pu réussir, & s'étant sauvée à la nage jusqu'à sa maison de campagne, elle y fut assassinée la même nuit. Elle fût enterrée par ses Domestiques, près du chemin de Misene, & de la maison de Néron, qui étoit sur la hauteur. Le tombeau est une partie de bâtimens en forme de demi-cercle, avec une galerie tout au tour; la voûte est répartie en compartimens de stuc, plus longue que large; les sculputures ou bas-reliefs sont assez bien conservés. L'entrée est presque fermée par les terres qui couvrent le pavé & l'endroit où étoit placée l'urne. Il y a des inscriptions qu'il est très-difficile de lire, à cause de l'obscurité du souterrein & de la fumée des flambeaux que les conducteurs y apportent, & qui forme une suie qui couvre les bas-reliefs. Les Paysans qui font voir ces lieux, les dégradent toujours de plus en plus, afin de leur donner un plus grand air d'antiquité; ils ne voient pas qu'à force de les dégrader, ils les détruiront entierement.

AGRUMI, AGRUME. C'est le nom générique qu'on donne en Italie aux arbres qui portent des citrons, des oranges, des limons, des cédrats. Les berceaux de la *Villa Feroni* à Rome, sont formés par des *Agrumi*: à Florence on appelle les fruits même de l'oranger, du citronier, & de tous les arbres de cette espéce, des *Agrumi*. Par *Agrumi*, on entend aussi toutes espéces de fruits; comme sous le nom de grains, on comprend le froment, l'orge, le seigle, l'avoine, &c.

AICARDO, (*Jean*) Architecte, né à Coni, en Piémont, a bâti les Greniers publics de Gênes, où il alla s'établir; il a conduit l'aqueduc de Calzolo, qui a six lieues de long, au travers des montagnes & des vallons. Le Chœur de l'Eglise Saint-Dominique & le Palais *Sera*, sont de cet Architecte. Son fils Jacques construisit à Gênes deux Ponts, qu'il flanqua de bastions, depuis la Darsene jusqu'à S. Marc. Jean mourut en 1625.

AIGUEBELLE, AQUABELLA, petite Ville de Savoye, située sur le torrent d'Arc; son nom est formé du mot *Aigue*, *Aqua*, Eau, & du mot *Bella*, Belle. Ce mot *Aigue*, en François, s'est conservé dans les Provinces méridionales, où il a pris naissance. Ainsi on trouve en Provence & en Languedoc *Aigues-mortes*, *Aigues-vives*, hautes *Aigues*, &c. On dit dans la Guienne, le Languegoc & la Provence, le Bearn, *Aigue* pour *Eau*, qui est proprement François, au lieu qu'*Aigue* est véritablement Gaulois. Le nom d'Aix, que plusieurs Villes des Gaules ont conservé, à cause de leurs *Eaux minérales*, est dérivé du mot *Aigue*.

En 1742, les Espagnols prirent Aiguebelle, après deux heures d'un feu continuel. On fait beaucoup de soie à Aiguebelle. Les eaux claires & limpides de l'Arc qui arrosent cette Ville, y répandent une fraîcheur délicieuse pendant l'été.

AIRE-LA-VILLE, Bourg de Savoye, qui dépendoit autrefois de la France. Un petit district, que le Duc de Savoye s'étoit réservé, lorsqu'il céda la Bresse & le Pays de Gex à la France, en 1602, fut échangé en 1760, & cédé à la France pour Aire-la-Ville, Seyssel & quelqu'autres petits lieux qui étoient en deçà du Rhône.

Aix, Aquæ Gratianæ, petite Ville dans la Savoye, proprement dite, située auprès des montagnes, entre Chambery, Annecy & Rumilli. Ses Eaux minérales, dont le fond est d'alun & de soufre, sont très-connues, & ses Bains chauds sont très-salutaires. On ne sait pas au juste l'étimologie de *Gratianæ*, qu'on donne à ses Eaux; on croit que les Bains d'Aix sont l'ouvrage des Romains, & qu'ils n'ont pris le nom d'*Aquæ Gratianæ*, que parce que l'Empereur Gratien les fit rétablir.

Ajaccio, Ville & une des Jurisdictions de Corse, au midi de cette Isle. Il y a un Evêque, un Château sur la Mer, un Golfe & un Mouillage assez bon qui peut tenir lieu de Port.

Alamanni, (*Louis*) né à Florence en 1495, d'une famille distinguée, Poëte. Il conspira contre Clément VII, & se réfugia en France. Le Roi qui étoit le pere des Lettres, l'accueillit avec bonté, & le nomma son Ambassadeur auprès de Charles V. Après la mort de François I, il se retira en Provence, où il continua de cultiver sa Poësie. Il mourut à Amboise en 1556. Il a laissé des Elégies, des Eglogues, des Satires, des Epigrammes & des Hymnes. Le Recueil de ses Poësies est en 2 vol. 8º. imprimé à Lyon. Antoine Alamanni, dont les Poësies burlesques ont été imprimées avec celles du Barchiello, à Florence, étoit son parent.

Alatri, petite Ville de la Campagne de Rome, avec Evêché. Alatri est bien située, & n'est pas éloignée de Veroli, Segno & Ferrentino.

Albane, petite riviere qui passe à Chambery. Elle est formée par une cascade naturelle, qu'on voit à environ une lieue avant d'arriver à Chambery. Cette cascade, quoique peu considérable par son volume, est très-agréable, à cause de la limpidité de l'eau, qui vient de la montagne de la Crote & d'autres montagnes voisines. Elle tombe perpendiculairement de plus de cent vingt pieds de haut; elle est éblouissante, lorsqu'elle est argentée par les rayons du soleil.

Albani, (Palais) à Rome, près des quatre fontaines. On a

fait servir à quelques meubles de décoration de ce Palais de très-beaux morceaux de l'Antiquité : les chambranles sont des marbres antiques très-précieux. Parmi les morceaux nombreux de sculpture que renferme ce Palais, on remarque un groupe de Thésée & du Minautore, une Diane d'Ephèse, plus grande que nature; un Pan, qui montre à jouer de la flûte, un Apollon, plus grand que nature, quantité de bustes antiques, un Apollon, un Faune en bronze, & plusieurs autres morceaux. Il y a une très-belle & très-nombreuse collection de tableaux & de desseins, une galerie peinte par Paul de Plaisance, des voûtes peintes par Nicolas de Gli Abacci. Parmi les tableaux, on distingue une tête d'Ecce-Homo, de *Leonardo Vinci*, trois têtes du Guide, la mort de la Sainte-Vierge, de Carlo Maratte, une Sainte-Famille, du même, des études d'André Sanchi, une Vierge, de Raphaël, & ce qu'il y a de plus précieux, l'esquisse coloriée & originale du célebre tableau de la Transfiguration de ce grand Peintre, aussi fraîche & aussi bien conservée que si elle sortoit de ses mains, une Judith, tenant la tête d'Holopherne, du Caravage, un S. Janvier de Solimene; une suite de desseins des Peintres les plus célebres, des Carraches, de Polidore, de l'Espagnolet, de Lanfranc, &c. Il y a dans le même Palais une Bibliothéque de plus de vingt-cinq mille volumes, rassemblés avec beaucoup de goût, par M. le Cardinal Albani. La *Villa Albani* contient des choses encore plus remarquables. Cette Maison de campagne, hors de la porte Salara, a été bâtie sur les desseins même du célebre Cardinal Alexandre Albani, secondé par Carlo Marchioni, Architecte. Des colonnes de granit d'Egypte soutiennent le portique du rez-de-chaussée, orné de belles statues, dont les piédestals sont chargés de bas-reliefs très-précieux & antiques. Parmi ces statues, on remarque celle de Domitien, la seule de cet Empereur qui se soit conservée entiere. Au milieu de cette colonnade, est un vestibule rempli de statues, de bas-relief & d'inscriptions; dans la Chapelle qui est à côté, sont de très-beaux morceaux, & sur-tout un tombeau de granit rouge, qui forme l'autel. Vis-à-vis du portique dont nous avons parlé, on voit en perspective deux petits temples, dans l'un desquels est la ſtatue de Rome triomphante. Le plafond du ſallon d'en-haut eſt peint par Meinſs, qui a repréſenté Appollon au milieu des Muſes ſur le Parnaſſe : le Peintre a fait des figures principales des portraits connus. Ce ſallon eſt orné de bas-reliefs très-eſtimés, de beaux pilaſtres, qui ſéparent les feneſtres, revêtus de Moſaïques modernes. On voit dans ce Palais un Antinous en relief, de grandeur naturelle, tenant une guirlande à la main, & très-bien conſervé ; de petites figures Grecques & Romaines, de bronze ; un vaſe antique de porphyre très-grand, avec une tête de Méduſe, qui paroît avoir ſervi de baſſin à quelque fontaine ; au fond du jardin, dans une galerie ouverte en demi-ovale à l'antique, on voit une grande quantité de ſtatues, d'urnes, d'idoles Egyptiennes. On ne finiroit point, ſi l'on entroit dans les détails de tous les morceaux que renferme cette maiſon, qui peut donner une idée des maiſons de campagne des anciens Romains. Rien n'y eſt oublié ; au-deſſous des terraſſes dans des ſalles ſouteraines, on trouve des ſtatues de fleuves, avec de grandes urnes de marbre, qui ſervent de fontaines ; dans le jardin, au milieu d'un parterre, eſt un baſſin élevé d'un pied & demi, au milieu duquel quatre figures portent ſur leur dos un autre baſſin de granit, de forme circulaire & applatie. Il y a dans les boſquets plus de deux cens ſtatues, des baſſins, des ſalles voûtées, un temple de Jupiter, & mille autres objets dignes de la curioſité des Savans.

ALBANI, (*Franciſco*) l'Albane, Peintre fameux, né à Bologne en 1578. Dès l'âge de douze ans, il fut mis ſous la diſcipline de Calvari ; il y trouva le Guide, qui lui montra les découvertes que ſon application lui avoit fait faire. Ces deux grands Artiſtes paſſerent enſemble à l'école des Caraches. L'Albane ne fut pas long-temps à ſe montrer le digne émule de ſes maîtres ; quoique moins ſavant & moins ingénieux qu'eux, il a une partie qui lui eſt propre, & qui eſt cauſe de ſa célébrité : ce ſont les graces du deſſein dans les belles têtes ; perſonne n'a mieux ſaiſi que lui le gracieux, la fineſſe & le voluptueux du pinceau. Il n'avoit pas de plus grand plaiſir que de prendre pour modele ſa femme, qui étoit d'une rare beauté & ſes enfans : auſſi s'eſt-il borné aux ſujets d'agrément, où il a excellé. Il n'a presque fait que des tableaux de chevalet. Il a souvent répété les mêmes sujets, les saisons, dont l'original est à Turin, dans le Palais du Roi de Sardaigne, les élémens, des jeux d'enfans, qu'il plaçoit dans des paysages, peints avec la plus grande vérité, & dont les sites sont très-agréables. Il puisoit dans les Poëtes ses pensées ingénieuses : les sujets terribles ne lui convenoient pas : on peut l'appeller l'Anacréon des Peintres. Il aimoit à finir ses tableaux ; il a peint des fresques dans la Ville & aux environs de Rome, quelques grands tableaux d'autel à Bologne ; quoiqu'ils manquent de force & d'expression, à cause des graces qu'il a voulu y faire dominer, ils sont très-estimables. Il avoit douze enfans ; il a beaucoup travaillé pour les soutenir. Le Roi possede plusieurs de ses tableaux : M. le Duc d'Orléans en a quelques-uns. Ses desseins sont fort rares. Il mourut à Bologne en 1660, âgé de 82 ans.

ALBANO, *Albanum*, Ville de la Campagne de Rome, ayant titre de Principauté, avec un Evêché, située sur le Lac de Castel-Gandolfo, dont elle est voisine. Elle tire son nom de l'ancienne Ville d'Albe, & est très-ancienne elle-même : on la fait remonter au temps de Néron ; on dit qu'elle fut bâtie à l'occasion d'un camp Prétorien, qui étoit auprès, par des Marchands & des Vivandiers, qui fournissoient ce camp ou casernes : elle fut détruite par les Papes, dans le temps qu'ils étoient en guerre avec les habitans de *Tusculum*. Les Romains, attirés par les agrémens de la situation, y rebâtirent des maisons de campagne : & aujourd'hui tous les Seigneurs de Rome y ont des vignes & des jardins, où ils passent la belle saison : c'est le terrein qui produit le meilleur vin. Il reste à Albano plusieurs monumens antiques ; un mausolée, dépouillé de tout ornement, que le peuple croit être le tombeau d'Ascagne, fils d'Enée ; un autre mausolée avec cinq pyramides, dont deux, encore bien conservées, sont revêtues d'un côté de pierre piperine, a fait croire que c'étoit le tombeau des Horaces ; mais on conjecture que c'est celui de Pompée, dont les cendres furent portées d'Egypte à sa femme Cornélie, qui les plaça, dit Plutarque, dans sa maison d'*Albanum*. C'est au pied de la montagne d'Albano que l'Empereur Domitien avoit fait bâtir un vaste Palais, où il donnoit des combats de gladiateurs, des jeux scéniques, & où il rassembloit les Gens de Lettres ; on y voit encore des réservoirs d'eau pour l'usage du Palais.

On voit aux Capucins d'Albano une crèche du Bernin ; c'est de la terrasse des Capucins qu'on jouit de la vue du Lago-Castello ou lac de Castel-Gandolfo, qui a sept à huit milles de circuit, entouré de montagnes. On a découvert sur les bords du lac deux nymphées ou salles ornées de statues de Nymphes.

Il croît aux environs d'Albano un champignon fort délicat & d'un goût très-agréable, à tête ronde, & qui a quelquefois un pied de diamètre ; il est réservé pour la table des Princes : un droit seigneurial oblige les habitans, dès qu'ils en apperçoivent quelqu'un, de le garder nuit & jour jusqu'à sa parfaite maturité.

ALBE, *Alba*, ou ALBA POMPEIA, Ville d'Italie, dans le Montferrat, sur la rive droite du Tanaro. Cette petite Ville est la patrie du Pape Innocent I : elle fut cédée au Duc de Savoie, en 16 1, pour la paix du Quierasque. Elle a un Evêché suffragant de Milan ; elle est la Capitale d'une petite Province à l'occident du Montferrat, traversée par le Tanaro. La Ville d'Albe est à la droite de ce fleuve ; on croit qu'elle a été fondée par Pompée, dont elle a retenu le nom ; elle a été beaucoup plus considérable qu'elle ne l'est aujourd'hui.

ALBE. *Voyez* ALBANO.

ALBENGUA, *Albengue*, petite Ville dans l'Etat de Gênes, sur la Méditerranée. La plaine y est très-bien cultivée, & répond aux soins du cultivateur ; les environs sont couverts d'oliviers, on y recueille une très-grande quantité de chanvre ; cependant l'air y est mal-sain, ce qu'on peut attribuer aux eaux stagnantes & croupissantes qui sont nécessaires pour rouir le chanvre. Vis-à-vis de la Ville est la petite Isle d'Albengue. L'Evêché d'Albengua est sous la Métropole de Gênes.

ALBERONI, (*Jules*) né à Plaisance, d'un Jardinier, en 1664, cultiva la terre jusqu'à l'âge de quatorze ans. Il obtint la place de Clerc-Sonneur à la Cathédrale de Plaisance. Il apprit le Latin ; on le fit Prêtre, & son Evêque lui ayant trouvé de l'esprit, lui donna un Canonicat & l'Intendance de sa Maison. Quelque temps après Campiſtron, Secrétaire de M. le Duc de Vendôme, ayant été volé, ſe réfugia chez Alberoni, qui l'habilla & lui prêta de l'argent. Le Duc de Vendôme ſe trouvant embarraſſé pour les munitions, Campiſtron lui parla d'Alberoni, comme d'un homme qui pouvoit lui être utile. En effet, Alberoni lui indiqua les magaſins où les Habitans tenoient leurs grains cachés Le Duc de Vendôme s'attacha à Alberoni, & l'amena à Paris. Il voulut lui donner la Cure d'Anet: Alberoni la refuſa pour ſuivre ſon Protecteur qui fut nommé Général des Armées en Eſpagne. Il l'amena, & s'en ſervit pour entretenir ſa correſpondance avec la Princeſſe des Urſins, qui s'étoit miſe à la tête des affaires d'Eſpagne. Cette Princeſſe, qui connut tout le mérite d'Alberoni, ſe déclara ſa protectrice, & lui obtint le titre d'Agent du Duc de Parme à la Cour de Madrid. Il propoſa à la Princeſſe de marier Philippes V avec Eliſabeth Farnèſe, héritiere de Parme, de Plaiſance & de Toſcane. Il fut chargé de ſuivre cette négociation; le mariage ſe fit, & il fut chargé de conduire cette Princeſſe. Elle le fit nommer Cardinal, Grand d'Eſpagne, & enfin premier Miniſtre. La hardieſſe de ſes projets embraſſoit l'Europe entiere; mais il échoua contre le génie du Duc d'Orléans, Régent de France, qu'Alberoni vouloit dépoſſéder de la Régence. Ce Prince déclara la guerre à l'Eſpagne, & ne fit la paix qu'à condition que le premier Miniſtre ſeroit renvoyé. Alberoni ſe retira à Gènes: le Pape le fit arrêter, comme ſuſpect d'avoir entretenu des liaiſons avec le Turc. Alberoni vint à Rome, fut juſtifié de cette imputation, mais fut renfermé pendant un an chez les Jéſuites. Etant à Rome, il tenta une autre entrepriſe ſur la petite République de Sancta-Maria, devant laquelle il échoua. Cet eſprit vaſte, ambitieux, inquiet, mourut en 1752.

ALBERTI, (*Leo-Baptiſta*) Architecte célèbre de l'illuſtre famille d'Alberti de Florence, neveu du Cardinal Alberto, né en 1398. Il fut d'abord Chanoine de la Cathédrale; il fut grand Littérateur, Mathématicien, Poëte, ſavant dans les Antiquités, poſſédant les principes de tous les Arts. Il ne paſſa pas un ſeul jour de ſa vie ſans donner quelques heures à l'étude; la peinture

& la sculpture étoient ses délassemens. L'examen des monumens antiques lui donna le goût de l'architecture; il fit plusieurs voyages dans différens endroits de l'Italie, & composa un très-bon Traité *de re Ædificariâ*. Paul V le chargea de réparer l'aqueduc de *Aqua Virgine*, & à construire la fontaine de Trevi, rebâtie depuis: la porte de Sainte-Marie-Nouvelle à Florence, est de lui, ainsi que les galleries de marbre & la façade dorique du Palais de Ruccelai, le chœur de l'Eglise de l'Annonciade, en forme de rotonde. Il a fait à Mantoue différens édifices pour le Duc Gonzague, & sur-tout la belle Eglise de Saint-André, qui depuis a été gâtée par les additions qu'on a faites dans l'intérieur; l'Eglise de Saint-François à Rimini, l'une des plus remarquables d'Italie. Léon Alberti joignoit à ses vastes connoissances une grande douceur de caractere, de politesse, de générosité. Il étoit l'ami de tous les Artistes; il a laissé un très-grand nombre d'Ouvrages sur différens sujets: il mourut dans un âge très-avancé.

ALBERTI, (*Aristotile*) Architecte & un des plus grands Méchaniciens de Bologne, vivoit vers la fin du quinziéme siécle. Il fit des choses surprenantes; entr'autres, il transporta à Bologne, depuis l'Eglise Sainte-Marie, à trente-cinq pieds de-là, un clocher avec toutes ses cloches, redressa celui de l'Eglise de Saint-Blaise, qui transplomboit de cinq pieds. Il construisit un pont très-ingénieux sur le Danube; il fit en Hongrie des choses si surprenantes, que le Roi lui permit de faire battre monnoie, & d'y mettre son empreinte: il le créa Chevalier. Jean Basilide, Grand Duc de Moscovie, frappé de ses talens, le fit venir, & le chargea de la construction de plusieurs Eglises.

ALBIZI ou BARTHELEMI DE PISE, né à Rivana, en Toscane, Cordelier, Auteur du Livre des Conformités de Saint-François avec J. C. Dans ce Livre, Albizi éleve Saint-François, sans comparaison, au-dessus de tous les Saints, & le place à côté de J. C. Les Cordeliers, enflés de cette belle découverte, lui donnerent l'habit complet, que Saint-François avoit porté. Ce Livre a été imprimé plusieurs fois; les trois premieres éditions, la premiere de Venife, fans date, la deuxiéme, de Milan, in-fol. en 1550, la troifiéme en 1513, in-fol. font très-rares. Les Cordeliers ont reproduit cet Ouvrage fous différens titres; c'eft une de ces productions folles, d'autant plus plaifantes, qu'elles ont été faites de meilleure foi.

ALBONA, Ville de l'Iftrie, dans les Etats de Venife, fur le Golfe de Quarnes; le territoire y eft peu fertile, & le climat mal-fain.

ALCANCALI, efpéce d'antidote, dont on fait beaucoup de cas en Italie, & dont on fe fert contre toute forte de fiévres.

ALCIAT, (*André*) né à Milan, célébre Jurifconfulte. Il profeffa le Droit à Avignon, avec le plus grand fuccès; il paffa enfuite à l'Univerfité de Bourges, à l'invitation de François I, le pere des Lettres. Il s'y fit une très-grande réputation pendant les cinq ans qu'il y refta. Il retourna en Italie, efpérant une plus grande fortune. Il mourut en 1550: il porta les agrémens du ftyle dans les matieres féches de la Jurifprudence. On a de lui un Recueil d'Emblèmes, avec l'explication en vers. Ces Poëfies, qui font encore eftimées, l'ont fait mettre au rang des Poëtes: elles ont été traduites en plufieurs Langues.

ALDOBRANDINI, (*Villa*) fituée dans la partie la plus élevée du Mont-Quirinal. C'eft une Maifon de campagne des plus agéables, par fa fituation, par fes jardins, par fes plantations & par fes eaux. Toute la face principale du Palais eft ornée de plufieurs bas-reliefs antiques de la plus grande beauté; mais ce qu'il y a de plus précieux, eft le morceau connu fous le nom de Noce Aldobrandine: c'eft une grande frefque, trouvée dans les ruines, les uns difent des Thermes de Titus, les autres d'une maifon de Mécenas, fous le Pontificat de Clément XIII, de la Maifon *Aldobrandi*. Ce tableau antique eft dans un petit fallon à une des extrémités du jardin. Il eft très-célebre; on l'a copié, on l'a gravé en taille-douce, fur la pierre, en terre, & de toutes manieres: les plus grands Peintres l'ont étudié, & s'en font fervi. La mariée eft affife fur un lit, une femme femble l'inftruire; l'époux eft affis au pied du lit, couronné de pampres; vis-à-vis de la mariée, eft une femme qui verfe des parfums dans un vafe;

de l'autre côté est une femme qui joue de la lyre, & deux femmes qui brûlent des parfums ; dans un coin sont des matrones autour d'un vase de purification. Cette peinture est fort décolorée; l'élégance & la correction du dessein ne laissent rien à désirer ; on croit qu'elle est plus ancienne que les peintures trouvées à Herculanum, & qu'elle a été faite par des Artistes Grecs : on en juge par le défaut de perspective & par la vérité frappante de l'expression.

Les bassins de ce jardin auroient besoin de quelques réparations. Cette Maison de campagne appartient au Prince Pamphile, & est ordinairement occupée par l'Ambassadeur de France, lorsqu'il va à Frescati en Villegiature.

ALDROVANDI, (*Ulysse*) Auteur d'une Histoire naturelle générale, dont on voit les manuscrits originaux & les desseins coloriés, dans la magnifique Bibliothéque de l'Institut de Bologne. Il entreprit de longs & pénibles voyages pour perfectionner son Histoire. De retour dans sa patrie, il donna ses manuscrits au Sénat de Boulogne, de crainte que s'ils tomboient entre les mains de ses héritiers, ils ne fussent dispersés. Le Sénat les plaça dans une salle du Palais public, en confia la garde à un Savant, qui fut chargé non-seulement de les conserver, mais encore de les augmenter de ses observations & de ses recherches. On a prétendu qu'Aldrovandi se ruina pour la composition de son ouvrage, & qu'il mourut de misere, dans un Hôpital. M. l'Abbé Richard, dans ses Mémoires d'Italie, détruit cette anecdote ; il assure qu'il fut aidé des libéralités du Sénat, que le Pape Grégoire XIII, son parent, Sixte V & le Cardinal Alexandre Perretti, le Duc Urbain, François-Marie de la Rovere, & Ferdinand I, Grand Duc de Toscane, favoriserent son entreprise par de grandes largesses, sans lesquelles Aldrovandi n'eût jamais pu venir à bout d'un projet qui étonne dans nos Bibliothéques, mais qui frapperoit bien davantage, si l'on voyoit l'original & les desseins. Il fut enterré à Saint-Etienne de Bologne, dans le tombeau de ses ancêtres, & non dans un Hôpital. Après sa mort, son entreprise fut continuée par Ferdinando Cospi, noble Bolonois, qui, aidé par les libéralités de Ferdinand II & de Cosme III, Grand Duc de Toscane, rassembla un grand nombre de richesses, qu'il ajouta au trésor littéraire d'Aldrovandi, & qui, avant de mourir, plaça dans le même dépôt les curiosités naturelles qu'il avoit rassemblées, & tous ses manuscrits. *Voyez* INSTITUT DE BOLOGNE.

ALEANDRE, (*Jérôme*) Savant, né à la Motte, sur les confins du Frioul & de l'Istrie, en 1480. Il enseignoit les Humanités à l'âge de quinze ans : sa réputation parvint à cet âge jusqu'aux Souverains. Appelé en France par Louis XII, il fut fait Recteur de l'Université de Paris. Il signala son éloquence contre Luther, à la Diette de Worms, en 1519 : il y étoit en qualité de Nonce de Léon X. Clément VII lui donna l'Archevêché de Brindes & la Nunciature en France. Il fut fait prisonnier avec François I, à la bataille de Pavie, où ce Prince, qui l'aimoit, avoit voulu qu'il le suivît. Paul III le fit Cardinal. Il mourut à Rome en 1542 : nous avons de lui plusieurs Ouvrages.

Il y eut un autre *Jérôme* ALEXANDRE, grand Antiquaire, Poëte, Jurisconsulte & Littérateur, qui mourut à Rome en 1631, & auquel le Cardinal Barberin, son protecteur, fit faire les plus brillantes obséques. Il a laissé plusieurs Ouvrages relatifs à ses différentes connoissances.

ALEOTI, (*Jean-Baptiste*) Architecte, né de parens pauvres, à Argenta, près de Ferrare. Il servoit les maçons, & à force d'entendre parler d'édifices, il prit du goût pour l'architecture : il s'y appliqua & mêla à cette étude celle de la Géométrie. Il entendoit très-bien l'Architecture hydraulique, le nivellement des terres & la conduite des eaux. Clément VII le chargea de la construction de la citadelle de Ferrare. Il éleva à Parme, à Mantoue, à Modène, à Venise, des théâtres & plusieurs édifices publics. Comme il avoit cultivé les Belles-Lettres, il écrivit sur les différends qui s'étoient élevés entre les Provinces de Ferrare, de Bologne & de la Romagne, au sujet des eaux de la Palesine de Saint-George. Il eut beaucoup de part aux questions qui furent proposées sur l'hydrostatique. Il publia encore quelques réflexions sur l'Architecture, la Géométrie & l'Hydrologie. Il mourut en 1630.

ALERIA, Ville & une des Jurisdictions de Corse. Cette Ville est peu considérable, mais son territoire est naturellement fertile. Elle est le Siége d'un Evêque.

ALESSANO, *Alexanum*, petite Ville Epsiscopale du Royaume de Naples, dans la Terre d'Otrante, près du Cap de Sancta-Maria di *Leuca*.

ALESSI, (*Galeas*) Architecte & Mathématicien, né à Pérouse, en 1500. Il eut pour maître Caporali, Architecte & Peintre de Pérouse, Traducteur & Commentateur de Vitruve, & pour ami Michel-Ange. Il acheva la forteresse de Pérouse, commencée par Saint-Gallo. Les plus beaux édifices de cette Ville passent pour être de cet Architecte. Il aligna les rues, & répara les murs de Gènes, où il bâtit plusieurs édifices magnifiques. Il a construit l'Eglise de la Vierge, sur le sommet de la colline de Carignan. Mais ce qu'il a fait de mieux à Gènes, est la grande porte du port, flanquée de colonnes rustiques, & la décoration du port même, orné & défendu en même temps par de grands portiques, d'ordre dorique, couronnés d'une balustrade de marbre, au-dessus de laquelle est une place d'armes. Ces ouvrages tiennent lieu de cavalier. Il allongea le mole de plus de six cens pas. Il bâtit plusieurs Palais dans les environs de Gènes, à Bisignano pour les Grimaldi, à Saint-Pierre d'Arena pour les Justiniani, les Doria & plusieurs autres Seigneurs. Il laissa beaucoup de plans, qui furent exécutés dans la suite. Il bâtit plusieurs maisons à Ferrare. Il éleva à Bologne la grande porte du Palais public, & dans ce Palais une très-belle Chapelle; il acheva le bâtiment de l'Institut, d'après le dessin de Tibaldi; à Milan, il éleva l'Eglise de Saint-Victor, & la grande salle de la Bourse, ainsi que la belle façade de l'Eglise de Sainte-Celse, & le magnifique Palais de Th. Marini, Duc de Terra-Nova. Il a fait une très-grande quantité de plans à Naples, en Sicile, en France, en Allemagne, en Flandre, pour des Palais, des Eglises, des Fontaines publiques, des salles de bains. Le Roi de Portugal, le fit Chevalier; le Roi d'Espagne le retint quelque temps, & le combla de bienfaits. De retour à Pérouse, la Ville le députa à Pie V, pour traiter d'affaires particulieres. Ce Pape

fit

fit un grand accueil aux talens d'Alesi. Il bâtit encore à Pérouse quelques Palais, & la plus grande partie de l'Eglise de Notre-Dame des Anges, près de la Ville d'Assise, sur les plans de Vignole. Il envoya en Espagne le plan du Monastere de l'Eglise de l'Escurial, qui fut préféré à tout ce qui avoit été envoyé par les plus grands Architectes; mais son âge ne lui permit pas d'aller exécuter ses desseins. Il mourut dans sa patrie en 1572.

ALEXANDRE. Il y a eu huit Papes de ce nom: les plus célèbres sont Alexandre II, élu en 1061. Il a laissé quarante-cinq Epîtres; il y en a une adressée aux Evêques de France, dans laquelle il les loue de n'avoir pas voulu se prêter aux cruautés que les Chrétiens se faisoient un mérite de faire souffrir aux Juifs: on les frappoit, on les massacroit pour honorer Dieu. Alexandre III fut un grand Pontife, ce fut lui qui abolit la servitude; il obligea Henri II, Roi d'Angleterre, à expier le meurtre de Thomas de Cantorbery. Alexandre V, né de parens qu'il n'avoit jamais connus, mendioit son pain, lorsqu'un Cordelier le prit & lui donna l'habit de son Ordre. Il fit des progrès dans la Théologie à Oxford. A son retour, Galéas Visconti le donna pour Précepteur à son fils, & obtint successivement pour lui l'Evêché de Vicense, celui de Novarre & l'Archevêché de Milan: Innocent VII le fit Cardinal. Elevé à la Papauté, il n'oublia jamais qu'il avoit été mendiant. Le plus célèbre des Papes, qui ont porté le nom d'Alexandre, est le fameux Lanzoli, qui prit le nom d'Alexandre VI. Tout le monde connoît ses amours avec Vanoza, dont il eut quatre fils & une fille, tous aussi scélérats que leur pere. Celui dont les crimes ont fait le plus de bruit, est César Borgia; il entretint un commerce scandaleux avec Lucrece sa sœur, dont il fit assassiner le mari, & jetter dans le Tibre. On accuse le pere d'avoir été le rival & l'assassin d'un des époux de Lucrece; d'avoir trompé tous les Souverains avec lesquels il a été lié; d'avoir fait un traité avec Bajazet II, & de lui avoir sacrifié Zizin, qui s'étoit jetté dans ses bras. Il mourut du vin qu'il avoit préparé pour quelques Cardinaux avec lesquels il dînoit. C'étoit un Prince voluptueux

& sanguinaire. Alexandre VII, Auteur du Formulaire de 1665; que Louis XIV força à des réparations humiliantes, de l'insulte faite à Créqui par sa Garde, protégea les Arts, aima les Lettres, & fit lui-même des Poësies, dont on a publié un Recueil, in-fol. au Louvre. Alexandre VIII publia une Bulle contre les quatre articles de l'Assemblée du Clergé de France, de l'année 1682, & refusa des Bulles aux Prélats qui avoient été de cette Assemblée.

ALEXANDRIE DE LA PAILLE, *Alexandria Statiellorum*, Ville Episcopale & Capitale du Pays Alexandrin, sur le Tanaro, bâtie en 1178 par les habitans de Milan, de Crémone & de Plaisance, attachés au Parti du Pape Alexandre III, contre l'Empereur Frédéric Barberousse. Son surnom de la *Paille* vient, dit-on, de ce que les premiers murs furent construits à la hâte avec de la paille & du bois, mêlés avec de la terre glaise. Les Gibellins, par dérision, la nommerent Alexandrie de la Paille; mais telle qu'elle étoit lorsque l'Empereur vint y mettre le siége, elle fit une si belle défense, qu'après six mois de l'attaque la plus opiniâtre, il se vit forcé de lever le siége. Elle a été plusieurs fois assiégée. Ses fortifications sont peu de chose, mais sa citadelle est considérable; le Roi de Sardaigne l'entretient avec soin: la garnison est de cinq Régimens d'Infanterie & d'un détachement de Cavalerie. La Ville est séparée par le Tanaro, que l'on traverse sur un pont de bois. On compte dans Alexandrie environ douze mille habitans. Le bâtiment le plus considérable est l'Hôtel-de-Ville, sur la grande Place, à côté de la Cathédrale. Cette Ville est fort commerçante: Lyon, Genève, quelques Villes de la Suisse & d'Allemagne y envoient des bijouteries & des étoffes, qui se portent dans le reste de l'Italie, d'où ils reçoivent en échange des cotons, des soies & d'autres marchandises du Levant. Alexandrie a produit de grands hommes, & entr'autres George Marula.

Depuis Alexandrie, & dans tout ce qui joint la plaine de Lombardie, chaque champ, pré ou vigne est enclos d'un fossé plein d'eau, d'une haie vive, où sont plantés de grands arbres, & sur-tout des peupliers & des mûriers. Cette méthode met les terres à couvert de la sécheresse, des inondations, & procure au propriétaire de chaque fonds tout le bois dont il a besoin pour son usage.

L'Alexandrin est composé de Bosco, Bourg célèbre par la naissance de Pie V, Monte Castello, Casselato & Lezi. Il est en grande partie environné par le Montferrat.

ALGAGLIOLA, petite Ville de Corse, dans la Jurisdiction de Balagna, au nord-ouest de l'Isle. Algagliola en est le lieu le plus considérable : elle est située sur la Mer.

ALGARDI, (*Alexandre*) Architecte & Sculpteur célèbre, né à Boulogne en 1602. Il fut Elève de Louis Carrache. De la Cour du Duc de Mantoue, où il alla très-jeune, il passa à Rome pour y étudier l'Antique; il y resta jusqu'à l'âge de trente-huit ans. Pendant tout ce temps, il ne fit que raccommoder des statues mutilées, & modéler en terre cuite. On le regardoit comme incapable de travailler le marbre. Il sortit enfin de ce profond oubli, où son peu d'intrigue l'avoit jetté. Ses talens parurent au grand jour, & il se fit connoître pour un grand Architecte & pour un des plus habiles Sculpteurs. Il se distingua par l'architecture & les ornemens de *la Villa Pamphili*; les jardins, les fontaines sont admirables; on la regarde comme la plus agréable des Maisons de Campagne des environs de Rome. Ces agrémens lui ont fait donner le nom de *Bel respiro*. Cet Artiste fit pour Camille Pamphili le grand Autel de l'Eglise de Saint-Nicolas de Tolentin, qui passe pour un chef-d'œuvre. La façade de l'Eglise de Saint Ignace du même n'est pas aussi estimée, quoique grande, noble & riche. Innocent X récompensa les talens de l'Algardi, de l'Ordre du Christ, & d'une chaîne d'or de trois cents écus Romains. L'Algardi fut doux, modeste, & eut les mœurs les plus pures. Il avoit la répartie heureuse & spirituelle. Il mourut à l'âge de cinquante-deux ans, en 1654.

ALGAROTTI, (*Francesco* Comte d') mort à Pise en 1764, de l'Ordre Royal de Prusse, Poëte aimable, & savant Physicien, s'est immortalisé par des Ouvrages dans lesquels il a réuni la légereté, les graces, l'imagination, au savoir le plus profond. Ses Lettres, dans lesquelles il a mis Newton à la portée des femmes, peuvent être comparées aux entretiens de Fontenelle, sur la pluralité des Mondes. Elles ont été traduites dans presque toutes les Langues de l'Europe. Le Roi de Prusse faisoit beaucoup de cas du Comte Algarotti: M. de Voltaire en fait l'éloge dans plusieurs endroits de ses Ouvrages. Il étoit de plusieurs Académies; celle qu'il affectionna le plus, fut l'Institut de Bologne, dont il fut un des principaux ornemens. Il portoit dans la Société la même aménité qu'on trouve dans ses écrits. Il fut enterré dans le mausolée qu'il s'étoit érigé lui-même. Il étoit grand connoisseur en Peinture, en Sculpture, en Architecture & en Musique. Il a fait de grandes réformes dans l'Opéra Italien. Ses Œuvres ont été imprimées à Livourne, en 4 vol. in-8°. Elles contiennent ses dialogues sur la Philosophie de Newton, plusieurs essais sur la Peinture, sur la Musique, sur l'Architecture, sur la nécessité d'écrire dans sa propre Langue, sur la Langue Françoise, sur la Rime, sur la Journée de Zama, sur l'Empire des Incas, sur Descartes, sur le Commerce, & plusieurs autres Ouvrages.

ALGHIER, *Algeri*, *Alghieri*, Ville de Sardaigne, sur la côte occidentale de l'Isle, entre Sassari & Bosa. Le port en est très-bon. Le corail qu'on pêche sur ses côtes, est le plus estimé de tous ceux de la Méditerranée: & c'est peut-être à cause de cela que cette Ville s'appelloit anciennement *Corax*.

ALICATE, *Alicata*, Ville de la Vallée de *Noto*, en Sicile, entre les embouchures de la riviere de Salso. Cette Ville est renommée par ses bons vins & par les grains qu'on y charge. Le Mont d'Alicate, qui est auprès de cette Ville, lui a donné son nom. C'est sur cette Montagne qu'étoit autrefois le Château de Dædalion & le Taureau de Phalaris.

ALIFI, petite Ville au nord de Naples, avec un Evêché, dont la Métropole est Benevent.

ALISIO, petite Ville de l'Isle de Corse, dans la Jurisdiction de Capo-Corse, dans la partie septentrionale de l'Isle.

ALL

Alis, petite Ville de l'Isle de Sardaigne, avec Evêché : c'est le seul Evêché suffragant d'*Oristagni*, l'un des trois Archevêchés de cette Isle.

ALLAZIO, (*Leone*) célèbre Ecrivain du dix-septiéme siécle, d'une érudition sûre & profonde, naquit dans l'Isle de Chio, en 1586. Il alla en Italie dès son enfance ; il fût fait Grand-Vicaire d'Anglona, & Garde de la Bibliothéque du Vatican. Il a composé un grand nombre d'ouvrages ; le plus estimé est son Traité des Poëtes de l'Antiquité, imprimé à Naples en 1661. Allazio mourut en 1669, âgé de quatre-vingt-trois ans. Il est connu, parmi les Savans, sous le nom latinisé de Leo Allatius.

Allino, petite Ville dans la Marche Trevisane, dans un terrein assez fertile.

ALLORI (*Alexandre*), neveu & éleve du Bronzin, né à Florence en 1535. Il étudia l'Anatomie, & tira le plus grand parti de cette étude. A l'âge de dix-sept ans, ses talens & sa réputation le firent choisir pour les Ouvrages publics. Son dessein a la pureté de l'antique, son pinceau est moelleux, & ses idées très-gracieuses. Il excelloit à peindre le nud. Ses principaux Ouvrages sont à Rome & à Florence. Il mourut en 1607, âgé de soixante-douze années.

ALPINI, (*Prosper*) Professeur de Botanique à Padoue, né en 1563, à Marostica dans l'Etat de Venise, n'épargna rien pour porter à sa perfection la science qu'il avoit embrassée. Il fit exprès un voyage en Egypte. La République de Venise lui donna, pour le fixer, des emplois considérables ; ses Ouvrages sont fort estimés. Ils consistent en un Traité du Baume, un Traité intitulé *de præsagienda vita & morte*, publié en France par Boerhaave, & un Traité *de Plantis Ægypti*. Il mourut à Venise en 1616.

Alpes, Montagnes qui séparent l'Italie de la France, de la Savoie, de la Suisse & de l'Allemagne. Il faut distinguer les Alpes de l'Apennin, qui traversent l'Italie du Nord-Ouest au Sud-Est.

Altamura, ou **Altavilla**, petite Ville au Royaume de Naples, dans la Terre de Bari, au pied de l'Apennin. Elle a titre de Principauté.

ALTERMONTE, petite Ville du Royaume de Naples, dans la Calabre Citérieure. On trouve aux environs de cette Ville beaucoup de Mines d'or, d'argent & de fer.

ALTIERI, (*Palais à Rome*) c'est un grand Bâtiment sur la Place du *Jesu*, bâti sur les desseins de Jean-Antoine Rossy le jeune. Il y a deux grandes cours, dont l'une entourée d'une belle colonnade, fait honneur à l'Architecte. Il y a dans le Palais nombre d'excellentes Peintures. Une bataille du Bourguignon ; J. C. au tombeau, de Vandick ; le Portrait du Titien, peint par lui-même. Une tête d'*Ecce Homo*, par le Guide ; une Cléopatre du même. La Fable de Térée, & le mauvais Riche à table, du *Calabrese*. Une descente de J. C. au Tombeau ; un S. Sebastien mort, à qui deux femmes arrachent respectueusement ses fléches, du *Schidone*. Deux vieux Jurisconsultes tenant chacun un livre ouvert, & disputant sur le texte de la Loi, par l'Espagnolet ; le Jugement de Paris, de l'Albane ; une Femme devant une table chargée de fleurs & de fruits, de Carle Maratte ; une Visitation, de *Barroci* ; plusieurs Tableaux de *Salvator Rosa* ; une Marine & un Paysage, de Claude Lorrain. Un enfant peint par le Titien, transporté d'une toile sur l'autre. Les morceaux de sculpture n'y sont pas aussi nombreux. On y voit plusieurs figures académiques de Stuc, par le Bernin ; une tête de Severe ; deux Venus, un Silene ; un Prisonnier trouvé vers le Théâtre de Pompée ; une Rome triomphante, de verd antique ; une Urne cinéraire d'albâtre Oriental ; deux colonnes de porphyre.

Il y a beaucoup d'autres tableaux qu'il seroit trop long de détailler, tels que les quatre Saisons, du *Guide* ; Venus & Mars, de *Paul Veronese* ; le Massacre des Innocens, du Poussin ; des Vierges du Corrége, du Parmesan, une Charité Romaine, du Guerchin, &c.

ALTINO & CONCORDIA. Lorsque les Barbares du Nord inonderent l'Italie, les Habitans d'Altino & de Concordia, Villes très-anciennes dans les Lagunes, se retirerent dans les Isles de Torcello, Murano, Mazorbo & Burano, situées aujourd'hui au Nord-Est de Venise, & dans celles de Constanziaco, d'Amiano, & Lido-Maggiore, qui ont été détruites par les eaux. Il ne reste plus qu'une tour de l'ancienne Ville d'Altino.

AMALFI, ou MALFI, Ville de la Principauté Citérieure au Royaume de Naples, sur le Golfe de Salerne, avec un Archevêché. Elle appartient à la Maison de Piccolomini, & elle fut érigée en Duché, en faveur d'Octavio Piccolomini, un des plus grands Capitaines du dernier siécle. Le Corps de Saint André, Apôtre, repose dans une des Eglises de cette Ville. Ce qui a donné à cette Ville sa plus grande célébrité, c'est d'avoir été la Patrie de Jean de Goya, qui inventa la Boussole, vers l'an 1300. Amalfi est un des endroits les plus délicieux de l'Italie, par la fertilité de son terrein & par la délicatesse de ses fruits. C'est à Amalfi qu'on trouva en 1135, les Pandectes Florentines, ainsi appellées, parce qu'elles furent portées d'abord à Pise, ensuite à Florence.

AMANTEA, Ville de la Calabre Citérieure, sur la Méditerranée, dans une position assez agréable.

AMATRICE, Ville de l'Abruzze Ultérieure, au Royaume de Naples, à la source du Dronto, & peu éloignée d'Aquila. Elle étoit appellée indifféremment, *Amatricium*, ou *Amatria*.

AMAZONES DE GÊNES. La fureur des Croisades ne s'empara pas seulement des Guerriers de ce temps: les femmes mêmes se livrerent à ce saint enthousiasme: les dames Génoises se croiserent pour retirer les lieux Saints des mains des Infideles. On fabriqua de cuirasses exprès, qu'on voit encore dans l'Arsenal de Gènes; elles étoient prêtes à s'embarquer; mais le Pape leur écrivit que c'étoit assez pour elles d'avoir montré leur zèle & leur intrépidité; que le ciel leur en tiendroit compte, mais qu'elles s'exposeroient inutilement aux dangers & aux fatigues du voyage. Il leur marqua néanmoins qu'elles continuassent de contribuer aux frais de l'armement qui se faisoit.

AMBASSADEURS À ROME. Cette Capitale du Monde Chrétien, est le Païs de l'étiquette; c'est-là que les Ambassadeurs doivent marcher à pas de registre; pour peu qu'ils négligeassent les droits de leurs places, ils trouveroient des gens qui s'empareroient du terrein, & peut-être sans retour. Les Italiens, jaloux des honneurs, cherchent toutes les occasions d'en procurer aux autres Nations; mais c'est pour en recevoir eux-mêmes. C'est sur-tout dans les cérémonies des Ambassades qu'éclate toute leur magnificence : celles de Rome & de Venise surpassent les autres, tant par l'éclat de la pompe qui les accompagne, que par les divertissemens qu'elles procurent. Ces cérémonies sont pour les Romains & les Vénitiens, des fêtes continuées pendant plusieurs jours. A Rome, lorsqu'un Ambassadeur a fixé le jour de son entrée, il se rend au Palais de la Chambre Apostolique ; les Ministres étrangers, les Cardinaux, les Princes, les principaux Prélats & les autres personnes de distinction, envoient dans leurs carrosses leurs Gentilshommes pour les complimenter; après quoi l'Ambassadeur, accompagné d'un Cardinal & de l'Auditeur de Rote de sa Nation, monte dans un carrosse de parade, que lui envoie le Cardinal Camerlingue, & fait sa premiere entrée publique, qu'on appelle l'entrée de campagne. Lorsqu'il est arrivé au Palais des Ambassadeurs, c'est le Palais Farnese, il y fait distribuer des rafraîchissemens en abondance; quelque temps après il se rend au Palais Quirinal, escorté de tous ses carrosses & de toute sa suite : là, il a la premiere audience publique du Pape, à laquelle il est conduit par un Cardinal. Il rend ensuite visite au Camerlingue, & s'en retourne au Palais Farnese. Le lendemain il rend visite à tous les Cardinaux, accompagné de l'Auditeur de Rote, & suivi de tout son cortége : le Palais de l'Ambassadeur est illuminé pendant trois jours.

A Venise, un des Sénateurs, chargé d'accompagner l'Ambassadeur, se rend dans sa gondole à l'Isle du Saint-Esprit ; & là, suivi d'un grand nombre d'autres Sénateurs, il reçoit l'Ambassadeur dans sa gondole, & le conduit à son Hôtel, dont les façades sont illuminées le soir. Le lendemain, ce Sénateur, dans le même cortége, va prendre l'Ambassadeur à son Hôtel, & le conduit à l'audience du Doge & du Sénat. Pendant que tout ce cortége traverse le grand canal, au milieu d'une infinité de gondoles, l'artillerie fait des décharges continuelles. Un Ambassadeur a ordinairement quatre ou cinq gondoles beaucoup plus grandes que les autres, & elles ne cedent en rien aux carrosses les plus magnifiques. Un Sénateur se rendroit suspect, & courroit même de grands dangers, s'il fréquentoit l'Hôtel d'un

AME

Ambaſſadeur. Ce n'eſt qu'à la campagne qu'un Miniſtre étranger peut recevoir familièrement les Vénitiens. A Rome au contraire, où l'on vit aſſez ſeul, & où l'on ne donne que rarement à manger, les Ambaſſadeurs ont tous les jours table chez eux.

AMÉDÉE I, Comte de Savoie, ſurnommé *La Queue*, ſuccéda à Humbert, Comte de Savoie & de Maurienne, en 1047. Cet Humbert, dit *aux blanches mains*, étoit fils de Berold, qu'on regarde comme la tige des Ducs de Savoie, & à qui Rodolphe, Roi de Bourgogne, donna, en récompenſe des ſervices qu'il lui avoit rendus, la Savoie & la Maurienne. L'Empereur Conrad, qu'Humbert ſervit contre le Comte de Champagne, ajouta à la Savoie & la Maurienne le Duché de Chablais. Le ſurnom de la *Queue* fut donné à Amédée I, parce que dans une réception magnifique qu'il fit à l'Empereur, celui-ci, dans une audience qu'il accorda à Amédée à Véronne, ayant donné ordre que le Comte entrât ſans ſuite, Amédée répondit d'un ton ferme qu'il n'entreroit point ſans ſa *queue*. Il mourut la même année. Othon ſon fils lui ſuccéda.

AMÉDÉE II ſuccéda à Othon ſon pere, vers l'an 1070. Ce Prince ayant accordé à l'Empereur Henri III le paſſage dans l'Italie, celui-ci, en reconnoiſſance, lui céda le pays de Bugey. Il avoit épouſé Adélaïde de Suze, dont il eut Humbert II, qui lui ſuccéda.

AMÉDÉE III étoit encore fort jeune lorſqu'il ſuccéda à Humbert II ſon pere, l'an 1104. Après avoir rendu inutiles les efforts de l'Evêque de Turin, qui vouloit lui diſputer les droits que lui & ſes prédéceſſeurs avoient dans la Ville de Turin, ſuivit la dévotion de ce temps-là. Il prit la croix à Metz, en 1145, avec les Marquis de Montferrat, ſon frere utérin. Le mauvais ſuccès de la Croiſade l'obligea de retourner dans ſes Etats. Il mourut à Nicoſie le premier Avril 1149. Il eut de Mathilde d'Albon, ſon épouſe, trois fils, dont l'aîné étoit Humbert III, qui lui ſuccéda.

AMÉDÉE IV naquit au Château de Montmelian, l'an 1197. Il continua la guerre que Thomas I ſon pere avoit commencée, & rentra en poſſeſſion de la Ville de Turin. Ce ne fut pas sa seule conquête ; il remporta plusieurs victoires contre ses ennemis. L'Empereur Fréderic II, étant passé en Italie pour se venger des Milanois, qui s'étoient révoltés, Amédée le reçut magnifiquement. L'Empereur, pour lui en témoigner sa reconnoissance, érigea en Duché le Pays de Chablais & d'Aouste. Amédée mourut le 24 Juin 1253, dans le même Château où il étoit né. Il avoit épousé Cecile de Beaux, & il en eut pour fils Boniface, qui lui succéda.

AMÉDÉE V, surnommé le Grand, naquit au Château de Bourget, le 4 Septembre 1249. Il avoit été long-temps sous Philippe son oncle, alors Archevêque de Lyon, & depuis Comte de Savoie, auquel il succéda. Amédée, Comte de Genève & Humbert, Dauphin de Viennois, anciens ennemis de la Maison de Savoie, voulurent l'inquiéter au commencement de son règne ; mais sa valeur sut le mettre à couvert de leurs efforts. L'élévation de Henri VII au Trône Impérial augmenta la puissance d'Amédée. Ce Monarque, qui l'aimoit beaucoup, lui donna l'investiture de plusieurs Duchés, & le créa lui & ses successeurs Princes de l'Empire. A la mort de son bienfaiteur, ses anciens ennemis le tourmenterent encore ; mais il en fut toujours victorieux. En 1339, il se joignit aux Chevaliers de Saint-Jean de Jérusalem, & empêcha qu'Ottoman ne reprît l'Isle de Rhodes ; & c'est depuis ce temps que les Ducs de Savoie portent une croix blanche dans leurs armes. Amédée eut trois femmes ; Sybile de Baugé, la premiere, lui donna trois fils, dont l'un, nommé Edouard, lui succéda. Il mourut le 18 Octobre 1323, à soixante-quatorze ans, après en avoir régné trente-huit.

AMÉDÉE VI, surnommé le *Comte Verd*, naquit le 4 Janvier 1334, & succéda à Aymon son pere en 1344. Il se montra toujours victorieux dans plusieurs guerres qu'il eut à soutenir contre ses voisins. Il s'acquit une gloire immortelle dans la journée des Abris, où il défit totalement les troupes de Hugues de Genève, qui avoit pris le parti du Dauphin. Ce fut lui qui établit le droit de primogéniture entre ses descendans, & fit une Loi pour exclure les filles de la Souveraineté, en

1362. Il inſtitua l'Ordre de Savoie, qui, dans la ſuite, prit le nom de l'Ordre des Chevaliers de l'Annonciade. Ce Prince, après une expédition, fut attaqué de la peſte, & mourut âgé de cinquante ans. Bonne de Bourbon, qu'il avoit épouſée, lui donna Amédée VII, qui lui ſuccéda.

AMÉDÉE VII, ſurnommé *le Roux*, naquit à Veillane en Piémont, le 24 Février 1360, & ſuccéda à ſon pere Amédée, Comte Verd, en 1384. Ce Prince, à l'âge de dix-neuf ans, poſſédoit déja la Seigneurie de Breſſe & de la Valbonne, & s'étoit diſtingué dans la guerre que Charles VI avoit entrepriſe en 1382. Monté ſur le Trône, il ne dégénéra pas. Le goût qu'il avoit pour la chaſſe, fut cauſe de ſa mort. Il tomba de cheval, en chaſſant un ſanglier, & ſe caſſa la jambe droite. Il en mourut le premier Novembre 1391. Comme on ſoupçonnoit qu'il avoit été empoiſonné, pluſieurs perſonnes furent inquiétées. Pierre de Cupinis, qu'on accuſoit de cet attentat, fut mis à mort ; mais ſon innocence fut reconnue, & ſa mémoire réhabilitée. Amédée avoit épouſé, en 1376, Bonne de Berri, dont il n'eut qu'un fils, nommé Amédée, qui lui ſuccéda.

AMÉDÉE VIII, ſurnommé *le Pacifique*, ſuccéda à ſon pere en 1391. Le nombre conſidérable de Seigneuries qu'il avoit acquiſes contribua beaucoup à ſa gloire, mais, en 1434, il remit ſes Etats à ſon fils, & ſe retira au Prieuré de Ripaille, où il fonda l'Ordre Militaire de Saint-Maurice : le Concile de Baſle l'ayant élu Pape en 1440, il prit le nom de Felix V ; en 1449, il abdiqua le Pontificat. Cette ſoumiſſion édifiante mit fin au ſchiſme. Nicolas V le fit Doyen du ſacré Collége. Il mourut à Genève, en odeur de ſainteté, le 5 Janvier 1451, âgé de ſoixante-ſept ans. Il avoit épouſé, en 1401, Marie de Bourgogne, fille de Philippe le Hardi, dont il eut pluſieurs enfans, entr'autres Louis, qui lui ſuccéda.

AMÉDÉE IX, dit *le Bienheureux*, ſuccéda à Louis ſon pere, en 1465. Tous ſes ſoins ne tendoient qu'à procurer la paix à ſes Sujets : auſſi ce n'étoit que malgré lui qu'il prenoit les armes, pour garantir ſes Etats des entrepriſes de ſes voiſins.

Sa santé, foible & languissante, ne lui permit pas de faire à ses Sujets autant de bien qu'il l'auroit désiré. Ne pouvant plus vaquer aux affaires du Gouvernement, la Princesse Yolande son épouse eut la Régence des Etats de Savoie. Amédée mourut à Verceil, en 1472, âgé de trente-sept ans: Philibert son fils lui succéda.

AMÉDÉE, (*Victor*) premier Duc de Savoie, étoit âgé de quarante-trois ans lorsqu'il succéda à Charles-Emmanuel son pere. Par le traité du 27 Octobre 1630, entre la France & l'Espagne, il se vit possesseur de tous ses Etats; moyennant une somme d'argent qu'il accepta des Génois, il renonça aux droits qu'il avoit sur le Montferrat, & prit le titre de Roi de Chypre; ce qui lui occasionna une guerre avec les Vénitiens. Comme il étoit attaché à la France, il la secourut dans la guerre qu'elle eut contre l'Espagne, en 1635. Il mourut à Verceil le 7 d'Octobre 1637. Il avoit épousé Christine de France, fille de Henri IV, & en eut six enfans: François Hyacinthe, l'un de ses fils, lui succéda.

AMÉDÉE II, (*Victor*) Duc de Savoie, né le 14 Mai 1666, fut le premier Prince de la Maison de Savoie, qui eut le titre & le rang de Roi. Il étoit encore fort jeune, lorsque Charles-Emmanuel II son pere mourut. Marie-Jeanne de Savoie Nemours sa mere, fut déclarée Régente des Etats de Savoie, & Tutrice de Victor-Amédée. Lorsqu'il fut en état de gouverner, son premier soin fut d'interdire, dans tous les pays de sa domination, la Religion Protestante, à l'exemple de Louis XIV. Cette entreprise coûta beaucoup de sang. On lui céda la Sicile, en considération des secours qu'il avoit fournis à la Maison d'Autriche, contre Philippe V & Louis XIV. Il fut couronné Roi de Sicile à Palerme, en 1713; mais ayant été forcé, par les circonstances, de rendre cette Isle à l'Empereur, il fut reconnu Roi de Sardaigne, en 1717. Par le Traité d'Utrecht, le Duc de Savoie étoit rentré en possession de tout ce qu'on lui avoit enlevé dans le cours des guerres précédentes, & même la cession du Royaume de Sicile, que le Roi d'Espagne lui avoit faite, lui avoit été confirmée.

Ce fut en 1730, qu'ayant formé le projet d'abdiquer le Gouvernement en faveur de son fils, il assembla tous les Seigneurs au Château de Rivoli, & déclara le Prince Royal son fils Roi par son abdication volontaire. Il déclara en même temps qu'il étoit marié avec la Marquise Douairiere de Saint-Sebastien, alors âgée de cinquante ans. Il se retira à Chambery, où il avoit fixé sa retraite, ne s'étant réservé qu'une pension de cent cinquante mille écus. Mais excité par l'ambition de son épouse, & peut-être par ses propres regrets, il fit des trames secrettes pour remonter sur le Trône. Les principaux Officiers de la Citadelle de Turin avoient promis de la lui livrer : il avoit un Parti dans la Ville & dans le Palais de son fils. Amédée se transporta à Montcallier, pour être plus à portée d'exécuter son projet ; mais au moment de l'exécution, il fut découvert. Le Roi son fils fit enlever la Marquise de Saint-Sebastien, & changea la Garde de la Citadelle, qui veilla jour & nuit sur la conduite d'Amédée à Montcallier, d'où il fut transféré à Rivoli, où il mourut, le 31 Octobre 1732, âgé de soixante-six ans & cinq mois. Il avoit épousé Anne-Marie d'Orléans, dont il eut plusieurs enfans. Il s'étoit acquis pendant son règne une gloire immortelle par ses triomphes & par sa politique. Il avoit porté à quatorze millions les revenus de sa Maison, qu'il n'avoit trouvé qu'à sept. Il eut peut-être tort d'abdiquer sa Couronne; mais il eut plus de tort encore de faire des conspirations secrettes contre son fils, pour remonter sur le Trône.

AMELIA, AMBRIA ou AMERINA, Ville Episcopale d'Italie, dans le Duché de Spolete, avec un Evêché, qui ne releve que du Pape. C'étoit la Patrie de *Sextus Roscius* (*Amerinus*), un des plus célèbres Comédiens de l'Antiquité, que Ciceron défendit. Cette Ville est sur une montagne entre le *Tibre* & la *Nera*. Son terrein est fertile, & sa situation agréable.

AMERICO VESPUCCI, Florentin, a eu le bonheur de donner son nom au nouveau monde, où Christophe Colomb aborda le premier. On ne sait pas au juste quel est celui des deux Voyageurs qui en fit la découverte : il y a apparence que ce fut l'un & l'autre, sans néanmoins s'être communiqué ; cependant il est certain que Christophe Colomb présenta son projet de la découverte d'une terre inconnue à la République de Gènes vers l'an 1485, & que le Florentin Americ Vespace n'alla dans cette terre qu'en 1497, pour la premiere fois. On prétend qu'il fut le premier qui reconnut la Terre-Ferme, au-delà de la ligne, le Brésil, & jusqu'au Détroit, reconnu ensuite par Magellan. Quoi qu'il en soit, soit Gènes, soit Florence, c'est toujours à l'Italie que cette découverte est due: & les deux Inventeurs sont nés dans deux Républiques, qui n'en surent point profiter. Americ mourut vers l'an 1508.

AMITERNE, Ville de l'Abruzze Ultérieure, au Royaume de Naples. Elle fut autrefois assez considérable ; mais elle n'offre plus que des ruines. Amiterne fut le lieu de la naissance de Saluste l'Historien.

AMMANATI, (*Bartholomé*) Sculpteur & Architecte, s'acquit une grande réputation dans l'Architecture, né à Florence en 1511. Son premier ouvrage fut d'achever dans cette Ville le Palais Pitti, & de donner le dessein de la Cour, qui, parmi ses ornemens, a une grotte très-décorée, par des rocailles, des colonnes, des niches, des statues. Il rebâtit le Pont de la Trinité, emporté par une inondation de l'Arno, & qui est regardé comme ce qui avoit été fait de mieux dans ce genre depuis la renaissance des Arts. Il donna le plan du Collége Romain, confié aux Jésuites. Il bâtit à Rome le Palais Ruccellai, appartenant aujourd'hui aux Ruspoli, le Palais du Marquis Sacripanti, & quelques autres. On doit regretter un ouvrage de l'Ammanati, intitulé la *Citta*, la *Cité*. Il y avoit tracé les plans des édifices qui contribuent à l'agrément, à la célébrité & à la décoration d'une Ville. Il y donnoit les desseins de différentes portes, ceux du Palais du Prince, de l'Hôtel-de-Ville, des Eglises, des Fontaines, des Places, de la Bourse, des Ponts & des Théâtres. Le célèbre Viviani, qui eut cet Ouvrage, le donna au Sénateur Louis del Riccio, qui en fit présent au Grand-Duc de Toscane, Ferdinand de Médicis. On ne sait plus ce qu'est devenu ce Manuscrit. L'Ammanati mourut à Florence en 1586.

AMMIRATO, (*Scipione*) Historien célèbre, & très-ancien, de la République de Florence. Il commence à l'année 1076, jusqu'à la mort de Côme, en 1574. Ammirato étoit né à Leccia, Ville du Royaume de Naples. Le Grand-Duc, qui l'avoit engagé à écrire l'Histoire de Florence, l'en récompensa par un Canonicat de la Cathédrale. Il mourut en 1600. Il a laissé des Discours sur Tacite, des Harangues, des Opuscules & des Poësies. La meilleure édition de son Histoire est celle de Florence, 1647, 3 vol. in-fol.

AMOLA, petite Ville du Duché d'Urbin, dans les Etats de Venise.

AMPHITÉÂTRES, Édifices destinés aux différens jeux ou spectacles publics dans l'Antiquité. Ce qui nous reste de ces superbes monumens, est ce qu'il y a de plus capable de nous donner une idée de la magnificence Romaine. Le Colisée de Rome est le plus grand de tous. *Voyez* COLISÉE. Et après cet Amphitéâtre, on peut regarder comme le plus beau celui de Véronne. *Voyez* AMPHITHÉATRE DE VÉRONNE. Plusieurs Historiens ont confondu le mot *Théâtre* avec celui d'*Amphithéâtre*. Voici ce que dit à ce sujet Philandre de Chastillon. Le luxe a joint un Théâtre à l'autre, & a fait un lieu des deux, que l'on a depuis appellé *Amphithéâtre*. Suivant un autre Auteur Latin, *Duobus Theatris junctis cœptum est ædificari Amphitheatrum*. Avant que les Amphithéâtres eussent lieu, on célébroit tous les jeux dans le Cirque ; mais ces jeux n'étoient pas, à beaucoup près, aussi brillans qu'ils le furent lorsque les Amphithéâtres eurent été construits. Ces édifices contribuerent, par leur décoration, à donner plus d'éclat aux spectacles.

L'Amphithéâtre étoit un espace un peu ovale, distribué en trois parties principales. La premiere étoit la plus basse, & se nommoit l'*arène*, à cause du sable dont elle étoit couverte, pour recevoir le sang qui s'y répandoit dans les combats des gladiateurs ou des animaux, ou pour empêcher que les combattans, ou ceux qui disputoient le prix à la course, soit à pied ou à cheval, ne glissassent. La seconde partie étoit l'enceinte de cette *arène*; elle comprenoit le grand corps de bâtiment, & autour étoient les degrés sur lesquels le Peuple s'asseyoit. La troisiéme, qui étoit la partie la plus nécessaire, étoit destinée pour garder diverses espéces d'animaux, les chevaux pour les courses & pour les chasses, & les bêtes féroces, pour combattre contre des athelettes ou contre des criminels, condamnés à mort. L'enceinte pouvoit contenir soixante ou quatre-vingt mille personnes. De ces superbes édifices, il ne nous reste plus que quelques ruines.

Outre le Colisée, il y a eu à Rome d'autres Amphithéâtres. On voit les restes d'un à côté de l'Eglise de Sainte-Croix de Jérusalem. Il est de brique, d'environ quarante toises de diamètre : ce qui détruit l'opinion que c'étoit l'Amphithéâtre de Statilius Taurus, qui étoit de marbre, & situé dans le Champ de Mars. On croit que cet Amphithéâtre étoit l'*Amphiteatrum Castreuse*, où l'on exerçoit les soldats à combattre différens animaux. Ce qui reste, consiste en des arcades entre lesquelles sont des colonnes corinthiennes, avec leur entablement, le tout bâti de brique.

De Rome, les Amphithéâtres se répandirent dans l'Italie, & ensuite dans tous les lieux soumis à la puissance des Romains. Il y a en France, en Allemagne & dans toute la partie des Gaules, plusieurs vestiges d'Amphithéâtres ; mais pour nous borner aux principaux Amphithéâtres de l'Italie, nous ne nous étendrons que sur le Colisée, sur l'Amphithéâtre de Véronne, dont on peut voir les détails dans les deux articles auxquels nous avons renvoyé, & sur les suivans.

L'Amphithéâtre de la Ville de Capoue est semblable, tant pour le plan, que pour la forme au Colisée de Rome, mais beaucoup moins grand ; il est ovale, & peut avoir cent cinquante pieds de long sur quatre-vingt-dix de large. Cet édifice est divisé en cinq galeries, dont trois servent à communiquer à tous les escaliers qui aboutissent aux gradins. Il y avoit quatre grandes portes, plus considérables que celle du Colisée de Rome. Il reste encore des parties de corridors, mais le tout ensemble est enterré. La rampe, sur laquelle posoient les gradins, descend jusqu'à terre, & l'arène n'offre plus qu'un pré labouré.

Quant

Quant à la sculpture & à l'architecture, M. Cochin, dans son voyage d'Italie, dit qu'elles sont très-lourdes.

On a conservé le nom de *Colosseo* à l'Amphithéâtre de Pouzol, parce qu'il étoit aussi grand que celui de Rome. Il est extrêmement ruiné ; l'arène est aujourd'hui un jardin de deux cent cinquante pieds de long. On y voit encore les portiques qui servoient d'entrée, & qui régnoient sous les gradins, & les caves où l'on enfermoit les bêtes. Au-devant de chaque pilier, il y a une pierre creusée pour recevoir l'eau que l'on donnoit à boire aux animaux renfermés. On a fait dans l'un de ces édifices une Chapelle en l'honneur de Saint-Janvier & Saint-Procule, qui, dit-on, furent exposés aux bêtes dans cet Amphithéâtre. On y lit dans l'inscription, que Saint-Janvier ayant été exposé à des ours affamés, ces animaux se mirent à genoux devant lui, & que le tyran Timothée fut obligé de lui faire couper la tête.

On voit encore les restes d'un Amphithéâtre à Cassino, parmi les ruines de l'ancien *Casinum*, petite Ville sur le penchant du Mont-Cassin. Cet Amphithéâtre a environ huit cent vingt pieds de circonférence ; l'arène a deux cent pieds de longueur dans œuvre ; les gradins sont entierement détruits ; la hauteur des murailles est de cinquante-sept pieds. Il y avoit cinq grandes portes de vingt-six pieds de haut sur treize de large. Il y a des restes des aqueducs qui conduisoient l'eau pour les naumachies, & des loges des bêtes destinées pour les combats. Les murs, qui sont de briques en lozanges, sont surmontés de grosses pierres en saillie, traversées de trous pour porter les mâts des tentes, dont on couvroit les Spectateurs pour les défendre du soleil ou de la pluie. Assez près de cet Amphithéâtre, on voit les restes du Théâtre, de forme demi-circulaire ; ce ne sont que des débris informes.

On a découvert une partie de l'Amphithéâtre de Portici ; mais on n'en peut tirer que des lumieres imparfaites.

AMPHITHÉÂTRE DE VÉRONE, qu'on y apelle l'*Arena*, est de tous les monumens de l'ancienne Italie un des plus considérables & des mieux conservés. La partie intérieure est encore dans son entier, de même que les corridors.

Il est d'une forme ovale, a extérieurement quatre-cent soixante-quatre pieds de long & trois-cent soixante-sept de large : & n'est inférieur qu'au Colisée. L'arène, ou espace vuide du milieu, a deux cent vingt-cinq sur cent trente-trois pieds ; il régne tout autour de l'arène quarante-cinq rangées de gradins de marbre, de dix-huit pouces de hauteur sur vingt-six de profondeur : ils pouvoient contenir vingt-deux mille spectateurs assis. Les Magistrats ont fait réparer les gradins, que le temps avoit ruinés. A la sollicitation du Marquis Scipion Maffei, l'édifice est réparé, & sert même à donner des fêtes & des spectacles. Aux extrémités du grand axe de la figure elliptique qu'a ce monument, sont deux portes, dont chacune a au-dessus une plate-forme ou tribune de vingt pieds sur dix, fermée par une balustrade. Il s'est conservé quatre rangs d'issues ou *vomitoires*, par où les spectateurs entroient & sortoient. L'enceinte extérieure a été détruite presqu'en entier ; elle s'élevoit beaucoup plus haut que les gradins, & servoit de couronnement à l'intérieur, qui étoit terminé par une colonade qui régnoit autour. Dans le temps des spectacles, l'Amphithéâtre étoit couvert par des toiles ; la corniche qui couronnoit l'ouvrage, étoit percée de grands trous quarrés, par où passoient les cabestans, au moyen desquels on tendoit les cordes qui soutenoient les toiles. Cette partie extérieure, ayant été dégradée pour en employer ailleurs les matériaux, on ne peut plus y donner des spectacles que lorsqu'il n'y a rien à craindre du temps. On y fait des courses de masques dans le temps du Carnaval ; on y donne quelquefois des combats d'animaux ; on y tire des feux d'artifice. Le coup d'œil de ce monument, lorsqu'on y entre, est imposant ; les Théâtres modernes, sur-tout ceux de Paris, sont quelque chose de bien mesquin en comparaison ; que seroit-ce encore, si on ne l'eût point dépouillé de son enceinte extérieure & de son couronnement.

L'Amphithéâtre de Nîmes ressemble beaucoup à celui de Vérone.

AMPHORE, mot latin, pour signifier une grande mesure des liquides ; on s'en sert à Venise : elle contient quatre bigots, & le bigot quatre cartes.

ANACLET, (Saint) Pape, étoit Athénien : il succéda à Saint-Clément, en 101. Etant simple Prêtre, il avoit commencé d'elever une petite Eglise à Saint-Pierre : il l'acheva dès qu'il fut Pape. Il régna neuf ans trois mois & dix jours ; & fut martyrisé le 13 Juillet 110. On n'a de lui que trois Épîtres qui se soient conservées ; mais on doute qu'elles soient de lui.

ANACLET ou **PIERRE, FILS DE LÉON**, Cardinal du Titre de Sainte-Marie, au-delà du Tibre, Antipape. Innocent II ayant été élu, Pierre suscita des ennemis contre le Pape, qu'il força de se refugier en France. Anaclet convoqua un Concile à Rome, excommunia le Pape, déclara nul tout ce que Louis-le-Gros & Louis VII avoient fait pour finir le schisme, jetta les mêmes nullités sur les actes de l'Empereur & des autres Souverains, tendant à la paix ; investit Roger du Royaume de Naples & de Sicile ; vendit les trésors des Eglises, & les distribua à ses créatures. Le Pape l'excommunia dans plusieurs Conciles. Cet homme turbulant mourut inébranlable au milieu des foudres, & laissa pour successeur Victor IV, après huit ans de schisme.

ANAGNI, *Agnania*, petite Ville de l'Etat de l'Eglise, à douze lieues de Rome & à trente de Naples, autrefois fort riche, & maintenant pauvre & presque sans habitans ; ce qu'une tradition fausse & populaire attribue à l'excommunication lancée contre cette Ville par Boniface VIII. Ce Pape ayant excommunié Philippe-le-Bel, Roi de France, Nogaret se chargea de venger son Roi, & d'arrêter le Souverain Pontife. Il se rendit à Anagni, & secondé par les Colonnes, que le Pape avoit aussi excommuniées, il surprit la Ville, & fit le Pape prisonnier : ce fut alors que Sciara Colonna donna à Boniface ce soufflet, devenu si célèbre. Les habitans d'Anagni prirent les armes, & délivrerent le Pape, qui retourna à Rome, où il mourut de dépit & de fureur. Si Boniface excommunia les habitans d'Anagni, qui repousserent ses ennemis, il falloit qu'il eût une grande envie d'excommunier. Cette Ville est située sur une montagne, & a été la patrie de quatre Papes, Innocent III, Gregoire IX, Alexandre IV & Boniface VIII.

ANASTASE. Il y a eu quatre Papes de ce nom, & un Antipape. Il succéda à Syricius, en 398. Il pacifia Rome, troublée par les Origenistes. Il bâtit une Eglise à Saint Crescent, appellée Crescentiana. Il fit plusieurs Réglemens de discipline: Saint-Jérôme en fait le plus grand éloge. Il régna quatre ans un mois treize jours, & mourut en 402: il reste deux Epîtres de ce Pape.

Anastase II succéda à Gelase I, le 28 Novembre 499. Il écrivit à l'Empereur Anastase, pour le prier de cesser de persécuter les Orthodoxes; il envoya porter la lettre par Germain, Evêque de Capoue & Cresconius, Evêque de Lodi: le Patrice Festus, qui les accompagna, se laissa gagner par l'Empereur, auquel il promit de persuader au Pape de recevoir l'Hénotique de l'Empereur Zénon; mais ayant trouvé Anastase mort, le 19 Novembre 498, pour remplir ses engagemens avec l'Empereur, il fit créer un Antipape, contre Benoît III. Cet Antipape étoit un Cardinal du Titre de Saint-Marcel, qui, voulant se faire reconnoître Pape, fit emprisonner Benoît. Il avoit été excommunié par un Synode de soixante-six Evêques assemblés par Léon IV en 850, & dégradé du Cardinalat, pour avoir passé cinq années sans assister à sa Paroisse. C'étoit là le motif de sa haine & du schisme, qui finit par l'expulsion que les Députés de l'Empereur Louis firent de cet Antipape.

Anastase III étoit Romain, fils de Lucine: il succéda à Serguis III, en 910, & mourut en 912, sans avoir fait rien de mémorable. Anastase IV, Romain, nommé Conrad, succéda à Eugenes III, le 9 Juillet 1153. Il fut d'abord Chanoine Régulier de l'Ordre de Saint-Augustin, & Abbé de Saint-Ruf; il fut fait Cardinal par Honoré II, son parent. Il fut Vicaire d'Innocent II, lorsque ce Pape fut forcé de quitter Rome pour fuir l'Antipape Anaclet. Il fut fort estimé avant & après son Pontificat. Il ne régna qu'un an & cinq mois: il mourut le 2 Décembre 1154.

ANCISA, petite Ville de la Toscane, célèbre pour avoir été le lieu de la naissance de François Pétrarque.

ANCÔNE, Ville ancienne & Capitale de la Marche d'Ancône,

dans les Etats du Pape, est bâtie sur le penchant d'un Promontoire qui s'avance dans la mer. C'est un des plus beaux ports de mer & des plus fréquentés d'Italie. Les Syracusains, fuyant la tyrannie de Denis, la fondèrent ; elle prit son nom d'*Ancon*, de la courbure ou anse que fait le Cap. Les Romains y établirent la station de leur flotte contre les Illyriens ; c'est la première fois qu'il soit fait mention d'Ancône par les Historiens Romains, qui placent cette époque deux cent vingt-sept ans après sa fondation. César y mit une garnison après le passage du Rubicon. Trajan fit travailler à son port : il existe encore de ses ouvrages. Les Goths firent de grands dégâts dans la Ville-Basse. Narsès la répara ; elle fut ravagée par les Sarrazins dans le dixiéme siécle : elle appartient depuis long-temps aux Papes. Pie II commença la restauration de son port, que ses successeurs ont continuée. Son commerce étoit tombé ; mais il se releve tous les jours. En faveur du commerce, toutes les Nations & toutes les Religions y sont tolérées, pourvu qu'elles n'y fassent point d'exercice public : ce qui augmente tous les jours la population qu'on fait monter à vingt-deux mille ames. Cette tolérance est annoncée dans une inscription qu'on lit sur une des portes de la Ville.

Alma fides, proceres, vestram quæ condidit Urbem,
Gaudet in hoc, sociâ vivere pace loco.

La Ville de Venise souffre un peu du commerce d'Ancône, qui est pour l'exportation en bleds, laines & soies : c'est un entrepôt très-considérable.

La Cathédrale n'a rien de remarquable. A la Bourse ou Loge de Marchands, il y a de belles statues, & sur-tout celles de la Religion, la Foi, l'Espérance & la Charité. Le Palais de l'Hôtel-de-Ville est d'une belle architecture gothique. L'Eglise de Saint-Dominique sera une des plus belles d'Italie, quand tout sera fini. Devant cette Eglise, est la statue de Clément XII, levant la main pour donner la bénédiction ; au dedans est un tableau de la Vierge au pied de la Croix, avec Saint-Jean & Saint-Dominique. Dans l'Eglise de *San Francesco della Scola*, est un tableau très-mutilé, du Titien, représentant la Vierge, tenant l'Enfant-Jésus, entre deux Religieux de l'Ordre de Saint-François. Dans l'Eglise de Sainte Palatie, un tableau du Guerchin ; la Sainte encense Dieu, & un Ange lui montre le Ciel, qui reçoit son offrande. On voit sur le mole les restes d'un très-bel arc de triomphe de marbre, érigé, en 112, à l'Empereur Trajan. Il étoit décoré de beaucoup de statues & d'autres ornemens en bronze : mais tout a été enlevé. Cet arc est un des mieux conservés de l'Italie. *Voyez* ARCS DE TRIOMPHE. Il y a un second arc assez près de celui-là : il est moderne, & semble être une continuation du premier ; il est de Vanvitelli, qui a bâti aussi le Lazaret dans la mer, à peu de distance du port, sur un plan pantagone, entouré d'une terrasse. Au milieu de la Cour, est une Chapelle en forme de lanterne, soutenue par une colonade très-agréable. Il y a de très-beaux tableaux. La Citadelle qui est au-dessus de la Ville, au couchant, la commande, ainsi que le port.

Les rues d'Ancône sont étroites, & les bâtimens peu considérables ; ils sont en briques & en une pierre blanche, qui est fort tendre. Le sexe y est beau. Ancône est fort réputée pour la Blanchisserie de la cire. On trouve quantité d'antiques, en fouillant dans le territoire d'Ancône.

ANCÔNE, (Marche d') Pays au Nord-Est & le long du Golfe de Venise, borné par le Duché d'Urbin, l'Ombrie & l'Abruzze Ultérieure. Ce Pays est très-fertile ; il produit sur-tout du lin, du chanvre & de la très-belle cire. La franchise, dont le port d'Ancône jouit, y attire un grand commerce. Les Villes contenues dans la Marche, sont Fermo, Archevêché, Yesi, Recanati, Ascoli, Maurata, Evêchés, ainsi que Tolentino, Lorette, Camerino, Monte Alto, Saffoferrato, Fabriano, Polverigo, Osinio ; ses autres Villes sont Dignano, Viessa, Monte Honico Arquata, Offida & Ripa.

ANDES, aujourd'hui PICTOLA, Village à deux lieues de Mantoue. C'est, dit-on, la Patrie de Virgile. Les Ducs de Mantoue y avoient fait bâtir la Virgiliana, belle Maison de plaisance, détruite dans la guerre de 1701. Il ne reste à Pictola aucun monument qui désigne que le plus grand Poëte de l'Italie ait pris naissance dans ce lieu.

ANDORNO, un des principaux Bourgs qui composent la petite Province de Biéle, dans la Seigneurie de Verceil, en Piémont. Les autres sont *Pie di Cavallo*, Trivier S. Damiano, Cavaglia & Livorno.

ANDRÉ DEL SARTE, ainsi appellé, parce qu'il étoit fils d'un Tailleur, né à Florence en 1488. Son pere le mit chez un Orfévre; mais André fit de si grands progrès dans le dessin, qu'il tourna ses vues du côté de la peinture. Il étudia cet Art sous *Pierre del Cosimo*, & s'y acquit une très-grande réputation. Il travailloit beaucoup, & gagnoit peu, parce que sa modestie l'empêchoit de mettre à ses ouvrages le prix qu'ils valoient. Sa maniere est large, son pinceau moelleux & frais; ses tableaux ont encore un éclat singulier: il passe pour le plus grand Coloriste de l'Ecole de Florence. C'est à Florence qu'on doit se former une idée de ce grand Maître, dans les sujets de la vie de Saint-Jean-Baptiste & de celle du B. Philippe de Bienzi. André mourut dans cette Ville, en 1530. André étoit venu en France: François I alloit souvent le voir dans son attelier. Son amour pour sa femme, & un peu de jalousie, le firent retourner en Italie. François I lui fit promettre de revenir, & le chargea de lui acheter des tableaux pour son Cabinet; il y dépensa l'argent que le Roi lui avoit confié, & le sien: ce qui l'empêcha de remplir son engagement. Il copioit avec tant de fidélité, que Jules Romain, voyant une copie du portrait de Léon X, fait par Raphaël & par Jules Romain, qui en avoit lui-même fait les draperies, y fut trompé. Ses dessins sont fort estimés: le Roi & M. le Duc d'Orléans possedent plusieurs de ses tableaux.

ANDRÉ DE PISE, Peintre, Architecte & Sculpteur, né à Pise en 1270, fit le plan du Château de Scarperio à Mugello, au pied de l'Apennin. Il a donné les dessins & tracé le modele de l'Eglise de Saint-Jean, commencée à Pistoie, en 1337. Il augmenta & fortifia à Florence le Palais de Gualtiere, Duc d'Athènes, qui gouvernoit alors Florence, éleva des tours de distance en distance, & en flanqua les murs de cette Ville : il y éleva des portes magnifiques. Les Florentins lui donnerent le droit de Bourgeoisie, & lui accorderent plusieurs Charges honorables de Magistrature. Il eut pour éleve Thomas de Pise, qui acheva la Chapelle du Campo Sancto de Pise & le Clocher de la Cathédrale.

ANDRI, *Andria*, Ville assez considérable au Royaume de Naples, dans la Terre de Bari ; elle est située dans une plaine & dans un terrein fertile & agréable. Il y a une très-belle manufacture de fayence.

ANE DE VERONNE. L'histoire superstitieuse de cet Âne a donné lieu à une procession célebre qui se fait deux fois l'an à Véronne. On raconte comme un fait dont la tradition n'a jamais varié, que l'Ane ou l'Anon, qui servit de monture à N. S. à son entrée à Jérusalem, après qu'il eut été mis en liberté, passa en Italie, qu'il y erra de Ville en Ville, & qu'enfin il se fixa à Véronne, où il fit son séjour. Après sa mort, arrivée on ne sait quànd, les dévots de Véronne ajoute-t'on, renfermerent ses os dans le ventre d'un Ane artificiel, & ils en firent une espéce de relique, pour laquelle on a toujours conservé à Véronne la plus grande vénération. Cette relique est placée dans l'Eglise de N. D. des Orgues, & deux fois l'année quatre Moines du Couvent la promenent solemnellement dans la Ville.

ANGE, (Saint) forte Ville au Royaume de Naples, dans la Capitanate, sur le Mont *Gargan*, proche de Manfredonia & de la mer. Il y a encore deux autres Villes de ce nom, l'une dans la Principauté Ultérieure au Royaume de Naples, l'autre dans le Duché d'Urbin. Il y a deux Châteaux de ce même nom, celui de Rome, *Castel Saint-Angelo*, qui n'est pas excessivement fort, & l'autre à Malthe, qui passe pour être imprenable. La Forteresse de Saint-Ange de Naples, qui est à trois lieues de Manfredonia, s'appelle aussi *Monte San-Michieli*. L'Archevêque de *Siponto* réside dans la Ville ; elle est renommée par une très-belle Grotte, taillée dans le roc. Le nom de *Mont Saint-Michel* a été donné au *Mont Gargano*, dont il est parlé dans Horace & Virgile, à cause d'une Eglise bâtie en l'honneur de Saint-Michel, au sommet de la montagne, sur laquelle, suivant une tradition, Saint-Michel se rendit visible, comme il apparut aussi à Saint-Gregoire-le-Grand.

AGELI, (*Pierre*) Poëte Latin, né en Toscane, a composé un Poëme de la Chasse, qui lui fit de la réputation, & dont il avoit fait le plan en France, en chassant avec Henri II. Il défendit, avec ses Ecoliers, Pise, assiégée par Pierre Strozzi : sa défense opiniâtre donna le temps à l'armée Toscane d'approcher, & de jetter du secours dans la place. Il mourut en 1595.

ANGELI, (*Balde*) Médecin, né dans la Romagne, a composé un Traité en Latin sur les Viperes. Son Ouvrage a deux objets : l'histoire naturelle de cet animal, & les maladies auxquelles on peut l'appliquer. Ce Traité est fort estimé : il fut imprimé en 1589, in-4°.

ANGELI, (*Bonnaventure*) né à Parme, a écrit l'Histoire de cette Ville, en Italien : elle est fort recherchée, & très-rare. Cet Auteur vivoit vers la fin du seizième siécle.

ANGELONI, (*François*) Historien & Antiquaire du Duché de Spolette, vivoit dans le seizième siécle. Il a écrit dans sa Langue, une Histoire auguste par les Médailles, depuis César jusqu'à *Constantin-le-Grand*; elle a été imprimée à Rome, avec les corrections & les supplémens de Jean-Pierre Bellori, in-fol. 1585, des avis à Tristan, sur les erreurs répandues dans le premier tome de ses Commentaires, imprimé en 1646. Ces Ouvrages sont fort estimés.

ANGELUS, (l') Priere d'une très-ancienne institution, qui se dit le matin & le soir à une certaine heure. On a grande attention, en Italie, de sonner la cloche pour avertir de l'heure de l'*Angelus*. Au premier coup, tout le monde se met à genoux. Cet usage s'observe plus particulierement à Rome, où l'on voit dans les places publiques, dans les rues, aux promenades, tout le monde s'arrêter & tomber dévotement à deux genoux pour réciter l'*Angelus*. Les carrosses & toutes les voitures suspendent leur marche dans cet instant. Les Etrangers, qui ne se conformeroient pas à cet usage, s'entendroient dire de tous côtés : *non sono Christiani*, & courroient risque d'être insultés par la populace, & d'être regardés de mauvais œil par les personnes de tous les Ordres.

ANGHIERRA, *Angleria*, petite Ville du Duché de Milan, sur le bord oriental du Lac Majeur, vis-à-vis Arone, est la Capitale du Comté d'Anghierra, érigé en 1397 par les Visconti, & dont les possesseurs ont figuré dans les affaires de la Lombardie. Cette Ville, qui est aujourd'hui sur le bord du Lac, à l'endroit où le Tesin en sort, en étoit autrefois éloignée d'un mille.

ANGIOLELLO, (*Jean-Marie*) né à Vicense, fut fait esclave, & suivit Mahomet II, en Perse, en 1473. Il écrivit la vie du Sultan, qui récompensa l'Auteur, & qui témoigna l'estime qu'il faisoit de l'Ouvrage.

ANGLONE, ANGLONA, AGNONE, au Royaume de Naples, a été autrefois Ville Episcopale; ce n'est plus aujourd'hui qu'une Eglise & un Château dans la Basilicate, à quelques lieues de Tursi, où son Evêché a été transféré.

ANGRONE, une des quatre Vallées habitées par les Vaudois, ou Barbets, dans la Province de Pignerol. Les autres trois Vallées sont Saint-Martin, la Perouse & Luzerne.

ANGUILLARA, petite Ville de l'Etat de l'Eglise, dans le patrimoine de S. Pierre, sur le Lac Bracciano, vers l'endroit où l'Arone sort de ce Lac, près de Rome.

Il y a encore un Bourg, du même nom, dans l'Etat de Venise, dans le Padouan, sur l'Adige, au Nord de Rovigo.

ANGUILLARA, (*Jean-André d'Ell*) Poëte Italien du seizième siècle. Sa traduction des Métamorphoses d'Ovide, en Stances de huit vers, est très-estimée; les Italiens la comparent à l'original. On en a fait une très-belle édition à Venise, in-4°. 1584, avec des remarques par Orologi, & de très-belles figures, dont on s'est servi pour la traduction en prose Françoise des Métamorphoses, par M. de Fontanelle. Outre cette traduction, l'Anguillara a composé une Tragédie d'Œdipe, & des notes sur l'Orlando de l'Arioste.

ANICET, (Saint-) Pape, succéda à Saint-Pie. Il étoit de Syrie. Il eut à combattre les Gnostiques, & quelques autres Sectes. Sous ce Pontificat, Saint-Polycarpe, disciple de Saint-Jean l'Evangéliste, vint consulter à Rome, sur le temps où devoit se célébrer la Fête de Pâques. Polycarpe la célébroit le dix-septiéme de la Lune de Mars, comme les Asiatiques, & Saint-Anicet le Dimanche suivant, comme dans les Eglises Occidentales. Saint-Anicet laissa toute liberté à Saint-Polycarpe. Anicet fut martyrisé le dix-septiéme Avril 173.

ANICHINI, célèbre Graveur, de Ferrare, fit, pour le Pape Paul III, une Médaille, où, d'un côté, ce Pontife étoit représenté dans une vérité frappante ; le revers représentoit Alexandre le Grand à Jérusalem, tombant aux pieds du Grand-Prêtre. Michel-Ange trouvoit ce travail si admirable, qu'il n'imaginoit pas qu'on pût porter plus loin la perfection de cet art.

ANNECI, Ville assez considérable du Duché de Savoie, dans le Genevois. C'est à Anneci que l'Evêque de Genéve fait sa résidence, depuis que Pierre de la Baume, alors Evêque, fut obligé d'en sortir avec son Clergé. Cette Ville est très-agréable ; presque toutes les maisons sont bâties sur des arcades ; en sorte qu'on peut la parcourir d'un bout à l'autre, toujours à couvert. On conserve, dans l'Eglise de la Visitation, le corps de Saint-François de Sales. Anneci est située au pied des Montagnes, près du Lac du même nom, à sept lieues de Genéve, & à neuf N. de Chamberi.

ANNONCIADE, (l') est le grand Ordre de Savoie, *il supremo Ordine*, qui a succédé à l'Ordre du Collier, établi par le Comte Verd, Amé V, en 1335, à l'occasion du bracelet qu'une Dame avoit tressé pour ce Prince, en lacs d'amour, avec ses propres cheveux. Amé VII, le changea en celui de l'Annonciade ; ce Prince, avant sa retraite au Château de Ripaille, vouloit que tous les Chevaliers de l'Ordre assistassent à l'Office, en habit de Chartreux, lorsque leur Chapitre s'assembloit à la Chartreuse de Pierre Chatel, en Bugey. Cet Ordre n'est donné qu'aux personnes de la premiere qualité ; le Roi, le Duc de Savoie, le Duc de Chablais, le Prince de Carignan, le

Marquis de Suze, le Cardinal Archevêque de Turin, & sept autres Chevaliers composent tout l'Ordre. Les Officiers de l'Ordre sont un Chancelier & un Secrétaire, un Maître des Cérémonies, un Trésorier & un Hérault, Roi d'Armes. Les Chevaliers sont distingués par une plaque en broderie, & par un grand cordon bleu, auquel pend une médaille représentant l'Annonciation.

Le Roi de Sardaigne est le Chef souverain d'un autre Ordre beaucoup plus nombreux, sous le titre d'Ordre Royal & Militaire de Saint-Maurice & de Saint-Lazare; les Chevaliers de l'Annonciade en sont Grands-Croix; il y a en outre vingt-cinq autres Grands-Croix, & un très-grand nombre de Chevaliers. Cet Ordre est comme celui de Saint Louis en France, la récompense du mérite Militaire. Il fut institué en 1434, par le Duc Amédée VIII. Le cordon en est verd, & la Croix d'or émaillée de blanc. Cette couleur verte doit son origine à Amé V, ou le Comte Verd, ainsi nommé pour s'être distingué dans un grand Tournois, en 1348, avec des armes & une parure vertes. Il fut l'Instituteur, comme on l'a vu, de l'Ordre du Collier, d'où sont dérivés tous les autres.

Il y a à Florence un Ordre du même nom, fondé en 1232, par Philippe Benezi, & un autre à Gênes.

Il y a en France plusieurs Maisons Religieuses de Filles, sous le titre de l'Annonciade.

ANONE, *Anonium*, Fort d'Italie, au Duché de Milan, sur le Tanaro, entre Asti & Casal. Il a essuyé différens sièges, tant de la part des François, que du Duc de Savoie; il a été pris & repris alternativement plusieurs fois par ces deux Puissances. Enfin, en 1706, le Duc de Savoie le prit, & ce Fort lui appartient depuis ce temps.

ANTERE, (Saint) Pape, étoit né dans la Grece. Il succéda à Saint Pontien, en Décembre 237, & fut martyrisé le 3 Janvier 238, sous l'empire & par ordre de Maximin, irrité contre ce Pape, parce qu'il recueilloit les actes des Martyrs, pour en perpétuer la mémoire.

ANTINOUS. Comme il y a beaucoup de Statues en Italie, de ce Favori d'Adrien, il est bon de le connoître. C'étoit un des plus beaux garçons de son siécle, il étoit Bithynien; l'Empereur s'enflamma de la plus ardente passion pour lui ; soit que cet amour fût réciproque, soit que l'Empereur dût sacrifier cette passion, à une passion plus forte encore, celle de connoître l'avenir ; il paroît certain qu'Antinous fut sacrifié à ce desir qu'Adrien crut ne pouvoir satisfaire, qu'en immolant l'objet de ses abominables amours. On prétend qu'Antinous se dévoua lui-même. Quoi qu'il en soit, après la mort de ce jeune homme, Adrien lui érigea des Temples, fit placer des Statues dans mille endroits, lui décerna les honneurs de l'Apothéose ; appella une constellation de son nom, qui lui est demeuré, fit rebâtir la Ville où il l'avoit fait immoler, & l'appella Antinoë, qui fut connue aussi en Egypte sous les noms d'Antinopolis & d'Adrianopolis, & dont les ruines portent aujourd'hui celui d'*Anthios*, sur les frontieres de la Thebaïde. Adrien répandit le bruit qu'Antinous s'étoit noyé dans le Nil ; mais *Anthios* en est à quatre lieues, & Adrien voulant ériger une Ville & des Temples à la mémoire de ce jeune homme, les auroit érigés sur le bord du Nil.

ANTIPAPES. C'est ainsi qu'on nomme les Papes, dont l'élection illégale a occasionné des schismes. Ces élections arrivent lorsque deux ou trois partis opposés élisent chacun un Souverain Pontife ; celui qui est élu par un parti opposé au Conclave, ou assemblée légitime, est nommé Antipape. Il est arrivé quelquefois que le Conclave s'est divisé, & que quelques Cardinaux ont fait une élection particuliere. Le sujet nommé par ce petit nombre, est également Antipape. Il est arrivé dans des temps orageux, que trois partis différens ont élu chacun leur Pape. Il n'y a de Pape légitime que celui dont l'élection a réuni tous les suffrages. *Voyez* CONCLAVE, PAPES. Les Antipapes qui ont occasionné des schismes, sont :

NOVATIEN, nommé par quelques Prêtres imbéciles, en	251
URCIM, en	367
EULALIUS, en	418
LAURENT, en	498
DIOSCORE, en	530
PIERRE & THEODORE, en	686

Theodore & Paschal, en	687
Theophilacte, Archiprêtre, en	757
Constantin, en	768
Zinzime, en	824
Jean, Diacre, en	844
Serge & Boniface VI, en	890
Romain Gallesin, en	897
Leon VIII, en	962
Jean XVI, en	990
Gregoire, en	1013
Silvestre III, & Jean XX, en	1043
Jean Mincius, ou Benoist, en	1059
Cadaloe, ou Honoré II, en	1061
Guibert, dit Clement III, en	1080
Maurice Burdin, Gregoire VIII, en	1118
Thibaut, dit Calixte III, en	1124
Pierre de Leon, ou Anaclet II, en	1130
Gregoire, dit Victor, en	1138
Octavien, dit Victor IV, en	1159
Gui de Crème, dit Paschal III, en	1164
Jean, Abbé de Strume, ou Calixte III, en	1170
Clement VII, en	1378
Pierre de la Lune, Benoît XIII, en	1394
Gille, ou Clement VIII, en	1424
Amédée VIII, Duc de Savoie, dit Felix V, en	1439

ANTOINE DE MESSINE, appellé aussi Antonello, Peintre fameux, natif de Messine, en Sicile, vivoit vers le milieu du quinziéme siécle. Il fut le premier qui enseigna, en Italie, l'art de peindre à l'huile : il tenoit ce secret de Jean Van-Eik de Bruges, qui en fut le premier inventeur. Antonello fit beaucoup valoir ce secret à Venise ; mais Jean Bellin le lui surprit par adresse. On ne sait pas positivement le temps de la mort d'Antonello.

ANTOINE DE PALERME, ou le PANORMITAIN, d'une famille distinguée. *Voyez* Panormita.

ANTOINE GALATHÉE, ainsi nommé, parce qu'il

étoit né à Galatina, Village d'Italie, Philosophe, Médecin, Poëte & Géographe, du quinziéme siécle, a composé une description de la Japigie, du Gallepoli, des Poësies Latines & Italiennes, & l'éloge de la Goutte : il étoit dévoré de cette maladie cruelle, qui l'enleva en 1490.

ANTONIANO, (*Sylvio*) Poëte & Orateur, né à Rome, d'une famille pauvre, en 1540 : il eut un génie très-précoce. Dès l'âge de dix ans, il faisoit sur le champ des vers, sur quelque sujet qu'on lui donnât. Un Cardinal, qui le protégeoit, lui ayant un jour donné un bouquet pour le présenter à celui de la compagnie qui seroit Pape, Antoniano le présenta au Cardinal de Médicis, en lui faisant un compliment en vers. Médicis, élevé au Pontificat, se souvint du Prophête, l'appella à Rome, & le nomma Professeur de Belles-Lettres au Collége Romain. Sous Pie V, il fut Secrétaire du sacré Collége ; sous Clément VIII, Secrétaire des Brefs. Ce Pape l'éleva au Cardinalat en 1598 ; mais le travail abrégea ses jours, & il mourut cinq ans après, âgé de soixante-trois ans. Il a laissé des Lettres, des Vers, des Sermons, & un Traité de l'éducation chrétienne des enfans.

ANTRE DE LA SIBYLLE : il est situé au milieu du Lac Averne. Quoique l'entrée en soit embarrassée par quantité de terres amoncelées, & qu'il faille y descendre à environ vingt pas de profondeur, on peut y reconnoître une très-grande partie de la description qu'en a fait Virgile. M. l'Abbé Richard lui a trouvé une si grande ressemblance avec la Grotte du Pausilippe, qu'il croit qu'elle a été creusée autrefois pour avoir une communication de Cumes au Lac d'Averne : elle n'a plus que deux cens pas de profondeur, à cause d'un éboulement de terre qui la termine. *Voyez* AVERNE.

AOSTE, AOUSTE, (la Vallée d') *Augusta Selussorum, Augusta Prætoria*, est située au pied des Alpes, dans le piémont. La Vallée d'Aouste renferme le Duché du même nom, remarquable par les anciens & beaux monumens qui y sont encore conservés en partie : on y voit entr'autres un Arc de triomphe, érigé par Auguste. Cette Vallée a douze lieues d'étendue : elle est très-abondante en fruits & en pâturages. C'est la patrie de Saint-Anselme, Archevêque de Cantorbery: elle est sur la Doire. On fait remonter la fondation de la Ville d'Aouste à l'Empereur Auguste. D'autres prétendent que cette Ville est plus ancienne, & qu'Auguste y envoya une Colonie Romaine. On voit dans un de ses fauxbourgs un Arc de triomphe, élevé à la gloire de cet Empereur. L'Evêché d'Aouste releve de l'Archevêché de Tarentaise: on trouve dans la Vallée, le Bourg de *Cormaggiore*, jadis *Curia Major*, où les Romains avoient un Tribunal pour la Justice, Morgeaz, Avise, Villefranche, Châtillon, Monjouet, autrefois *Monsjoris*, Bard, Saint-Martin, Donas, où est un chemin taillé dans le roc, qu'on prétend avoir été fait par Annibal.

APENNIN, chaîne de montagnes qui partage l'Italie dans toute sa longueur depuis les Alpes jusqu'à l'extrémité la plus méridionale du Royaume de Naples; presque toutes les rivieres qui arrosent l'Italie, tirent leur source de ces montagnes, qu'on peut regarder comme le trésor de l'Italie: fournissant tout à la fois à ses habitans, de l'eau, des carrieres admirables pour les marbres & les pierres précieuses qu'on en tire tous les jours.

APOLLINAIRE, (Sainte) Eglise des Camaldules, entre *Classe* & *Ravenne*, bâtie par l'Empereur Justinien: c'est tout ce qui reste d'une Ville dont il est parlé dans les anciens Historiens. Il y avoit un port, mais la mer s'est retirée. L'Eglise est très-belle. Vingt-quatre colonnes de marbre gris veiné la soutiennent: on croit qu'elles furent apportées de Constantinople. Il y a autour de l'Eglise de beaux tombeaux avec des sculptures & des inscriptions Gothiques. On y voit le tombeau de Théodoric, de porphyre, de huit pieds de long sur quatre de hauteur; il étoit sur la coupole de la rotonde qu'Amalasonte avoit érigée à Théodoric son pere: il fut abattu par une bombe en 1512.

AQUEDUCS DE ROME. *Voyez* FONTAINES. *Aqua Felice*, *aqua Paola*, &c. Il faut distinguer des fontaines qui font un des plus grands embellissemens de Rome, les antiques & superbes canaux qui y conduisent les eaux. Ces canaux furent
imaginés

imaginés pour amener à Rome les eaux des sources éloignées. Le premier, ce fut Appius Claudius, qui l'an 442 de la République, y conduisit l'eau d'une fontaine qui étoit sur le chemin de Preneste, à sept milles de Rome. Cet Aqueduc, après avoir parcouru cet espace immense, passoit par dessus la porte Capenne, aujourd'hui porte Saint-Sebastien, ensuite entre l'Aventin & le Mont Cœlius, & aboutissoit au lieu ou place où est Sainte-Marie, Egyptienne. L'*aqua Martia* avoit sa source dans les montagnes des Samnites; l'Aqueduc qui la menoit à Rome avoit plus de six cents milles : il étoit porté pendant un espace de neuf milles sur des grands arcs, & suivoit ensuite son niveau dans la terre. Cet immense Aqueduc fut construit par Q. Marcius Rex. Il reste encore plusieurs de ces arcs vers le Mont Esquilin, & de grandes parties de l'Aqueduc : l'eau qui y couloit tombe dans le *Teveronne*. L'*aqua Virgine*, la meilleure qu'on boive aujourd'hui à Rome, & qui se dégorge par la belle fontaine de *Trevi*, a sa source à *Colonna*, à deux lieues de *Frascati*; elle forme aussi la fontaine de la Place d'Espagne. Agrippa fit venir cette eau dans un bassin qui étoit à la tête du Champ de Mars; les deux Aqueducs qui la distribuent dans Rome, sont les mêmes que ceux qu'Agrippa fit construire : à ceux-là, se joint celui qui traverse la Campagne de Rome, & que Pie V fit réparer. On l'appelle *Eau vierge*, parce que ce fut une jeune fille qui en découvrit la source à des Soldats Romains; mais c'est au haut du Janicule, près de Saint-Pierre *in Montorio*, qu'est la grande fontaine que Paul V fit construire. Ces eaux viennent du Lac *Bracciano*, qu'on appelloit *Lacus Sabbatinus*, qui étoit à trente-cinq milles de Rome. *Voyez* FONTAINES. Il y a des restes de plusieurs autres Aqueducs anciens.

AQUILA, Ville de Naples, dans l'Abruzze Ultérieure sur la riviere de *Peschara*, à vingt-deux lieues au N. E. de Rome. Cette Ville fut presqu'entiérement détruite, en 1703, par un tremblement de terre, qui fit périr plus de deux mille personnes. Elle en éprouva encore un très-considérable le 13 Octobre 1762, & un Village, appellé Poggio Picenza, qui est auprès de cette Ville, fut écrasé presqu'en entier.

TOME I.   E

AQUILANO, (*Seraphino*) un des premiers Poëtes pour la Pastorale. Il naquit à Naples vers le quinziéme siécle : ce fut par ses soins & par ceux de Sannasar que ce genre de poësie sortit de l'obscurité, où il étoit plongé depuis l'extinction des Lettres en Italie.

AQUILÉE, *Aquileia*, Ville très-ancienne dans le Frioul. Elle a été si célébre, qu'on l'a appellée pendant long-temps la seconde Rome ; mais elle a éprouvé le sort des Etats les plus florissans. En 452, Attila la saccagea, & en 590 les Lombards la ruinerent de fond en comble. Lors de leur invasion, le Patriarche d'Aquilée, avec son Clergé, & les principaux Citoyens, se refugierent dans l'Isle de Grado : & l'ancienne Udine est aujourd'hui la nouvelle Aquilée. Son Patriarche avoit les plus belles prérogatives : il y a eu de grandes disputes sur le droit de Patronat ; il y en avoit eu anciennement entre le Pape & la République de Venise. En dernier lieu, la République & la Cour de Vienne, prétendoient avoir également le droit de nommer le Patriarche ; mais, en 1751, il a été convenu, par voie de conciliation, que le Patriarchat demeureroit éteint, & que les Pays soumis à l'ancien Patriarche, seroient divisés en deux Evêchés, l'un à Goris, pour les terres dépendantes de l'Impératrice Reine, l'autre à Udine, pour celles de la nomination de la République. Il a été convenu que chaque Puissance nommeroit l'Evêque de son Obédience. M. de Chavigni, Ambassadeur de France à Venise, a contribué à cet accommodement, & le Roi s'est rendu garant du Traité.

AQUINO ou AQUINUM, *Aquin*, petite Ville dans le Royaume de Naples & dans la Terre de Labour, auprès du torrent de Melfe, près de Capoue. Elle fut ruinée par l'Empereur Conrard, & réduite à un Village d'environ trente-cinq maisons. Aquin est la Patrie du Poëte Juvenal, de l'Empereur *Pascennius Neger*, & du célebre Docteur de l'Eglise, Saint-Thomas, à qui le surnom d'Aquin est resté, pour le distinguer de Saint-Thomas l'Apôtre.

ARASSI, petite Ville marchande, près de la mer, dans l'Etat de Gênes ; elle est fort connue par le beau corail qu'on pêche dans les environs. On recueille dans son territoire du vin muscat, qui a beaucoup de réputation.

ARBE, *Arba*, Isle des Vénitiens, dans le Golfe Adriatique, sur la Côte de la Morlaquie, entre les Isles de Vegia & de Pago. Arbe, près des Côtes de la Dalmatie, est sa Capitale.

ARC ou ARCHE, Riviere qui se joint à l'Isere, à quelques lieues de Montmelian, au-dessous d'Aiguebelle ; c'est sur-tout sur ses bords qu'on voit les habitans presque tous avec des goîtres d'une grosseur énorme : ce que l'on attribue aux eaux, qui ne sont que de la neige fondue. Cette incommodité afflige une grande partie de la Maurienne. Ces goîtres, & la quantité de personnes contrefaites, qu'on appelle nains, parce qu'ils ont des têtes très-grosses, des jambes & des cuisses torses & courbes, le corps épais, sont une preuve que l'eau de neige est très-mal saine. Les Lapons ressemblent assez aux nains de la Maurienne & de la Lombardie, à l'exception que leur vue n'étant pas continuellement affectée par la blancheur de la neige, ceux-ci ne la perdent pas.

ARCADES, (Académie des) à Rome. C'est une des plus célebres & des plus étendues de l'Europe. Elle fut établie pour ramener le goût simple & naturel dans la Poësie, que les Italiens avoient perdu de vue : elle doit son origine à quelques jeunes gens que *Leonio* rassembloit, pour cultiver ensemble le goût des Anciens. Ils s'assembloient à la campagne, dans des lieux écartés, pour y être plus tranquilles, & s'y livrer avec plus de liberté à leur passion pour la Poësie. Ils soumettoient aux lumieres les uns des autres les piéces qu'ils composoient & qu'ils lisoient dans leurs petites assemblées. La Reine Christine de Suede, qui formoit dans son Palais des assemblées littéraires, voulut y attirer la petite Société, & leur fit offrir ses jardins ; elle chargea le Cardinal Azzolini de cette négociation, mais la Reine mourut. Son projet donna de la réputation aux assemblées ou plutôt aux promenades de *Leonio* & de ses amis. Ils s'exerçoient sur-tout à la Poësie Pastorale. Un jour qu'ils lisoient une Pastorale d'un des Associés, sur le bord du Tybre, dans une prairie, le charme de la Poësie, la beauté de la piéce, le lieu où ils étoient, les jetta dans l'admiration : l'un d'eux, dans un moment d'enthousiasme, s'écria qu'il lui sembloit être dans l'Arcadie. Crescembeni applaudit à cette idée, qu'il trouva vraie & agréable ; elle lui fit naître le projet d'une Académie sous le nom d'Arcadie & de Bergers. *Leonio*, à qui il fit part de ce plan, l'approuva. Ils le rédigerent par écrit ; & dans la premiere assemblée, composée de quatorze personnes, ils lurent le projet de l'union pastorale. Tout fut approuvé & presqu'exécuté en même temps. Chacun prit le nom d'un Berger. Crescembeni fut *Alphésibée*, le Cardinal de Tournon, qui alors étoit l'Abbé Maillard, fut *Nice*, ainsi des autres. Alphésibée fut déclaré Directeur de l'union pastorale, sous le titre de *Custode dell'Arcadia*. Ils appellerent le lieu de l'assemblée *Bosco Parrhasio*. Les Bergers étoient errans ; ils n'eurent point d'endroit fixe depuis 1690, époque de leur union, jusqu'en 1726, que Jean V, Roi de Portugal, qui acheta le jardin où l'Académie s'assemble encore, sur le Janicule, y fit bâtir le Théâtre champêtre, qui a pris le nom de Bosco Parrhasio. Il fut décoré par Ant. Canevari, Architecte Romain, de palissades, qui forment des scènes. Les siéges sont de gazons, & la perspective représente en grand la flûte à sept trous du Dieu Pan. Le temps des séances n'est point marqué ; les Académiciens, sous le nom de Bergers, y récitent les vers qu'ils ont composés, ou y lisent ceux que les Bergers absens y envoient. En 1750, le Pape fit restaurer ce jardin, & le Roi Joseph l'a fait embellir encore en 1760. Lorsque l'Arcadie fut établie sur le Janicule, les Bergers se distribuerent les campagnes que chacun habiteroit, à condition de n'en être que l'administrateur, & que la propriété en demeureroit à l'Arcadie. Il est dit dans les Lettres qu'on donne aux Récipiendaires, que la pleine assemblée de la République Littéraire, *la plena adunanza d'ella nostra Republica Litteraria*, ayant égard aux vertus rares, aux bonnes mœurs de . . . . déclare Berger Arcade (avec le nom pastoral tiré au sort), & le droit & l'honneur de venir réciter vers ou piéces de sa composition dans le *Bosco Parrhasio* ; & qu'après un an on pourra demander une Campagne à habiter. Au bout cette année, on assigne cette Campagne, dont le Berger Arcade doit porter le nom à la suite de celui de Berger. Ces Lettres sont signées du Custode général, scellées de la flûte à sept trous, avec ces mots, *Gli Arcadi*, dans une couronne formée de deux branches d'olivier & de pin; au bas est le sceau particulier du Custode.

Les régles qu'ils s'imposerent n'eurent pour but que le beau simple & naturel, dont ils tâcherent de ne pas s'écarter dans leurs Ouvrages, évitant le luxe & le faux brillant qui avoient hâté la décadence de la République des Lettres, comme ils sont la perte des Etats politiques. Ces régles, bien discutées, furent approuvées & confirmées le 20 Mai 1696, dans une assemblée tenue aux Jardins Farnese, sur le Mont Palatin, & gravées ensuite sur le marbre, par les soins du Duc de Parme, Arcade sous le nom de *Crisio*.

Les assemblées devinrent fort nombreuses; on y lisoit une grande quantité d'excellentes piéces. Maufredi fit un choix des meilleures, & le premier Recueil fut publié en 1708. Il en a paru plus de vingt volumes depuis ce temps, sans compter des Recueils particuliers de piéces lues dans des assemblées tenues pour certaines occasions. On a publié aussi les vies de quelques illustres Arcades: & le lieu des assemblées est orné d'inscriptions en style lapidaire. On a imprimé, en 1764, à Rome, la séance qui fut tenue pour la réception de l'Empereur actuel, qui étoit alors Roi des Romains.

L'Arcadie de Rome a beaucoup de Colonies dans le reste de l'Italie: on en compte cinquante-huit. Il y a près de deux mille personnes associées à cette Académie: il n'y a gueres de personnes de mérite qui n'aient désiré d'être Arcades. On voit sur le catalogue de cette nombreuse Association poëtique les noms des Rois, des Souverains Pontifes, des Princes, des Cardinaux, & de la plupart des Gens de Lettres de l'Europe.

ARCETRI, petit Village près de Florence, qui n'a d'autre célébrité que d'avoir été le lieu que l'Inquisition assigna pour prison à Galilée, lorsque, pour la seconde fois, il sortit des fers de ce Tribunal, pour avoir soutenu que c'étoit la terre,

& non le soleil, qui tournoit fur fon axe, & qui avoit un double mouvement, au moyen duquel il expliquoit l'inégalité des jours & des nuits, les faifons & les phénomènes de la Phyfique générale & des corps céleftes.

ARCHITECTURE. (l') Les Savans fe font épuifés en conjectures pour remonter à l'origine de cet Art. Différent de la Peinture & des autres beaux Arts, enfans du Génie ou du Luxe, c'eft la néceffité de fe mettre à couvert contre les injures des faifons & des hommes méchans, qui a donné naiffance à l'art de bâtir. D'abord, on ne fongea qu'à rendre les édifices commodes; & lorfqu'on eut perfectionné le dedans, on imagina d'en décorer le dehors. L'Architecture prit alors le caractere des peuples qui la cultiverent; noble & mâle chez les Grecs, & dans les premiers temps de la République Romaine, la richeffe & le fafte prirent, au temps d'Augufte, la place de la force & de la majefté; mais les Romains l'emporterent peut-être fur les Grecs, pour la folidité. Quelques-uns de leurs édifices ont réfifté à la fureur des Barbares, qui bouleverferent Rome & ébranlerent l'Europe. L'Italie moderne a produit des Architectes dignes de l'ancienne Italie: le Vatican, la Bafilique de Saint-Pierre, & quelques-autres édifices, étonneroient les fucceffeurs d'Augufte, s'ils pouvoient les comparer à ces immenfes Palais qui reffemboient à des Villes, plus furprenans par leur étendue, que par des beautés réelles. Les Architectes des autres Nations font bien inférieurs aux Architectes qu'a produit l'Italie. Il faut pourtant convenir que quelques Architectes François les ont quelquefois égalés. Mais ce qui fait le plus d'honneur à l'Architecture Italienne, c'eft d'avoir fervi de modele au refte de l'Univers. Elle doit cet avantage à l'étude de l'Antiquité. Lorfqu'elle a voulu s'écarter des principes fur lefquels elle s'eft formée, elle a dégénéré, & le bizarre a pris la place du vrai. Ainfi à Naples un goût moderne a prédominé. On y bâtit avec beaucoup de dépenfe, mais les édifices y ont un afpect défagréable; ils font tous couverts de terraffes, mais mal fufpendus, entourés d'appuis; des balcons de bois faillans à toutes les fenêtres, des vitreaux également avancés : tout cela forme un contraste frappant avec la bonne Architecture. Les Palais de Capo di Monte, par Van-Vitelli, & celui de Caprarole, par Vignole, mis en parallèle avec les édifices bâtis dans le goût moderne, auroient dû corriger les Napolitains. Quelle différence de Naples avec la Capitale de la Toscane, où le bon goût ne s'est point corrompu, où des caprices extravagans ne sont pas devenus l'Architecture à la mode !

Arco, *Arcus*, petite Ville dans le Trentin, auprès de la riviere de Sarca. Elle est sous la protection de la Maison d'Autriche ; les François la prirent en 1703, & l'abandonnerent presqu'aussi-tôt : sa situation est riante & agréable.

Arcqua, Village à quatre lieues de Padoue, du côté d'Este, est célebre par le tombeau de Pétrarque, qui y mourut en 1374. *Voyez* PÉTRARQUE. Cet agréable & grand Poëte mériteroit d'être enterré dans les plaines agréables du Padouan.

ARCS DE TRIOMPHE, Monumens érigés à Rome aux Généraux & aux Empereurs, qui avoient remporté des victoires signalées, & qui, par leurs exploits, avoient mérité les honneurs du triomphe : l'Architecture & la Sculpture réunirent leurs efforts pour embellir ces Arcs. Comme le triomphe étoit pour les Romains le comble de la gloire, on ne négligeoit rien pour le rendre éclatant. Nous ne répéterons point ici ce qu'on trouve dans une foule d'Auteurs, sur la marche triomphale. La Porte Capenne, aujourd'hui Saint-Sebastien, sur la *Via Appia*, étoit celle par où le Triomphateur devoit arriver, pour se rendre au Capitole : on l'appelloit la Porte Triomphale. Le triomphe étoit plus ou moins pompeux, suivant les circonstances ; mais soit que les Vainqueurs se fussent rendus recommandables par de plus belles actions, soit que la flatterie des Peuples eût intérêt d'augmenter la gloire des Triomphateurs, l'on dressoit à grands frais des Arcs de triomphe, qui devoient immortaliser ceux à qui on les élevoit. Les révolutions que l'Italie a essuyées, les ont presque tous renversés : il n'en reste pas de parfaitement entiers. Voici ce qui en a échappé à la barbarie & au temps. On remarquera que quelques-uns de ces monumens, consacrés aux vertus militaires, ont été quelquefois accordés, quoique rarement, à la Puissance, par l'adulation. Nous commencerons par ceux qui furent érigés à Rome, & nous parlerons ensuite de quelques Arcs de triomphe qu'on trouve dans le reste de l'Italie; ceux-ci sont en petit nombre.

ARCO DI CONSTANTINO; c'est de tous les Arcs de triomphe celui qui s'est le mieux conservé: il n'est pas éloigné du Colisée. Il est formé de trois portes, une grande & deux petites; huit colonnes cannelées soutiennent huit figures de Daces; tout l'ouvrage est de marbre blanc, les colonnes sont de jaune antique. Ce monument est orné de vingt bas-reliefs, dont la plupart représentent des expéditions de Trajan; ce qui a fait conjecturer qu'on s'est servi d'un des Arcs qui étoient à la Place Trajane, d'autant que tout ce qui est relatif à cet Empereur, & qui paroît avoir été fait de son temps, est d'une excellente sculpture, au lieu que la partie inférieure, qui a été faite du temps de Constantin, se ressent beaucoup de la décadence des Arts: on sent sur-tout dans ce monument la différence de la sculpture des deux âges. Le Cardinal Léopold de Médicis fit enlever une des huit figures des Daces, & les têtes des sept autres, pour en orner les Galeries de Florence. Les Papes, Clément XII & Benoît XIV, les ont fait restaurer; & cet Arc est à présent aussi entier que quand il a été bâti, à l'exception de quelques bas-reliefs, dont la sculpture a été un peu endommagée: c'est dommage que le quartier où il est situé soit si désert.

ARC DE DOLABELLA, on l'appelle aussi L'ARC DES CONSULS: il est méconnoissable. Dans un de ses débris, on lit le nom de Dolabella. Il est vers Saint-Etienne-le-Rond.

ARC DE DRUSUS; c'est aujourd'hui la Porte Saint-Sebastien: elle est à peu près à l'endroit où étoit autrefois la Porte Capenne, où commençoit la *Via Appia*. Cet Arc est fort dégradé; il est formé d'une arcade avec une colonne de marbre de chaque côté: on voit les restes d'un fronton au-dessus de l'entablement. Il y avoit un revêtement de marbre qui a été enlevé.

ARC

ARCO DI GALIENO. Il est situé au pied du Mont Esquilin, où Galien avoit ses jardins. Suivant l'inscription, Marc Aurele le fit élever à cet Empereur : on conjecture que ce fut vers l'an 260. Il est bâti de belles pierres de Tivoli, mais l'architecture en est médiocre : il n'en reste que la partie du milieu, avec un pilastre Corinthien de chaque côté : la Place qui l'environne s'appelle *il Macello d'egli Christiani*, boucherie des Chrétiens, parce qu'il y en eut beaucoup de martyrisés.

ARCO DI GIANO. L'Arc de Janus est au pied du Palatin, près de Saint-George, élevé pour mettre à couvert le Peuple dans les Marchés publics, tels qu'on en voyoit plusieurs à Rome, dans les temps anciens. Il est de forme quarrée : à chaque face est une arcade. Il est décoré d'un soubassement presqu'enterré jusqu'à la corniche ; il est partagé par deux rangs de niches, qui étoient séparées par de petites colonnes isolées. Cet Arc est presque détruit, & ne conserve rien de remarquable. On appelloit ces Arcs, ou espéces de portiques, *Jani* : ils servoient de lieux d'assemblée aux Marchands & aux Banquiers.

ARC D'OCTAVIE : il étoit dans le même quartier ; c'est plutôt un portique élevé par Auguste, sous le nom de sa sœur : ce qui en reste, dénote sa magnificence ; ce sont quelques arcades, soutenues par des colonnes de marbre d'ordre Corinthien.

ARC DE SEPTIME SÉVERE ou DES ORFÉVRES. Il est auprès de celui de Janus, dans la partie septentrionale du *Forum*, du côté du Capitole. Il est très-bien conservé ; il est tout de marbre blanc, & composé de trois portes, entre lesquelles sont quatre belles colonnes cannelées ; les bas-reliefs sont très-beaux, c'est dommage que ce monument soit à moitié enterré. Dans l'attique, qui est très-bonne, il y a une inscription à l'honneur de Sévere, à qui les *Orfévres* & les *Marchands de bétail* le firent ériger, & le dédierent. Il y est représenté dans le bas-relief, avec sa femme *Julia Pia* & *Antonin Caracalla* : la face principale est ornée de trophées militaires. Ce qui reste de plus entier, sont des victoires ou renommées aîlées, qui sont à la naissance des Arcs. Il y avoit autrefois au-dessus un char triomphal, attelé de six chevaux de front, & portant les statues de Sévere & de ses deux fils, Caracalla & Geta; quatre Soldats Romains, deux à pied & deux à cheval, accompagnoient le char.

ARC DE TIBERE. (l') Il fut élevé à cet Empereur lorsque Germanicus eut effacé la honte de Varus; il étoit à la descente du Capitole: il n'en reste que de foibles vestiges.

ARC DE TITUS, ARCO DI TITO; il est à l'extrémité du *Forum Romanum*: il fut érigé à Titus, après sa conquête de la Palestine. Son triomphe, le plus brillant des trois cents qu'il y avoit eu jusqu'à lui depuis la fondation de Rome, est représenté dans un des beaux bas-reliefs, qui décorent cet Arc. Ce Prince est dans le char triomphal, précédé des Licteurs, & accompagné du Sénat & de l'armée. Derriere le Triomphateur, est une Victoire debout, tenant d'une main la couronne qu'elle lui met sur la tête, & de l'autre une palme de Judée; Rome triomphante, est assise sur le devant du char, tenant les rênes des chevaux qu'elle conduit. Ce bas-relief est très-beau & très-estimé: il est dans l'arcade. Dans le bas-relief, qui en fait le pendant, sont représentés les Candélabres à sept branches, la Table des pains de proposition, & plusieurs autres ornemens & dépouilles du Temple de Jérusalem. Les Juifs ne voient cet Arc qu'avec horreur; ils ne peuvent y passer, & ils ont obtenu la permission de s'ouvrir un passage à côté de cet Arc pour aller dans le quartier du Colisée. Ces reliefs ont beaucoup souffert, & en général l'Arc de Titus est fort délabré.

Voilà les principaux Arcs de triomphe dont il reste des vestiges à Rome; ceux qu'on voit dans le reste de l'Italie, dont quelques-uns sont modernes, sont,

A Suze, en Piémont, on y voit un Arc de triomphe, renfermé dans les jardins du Château, formé de gros blocs de marbre, orné de colonnes Corinthiennes cannelées, consistant en un seul arc; les deux colonnes supportent un entablement, dans la frise duquel il y a une marche de sacrifice. Les uns prétendent qu'il fut élevé à Auguste, les autres à Tibere: tous se fondent sur deux inscriptions, qui favorisent l'un & l'autre parti. Quoi qu'il en soit, ce monument est fort dégradé : mais il paroît être du beau temps de l'architecture Romaine. Il y a dans la frise un bas-relief, où l'on distingue encore un autel antique, des Sacrificateurs, & tous les appareils d'un sacrifice. C'est le seul monument de cette espéce qui reste dans le Piémont & dans la Lombardie.

A Ancône, sur la jettée du port, à l'entrée du mole, est l'Arc de triomphe de Trajan, de marbre blanc, érigé l'an 112 par le Sénat à cet Empereur, à Plotine sa femme & à Martiana sa sœur. Ce fut en reconnoissance des réparations qu'il avoit faites au port d'Ancône, à ses propres dépens. Il étoit décoré d'un grand nombre de statues de bronze, de trophées & d'autres ouvrages. La solidité de ce monument, dont les blocs sont si bien liés qu'ils ne paroissent faire qu'un seul corps, a beaucoup contribué à sa conservation : l'architecture en est très-simple. Il reste quatre belles colonnes d'ordre Corinthien, sur des piédestaux, avec une attique. Il domine sur la mer, & forme de ce côté un très-beau point de vue. Il y a assez près de cet Arc de triomphe un autre Arc moderne, sur les dessins de Vanvitelli, estimé.

A Fano, Ville de l'Etat Ecclésiastique, on voit les restes d'un Arc de Triomphe, érigé à Constantin. Ce n'est plus qu'une porte de marbre blanc, à côté de laquelle il y en avoit deux autres ; le bas de la porte paroît être du temps d'Auguste, par l'élégance avec laquelle elle est faite ; le haut, qui a été bâti ou restauré dans un temps où les Arts tendoient vers leur décadence, est de mauvais goût. On montre à Fano le dessin de cet Arc, tel qu'il étoit dans sa magnificence.

A Rimini, autre Ville de l'Etat Ecclésiastique, on trouve en entrant un Arc très-ancien, qui sert de porte à la Ville, érigé à Auguste ; il est décoré de deux colonnes supportant un fronton, avec un reste d'inscription ; il est de pierre blanche des Apennins, & ressemble assez au marbre, dont elle a la dureté & le poli : la porte est très-large, & fait supposer que ce monument étoit très-beau. Il y reste encore deux médaillons, qui renferment deux têtes qu'on croit être celles de Jupiter & de Junon. On fait que le Rubicon n'est pas éloigné de Rimini, peut-être est-ce au passage de cette riviere qui décida du sort de Rome, que ce monument fut érigé par Auguste.

À *Cumes*, l'Arco Felice est un gros massif de brique fort ruiné, percé d'une porte rustique de dix-huit pieds de largeur, le mur ou massif est à plus de soixante de hauteur : on croit qu'il faisoit partie des murs de Cumes. Ce morceau n'est précieux que parce qu'il paroît fort antique.

À *Vérone*, on trouve trois Arcs de triomphe. L'un, qu'on appelle la *Porta di Borsari*, est un Arc, qui, suivant l'inscription, paroît avoir été élevé à l'Empereur Galien, vers l'an 250. Il y a deux arcades avec deux frontons ; il paroît joint à un ancien mur de la Ville ; il se ressent beaucoup du mauvais goût qui s'étoit introduit dans les Arts ; il n'a aucune des belles proportions de l'Antique. Le second, qu'on appelle *Porta del foro Judiciale*, est d'un meilleur goût ; il est décoré de colonnes d'ordre composite, cannelées & d'une attique au-dessus de trois percés. Le troisiéme, est un grand Arc appellé *Porta di Gavii* ou *Arco di Vitruvio*. Il fut élevé en l'honneur de la famille de *Gavius*, & fut fait par Vitruve lui-même. Le nom de cet Artiste fait son plus grand mérite : mais il est bien au-dessous de la réputation de Vitruve. Il est vrai qu'il n'en reste que les ceintres de l'Arc & deux colonnes cannelées sans chapitaux.

Les Modernes ont imité ces belles constructions des Anciens. Nous ne parlerons que des trois suivantes.

À *Naples*, l'Arc de triomphe d'Alphonse fut érigé lorsque ce Roi y fit son entrée ; il est en marbre blanc, orné de belles statues ; c'est un ouvrage du Cavalier *Pietro Martino*, de Milan. Cet Arc est dans le Château neuf, entre deux tours, dans *Castello nuovo* ; il est dans le goût antique, & très-beau, mais dans un endroit trop resserré. Il est de marbre, les statues sont des cavaliers armés de toutes piéces ; la porte est de bronze, avec de très-beaux bas-reliefs : cet Arc de triomphe sert de porte à l'Arsenal.

À *Vicence*, en sortant par la Porte de la *Madona del Monte*, est un Arc décoré de quatre colonnes d'ordre Corinthien, portant un petit attique, au-dessus est le lion aîlé de Saint-Marc, & de chaque côté les statues de J. C. & de Saint-Vincent. Cet Arc est de *Palladio*: il sert de porte à un escalier de deux cent quatre-vingt-dix marches, qui conduit à Notre-Dame-du-Mont.

A *Florence*, le plus moderne, est le bel Arc de triomphe érigé en l'honneur de François de Lorraine, Empereur, Grand Duc de Toscane, lorsqu'il fit son entrée à Florence, en 1739. Il est d'une très-belle construction en pierres du pays; sur le fronton est la statue équestre de ce Prince, en bronze, ainsi que quelques autres statues qui couronnent le fronton. Les portes en sont fermées avec des chaînes, pour empêcher les voitures d'y passer, quoiqu'il soit de la plus grande solidité: on le trouve sur le chemin de Bologne à Florence, cinq cents pas environ hors de la Porte Saint-Gal. Cet Arc est fort estimé, & mérite de l'être: il est tout-à-fait dans le bon goût de l'Antique.

ARDEA, petite Ville dans les Etats de l'Eglise, peu considérable.

ARETINO, (*Pietro*) Poëte Satirique, fils naturel de Luige Bacci, Gentilhomme d'Arezzo, dans les Etats de Toscane. L'Arioste l'appelle le divin Aretin, le fléau des Princes. En effet, la majesté du trône ne mettoit pas les Rois à couvert de ses satires; ils lui faisoient des présens pour en émousser les traits: on dit que Charles-Quint, lorsqu'il eut manqué son expédition sur Tunis, envoya à l'Aretin une chaîne d'or, afin de l'engager à garder le silence sur cette expédition, follement entreprise & honteusement manquée. Aretin, en recevant cette chaîne, & la soupesant dans sa main, s'écria *que c'étoit bien peu de chose pour une si grande sottise.* Qu'on juge, dit M. l'Abbé Richard, par l'impunité dont il jouit, & par les marques de distinction dont il fut honoré, quel respect on avoit dans ce temps pour les Lettres & pour les Savans. On a condamné la lecture de la plupart de ses Ouvrages, comme trop licencieux. Le plus connu & le plus obscène, est intitulé: *Capriciosi è piacevoli Ragionamenti di M. Pietro Aretino il veritiere è il divino cognomine il flagello di Principi.* La première journée contient la vie des Religieuses ; la seconde, la vie des femmes mariées ; la troisième, celle des filles de joie. Il y a quantité de Dialogues, la généalogie des Courtisanes de Rome, des Comédies. Le Grand Rousseau a traduit ou imité de l'Aretin, la Mandragore. Sur la fin de ses jours, il composa des Ouvrages de dévotion. Il avoit fait profession toute sa vie d'athéisme. Ses derniers Ouvrages sont intitulés, l'*Aretin repentant*: on y trouve beaucoup d'hérésies. Il mourut à Venise en 1556. Malgré sa vie débauchée, & son athéisme, il obtint une sépulture honorable dans l'Eglise paroissiale de Saint-Luc. Il sembloit, dit encore l'Auteur que j'ai cité, qu'on le craignît même après sa mort. On lit cette épitaphe sur son tombeau :

» *Condit Aretini cineres lapis iste sepultos,*
» *Mortales atro qui sale perspicuit.*
» *Intactus Deus est illi ; causamque rogatus,*
» *Hanc dedit : ille, inquit, non mihi notus erat.*

» Cette pierre couvre les cendres de l'Aretin, qui versa sur les
» hommes le sel le plus noir. Il ne toucha point à Dieu, & on lui
» en demanda la raison ; c'est, répondit-il, que je ne le connoissois
» pas.

ARETINO ou LIONARDO BRUNI, d'Arezzo, Secrétaire de la République de Florence, a composé l'Histoire de cette Capitale de la Toscane, depuis l'an 800 de J. C. Il mourut en 1444. Dix ans après sa mort, la République acheta, du fils de l'Auteur, le manuscrit de cette Histoire, la fit relier, couvrir en velours, & orner d'agraphes d'argent : il est placé dans le Palais public. Cet Historien a trop négligé les petits détails de l'Histoire, & sur-tout ce qui regarde les guerres intestines de la République : d'ailleurs, cette Histoire est très-estimée.

ARENA, (Saint-Pierre d') est le plus beau Fauxbourg de Gènes, entre la mer & la montagne de la Côte. C'est un des plus beaux quartiers de Gènes, mais qui a l'inconvénient du reste de la Ville ; c'est-à-dire, que les rues en sont trop étroites : elles n'ont de largeur qu'autant qu'il en faut pour qu'une voiture passe aisément. D'ailleurs, il y a dans ce Fauxbourg de très-beaux Palais, & les maisons y sont généralement bien bâties; il est très-grand, ce qui le fait paroître dépeuplé: son plus bel aspect est du côté de la mer.

Arezzo, Ville de la Toscane, dans le Florentin, avec Evêché suffragant de Florence, sur une éminence au pied de laquelle coule le Tybre. Cette Ville est très-ancienne, elle étoit une des douze principales des Etrusques. Sylla, ayant défait les Etrusques, chassa d'Arezzo tous les habitans, & repeupla cette Ville de différens Peuples d'Italie. Arezzo étoit une des principales Manufactures Etrusques. Les Goths détruisirent ses murs: l'Evêque Gui de Pietramala les rétablit. Les Aretins se distinguerent dans les guerres des Guelfes & des Gibelins. Le frere de Pietramala, qui lui succéda, ayant été moins heureux, vendit Arezzo aux Florentins. Cet Evêque s'appelloit *Pietro Sanone*. Arezzo est très-bien pavée; le *Loggio*, qui est sur la Place, est un très-beau bâtiment, élevé sur les dessins du Vasari: la Place est entourée d'un beau portique. Il y a des tableaux de cet Artiste dans les Eglises d'Arezzo, entr'autres un repas d'Assuerus & un Gonfalon, sur lequel est peint, d'un côté, Saint-Roch, & de l'autre une Peste. Arezzo a donné le jour à Mécène, à Pétrarque, à Pierre & à Gui Aretin, l'un connu par ses Satires & par ses écrits obscènes, l'autre Bénédictin célebre, pour avoir été l'inventeur de la maniere de noter la musique; Leonardo Aretin, Historien & Secrétaire de la République de Florence; Césalpin, qui le premier eut une idée de la circulation du sang, & jetta les fondemens de la Botanique, en divisant les plantes par classes; François Rhedi, autre Médecin très-célebre; le Pape Jules III, & le trop célebre *Concino Concini* ou Maréchal d'Ancre; *Francesco Albergotti*, &c. ont illustré Arezzo, leur Patrie.

Argenia, petite Ville du Ferrarois, au-dessous de Ferrare, dans l'Etat de l'Eglise; elle est peu considérable, ainsi que Belriguardo, Stellano & Migliarino, qui sont sur la même ligne.

ARGENTIERE, Ville de Savoie, dans la Maurienne, sur la riviere de l'Arche, célebre par ses Forges.

ARGOLI, (Jean) Poëte Italien & Latin, vivoit sous le Pape Urbin VIII; il débuta à l'âge de dix-sept ans par un Poëme en douze chants, intitulé l'*Endimion*, à l'imitation de l'Adonis du Chevalier Marin. Ce Poëme lui fit beaucoup d'honneur. Entre plusieurs Ouvrages qui nous sont restés de ce Poëte, on distingue quelques Elégies & quelques Poësies Pastorales. Il étoit fils d'André *Argoli*, né à Taglia Cozzo. Ayant essuyé quelque désagrément dans sa Patrie, il se retira à Venise, où il composa divers Ouvrages, entr'autres, *de diebus criticis Ephemerides*. Il mourut en 1653.

ARIANO, petite Ville dans la Principauté Ultérieure de Naples, avec un Evêché suffragant de Benevent. Cette Ville a ses Comtes particuliers; elle est située sur une hauteur, & assez bien fortifiée, à six lieues E. de Benevent.

ARIANO, Bourg dans le Ferrarois, dans la partie de l'Etat Ecclésiastique, sur une branche du Pô, qu'on appelle le Pô d'Ariano. La Polésine d'Ariano est le Pays circonvoisin. Il est à trois lieues S. d'Adria, & neuf N. E. de Ferrare.

ARIOSTO, (*Louis*) l'un des plus grands Poëtes d'Italie, né à Reggio, en 1474, de parens illustres par leur naissance: son pere étoit Gouverneur de la Ville. L'Ouvrage qui lui a acquis le plus de réputation, est son *Orlando furioso*, Poëme de l'imagination la plus brillante, du coloris le plus agréable & le plus frais. On regarde comme les plus grands Poëtes d'Italie le Tasse & l'Ariosto. L'Italie est partagée entre ces deux Poëtes; & après de longues querelles, il n'est pas encore décidé lequel des deux doit obtenir la primauté. Ceux qui cherchent dans un Poëme la force de l'imagination, la chaleur & l'enthousiasme, la hardiesse des pensées, la vérité des images, la légéreté des narrations, l'élégance de la diction, la multiplicité des événemens, la belle simplicité d'un style qui se prête à tout, doivent préférer l'Ariosto; mais ceux qui font plus de cas d'un plan vaste, mais sagement conduit, de la correction, du pathétique, d'une poësie grande & majestueuse, d'images vraies, d'événe-

mens

mens racontés avec sagesse, de caractères bien dessinés & soutenus jusques dans les moindres actions & dans tous les propos des personnages qu'il fait agir, doivent préférer le Tasse. Il n'est pas surprenant qu'en France nous donnions au Tasse la préférence sur l'Arioste; mais les Italiens, qui jouissent de tout: l'élégance, de toute l'aménité du style de l'Arioste, doivent en faire plus de cas que du Tasse. Louis Arioste mourut à Ferrare, en 1533, âgé de cinquante-neuf ans, ainsi que l'apprend son tombeau, placé dans la Cathédrale de Ferrare.

ARNAUD DE BRESCE, Disciple d'Abaillard, se fit Moine, & soutint que les Evêques & les Moines qui possédoient des terres, étoient damnés; que les Princes étoient les maîtres des biens de l'Eglise. Cette doctrine lui attira beaucoup de Disciples, contre lesquels on prit les armes. Innocent II le condamna au Concile de Latran. Arnaud se réfugia dans les montagnes de Suisse avec ses Disciples. Il avoit un très-gros Parti à Rome. Il y revint en 1141, excita une sédition contre le Pape, & se fit chasser de Rome. Il abolit la dignité de Préfet, obligea les Citoyens à se soumettre au Patrice, & mit les Palais des Cardinaux au pillage. Eugene III, après plusieurs combats, rentra dans Rome. Arnaud se retira auprès de l'Empereur Frédéric, mais comme il tentoit de nouveaux complots, ce Prince le livra à Adrien IV, qui le fit pendre & brûler en 1155.

ARNO, fleuve qui descend de l'Apennin, traverse la Toscane, & divise Florence en deux parties inégales. Il est redoutable par ses inondations subites & considérables. En 1761, en huit heures de temps, il s'éleva de plus de huit pieds au-dessus de son niveau ordinaire; les rez-de-chaussée & les rues d'une grande partie de la Ville furent inondés à plus de deux pieds de hauteur. On avoit tout à craindre pour les ponts; mais les soins & les travaux des habitans empêcherent qu'ils ne fussent engorgés. Ces inondations emportent les digues, qui sont d'une maçonnerie légere, & toute communication est interrompue entre Florence & Livourne.

Ce fleuve a, près de Florence, soixante-dix toises de largeur. Après avoir traversé cette Capitale, il va se jetter au-dessous de

Fife, dans la mer de Toscane. C'est la Chiana qui cause ses débordemens. Cette riviere, recevant comme le Lac de Pérouse, les eaux d'une multitude de montagnes, les porte moitié dans le Tibre & moitié dans l'Arno. Du temps de l'Empereur Tibere, les Romains vouloient porter toutes les eaux dans l'Arno; mais les représentations des Toscans empêcherent ce projet; on se contenta de faire dans la suite une grande chaussée d'une montagne à l'autre, qui ne laisse qu'une ouverture du côté du Tibre, pour les eaux de la Chiana.

ARNOLPHE, Architecte & Sculpteur, né à Florence en 1232, & mort en 1300, fils de Lapo ou Jacobo, duquel il apprit les premiers élémens de l'Architecture. Il y devint très-célebre; il fit bâtir & flanquer de tours les nouvelles murailles de Florence, la Place de S. Michel, celle des Prieurs, l'Abbaye & l'Eglise de Sainte-Croix de cette Ville, où l'on voit son portrait, de la main du *Giotto*. Il obtint pour récompense le droit de Bourgeoisie: il donna le plan & le modele de l'Eglise *de Sainte Marie del Fiore*. Brunelleschi trouva cet édifice si solide, qu'il hasarda d'y élever au-dessus la grande coupole, qui étonne les connoisseurs. Cette Eglise a deux cent quarante brasses de long, & la croisée cent soixante-six, c'est-à-dire, soixante-quinze toises trois pieds de longueur, & la croisée cinquante-deux. La hauteur de la nef du milieu, vingt-trois toises cinq pieds six pouces huit lignes; celle des nefs lattérales, quinze toises huit pouces.

ARONE, *Arona*, Ville du Piémont, sur le bord occidental du Lac Majeur, à mi-côte, avec titre de Principauté, appartenant à la Maison *Borromei*. On voit encore dans le Château l'appartement où naquit Saint Charles Borromée, Archevêque de Milan. Arone, dont la position est très-agréable, eut Obizan pour Fondateur, qui vivoit dans le dixiéme siécle. Il y avoit autrefois une Abbaye de Bénédictins, où l'on conservoit les Reliques de Saint-Gratignan & Felin. Les Etrangers qu'elles y attirerent firent fleurir Arone. Saint Charles, à l'âge de douze ans, fut fait Abbé d'Arone. Lorsqu'il fut Archevêque de Milan & Cardinal, il changea cette Abbaye en un Séminaire, en renvoya les Bénédictins, qui n'y vivoient pas assez régulierement, & y établit les Jésuites, auxquels il donna la direction du Séminaire. Cette Ville fut ruinée par un incendie, en 1674; mais elle fut bientôt rétablie & mieux bâtie qu'elle n'étoit auparavant. Les maisons, l'Eglise & le Séminaire sont d'une très-bonne architecture. Arone, comme on l'a dit, est à mi-côte; on voit sur une esplanade faite exprès, sur la croupe de la montagne, la statue colossale de Saint Charles, de cuivre battu. Elle a soixante pieds de hauteur, sans y comprendre le piédestal, plusieurs personnes peuvent se placer dans la tête. C'est sur cette montagne qu'étoit le tombeau du Saint, avant qu'on transférât ses Reliques à Milan. On faisoit à la montagne beaucoup de pélerinages, qui y attiroient une grande affluence d'Etrangers: elle s'appelle encore *Monte di Carlo*. On fait grand cas en Italie & en Piémont des vins d'Arone. Le pays des environs est un des plus agréables & des plus fertiles de la Lombardie.

ARPINO, Ville très-ancienne des Volsques, connue dans le temps des Romains par la dénomination d'*Arpinum*. Elle est située au Royaume de Naples, dans la Terre de Labour & dans le voisinage de la Campagne de Rome. Ce qui a le plus contribué à la célébrité d'Arpinum, c'est d'avoir été la patrie de Marius & de Cicéron, deux des personnages les plus illustres de l'ancienne Rome.

ARPINO, (*Joseph-César d'*) dont on a formé Josepin, nom sous lequel il est connu en France, naquit au Château d'Arpin dans la Terre de Labour, au Royaume de Naples. Il fut employé à broyer les couleurs & à garnir les palettes des Peintres qui travailloient aux loges du Vatican. A force de voir peindre, il se fit une idée des principes sans s'en douter. Un jour que les autres Peintres étoient absens, il essaya de tracer des figures sur un pilastre. Lorsque les Peintres revinrent, ils admirerent les figures, sans savoir à quoi pouvoir les attribuer. Ils se cacherent, & prirent enfin Joseph sur le fait: il sentoit son génie, & ne se doutoit pas de son talent. Gregoire XIII lui assigna une pension pour le mettre en état de se perfectionner. Il se livra tout entier à la Peinture, & se fit, de ses succès, un moyen de parvenir : Clément VIII vécut familiérement avec lui, & le fit Chevalier du Christ, le nomma Directeur de S. Jean-de-Latran, & le combla toujours de nouveaux bienfaits. Il vint en France avec le Cardinal Aldobrandin. Henri IV lui fit des présens considérables, & le nomma Chevalier de Saint-Michel. Il excita l'envie du Caravage qui l'appella en duel; Josepin refusa de se mesurer avec un homme qui n'étoit point Chevalier. Le Caravage partit aussi-tôt pour Malthe, & obtint la Croix de Chevalier servant. Le coloris du Josepin est froid & insipide. Plusieurs morceaux de l'Histoire Romaine qu'il a peints au Capitole, sont ses chef-d'œuvres. Ses chevaux sont ce qu'il y a de plus fini dans ses tableaux. Le Roi a de ses ouvrages ; on voit au Palais Royal une Susanne de ce Peintre. Joseph d'Arpin mourut à Rome en 1640, âgé de soixante-dix ans.

ARQUA. *Voyez* ARCQUA.

ARQUA, Ville du Tortonnois, dans le Duché de Savoie; elle est au midi de Tortone, ainsi que Castel-Nuovo, Sarravalle, & Pietra-Bissera.

ARQUATA, petite Ville de l'Etat de l'Eglise, dans la Marche d'Ancône.

ARROTINO, ou L'AIGUISEUR, Statue fort célebre qu'on voit dans la Galerie de Florence; elle représente un homme entiérement nud, dans une attitude gênée, presqu'accroupi, tenant de la main gauche un couteau, le corps un peu panché en avant, posé sur une pierre, & appuyé par deux doigts de la main gauche; il a la tête tournée & ne regarde ni la pierre ni le couteau; il paroît attentif sans finesse, & son air est grossier. La tête est de la vérité la plus frappante & traitée de la meilleure maniere. Cette antique a donné lieu à plusieurs conjectures. Les uns ont prétendu qu'elle avoit été érigée par ordre du Sénat à un Aiguiseur, qui faisant semblant d'être tout entier à son ouvrage, écouta le plan de la conjuration de Catilina : ce fait est démenti par Saluste, qui assure que Curion, ami du Conspirateur, découvrit tout à Fulvia, qui en fit part à Ciceron. D'autres prétendent que c'est Milicus qui décela la conspiration de son Maître contre Neron. Une troisieme opinion veut que ce soit l'augure Attius Nævius prêt à couper un rocher avec un rasoir en présence de Tarquin l'ancien. Quoi qu'il en soit, cette Statue paroît d'une grande antiquité.

ARSENAUX D'ITALIE. Chaque République a son Arsenal. Celui de Rome est très-bien garni, mais celui de Venise passe pour un des plus beaux & des plus grands de l'Europe. Il est d'une très-vaste étendue, parce qu'il comprend les magasins pour les vaisseaux, les corderies, les forges, les fonderies, & les loges pour mettre à couvert les galéasses, les galères & le Bucentaure. On y montre un canon que l'on assure avoir été jetté & ajusté pendant le dîner; on voit beaucoup d'ouvriers employés; mais non pas en aussi grand nombre que les Vénitiens voudroient le persuader. Les Arsenaux de Toulon & de Rochefort sont aussi garnis, & il y regne plus d'ordre.

L'Arsenal de Gênes contient, dit-on, de quoi armer quarante mille hommes. On y voit quelques vieilles armures d'une fabrique singuliere, qui ont servi à quelques dames Génoises, qui s'armerent pour une croisade. Il y a, dans l'Arsenal de Lucques, des armes pour six à sept mille hommes.

ARSIGNANO. *Voyez* ARZIGNANO.

ARTALIS, (*Joseph*) Poëte, né à Mazare en Sicile, en 1628, fut aussi un excellent Guerrier. Il n'avoit encore que quinze ans, qu'ayant donné des coups de bâton à un Poëte satyrique, qui n'en fut que plus acharné contre lui, il le blessa mortellement. Cet événement le détermina à prendre les armes. Candie étoit assiégée par les Turcs; Artalis se jetta dans la Ville, & mérita, par les belles actions qu'il y fit, d'être décoré de l'Ordre Militaire de Saint-George. Il mourut à Naples en 1679. Il a laissé plusieurs ouvrages en vers & en prose.

ARTS. (beaux) On comprend sous ce nom, la Poësie, l'Éloquence, la Peinture, la Sculpture, l'Architecture, la Musique, la Danse, & généralement tout ce qui a pour objet l'imitation de la nature; pour principe, le génie; pour moyen le plaisir, & pour but, la vertu. La Philosophie austere qui confond le but & le moyen, s'est souvent élevée contre les Arts, & a voulu les punir des fautes des Artistes. Les Arts, s'ils n'élevent l'ame, ou s'ils ne la plongent dans cette délectation qui la dispose à la bonté, à la bienfaisance, à la douceur, ont manqué leur objet. L'Artiste n'a cherché qu'à plaire. Par-tout la Religion a été le berceau des Arts. Les Egyptiens s'en servirent pour célébrer les Dieux & les Héros ; les Grecs les employerent aux mêmes usages ; les Romains qui les reçurent d'eux, se conformerent à leurs vues. Ces Arts furent portés à leur perfection, tant qu'ils furent cultivés par des Citoyens libres & généreux ; ce fut alors qu'à Rome, ainsi qu'à Athenes, la Poësie fut sublime ; que l'Eloquence maîtrisa les esprits ; que l'Architecture eut ce ton imposant & majestueux que nous admirons encore dans ses ruines ; que la Sculpture & la Peinture avoient toute l'énergie de la nature ; que la Musique & la Danse portoient le caractere de la grandeur des objets qu'elles retraçoient : tout dégénéra quand la liberté commença à disparoître : ils se ressentoient de l'esclavage & de la mollesse où les Romains languissoient, lorsque les Barbares du Nord vinrent achever leur ruine. Ils resterent quelques siécles comme anéantis. Les Médicis, & quelques Souverains Pontifes réchaufferent le génie des Arts, qui éclata sous le Pontificat de Leon X. Les Muses retrouverent de nouveaux Virgiles dans ces mêmes lieux où reposent les cendres des anciens. Sur les ruines du Palais des Scipions & des Successeurs d'Auguste, s'éleverent des Palais que l'ancienne Rome eut enviés à la nouvelle ; des Statues de Souverains Pontifes remplacerent celles des Pompée, de César & d'Antoine ; la Basilique de Saint Pierre fit moins regretter ces Temples, dont les restes sembloient défier les races futures de les imiter jamais. Leon, Paul, Sixte semblerent avoir créé Rome une seconde fois. La France étoit encore plongée dans la Barbarie, lorsque l'Italie étoit embellie de tous les chefs-d'œuvre des Beaux-Arts. Enfin François I, que ses guerres d'au-delà des Alpes avoient mis à portée de voir combien les Beaux-Arts contribuoient à la gloire des Princes, les attira en France. C'est donc des Italiens que nous tenons les Arts, qui, sous le regne de Louis XIV, ont été portés à ce haut degré d'où nous les voyons descendre. *Voyez* POESIE, ELOQUENCE, ARCHITECTURE, &c.

ARVE, (l') *Arva*, une des principales Rivieres de Savoie.

Elle arrose la partie septentrionale du Duché, & se jette dans le Rhône un peu au-dessous de Geneve.

ARZIGNANO, Bourg assez considérable dans le Vicentin, entouré de pâturages fertiles; aussi ce Bourg est-il fort renommé par ses laines très-belles & d'une excellente qualité, & par le commerce qui s'en fait à Arzignano.

ASCOLI, *Asculum Picenum*, Ville dans l'Etat de l'Eglise, fort ancienne & bien peuplée. Elle est dans la Marche d'Ancône, sur une montagne au bas de laquelle passe la Riviere de Dronto. Ascoli est la patrie du Pape Nicolas IV.

ASCOLI, *di San-Triano*, autre petite Ville au Royaume de Naples, dans la Capitanate, avec un Evêché suffragant de Benevent. Elle est située sur une montagne, dans une position assez avantageuse, à onze lieues Nord Ouest de Cerenza.

ASINARA, ou *Zanara*; c'est la plus considérable de toutes les Isles qui sont jointes à celles de Sardaigne. Elle a dix lieues de tour. Les montagnes dont elle est couverte, sont remplies de sangliers, de cerfs, de bufles & de faucons fort estimés. Elle appartient à la Ville de Safari. En 1409 les Génois perdirent une bataille navale considérable contre les Arragonois, près d'*Asinara*.

ASINELLI, Architectes fameux, vivoient à Bologne, vers l'an 1100. Ce fut vers ce temps qu'ils bâtirent la superbe Tour de Bologne, qui passe pour la plus haute d'Italie, & qui porte leur nom.

ASINELLO, Ville de la Vallée de Dumona, au Royaume de Sicile, un peu loin de la Mer, dans les terres, ainsi que *Mistreta*, *Monte-Albano* & *Francavilla*.

ASTI, ou AST, *Asta Pompeia*; Ville dans le Montferrat, Capitale du Comté d'Asti, ou Astesan, située sur le Tanaro, à cinq lieues de Turin. On croit que c'étoit anciennement une Colonie Romaine dans la Ligurie. Elle se gouverna par ses propres Loix après la chûte de l'Empire Romain; elle eut ensuite des Comtes, & passa aux Ducs de Milan. Jusqu'à la cession que François I fit de ce Comté à Charles-Quint, par le Traité de Madrid, il avoit été possédé par les Descendans de Louis Duc d'Orléans, frere de Charles VI, Roi de France, à qui Valentine, fille de Jean

Galeas Visconti, l'apporta en dot. Le Comté d'Asti fut cédé en 1531 au Duc de Savoie, Prince de Piémont. Après la mort de Philippe-Marie, dernier Duc de Milan, de la Maison des Visconti, en 1448, Charles Duc d'Orléans, & fils de Louis, Seigneur d'Ast, y fit battre monnoie, & prit le titre & les armes du Duc de Milan. Cette Ville essuya différens siéges, tant de la part des François que du Duc de Savoie ; enfin, depuis 1746, elle appartient au Roi de Sardaigne. Le quartier de la Ville où sont les Palais des Gentilshommes est bien bâti & mal peuplé ; le reste de la Ville est triste ; les rues y sont étroites ; le Peuple pauvre. Il y a des fortifications ; le vieux Château tombe en ruine. Elle a un Evêque suffragant de Milan.

Asolo, *Asulum*, *Aselum*, Ville de l'Etat Vénitien, dans le territoire de Trevigny, sur une montagne, près de la source du Musonne, entre Padoue & Feltri.

Aspremont, Ville de Savoie, sur le Lac du Bourget. Le Duc de Savoie la fit fortifier en 1742 ; mais malgré ces fortifications, l'armée combinée des François & des Espagnols s'en rendit maîtresse.

Assiette, fameux passage à quelque distance du Plain du Mont-Cénis, que le Chevalier de Belleisle entreprit de forcer en 1747, contre les troupes Piémontoises, qui occupoient les montagnes, qui, du côté du Piémont, paroissent inaccessibles à tout effort humain, & qui sont plus inabordables encore du côté où les François avoient formé leur attaque. On auroit de la peine à croire, en voyant cette chaîne de montagnes, qu'on ait formé le projet d'y conduire des troupes. *Voyez* Brunette.

Assisi, *Assisium*, Assise ; Ville Episcopale de l'Etat Ecclésiastique, dans l'Ombrie, au Duché de Spolette, de trois à quatre mille ames, contient huit Paroisses, huit Couvens de Religieuses & quatre de Religieux. Elle est située sur la montagne d'Asi, d'où elle a pris son nom. Elle est célebre pour avoir donné le jour à Saint François, Fondateur de l'Ordre le plus nombreux qu'il y ait jamais eu, sans autre patrimoine qu'une pauvreté absolue. *Lo sagro Convento* qui est à Assise, est le chef-lieu de tout l'Ordre de S. François. Ce Couvent appartient aux Cordeliers de la grande

Manche, ou Freres Mineurs Conventuels. Ils font quatre-vingt. Il y a trois Eglises bâties l'une fur l'autre. L'Office Divin fe fait dans celle du milieu; S. François eft enterré dans la plus baffe; on n'y entre point; on va peu dans la plus haute. Ces Eglifes & le Cloître font décorés de belles Peintures de *Cimabué*, de Giotto, de Pierre Cavallino, Giottino, Barrocci, &c. Ces Cordeliers, Ordre particulier de Francifcains, a fon Général à Rome; ils ont plufieurs Couvens en Italie, en Efpagne, en Allemagne, mais peu en France: le plus nombreux & le plus beau eft celui de Toulouse. La *Chiefanova* deffervie par les Récolets fecond Ordre de Francifcains, dont le Général eft alternativement Efpagnol & Italien, & a auffi les Cordeliers de l'Obfervance dans fon Généralat, eft une très-belle Eglife, bâtie dans le lieu même où étoit la maifon paternelle de Saint François. L'Eglife des Religieufes de Sainte Claire, du même Ordre, eft très-ancienne & très-ornée Celle de Saint Antoine des Peres du tiers Ordre de Saint François, doit être vue par les Etrangers. Il eft fingulier qu'à Affife, qui eft une Ville pauvre & déferte, il y ait douze Maifons très-peuplées de Religieux Mendiants; mais la plus belle de toutes eft la Portioncule, parce qu'elle fut, pendant long-temps, la feule portion d'héritage que S. François eût laiffé à fes Enfans; le Couvent, qui eft de cent quarante Cordeliers Obfervantins, eft bâti dans l'endroit même où mourut Saint François; l'Eglife appellée Notre-Dame des Anges, eft très-belle & très-décorée. Les pélerinages qui fe faifoient à cette Eglife font incroyables; on y a vu jufqu'à cent mille ames à la fois.

ASTURA, Riviere qui a donné fon nom au petit Bourg d'Aftura, fitué fur le chemin de Rome à Naples, à l'endroit où Ciceron finit fes jours; on y voit les ruines d'un vieux Château qui appartient aux Frangipani, dans lequel l'infortuné Conradin, dernier Duc de Souabe, pourfuivi par les troupes d'Anjou, fut pris & ramené à Naples.

ASYLES DES EGLISES. Dans la Savoie, en Italie, & dans quelques autres Etats de la Chrétienté, les Eglifes ont le privilege d'être une fauve-gardé contre les Loix pour tous les fcélérats qui peuvent s'y réfugier; pourvu qu'ils ne dépaffent pas le parvis, ils peuvent vivre en toute assurance dans l'impunité ; ils s'y construisent des baraques, & y reçoivent les aumônes des Moines & des personnes qu'une charité mal entendue porte à cette fausse générosité. Ce droit d'asyle est la source de mille crimes. Cet abus est très-ancien. Les Temples des Payens avoient le même privilege ; mais il arrivoit quelquefois que, sans violer l'asyle, on trouvoit le moyen d'y faire mourir le coupable de faim, soit en gardant si bien les avenues que personne ne pût lui donner du secours, soit en mûrant le Temple ; ainsi du moins le crime ne restoit point impuni. A l'imitation des Temples, les Cardinaux, les Ambassadeurs ont donné à leurs Palais & aux quartiers qu'ils habitent, les mêmes immunités : & les Sbyres assez mal-adroits, ou qui ne sont pas au fait de la carte de Rome, par exemple, qui poursuivent un criminel dans les endroits privilégiés, s'exposent au ressentiment du Grand de qui vient le privilege, & à la fureur de la populace. A Toulouse, Ville que le voisinage de l'Espagne & l'énorme quantité de Moines qui y sont établis, rendent un peu superstitieuse, les Religieux de la Trinité s'étant portés à des excès pour la nomination d'un Supérieur, le Magistrat, chargé de la Police, s'y transporta avec un détachement du Guet. Il trouva, devant la porte du Couvent, un Religieux en habit de cérémonie, tenant le S. Sacrement, & menaçant de la colere céleste quiconque oseroit franchir cette barriere. Le Magistrat, sans s'étonner, ordonna à ses Soldats de mettre la bayonnette au bout du fusil, & d'adorer le Dieu de toute justice : il leur en donna l'exemple ; mais après une courte adoration, il partage son Détachement en deux, en fait rester une partie pour contenir le Peuple & les Moines, & ordonne à l'autre d'enfoncer une porte qu'il indique, de s'emparer du Couvent, & en cas de résistance, de faire main-basse sur les rébelles. A peine eut-il donné cet ordre, que le Religieux qui tenoit le Saint Sacrement, le porta dans le tabernacle, & tout rentra dans l'obéissance.

ATÈNE ou ATHÈNE, Bourg du Royaume de Naples, dans la Principauté supérieure, proche du Negro. Athène n'avoit autrefois qu'un Evêché, elle a aujourd'hui titre de Principauté.

ATRI, petite Ville dans l'Abruzze ultérieure, au Royaume de Naples, avec un Evêché suffragant du Saint-Siége. Cette Ville, qui a titre de Duché, appartient à la Maison d'*Aquaviva*; elle est située près de la mer, sur une montagne escarpée.

ATTELLES étoit une Ville très-ancienne, bâtie à un mille d'Averse, dans l'endroit même où est aujourd'hui *San-Arpino*: quelques-uns ont cru que c'étoit à Attelles que les Comédies Atellanes prirent naissance; ils se trompent, ce fut à Attella, Ville de Toscane. *Voyez* AVERSA.

AUBERGES, à Malthe, sont les Palais où les Chevaliers qui y résident sont nourris en commun, chacun selon sa Langue ou sa Nation. *Contubernium Patrium Melitense*; ainsi l'on dit: l'Auberge de France, l'Auberge de Provence, &c. pour désigner la Nation des Chevaliers. Voyez le P. Heliot sur la maniere dont les Chevaliers doivent se comporter dans ces Auberges, à l'article MALTHE.

AUDIENCE DU PAPE. Ceux qui veulent être admis à l'Audience du S. Pere, doivent être présentés par le Maître de la Chambre, qui annonce & introduit le Présenté dans la Chambre, sans épée, canne ni chapeau; après trois génuflexions, la premiere sur le seuil de la porte, la seconde au milieu de la Chambre, la troisieme près du fauteuil, on s'incline pour baiser la croix qui est sur la mule droite du Pape, mais ordinairement il présente la main, qu'on baise; le *Maestro di Camera* se retire, & lorsque le Pape le juge à propos, il donne la bénédiction au Présenté, & le Maître de Chambre en introduit un second.

AUDITEURS DE ROTE. La Rote est une Jurisdiction que les Papes ont établie pour se décharger de l'embarras de juger les Procès. On appelle Auditeurs à Rome ce que nous appellons Juges en France. Ainsi l'Auditeur de la Chambre Apostolique est le Juge de la Cour Romaine, & son autorité s'étend au spirituel, sur toute sorte de Prélats, Princes, &c. Le Gouverneur de Rome a son Auditeur, les Cardinaux qui président à quelque Congrégation ont leurs Auditeurs. Les grandes affaires qui se traitent à Rome, sont confiées aux

Auditeurs de Rote, qui en sont les Commissaires nés. Ils sont douze en tout. Le Roi de France a droit d'en nommer un, le Roi d'Espagne en nomme deux, un pour la Castille, & un pour l'Arragon : les neuf autres sont nommés par le Pape ; ces Auditeurs, qui sont tous Prélats, jouissent à Rome d'une très-grande considération, & tiennent un rang distingué. Ils font leur rapport dans les Congrégations nommées par le Pape pour décider souverainement des affaires dont ils sont chargés; ils y ont voix délibérative.

AVELLINO, petite Ville au Royaume de Naples, dans la Principauté ultérieure, au Sud de Bénévent. Cette Ville, qui a le titre de Principauté, essuya en 1684 un tremblement de terre qui la ruina presqu'à moitié. Entre cette Ville & Bénévent, sont les *fourches Caudines*, où l'armée Romaine, assiégée par les Samnites, fut obligée de passer sous le joug, avec les deux Consuls qui la commandoient. On nomme aujourd'hui cet endroit VAL DI GARGANO.

AVERANI, (*Benoit*) Poëte né à Florence en 1645. Sa mémoire étoit si heureuse, qu'étant Professeur en Langue Grecque & de Belles-Lettres, il citoit à ses Ecoliers les plus longs passages des Auteurs, quoiqu'il n'en eût jamais fait de recueil. Il mourut en 1707, ses Ouvrages ont été recueillis en trois volumes à Florence en 1717. Ils contiennent des Lettres, des Elégies, parmi lesquelles il y en a une sur le mépris de l'amour, qu'on met à côté de celles de Catulle; des traductions, quatre-vingt-six Dissertations sur l'Onthologie, vingt-six sur les Tragédies d'Euripide, cinquante-huit sur Thucidide, trente-une sur Tite-Live, quarante-cinq sur Virgile, & quatre-vingt-douze sur Ciceron.

AVERNE, (le Lac d') à un quart de lieue de Baies, aux environs du Golfe de Pouzzols, dans le Royaume de Naples, est une espece de bassin rond de trois cents toises de diametre; il est bordé de hautes montagnes hérissées autrefois de forêts épaisses & sombres, qui donnoient à ce vallon une ombre éternelle. On y sacrifioit aux Dieux infernaux. C'est là qu'Enée sacrifia sur un Autel formé des premieres pierres qu'il y trouva. L'horreur habitoit dans cette retraite obscure ; les oiseaux ne voloient point au-dessus, peut-être à cause des eaux sulfureuses qui s'exhaloient du Lac. Aujourd'hui on ne reconnoît que le fond de toutes ces choses. Le Lac ne rend plus de vapeurs malfaisantes, il est poissonneux & on y trouve beaucoup d'oiseaux de riviere. Il y a toute apparence qu'on a dégarni les forêts qui couvroient les montagnes voisines ; que du temps de Virgile des éruptions avoient occasionné des ruisseaux de soufre qui se jettant dans le Lac en avoient détruit les poissons ; que l'air étoit infecté de ces vapeurs qui se sont dissipées. Les eaux de l'Averne sont belles & fraîches, sa profondeur est de quatre cents pieds. Sur le bord de l'Averne au Nord, on trouve les vestiges d'un temple qu'on dit avoir été consacré à Apollon ; il reste encore la moitié de l'édifice ; on y voit de grandes niches cachées sous terre ; c'est vis-à-vis de ce temple, que sur une colline voisine du Lac est la fameuse caverne que les Anciens ont dit avoir été habitée par la Sybille de Cumes. *Voyez* CUMES.

AVERSA, Ville du Royaume de Naples dans la Terre de Labour entre Naples & Capoue. Elle fut célèbre chez les Romains sous le nom d'*Atella*, par les bons mots, les plaisanteries des habitans, par leurs spectacles obscènes & par leurs débauches. Elle fut ruinée par les Barbares & rétablie par les Normands, qui, sous la conduite de Guiscard, leur Duc, campèrent à Atella ; il augmenta cette Ville, & lui donna le nom d'Aversa, mot qui signifie contraire, opposée, ennemie, pour l'opposer à Naples, & y attirer les Napolitains. Charles d'Anjou, Roi de Naples, détruisit Aversa, qui s'étoit révoltée ; elle fut bientôt rebâtie. Ce fut dans le Château d'Aversa, qu'Andreasso, Roi de Naple, fils de Charles II Roi de Hongrie, fut étranglé sous le regne de la Reine Jeanne premiere, sa femme. Aversa est à un mille de l'ancienne Atelle, qui étoit à l'endroit où est aujourd'hui *San-Arpino*. On prétend que ce n'est point dans cette Atella ; mais dans la Ville du même nom, en Toscane, que les Comédies ou Fables Atellanes ont pris naissance. Averse est située dans une plaine délicieuse, au bout d'une grande avenue qui conduit jusqu'à Naples; elle est petite, mais bien bâtie; son Evêché est le plus riche du Royaume; la principale rue qui la traverse est belle, large & décorée de beaux bâtimens. D'Averse à Naples, il y a huit milles, dont trois au moins se font ou dans les Fauxbourgs de la Capitale, ou dans les Villages qui y tiennent. Aversa est la patrie de Luc Rozzi.

Les Comédies Attellanes tenoient le milieu entre la Comédie sérieuse & la farce, comme les Guêpes d'Aristophane, ou les Plaideurs de Racine; mais elles dégénérerent en satyres si hardies & en même temps si obscènes qu'elles furent défendues par le Sénat.

AVEZZANO, Village de l'Abruzze ultérieure au Royaume de Naples. Il est près du Lac Celano; Avezzano est l'ancien *Alpha Bucellus*, Ville célèbre des Marses.

AUGURELLUS, (*Jean Aufidius*) né à Rimini, vers le milieu du quinziéme siécle, fut Professeur de Belles-Lettres à Venise & à Trévise. Il a fait des Odes, des Elégies, des vers ïambes & des harangues; tout cela est fort peu estimé. Dans son Poëme de la Chrysopée, il révele des secrets sur la pierre Philosophale, qui n'apprennent rien. Il passa sa vie à souffler & travailla tant à faire de l'or, qu'il se ruina. Il dédia sa Chrysopée à Léon X, qui lui donna une bourse vuide, en lui disant: que celui qui sait faire de l'or, n'a besoin que d'une bourse pour le serrer.

AUGUSTA, ou AGOSTA, Ville dans la vallée de *Noto*, au Royaume de Sicile, avec un excellent Port; elle est située au Nord de Saragoça. Agosta étoit d'une grande utilité pour le commerce de la Sicile; mais en 1693, elle fut presqu'entièrement abîmée par un tremblement de terre.

AUGUSTIN & ANGE, freres, Architectes, nés à Sienne, de parens Architectes, dans le quinziéme siécle, Eleves de Jean de Pise. Ils s'acquirent de bonne heure une si grande réputation, qu'ils furent choisis pour avoir la Surintendance de tous les édifices publics de Sienne. Ils firent élever la façade septentrionale de la Cathédrale. Ils rebâtirent deux portes de la Ville, & commencerent l'Eglise & le Couvent de Saint

François, avec l'Eglise de Sainte Marie de la Place Manetti; la grande Fontaine en face du Palais de la Seigneurie, & la Salle du grand Conseil. Ils acheverent la Tour du Palais public, firent bâtir plusieurs édifices à Assise, à Orviette, & à Arrezzo, & y exécuterent plusieurs morceaux de Sculpture.

AVISE, petite Ville sur la Doria, dans le Duché d'Aouste.

AVOGADORS. Ce sont à Venise des Magistrats, dont le ministère répond à celui des Gens du Roi en France, quoiqu'un peu différent: ils sont chargés de l'instruction des affaires, & parlent les premiers; dans les affaires criminelles, ils font les fonctions d'accusateurs. Ils portent les causes dans le Tribunal qu'ils jugent à propos. Ils peuvent s'opposer à tout Jugement dans lequel ils croient les Loix blessées. Ils sont chargés de leur manutention, aussi peuvent-ils faire suspendre l'exécution des Loix promulguées par le grand Conseil, en demandant qu'on les examine de nouveau. Quand quelqu'un est pourvu d'une Charge, les Avogadors peuvent s'opposer à sa réception & proposer les reproches qu'ils ont à faire aux Récipiendaires. Ils ont encore une infinité de prérogatives: ils ont part à tout ce qui se fait dans les grands Tribunaux. Ils sont seize mois en exercice. Ils portent en hiver la robe violette à manches Ducales, avec le chaperon de drap rouge. En été, celle de camelot moiré noir; ils portent la robe rouge quand ils entrent au grand Conseil.

AUPS, un des cinq Bailliages qui composent le Chablais, les autres sont TONNON, EVIAN, TERNIER, & GAILLARD. *Voyez* CHABLAIS.

AURELLI, (*Jean Mucio*) AURELIUS, Poëte Latin du seiziéme siécle, né à Mantoue. Quoiqu'il ait pris Catulle pour modele & qu'il approche beaucoup de sa maniere vive, énergique & légere, on ne trouve dans ses vers rien d'obscène; il a écarté de ses poësies tout ce qui pouvoit blesser la pudeur; d'ailleurs, elles sont remplies de pensées fines & délicates. On les trouve imprimées dans les délices des Poëtes Latins d'Italie. Aurelli mourut vers l'an 1520.

AYMON, surnommé le Pacifique, Comte de Savoie, succéda à Edouard son frere en 1329; la réconciliation que la Reine de France avoit faite entre Edouard & le Dauphin ne fut pas de longue durée. Ce dernier fit une Ligue contre Aymon avec le Duc de Bretagne; mais le Comte de Savoie rendit leurs efforts inutiles. Après la mort du Dauphin, Humbert frere de ce Prince, hérita aussi de sa haine, & continua la guerre, qui cependant ne dura qu'un an. Aymon qui étoit attaché à la France, joignit ses troupes à celles de Philippe VI de Valois, contre le Roi d'Angleterre, & après la conclusion de la paix, il revint dans ses Etats, & mourut au Château de Montmélian, le 42 Juin 1343. Il eut d'Yolande, fille de Théodore Paléologue, Marquis de Montferrat, un fils qui lui succéda sous le nom d'Amédée IV.

AZOLIN, (*Decio*) né à Fermo dans la Marche d'Ancône, en 1623. Innocent X qui l'avoit fait Secrétaire des Brefs, lui donna le surnom d'Aigle, à cause de l'élévation de ses pensées, & le revêtit de la pourpre Romaine. Il le donna à la Reine Christine de Suéde, pour avoir soin de ses affaires qu'elle avoit fort dérangées par ses profusions. Elle prit ce tuteur en une si grande amitié que bien des gens s'y méprirent. On disoit qu'il n'y avoit que trois personnes qui eussent obtenu l'estime de la Reine; Condé par son courage, le Cardinal de Retz par son esprit, & Azolin par ses complaisances. Elle le fit son héritier; mais il mourut cinquante jours après elle, en 1689, âgé de soixante-sept ans.

B

BACCANO, Village à quinze milles de Ronciglione, dans le Patrimoine de Saint Pierre, près du Lac *Baccano*, d'où fort le ruisseau de Cremera, célèbre par la défaite de Fabius, dans la guerre de Rome contre les Veiens.

BACCHINI, (*Benedetto*) né à *Borgo San-Domnino*, en 1651, fut un des beaux génies de son siécle. Il prit l'habit de Saint Benoît & s'adonna à la prédication : il eut les succès les plus éclatans ; mais, obligé par la délicatesse de sa santé, d'abandonner cette carriere, il se renferma dans son cabinet où il s'adonna entiérement à l'étude de la belle Littérature & de l'Antiquité. Il composa plusieurs Ouvrages fort estimés, parmi lesquels on distingue son Journal de Littérature, où règnent un goût exquis & la critique la plus saine, & son Traité *de Siftrorum figuris & differentia*. Il mourut à Bologne âgé de soixante-dix ans.

BACCIO D'AGNOLO, Architecte & Graveur en bois, né à Florence en 1460. Il fut attiré à Rome par son goût pour l'Architecture ; il y étudia les anciens monumens, les dessina, revint à Florence où il eut part à la construction de la grande Salle, donna le dessin du beau jardin de Gualfondo, aujourd'hui Riccardi, bâtit le Palais Bartolini qu'il termina par un bel entablement, copié d'après un beau frontispice antique. L'innovation qu'il fit en décorant les fenêtres avec des frontons, & en soutenant avec des colonnes l'architrave, la frise & la corniche des portes, fut fort blâmée. Les Florentins écrivirent contre lui, firent des chansons satyriques & des placards remplis d'injures ; Baccio fut sur le point de quitter Florence ; on lui reprochoit d'avoir fait une Eglise en voulant bâtir un Palais ; mais peu à peu ces reproches tomberent, & l'on finit par adopter ses ornemens. Brunelleschi avoit fait un plan pour la Coupole de l'Eglise de Notre-Dame Del Fiore, les Florentins l'avoient perdu ; Baccio en fit un, on en avoit exécuté la huitiéme partie : Michel,

Tome I. G

Ange la critiqua, & la compara à une cage pour les grillons, parce qu'en effet elle paroissoit mesquine, relativement à la grandeur de l'Eglise; les Artistes prirent parti pour & contre, & la Coupole a depuis restée imparfaite. Baccio a élevé plusieurs autres édifices; quoiqu'il fût fort employé, il ne discontinua pas de tenir sa boutique, où s'assembloient sur-tout dans l'hiver, les plus fameux Artistes, tels que Raphaël, le Sansorin, Mayano, le Cronaca, les Saint-Gal & plusieurs autres grands hommes. Baccio mourut en 1543, âgé de quatre-vingt-trois ans. Il laissa deux fils, Julien & Dominique, le premier lui succéda dans les ouvrages qu'il avoit commencés; Dominique ne fit que montrer de grandes dispositions pour l'Architecture, la mort l'empêcha de développer ses talens.

BACCIO ou BACCIUS, (*André*) l'un des plus grands Médecins d'Italie au seizième siécle. Il professa la Médecine à Rome avec beaucoup de célébrité en 1586, il fut le premier Médecin du Pape Sixte V. De tous ses Ouvrages, les plus estimés sont, *de thermis; de naturali vinorum historia; de venenis & antidotis; de gemmis & lapidibus pratiosis.*

BACICCI, (*Jean-Baptiste* GAULI, surnommé le) Peintre célèbre, naquit à Gènes en 1639. Il fut l'Eleve du *Borzone*, & après avoir appris de lui les principes de l'art, il passa à Rome en qualité de domestique de l'Envoyé de la République. Ce fut là qu'il eut occasion de connoître le Bernin, qui, lui ayant trouvé beaucoup de talens, l'aida de ses lumieres & de ses conseils; avec ce secours, Bacicci devint bientôt un très-grand Maître. Parmi ses Ouvrages, celui qui lui fait le plus d'honneur est la Nef & la Coupole du *Jesus*, à Rome; il a peint dans la voûte de la Nef Saint François Xavier, enlevé dans le Ciel. Les vices paroissent culbutés par des rayons qui partent du nom de Jesus; le désordre de ce groupe est du plus grand effet, il les a jettés hors du cadre de son tableau & au dessous de la voûte, de sorte qu'ils paroissent précipités pour jamais. La Coupole représente le Pere Eternel à qui Jesus-Christ présente les instrumens de sa Passion. Les Pendentifs représentans les Prophètes, & le cul de four, où l'Agneau

Pascal paroît soutenu dans le Ciel, sont peints avec la même vigueur. Le talent de Bacicci pour le portrait étoit si supérieur qu'il peignit un homme mort depuis vingt ans, sur les rapports que ceux qui l'avoient vu lui firent de ses traits. Le Roi de France a un de ses tableaux, qui représente la prédication de Saint Jean. On voit encore de lui au Palais Royal un tableau représentant un jeune homme jouant du luth. Bacicci mourut âgé de soixante-dix ans. Jean Odazzi fut son Eleve.

BAGLIVI, (*George*) Médecin célèbre, né à Padoue, professa avec applaudissement l'Anatomie à Rome, & mourut à Londres, Membre de la Société Royale, à la fleur de son âge en 1706. Ses Ouvrages, imprimés à Paris in-4°. 1711, sont très-connus; il y en a eu quelques-uns de traduits: tous ses principes sont appuyés d'observations & d'expériences.

BAGNARA, Ville maritime au Royaume de Naples, dans la Calabre Ultérieure, près de Palma.

BAGNEREA, petite Ville dans le Patrimoine de S. Pierre, à deux lieues d'Orviette. Cette Ville n'est remarquable que pour avoir été le lieu de la naissance de Saint Bonaventure.

BAGNOLI, (*Jules-César*) natif de *Bagna Cavallo*, se distingua dans la Poësie, sur la fin du seiziéme siécle. Il affecta dans ses Ouvrages une régularité & une exactitude si séveres, qu'ils étoient froids & sans vie; à force de les perfectionner, il les rendoit très-imparfaits. Ceux qui lui font le plus d'honneur, sont les Tragédies des *Aragonois*, & le *Jugement de Páris*.

BAIES, Ville & Contrée qui occupe la partie occidentale du Golfe de Pouzzol. Ces lieux ont été fort célébrés par les Anciens, & méritoient de l'être. Les eaux qu'on venoit y prendre en avoient fait le séjour des plaisirs & de la volupté. Les femmes les plus galantes & les plus à la mode y venoient passer l'automne. Il n'y avoit pas de Romain, un peu riche, qui ne voulût y avoir une maison. Le terrein n'y suffisant pas, on y suppléa par des terrasses l'une sur l'autre. La côte est entièrement couverte de ruines magnifiques; la mer, qui a gagné de ce côté, en cache une grande partie: & le terrein qui s'éboule continuellement, empêche qu'on ne fasse des fouilles, où l'on pourroit trouver des monumens très-précieux. Marius, Sylla, Pompée, Céfar, Néron & les principaux Romains, y avoient des Palais. C'étoit un des lieux les plus délicieux de ces Pays enchantés; malgré les dévaftations des temps, des Barbares & des tremblemens de terre, la nature y paroît dans toute fa force & fa beauté; il y régne, comme au temps de Virgile, un printemps éternel: l'hiver n'y fait jamais fentir fes rigueurs. Cependant, outre l'afpect des ruines, l'air y eft devenu empefté par les marécages, les lacs, où l'on fait rouir le chanvre & le lin, & les mofettes que les tremblemens de terre y ont produites. L'Armée Françoife y périt prefqu'en entier, fous Charles VIII & Louis XII. Ce Pays, autrefois fi délicieux, où les Penelopes devenoient des Hélênes, fuivant l'expreffion de Martial, eft prefque défert, & n'eft habité que par quelques payfans groffiers & pareffeux. La terre y eft fi fertile, qu'elle produit prefque par-tout fans culture, & que les plus petits foins la rendent prodigue. On prétend qu'il n'y a pas d'endroit dans l'Italie où l'on trouvât plus de monumens, fi l'on vouloit y fouiller. Varon, Tacite, Sénèque, parlent d'une infinité de Palais, où la débauche avoit choifi fon afyle. C'eft à Baies que fe forma le célèbre Triumvirat de Céfar, de Lepide & d'Antoine: Adrien y finit fes jours. Un des Palais le mieux confervé, eft celui de Pifon, qui ne voulut pas confentir à l'affaffinat de Néron, qui fut dans ce Palais, pour ne pas bleffer le refpect qu'on devoit aux Dieux hofpitaliers.

Le Golfe de Baies eft entouré d'un côteau en quart de cercle, finiffant dans la mer. Ce côteau eft couvert d'arbres & d'arbuftes toujours verds, mêlés à de belles ruines. Dans le bas du vallon, & près de la mer, on voit quelques Temples antiques d'une très-belle forme: il y en a trois fur-tout qui font affez bien confervés. Celui qu'on croit être de Mercure, appellé *Truglio*, eft, comme les deux autres, dans un endroit fi marécageux, que l'on eft obligé de s'y faire porter fur les épaules des Mariniers. On entre dans ce Temple par une des trois voûtes ruinées qu'on trouve avant d'y arriver; on defcend dans une grande rotonde de brique, qui prend jour par le milieu de la voûte, comme le Panthéon à Rome. Le Temple de Vénus fut, dit-on, consacré par César à *Venus Genitrix*, à *Vénus mere*. La coupole, les petites chambres des côtés & les bains des Ministres, subsistent encore. On voit au-dessous plusieurs chambres ornées de stucs & de bas-reliefs, qu'on croit avoir été destinées à la débauche, mais qui pouvoient l'être à servir d'asyle aux époux qui alloient invoquer la Déesse pour avoir des enfans : quelques dévotions à certains de nos Saints semblent autoriser cette opinion. Si les Bourgs de Daphné ont dans la suite servi de retraite à la prostitution, leur institution primitive étoit consacrée à l'Hymen, qui désire la reproduction. Il est à présumer que toute Religion a été sainte dans son origine. Le Temple de Diane Lucifère est le troisiéme ; on l'a attribué aussi à Neptune : la voûte de celui-ci est tombée.

Le Château de Baies, situé sur le Cap, & bâti sous le Vice-Roi Pierre de Tolède, est une place médiocre du côté de terre, mais très-bonne pour la défense de la Plage.

Il paroît, par la continuité des ruines, que l'anciene Ville de Baies occupoit tout le terrain qui est depuis la pointe où est bâti le Fort ou Château de Baies, jusqu'aux bains de Tritoli. Baies n'est plus rien aujourd'hui qu'un tas de ruines, & un méchant Bourg situé au fond du Golfe de Pouzzol.

BAJOQUE, est une petite piéce de Monnoie qui a cours dans les Etats du Pape : elle vaut un sol de France.

BALAGNA, Ville & Jurisdiction de Corse, au N. O. de l'Isle : la seconde Ville de cette Jurisdiction est Algagliola.

BALDE, (*Bernardo*) né à Urbin en 1551, se fit connoître par un Ouvrage sur les Mécaniques d'Aristote, & par quelques Poésies : sa réputation lui valut l'Abbaye de Guastalla, en 1586, sans l'avoir sollicitée. Dès qu'il en eut été pourvu, il tourna toutes ses études sur le Droit Canon, les Peres, les Conciles & les Langues Orientales. Il travailloit à une description historique & géographique de monde dans toutes ses parties, mais la mort le surprit au milieu de cette vaste entreprise, en 1617.

BALDE DE UBALDIS, (*Pierre*) célèbre Jurisconsulte, né à Perouse ; de Disciple de Barthole, il devint son rival. Il profeſſa le Droit à Perouſe, à Padoue & à Pavie. Il étoit ſi diſgracié de la nature, que lorſqu'il parut à Pavie, on s'écria : *Minuit præſentia famam*. Balde répondit ſans ſe déconcerter : *Augebit cætera virtus*. En effet, il ſe fit bientôt admirer. Il mourut de la morſure d'une chatte enragée, en 1400. Il voulut être enterré en habit de Cordelier. Il a laiſſé un grand nombre d'Ouvrages ſur le Droit Romain, qui font partie de la Gloſe.

BALERINI, (*Pierre & Jérôme*) freres, Prêtres, nés à Vérone. Ils travaillerent toujours enſemble à différens Ouvrages ; ils donnerent une édition très-ſoignée des Sommes théologiques de Saint Auguſtin & de Saint Raymon de Pennafort, une édition des Œuvres de Xénon, Evêque de Vérone. Le ſeul Ouvrage auquel ils n'ont point travaillé enſemble, eſt la Méthode d'étudier, tirée des Ouvrages de Saint Auguſtin, par Pierre Balerini, que les Académiciens ou Apatiſtes de Véronne firent imprimer à Rome en 1757, & qui a été traduit de l'Italien en François, par l'Abbé Nicolas de la Croix. Ces deux freres moururent vers 1746.

BAILON, (Jeu du) exercice qui a lieu en Italie, ſurtout à Florence, dans le temps du Carnaval. Sur la place qui eſt devant l'Egliſe de Sainte-Croix, la jeune Nobleſſe, partagée en deux bandes égales, chacune commandée par un Enſeigne, & diſtinguée par un uniforme, ſe partage d'abord le terrein. La victoire conſiſte à conſerver le ſien, de maniere que la bande adverſe ne puiſſe point s'y établir, & à la forcer au contraire à recevoir le ballon, & à perdre de ſon terrein en cherchant à le renvoyer.

BALS, (les) très en uſage en Europe, ſont très-brillans en Italie, & ſur-tout à Veniſe. Voici celui auquel aſſiſta M. l'Abbé Richard, lors de l'élection du Doge Foſcarini. Les trois ſoirs, dit-il, qui ſuivent l'élection du Doge, il y a un grand feu d'artifice au milieu de la Place de Saint-Marc, & un bal paré pendant la nuit, dans une ſalle du Palais Ducal, dont les parens du nouveau Prince font les honneurs. Toute la Seigneurie y eſt en robe rouge & en grande perruque. Les Dames Vénitiennes y font magnifiquement parées. Leur robe est faite en corps de jupe, juste à la taille, avec une espéce d'habit ou de manteau de taffetas noir à manches très-courtes, rattachées par derriere, de façon qu'il laisse voir la taille & la beauté de l'étoffe de la robe : les fils de perles & de diamans, qui forment la coeffure de la plupart, sont entrelacés de façon qu'ils ressemblent à un diadéme. Celles dont la taille est avantageuse, & la figure noble, ont dans cette parure éclatante l'air de Reines. Les Ambassadeurs & les Ministres étrangers ne peuvent être à ce Bal qu'*incognito* ; ils sont les seuls qui peuvent être masqués dans le cercle du Bal. Autour de la salle regne une galerie où sont placés les masques, tous habillés uniformément : il y a souvent des gens de distinction qui veulent être *incognito*. L'orchestre étoit nombreux & bien composé, la salle magnifiquement illuminée, & les rafraîchissemens en abondance.

L'habit de ces sortes de cérémonies, celui des Fêtes & Bals, est ce qu'on appelle en France, pour les femmes, robe de Cour. Dans les fêtes du Doge, du Pape & des Cardinaux, il est rouge. Dans celles des Procurateurs, des mariages ou autres, il est noir : excepté pour les femmes, pour qui les Loix somptuaires ne sont point faites : quant au masque, *voyez* CARNAVAL.

BALTHAZARINI ou BEAUJOYEUX, Musicien, étoit à la tête d'une Troupe de Violons, en Piémont, lorsque le Maréchal de Brissac, qui y commandoit pour le Roi, l'entendit, & l'envoya, avec tous ses Violons, à la Cour de France. La Reine le fit son Valet-de-Chambre, Henri lui donna le même emploi auprès de sa personne. Balthazarini plut beaucoup, tant par son talent à jouer du violon, que par celui d'inventer des fêtes, des ballets, de disposer des festins, &c. Il est le premier en France qui ait donné des Ballets héroïques : celui qu'il composa pour les noces du Duc de Joyeuse avec Mademoiselle de Vaudemont, lui fit beaucoup d'honneur.

BANCHI, (*Séraphin*) né à Florence, Dominicain & Docteur en Théologie. Ferdinand I, Grand Duc de Toscane, l'avoit envoyé en France pour y faire ses études, & pour l'informer des guerres civiles qui défoloient ce Royaume. Il étoit à Lyon en 1593, lorsque Pierre Barriere, jeune Fanatique, vint lui communiquer le détestable projet qu'il avoit formé d'assassiner Henri IV. Banchi en informa aussi-tôt un Seigneur de la Cour, qui alla sur le champ à Melun, où étoit le Roi, & qui arrêta Barriere, prêt à exécuter son projet. Le Roi nomma Banchi à l'Évêché d'Angoulême, dont il se démit en 1608, & se retira dans le Couvent de Saint-Jacques à Paris. Les Ligueurs l'accuserent d'avoir révélé la confession de Barriere. Banchi composa un Ouvrage pour sa justification, imprimé avec ses autres Ouvrages.

BANDELLA, (*Mathieu*) Dominicain, de Lombardie, mort en France en 1561; ayant été obligé de quitter l'Italie, dans le temps des guerres des François, à cause de son attachement à leur parti, il se retira à Agen, dont il fut fait Evêque. Il y publia ses Nouvelles Galantes & ses Poësies. Il a traduit en Italien l'Histoire d'Hégésippe. Il prononça en 1513 une Harangue à Fermo, sur l'Histoire de cette Ville, qu'on conserve.

BANDELLO, (*Jean*) de Lucques, Auteur de quatre volumes in-4°. de Nouvelles agréablement écrites, & qui sont très-connues : quelques-unes ont été traduites en françois. La derniere édition est celle de Londres, en 4 vol. in-4°.

BANDINELLI, (*Baccio*) Sculpteur & Peintre, né à Florence en 1487. Il s'adonna d'abord à la Peinture : la foiblesse de son coloris, qui faisoit dédaigner ses tableaux, le tourna du côté de la Sculpture. Les morceaux qu'il a faits à Rome & à Florence, sont fort estimés. Il étoit grand Dessinateur ; mais il se croyoit tout au moins égal à Michel-Ange. Il mourut à Florence en 1559.

BANDURI, (*D. Anselme*) Bénédictin, & savant Antiquaire, vint en France en 1702. Il retiroit de très-grands secours du Grand Duc de Toscane, qui vouloit le mettre à la tête de l'Université de Pise. Il fut reçu à l'Académie des Inscriptions en 1715. M. le Duc d'Orléans le fit son Bibliothécaire en 1724. Il a composé en latin deux Ouvrages très-savans &

très-estimés ; l'un intitulé : l'*Empire d'Orient* ; ou *les Antiquités de Constantinople* ; & l'autre : *Médailles des Empereurs Romains depuis Trajan jusqu'aux Paleologues* ; 2 vol. in-fol. 1718, & in-4°. 1719, à Hambourg.

BANQUE DE SAINT-GEORGE, (la) *Caza di San Georgio*, est une Compagnie établie à Gènes pour la sûreté du Commerce ; elle a plus de dix millions de revenu, & paie des intérêts considérables. La République, dans ses besoins pressans, lui a aliéné une partie de ses revenus. Elle a ses Magistrats, ses Loix, ses Assemblées ; c'est une espéce de République particuliere, dont les Membres sont les Actionnaires. Elle jouit d'une plus grande liberté que les Compagnies des Indes, formées en France, en Hollande & en Angleterre. En 1746, la Banque, dans les circonstances où l'Etat se trouvoit, contribua pour plus de dix-huit millions de France : elle fit des emprunts considérables, qui ont été acquittés. Comme il est permis aux Nobles de commercer, ils ont des fonds dans les principales Villes de l'Europe, & font la banque. Les actions ne produisent que trois pour cent.

En 1751, la Banque de Gènes étoit presqu'entiérement tombée ; mais les personnes les mieux intentionnées pour l'Etat, fournirent entr'elles une somme considérable, & parvinrent, avec la protection du Conseil, à la rétablir dans tout son crédit. Le Sénat, toujours attentif à répondre aux vues des bons Citoyens, concourut à son rétablissement. Le commerce, qui est le soutien de la Ville & de la République, y étoit trop intéressé pour que le Sénat ne prît pas les précautions nécessaires pour appuyer cette Compagnie, & la mettre à portée de satisfaire à tous ses engagemens. Le Gouvernement, en consentant que la Banque fît des emprunts, établit pour vingt ans une capitation, dont le produit est destiné au remboursement ; il arrêta de plus, pour sûreté des intéressés, de leur abandonner l'impôt de la gabelle & d'autres droits. Chacun est libre de s'intéresser dans cette Banque. Tous les ans il se tire dans la maison de la Compagnie, une Loterie en faveur des intéressés aux actions. Le Sénat nomme tous les ans un Procurateur pour veiller à l'administration de cette

Banque. Il nomme aussi huit Protecteurs, & d'autres Officiers. Ce sont eux qui prennent soin de faire entrer dans les coffres de la Banque le produit des impôts cédés, & d'en faire la répartition entre les créanciers de la République, à proportion des intérêts de chacun; ils ont aussi le pouvoir de juger souverainement les procès civils & criminels qui surviennent à ce sujet. Cette Banque est d'une grande ressource pour la République, dans les circonstances critiques.

La maison où se tient la Banque de Saint-George, est vaste; la salle principale est revêtue d'une ancienne boiserie, avec des bancs, des bureaux & des siéges pour les Magistrats, décorée de Statues & d'inscriptions relatives aux affaires de l'Etat, auxquelles la Banque a pris part. *La Logia di Banchi*, est une grande salle publique, où s'assemblent les Marchands & autres.

BANQUE DU SAINT-ESPRIT, grand bâtiment à Rome, dépendant de l'Hôpital du Saint-Esprit: c'étoit autrefois le Palais de la Monnoie, qui a été transporté près des jardins du Belvedere. La Banque du Saint-Esprit est un dépôt que l'Hôpital garantit; on y répond des fonds qui y sont déposés. L'architecture de ce Palais est du Bramante.

BARBARO, famille Patricienne très-nombreuse, très-illustre à Venise, dont les armes sont un turban déployé, avec un cercle de sang. Voici, dit-on, ce qui a donné lieu à ces armes, & au nom de Barbaro. Dans une bataille gagnée par le Doge, Dominique Michieli, contre un Calife d'Egypte, au commencement du douziéme siécle, un Vénitien, nommé Marco, ayant perdu son étendard, arracha le turban d'un Egyptien, le déploya & l'attacha à une lance; mais pour le faire mieux distinguer de sa Troupe, *Marco* coupa un bras au Barbare, & de son sang tout bouillant, il trace un cercle sur la toile, & s'élance dans les rangs des Vénitiens, qui se rallient à ce signe sanglant. C'est ce que *Santo Perando* s'est attaché à rendre dans un beau tableau qu'on voit au Palais Ducal de Venise, dans la salle du Scrutin, représentant cette bataille. C'est un des meilleurs tableaux de ce Peintre.

François Barbaro, Procurateur de Saint-Marc, en 1454, se

signala par ses talens & par son courage. Il soutint pendant trois ans Brescse contre les attaques du Duc de Milan. Il a laissé plusieurs Ecrits, & entr'autres un Traité de *Re uxoria*, traduit en François, sous le titre d'*Etat du Mariage*. Il mourut en 1454.

Hermolaus Barbaro, son petit-fils, naquit à Venise l'année même de la mort de François : à dix-huit ans, il s'étoit fait un nom dans les Lettres. La République le chargea de commissions importantes. Il fut Ambassadeur auprès de Fréderic & de Maximilien, ensuite à Rome auprès d'Innocent VIII, qui le nomma Patriarche d'Aquilée. Mais comme par les Loix de l'Etat il est défendu à un Ministre d'accepter aucun Bénéfice, la République lui fit défendre d'en prendre possession, sous peine de confiscation de tous ses biens. Hermolaus ne refusa pas d'obéir ; mais fit traîner l'affaire en longueur : la République persista : & Barbaro mourut à Rome, comme exilé en 1493. Il laissa un Commentaire sur Aristote, une traduction de Dioscoride, avec des notes, & une édition de Pline l'ancien, dans laquelle il a corrigé près de cinq mille passages.

BARBERIN, (*François*) Poëte, né en 1264, à Barberino. On a perdu la plupart de ses Ouvrages ; cependant il en reste assez pour faire juger de l'état de la Poësie, dans le temps même où Dante, Contemporain de Barberin, la ressuscita. On a de Barberin un Poëme intitulé, l'*Enseignement d'Amour*, Ouvrage rempli de morale, dans lequel l'Auteur fait voir tous les dangers & les suites funestes de l'Amour. On y trouve des traits de génie, qui font regretter les Ouvrages de cet Auteur, qu'on a perdus.

BARBERIN, (*François*) Cardinal, & neveu du Pape Urbin VIII, naquit en Toscane le 23 Septembre 1597, & fut fait Cardinal en 1623, ensuite Légat en France & en Espagne, devint Vice-Chancelier de l'Eglise, & mourut Doyen des Cardinaux à l'âge de quatre-vingt trois ans. Antoine Barberin son frere, qui d'abord avoit été destiné à l'Ordre de Malthe, fut fait Grand Prieur de Rome à l'élévation de son oncle au Pontificat. Après avoir été fait Cardinal, & avoir passé par les premieres places de l'Eglife Romaine, il fut envoyé en 1629 en Piémont Légat *à Latere*, pour les affaires du Montferrat. Son habileté à ménager les intérêts des Princes, procura la paix à l'Italie, après la mort d'Urbin VIII fon oncle. Innocent X, qui lui fuccéda, n'aimoit point les Barberins, le Cardinal Antoine fe réfugia en France avec toute fa famille; le Roi, qui l'avoit déja chargé de diverfes négociations, le fit Grand Aumônier de France, lui donna enfuite l'Evêché de Poitiers, & le nomma à l'Archevêché de Rheims, en 1657. Enfin, il fe reconcilia avec Innocent X: alors il retourna à Rome, où il mourut dans fa maifon de campagne. Jamais Prélat n'avoit été décoré de tant d'emplois illuftres & de tant de dignités; ce qui fufcita contre lui une foule d'envieux, qui chercherent toujours à nuire à fa réputation.

L'illuftre famille des Barberins defcend de François Barberin, célèbre Poëte, qui naquit en 1264 à *Barberino*, dans la Tofcane. De tous fes Ouvrages, comme nous l'avons dit, il ne nous refte que fes Enfeignemens d'Amour, Poëme moral, qui refpire l'amour de la gloire & de la vertu: cet Ouvrage fut réimprimé à Rome, en 1640.

BARBERINI, (Palais) à Rome. Ce Palais fut conftruit fous le Pontificat d'Urbin VIII, de la Maifon des Barberins: auffi tous les Arts femblent-ils s'être réunis pour l'embellir. L'architecture eft prefqu'en entier du Bernin. Les plus habiles Artiftes vivoient dans le temps que ce Palais fut bâti, & Urbin les protégeoit. Auffi y voit-on d'excellens morceaux de Raphaël, des Carraches, du Guide, de Pierre de Cortonne, d'Andrea Sacchi, de Perugin, de Carle Marate, &c. une quantité de ftatues, vafes, reliefs, mofaïques, bronzes, camées, buftes antiques & modernes, dont le quart fuffiroit pour faire une des plus belles collections. On y voit la Madeleine du Guide, tableau qu'on regarde comme le chef-d'œuvre de ce Peintre, & qui, dans ce genre, ne le cede qu'à la Madeleine de le Brun, des Carmelites de Paris. On y admire la voûte de la grand'-falle du premier étage, où Pierre de Cortonne a repréfenté l'Apothéofe d'Urbin VIII, tableau qui mit cet Artifte au-deffus de tous les Peintres de son temps ; la mort de Germanicus, par le Poussin, qui, dans cet ouvrage, s'est mis au-dessus de Timante, dans ce qu'on nous raconte de son tableau du sacrifice d'Iphigénie ; un jeune homme qui perd son argent contre des filoux ; la Maîtresse de Raphaël, peinte par lui-même ; une grande Vénus, du Titien ; une copie de la transfiguration de Raphaël, par Carle Napolitain, qu'on a voulu vendre soixante-quinze mille livres ; un Saint Sébastien, de Lanfranc ; une Vierge, de Perugin ; une Hérodias, du Titien ; un Satyre malade, couché sur le dos, & souffrant, par le même ; une sainte Famille, du Parmesan. Parmi les sculptures, on distingue deux bustes de Marius & de Sylla ; deux têtes, l'une d'Alexandre, l'autre d'Antigone ; le buste du Cardinal Barberin, par Bernin ; un autre buste d'une jeune fille, par le même ; une mosaïque antique représentant l'enlevement d'Europe ; le Faune qui dort, statue Grecque très-estimée ; une Vénus endormie, de grandeur naturelle ; Adonis blessé & mourant ; le Consul Brutus, avec ses deux fils ; la statue d'un Esclave, qui mange le bras d'un homme, rare par sa singularité. Les richesses de ce Palais sont immenses.

La Villa ou Giardino Barberini, qu'on appelle aussi le Bastion de Barberin, derriere la Colonnade de Saint-Pierre, est situé sur l'emplacement du *Palatiolum*. C'étoit un petit Palais ou Maison de Néron, d'où ce monstre regardoit les spectacles du Cirque de Caïus, & s'abreuvoit du sang des Chrétiens, qui couloit par son ordre. Il y a dans la *Villa* Barberini des peintures de grand prix, des vases d'albâtre, des bassins de fayance, que Raphaël faisoit peindre par ses Eleves. Les jardins en sont très-bien distribués, & la vue en est séduisante.

BARBERINO, *Barberinum*, petite Ville d'Italie, à sept lieues de Florence, au pied de l'Apennin, sur la rive de Sieve. Cette Ville a donné son nom à la famille célebre des Barberins.

BARBETS, nom des Habitans de plusieurs Vallées du Piémont, de celle de Lucerne, d'Angrône, de Perouze & S. Martin.

BARD, Bourg dans le Duché d'Aouste, sur la Doria, défendu par un fort.

BARDI, sur la riviere du Zéno, au Duché de Plaisance, avec un Château fort, où l'on renferme les Prisonniers d'Etat.

BARDONANCHE, une des trois Vallées qui ont été unies à la Province de Suze, lorsque la France les céda à la Maison de Savoie en 1713. *Voyez* OULX & SESONE.

BARCO, (plaine de) qu'on rencontre en sortant de Pavie. On voit à droite les restes d'un grand Parc des Ducs de Milan, qui fut construit par Jean Galeas Visconti, pour y enfermer des bêtes fauves. Les murs de clôture, dont une partie subsiste encore, avoient vingt milles de tour. Ce Parc est célebre par la perte de la bataille dans laquelle le trop brave François I fut fait prisonnier, le 24 Février 1525, par les Troupes de l'Empereur Charles V, commandées par le Connétable de Bourbon. Ce Monarque fut conduit à la fameuse Chartreuse de Pavie, qui passe pour la plus belle du monde, & qu'on trouve à trois milles du Parc.

BARI, (la Province de) au Royaume de Naples, fait partie de la Pouille; elle est bornée par le Golfe de Venise, la Capitanate, la Basilicate & la Terre de Lecce. Cette Province est extrêmement fertile en huile, amandes & en safran. Il y a une Histoire de Bari en Italien, par un Jésuite nommé *Barse*, in-4°. à Naples, en 1637.

BARI, grande Ville & Capitale de la Province de Bari, avec un Archevêché & un port considérable, & de très-bonnes fortifications. C'est dans cette Ville que s'est tenu un Concile célebre sous Urbin II, pour la réunion des Grecs à l'Eglise Latine. On y couronnoit autrefois les Rois de Naples & de Sicile. La Ville de Bari est située sur le Golfe de Venise, à huit lieues E. de *Trani* & quatre N. E. de *Bitonto*. Les Evêchés suffragans de l'Archevêché de Bari, sont Bitonto, Giovenazzo, Ruvo, Conversano, Minorbino, Bitello, Polignano, Lavello, Molfeta, Monopoli, Catato en Dalmatie. Les autres Villes de cette Province sont *Trani*, Archevêché, dont les suffragans sont Biseglia & Andria, Barlette, Canosa, Principauté de Cellamare.

BARLETA, *Barlete*, petite Ville au Royaume de Naples,

dans la Province de Bari, avec une Place forte. Elle est le lieu de la résidence de l'Archevêque de Nazareth. Barlete est grande, mais peu peuplée relativement à sa grandeur. Au S. O. de cette Ville près de l'Ofanto, étoit la célebre Ville de Cannes, auprès de laquelle Annibal remporta une victoire si complette contre les Romains, & dont il sut si peu profiter.

BARLETTO, (*Gabriel*) Jacobin, Prédicateur, né à Barletta, dans le Royaume de Naples, dans le quinziéme siécle. Ses Sermons sont un mélange de platitudes grossieres, burlesques, insipides, écrites d'une maniere bouffonne. Il emploie dans la même phrase la Langue Italienne, la Latine & la Grecque, Virgile, Moïse, David, la Vierge, Junon & Socrate. Ses Sermons furent imprimés en 1571, en 2 vol. in-8°. à Venise.

BARNABOTES. On appelloit ainsi autrefois à Venise de pauvres Gentilshommes, qui demeuroient dans le quartier de *Saint-Barnabé*, lieu écarté, où les loyers des maisons sont à très-bas prix. Ce terme est devenu très-injurieux parmi les Nobles qui ne sont pas riches, & qu'il faut bien se garder de prononcer. Aujourd'hui il n'y a presque plus de maisons de Patriciens dans le quartier de Saint-Barnabé.

BARONIUS, (*César*) né en 1538 à Sora, dans le Royaume de Naples. Ayant été obligé de quitter sa Patrie à cause des troubles qui la désoloient, & s'étant retiré à Rome, en 1557, Philippe de Meri l'agrégea dans la Congrégation qu'il avoit fondée, & lui donna la place de Supérieur Général, dont il s'étoit démis. Clément VIII, dont il étoit Confesseur, le fit Cardinal & Bibliothécaire du Vatican. A l'élection de Léon X, il eut plus de trente voix pour lui. Ses Annales Ecclésiastiques, en 12 vol. in-fol. depuis J. C. jusqu'à l'année 1198, sont un Ouvrage, qui, malgré ses fautes, fait un honneur infini à ses talens; & s'il l'eût fait de nos jours, il auroit évité les controverses, les méprises dans l'Histoire des Grecs, & quelques Fables, & son style auroit été plus pur & plus élégant.

BARRAUT. (Fort) C'est la derniere Place du Dauphiné, bâtie sur le bord de l'Isere, au pied de la montagne, hors de la portée du canon de Montmelian, & dominant tout le cours de la riviere. Dès qu'on a passé le Fort Barraut, on perd de vue le Dauphiné, & la Citadelle de Montmelian se présente tout de suite.

BAROCCI, (*Frederico*) Peintre de l'Ecole Romaine, né à Urbin en 1528. Son pere étoit Sculpteur, & lui donna les principes de son Art: son oncle étoit Architecte, & lui apprit les élémens de l'Architecture, de la Géométrie & de la Perspective. Sa sœur & son neveu lui servoient l'un pour les têtes de Vierges, l'autre pour le Jésus. A vingt ans, il obtint la protection du Cardinal de la Rovere, qui l'employa dans son Palais. Un scélérat, envieux de ses talens, l'empoisonna. Il fut sauvé par des remedes pris à propos; mais il s'en ressentit toute sa vie, qui fut fort longue, & pendant laquelle il n'a jamais pu travailler que deux heures par jour: ce qui lui fit refuser plusieurs places honorables qui lui furent offertes par le Grand Duc de Florence, l'Empereur Rodolphe II & Philippe II, Roi d'Espagne. Un jour Baroche allant voir les tableaux du Palais du Grand Duc, qu'il ne connoissoit pas, ce Prince, pour avoir le plaisir d'entendre le jugement que ce grand Peintre en porteroit, prit l'habit de son Concierge, & le mena par-tout, en l'interrogeant & jouissant du plaisir de l'entendre prononcer à son aise. Baroche a fait beaucoup de tableaux d'Histoire; mais il réussissoit supérieurement dans les tableaux de dévotion. Il modéloit d'abord en cire les figures qu'il vouloit peindre, ou bien il faisoit mettre ses Eleves dans les attitudes propres à son sujet. Il a fort approché de la douceur & des graces du Correge, & l'a surpassé dans la correction du dessin. On admire dans ses Ouvrages la fraîcheur du coloris, l'effet des lumieres, les airs de tête, son jugement dans la composition. On lui reproche d'avoir outré les attitudes de ses figures, & trop prononcé les parties du corps. On a des dessins de Baroche au pastel, à la plume, à la sanguine. M. le Duc d'Orléans possede beaucoup de ses tableaux au Palais Royal. On voit ses ouvrages à Milan, à Bologne, à Pesaro, à Lorette & à Rome. Il mourut à Urbin en 1612, âgé de quatre-vingt-quatre ans.

BARTHELEMI DE S. MARC. *Voyez* MARC.

BARTOLOCCI,

BAR

BARTOLOCCI, (*D. Jules*) Religieux de Cîteaux, né à Celano, dans le Royaume de Naples, en 1613, & savant Professeur de la Langue Hébraïque au Collège des Néophytes à Rome. Il composa une Bibliothéque Rabinique, en 4 vol. in-fol. très-estimée : Imbonati, Feuillant, & son Disciple y ajouta un cinquième volume. Elle est écrite en Latin, & intitulée : *Bartolocci de Celano, Cong. Sancti Bernardi, Ord. Cist. Bibliotheca magna Rabinica de Scriptoribus, & scriptis Hebraicis, ord. alphabet. Hebraicé & Latiné digistis*, in-fol. 5 vol. Rome, 1675.

BASCHI ou **BASSI**, (*Mathieu*) Religieux de Saint François, natif du Duché de Spolette, & Fondateur des Capucins. L'histoire de cette fondation a causé beaucoup de troubles & de guerres intestines dans l'Ordre des Franciscains. Frere Baschi mourut à Venise en 1552, vingt-quatre ans après qu'avec beaucoup de peines il fut parvenu à obtenir de Clément VII l'approbation de sa Congrégation. Son tombeau est dans l'Eglise de San Francesco *d'ella Vigna*, une des plus belles Eglises de Venise : il a été érigé sur les dessins de Palladio. Le Couvent des Capucins, dont cette Eglise dépend, est un des plus vastes de Venise.

BASCHI, ancien Château de la Province d'Orviette, appartient à une famille célebre de cette Ville, dont une branche s'est établie en France : M. le Comte de Baschi, Ambassadeur de France à Venise, en 1765, & M. le Marquis d'Aubais, établi en Provence, connu par son goût pour les Sciences & les Beaux-Arts, forment cette branche.

BASILICATA, (la) *Lucania*, Province considérable au Royaume de Naples, est située le long du Golfe de Tarente, bornée par la Capitanate, la Calabre Citérieure, les Provinces de Bori & d'Otrante : Cerenza en est la Capitale. Cette Province, quoique déserte, est néanmoins abondante en tout ce qui est nécessaire à la vie ; mais les bêtes venimeuses y sont fort à craindre. Les Villes principales, après Cerenza, sont Venosa, Tricario, Potenza, Ferendina, &c.

BASILIQUES de Rome, ou ÉGLISES STATIONNAIRES.

Tome I.

Ce sont les plus anciennes Eglises de cette Capitale du Monde Chrétien. Quoique l'Eglise de Saint-Pierre du Vatican n'ait pas l'avantage de l'ancienneté, elle est néanmoins regardée comme la premiere. Les principales Basiliques sont:

Saint-Jean de Latran, qui tient le premier rang entre les Eglises Stationnaires. Les Papes la regardent comme leur Cathédrale; après qu'ils sont élus, ils vont en prendre possession: c'est aujourd'hui une des plus magnifiques Eglises de Rome. Elle renferme beaucoup de reliques; c'est là que sont les chefs de S. Pierre & S. Paul enchassés dans deux bustes d'argent. A côté de l'Eglise, est un Cloître très-ancien & fort curieux, par des inscriptions très-nombreuses en Grec & en Latin. On y fait remarquer une colonne de marbre, qui se fendit, dit-on, lors de la mort de J. C. & une chaise antique de porphyre, que les Antiquaires appellent *sella stercoraria*.

La Basilique de Sainte Marie Majeure est regardée comme la seconde Stationnaire. Cette Eglise est de la plus grande magnificence. Ses deux Chapelles, Sixtine & Pauline, sont peut-être les plus riches qu'il y ait en Italie. L'une fut bâtie par Sixte V, dont on y voit le tombeau; l'autre par Paul V. On dit qu'elle a coûté cinq millions de France. Cette Eglise renferme plusieurs tombeaux de Papes.

La Basilique de Sainte Croix est bâtie dans l'endroit même où étoit le Palais de Sainte Helène, mere de Constantin. Cette Eglise est desservie par des Religieux appellés de Sainte-Croix.

La Basilique de Saint-Sebastien n'a rien d'extraordinaire. Le corps du Saint est représenté en marbre, de grandeur naturelle. Il y a une très-belle Chapelle, de la famille Albani. Les Catacombes sont au-dessous de cette Eglise. *Voyez* CATACOMBES.

La Basilique de Saint Laurent fut bâtie sur le Mont Viminal, par Constantin. Le corps du Saint Martyr est sous l'autel. On y fait voir une pierre teinte de son sang; on y montre dans une Chapelle souterraine, l'endroit où il fut exposé sur le gril.

La Basilique de Saint Paul paroît au dehors très-gothique,

& n'annonce rien de curieux : c'est ce qui fait qu'on est encore plus frappé, lorsqu'en entrant dans cette Eglise, on voit quatre-vingts colonnes de marbre blanc d'une seule piéce & de la plus grande perfection, qui soutiennent les voûtes, & qui forment cinq nefs extrêmement larges. Les portes de cette Eglise sont de bronze : on dit qu'elles ont été faites à Constantinople. Le Vendredi Saint, on y découvre le Crucifix, qui, dit-on, parla à Sainte Brigite.

Bassano, petite Ville du Padouan, sur la Brenta, est à huit lieues au-dessus de Padoue, & à six de Vicence. Elle est célèbre par une Imprimerie, dans laquelle Ramundini fait aller cinquante Presses, tant pour l'impression des Livres, que pour celle des Estampes. Il entretient des Papeteries, des Fonderies, des Manufactures de papier doré, & tout ce qui a quelque rapport à la Librairie. Cet Imprimeur occupe, dit-on, quinze à dix-huit cents personnes. Cette Ville a donné le jour au célèbre Peintre Bassan, aux Carrares, au Tyran Ezzalin, à Lazzaro *Buon amico*, à *Alde-Manuce*. Il y a encore une très-belle Fabrique de soie. Le vin qu'on recueille eux environs de Bassano, a de la réputation.

BASSANO, (*Gia-Ponte da*) Peintre, né à Bassano, dans les Etats de Venise, en 1510. Il eut pour maître François Bassan son pere ; il dut beaucoup plus à l'étude qu'il fit des chef-d'œuvres des meilleurs Maîtres, sur-tout du Titien & du Parmesan ; & son plus grand Maître fut la nature, qu'il ne cessa d'étudier. Il se retira de bonne heure dans sa Patrie ; & comme il étoit dans un lieu champêtre, il s'appliqua au paysage. Il a excellé dans les caractères des animaux. L'étude des Belles-Lettres lui servit beaucoup pour les tableaux d'Histoire. Il est surprenant, pour la vérité avec laquelle il peignoit ; il est moins admirable du côté du génie & de l'élégance. Il n'aimoit point les grands sujets ; il se plaisoit davantage à peindre des choses communes, telles que des foires, des boutiques d'artisan, des assemblées de Village. Il a très-bien réussi dans le portrait ; comme il peignoit difficilement les pieds & les mains, il les cachoit avec soin, mais avec art. Annibal Cartache l'étant venu voir, fut trompé, en voyant un livre peint sur le mur, il alla pour le prendre. Il s'adonnoit au jardinage; quelquefois il mettoit des figures de serpens, représentés avec tant d'art parmi les plantes de son jardin, qu'on s'y méprenoit presque toujours. Il a peint une très-grande quantité de tableaux, qu'il faisoit vendre par des Marchands. Le Titien en acheta souvent. Ses tableaux sont répandus dans plusieurs Villes de l'Europe. Il mourut à Venise en 1592. Il laissa quatre fils, François, Léandre, Jean-Baptiste & Jérôme. Ces deux derniers n'ont fait que copier les tableaux de leur pere.

François Bassan, l'aîné, a le plus approché de son pere : il a travaillé avec le Tintoret & Paul Veronese, au Palais de Saint-Marc. Il passa sa courte vie dans une mélancolie profonde; il croyoit qu'on en vouloit à ses jours. Un jour qu'il entendit du bruit à sa porte, il s'imagina que des Sergens venoient l'arrêter, il se précipita par la fenêtre, & se cassa la tête en tombant : il mourut sur la place, en 1594, âgé de quarante-quatre ans.

Léandre Bassan, son frere cadet, eut moins de talens pour l'Histoire : il réussit dans le portrait. Rodolphe II lui donna le sien en or : le Doge de Venise le fit Chevalier. La mélancolie de celui-ci le portoit à croire qu'on vouloit l'empoisonner; mais son esprit fut plus fort : il chercha, & trouva dans la musique une distraction heureuse. Les deux autres freres avoient aussi leur manie. Cette famille malheureuse tenoit ces défauts de leur mere, sujette à des excès de folie. Léandre mourut âgé de soixante-cinq ans, à Venise, en 1623.

BASSETTE. Jeu de Cartes. Il est en usage dans plusieurs parties de l'Italie, principalement à Milan. Ce jeu fut, dit-on, inventé par un Noble Vénitien, qui pour cela fut banni de Venise. Ce Jeu est à peu-près le même que le Pharaon, ou la Dupe. Il est fort connu en France, & on l'y jouoit beaucoup; mais les ruines qu'il occasionnoit, la mauvaise foi des joueurs qu'il favorisoit, l'ont fait sévèrement défendre, ainsi que les autres Jeux de hasard de cette espéce.

BASSIGNANA, Village dans le Duché de Milan, au confluent

du Pô & du Tanaro, remarquable par la bataille qui s'y donna le 25 Novembre 1745.

BASTA, (George) un des plus grands Capitaines du dix-septième siécle, qui a servi principalement sous le Duc de Parme. C'est un des Militaires qui ont dirigé avec plus de savoir les principes de l'Art de la Guerre. Les deux Traités sur la discipline militaire qu'il a laissés après sa mort, sont fort estimés. Ils sont écrits en Italien. Les Auteurs militaires François en ont fait beaucoup d'usage. George Basta mourut en 1607.

BASTIA, BASTIE, (la) Ville & Capitale de l'Isle de Corse, fort grande & fort peuplée. Elle est défendue par un port muni de bonnes fortifications. Le Palais Episcopal est un édifice remarquable. Cette Ville a souvent été le centre & le point de réunion des révoltes & des conspirations des Corses contre leurs vainqueurs. Les Rébelles s'en étant emparés en 1745, les Génois les en chasserent peu de temps après. Les François ont voulu y porter leurs usages & leur politesse; on y établit une Académie de Belles-Lettres: tout cela n'avoit fait que languir; enfin, depuis que les François se sont rendus maîtres de la Corse, ils travaillent à y établir, avec l'Agriculture & le Commerce, les Arts utiles & agréables. *Bastia* est située sur la partie orientale de la Côte, à trois lieues E. de San-Fiorenzo. L'Evêque de Mariana y fait sa résidence.

BASTONCELLI, (Gli) espéce de gaufres sucrés; il s'en fait beaucoup à Florence & à Sienne. Les sociétés, le soir, s'amusent entr'elles à faire ces sortes de mets.

BATAGLIA, petite Ville dans le Padouan.

BAULI, petit canton entre Baïes & Misene, proche du tombeau d'Agrippine. C'est là que les Anciens croyoient qu'Hercule avoit abordé en revenant d'Espagne, après avoir défait le tyran Geryon. On dit que Bauli a pris son nom des étables qu'il y éleva; on dit encore qu'il ouvrit un chemin jusqu'au Lac Averne, qui fut appellé *via Herculea*. Au bas du Village de Bauli, on voit un port tel encore que le décrit Tacite, lorsqu'il parle de la réception que Néron y fit à sa mere Agrippine, lorsqu'elle vint de Rome pour assister aux fêtes qu'on devoit y célébrer. A gauche du port, est le tombeau d'Agrippine, tel aussi que Tacite l'a décrit *Voyez* AGRIPPINE. Bauli est environné de tombeaux & de cimetieres antiques, dont quelques-uns sont décorés de bas-reliefs très-bien conservés, de peintures & de dorures. De chaque côté du chemin qui conduit à Bauli, sont des voûtes de douze à quinze pieds de longueur sur dix de largeur, remplies de niches de même grandeur, où l'on mettoit les urnes cinéraires. Il paroît qu'il y avoit des voûtes destinées à certaines familles.

BEAUFORT, Mandement du Genevois. *Voyez* GENEVOIS.

BEAUGE, un des neuf Mandemens de la Savoie propre. *Voyez* SAVOIE.

BEAUME. (la) *Voyez* GENEVOIS, dont elle est un Mandement.

BEC-COURBÉ, Oiseau aquatique, que les Italiens appellent *Accoseta* ou *Berro storto*. On n'en voit gueres qu'en Italie, surtout aux environs de *Ferrare*, particulierement vers le Lac de Virbanne; ses pieds, qui sont plats, sont d'une couleur bleuâtre fort claire & lavée, aussi bien que ses jambes, qui sont hautes, le dessous du corps est blanc; son bec est noir & élevé, haut, aigu à l'extrémité, & long de cinq doigts; le devant de son corps est marqué de blanc & de noir; sa tête est d'un brun tirant sur le noir; ses aîles sont pareillement brunes: une ligne blanche les traverse; sa forme est à peu-près celle d'une colombe, excepté que le bec courbé est plus menu.

BECCADELLI, (*Louis*) Biographe, né à Bologne en 1502. Il accompagna le Cardinal Polus dans sa Légation d'Espagne; il eut lui-même les Légations de Venise, d'Ausbourg, & fut fait Archevêque de Raguse. Ses principaux Ouvrages sont, *La vie du Cardinal Polus*, en latin, traduite en François par Maucroix, & *celle de Petrarque*, en Italien. Il mourut vers 1575.

BECCAFUMI, (*Dominique*) nommé autrement *Micharin*, de Sienne, Peintre, Architecte & Sculpteur, né en 1484. Un Bourgeois de Sienne lui fit apprendre le dessin, pour lequel il lui avoit reconnu du talent Il s'y rendit habile en peu le temps. Il commença ſes études en copiant des ouvrages du Perugin, & alla à Rome, où il étudia les chef-d'œuvres de Raphaël & de Michel-Ange. Il a peint à l'huile & à la détrempe; mais l'ouvrage qui lui a acquis le plus de réputation, eſt le pavé de la grande Egliſe de Sienne. Beccafumi eſt mort en 1549, âgé de ſoixante-cinq ans.

BECCARI, (*Auguſtin*) Poëte. C'eſt le premier des Poëtes Italiens modernes qui ait compoſé des Paſtorales. Le Taſſe eſt le ſecond; mais l'Amynte eſt bien ſupérieure au ſacrifice de Beccari, qui parut en 1553.

BECHO, eſt à Florence un mot du peuple, qui eſt le même que *Dominique*, comme chez nous le peuple appelle un homme *Niais*, *Nicodème*. Les payſans Florentins portent aſſez communément le nom de *Dominique*; & on ſe ſert du mot *Becho* pour exprimer un *Payſan*. C'eſt ainſi que nous avons fait une injure du mot *Manant*, qui, dans l'origine, ſignifioit *Habitant*. A Florence, dans le temps du Carnaval, ceux qui choiſiſſent le maſque de Payſan, ſont appellés *Bechi*. Ces Bechi, ſous le maſque, jouent les rôles les plus bouffons & quelquefois les plus ſpirituels. Lorſque deux *Bechi* ſe rencontrent, ils font des dialogues entr'eux fort plaiſans; ils diſent tout *impromptu*, & leurs ſatires ſont toujours piquantes. Ce ſont pour l'ordinaire des gens capables de ſoutenir ces rôles, & des gens de diſtinction, qui, dans ce temps de divertiſſement, prennent l'habit de *Becho*.

BEL-CASTRO, *Belli-Caſtrum*, Ville Epiſcopale au Royaume de Naples, dans la Calabre Ultérieure, ſur une montagne, à quatre lieues de San-Severino.

BELGERATI, Village ſur le Lac Majeur, à gauche du Lac dans l'endroit où il eſt dans ſa plus grande largeur, & au-deſſus duquel on jouit de la plus belle vue, ayant le Milanois & les Suiſſes au levant, les Alpes au couchant, & les Iſles Borromées.

BELGIOSI, Marquiſat appartenant à la Maiſon de Barbiano, dans le Milanois. Le Château eſt bâti partie à l'antique & partie à la moderne. L'architecture de la façade du côté du jardin eſt moderne, & fort riche ; les jardins sont très-beaux, & fort bien ornés. Le Pays est agréable, chaque piéce de terre est entourée de haies vives, de fossés remplis d'eau, & de deux rangs de peupliers, de saules & de mûriers, du pied desquels s'élevent des plans de vignes, ce qui forme des portiques continuels : ces plantations font un jardin de toute cette partie de l'Italie, qui est très-couverte, quoiqu'elle n'ait ni bois ni forêts.

BELGRADO, petite Ville dans le Frioul, de l'Etat de Venise : le Château en est bien fortifié.

BELLE (*Etienne de la*) né à Florence en 1650. Il fut, ainsi que Calot, Eleve de *Canta Gallina*. L'émulation que lui inspira son Compagnon d'étude par ses Estampes, lui fit faire de si grands progrès, que bien des Artistes mirent sa maniere au-dessus du mérite de Calot. La Belle vint à Paris, où il fut fort employé. Sa maniere d'eau-forte étoit très-expéditive, & du plus grand effet. Le Cardinal de Richelieu le chargea de graver le Siége d'Arras, pris par les François en 1640. De retour à Florence, le Grand-Duc, avec le soin d'apprendre à dessiner à son fils, lui donna une très-bonne pension. Il n'a ni le fini ni le précis de Calot ; mais il l'emporte sur tous les Graveurs, par la liberté, par le savoir de sa touche, qui est très-pittoresque, par l'esprit, la finesse & la légereté de sa pointe, par la noblesse & la beauté de caractere de ses têtes. Il a traité l'histoire, les batailles, les marines, les paysages, les chasses, les ruines, les animaux, &c. Il mourut à Florence en 1664.

BELLIN, (*Gentil*) Peintre, né à Venise en 1421, regardé, avec son frere, comme les chefs de l'Ecole Vénitienne. Ils étoient fils de Jacques Bellin, aussi Peintre, qui donna à Gentil les premieres leçons de son Art. Il y fit de grands progrès, & le Sénat l'employa à peindre la salle du Grand Conseil : il peignoit en détrempe. Sa réputation parvint jusqu'à Mahomet II, qui le demanda à la République. Bellin partit : le Sultan lui fit faire plusieurs tableaux. On raconte que lui ayant fait peindre la décolation de Saint Jean-Baptiste, Mahomet lui fit observer que la peau du col n'étoit pas peinte exactement comme elle devoit être ; & aussitôt, pour le lui prouver, il fait appeller un de ses Esclaves, auquel il fait trancher la tête en présence du Peintre. Gentil, effrayé de ce spectacle, ne se crut point en sûreté dans un tel Pays. Peu de temps après, il prétexta des affaires, & demanda son congé. Le Sultan lui mit une chaîne d'or au col, l'accabla de présens, & lui donna des lettres de recommandation pour la République, qui le fit Chevalier de Saint-Marc, & lui assigna une pension très-considérable. Il mourut en 1501, âgé de quatre-vingts ans.

Jean Bellin son frere, né en 1422, fut Eleve de Gentil. Il fut un des premiers qui peignit à l'huile : ce secret avoit été découvert par Antoine de Messine, qui ne le découvroit à personne. Bellin résolut de le lui arracher ; il n'en étoit pas connu. Il s'habilla en Noble Vénitien, & alla lui faire faire son portrait : il observa, & apprit tout ce qu'il désiroit. Bientôt Bellin rendit ce secret public. On voit encore de ses Ouvrages à Venise. Le Roi a les portraits de Gentil & de Jean Bellin. Il mourut en 1512, âgé de quatre-vingt-dix ans. Leurs tableaux sont d'une assez belle couleur & d'un dessin assez vrai. Ils manquoient par l'ordonnance ; leurs figures sont ordinairement sur un même plan. Jean eut pour Eleve le Georgion & Titien. Quelle distance entre les talens des Eleves & ceux du Maître !

BELLINO, petite Ville dans la Polésine, dans l'Etat de Venise ; cet endroit est très-fréquenté par une infinité de Pélerins, qui vont visiter le tombeau de Saint Bellin.

BELLORI, (*Jean-Pierre*) né à Rome au commencement du dix-septiéme siécle, savant Antiquaire & Peintre. Il étoit attaché au Cardinal Carpergna, & il donna une savante explication des Médaillons du Cabinet de ce Cardinal, imprimée en 1679, in-4°. Il a composé, comme le Vazari, les vies des Peintres, Architectes & Sculpteurs modernes, imprimées à Rome en 1672, in-4°. Cet ouvrage est devenu rare : description des tableaux peints par Raphaël au Vatican à Rome, 1695, in-fol. livre fort estimé des Peintres. Il a écrit en Italien.

BELLUNO, *Bellunum*, Ville Episcopale & Capitale du Bellunois, dans l'Etat de Venise, sur la riviere du *Piave* ; c'est la patrie de *Valerianus Bozani*, & du célèbre *Titien Vacelli*, un des plus grands Peintres d'Italie. Le Bellunois est dans la Marche Trevisane, fort abondant en mines de fer. *Georgio Piloni*, Docteur Bellunois, a fait l'Histoire de ce petit Pays; elle a été publiée in-4°. à Venise, en 1607. Quoique Belluno soit une petite Ville, elle est très-agréable; son Evêché est suffragant d'Aquilée. Le Bellunois est très-abondant en fer; il a une grande forêt de seize milles de long, qui sert à entretenir ses forges. Les principaux lieux de ce Pays sont Zoldo, Bourg considérable, Castello, Castello di Ponte, Agoro, Castello-Agordino, Censenighe.

BELMONTE, BEAUMONT, petite Ville au Royaume de Naples, dans la Calabre Citérieure, avec titre de Principauté. Elle est défendue par un très-bon Château, bâti sur une montagne. On trouve dans les montagnes voisines de très-beau marbre. Belmonte appartient à une branche de la Maison de Pignatelli depuis 1722.

BELRIGUARDO, Bourg dans le *Ferrarois*. Voyez FERRAROIS.

BELVEDERE, mot Italien, qui signifie un endroit élevé, où la vue n'est point bornée, d'où l'on découvre beaucoup de pays, & d'où l'horizon est fort éloigné dans tous les points. Les Italiens ont grande attention, dans leurs palais, dans leurs maisons de campagne, de se ménager des *Belvedere*. Il y a près de la mer de Toscane, au Royaume de Naples, dans la Calabre Citérieure, un très-beau Château qui porte ce nom, à cause de sa situation & de ses beaux points de vue.

BELVEDERE, (le) à Rome, est un Appartement du Palais du Vatican. Il est situé dans un endroit fort élevé, dont la vue est très-belle, & qui domine sur toute la Ville. Les Papes occupoient ordinairement cet Appartement, lorsqu'ils demeuroient au *Vatican*. Les jardins en sont encore très-agréables; c'est dans la cour du *Belvedere* que l'on conserve le Laocoon, avec ses deux enfans, que deux serpens tiennent enveloppés, l'Apollon, &c. *Voyez* VATICAN.

BEMBO, (*Pierre*) Cardinal, l'un des meilleurs & des plus célèbres Ecrivains du seiziéme siécle, naquit à Venise en 1470. Léon X, le Protecteur des Lettres, qui a mérité de donner son nom à son siécle, le fit son Secrétaire, & Paul III le créa Cardinal en 1538. Il a composé divers Ouvrages de vers & de prose, en Italien & en Latin. Son Histoire de Venise, écrite en Latin, lui fait beaucoup d'honneur; son style est élégant & pur : on croit lire un Historien du siécle d'Auguste. Ses Lettres sont dans le goût des meilleures de Ciceron. Son Poëme sur la mort de Charles son frere, passe pour la meilleure de ses piéces Italiennes. Le célèbre Fracastor en faisoit beaucoup de cas. C'est à Bembo qu'il a adressé son beau Poëme de la Siphilis. Jean de la Casa a écrit la vie de ce célèbre Cardinal, qui mourut en 1546, âgé de soixante-seize ans. Bembo étoit né de parens nobles; Bernard Bembo son pere étoit Gouverneur de Ravenne; il fut Ambassadeur à Florence. Pierre étudia le Grec sous Lascaris. Ses premiers Ouvrages se ressentent de la licence de ses mœurs. Il eut trois fils & une fille d'une Maîtresse, qui étoit sa Muse. Cardinal & Evêque d'Eugubio, il changea de conduite, & fut un Prélat respectable. Il y a de lui seize livres de Lettres écrites pour Léon X, qu'il fait parler quelquefois en Pontife des Dieux. Du reste, sa latinité est très-pure, très-élégante; sa prose ressemble à celle de Ciceron, & sa poësie est dans la maniere de Virgile.

BENACUM, ancienne Ville, dont on ne voit que les ruines, sur le Lac de la Garda, que Virgile a célébrée sous le nom de Benacus. Ces ruines sont sur la rive du Lac à l'endroit qu'on appelle *Tusculanum*. La situation en est très-agréable; il y avoit autrefois un très-grand nombre d'inscriptions, & de semblables monumens d'antiquité, des restes des colonnes de porphyre & d'albâtre; mais on n'en trouve presque plus de vestiges.

BENAVIDIUS. *Voyez* MANTUA.

BENE, *Bena*, petite Ville dans le Piémont, avec titre de Comté, à trois lieues S. de Querasio, trois N. de Mondovi, deux E. de Fossano, long. 25, 30 lat. 44, 29 : elle fait partie de la petite Province de Fossano.

BENEDETTO, (le) ou *Benoît* CASTIGLIONE, Peintre & Graveur, né à Gênes en 1616. Il eut pour maître Pagi, Ferrari & Wandyk. Le Duc de Mantoue eut une estime particuliere pour cet Artiste. Il lui faisoit une pension considérable, & lui entretenoit un carrosse à ses dépens. Il excelloit dans les pastorales, les marches & les animaux. Ses tableaux & ses piéces, gravées à l'eau-forte, sont très-recherchées. Il y en a quelques-unes à Gênes; le Roi & M. le Duc d'Orléans en possedent plusieurs. Benedetto mourut à Mantoue, âgé de cinquante-quatre ans, en 1670. Il laissa deux fils, François & Salvator Castiglione; ils furent ses disciples, & n'hériterent point de son génie. Le Benedetto avoit fait de longues études des grands Maîtres. Il a laissé de ses Ouvrages à Rome, Naples, Florence, Parme & Venise. On admire l'elégance de son dessin, la beauté de son coloris, & sa grande intelligence du clair-obscur.

BENEVENT, grande Ville dans le Royaume de Naples, Capitale de la Principauté Ultérieure, avec Archevêché. Le Pape, ou l'Eglise de Rome, possede en souveraineté le Pays de Benevent depuis l'an 1053. L'Empereur Henri III, dit le Noir, le céda à Léon IX, en échange de la Ville de Bamberg en Franconie, dont les droits féodaux appartenoient à l'Eglise. Quoique sujet aux tremblemens de terre, Benevent est très-riche, mais peu peuplé. C'est la patrie du fameux Grammairien Orbitius, du Pape Grégoire VIII. Ce fut auprès de Benevent que Charles d'Anjou, Roi de Naples, défit & tua Mainfroy, son Compétiteur, en 1266. Benevent est dans une vallée délicieuse, & très-fertile, près du confluent du Sebeto & du Calore, à douze lieues E. de Capoue, & douze N. E. de Naples. Benevent se rendit très-célèbre dans le moyen âge, par la puissance de ses Ducs, qui rendirent Naples tributaire vers l'an 820. Les Evêchés suffragans de Benevent sont, *Ascoli*, Telase, Sant'Agatha de Goti, Alifa, Monte Marano, Avellino, Fricanti, Ariano, vico della Baronia, Trivento, Bolano, Bovino, Vulturara, Lavino, Termine, Lucera, Guardia-Alferes, San-Seviero.

BEN

BENEDETTO, (Saint) Ville assez considérable, dans le Mantouan, à deux lieues de la Suchia, quatorze N. O. de la Mirandole, quatorze S. E. de Mantoue.

BENOÎT, (Saint) né en 480, dans le Duché de Spolette, élevé à Rome, où il se distingua dans sa premiere jeunesse par ses mœurs & par ses talens. Il renonça, dès l'âge de dix-sept ans, aux avantages que lui promettoit sa naissance. Il se retira dans une caverne, & ne la quitta que trois ans après, chassé par l'envie de quelques-uns, & par la vénération de la foule qui venoit le voir dans sa retraite. Il alla à Cassin, & changea le Temple d'Apollon en un Oratoire, qui devint le berceau de l'Ordre de Saint Benoît. Totila, Roi des Goths, voulut le voir, & l'éprouver; il lui envoya son Ecuyer, revêtu des habits royaux: Benoît ne s'y trompa point. Il eut une conférence avec le Roi, qui admira ses vertus. Saint Benoît mourut en 543. Son Ordre a été très-utile; il nous a conservé les monumens les plus précieux de l'Antiquité.

Il y a eu quatorze Papes de ce nom, à commencer par Benoît I, élu en 573: plusieurs ont eu de grandes vertus. Benoît I consola Rome, affligée par deux fléaux, la famine & les Lombards. Benoît II obtint par sa douceur que l'élection des Papes seroit libre sans l'intervention de l'Empereur ni de l'Exarque; l'un & l'autre sont au rang des Saints. Benoît III fut fait Pape malgré lui, & souffrit, sans murmurer, les persécutions de l'Antipape Anastase. Benoît IV, mort en 905, fut appellé le pere des pauvres, & eut une sagesse incorruptible dans le siécle le plus corrompu. Benoît V fut la victime de l'Empereur, & destitué, pour mettre à sa place Léon VIII, son concurrent. Benoît VI fut étranglé dans sa prison par l'ordre de l'Antipape Boniface. Crescentius, fils du Pape Jean X, & de la fameuse Courtisane Théodore, l'avoit fait mettre dans les fers. Benoît VII mourut au sein des vertus, en 984. Benoît VIII, après son élection, alla implorer le secours de l'Empereur Henri II, contre Gregoire, qui lui disputoit la Tiare. Henri le fit rentrer dans Rome, & se fit couronner par ce Pape, qui, en 1015, à la tête des Evêques & des troupes, chassa & fit massacrer les Sarrazins, qui avoient fait une irruption en Italie, & qui battit en-suite les Grecs, qui dévastoient la Pouille. Benoît IX fut Pape à l'âge de douze ans : ses parens lui avoient acheté le Trône. Ses débauches le firent chasser de Rome par le Peuple ; il y rentra à main armée : mais désespérant de s'y maintenir, il revendit le Pontificat, & se retira à Grotta Ferrea, où il mourut, en 1054. Benoît X, Antipape, s'éleva contre Nicolas II. Benoît XI, fils d'un Berger, passa du Généralat des Freres Prêcheurs à la Papauté, après Boniface VIII, dont il annulla les Bulles contre *Philippe-le-Bel*. Sa mere étant venu le voir en habits superbes, il ne voulut la reconnoître que lorsqu'elle eut repris ses haillons. Il mourut empoisonné, en 1504. Benoît XII, appelé Fournier & le Cardinal blanc, parce qu'il portoit l'habit de l'Ordre de Cîteaux, fils d'un Boulanger, étoit profond Théologien & Jurisconsulte. Il fit de grandes réformes dans l'Ordre de Cîteaux, répara les erreurs de Jean XXII, son prédécesseur, composa quelques Ouvrages, & mourut au sein des vertus. Benoît XIII, de la famille des Ursins, fut élu en 1724, assembla un Concile pour confirmer la Bulle *Unigenitus*, approuva la doctrine des Thomistes, sur la grace & la prédestination. Il eut plus de sainteté que de lumieres. Il mourut en 1730. Mais le plus grand homme de tous fut Benoît XIV, des Lambertini de Bologne, né en 1675, élu en 1740. La quantité d'abus qu'il a réformés, les usages utiles qu'il a établis, sa modération, son équité, ses connoissances dans les Lettres, la protection qu'il leur accorda, les Académies qu'il a fondées pour les Arts, les bienfaits qu'il a répandus sur d'autres déja établies, les monumens dont il a embelli Rome ; l'immense quantité d'Ouvrages qu'il a composés, & qui sont recueillis en 12 vol. in-fol. dans lesquels on remarque l'érudition la plus profonde & la plus variée sur le Droit Civil & Canonique, sur l'Histoire sacrée & profane ; ses travaux apostoliques dans les différens emplois qu'il a exercés à la Cour de Rome avant de parvenir à la Papauté, les projets utiles qu'il avoit formés, & que la mort ne lui donna pas le temps d'exécuter, son esprit vif, son caractere liant, la pureté de ses mœurs, mille autres belles qualités, le firent également aimer & respecter du Catholique & du Protestant, du François & de l'Italien, & de tous les Peuples policés de l'Europe.

Le célèbre Antipape, Pierre de la Lune, sous le nom de Benoît XIII, élu par les Cardinaux d'Avignon, après la mort de Clément VII, pendant le schisme, avoit promis de se démettre pour le faire finir, si on l'exigeoit. Mais quand il fut sur le Trône, il refusa d'en descendre. Il s'échappa d'Avignon, où Charles VI l'avoit fait enfermer. Il fut déclaré schismatique aux Conciles de Pise & de Constance, & déposé. Benoît anathématisa les Peres du Concile. Il mourut sans avoir cédé en 1424, âgé de quatre-vingt-dix ans.

Benoît X l'Antipape s'appelloit *Jean Mincius*, Evêque de Velletri, de la famille des Comtes de Tusculano. Leon IX le créa Cardinal; il s'éleva contre Nicolas II, qui lui pardonna son schisme, & lui permit de vivre dans l'Eglise de Sainte-Marie Majeure, sans pouvoir exercer aucune fonction sacerdotale. Il mourut de déplaisir le 2 Avril de la même année 1059.

BENTIVOGLIO, *Bentivolium*, petite Ville d'Italie, dans le Bolonois, avec un Château qui la défend. Elle est à quatre lieues N. E. de Bologne, sept & demie S. O. de Ferrare. Cette Ville appartient à la famille célèbre de Bentivoglio.

BENTIVOGLIO, (*Gui*) Cardinal, naquit à Ferrare en 1579, d'une Maison très-ancienne & très-illustre par les grands hommes qu'elle a produits. Il fut Nonce en Flandres & en France. A son retour, Paul V le créa Cardinal, en 1621. Urbin VIII lui avoit donné toute sa confiance & son amitié. Il s'attira l'estime & le respect de tous les honnêtes gens: & l'on croit qu'il auroit été élu Pape, si la mort ne l'eût surpris avant la vacance du Saint Siége. Il mourut en 1644, âgé de soixante-cinq ans. Il a laissé l'Histoire des Guerres civiles de Flandres, la relation des Affaires de Flandres, des Lettres qu'on donne comme des modeles d'élégance & de pureté de style, des Mémoires instructifs fort estimés, & qui viennent d'être traduits en François.

Il y a eu de ce nom & de cette famille d'autres personnages

célèbres. Hercule Bentivoglio, qui vivoit dans le seizieme siécle, étoit célèbre dans la Poësie. Ses Ouvrages recueillis renferment des Comédies, parmi lesquelles on distingue les Femmes & les Jaloux, & plusieurs autres Piéces. Françoise Bentivoglio, femme de Galiote Manfredi, irritée de l'infidélité de son mari, qui avoit épousé secrétement une demoiselle de Fayenza, gagna deux Médecins pour l'assassiner; elle feignit d'être malade, ils avoient des armes sous leurs habits; lorsque Manfredi entra, ils se jetterent sur lui; il terrassa ses assassins : alors cette femme furieuse saisit un poignard, & le lui plongea dans le sein.

BERCELO, Place autrefois assez forte, dans le Duché de Reggio. Elle est sur le Pô.

BERGAMASQUE, (le) Province dans l'Etat de Venise, très-peuplée; quoique les Habitans passent pour le Peuple le plus grossier & le plus balourd de l'Italie, ils sont néanmoins très-industrieux pour leur commerce; ils tirent un grand parti de leurs mines de fer, de leurs Manufactures de tapisserie, de leurs bestiaux, de leurs marbres & de leur pierre propre à faire des meules de moulin. Cette Province est bornée à l'orient par le Bressan, au nord par la Walteline, au couchant & au midi par le Milanois. Bergame est la Capitale de cette Province. Ses autres Villes sont, *Olmo Villminor, Lovero,* sur le Lac Isseo, *Malpaga, Martinengo, Sovero & Remano, Calepino,* sur le Lac Isseo, Bourg célèbre par la naissance d'*Ambroise Calepin, Cluzone, Brandi.*

BERGAME, *Bergamo,* Ville d'Italie, à onze lieues de Brescia & autant de Milan, a la même origine que Bresse & Vérone, quoique les Habitans l'attribuent à Cydnus, fils de Ligur, Roi d'Etrurie, dix-huit cents ans avant J. C. Elle a essuyé les mêmes révolutions que ces deux Villes. Elle est la Capitale du Bergamasque, Pays très-peuplé. Cette Ville qui n'a qu'environ une demi-lieue de long, a plus de trente mille habitans; elle seroit encore plus peuplée, si les Bergamasques, ne trouvant point à s'occuper dans leur pays, n'alloient chercher du travail dans les autres Villes d'Italie. Ils sont actifs & industrieux; leur langage est un mauvais Italien. Quoique le terrein soit sablonneux, il produit toute
sorte

sorte de grains, & est très-fertile; la culture y dompte par-tout la nature qui le rend si fécond. Le pays est couvert en grande partie de vignes, de mûriers, & de toutes sortes d'arbres fruitiers.

Quoique Bergame fournisse des Arlequins à toute l'Italie, elle n'a de Spectacles que dans les temps de Foire, pendant les huit derniers jours du mois d'Août & le commencement de Septembre, qu'on dresse un Théâtre dans le Palais du Podestat, & un dans la Foire. Le bâtiment où se tient cette Foire, n'est construit que depuis dix-huit à vingt ans; il est en pierre, contient dans l'intérieur plus de six cents boutiques, & est précédé d'une grande place.

Ce qu'il y a de plus remarquable, sont le Palazzo Viechio, où l'on rend la Justice, & le Palazzo Nuovo, destiné aux Conseils de Ville. Bergame contient douze Couvents de Religieux & autant de Religieuses, douze Paroisses dans la Ville & deux dans les Fauxbourgs. La Cathédrale, il Duomo, n'a rien d'extraordinaire. Il y a plusieurs tableaux de Peintres Vénitiens; les deux plus supportables, sont le Martyre de Saint Jean, Evêque de Bergame, par Trippoletto, & un Saint Ignace, exhortant un mourant, par Sebastien Ricci. Il y a à Sainte Marie Majeure le Mausolée du Général Coglione; il est représenté à cheval au-dessus du tombeau, qui est fort élevé. Dans cette Eglise, on voit quatre tableaux en marqueterie, qu'on regarde comme ce qu'il y a de mieux dans ce genre; un tableau représentant les douze Apôtres, regardant dans le tombeau de la Vierge, attribué à Jules Romain; une Assomption, de Léandre Bassan, & trois autres du même Peintre, dans la voûte. Il y a quelques autres tableaux du Chevalier Liberi & du Jordan. Dans l'Eglise de Santa Grata, est le tombeau du célèbre Calepin Augustin.

On voit dans le Palazzo Tersi un tableau du Storeo; chez le Comte Sanebri, le plafond est du Jordan. Il y a dans cette Maison quelques tableaux du Bassan, de Contarini, de Paul Veronese, du Titien & du Giorgion, de Mazola. Il y a à Bergame plusieurs établissemens pieux, de très-belles Manufactures d'étoffes, estimées par la qualité des soies. La Ville est très-commerçante. L'esprit des Bergamasques & leur adresse ont fait donner à Bergame le titre de *Bergamo sottila*. Calepin étoit de Calepio, le Tasse étoit originaire de Bergame; les Albani, Alberic Rossiau, Jean-Pierre Maffé, le Général Coglione, le premier qui mena du canon en campagne, étoient Bergamasques. C'est à Bergame que se sont faites les premieres tapisseries, qui ont retenu ce nom, & qu'on fait à Rouen. Une maladie commune à ce pays & à une partie du Bressan, est le goître, grosseur difforme qui vient au col, & qu'on attribue aux eaux.

BERNARDI, (*Jean*) Graveur en pierres, né à Castel Bolognese. Il est le premier qui ait porté son art aussi loin que les Anciens, qui n'ont rien fait qui nous soit connu, d'aussi parfait que Bernardi. Il gravoit des sujets d'Histoire sur des cristaux, qu'on enchâssoit ensuite dans des ouvrages d'orfévrerie. Il avoit pour protecteur le Cardinal Alexandre Farnese, qui le fit connoître avantageusement. Il mourut à Faenza, en 1555, âgé de soixante ans.

BERNARDIN DE FELTRI, (le Bienheureux) de l'Ordre des Freres Mineurs. Ce fut lui, qui, pour détruire l'usure que les Juifs exerçoient, imagina, en 1491, l'établissement connu sous le nom de *Mont de Piété* : il en fit les réglemens, qui furent perfectionnés en 1520. Bernardin unissoit à la piété la plus sainte beaucoup de douceur, d'éloquence, & beaucoup de connoissances.

BERNAZZANO, Peintre, né à Milan, a excellé dans le Paysage, & à peindre les animaux. Ne pouvant réussir à peindre la figure, il s'associa avec un Dessinateur, qui le seconda. Il peignoit, dit-on, avec tant de vérité, qu'ayant représenté des fraises sur un mur qu'il avoit peint à fresque, des paons, attirés par ce fruit, détruisirent l'enduit à force de venir le bequeter.

BERNI, (*Francesco*) Poëte Italien, né à Lamporechio, d'une famille noble, mais pauvre, de Florence. On l'envoya fort jeune dans cette Capitale de la Toscane, d'où il se transporta à Rome, auprès du Cardinal Bibiena son parent. Après la mort de ce Cardinal, Berni resta auprès d'Angelo Divizio, neveu du Prélat, Protonotaire Apostolique, & passa ensuite, en qualité de Secrétaire, au service du célèbre Jacques Mathieu Giberti, Evêque de Vérone, & Dataire de Léon X. Il prit l'habit ecclésiastique; mais au sac de Rome, il perdit tout ce qu'il avoit. Il voyagea dans toute l'Italie, & s'arrêta enfin à Florence, où il avoit un Canonicat. Il fut bien reçu du Cardinal Hypolite de Médicis & du Duc Alexandre. La facilité de la rime, le naturel de l'expression, la vivacité de son imagination, la gaîté & les agrémens de sa poésie, l'ont placé dans le genre agréable au même rang que Pétrarque dans le sérieux & le grand. Le genre plaisant qu'il avoit adopté, a fait donner à la poésie gaie le titre de *Berniesque*. C'est dans ce genre qu'il a refait l'*Orlando innamorato*, du Boïardo, que l'Auteur, enlevé précipitamment de cette vie, avoit laissé imparfait. Le Berni mourut vers l'an 1543.

Le berniesque diffère du burlesque & du bouffon; il est plus soutenu, & moins négligé; il y a cependant bien loin du Berni à l'Arioste.

BERNINI, (*Jean-Laurent*) Architecte, Peintre & Sculpteur très-célèbre, connu sous le nom du Chevalier Bernin, naquit à Naples en 1598, de Pierre Bernini, Florentin, Peintre, Sculpteur. Les leçons que Jean-Laurent reçut de son pere, & plus encore son génie, le mirent, dès l'âge de dix ans, en état de faire une tête de marbre, qui est aujourd'hui à Sainte Praxede, & que les connoisseurs admirent. Paul V, frappé de ce prodige, le fit venir, & lui ayant demandé s'il savoit faire une tête, le jeune Bernini lui demanda à son tour, *quelle tête vouloit Sa Sainteté?* Il lui ordonna celle de Saint Paul: en demi-heure le modele fut achevé. Le Pape étonné l'envoya au Cardinal Barberin, avec des recommandations expresses, & permit à cet enfant de prendre une poignée de médailles d'or. A dix-sept ans, il y avoit dans Rome plusieurs ouvrages du jeune Artiste, & entr'autres le groupe d'Apollon & de Daphné, qui est dans la *Villa Pinciana*. On se le montroit lorsqu'il passoit dans les rues; la louange ne faisoit que l'encourager: il étoit modeste, & croyoit être toujours au-dessous de ce qu'il pouvoit être. Gregoire XV lui accorda des pensions pour quelques bustes de famille, & lui donna l'Ordre du Christ. Le Cardinal Barberin, son protecteur, étant devenu Pape, sous le nom d'Urbin VIII, se félicita de ce qu'il vivoit sous son Pontificat. Il exécuta en bronze la Confession de Saint Pierre, ouvrage inestimable, qui lui valut dix mille écus Romains, un Canonicat pour l'un de ses freres, & plusieurs autres bienfaits. Ses envieux ont attribué aux niches des quatre statues colossales, dont il orna les pieds-droits qui soutiennent la coupole de Saint Pierre, les fentes de cette coupole. Le nombre des édifices qu'il a faits, réparés, ou auxquels il a eu part, est si considérable, qu'un volume entier ne suffiroit pas à les décrire. Sa réputation se répandit dans toute l'Europe; Charles I, Roi d'Angleterre, fut si content du buste qu'il lui avoit ordonné, & que le Bernin avoit fait sur le portrait de Vandyck, que ce Prince lui envoya une bague estimée six mille écus Romains, *pour orner*, dit-il, *la main du Sculpteur qui avoit fait un si beau buste*. Il y ajouta plusieurs autres bijoux d'un grand prix. Il en reçut autant d'un Seigneur Anglois, qui partit secrétement de Londres pour aller faire faire son buste par le Bernin. Il en fit pour plusieurs Souverains & plusieurs Seigneurs. Le Cardinal Mazarin lui proposa douze mille écus Romains, ou soixante mille livres d'appointement, pour s'attacher au Roi de France. Le Pape refusa d'y consentir, en disant que *Bernini étoit fait pour Rome, & Rome pour Bernini*. Cet Artiste d'ailleurs étoit trop attaché à Urbin VIII, qui l'aimoit, & alloit le voir familiérement dans son attelier. Il éleva le clocher de la façade de Saint Pierre; une fente qui se fit à la façade, servit de prétexte à ses ennemis, qui, après la mort d'Urbin VIII, obtinrent qu'il fût démoli. Le Bernin vit leur triomphe avec un sang froid qui les déconcerta. Ce fut pendant la démolition qu'il travailla au groupe célèbre de Sainte Thérese. Avant la construction de la fontaine de la Place Navonne, Innocent X chargea plusieurs Artistes de lui donner des desseins: le Bernin fut chargé secrétement par le Prince Ludovici d'en faire un. Ce Prince le mit parmi les autres indifféremment. Lorsque le Pape les parcourut, il s'arrêta à celui du Bernin, en fut frappé, &

s'écria, après l'avoir considéré, que c'étoit un tour du Prince Ludovici ; qu'il faudroit se servir de Bernin, malgré qu'on en eût, puisqu'il n'étoit pas possible de voir ses ouvrages & ses projets, sans souhaiter qu'il les exécutât. Le Borromini étoit son plus grand ennemi. Bernin se vengea de lui, en ne plaçant pas la fontaine en face de l'Eglise de Sainte Agnès, dont le Borromini a fait la façade, & en représentant le Fleuve Niger sous la forme d'un Negre, qui regarde cette façade avec mépris. Quand la fontaine fut finie, le Pape s'y transporta, il resta deux heures sous les tentes à l'admirer : il demanda au Bernin quand les eaux jailliroient. Il répondit qu'il ne savoit pas précisément le temps, mais qu'il avoit donné ses ordres ; & comme le Pape alloit s'en retourner, il fut surpris par le bruit des eaux jaillissantes. La surprise, lui dit-il, que vous m'avez causée me rajeunit de dix ans, & fit distribuer sur le champ cent pistoles aux ouvriers. Bernin se chargea de faire de sa propre main le Dauphin & le Triton de la fontaine, qui est sur la même Place : il fit bientôt après le magnifique Palais de Monte Citorio. Le plus considérable des ouvrages dont le chargea Alexandre VII est la fameuse colonnade de la Place Saint Pierre ; mais celui qui lui coûta le plus de soin, est l'escalier qui conduit du Portique de Saint Pierre jusqu'au Vatican. Il fit un édifice enchanté d'un lieu obscur & d'un terrein ingrat. Il exécutoit en même temps la fameuse Chaire de Saint Pierre, toute en bronze doré, soutenue de quatre statues colossales du même métal. Le Palais des Saints Apôtres est, des édifices qu'il construisit par ordre du Pape, le plus distingué. Louis XIV & Colbert firent faire au Bernin des dessins pour la façade du Louvre ; le Roi le pressa vivement de venir l'exécuter ; il lui envoya son portrait enrichi de diamans, & lui écrivit qu'il avoit une telle estime pour son mérite, qu'il désiroit avec empressement de voir & de connoître de plus près un Artiste tel que lui, pourvu que ses désirs ne nuisissent point au service de Sa Sainteté. Il lui députa un Courrier extraordinaire, & l'invita de profiter du retour en France, du Duc de Créqui son Ambassadeur, auquel il s'en rapporta pour lui expliquer ses bonnes intentions. Ce Prince écrivit en même temps au Pape, pour le supplier, si son service n'en souffroit pas, d'ordonner au Chevalier Bernin de faire un tour en France, pour y faire exécuter son projet. Le Duc de Créqui, qui avoit déja pris congé de Sa Sainteté, fut obligé de s'en aller en grande cérémonie chez le Pape, pour lui demander solemnellement cette grace; & lorsqu'il l'eut obtenue, d'aller chez le Chevalier Bernin, qu'il eut bien de la peine à déterminer, prétextant son âge de soixante-huit ans : enfin il partit en 1665. Sa marche eut l'air d'un triomphe; le Roi fournit ses équipages; le Grand Duc de Toscane lui fit faire une entrée solemnelle à Florence; le Duc de Savoie à Turin; sur toute la route, on venoit de tous côtés pour le voir; le Nonce du Pape sortit de Paris pour l'aller recevoir, & le conduisit au Palais Royal. Lorsqu'il vit la façade du Louvre, du côté de Saint-Germain l'Auxerrois, il dit qu'il étoit bien inutile qu'on l'eût fait venir en France, puisqu'il y avoit de si grands Architectes. Cependant il ne fit en France que le buste du Roi, en marbre. Il y resta huit mois, pendant lesquels il eut cinq louis à dépenser par jour. Le Roi lui donna, lorsqu'il partit, cinquante mille écus, une pension annuelle de six mille livres & une pension de cinq cents écus pour son fils. Le Bernin, en reconnoissance, fit, à son retour à Rome, la statue équestre du Roi : elle est à Versailles. Il décora, sous Clément IX, le Pont Saint-Ange d'élégantes balustrades & de deux statues de marbre; mais elles sont si belles, que le Pape y fit placer deux copies, & les originaux sont dans l'Eglise *delle Fate*, à qui la famille de Bernin les donna. A l'âge de quatre-vingts ans, il commença de sculpter la statue de J. C. en marbre, en demi-figure, plus grande que nature; elle fut exécutée avec le plus grand succès. Elle étoit destinée à la Reine Christine de Suede; mais cette Princesse ne voulut point l'accepter, parce qu'elle n'étoit plus en état de le récompenser, comme elle l'auroit désiré. Le Bernin lui légua ce morceau par son testament. Il mourut à l'âge de quatre-vingt-deux ans; il fut enterré à Sainte Marie Majeure. On dit que sa succession monta à deux millions de livres. *S'il eût été attaché à mon service*, dit Christine, *j'aurois honte qu'il eût laissé si peu.* Le Chevalier Bernin avoit un génie ardent, l'esprit & le caractere bouillans; il manioit le ciseau pendant sept heures de suite: l'éleve le plus robuste ne supporteroit point cette fatigue; quelquefois il restoit sur son échaffaud dans une méditation si profonde, qu'il falloit qu'il eût toujours une personne auprès de lui, de peur qu'il ne se laissât tomber. Il étoit sans cesse occupé de son travail. Il mourut en 1641. Il étoit aussi très-bon Peintre; on compte cent cinquante tableaux de lui.

Voici le catalogue de ses ouvrages de sculpture. Ses bustes & portraits sont, le buste de Jean-Baptiste Santoni, Evêque de Tricario, à Sainte Praxede; de J. Vigerano, dans l'Eglise de la Minerve; du Cardinal Delphino, à Venise; du Chevalier de Sourdis, à Paris; du Cardinal Valerio, à Venise; du Cardinal Montalte Perretti; de M. del Pazzo. On voit au Palais Barberin, à Rome, le buste de M. François Barberini, ceux de la mere & du pere d'Urbin VIII; un buste, dont la tête est inconnue, à l'Eglise de Saint Jacques des Espagnols; celui de M. Montoja, à la Villa Pinciana; ceux de Paul V & du Cardinal Borghese; un autre du même, au Palais Borghese; deux d'Urbin VIII, au Palais Gori; de Constance Piccolomini, dans la Galerie de Florence; du Duc de Bracciano, au Palais Orsini; d'Innocent X, au Palais Pamphili, à Rome; du même, au Palais Barberini; deux de Gregoire XV, au Palais Ludovici; deux d'Alexandre VII, au Palais Chigi; du Cardinal de Richelieu, à Paris; de Charles I, à Londres; du Duc François, à Modène; de D. Carlos Barberin, au Capitole; de Louis XIV, à Paris; de Clément X, à Rome; d'un Milord, à Londres.

Ses statues de marbre sont celles du Cardinal Bellarmin & de Paul V, au Jésus à Rome; à la Villa Pinciana, les groupes d'Apollon & de Daphné, d'Enée, d'Anchise & d'Ascagne; la statue de David; le matelas de l'Hermaphrodite; le groupe de Proserpine, à la Villa Ludovici; de Neptune & Glaucus, à la Villa Negroni; la statue de Saint Laurent, à la Villa Strozzi; de Saint Sebastien, pour la Princesse de Rossano; de Sainte Bibiane, dans son Eglise; d'un Ange, au Palais Delphino, à Venise; de Saint Longin, à Saint Pierre du Vatican, ainsi que la tête & le modele de la Comtesse Mathilde ; au mausolée d'Urbin VIII, les groupes de la Charité & de la Justice ; la statue équestre de Constantin, sous le Portique de Saint Pierre ; le Triton de la fontaine Navonne ; un rocher, un cheval & un lion pour l'autre fontaine du milieu de la Place ; la Vérité, dans la Maison Bernini ; la statue de Saint Jerôme, à Sienne, dans la Chapelle Chigi ; dans la Chapelle du même, à Notre-Dame du Peuple, la statue de Daniel & le groupe d'Habacuc ; la statue d'Urbin VIII, au Capitole ; de Fonseca, à Saint Laurent *in Lucina* ; du Cardinal Cornaro, à l'Eglise de la Victoire, à Rome ; des deux Anges du Pont Saint Ange ; les originaux, à Saint André ; à Saint Jacques des Espagnols, deux têtes, l'ame bienheureuse & l'ame damnée ; un Ange sur le grand autel de l'Eglise des Augustins ; un autre dans la même Eglise ; un bas-relief de J. C. & Saint Pierre, appellé *Pasce oves meas*, sur la porte Saint Pierre ; la statue de Louis XIV, à Versailles ; le Triton de la Place Barberini ; la bienheureuse Louise Albertoni, à Saint François à Ripa ; le mausolée d'Alexandre VII, à Saint Pierre ; le Sauveur, légué à Christine ; le superbe groupe de Sainte Thérese.

Les statues de bronze sont un buste d'argent, à S. Eustache ; en bronze, d'Urbin VIII, à Velletri ; du même, pour son mausolée à Saint Pierre ; quatre Anges, de bronze, pour le ciboire de Saint Pierre ; un Crucifix, pour la Chapelle du Roi d'Espagne, à Madrid ; un groupe de Sainte Françoise, Romaine ; la Chaire de Saint Pierre du Vatican ; le buste du Cardinal de Richelieu, à Paris.

Ses ouvrages d'architecture, comme palais, églises, façades, mausolées, fontaines, chapelles, tombeaux, autels, ornemens, médaillons, pavé, décorations, réparations, sont en trop grand nombre pour les rapporter ici. Outre ceux dont nous avons parlé, il y a encore une Eglise à Ariccia ; une autre avec coupole, à Castel Gandolphe ; la galerie & la façade du Palais du Pape, à Castel Gandolphe ; les Chapelles Cornaro, Silva, Aleona, Raimondi, Siri ; la Confession ou Baldaquin & l'Autel de Saint Pierre ; le tabernacle qui est dans le cloître de Saint

Pierre *Montorio*; l'arc de triomphe & les ornemens de la salle ducale, à Saint Pierre; les mausolées d'Alexandre VII, de la Comtesse Mathilde; trois tombeaux; l'intérieur de la Porte du Peuple; les appartemens d'été du Palais Quirinal; l'Arsenal de Civita Vecchia, &c.

BERRAULD ou BERTAULD, premier Comte de Savoie & de Maurienne, s'étant attiré la confiance de Rodolphe, Roi de Bourgogne & de Provence, reçut de lui, pour récompense de ses services, la Savoie & le Comté de Maurienne. Cette donation fut faite à Aix, l'an 1000. On ignore une grande partie de sa vie, & le lieu de sa sépulture. Humbert aux mains blanches, son fils, lui succéda.

BERTANO, (*Jean-Baptiste*) Architecte, né à Mantoue, s'est rendu célèbre, non-seulement par les édifices qu'il a élevés pour Guillaume III, Duc de Mantoue, qui lui fit bâtir entr'autres, en 1565, la belle Eglise de Sainte Barbe, & son clocher, où l'on voit une inscription en l'honneur de cet Architecte, mais encore par les écrits qu'il a laissés sur son Art. Il s'éleva entre le Pellegrini & Bassi une dispute au sujet de l'Eglise de Milan, dont l'un & l'autre étoient Architectes. Bassi avoit pour lui Palladio, Vignole, Vasari & Bertano, qui désapprouvoient le projet de Pellegrini. Bassi publia un Ouvrage sous le titre de *Disputes sur différens sujets d'Architecture & de Perspective*. Bertano adressa sur cette matière une lettre à Bassi, qui fut fort estimée. Il publia encore un Ouvrage, dans lequel il éclaircit les endroits les plus obscurs de Vitruve : cet Ouvrage est rempli d'excellens principes, sur-tout sur l'ordre Ionique.

BERTINORO, Ville dans la Romagne, avec un Evêché suffragant de Ravenne; elle est située sur le sommet d'une montagne très-fertile.

BESTAGNO, petite Ville dans le Bas-Montferrat; elle n'est pas éloignée de Nice de la Paille. *Voyez* MONTFERRAT.

BEUIL. (Comté de) Boglio est à l'occident de celui de Nice; il a appartenu à la Maison Grimaldi : c'est un petit Bourg dans les montagnes. On y trouve encore le Puget, le Villard, *Tornafort*. Par le Traité de Turin, de 1760, entre la France & la

Maison de Savoie, on a échangé divers territoires, pour régler les limites des deux Etats. Le Var, quelques montagnes & l'Esteron servent de bornes, & la France a cédé à la Savoie la Ville de Guillaumes, & quelques autres.

Bevillaqua, petite Ville dans le Padouan. *Voyez* Padoue.

BIANCA CAPELLO, Vénitienne, célèbre par sa beauté & par l'amour qu'elle inspira à François, grand Duc de Toscane, pere de Catherine de Médicis. Elle étoit fille de Barthelemi Capello, noble Vénitien. Un jeune Florentin, appellé *Thomas Buonaventuri*, sans naissance & sans biens, alla chercher fortune à Venise; il se plaça chez un Marchand de son pays, dont la maison étoit voisine de *Capello*. Bianca, jeune, belle, & ayant de grandes dispositions à l'amour, en inspira à Buonaventuri : il la voyoit souvent à sa fenêtre, il parvint à lui plaire & obtint d'elle qu'elle viendroit vers le milieu de la nuit le joindre dans sa maison. Quelque resserrée que fut Bianca, elle se procura la clef d'une fausse porte, & vint au rendez-vous. Cette ruse lui réussit pendant quelques nuits; elle laissoit la porte entr'ouverte & rentroit sans être apperçue de personne; mais un soir s'étant oubliée avec son amant, un garçon Boulanger qui, passant dans la rue, voyant cette porte ouverte, contre l'ordinaire, crut qu'on avoit oublié de la fermer, & la ferma lui-même. Bianca ne put rentrer; elle avoit tout à craindre pour son amant & pour elle-même : elle revint sur ses pas, fit part de son embarras à Buonaventuri, qui sentit tout le danger auquel il étoit exposé. Il connoissoit un Florentin, il se réfugia dans sa maison avec sa maîtresse, & dès qu'ils trouverent un moment favorable, ils partirent pour la Ville de Florence. Il s'y cacha dans une petite maison. Cependant le grand Duc François, qui cherchoit à se dédommager dans les bras de l'amour, de l'ennui que lui causoit l'âge avancé d'une épouse, qu'il se bornoit à respecter, fut informé par les ministres de ses plaisirs secrets de l'arrivée & des aventures de la Vénitienne. Il voulut la connoître : elle paroissoit quelques fois à sa fenêtre. A la premiere vue, son cœur s'enflamma, & sa passion s'accrut à tel point, qu'il résolut de mettre tout en œuvre. Un de ses Officiers, à qui il avoit confié sa passion, engagea sa femme dans cette intrigue : elle prit prétexte des malheurs qui menaçoient Bianca & son mari; elle lui fit dire qu'elle avoit quelque chose de très-intéressant à lui communiquer. Buonaventuri ne lui permit qu'avec peine d'aller dîner chez cette Dame; elle y alla cependant, & fut comblée des bontés qu'on lui témoigna. Nouvelle invitation, dans laquelle on lui témoigna combien il seroit essentiel pour elle de voir le grand Duc, qui étoit fort prévenu en sa faveur, & qui avoit eu occasion de l'entrevoir. Bianca y consentit; le Duc parut quelques instans après, comme par hasard; il lui marqua le plus grand intérêt, la combla d'éloges, & lui fit les offres les plus obligeantes. Il se retira sans affectation; on ménagea de nouvelles entrevues, que le mari ne songea pas à empêcher. Buonaventuri, qui ne se doutoit de rien, fut comblé par le grand Duc, de biens & de témoignages de protection; de sorte, que lors même qu'il se douta de tout, il prit son parti, & ferma les yeux. Il étoit ambitieux, il sacrifia son amour à sa fortune, se mêla parmi la Noblesse; mais il devint si insolent, qu'il finit par être assassiné. Le grand Duc & Bianca furent bientôt consolés; Bianca ne ménagea plus rien, parut dans le plus brillant équipage, & brava la honte publique. L'épouse de François, la Reine Jeanne, conçut un si grand chagrin de la conduite de son mari, qu'après avoir langui quelque temps, elle succomba à sa douleur. L'orgueil & l'ambition de Bianca s'accrurent; elle avoit subjugué l'esprit de son amant, elle résolut d'en faire son époux, & malgré toutes les oppositions du Cardinal Ferdinand, héritier naturel de la Toscane, au défaut d'enfans de François, elle devint grande Duchesse. Ce mariage fut l'objet des plaisanteries des Grands & du Peuple; on chansonna le Duc & sa femme, qui n'en firent que rire. Bianca fit beaucoup de vœux inutiles pour avoir un héritier; elle y suppléa, & obtint par la ruse ce que la nature s'obstina à lui refuser : elle feignit d'être grosse, & quand le temps fut arrivé, elle se trouva mal, fit appeler un Cordelier, son Confesseur. Le Cardinal, qui se doutoit de la fraude, alla au-devant du Moine, l'embrassa, en lui disant que la grande Duchesse avoit un preffant befoin de fon fecours, & tout en l'embraffant il le ferroit dans fes bras, fans que le Cordelier pût l'empêcher de s'appercevoir qu'il portoit un gros garçon nouvellement né dans fa manche. Dieu foit loué, s'écria-t-il à haute voix, pour que la Ducheffe l'entendît, la Princeffe eft accouchée d'un enfant mâle ; il l'arracha auffi-tôt de la manche du Cordelier & le montra à tout le monde.

La grande Ducheffe, indignée que fa fourberie eût été découverte, réfolut de fe défaire du Cardinal ; elle diffimula & médita de loin fa vengeance. Le grand Duc, fon époufe & le Cardinal étoient enfemble à la campagne, elle favoit que le Cardinal aimoit beaucoup le blanc manger ; elle en fit préparer un qu'elle empoifonna. Ils étoient tous les trois à table : on fert le plat fatal, la Ducheffe en offre à fon ennemi ; il refufe, elle le preffa en vain. Eh bien ! dit le grand Duc, puifque le Cardinal n'en veut pas, je le mangerai ; la Ducheffe n'ofa rien dire ; mais voyant que fon mari en mangeoit, elle fit comme lui, & ils moururent.

BIANCHI, (*Pietro*) Peintre, né à Rome en 1694. Il porta dans l'étude de la peinture un génie naturel, que fon application perfectionna. Il embraffa tous les genres ; l'Hiftoire, le Payfage, le Portrait, les Animaux, les Marines ; il réuffit dans tous ; il a peint à l'huile, à frefque, en détrempe. On loue la vigueur de fon coloris & la correction de fon deffin ; fes ouvrages les plus eftimés font à Rome où il eft mort en 1739. Il eut pour Eleve Gaëtan Sardi, qui s'eft rendu célebre.

BIANCHINI, (*François*) un des plus favans hommes de fon fiécle, né à Vérone en 1662. Il s'appliqua principalement à la Phyfique & aux Mathématiques. Son goût pour ces fciences lui attacha plufieurs Savans, qui rechercherent fon amitié ; il forma quantité de Difciples. Ce fut alors qu'il conçut le projet d'une Académie ; il l'établit à Vérone, fous le titre modefte des *Alétofiles*. Etant allé à Rome en 1684, le Cardinal Ottoboni, depuis Pape, fous le nom d'Alexandre VIII, le fit fon Bibliothécaire. Il fut affocié à un grand nombre d'Académies de l'Europe. Bianchini mourut regretté de tous les Savans, âgé de soixante-sept ans. Il étoit d'une famille noble & très-ancienne.

BIANCO, (*Barthelemi*) Architecte, né dans le territoire de Côni. Il quitta sa patrie pour aller à Gênes, où il fut chargé de la construction du nouveau Môle & de la nouvelle enceinte de la Ville. Il y a bâti trois Palais appartenans à la Maison Balbi, & le beau Collége des Jésuites, appellé leur Palais. Il mourut en 1656.

BIBIANO, petite Ville du Florentin. *Voyez* TOSCANE.

BIBIENA, (*Ferdinand Galli*) Peintre & Architecte, né à Bologne en 1657. Parmi les beaux édifices qu'il a bâtis, on distingue une maison de Plaisance très-agréable à Colorno, pour le Duc Ranuce Farnèse; mais c'est sur-tout par la direction des fêtes, l'art de peindre les décorations de théâtre, qu'il s'est distingué. Il imagina les fêtes qui furent données à Barcelone pour le mariage de Charles III, qui étant devenu Empereur, attira Bibiena à Vienne, où il donna le projet des fêtes pour la naissance de l'Archiduc. Ses illuminations étonnerent & charmerent. Bibiena se retira dans sa patrie, à cause de l'affoiblissement de sa vue. Il a décoré plusieurs théâtres d'Italie. Cet Artiste a publié deux volumes sur l'architecture. On a rassemblé des dessins de toutes les perspectives & de toutes les décorations de Bibiena. Il mourut en 1743, âgé de quatre-vingt-six ans & aveugle. Il laissa trois fils héritiers de ses talens; Joseph & Antoine passerent au service de l'Empereur Charles VI, qui leur donna la place qu'occupoit leur pere. Joseph mourut à Berlin, en 1757: Alexandre fut Peintre & Architecte, & mourut au service de l'Electeur Palatin.

BIBIENA, (*François Galli*) Peintre & Architecte, de la famille des précédens, né en 1659. Il a peint beaucoup de décorations pour différents Peintres d'Italie, fit bâtir un beau manége pour le Duc de Mantoue; inventa & dirigea les fêtes qu'on donna à Naples pour l'arrivée de Philippe V, dont il fut nommé premier Architecte. Il refusa les offres que ce Prince lui fit pour le suivre à Madrid. Il alla à Vienne, où il fit construire un très-beau théâtre. L'Empereur Léopold lui offrit six mille florins par an, s'il vouloit entrer à fon fervice; il en vouloit huit mille : Léopold mourut en marchandant. L'Empereur Jofeph l'accabla de largeffes, & lui permit d'aller où il voudroit. Le Roi d'Angleterre l'appella, mais il donna la préférence à la Cour de Lorraine. Il éleva un très-beau théâtre à Nanci. De retour en Italie, le Marquis Scipion Maffei le choifit, comme le plus habile Architecte pour conftruire le théâtre que l'Académie des Phylarmoniques de Vérone demandoit. Ce théâtre a une grande réputation, & la mérite; il eft vrai que Maffei contribua par fes confeils à le rendre auffi parfait. Bibiena éleva encore à Rome le théâtre d'Aliberti. Cet Artifte ne fe borna point à la pratique, il profeffa avec applaudiffement à l'Académie de Bologne, l'architecture, la géométrie, la perfpective, les méchaniques & l'arpentage. Il mourut en 1739.

BIBLIOTHÉQUES. (d'Italie) Elles font moins nombreufes en volumes que celles de France; mais elles font très-précieufes par la quantité de rares manufcrits qu'elles renferment. Les falles de ces Bibliothéques, font pour l'ordinaire à la fuite des falles de peintures & de fculptures, & l'on eft également fatisfait, foit qu'on s'applique à faire des recherches dans les livres, foit qu'on s'amufe à parcourir les différens tableaux dont elles font ornées. Elles n'ont cependant pas le coup d'œil riche de nos Bibliothéques de France. Les livres font enfermés dans des armoires, & ne font reliés qu'en parchemin, parce que le veau eft fort cher en Italie. Il y en a beaucoup de reliés en maroquin rouge. Les plus belles font celle du Vatican, celle de Saint Laurent, du Palais Pitti; des Médicis, à Florence; celle de Padoue, au Monaftere de Sainte Juftine; celle de Sainte Marie, à Venife; la Bibliothéque Ambroifienne, à Milan; celle du College de la Sapience, du College Germanique, du Palais Barberini, des Auguftins à Rome; celle de Turin; celle de Brefcia & celle de Bologne. Quelques-unes font publiques certains jours de la femaine. Il y a encore des Bibliothéques confidérables, foit chez des Religieux, foit chez de riches Particuliers.

Quoique Sixte V ait mis la Bibliothéque du Vatican dans l'état où elle eft aujourd'hui; c'eft-à-dire, qu'il en ait fait conftruire & orner les salles, il n'en est pas moins vrai qu'elle a été formée en grande partie par ses Prédécesseurs. Nicolas V, vers l'an 1450, fit transporter au Vatican les livres que Saint Hilaire, Saint Zacharie, & quelques autres Papes, avoient rassemblés dans le Palais de Latran. Il envoya de tous côtés pour en rassembler encore. Calixte III acheta tous ceux qu'il put de la Bibliothéque des Empereurs de Constantinople, après la prise de cette Ville.

Ce fut vers 1586, que Sixte V la plaça dans l'endroit où elle est encore, qu'il accrut le nombre des volumes, & établit des fonds pour son entretien; &, pour l'augmenter encore, il y attacha des Bibliothécaires. Paul V, en agrandit l'emplacement, & y ajouta les Archives. Sous Grégoire XV, elle fut enrichie de la Bibliothéque des Electeurs Palatins, donnée par Maximilien de Baviere. Elle s'accrut de celle des Ducs d'Urbin, de la Reine Christine & du Marquis Saponi. A mesure qu'elle augmentoit en nombre, les Papes agrandissoient le vaisseau qui devoit les contenir. Il a la figure d'un T; on entre dans une galerie partagée en deux nefs par six gros pilastres quarrés, de deux cent quatorze pieds de longueur, sur cinquante-deux de largeur : elle fut bâtie par Sixte V. La galerie transversale forme deux aîles, dont la premiere fut construite sous le Pontificat de Paul V, la seconde sous celui de Clément XII; elles ont ensemble quatre cents pas de longueur, mais elles sont décorées avec bien moins de goût : à l'entrée, sont deux statues antiques, Saint Hypolite, Evêque de Porto, premier Auteur du Cicle Paschal, & Aristide, Philosophe & Orateur Grec, qui vivoit dans le deuxieme siécle, dans les ouvrages duquel on trouve un bel éloge de la ville de Rome. En entrant, on ne croit point voir une Bibliothéque, tous les livres sont renfermés dans des armoires ornées de très-belles peintures, d'Antoine Viviani, Paul Baglioni. La grande salle est précédée d'une piece qui contient les Bureaux des deux Gardes & des sept Interprêtes pour les principales langues de l'Europe, attachés à la Bibliothéque : on y voit les portraits des Cardinaux Bibliothécaires; les dix Sybiles sont peintes sur la voûte; celle de la grande salle est ornée d'Arabesques & de grands tableaux, représentant les principales vues de Rome. Du côté de la statue d'Aristide, on voit Dominique Fontana, offrant à Sixte V le plan de la Bibliothéque, sur les cartons de Nebbia, par Pierre Zacchetti. A droite, on voit dans huit tableaux les huit premiers Conciles Œcuméniques, par Salcinbeni, Jean-Baptiste Novan, par Speranza, &c. Sur la gauche, sont peintes les Bibliothéques les plus célèbres qui soient connues. A la tête est Moyse, donnant aux Lévites le livre de la Loi pour le placer dans l'Arche ; ensuite la Bibliothéque d'Esdras, rassemblant les livres du Pentateuque, l'Ecole de Babylone & l'Edit de Cyrus pour la reconstruction du Temple de Jerusalem ; la Bibliothèque formée à Athenes par Pisistrate, transportée en Perse par Xerxès, & rendue à Athenes par Seleucus ; celle de Ptolomée Philadelphe, formée par Démétrius de Phalere & par Aristée, & qui contenoit sept cent mille volumes ; celle d'Auguste, sur le Mont Palatin ; celle de S. Alexandre Evêque de Jerusalem ; celle de S. Pamphile, formée à Césarée en Palestine, avec Eusebe, elle contenoit trente mille volumes ; enfin la Bibliothéque des Papes. Sur les pilastres qui soutiennent la voûte, sont peints les premiers Inventeurs des langues & des caractères, Adam à qui l'on attribue l'invention des caractères Hébreux ; chacun de ces tableaux a une inscription ; les fils de Seth, qui graverent sur deux colonnes les principes qu'ils connoissoient des sciences, pour les sauver du feu ; Abraham, inventeur des lettres Syriaques & Caldaïques ; Esdras, inventeur des lettres qui manquoient à l'Alphabet Hébreu. Isis, Mercure, Hercule, Memnon, Auteurs de l'écriture hiéroglifique ; Cécrops, Cadmus & Linus, Auteurs de la langue Grecque ; Phenix Roi des Dolopes, des lettres Phéniciennes ; Palamedes, Pythagore, Epicharmes, Simonide, qui ajouterent à l'Alphabet grec ; Carmenta & son fils Evandre, inventeurs des lettres Latines ; l'Empereur Claude qui imagina trois lettres oubliées après sa mort ; Demarate, inventeur des lettres Etrusques ; Ulphilas, Evêque des Goths les lettres Gothiques ; Saint Jean Chrysostome des lettres Arméniennes ; Saint Jérôme des Illyriennes ; Saint Cyrille qui a perfectionné les deux Alphabets,

phabets; enfin Jesus-Christ, *l'Alpha & l'Omega* de toute connoissance. On n'auroit pas dû oublier dans ces monumens élevés à la gloire des inventeurs des lettres & des langues, les inventeurs de l'Imprimerie. Au dessus de la corniche, sont peints les principaux traits de la vie de Sixte V; dans un de ces tableaux, on voit un Lion, tenant la foudre dans une de ses griffes; sur les trois montagnes des armoiries de Sixte, autour du Lion sont des troupeaux, & plus loin des loups qui fuient; dans le prolongement de la salle, sont représentés onze Conciles Œcuméniques. On voit dans cette salle une colonne d'albâtre oriental blanc & transparent, cannelée, & un tombeau de marbre, dans lequel étoit un grand drap de toile d'Amiante, contenant des cendres, & une partie de crâne qui n'étoit pas encore consumé. Dans les deux galeries qui sont à l'extrémité de la grande salle, est une belle collection de vases Etrusques, d'antiques relatifs au Christianisme, de médaillons, & formée par Benoît XIV, & un très-beau médailler de trois cent cinquante médailles antiques des Empereurs.

La Bibliothèque du Vatican n'a que soixante-dix à quatre-vingt mille volumes, dont trente ou quarante mille manuscrits en toutes sortes de langues. Les Bibliothécaires n'ouvrent les armoires qu'à mesure qu'on demande les livres qu'on veut consulter : on montre aux étrangers quelques manuscrits uniques, tels qu'une Bible hébraïque d'une grande antiquité, que les Juifs ont voulu acheter au poids de l'or; les quatre Evangiles manuscrits du neuvieme siécle, à deux colonnes, chacune entourée d'une vignette différente, en très-belles couleurs & en or; un manuscrit de Térence, avec les desseins des masques de théâtre qui servoient aux Acteurs, & une partie des décorations; un Virgile du cinquieme siécle, avec de très-belles vignettes; un manuscrit de Pline le Naturaliste du treizieme siécle; un du Dante, avec les plus belles vignettes; le manuscrit original du livre de Henri VIII, Roi d'Angleterre contre Luther; des livres écrits sur l'écorce du Papyrus d'Egypte; les lettres de Henri VIII à Anne de Boulen; des manuscrits & des livres Chinois, Samaritains; l'Evangile écrit de la main de Saint Jérôme, & quelques manuscrits de Luther.

Au dessous de la Bibliothéque, est l'arsenal, construit par Urbin VIII, augmenté par Benoît XIV, contenant de quoi armer vingt mille Cavaliers & quarante mille Fantassins. Le Corridor de plein-pied à la Bibliothéque où se tient le Conclave, conduit à l'appartement du Belvedere. Il y a une des galeries qui communique du Vatican au Château Saint-Ange, où les Papes peuvent se retirer sans être vus. *Voyez* VATICAN.

Il y a encore plusieurs autres Bibliothéques à Rome. La Bibliothéque Angélique appartient au Couvent des Augustins. Le nom d'Angélique lui vient d'*Angelo Rocca de Camerino*, qui en fit présent au Couvent: elle a été augmentée par Luc Olstenio, & fort enrichie par l'acquisition de la Bibliothéque du Cardinal *Passionei*, qui a coûté cent soixante mille livres; c'est une des plus belles Bibliothéques de Rome; elle est publique le matin, pendant cinq jours de la semaine.

La Bibliothéque de Sainte Marie sur la Minerve, appartenante aux Dominicains, a été fort augmentée par le Cardinal Cazanate, Napolitain, homme très-savant dans les Belles-Lettres, qui y fit présent de vingt mille volumes, & laissa des revenus considérables pour l'entretien & l'augmentation de cette belle collection: elle est aussi nombreuse que celle du Vatican; mais elle n'a pas autant de manuscrits, quoiqu'il y en ait de fort précieux, parmi lesquels est un Seneque sur velin, du sixieme siécle, un recueil en douze volumes in-folio de plantes collées sur le papier: la statue du Cardinal au fond, vis-à-vis de la porte, est un des beaux ouvrages de Legros.

La Bibliothéque du College Romain, qui appartenoit aux Jésuites, est très-considérable; depuis qu'elle a été fondée par M. Coccino, Ambassadeur de Rote, elle s'est considérablement augmentée. Tout auprès est le Cabinet ou Muséum du célèbre Pere Kirker, auquel on a joint celui du Marquis Grégoire-Alexandre Caponi; il est rempli d'une infinité d'antiques, de médailles d'or, d'argent & de bronze, de curiosités de l'histoire naturelle, de machines, &c.

La Bibliothéque du Collége de la Sapience est très-belle, & riche dans toutes les sciences dont cette Université s'occupe. Elle fut fondée par Alexandre VII, qui en fit bâtir l'Eglise; il y établit en même temps le jardin de Botanique. Cette Bibliothéque est ouverte tous les jours, excepté les Fêtes & les Dimanches.

La Bibliothéque du Palais Barberin fut formée par le Cardinal Barberini; elle contient plus de soixante mille volumes, & une très-grande quantité de manuscrits. Outre ces Bibliothéques, il y en a encore plusieurs autres à Rome qui sont publiques, telles que celles de la *Propagande*; des Princes Corsini; des Minimes de la *Trinité du Mont*, &c. Les autres principales Bibliothéques d'Italie sont :

A Florence, la Bibliothéque de Saint-Laurent, appellée *Bibliotheca Medico-Laurenziana*, est dans une très-belle galerie, bâtie par Michel-Ange, tenant à l'Eglise Saint Laurent. Elle a cent quarante pieds de longueur, sur trente-trois de largeur & vingt-cinq de hauteur. Les manuscrits qui y sont en grand nombre, dans toutes les langues anciennes & modernes, y sont rangés & enchaînés sur des pupîtres; on en compte trois mille, dont plusieurs uniques, & de la plus haute antiquité; ils sont tous reliés & couverts de toiles. L'escalier qui y conduit, est de la plus grande beauté.

La Bibliothéque du Palais Pitti à Florence, contient environ trente-cinq mille volumes. Il y a peu de manuscrits anciens; ils ont été transportés à la Bibliothéque de Saint-Laurent. Il y en a de modernes très-précieux, entr'autres, la relation abrégée des voyages de Cosme III, en Espagne, en Angleterre, en Hollande, en France & en Italie, avec les vues dessinées de tous les endroits où il s'est arrêté. C'est dans la salle qui précede cette Bibliothéque où s'assembloit l'Académie *del Cimento* ou de l'Expérience.

La Bibliothéque Magliabecchi à Florence est dans la *Fabrica d'Egli Uffici*, bâtiment construit du temps de Cosme I, par le Vasari, où les différens Magistrats de la Ville se rassemblent; cette Bibliothéque a été formée par Antonio Magliabecchi, Bibliothécaire du grand Duc, qui la laissa par testament à la Ville, avec des fonds pour son entretien. Il y a des livres très-rares & d'excellens manuscrits, entr'autres, *l'Harmonicon Céleste*, de Viette. Elle est publique.

Il y a encore à Florence une très-belle Bibliothéque des Maracelli, celle de Médecine, à l'Hôpital de *Santa Maria Nuova*, établie par l'Empereur, dans laquelle on trouve les meilleurs livres de Médecine ; elle est aussi publique. La Bibliothéque des Franciscains de Sainte - Croix, dans laquelle, parmi les livres rares, & les manuscrits, on conserve précieusement le manuscrit original des Œuvres de Saint Bonaventure.

A Bologne, la Bibliothéque de l'Institut est une des plus riches & des plus nombreuses de l'Italie. *Voyez* INSTITUT DE BOLOGNE. Outre cette Bibliothéque, qui est ouverte tous les jours, excepté le Mercredi, il y a encore :

La Bibliothéque des Barnabites de Saint Sauveur : elle contient plusieurs manuscrits Hébreux, Grecs & Latins, parmi lesquels l'Art mystique des Philosophes, dédié à l'Empereur Théodose, par Héliodore... un ancien manuscrit de Lactance, sur velin, du septieme siécle ; les métamorphoses d'Ovide, &c.

La Bibliothéque des Dominicains est fort nombreuse. Il y a un manuscrit qu'on regarde comme une des choses les plus précieuses ; c'est le Pentateuque, que l'on dit être écrit par Esdras lui-même, en caractères Hébraïques sur des peaux de veau, rattachés ensemble ; quoiqu'il soit impossible de constater cette antiquité, il passoit déja pour très-ancien, il y a plus de quatre ou cinq cents ans.

A Venise, la Bibliothéque de Saint Marc est dans les Procuraties, vis-à-vis du Palais, dans un très-beau bâtiment sur les desseins de Santsovin ; il est fort décoré ; il y a de très-beaux bustes & statues antiques Grecs, dont les plus estimés sont la *Leda* & la statue de l'Abondance qui sont aux deux côtés de la porte ; le Silence & l'Agrippine, femme de Germanicus ; le Plafond du vestibule a été peint par le Titien. Cette Bibliothéque est riche en livres, & il y a de très-bons manuscrits, parmi lesquels on fait grand cas du manuscrit de *Consideratione Dei*, attribué à Saint Augustin ; des Oraisons de Themistius, de la Bibliothéque de Photius ; mais ce qu'on y garde avec plus de soin, est la suite des manuscrits sur l'Histoire de Venise, composée par des Auteurs contemporains & du pays, rangée par ordre de dates. Les Gardes de la Bibliothéque ne laissent voir les manuscrits qu'avec les plus grandes précautions. Il y a des fonds destinés pour l'entretien de la Bibliothéque. Outre celle-là, il y a encore à Venise celle des Bénédictins de Saint George; celle des Pisani, & quelques autres très-riches & très-nombreuses, soit en livres, soit en manuscrits. Celle de la République doit son origine au don que Pétrarque & le Cardinal Bassarion lui firent de leurs livres. Ce dernier avoit acheté de tous côtés des manuscrits à très-haut prix.

A Milan, la Bibliothéque Ambrosienne fut commencée par Saint Charles & continuée par Fréderic Borromée son neveu, & par deux Cardinaux de la même famille. Ni les uns, ni les autres n'ont voulu qu'elle portât leur nom; elle est dédiée à S. Ambroise. Ils envoyerent en Europe, dans le Levant, en Asie, rassembler tous les manuscrits qu'on pourroit acquérir. Il y en a de Coptes, d'Arabes, de Syriaques, de Persans & beaucoup de Grecs & de Latins. Un manuscrit Grec, de partie de l'Ancien Testament, sur très-beau velin, du septieme siécle; les Histoires de Xénophon sur soie; plusieurs manuscrits sur soie, de différens Auteurs, sur l'art de faire de l'or; plusieurs beaux manuscrits des Poëtes Grecs; l'histoire des Juifs de Joseph, en Latin, &c. On y conserve précieusement un livre in-4°. de dessins de Géométrie & de Méchanique, de la propre main de Léonard de Vinci. Toute l'écriture, qui est Italienne, est de droite à gauche, de sorte qu'il faut un miroir pour la lire.

A Padoue, la Bibliothéque du Couvent de Sainte Justine, des Bénédictins du Mont Cassin, est très-belle, soit pour les livres, les manuscrits, soit pour la beauté du vaisseau & de la menuiserie. Elle est ornée de huit belles colonnes cannelées de marbre blanc, & d'une colonnade de bois verni, qui soutient une galerie. Le nombre de volumes est d'environ dix-huit mille.

A Bresse, c'est le Cardinal Quirini qui a commencé la Bibliothéque publique, qui est à côté de la Cathédrale; elle est déja considérable. Elle est dans un très-beau bâtiment, dans lequel on voit une falle, où ce favant Prélat avoit rassemblé beaucoup de machines pour les expériences Physiques.

A Turin, il y a plusieurs Bibliothéques particulieres ; celle de l'Université est publique ; elle est composée de plus de trente mille volumes, & d'excellens manuscrits, parmi lesquels il y en a un de quinze grands volumes de plantes, peintes d'après nature. Cette Bibliothéque est ouverte tous les jours matin & soir. Il y en a une autre au Séminaire, qui est aussi publique ; ainsi que celle de M. le Comte de Carail, qui a eu la générosité d'ouvrir la sienne au Public.

BICOQUE, Bourg à trois milles de Milan, devenu célebre par la bataille que les François y perdirent sous le commandement du Maréchal de Lautrec, en 1522, contre les Troupes de l'Empire, qui profiterent des murmures & du découragement de l'Armée Françoise, provenant du défaut de paie, occasionné par des intrigues de Cour, dont Lautrec & l'infortuné Samblançai furent les victimes innocentes. *Voyez* MILANEZ.

BIETA, *Gaumellum*, jolie Ville du Piémont, dans le Canavois. Elle est fort riche & peuplée. Il s'y fait de fréquens pélerinages, à cause d'une image miraculeuse de la Sainte Vierge, qui est très-renommée. Bieta est la Capitale d'une petite Province du même nom ; elle n'a que des Bourgs. Les principaux sont : *Pie di Cavallo*, *Trivier*, Andorno, S. Damiano, Cavaglia, Livorno. Bieta est à droite de la Cerva, & fait partie de la Seigneurie de Verceil. *Voyez* VERCEIL.

BINARU, petite Ville dans le Duché de Milan, entre cette Ville & Pavie. Elle n'a de remarquable qu'un Château qui est de toute beauté & très-fort.

BIRIENOCOLI, espéce de biscuits ou pain d'épices que l'on fait à Sienne, & dont les Siennois sont friands. Ces petits pains sont des gâteaux très-délicats & d'une pâte très-fine.

BISACCIA, très-jolie Ville dans la Principauté Ultérieure, au Royaume de Naples, avec un Evêché suffragant de Conza, à six lieues N. E. de Conza, & cinq & demie S. E. d'Ariano, long. 33, lat. 43, 3.

BISCOTELLI, *Castagne*, Chataignes que l'on cuit & que l'on

deſſèche à Bologne. On les conſerve ainſi toute l'année : en les faiſant revenir & recuire dans l'eau, elles ont un très-bon goût, que bien des gens préfèrent aux châtaignes nouvelles. Il s'en fait une grande conſommation dans le Bolonois ; & lorſqu'on veut tourner en ridicule l'autorité du Gonfalonnier & du Sénat de Bologne, on dit qu'elle ſe borne à donner la permiſſion de tranſporter des *Biſcotelli* hors de la Ville.

BISEGLIA, *Vigiliæ*, Ville aſſez peuplée au Royaume de Naples, dans la Terre de Bari, avec un Evêché ſuffragant de Trani, proche le Golfe de Veniſe, à trois lieues de Trani, long. 34, 19, lat. 41, 18e. *Voyez* BARI.

BISIGNANO, *Biſunianum*, Ville très-agréable au Royaume de Naples, dans la Calabre Citérieure, avec un bon Fort & un Evêché ſuffragant de Roſſano ; mais exempt de ſa Juriſdiction. Elle donne le titre de Prince à la Maiſon de San-Severino. Cette Ville eſt ſituée ſur une montagne, près de la Riviere de *Boccone*, à ſept lieues N. E. de Coſenza, à ſix S. O. de Roſſano, cinquante-trois S. E. de Naples.

BITELLO, petite Ville au Royaume de Naples, dans la Terre de Bari, avec un Evêché ſuffragant de Bari.

BITONTO, Ville aſſez conſidérable au Royaume de Naples, dans la Province de Bari, avec un Evêché ſuffragant de Bari. C'eſt aux environs de cette Ville que les Impériaux furent battus, en 1734, par les Eſpagnols, que commandoit le Général Monte-Maior. En récompenſe il fut fait Duc de Bitonto, afin qu'il pût ajouter à ſon nom, celui de la bataille qu'il avoit gagnée, comme faiſoient les Romains. Bitonto eſt ſituée dans une plaine très-belle, très-fertile, à trois lieues S. du Golfe de Veniſe, & quatre lieues S. O. de Bari.

BLANCHE, Ducheſſe de Savoie, étoit fille de Guillaume de Mont-Ferrat. Elle avoit épouſé en 1485 Charles I, Duc de Savoie. A la mort de ce Prince, elle fut nommée Régente des Etats de Savoie, & eut la tutele de Charles-Jean-Amédée ſon fils, ce qui lui occaſionna de grandes conteſtations avec les oncles du mineur, qui prétendoient à la Régence ; cette Princeſſe néanmoins ſurmonta tous les obſtacles, & trouva le moyen d'entretenir la paix dans les Etats de son pupile; mais elle ne put conserver long-temps une place où elle donna des marques de la plus grande prudence, son fils étant mort dans la huitiéme année de son âge.

BOBBIO, *Bobium*, Ville d'Italie, dans le Milanez. Son territoire est situé près des frontieres du Duché de Parme. La Reine de Hongrie le céda au Roi de France, par le Traité de Wormes, conclu en 1743. Bobbio, qui est Capitale, a un Evêché suffragant de Gênes. Elle a appartenu successivement à la Maison de Malespine, à celle de Vermi & à quelques autres. L'Abbaye de Bobbio, dont l'édifice paroît être des siécles les plus reculés de l'Eglise, est très-célebre; elle fut fondée par S. Colomban. Cette Ville est sur la Trebia, à douze lieues N. E. de Gênes, à huit S. O. de Plaisance, à neuf S. E. de Tortonne, & à dix S. E. de Pavie. Le pays d'Outropô & de Bobbio, est la partie méridionale du Pavese.

BOBOLI, Jardin public, le plus beau & le mieux entretenu qu'il y ait à Florence. Il est dans la position la plus agréable. Les bosquets en sont très-bien distribués, quoique de la maniere la plus simple & la plus naturelle; il y a plusieurs allées de charmilles, l'une desquelles conduit au bas du Jardin, où l'on trouve un bassin magnifique, rempli par les fontaines & les jets d'eau qui l'entourent, & qui sont ornés de très-belles statues.

BOCACE, (*Giovani Bocaccio*) un des plus grands Ecrivains d'Italie, & des plus illustres Florentins, naquit en 1313. Son pere se nommoit *Bocaccio de Certaldo*, d'un petit Château ou Bourg, sur le chemin de Sienne, à sept lieues de Florence. Son pere, dans un voyage qu'il fit à Paris, pour son commerce, aima une femme Parisienne qu'il épousa, & dont il eut Jean Bocace. Il destina son fils au commerce; c'étoit la profession la plus ordinaire à Florence: le commerce n'y étoit point regardé comme un métier avilissant. Bocace s'y adonna de bonne foi jusqu'à l'âge de vingt ans, que, faisant un voyage à Naples, il s'arrêta à Pergola, pour voir le tombeau de Virgile. Dans ce moment, toute son admiration pour ce Poëte se réveilla; il se sentit saisi d'un enthousiasme irrésistible, & renonça, dès lors, à la profession de ses peres, pour se livrer aux Sciences

BOC 153

& à la Poësie. Il y fit des progrès très-rapides. Le premier Ouvrage qu'il composa fut un Traité *de Genealogia Deorum*. Il travailla ensuite à un Recueil fort étendu, concernant les Fleuves, les Montagnes, les Forêts, les Lacs, &c. & qui fut fort applaudi. Il publia ensuite une Histoire des Hommes & des Femmes illustres; mais de tous ses Ouvrages, celui qui lui fit plus d'honneur est son *Decameron*, ou Recueil des dix Journées, Nouvelles ou Contes galans, sur lesquels on a fait beaucoup de Commentaires. Ces Nouvelles sont au nombre de cent; on y trouve plusieurs Histoires arrivées de son temps, dont il n'a changé que le lieu de la scène & le nom des Acteurs; elles sont écrites avec une pureté de style, & une imagination féconde & variée qui ont fait regarder Bocace comme un des premiers Ecrivains. On y trouve des vers qui l'ont fait mettre au rang des trois plus grands Poëtes de son temps. Il fut employé dans plusieurs occasions par le Sénat de Florence, qui le chargea de négocier à Padoue, le retour de Petrarque, & qui le choisit pour remplir la place qu'on établit pour l'explication des Ouvrages du Dante, sur lesquels Bocace fit un Commentaire qui est encore manuscrit. Il s'attacha beaucoup à Petrarque. En parlant de leur amitié, *Philippo di Mateo Villani*, qui a écrit la Vie de Bocace, dit: *Cheerano un anima in due corpi*. Plusieurs Auteurs ont écrit sa Vie, & fait des notes savantes sur son *Decameron*. Notre Lafontaine, qui connoissoit tout le mérite de Bocace, a pris plusieurs de ses Nouvelles pour sujets de ses Contes. Bocace mourut au Château de Certalde, en 1375, âgé de soixante-deux ans.

BOCCALINI, (*Trajan*) célèbre Ecrivain satyrique, naquit à Rome au commencement du dix-septiéme siécle; les Princes mêmes n'échappoient point aux trais malins de sa satyre. Il publia ses *Ragnagli di Parnasso*, & la *Secretaria di Apollo*. Ces deux Ouvrages furent biens reçus; mais ayant fait imprimer sa *Pietra di Paragone*, contre la Cour d'Espagne, il fut assassiné à Venise où il s'étoit retiré.

BOCCA-NEGRA, Premier Doge de Gênes, succéda, en 1339, aux Raphaël Doria & Galeotto Sipinola, Capitaine du Peuple. Il étoit de la même famille que Guillaume Bocca-

Negra, pour lequel on avoit créé quatre-vingts ans auparavant la dignité de Capitaine du Peuple. Il s'attira, par sa conduite, l'estime & l'amitié des Génois. La République lui eut l'obligation de la conquête de Final, de Varigotti & de Cervo, qu'il enleva au Marquis de Final. Bocca-Negra ne gouverna d'abord que cinq ans, ayant été obligé d'abdiquer volontairement pour satisfaire les mécontens qui marchoient contre Gènes ; mais après la disgrace des Visconti, il fut nommé Doge pour la seconde fois. Alors il ne s'occupa qu'à rétablir la tranquillité. Il fut là en butte à différentes conspirations, & mourut enfin empoisonné.

BOCCA-NEGRA, (*Marin*) de Gènes, Architecte, a commencé le grand Môle. Il fit jetter dans l'eau une quantité étonnante de blocs énormes de pierres arrachées des montagnes voisines, pour en asseoir les fondations ; il a continué l'Arsenal des Galeres, qui avoit été commencé par un autre Architecte. On lui attribue le Mandrochio, ou cette partie du bassin où les vaisseaux se mettent à couvert ; plusieurs acqueducs. En 1300 il augmenta considérablement le Port. Sa famille a donné des Doges & plusieurs Hommes illustres à la République.

BOCCAPADULI, (Palais) à Rome. Ce Palais n'a rien de frappant par son architecture ; mais il doit attirer les amateurs, par les peintures qu'il renferme. On y voit les sacremens, du Poussin, aussi estimés que les sacremens du même, qui appartiennent à M. le Duc d'Orléans, & un huitieme tableau de même grandeur, représentant le baptême de S. Jean ; huit tableaux du Guerchin ; le retour de l'Enfant prodigue ; Moïse frappant le rocher, &c. Dalila tenant Samson endormi sur ses genoux, de Romanelli ; les trois Parques, du même ; une décolatation de S. Jean, d'Antoine Carrache, &c.

BOCCATAGIO, petit Bourg dans la Vallée de Bisignano, dans l'Etat de Gènes, sur le bord du Golfe de la Spezzia, est fort renommé pour les bonnes écrevisses qu'on y pêche.

BOCCHETTA, (Montagne de la) dans l'Etat de Gènes, est une des plus hautes de celles qui forment l'Apennin. Sa température est très-rigoureuse. Quoique le chemin qui la traverse, depuis Campo-Marone, soit étroit, il est très-praticable, sur-tout pour les bêtes de somme, qui sont les voitures dont on se sert en Italie pour porter les provisions & les marchandises. On voit sur cette Montagne des marronniers, des pâturages, des friches, des terres pour la plus grande partie incultes & désertes, & quelques Maisons ou Fiefs des Nobles Génois. Du plus haut de la Bocchetta, partent deux sources qui forment deux ruisseaux ; l'un se jette dans la Mer de Gènes ; l'autre passe à Voltaggio, Sarravelle, & se jette dans le Pô. On trouve sur ces ruisseaux quelques moulins & quelques usines ; mais le défaut de culture & de population empêche qu'on ne tire de la plus grande partie du terrein, le parti qu'on pourroit en tirer.

BOCINO, *Bucino*, petite Ville du Royaume de Naples, dans la Principauté Citérieure, proche le confluent des rivieres de Selo & de Negro.

BOECE, (*Anicius Manlius Torquatus Severinus Boetus*) Poëte Latin, naquit à Pavie dans le cinquieme siécle. Theodoric, Roi des Gots, le fit enfermer dans une tour à Pavie, & après six mois il lui fit trancher la tête, ayant été soupçonné d'avoir conspiré avec l'Empereur Justin, contre les Gots, dans le temps qu'il étoit Consul à Rome. Tous ses Ouvrages sont insérés dans ses cinq livres de la Consolation, qu'il composa lorsqu'il fut enfermé dans cette tour, que l'on voit encore aujourd'hui à Pavie, & que l'on nomme la tour de Boece. Ce Savant mourut en 524.

BOGLIO, petite Ville dans le Duché de Savoie sur la riviere de Tinea, & sur les frontieres de Provence, avec un Bourg nommé aussi *Boglio*, qui en est le chef-lieu. *Voyez* BEUIL.

BOIANO, petite Ville au Royaume de Naples, dans le Comté de Molise, avec un Evêché. Cette Ville, qui a titre de Duché, est située au pied de l'Apennin, près de la riviere de Tilerno, à quatre lieues S. de Molise, & dix-huit N. E. de Naples.

BOIARDO, (*Matheo Maria*) Comte de Scandiano, Poëte Italien & Latin, né à Ferrare, connu par son Poëme de l'*Orlando innamorato*, ou des Amours de Roland & d'Angélique. Boïardo avoit pris l'Iliade pour modéle, mais il demeura fort au-dessous du Poëte Grec. Il est vrai qu'il se proposoit de retoucher fon ouvrage, lorfque la guerre l'enleva en 1494. Il a laiffé dix Eglogues Latines, & une Tragédie intitulée *Timon*, dont le fujet eft tiré de Lucien. Ces Poéfies font bien fupérieures à fon grand Poeme. Il a laiffé quantité de Sonnets. Après la mort de *Boïardo*, le Berni refit entiérement ce Poëme. *Voyez* BERNI.

BOLCA, Village fitué fur les confins du Véronnois & du Vicentin. Il eft fort élevé; la montagne fur laquelle eft fituée l'Eglife Paroiffiale, paroît avoir éprouvé des volcans. On trouve à un mille un côteau dont les pierres fe levent par dalles, fur lefquelles on trouve des empreintes de poiffons. Ces dalles reffemblent à l'ardoife blanche; mais elles font plus dures & plus compactes; leur épaiffeur eft de quatre à cinq lignes à un pouce. Quand on fépare les feuilles, on diftingue l'efpéce de poiffons à leur empreinte. Dans quelques-unes on diftingue des poiffons mêlés avec des plantes. Il y en a de petits & de gros, & quelquefois enfemble fur les mêmes dalles. Plufieurs Savans ont décrit ces poiffons. *Voyez* MUSÆUM, MOSCARDI, SCHEUHZER, MUSÆUM COLECOLARI, VALISNIERI, MAFFEI, &c.

BOLOGNE, *Bononia*, grande & très-belle Ville, Capitale du Bolonois, avec Archevêché, eft la feconde Ville de l'Etat Eccléfiaftique. On l'appelle en Italien *Bolonia la Graffa*. Elle eft fituée au pied de l'Apennin fur le Rheno. Bologne eft très-ancienne; Caton dit qu'elle fut appellée Felfina, du nom de Felfinus fon Fondateur, auquel fuccéda Bonus, qui lui donna le nom de Bononia. D'autres font venir fon nom des Gaulois Boïens, qui après avoir chaffé les Tofcans s'y établirent & l'appellerent Boïona. Polybe, Pline, Tite-Live, Silvius Italicus, Strabon, Tacite, Ciceron, Dion, Caffius, parlent de Bologne. Elle a effuyé plufieurs révolutions. Sous Gratien, elle voulut fecouer le joug de l'Empereur; mais elle y fut bientôt remife. Elle fut faccagée fous Théodofe, & les habitans paffés au fil de l'épée. Rétablie fous Théodofe le jeune, qui fonda l'Univerfité, elle devint la proie des Lombards, dont le Roi Aftolfe fut forcé par Pepin de la donner au Pape avec l'Exarcat de Ravenne. Les Lombards s'en emparerent encore; mais Charlemagne ayant pris leur Roi Didier, à Pavie, Boulogne refta au pouvoir de l'Empereur ; elle tenta de secouer le joug de l'Empereur Lothaire ; mais ce Prince l'assiégea, la prit par famine. Elle resta au pouvoir des Empereurs, jusqu'à ce qu'elle passa aux Seigneurs particuliers de Toscane ; elle rétablit sa liberté & fut gouvernée par ses Magistrats. Les Bolonnois s'emparerent de la Romagne, & se rendirent maîtres d'Imola, Faenza, Ravenne, Cervia, Forli, Cesene, Modene, & formerent une République florissante jusqu'en 1274. Ce dégré de puissance fomenta les discordes civiles qui devinrent funestes à Bologne. La faction des Geremei l'emporta sur celle des Lambertazzi, qui furent chassés, & qui, au nombre de quinze mille, se retirerent dans les Villes de la Romagne, & forcerent les Geremei à implorer la protection du Pape Nicolas à qui ils se donnerent. Le Pape profita de cette circonstance, ils attirerent les autres Villes de la Romagne, qui abandonnerent Bologne. En 1324, le Pape envoya un Légat à Bologne, dont il changea le gouvernement, & où il établit le despotisme le plus absolu. En 1334, le Peuple accablé se révolta ; le Légat prit la fuite ; on rétablit en partie l'ancien gouvernement ; on nomma pour Chef de la Ville *Tadeo Pepoli*, Magistrat de la plus grande intégrité, & qui gouverna avec la plus grande sagesse pendant douze ans. Ses fils, indignes d'un tel pere, vendirent la Ville à Jean Visconti, Archevêque de Milan, qui y mit pour Gouverneur Jean Oligio, célebre par sa tyrannie, qui, après la mort de l'Archevêque, voulut se rendre le maître de Bologne, à force de cruautés ; mais qui ne pouvant la conserver, la remit au Légat du Pape. En 1376, les Bolonois chasserent le Légat, & vécurent en liberté. Jean Bentivoglio se rendit maitre de Bologne, & fut tué. A sa mort, Jean Galeas Visconti s'empara de la Ville, il chassa la garnison, & se remit au pouvoir du Pape. Dix ans après, le Légat fut chassé, & de nouveaux Magistrats furent créés ; bientôt après, les Magistrats & les Factieux furent chassés, & le Légat rappellé ; ensuite le fils de Jean Bentivoglio, (Antoine Galeas) Popoli & Candoli changerent encore le gouvernement, à la tête duquel ils établirent seize Sages ; bientôt après le Pape fut rappellé, & Bentivoglio exilé. Il eut la tête coupée sous le regne du Pape Eugene. La

Ville secoua encore l'autorité du Pape, & nomma Nicolas Piscinino, qui gouverna despotiquement. Les Bolonois se soumirent encore aux Bentivoglio; Jean régna jusqu'en 1506, que Jules II le chassa, lui & ses enfans; les Bentivoglio revinrent & furent encore chassés. Ce fut en 1513, que Bologne se donna pour jamais au Pape, à condition qu'il n'y auroit jamais ni fisc ni citadelle. Outre le Légat que le Pape y envoie pour gouverner, il y a une Compagnie de Sénateurs, dont le Chef s'appelle Gonfalonnier, qu'on échange tous les deux mois. Le Concordat de François I & de Leon X, fut conclu à Bologne en 1515. Charles-Quint y fut couronné Empereur par Clément VII, en 1530.

Bologne a demi-lieue de diametre; elle est divisée en quatre quartiers; on y entre par douze portes qui aboutissent à autant de rues très-belles; les bâtimens sont de pierres de tailles, ou de briques recouvertes de briques, soutenus de chaque côté de portiques à arcades couvertes, élevés au-dessus du niveau de la rue; de sorte qu'on parcourt toute la Ville à couvert des injures du temps, à pied sec & à l'abri des voitures. Ces portiques sont d'une grande commodité, mais ils empêchent qu'on jouisse de la vue des maisons, & ôtent une partie des agrémens qu'auroit cette Ville. Ces portiques, communs en Italie, & les saillies des maisons dans d'autres pays, furent imaginés avant l'invention des voitures; les Riches y ont gagné, mais le Peuple y a bien perdu.

Dans une petite place qui est au milieu de la grande rue, on voit deux tours bâties de briques; l'une est appellée la tour de *Gli Asinelli*, bâtie en 1107, haute de trois cent sept pieds de Paris, sans compter la coupole; l'autre est la tour Garisanda; elle n'a que cent quarante-quatre pieds de hauteur; elle est renversée à moitié & penchée comme celle de Pise. La premiere est inclinée de trois demi-pieds, & l'autre l'est de huit pieds deux pouces. Cette inclinaison est effrayante à la vue.

Bologne n'a qu'une simple muraille de briques, sans fossés ni fortifications; c'est une des conditions qu'elle a exigée en se donnant au Pape.

Le Palais public, *Palazzo Publico*, est occupé par le Légat;

le Vice-Légat, le Gonfalonnier & les anciens. Ce bâtiment a son entrée sur la grande place ; c'est le Palais de la Seigneurie, où sont les différens Tribunaux de Justice. Il est très-grand ; son architecture n'a rien d'extraordinaire. On voit sur la porte deux statues, l'une de Boniface VII, l'autre de Grégoire XIII ; celle-ci est d'Alexandre Mingone. Au-dessus du grand escalier est un Buste de Benoît XIV, par J. B. Bolognini, fort estimé. Ce Palais contient dans ses différens appartemens, deux tableaux de Donato Creti, représentant, l'un Mercure présentant à Junon la tête d'Argus ; & l'autre, Mercure présentant à Venus la pomme qu'il a reçue de Pâris ; Samson foulant aux pieds un Philistin, & se désaltérant de l'eau qui coule de la mâchoire d'âne dont il est armé, par le Guide ; un autre, par le même, représentant la Vierge, l'Enfant Jésus sur un arc-en-ciel, & les Bolonnois en prieres, Saint Jean dans le désert, par Raphaël ; un Saint Jérôme, par Simon Pasaro ; la Statue du Pape Paul III ; quantité de Peintures à fresque, par les plus grands Maîtres, représentant divers événemens arrivés à Bologne. Vis-à-vis la porte d'entrée est la Fontaine du Géant, décorée par Jean de Bologne ; elle n'a pas autant d'apparence que de mérite ; c'est un groupe immense d'enfans tenans des dauphins qui jettent de l'eau dans de grandes coquilles ; de Syrennes qui pressent leur sein, des masques, des dauphins, le tout surmonté d'un Neptune de bronze, de taille héroïque.

Bologne est une des Villes les plus riches d'Italie en tableaux & en statues ; il y a environ deux cents Eglises ; il n'y en a aucune qui n'ait quelque Peinture rare. On a appellé Bologne *le Cabinet des Peintures d'Italie.*

Dans la Cathédrale, qui est d'un très-bon goût d'Architecture, agrandie par les soins de Benoît XIV, & décorée par le Torregiani, on voit une Annonciation à fresque de Louis Carrache. A côté de cette Eglise est le Mont de Piété. *Voyez* MONT DE PIÉTÉ.

Dans l'Eglise Collégiale de Sainte Petrone, d'Architecture Gothique, du Franceschini, on voit une Vierge placée sur un croissant, tenant l'Enfant entre ses bras, Saint Petrone est à ses genoux; un tableau de S. Roch, du Rufconi; la ftatue du Cardinal Aldobrandin, & la ftatue de Saint Antoine de Padoue par le Sanfovino. C'eft dans la Nef de cette Eglife que M. Caffini a tracé une méridienne, où font marqués les lieux du Zodiaque. A Saint Sauveur, on voit une Affomption, d'Auguftin Carrache; une Nativité, du Tarini; le Sauveur portant fa Croix, du Guide; Saint Jean-Baptifte à genoux devant Zacharie, de Benevento Tifio: dans l'Eglife de Saint Paul des Barnabites, d'une belle Architecture, deux ftatues, l'une de Saint Paul, & l'autre du Bourreau prêt à le décoler, de l'Algardi; un Paradis, de Louis Carrache: dans l'Eglife du *Corpus Domini*, la Réfurrection, d'Annibal Carrache; la mort de Saint Jofeph, affifté de la Vierge & de Jefus adolefcent: à Sainte Agnès, le martyre de la Sainte, par le Dominiquin, tableau très-précieux; une adoration des Rois, par Francia: à Saint Antoine, la rencontre d'Abraham & de Melchifedech, de Leon de Spada; Saint Antoine, de Louis Carrache; une Annonciation & une defcente de Croix, du Tiarini: dans la belle Eglife de Saint Dominique, la Chapelle des Reliques du Saint, mort dans cette Maifon en 1221; l'Ange qui eft à côté de l'Autel, de Michel-Ange, & plufieurs ftatues de grands Maîtres: on voit dans l'Eglife le fameux tableau du maffacre des Innocens, du Guide; Saint Thomas d'Aquin, écrivant fur l'Euchariftie, du Guerchin; plufieurs tableaux des Carraches, de Francifchini, de Tiarini; le tombeau d'Eufio, Roi de Sardaigne, fait prifonnier & mort à Bologne; une très-belle Bibliothéque, très-ornée & riche, eft une des plus belles curiofités de cette maifon. A Saint Jean, *in monte*, la Sainte Cecile, de Raphaël, avec Saint Paul, Sainte Madelaine, Saint Auguftin & Saint Jean; le raviffement de Sainte Cecile, qui écoute un concert d'Anges, eft frappant; un tableau du martyre de Saint Laurent, de Francifchini; Saint Jerôme & Saint Jofeph, du Guerchin; Notre-Dame du Rofaire, du Dominiquin. L'Eglife de Saint Etienne eft formée de fept petites Eglifes baffes, d'une architecture fimple & ancienne; celle du milieu a été un Temple d'Ifis, c'eft une rotonde foutenue par de belles colonnes de marbre. Dans la Madona di Galeria des

Peres

Peres de l'Oratoire, un Saint Philippe de Néri, en extase, du Guerchin; l'Enfant Jésus debout entre la Vierge & Saint Joseph, regardant les instrumens de sa Passion, que lui présentent des Anges; Saint Thomas, touchant les plaies de Jésus-Christ, de Theresa Muratori; une Annonciation, d'Annibal Carrache; un Saint André Corsini, du Guide, & plusieurs tableaux du Guerchin & de l'Albane; un *Ecce Homo*, & Pilate lavant ses mains, d'Annibal Carrache: à Saint Barthelemi, une Nativité, d'Augustin Carrache. Il seroit trop long de détailler tous les tableaux qu'on trouve à Bologne. Les principaux, dont il reste à parler, sont une Circoncision, du Guerchin, dans l'Eglise de Jésus & Marie. L'Eglise des Mendians en offre une grande quantité de rares; un Saint Joseph, que les Anges amenent aux pieds de la Sainte Vierge pour lui demander pardon de sa jalousie, du Tarini; un tableau fort estimé, du Cavedone, représentant Saint Alo & Sainte Pétrone adorant l'Enfant Jésus; une Mere de pitié, du Guide; un Job, du même; la Résurrection d'un mort, de Pasinelli; la Religion triomphante, de Torelli. A la Madonna del Piombo, Saint André étendu sur la Croix, Saint Barthelemi, Saint Charles, Sainte Lucie & Sainte Appollonie, par Frederico Bencovich, Vénitien. A l'Oratoire, la Naissance de la Vierge, de l'Albane. Dans l'Eglise des Servites, Saint André adorant sa Croix, de l'Albane. A Saint Benoît, l'Enfant Jésus épousant Sainte Marguerite, de Louis Massari.

Outre les tableaux qu'on voit dans les Eglises, les Palais en renferment beaucoup. Le chef-d'œuvre du Guide, qui représente Saint Pierre pleurant, est dans le Palais Sampieri: on le regarde comme le tableau le plus parfait de l'Italie. Il y a aussi plusieurs morceaux des Carraches. Dans le Palais Zambeccari, on voit parmi un grand nombre d'autres tableaux, la Judith, coupant la tête d'Holopherne, par Michel-Ange; Icare attachant les ailes à son fils, du même; une sainte Famille, du Titien; Saint François, du Guide, &c. Dans le Palais Ranazzi, l'enlèvement d'Hélène, par Luc Jordano. Dans le Palais Tanari, une Assomption, du Guerchin, &c. Dans le Palais Ranazzi, un tableau de Raphaël, représentant la Vierge, & Sainte Elisabeth en prieres dans le temps que le Jesus donne la bénédiction à Saint Jean, &c. Au Palais Monti, le martyre de Saint Etienne & le massacre des Innocens, de Salvator Rosa, &c. Dans les Palais Magnani & Favi, beaucoup de tableaux des Carraches & de l'Albane, &c. &c.

De toute l'Italie, Bologne est la Ville où les Couvents sont les plus riches & les mieux bâtis ; aussi dit-on en Proverbe :

Roma per i Preti, é Bologna per i Monachi.

L'Académie, qu'on appelle l'Instituto, ou la *Specula*, est un Palais magnifique, divisé en différentes salles, les unes remplies de curiosités naturelles, les autres remplies d'instrumens, de machines, &c. *Voyez* INSTITUT.

On doit à l'Ecole de Bologne, ou Lombarde, les chef-d'œuvres de l'art, qu'on y trouve en si grande quantité. *Voyez* ECOLE DE BOLOGNE.

Outre l'Institut, cette Ville a encore une autre Académie très-célébre pour l'étude du Droit ; son Université est une des meilleures d'Italie. Elle fut fondée en 425 par l'Empereur Théodose, augmentée par Charlemagne & Lothaire. Elle fut instituée pour l'enseignement de toutes les sciences : les factions des Guelfes & des Gibelins lui causerent un préjudice considérable. Le Carme Pierre Thomas, né à Sarlat en Périgord, Evêque de Palti en Sicile, étant venu à Bologne pour terminer les affaires de Visconti & du Pape, contribua au rétablissement de l'Université. Ozorio, Jean André, Azon, Barthole, Accurse y ont enseigné, le Moine Gratien y compila son Décret ; Grégoire IX lui adressa le livre des Décrétales ; Boniface VIII, le Sexte ; & Jean XII les Clementines. Le Bâtiment des Ecoles est vaste, orné de peintures à fresque. Le théâtre Anatomique est très-bien disposé & renferme d'excellentes statues en bois. Il y en a deux d'Ercole Lelli, qui représentent deux hommes écorchés, qu'on regarde comme des chef-d'œuvres. On peut venir masqué aux démonstrations, ce qui est très-commode pour les femmes.

Le Théâtre public de Bologne, car il y en a de particuliers, est un des plus beaux & des plus vastes qu'il y ait en Italie ; il a été bâti sur les dessins de Bibiena ; il est à cinq rangs de Loges ; l'architecture en est assez noble ; l'avant-scène est formée par des colonnes cannelées d'ordre composite, très-riches ; les bases & les chapiteaux en sont dorés, ainsi que les pilastres qui séparent les Loges ; le Parterre est entouré de bancs en Amphithéâtre ; il est moins régulier, & moins solide que le grand théâtre de Parme. Le fond du théâtre s'ouvre sur un terre-plein, qui peut servir à alonger la perspective, ou à faire entrer les grandes machines, animaux, &c.

Bologne a produit une très-grande quantité d'hommes illustres. Les Papes Honoré II, Léon II, Innocent IX, Grégoire XV, & celui dont elle se glorifie, le plus, Benoît XIV, (Lambertini) & plus de cent Cardinaux. Parmi les Savans, on distingue Aldrovando, grand Naturaliste ; Malpighi, Savant Anatomiste & Physicien ; Scipio Ferrao, qui le premier résolut des équations du troisieme degré. Ils ont deux Académies : les Inquieti & les Otiosi ont produit de grands Poëtes, Eustache Manfredi, mort en 1739, qui, outre le talent de la Poësie, étoit grand Astronome & habile Ingénieur. Il y a deux femmes savantes, qui ont professé dans l'Université de Bologne, en 1366, Novella Lignani ; en 1380, Bettizia Gozzadini, & Madalena Bonsignori ; & depuis en 1733, Madame Laura Bassi, épouse de M. Verani, Médecin, donna des leçons de Physique expérimentale. Parmi les Artistes qu'elle a produits, elle se glorifie d'avoir donné le jour au Guide, au Dominiquin, à l'Albane, aux trois Carraches, Peintres ; à l'Alguardi, Sculpteur. Parmi les Littérateurs, les Zannotti, nom depuis long-temps célebre à Bologne ; le Pere Ricati, Jésuite ; parmi les Mathématicien, le Pere Jérôme Paladini, Célestin ; M. Petronio Mattenci ; M. Jacques Marescott ; M. Ferdinand Bassi, grand Naturaliste ; Flaminia Scurselli, &c. &c. & plusieurs autres Auteurs vivans, & le célebre Marsigli, à qui l'Institut doit sa célébrité.

Les Arts sont fort cultivés à Bologne ; l'industrie y est fort encouragée ; son grand commerce est en soierie : dès 1341, on avoit perfectionné les tours à filer & à organsiner la soie. On punit de mort, comme traîtres, deux Ouvriers qui porterent ailleurs cette invention. Bologne est renommée pour les Batteurs d'or, pour ſes crêpes, ſes peignes propres aux métiers d'étoffes; pour ſes fabriques de papier & de cartes à jouer; pour ſes macaroni, Savonnettes fines, Cervelats, Mortadelles, Fleurs artificielles; Fleurs moulées en cire; Liqueurs fines; Confitures, &c. La pierre phoſphorique de Bologne eſt fort connue.

Bologne eſt encore fertile en grands Muſiciens. Les Bolonois aiment beaucoup le ſpectacle; mais, comme dans les autres Villes d'Italie, aux Opéra, on n'écoute que les ariettes.

Leur caractere eſt franc, libre & enjoué; bons amis, & ennemis irréconciliables. Ils ſont habillés à la françoiſe, à quelque différence près. Les femmes y ſont généralement jolies, & plus agréables que belles. Le Peuple eſt doux & tranquille, peu ſoucieux de ſa fortune; caractere aſſez général des Villes où les arts ſont cultivés. Les deſcendans des grands Artiſtes y ſont auſſi pauvres que leurs peres. Anne Manſolini, veuve du célebre Ercole Lalli, Anatomiſte & Sculpteur, grande Artiſte elle-même, vit dans la plus grande médiocrité. Les Bolonois vivent frugalement & ſans faſte.

BOLONOIS, *il Bologneſe*, ou Légation de Bologne, a environ vingt lieues de long ſur douze de large; c'eſt une des parties de l'Italie compriſes dans l'Etat du Pape: elle eſt bornée au Nord par le Ferrarois; au Midi par la Toſcane; à l'Orient par la Romagne, qui eſt auſſi de l'Etat Eccléſiaſtique; & au Couchant par l'Etat de Modene.

Le Bolonois eſt gouverné par un Cardinal Légat, & par un Vice-Légat. Ils ne peuvent rien décider ſans l'avis de deux Anciens ou Sénateurs qui les accompagnent. La Juſtice y eſt exercée au nom du Souverain par un Auditeur. Le Gonfalonier & les Anciens, qui ſont tous pris de familles Patriciennes, font la police, jugent en premiere Inſtance, & ont la manutention des établiſſemens. La République, dont le Chef eſt le Gonfalonier, entretient un Ambaſſadeur à Rome. L'habit des Magiſtrats eſt à peu près l'habit des anciens Romains; un corſelet terminé par un jupon ou tonnelet, & par deſſus un manteau, avec de longues cravates. La Garde du Légat eſt une Compagnie de Chevaux Légers, & une de Hallebardiers Suiſſes; celle du Gonfalonier est une Compagnie de Sbyres qui ont à leur tête un Barigel.

Les eaux du Rheno ont une qualité particuliere pour la préparation des soies. La campagne des environs de Bologne est de la plus grande fertilité & de l'aspect le plus riant ; mais les inondations du Pô rendent les terres marécageuses & gâtent ce beau pays ; plusieurs familles en ont été ruinées. On a essayé inutilement de déssécher les marais ; il est à craindre que ce pays, sur-tout du côté de Ferrare, ne devienne inhabitable. Les endroits que les eaux n'ont point gâtés, sont abondants & fertiles. Les Bolonois vantent la salubrité du climat : la gale, qu'on attribue au trop fréquent usage des viandes salées, y est fort commune. Les eaux y sont meilleures que dans le reste de la Lombardie. Le Bolonois produit de très-bons raisins, le raisin du Paradis & celui d'Angola, assez semblables à nos chasselas, mais plus délicats. Les melons y sont d'un goût excellent. Les chanvres, les olives, le tabac y sont d'une très-bonne qualité. Les principaux lieux du Bolonois sont le fort Urbano, Castel-Franco, Budrio, Bentivoglio, Crespellano, Vergato, Pianora, Monzone, Castiglione delle Gatti.

BOLOGNESE, (*Jean-François Grimaldi*, surnommé le) naquit à Bologne en 1606 ; il se rendit célebre dans la Peinture ; il étoit parent, & fut l'Eleve des Carraches. Il fut protégé par les Papes Innocent X, Alexandre VIII & Clément IX. Le Cardinal Mazarin l'employa en France au Louvre. Il fut nommé à Rome le premier de l'Académie de Saint Luc. Il étoit modeste & bienfaisant. Un Gentilhomme, pauvre, logeoit près de lui ; le Bolognese jettoit à la dérobée de l'argent dans sa chambre, le Gentilhomme guetta & surprit son bienfaicteur, & alla tomber à ses pieds comme à ceux d'un Ange tutélaire, qui le prit dans sa maison. Bolognese a été un des plus grands paysagistes. Il mourut à Rome en 1680.

Bolsene, (Ville & Lac de) dans les Etats du Pape & dans la Province d'Orviette. On croit que la Ville de Bolsene a été la Capitale des anciens Volsques : elle est célebre aujourd'hui par le miracle de l'Hostie qui parut ensanglantée après la Consécration; miracle opéré en présence d'un Prêtre incrédule, qui rejettoit la présence réelle. Urbin IV, témoin de ce miracle, institua dès ce jour la Fête du Saint Sacrement. Le Lac de Bolsene, sur le bord duquel cette Ville est bâtie, a environ trente milles de tour; il est très-poissonneux, les eaux en sont très-belles & il est presque toujours couvert de Pêcheurs; ses flots s'élevent quelquefois & sont agités comme ceux de la mer. Il se dégorge dans une petite riviere appellée la Marta, qui, après avoir passé à *Cornero*, va se jetter dans la mer. Au milieu du Lac, sont deux petites Isles, l'une est appellée la *Martana*, & l'autre *Passentina*. C'est dans l'une des deux que Théodat, Roi des Goths, fit releguer & étrangler, en 534, Amalasonte, fille de Théodoric, Roi des Ostrogoths. Chacune de ces Isles a ses habitans & une Eglise.

BOMBARDO, instrument de musique à vent; les Italiens le font servir de basse aux hautbois; c'est notre basson.

BONA, (*Jean*) savant Cardinal, & que tous les honnêtes gens désignerent après la mort de Clément IX pour le remplacer; ce qui faisoit dire à Pasquin, en jouant sur le mot & sur l'érudition de Bona, que *Papa bona sarebe un solecismo*. Le Pere Daiguieres répondit à Pasquin:

Esset Papa bonus, si Bona Papa foret.

mais Bona ne fut point élu. Bona n'étoit pas moins illustre par ses mœurs que par sa vaste érudition. Ses Ouvrages recueillis à Turin, en quatre volumes in-folio, contiennent des recherches savantes, *de rebus liturgicis, Manuductio ad cœlum, Horologium asceticum, de Principiis vitæ christianæ*. Ces Principes de la vie Chrétienne ont été traduits en françois, par le Président Cousin & par l'Abbé Goujet. *Psallentis Ecclesia Harmonia; de Sacra Psalmodia*, &c.

BONACINA, (*Martin*) célebre Cononiste de Milan, fut un des grands Ecrivains de son temps; nous avons de lui plusieurs Ouvrages; entr'autres, une Philosophie morale; un Traité de l'Election des Papes; & un autre, des Bénéfices. Il mourut en 1631, âgé de soixante-quatre ans.

BON

BONANNI, (*D. François*) Prince de *Roccafioriia*, & Duc de Monte Albano, en Sicile, a donné une nouvelle édition des *Antiquités de Syracufe*, que Jacques Bonanni avoit publiée in-4°. en 1624, & que son prompt débit avoit rendue très-rare.

BONANNI, (*Philippe*) favant Naturaliste, Jésuite & Bibliothécaire du Vatican, mort au commencement de ce siecle. Il a publié *Recreatio mentis & oculi, in observatione animalium testaceorum*, Romæ 1684, in-4°. avec cinq cents figures; Histoire de l'Eglise du Vatican, avec les plans anciens & nouveaux, Rome 1696, in-folio; Recueil des Médaillons des Papes, depuis Martin V, jusqu'à Innocent XII, Rome 1699, deux volumes in-folio.

BONARELLI, (*Gui Ubaldo*) Comte d'Italie, naquit à Urbin, en 1563. Sa réputation pour la Philosophie & la Politique, fit qu'on le chargea plusieurs fois de négociations très-importantes : il avoit beaucoup de goût & de génie pour la Poësie. Il est Auteur de la *Philis de Sciro*, Pastorale en vers Italiens; cet Ouvrage parut être celui d'un homme qui n'auroit fait que cultiver toute sa vie la Poësie. On l'a mis à côté de l'Aminte & du *Pastor fido*. On lui reproche un excès de finesse & de délicatesse qui le font tomber dans le précieux, & quelques autres défauts dans le plan, que Bonarelli justifia avec plus d'esprit que de solidité dans une dissertation. Il mourut à Fano, en 1608. Il a fait aussi des discours académiques.

BONAVENTURE, (Saint) né à Bagnarea en Toscane, en 1221, disciple de Hales. Il parvint au Généralat des Freres Mineurs; il refusa l'Archevêché d'Yorck, qui lui fut offert par Clément VII. Il avoit acquis un tel ascendant, que les Cardinaux, après la mort de Clément, résolurent de nommer celui que Bonaventure désigneroit. Il jetta les yeux sur Grégoire X, qui l'honora de la pourpre Romaine. Il accompagna le Pape au Concile de Lyon, où il mourut de fatigue, en préparant les Matieres qu'on devoit traiter dans ce Concile, en 1274. Ses Ouvrages ont été recueillis en huit volumes in-folio, à Lyon, 1668; ils renferment ses Commentaires sur l'Ecriture, ses Sermons, ses Commentaires sur le Maître des Sentences, ſes Opuſcules moraux, ſes Méditations ſur la vie de J. C. &c. Il eſt au rang des Docteurs de l'Egliſe.

BONDANELLE, Village ou Hameau, qu'on trouve ſur la route de Ferrare à Bologne.

BONDIOLE, c'eſt ainſi qu'on appelle à Parme certaines ſauciſſes, compoſées de chairs hachées & mêlées de divers ingrédiens, avec du muſc; elles approchent des mortadelles di Bologna; mais elles ſont plus agréables.

BONFADIO, (*Jacques*) né à Sales, près du Lac de la Garde, donna d'abord à Gênes des leçons de Politique & de Rhétorique. Il fut nommé Hiſtoriographe de la République, dont il fit l'Hiſtoire avec l'exactitude la plus recherchée, depuis 1528 juſqu'en 1550, un volume in-4°. Cette exactitude ſévere, qu'il accompagnoit de quelques réflexions ſatyriques, indiſpoſa quelques familles, qui réſolurent ſa perte. On l'accuſa d'un crime qui méritoit la peine de feu; il fut condamné à ce ſupplice & il alloit le ſubir; mais on obtint qu'il fût décolé. Ce Jugement fut exécuté en 1560. Il a laiſſé des Lettres & des Poëſies Italiennes, publiées à Bologne, in-8°. en 1744.

BONFINIUS, (*Antoine*) né à Aſcoli, appellé en Hongrie par Matthias Corvin. Il écrivit en quarante-cinq livres l'Hiſtoire de ce Royaume, juſqu'en 1445. Elle a été continuée par Sambuc. Bonfinius. pouſſa l'exactitude juſqu'à la ſatyre.

BONIFACE. Il y a eu neuf Papes de ce nom, depuis Boniface I, ſucceſſeur du Pape Zozime, en 418; l'Empereur Honorius le ſoutint contre l'Archidiacre *Eulalius*, qui s'étoit emparé de l'Egliſe de Latran. Boniface II, élu en 529, força les Evêques aſſemblés, à l'autoriſer à ſe nommer un ſucceſſeur. Il déſigna le Diacre Vigile; mais les mêmes Evêques caſſerent dans un ſecond Concile, ce qu'ils avoient accordé dans le premier. Boniface III, élu en 606, fit anathématiſer dans un Concile de ſoixante-douze Evêques, ceux qui propoſeroient de déſigner les ſucceſſeurs des Papes & des Evêques, pendant leur vie. Boniface IV, élu en 607, changea le Panthéon, qu'il obtint de l'Empereur Phocas, en une Egliſe, qu'il dédia à la Vierge & à tous les Saints. Boniface V, qui accorda aux Egliſes le droit d'aſyle pour ceux que les Juges pourſuivroient, élu en 617, mort en 625. Boniface VI, élu en 806, par un faction populaire, regardé comme Antipape, ne régna que quinze jours. Boniface VII parvint au Trône Pontifical par la force, & par le meurtre de Benoît VI & de Jean XIV, en 958. Ce monſtre mourut ſubitement trois mois après. Son cadavre fut inſulté, percé à coups de lances, traîné par les pieds, & laiſſé nud dans la place, devant la ſtatue de Conſtantin. Il eſt regardé comme Antipape.

Boniface VIII eſt le plus célebre des Papes de ce nom. Il força Saint Céleſtin, en lui faiſant apparoître dans les ténebres le ſimulacre d'un Ange qui le menaçoit de l'Enfer, à abdiquer la Papauté. Elu à la place de Céleſtin, en 1294, Boniface le fit enfermer, mit le Royaume de Dannemarck en interdit, & perſécuta les Colonnes, qui étoient Gibelins. Il prêcha une Croiſade contr'eux; il excita les Princes d'Allemagne contre Albert, & ne voulut le reconnoître Roi des Romains, qu'à condition qu'il déclareroit la guerre à *Philippe-le-Bel*, *Roi de France*, contre lequel il lança une Bulle, dans laquelle il ſe dit Maître des Rois & des Royaumes, & donna la France à Albert. Philippe fait brûler la Bulle; Boniface s'en venge par une nouvelle, plus forte que la premiere; & enfin, une troiſieme, qui met le Royaume de France en interdit. Philippe envoya Nogaret à Rome, ſous prétexte de ſignifier ſon appel au futur Concile, au Pape; mais pour l'enlever. Nogaret ſe joignit à Sciara Colonna; ils le ſurprirent à Agnani, Colonna donna un ſoufflet au Pape, avec ſon gantelet, Nogaret lui donna des Gardes, & voulut le conduire à Lyon. Les Habitans d'Agnani le délivrerent des mains des François. Boniface ſe retira à Rome, où il mourut de déſeſpoir, un mois après, en 1303. Il avoit inſtitué le Jubilé centenaire, & colligé le ſixieme Livre des Décrétales. Le dernier Boniface étoit Napolitain, d'une famille noble, mais pauvre. On a fort loué la chaſteté de Boniface IX, mais on n'a pas trop pu le juſtifier ſur l'accuſation d'avarice, d'uſure & de népotiſme. Il inſtitua les Annates perpétuelles. Il mourut en 1404.

BONIFACE, Comte de Savoie, ſurnommé Roland, à

cause de sa force extraordinaire, naquit à Chamberi le premier Décembre en 1244. Ce Prince étoit fort jeune, lorsqu'Amédée IV son pere, Comte de Savoie, mourut. Thomas de Savoie, son oncle, qui avoit été son Tuteur, tomba entre les mains des Habitans de Turin, qui s'étoient révoltés, & mourut en prison. Les entreprises que Boniface fit, ne répondirent pas à sa valeur. Ayant voulu mettre le siége devant Turin, son armée fut taillée en pieces par les assiégés, qui le firent prisonnier lui-même. Il fut si sensible à cette disgrace, qu'il en mourut de chagrin peu de temps après. Il ne laissa point d'enfans.

BONIFACIO, *Boniface*, petite Ville de l'Isle de Corse, de la côte au-delà des monts, proche l'Isle de Sardaigne; cette Ville est belle, marchande & assez bien peuplée; les fortifications y sont bonnes : elle est à quinze lieues d'Ajaccio; il y a auprès un détroit appellé *Bocca di Bonifacio*. On pêche beaucoup de corail aux environs. Bonifacio a dans sa dépendance *Porto Vecchio*; c'est une des Jurisdictions de Corse, qui s'étend de l'Est au Sud.

BONNE, *Voyez* FAUSSIGNY.

BONNEVAL, *Voyez* TARENTAISE, MAURIENNE.

BONNEVILLE, *Voyez* FAUSSIGNY.

BORDONÉ, (*Paris*) Peintre, né à Trévise, de parens nobles, Eleve du Georgion & du Tintoret. Il eut la plus grande réputation; plusieurs Souverains le désirerent. Il vint en France sous François I; il peignit ce Monarque & les Dames de sa Cour. Il finit ses jours à Venise, au sein des richesses & des plaisirs. On ignore la date de sa naissance & de sa mort; il fleurit dans le seizieme siecle, & mourut âgé de soixante-cinq ans. Sa maniere tient de celle de ses Maîtres. M. le Duc d'Orléans conserve une sainte Famille, du Bordoné. Il reste peu de grands tableaux de ce Peintre bien conservés.

BORELLI, (*Jean Alphonse*) naquit à Naples, en 1608. La Philosophie & les Mathématiques qu'il professa à Florence & à Pise, furent cause de sa célébrité. Il mourut à Rome, âgé de soixante-onze ans. Il a laissé un Traité *de Motu animalium*, & un autre *de Vi percussionis*. On trouve, à la tête du premier, sa Vie, écrite par le Général des Ecoles pies. On y lit qu'il fut obligé d'abandonner la place de Professeur des Mathématiques, que Ferdinand II, grand Duc de Toscane, lui avoit donnée à Pise, pour de mauvais traitemens qu'il avoit reçus des Gardes de la grande Duchesse; qu'il se retira à Messine, d'où il fut obligé de fuir, à cause d'une révolte, dans laquelle il se trouva impliqué. Il vint à Rome & se mit sous la protection de la Reine Christine; mais à la fin de ses jours, il étoit si pauvre, qu'il sollicita un asyle au Collége de Saint Pantaléon, occupé par les Scolo-pies, où on lui donna l'emploi de Maître des Novices. Il inventa plusieurs machines de Physique, à l'Académie *del Cimento*, ou de l'Expérience.

BORGHESE, (*Paul Guidono*) Peintre & Poëte du dix-septieme siecle. Il prit sa facilité à faire des vers pour du génie, mais il n'avoit ni goût, ni connoissance. Il fut jaloux du Tasse, dont il étoit incapable d'aprécier le talent; cependant il crut éclipser sa gloire en composant sur les mêmes rimes, sur la même mesure, sur le même nombre de vers & sur le même sujet, un Poëme qu'il intitula *la Jerusalem ruinée*, Ouvrage qui n'a pas même le mérite de la Parodie. Borghese avoit, ou croyoit avoir quatorze différens talens; il les exerça tous, & mourut dans l'indigence.

BORGHESE, (Palais à Rome) qu'on appelle *Cembalo Borghese*, parce qu'il a la forme d'un clavecin. C'est un des plus beaux & des plus riches de Rome. Il a été bâti successivement sur les desseins de Martin Lunghi, de Flaminio Ponzio & d'Antoine Batisti. La cour, qui est grande, est entourée de deux étages d'arcades portées sur cent colonnes de granite; sur l'Attique des arcades sont beaucoup de statues. On compte dans ce Palais jusqu'à mille sept cents Tableaux originaux des meilleurs Maîtres; Diane & ses Nymphes à la chasse, du Dominiquin; un sallon entièrement garni de tableaux, du Titien; deux Venus couchées, Leda, Io, &c. Psiché découvrant l'Amour endormi, de *Paul Veronese*; le Cardinal Borgia & Machiavel, de Raphaël, que plusieurs croient du Titien; de ce dernier, deux Femmes, l'une nue & assise sur une baignoire, l'autre appuyée, & l'Amour qui tâte si le bain est chaud; une Vierge & Sainte Catherine recevant l'anneau de Jesus, du *Parmesan*; une adoration des Bergers, du Bassan; les Elémens, de l'*Albane*; une Sainte Cécile, du *Correge*; les trois Graces qui bandent les yeux de l'Amour, du *Titien*; le fameux tableau du Maître d'Ecole, du même; une Tentation de S. Antoine, d'Annibal Carrache; le dessein de la bataille de Constantin, par Raphaël, exécuté à fresque au Vatican, par Jules Romain; la Vierge, le Jesus & S. Jean, par André del Sarto. Ce qui est plus intéressant dans cette belle collection, c'est qu'il y a des tableaux de tous les âges de la Peinture; & que les parcourant par ordre des temps, on a sous les yeux l'Histoire des progrès de cet Art. Il y a trois tables singulieres de marbre blanc, provenant d'une corniche qu'on avoit sciée pour paver une chambre; ce marbre est flexible; on peut plier & ramener ces tables en leur état naturel. Elles ont trois pieds de long & plus d'un pouce d'épaisseur; elles se courbent par leur propre poids de près d'un pouce, quand elles ne sont appuyées que par leurs extrémités.

Quelque immenses que soient les détails des beautés de ce Palais, ceux de la Villa Borghese sont encore plus considérables. C'est une des plus belles maisons de campagne de toute l'Italie: on l'appelle *Villa Pinciana*, parce qu'elle s'étend depuis la porte Pincia jusqu'à Muro Torto, & vers la porte du Peuple, en sorte que l'enceinte de ses murailles a une lieue de tour. La porte d'entrée, ornée de bas reliefs antiques, de deux Termes faits sur les desseins de Bernin, donne sur une allée décorée de statues, de parterres & de fontaines jusqu'à la maison; devant la façade est une esplanade de vingt-sept toises de diametre, environnée d'une balustrade, de Travertin, avec beaucoup de vases & de siéges de verdure. La façade a cent soixante-cinq pieds de long, de l'architecture de Famingo. Elle est chargée de bas reliefs antiques, égyptiens, grecs & romains: le plus estimé de ces bas reliefs, est Curtius se précipitant dans le gouffre, à cheval & tout armé. Il y a dans la maison les plus belles statues antiques, des colonnes, des vases, des urnes de porphyre & d'albâtre oriental. Parmi les statues, on admire le Faune caressant un enfant, ou plutôt Saturne caressant Jupiter; Venus

Aphrodite, sortant de l'eau avec l'Amour, bas relief grec très-précieux; deux statues de jeunes Ministres des Sacrifices, la tête, les bras & les jambes de bronze, le corps & les draperies de marbre; le Gladiateur qui saute en avant pour frapper son ennemi, morceau fort connu, d'Agathias d'Ephese; un buste de Vespasien, dont la tête antique est de porphyre; une Berenice, buste antique d'un très-beau travail; le pendant est dans les dehors, c'est le buste de Titus; Diane, statue fort antique; les pieds, les mains & la tête de bronze, la draperie d'albâtre oriental; une Diseuse de bonne aventure, de même; plusieurs autres morceaux antiques. Le buste du Cardinal Scipion Borghese, en marbre blanc, par le Bernin, qui peut souffrir la comparaison avec l'antique; Apollon & Daphné, groupe du même Artiste. On ne doit point oublier un Seneque de marbre noir, expirant dans un bain, non plus qu'un Diogene.

BORGIA, (*César*) second fils naturel d'Alexandre VI, Archevêque de Valence, & ensuite Cardinal. Il réunit en lui tous les vices de sa famille. Il aima sa sœur Lucrece, & tua Jean son frere, qui se trouva son rival. Malgré ces crimes, Louis XII, qui avoit besoin de ce Scélérat pour la conquête du Milanez, le fit Duc de Valentinois, lorsqu'il quitta l'état ecclésiastique, & lui donna en mariage Charlote d'Albret; son pere lui accorda la dispense pour l'épouser, parce qu'il étoit Diacre. Il s'empara, avec les troupes du Roi de France, d'Imola, Forli, Faenza, Pezaro & Rimini, du Duché d'Urbin, de la Principauté de Camerino. Il employa la ruse pour attirer les Seigneurs Italiens qui s'étoient unis contre lui; il feignit de faire la paix avec eux, les assembla à Semigalia, & se saisit de leurs personnes; il fit étrangler Vitello Vitelli & Oliveroto; obligea le Cardinal des Ursins, de signer un ordre de livrer toutes les places de cette Maison au Duc, & le fit conduire au Château Saint-Ange, où il le fit empoisonner. Il commit plusieurs autres crimes plus odieux encore. Après la mort de son pere, le Roi de France lui sauva la vie, & il abandonna son protecteur. Jules II lui fit rendre les places qu'il retenoit, & se retira auprès de Gonzales de Cordoue, qui l'envoya en Espagne, où on l'enferma. Il s'évada & se retira auprès de Jean d'Albret, Roi de Navarre, son beau-frere. Enfin il fut tué, les armes à la main, le 15 Mai 1707, en assiégeant Viane, contre le Connétable de Castille. Il eut de la bravoure & beaucoup de souplesse; mais la postérité le regardera toujours comme un monstre.

BORGO-FORNARI, au pays d'Outre-Pô, dans le Milanez Savoyard. *Voyez* MILANEZ.

BORGO-MANERO. *Voyez* NOVARROIS & MILANEZ.

BORGO-SAN-DALMASIO. *Voyez* CONI & PIEMONT.

BORGO-DI-SESIA. *Voyez* SESIA, MILANEZ.

BORGO-NOVO, sur la Trebia. *Voyez* PLAISANCE.

BORGO-DI-SAN-SEPOLCRO, Ville en Toscane, dans le Florentin, avec un Evêché suffragant de Florence, & un Fort assez considérable, bâti sur un rocher. Cette Ville est un Fief qui ne releve que du Saint Siége. Le Tybre prend sa source à peu de distance de-là. Elle est à seize lieues E. de Florence.

BORGO-FORTE, petite Ville à peu de distance de Mantoue, près du Pô, est remarquable par un superbe parc qu'on y voit.

BORGO-FRANCO, petite Ville dans le Milanez, au territoire de Lumerine, est très-peuplée; elle appartient au Duc de Savoie.

BORGO-SAN-DOMNINO, petite Ville Episcopale du Duché de Plaisance sur la riviere de Stironne, qu'on a faussement cru être l'ancienne Julia Chrisopolis. Elle n'a que deux rues en équerre. Elle doit son origne à la réputation du Tombeau de Saint Domnin, Officier de la Maison de l'Empereur Maximilien-Hercule, qui eut la tête coupée & fut enterré sur les bords du Stiron, en 304. Peu de temps après, son tombeau attirant les Chrétiens, on y bâtit une Eglise, autour de laquelle quelques Chrétiens bâtirent des maisons pour servir d'hospices à ceux qui venoient visiter le tombeau du Saint. La situation étoit agréable & commode; peu-à-peu on y fit des établissemens; le Hameau devint un Bourg, & le Bourg une Ville. Elle est à cinq lieues N. O. de Parme, huit S. E. de Plaisance.

BORROMMEI, Maison illustre, à laquelle le Milanois doit le goût des Arts & des Sciences, comme la Toscane aux

Médicis. S. Charles Borromée, & les Cardinaux de sa famille, qui lui ont succédé au Siége de Milan, ont eu soin de les étendre, en les protégeant; & en les cultivant eux-mêmes, ils ont donné l'exemple de la pureté des mœurs, & du zèle pour la religion. S. Charles fit des réglemens de discipline pour son Clergé, qui servent de modèle à l'Europe Catholique. Depuis ses sages Institutions, le Clergé de Milan s'est rendu le plus recommandable de l'Italie par son savoir. Le Clergé Séculier, qui se conforme à ses préceptes, l'emporte sur le Clergé Régulier, contre l'ordinaire du reste de l'Italie, & est chargé de l'administration des Communautés des Femmes, des Hôpitaux, & autres Etablissemens pieux. *Voyez* ISLES BORROMÉES.

BORROMINI, (*François*) Architecte, Sculpteur & Peintre, né à Bissone, dans le territoire de Côme, en 1599. Il apprit les principes de la Sculpture à Milan, & alla à Rome, pour s'y perfectionner, à dix-sept ans. Carlo Maderno, son parent lui enseigna l'Achitecture, & lui donna des Maîtres pour la Géometrie. Les seuls morceaux de Sculpture qu'on connoisse de lui, sont les Chérubins de la façade de l'Eglise S. Pierre, à côté des petites portes. Il s'appliqua à la Peinture. Parmi les bons tableaux de ce Peintre, on estime sur-tout celui qui appartient aux Peres de la *Chiesa-Nova*, à Rome. Après la mort de Maderno, le Borromini le remplaça comme Architecte de Saint Pierre; sa jalousie contre le Bernin, sous la direction duquel il fut quelque temps, lui fit employer tous les moyens pour l'emporter sur lui : il chercha à se procurer, de toutes manieres, plus d'ouvrage que son rival. Mais en voulant introduire des nouvautés dans l'Architecture, il tomba dans le bizarre. L'Eglise de S. Charles, aux quatre Fontaines, passe pour celui de ses nombreux édifices, où il fit le plus éclater cette bizarrerie. C'est un amas confus de parties droites, convexes & concaves, de colonnes de différens diametres, des fenêtres, des niches singulieres; malgré ces singularités, on y reconnoît le grand Maître. Ce sont, dans la plupart de ses édifices, des beautés déplacées. On regarde comme son meilleur ouvrage, la façade de l'Eglise de Sainte Agnès, sur la place Navonne. Il se fit une grande réputation : il fut chargé, par le Roi d'Espagne, d'agrandir & de réparer son Palais de Rome. Ce Prince paya le dessin que le Borromini lui envoya, de la Croix de Saint Jacques, & de mille pistoles. Il fut fait Chevalier de l'Ordre du Christ, par Urbin VIII, qui lui donna en outre trois mille écus Romains & un emploi à la Cour. Le nombre de ses ouvrages est immense ; plus il avoit d'occupation, plus il se croyoit supérieur au Bernin ; les dessins qu'il envoyoit dans tous les pays, lui procurerent une fortune & une réputation très-étendues. Il se persuada qu'elles n'étoient pas aussi considérables que celles du Bernin ; cette idée le plongea dans une mélancolie profonde ; il voyagea, pour se dissiper, revint à Rome ; se mit à dessiner tout ce que son imagination put lui suggérer, & fit graver ce recueil. Un jour, tandis qu'on l'imprimoit sous ses yeux, il tomba tout-à-coup dans une réverie profonde ; Il maigrit à vue d'œil, & en très-peu de temps devint si difforme qu'on eut peine à le reconnoître. Il faisoit des mouvemens & jettoit des cris épouvantables. On le garda à vue & on ne lui permit point de travailler. Cette contrainte le jettoit dans des accès de frénésie. Une nuit d'été, comme il ne pouvoit point dormir, il demanda une plume, de l'encre & du papier ; on le lui refusa. On l'entendit s'écrier, qu'une pareille vie étoit insupportable ; il s'élança de son lit, & se passa son épée au travers du corps ; on accourut, il étoit noyé dans son sang ; il vécut assez pour se repentir de son suicide. Le Borromini étoit grand, noble, généreux, de mœurs irréprochables ; il avoit le génie le plus fécond, les idées les plus élevées ; la manie de se singulariser entraîna l'abus de ses belles qualités. On le compare à Seneque pour la prose, & au Marini dans les vers. Il est un exemple bien frappant pour les envieux. Il mourut en 1667.

BORZONI, (*Luciano*) né à Gênes, en 1590. Son plus grand plaisir, dans ses premieres années, étoit de voir peindre & de manier le crayon. Il étudia cet art, & fit de grands progrès. Il a également réussi dans ses tableaux d'Histoire & de Portraits. Son génie étoit vif & fertile, son dessin est précis, son coloris est frais & moëlleux ; il a traité ses sujets avec

vérité

BOS

vérité & intelligence. Ses principaux Ouvrages sont à Gênes & à Milan. Il mourut à Gênes, en 1645. Il laissa trois fils, tous les trois ses éleves.

Jean-Baptiste Borzoni mourut à la fleur de ses ans, en 1659. Il avoit été choisi pour continuer des Ouvrages commencés par son pere.

Carlo Borzoni promettoit beaucoup, mais s'étant retiré à Gênes, pendant la peste de 1657, il fut enlevé par ce mal, trop jeune pour avoir laissé des Ouvrages dignes de la postérité.

Enfin François-Marie Borzoni, né à Gênes en 1525, s'adonna principalement à peindre le Paysage, les Marines, les Tempêtes. Il s'exposoit souvent aux injures du temps & à la fureur des flots, pour étudier la nature dans ses plus terribles effets, & les faire passer dans ses tableaux. Sa maniere tenoit de celle du Lorrain & du Guaspre. Il vint en France, & y laissa plusieurs tableaux; les neuf Paysages du vestibule du jardin de l'Infante sont de lui, ainsi que les vues de Mer des lambris du Château de Vincennes. On estime ses dessins, lavés au bistre, ou à l'encre de la Chine. Il est mort à Gênes, en 1696.

BOSA, Ville du Royaume de Sicile, dans la contrée de Lugodori, avec un Evêché suffragant de Saffari; cette Ville, qui est fort ancienne, est défendue par un Port bien fortifié. Il y a de très-bonnes salines. Sa situation est sur le bord de la Mer, au Nord d'une petite isle de même nom, à sept lieues S. E. d'Alghieri, & onze N. d'Oristogni.

BOSA, petite Ville du Milanez, dans la Lumeline, située au milieu d'un bois, est un endroit fort agréable, qui avoit ci-devant ses Marquis particuliers. C'est la patrie du Pape Pie V. Elle est sur la riviere d'Orbe, à deux lieues E. d'Alexandrie.

BOSCHETTO, (la Chasse du) autrement dit la Chasse aux Grives. C'est un divertissement que prennent les Romains dans leurs maisons de campagne, soit à *Frescati* ou à *Albano*. On l'appelle la Chasse du Boschetto, à cause d'un petit bois artificiel que l'on fait ordinairement sur une petite colline. Ce bois artificiel est composé de cinquante à soixante buissons, où l'on met de petites baguettes pleines de glu; un Oiseleur, placé au milieu de ce bois, imite, avec un sifflet, le chant des Grives & les attire ainsi dans ce bois. Cette chasse commence avant le lever du soleil, & dure jusqu'à sept ou huit heures du matin.

Bosco, Bourg d'Alexandrie, célebre par la naissance du Pape Pie IV.

BOSIO, (*Jacques*) né à Milan, Frere Servant de l'Ordre de Malthe; il étoit Agent des affaires de l'Ordre, & retenu en cette qualité à Rome. Ce fut pendant le séjour qu'il y fit, qu'il composa l'Histoire des Chevaliers de Malthe, sous le titre: *Del l'Istoria d'ella sacra Religione & illustrissima Militia de St. Gio Gierosolimitano*, en 3 vol. in fol. & en 40 livres, imprimée à Rome, en 1621. On a prétendu que le Bosio n'avoit fait que fournir les Mémoires à deux Cordeliers qui rédigerent son Livre. Cette imputation est gratuite, puisque l'Ouvrage du Bosio est plus précieux par la quantité des faits qu'il renferme, que par le style dont ils sont écrits. Il ne faut pas confondre le Bosio, avec Antoine Bosius, qui fut aussi Agent de l'Ordre de Malthe, & qui a composé un Livre curieux, intitulé: *Roma subterranea*, qui contient les Epitaphes & autres Monumens des premiers Chrétiens, qu'on trouve à Rome dans les Catacombes. Cet Ouvrage fut traduit de l'Italien en Latin, par un Pere de l'Oratoire, en 1651; avec des additions: il est fort estimé.

Bova, petite Ville au Royaume de Naples, dans la Calabre Ultérieure, avec un Evêché suffragant de Reggio, auprès de l'Apennin. La langue Grecque y est encore en usage parmi le commun Peuple.

Bouches de Boniface, Détroit d'environ mille pas de large, qui sépare l'Isle de Corse de la Sardaigne, vers le Midi.

Bovino, petite Ville au Royaume de Naples, dans la Capitanate, avec un Evêché suffragant de Benevent, près de la riviere de Leuvaro, au pied du Mont Apennin. Elle a titre de Duché, & appartient à la Maison de Guevara, à douze lieues N. E. de Benevent.

Boulignis, Monnoie de cuivre qui se fabrique à Bologne; elle y tient lieu de sols.

Bourgeoisie. (à Rome) Tous les Voyageurs s'accordent

à dire que cet état mitoyen entre la Noblesse & le Peuple, est ce qu'il y a de plus respectable à Rome ; qu'il n'est aveuglé, ni par l'orgueil qu'affecte la premiere, ni par la paresse & la méchanceté du second. C'est dans cet ordre qu'on trouve plus de franchise, de décence, de mœurs, d'activité, d'intelligence. Elle est composée des Gens d'Affaires & de Finances, des Négocians les plus considérables, des Banquiers, des Avocats les plus distingués, des Entrepreneurs ou Fermiers des Douanes, de quelques Prélats sortis de cet ordre, & qui y rentrent avec plaisir, quoique leur état les place au premier rang des Bénéficiers dans les grandes Eglises. C'est-là qu'on trouve le goût des Tableaux, des Lettres & de la Musique ; non ce goût des Grands, qui n'est qu'une fantaisie qui a sa source dans la vanité, mais ce veritable goût, fondé sur l'éducation & sur des connoissances réelles ; une aisance qui ne gêne point, & non le faste d'un opulence ruineuse : leur fortune met souvent les Grands à leurs pieds. C'est dans cette classe que les talens trouvent des ressources qui ne les font point rougir ; c'est-là que l'on respecte les Grands extérieurement, mais que l'on se rit en secret de cette hauteur insultante, d'où les Monsignori se font une obligation de ne jamais descendre. Le Peuple de Rome, comme nous l'avons dit ailleurs, est le plus mal composé de toute l'Italie, parce qu'il est tout formé d'Etrangers. Les uns y vont pour s'y livrer à la fainéantise, entretenue par la mendicicité, dont ils se font un métier sûr ; les autres pour prendre un autre métier, peut-être pire, la domesticité ; quelques-uns pour faire un petit commerce. Dès que la fortune & un peu de protection, permettent à ces gens de faire leurs enfans Prêtres, & il ne faut, pour ainsi dire, que le désirer, on leur fait prendre l'état Ecclésiastique, & là finit la postérité de tous ces faineans ; en sorte qu'à chaque génération, le Peuple finit & ne se renouvelle pas toujours. Rome est un gouffre où s'engloutissent les générations ; & s'il est des enfans qui échappent à ces causes de dépopulation, ils trouvent dans la castration, un écueil plus funeste encore. Le dernier Pape l'a défendue : il est bien à désirer que ses Successeurs maintiennent cette Loi ; mais comme, chez la plupart des Peuples, l'intérêt des plaisirs l'emporte sur les institutions les plus sages, il seroit à désirer que dans la Musique & sur les Théâtres d'où les castrats seront bannis, on tolérât les femmes, que la décence n'y vouloit point souffrir, & qu'elle remplaçoit par le crime.

BOURGET, Ville sur le Lac du même nom, dans la Savoie propre. C'est sur ce Lac qu'est l'Abbaye de Haute-Combe, au pied du Mont du Chat; c'est dans cette Abbaye que sont les Mausolées des anciens Comtes de Savoie.

BOUSSOLIN, petit Village de Savoie, entre Suse & Turin, près de la montagne de Fauffemagne, d'où l'on tire ce beau marbre, appellé Verd de Suse.

BOZA, Ville Episcopale de l'Isle de Sardaigne; l'Evêché est suffragant de Saffari.

BOZOLO, (la Principauté de) située dans le Mantouan, près de la riviere d'Oglio, appartenoit ci-devant au Duc de Guastalla; après la mort de ce Duc, elle est retournée à l'Empire, comme Fief, dépendant du Duché de Mantoue. La Ville de Bozolo, qui n'est qu'à six lieues O. de Mantoue, fut fortifiée en 1734. *Voyez* SABIONETTA.

BRACCIANO, Duché dans le patrimoine de Saint-Pierre, ainsi que Pagliano.

BRACCIOLINI, (*Francisco*) Poëte, né à Pistoie, dans la Toscane, connu sous le nom de *Bracciolinus ab apibus*, nom que le Pape Urbin VIII lui donna, à cause du Poëme que Bracciolini avoit composé sur son élection, dans lequel il s'étendoit sur les *Abeilles* qui sont les armes de ce Pape. Il avoit une imagination féconde & une grande facilité; il s'acquit une grande réputation. Il a composé des Poëmes épiques, des Tragédies, des Comédies, des Pastorales, des Poësies lyriques, des Satyres, des Piéces burlesques, des Sonnets, &c. Son meilleur Ouvrage est la Croix reconquise, sous l'Empereur *Héraclius*. Il travailloit avec trop de facilité pour être correct, & il ne revenoit jamais sur ses Ouvrages. Il mourut en 1645, âgé de quatre-vingts ans. Il a composé un autre Poëme, où il tourne en ridicule les Dieux du Paganisme, plusieurs Tragédies & Comédies; un Poëme sur la guerre des Géants; des Pastorales, des Poësies épiques, des Satyres.

BRAGADIN, (*Marc-Antoine*) Gouverneur de Famagouste en Chypre, de l'illustre famille des Bragadini, premiers fondateurs de la République de Venise, fut tout à la fois le Héros & le Martyr de sa Patrie. En 1571, Mustapha Bacha, ayant mis le siége devant Famagouste, Bragadin, après avoir fait périr quatre-vingt mille Turcs devant cette place, fut obligé de capituler. Le féroce Mustapha promit tout & ne tint rien: irrité de la valeur & de la longue résistance de Bragadin & de ses Vénitiens, il fit d'abord assommer les principaux Officiers; fit ensuite couper le nez & les oreilles à Bragadin; & quoique chargé de chaînes, on lui fit porter la hotte pendant quelque temps pour aider à réparer les fortifications de la Ville. Enfin, après lui avoir fait souffrir toutes sortes d'affronts & d'indignités, on le conduisit sur la place publique, où le cruel Mustapha le fit écorcher vif, tourment que Marc-Antoine endura avec une constance héroïque. Mustapha fit remplir sa peau de foin & l'envoya à l'arsenal de Constantinople. Vingt-cinq ans après, Marc Hermolaüs & Antoine Bragadin, fils du Héros la retirerent & la déposerent dans un magnifique tombeau qu'ils avoient fait ériger à Venise dans l'Eglise de Saint Jean & Saint Paul, où on le voit encore.

BRAMANTE, (*Lazzari d'Urbin*) né à Castel-Durante d'une famille pauvre & honnête, en 1444, fut destiné dès sa jeunesse à la peinture & au dessin; mais son goût l'entraîna vers l'architecture. Il voyagea d'abord dans la Lombardie, où il examina la Cathédrale de Milan, alla à Rome, en mesura toutes les antiquités, parcourut toute cette partie jusqu'à Naples. Il commença à se faire connoître par le Cloître des Peres de la Paix à Rome, qu'il rebâtit par ordre du Cardinal Caraffe; il construisit la fontaine de Transtevere, par ordre du Pape Alexandre VI; il eut part à la construction du Palais de la Chancellerie, & à celle de l'Eglise Saint Laurent à *Damaso*; donna le plan du Palais qui appartient aujourd'hui aux Comtes Geraud, sur la Place Saint Jacques. Jules II employa son génie au grand projet de la Cour & de l'Amphitéâtre du Vatican; ouvrage qu'on admirera toujours; & Sixte-Quint, à la construction & à l'emplacement de la

Bibliothéque du Vatican. Les ouvrages du Bramante font très-connus. Jules II lui accorda l'Office du Plomb. Bramante imagina une machine ingénieuse pour sceller les Bulles au moyen d'une vis. Bramante fit les fonctions d'Ingénieur dans la guerre de la Mirandole. Un de ses ouvrages les plus estimés, est le petit Temple rond de Saint Pierre *Montorio*; mais son plus grand ouvrage est la Basilique de Saint Pierre, dont il donna le plan à Jules II, & dont on commença à jetter les fondemens en 1513. Elle fut élevée jusqu'à l'entablement avant la mort du Pape & de l'Architecte. Les travaux qu'il fit dans cette Basilique, l'usage du stuc qu'il renouvella, en mettant dans des moules de bois un mélange de chaux & de poussiere de marbre délayée dans de l'eau, pour former ses voûtes d'un seul jet, suffiroient pour l'immortaliser. Le Temple isolé qu'il bâtit hors de la Ville de Lodi, est le modele du plan qu'il s'étoit proposé dans la construction de Saint Pierre, auquel les Architectes ont fait de si grands changemens. Bramante mourut âgé de soixante-dix ans, en 1514; le Pape lui fit faire les plus magnifiques funérailles. Jules II & Leon X lui firent frapper des médailles. Ce grand Artiste étoit d'une humeur agréable & gaie, obligeant, aimant les Artistes; il donna les principes d'Architecture à Raphaël d'Urbin, qui, par reconnoissance, consacra son portrait au Vatican, dans l'Ecole d'Athenes. Le Bramante faisoit son amusement de la Poësie; il a laissé des Sonnets estimés. Ses œuvres ont été publiées en 1756 à Milan; heureux s'il eût donné à ses édifices autant de solidité que de goût & de majesté!

BRAMANTINO, (*Bartholomeo*) Architecte & Peintre Milanois, fleurit dans le quinzieme siecle. Il a fait à Rome plusieurs tableaux, par ordre de Nicolas V; il donna ensuite la description & l'examen des Antiquités de la Lombardie. Il bâtit plusieurs Eglises dans le Milanez; celle de Saint Satyre, qui est très-belle. Bramantino introduisit à Milan le goût de la bonne architecture, & le Bramante profita de ses conseils.

BRANCACIO, (*François-Marie*) de l'illustre Maison de Brancas, Evêque de Viterbe, ensuite de Porto, puis de Capacio; enfin Cardinal, fous Urbin VIII, en 1674, mort l'année fuivante. Après la mort de Clément IX, il eût été nommé pour lui fuccéder, fi les Efpagnols ne l'avoient exclu à caufe de meurtre du Vice-Roi de Capacio, quoiqu'il n'y eût aucune part. Brancacio cultiva & protégea les Lettres. On a de lui un Traité fur le Chocolat, dans lequel il foutint que cette boiffon ne rompt pas le jeûne.

BRANCALEONE, petite Ville au Royaume de Naples dans la Calabre Ultérieure, près du Cap de Spartivento.

BRANDI, (*Hyacinthe*) Peintre, né à Poli, aux environs de Rome en 1623. Il fe forma à l'Ecole de Lanfranc; mais il n'eut jamais une maniere décidée; il étoit très-expéditif & fort laborieux; ce qui, joint à fa réputation & à un mérite réel, fit rechercher fes ouvrages. Il y en a dans un grand nombre d'Eglifes de Rome, il cherchoit moins la gloire que l'argent dont il faifoit une grande dépenfe; fon deffin étoit incorrect & fon coloris étoit foible; mais fon imagination étoit active & féconde. L'indécifion de fa maniere fait qu'on attribue à d'autres Peintres beaucoup de fes tableaux. Il fut élu Prince de l'Académie de Saint Luc, & fait Chevalier de l'Ordre du Chrift. Son école étoit nombreufe, mais un de fes Eleves ayant époufé fa fille contre fon confentement, il les congédia tous. Il mourut à Rome en 1691.

BRANDO, Ville de Corfe, l'un des trois Fiefs qui font au Sud de Capo Corfo: les autres font CANARO & NONZA.

BRAUNI, Bourg du Bergamafque, l'un des moins confidérables.

BRENDOLA, petite Ville dans le Vicentin. On y voit beaucoup de belles maifons de plaifance, attendu le bon air qu'on y refpire; cette Ville étant fituée fur une montagne. Elle eft très-peuplée.

BRENO, petite Ville du Breffan, fituée fur la riviere de l'Oglio. *Voyez* BRESSAN.

BRENTA, Riviere de l'Etat de Venife: en fuivant les Lagunes, on entre dans la Brenta pour aller à Padoue: la navigation en eft agréable, par la beauté des bords de fon canal;

quatre écluses en soutiennent les eaux à une hauteur toujours égale; les yeux se promenent sur une plaine immense, variée par une infinité de Villages & de maisons de plaisance de nobles Vénitiens, ornées de terrasses, de bosquets, de statues. La Brenta est couverte de gondoles & de barques qui montent & descendent sans cesse. Le paysage est charmant & le terrein d'une fertilité surprenante : la nature y est dans toute sa beauté. Du moment qu'on entre dans la Brenta, on croit être, dit un voyageur, dans les fauxbourgs délicieux d'Antioche & de Daphné. Tous ceux qui ont écrit sur l'Italie font la plus riante peinture de ce pays.

BRESELLO, petite Ville dans le Modenois sur le Pô, à onze lieues N. O. de Modene, & quatre lieues N. E. de Parme.

BRESSAN, pays entre le lac d'Iseo, & celui de Guarda, appartenoit autrefois au Duché de Milan. Ses principaux lieux sont Iseo, qui donne son nom au lac; *Orci-Nuovi*, sur *l'Oglio*; Salo, sur le lac de Guarda; Odolo, au pied des Alpes, sur l'Oglio; Breno, sur la même riviere; *Idro*; *Guardo*; *Lonato*, sur la *Chiesa*; *Menerbio*, sur la *Mela*; *Desenzano*; *Guedi*; *Montechiaro*; *Palazzuolo*; *Pont-Oglio*; *Rudiano*; *Sabio*; *Urago*; *Chiari*; *Isolella*.

Le Bressan est formé de deux cent soixante-douze Paroisses, & contient environ cinq cent mille habitans.

BRESSE, BRESCIA, Capitale du Bressan, dans l'État de Venise, située au milieu d'une campagne riante & fertile, à dix-huit lieues de Milan, à trente-huit de Venise, peuplée d'environ quarante mille ames, a environ une lieue de tour, est bien bâtie; ses rues sont larges, mais mal pavées. Sa situation au pied des Alpes, sur le Garzo; l'industrie de ses habitans, la rendent riche & commerçante; fondée par les Gaulois, ou plutôt rebâtie par Brennus, elle se faisoit gloire de remonter jusqu'à Hercule. Elle resta attachée aux Romains, dont elle fut une colonie jusqu'à la dévastation des Barbares. Les Rois Lombards la répararent; Charlemagne la conquit; elle fut agitée par les dissentions des Guelfes & des Gibelins, fut saccagée par Henri VI. Le Tyran Ezzelino y commit mille cruautés : on

1224, le Duc de l'Escale s'en empara ; elle tomba aux Visconti ; elle passa au pouvoir des François, qui la prirent d'assaut sur les Vénitiens & la désolerent ; elle passa aux Espagnols & ensuite aux Vénitiens.

Bresse a de beaux édifices : le Palazzo Publico, dont l'architecture est assez belle, est décoré de beaucoup de peintures à fresque. Il fut commencé en 1492, sur les ruines d'un Temple de Vulcain, & la plus grande partie est de Palladio. A côté de l'Evêché, qui est un édifice considérable, est la Bibliothéque publique, que le Cardinal Quirini donna à la Ville. Les plus belles maisons sont la Casa Martiningo ; la Casa Gambara ; Casa Fenaroli, Barguani, Ugeri ; le Palais Calini, Palazzo Fé ; Casa Barbinosi ; Palazzo Cigola, Suardi : on voit dans tous ces Palais ou Hôtels des tableaux des plus grands Peintres ; on y en trouve du Bassan, du Tintoret, du Guerchin, de Palma, de Breughel, du Perugin, du Titien, de Rubens, de Salvator Rosa, d'André Sacchi, du Vasari, de Solimene, du Guide, de Pompeo Batoni, Peintre de Rome, vivant & fort estimé ; de Gandino, Santagostini.

Les Eglises ne sont pas moins riches en belles peintures. Le Cardinal Quirini, Evêque de Bresse, a bâti presqu'en entier, la Cathédrale, *il Duomo*, décorée d'un ordre Corinthien trop riche, de beaucoup de statues & de bas reliefs. On y conserve l'étendard ou oriflamme de Constantin, *labaro imperiale*, d'un bleu céleste, avec une croix d'or au milieu. Les Italiens l'appellent *Croce del Campo*, parce qu'ils croient que c'est la même Croix qui apparut à Constantin. On voit à la Charité, ou aux Converties un modele très-bien imité de la Santa Casa de Lorette. A Santa Giulia élevée sur les fondations de l'Eglise que Didier, Roi des Lombards, avoit fait bâtir, est une belle Transfiguration, de Proccacino, & plusieurs autres tableaux. On y conserve les reliques de sa sœur, de sa fille & de plusieurs Princesses qui finirent leurs jours dans ce Couvent. On admire à Santa Affra, l'un des chef-d'œuvres de Paul Veronese ; c'est le martyre de la Sainte ; la femme adultere, du Titien, &c. à la Madona delle Grazie, le martyre de Sainte Barbe, de Pietro

Rosa, & un tableau de Saint Antoine de Padoue, du Moretto : la Madonna a rempli cette Eglise d'*ex-voto*. Dans celle des Miracles, on voit de très-belles sculptures & des tableaux de Moretto, de Gandino, Amigone, Marone, Alarizzi, Paglia, Saili. Dans l'Eglise de S. S. *Nazaro é Celso*, on conserve précieusement un tableau du Titien, divisé en quatre espaces ou tableaux ; l'Annonciation en forme un, la Résurrection un autre, Saint Nazare & Saint Celse, & le quatrieme Saint Sébastien. Le Prévôt de San Lorenzo voyoit avec chagrin son Eglise vieille, peu fréquentée & pauvre ; il découvrit une Madonne miraculeuse, il l'appella la Madona della Providenza, & son Eglise s'est trouvée rebâtie, les dévots sont venus en affluence, & la Chapelle de la Madonne produit une moisson étonnante d'*ex-voto*.

Il y a dans Brescia beaucoup de débris d'antiquité ; mais aucune de bien conservée : on sait qu'il y a eu plusieurs temples ; mais à peine en trouve-t-on des vestiges. Il y a plusieurs inscriptions antiques ; M. le Comte Mazzuchetti a fait une collection de médailles très-ample. Les révolutions que Brescia a souffertes, n'ont rien laissé d'entier.

La Ville est gouvernée par un Podestat, noble Vénitien ; mais la principale administration est dans le Conseil de Ville, composé de près de six cents Citoyens : il faut avoir trente ans accomplis pour y entrer, avoir certains fonds de terre, & être d'une famille qui ait quelque ancienneté : il y a en outre d'autres petits Conseils. Cette Ville jouit de très-beaux priviléges que la République de Venise n'a point altérés.

Le Peuple y est enclin à la jalousie & à la vengeance ; d'ailleurs il est industrieux, aime le travail & s'occupe du commerce & des manufactures ; les femmes y sont laborieuses & bonnes ménageres, mais libres dans leurs propos & fort gaies. Un des priviléges qui est le plus propre à conserver la tranquillité dans le pays, & à le mettre à l'abri de l'orgueil injuste & incommode des Grands, c'est la défense faite à tout étranger, même aux Nobles Vénitiens, d'acquérir des biens fonds dans le pays. Le Bressan s'étend l'espace de cent milles du Midi au Nord, & près de cinquante d'Orient en Occident : Bresse en est la seule Ville, le reste est rempli de Bourgs & de maisons éparses dans la campagne. Les habitans des vallées voisines de la Valteline & des Grisons, sont robustes & tiennent beaucoup des Suisses. En général, le pays est agréable, riche en toute espece de productions de la terre, & le climat est très-sain. Le grand commerce de ce pays est en soie : il y a un très-grand nombre de machines occupées à la filer; ces machines, ainsi que les marteaux pour le travail du fer & du cuivre, les meules des couteliers, les moulins à scier les planches, des pilons pour écosser le ris, les machines à forer les canons de fusil, vont par le moyen de l'eau. Il y a un grand nombre de papeteries. Le grand commerce d'armes qui se fait en Bresse, a donné lieu au proverbe, *tuta Brescia non armarebbe un Coïone*. Toute la Bresse ne suffiroit pas pour donner du courage à un poltron. On fait en Bresse une huile qu'on tire du pepin du raisin & qui fait un grand objet de commerce. On y fait une espece de vin très-agréable & de couleur d'or, en conservant le raisin jusqu'au mois de Février; on le presse pendant le froid, & après l'avoir exposé quatre ou cinq jours au grand froid, on le garde trois ou quatre ans. La grande fertilité du pays vient de la riviere d'Oglio, dont on sait distribuer les eaux; on les achette à ceux qui peuvent les vendre. Le lac d'Iseo, le lac de Guarda, les rivieres d'Adda & d'Oglio fournissent beaucoup de poisson, & la pêche est encore un grand objet de commerce.

Bresse a produit plusieurs hommes célebres. Nicolas Tartaglia découvrit le premier la formule qui résout les équations du troisieme degré. Ses découvertes ont donné de grandes lumieres sur le jet des bombes. Laurent Gambara, mort en 1596, est Auteur des Poëmes de Christophe Colomb, de la Venise, &c. Le Pere Lana a fait des ouvrages estimés sur l'Histoire naturelle, la Chymie & les Mathématiques. Le Comte Mazzuchelli, Auteur de Gli Scrittori d'Italia. Le Comte Suardi, le Pere Cavalli, grands Mathématiciens. Guadagni, Turbin, Pilati, Machi, &c. sont des Savans dans différens genres. Les Littérateurs & Poëtes dont on a de très-belles piéces, sont M. l'Abbé Chiari, M. Antoine Brugnoli, le Cavalier Duranti, la Signora

Giula Baitalli, la Signora Camilla Fenaroli, & Marco Capello.

BRIANÇONNET, (le Fort de) Bourg très-fortifié dans la Tarentaise. Il défend le passage des montagnes.

BRINDES, *Brindisi*, ancienne Ville au Royaume de Naples, dans la Province d'Otrante, avec un Archevêché & une Forteresse. Son port étoit très-considérable du temps des Romains; c'étoit dans ce port que leur armée navale se retiroit. La voie Appienne finissoit à Brindes. Appius Claudius, qui fit construire ce magnifique chemin, qui subsiste encore aujourd'hui, ne l'avoit conduit que jusqu'à Capoue; mais Auguste l'a continué jusqu'à Brindes, qui est sur la mer. Il y a trois Châteaux pour la défense de la Ville & du Port qui est entiérement bouché.

BRONDOLO, Village où sont les Ecluses par lesquelles on entre dans les Lagunes. C'est-là que les Commis de la Douane de Venise font leur premiere visite. Ce Village forme une des Isles du Dogado ou Duché de Venise.

BRONI ou BROUNO, Village au Duché de Milan, dans le Pavesan, remarquable par ses boues, ses mauvais chemins & par l'avantage que les Impériaux remporterent sur quelques troupes Françoises en 1703. On trouve en sortant de ce sale & gros village, une montagne de boue, redoutable aux postillons & funeste aux chevaux.

BRONZES, Statues jettées en Bronze. Il ne nous reste rien de l'antiquité dans ce genre, qui nous prouve qu'ils aient connu l'Art de fondre de grands morceaux, d'un seul jet. Leurs grandes piéces, s'ils en ont eu, étoient des morceaux de cuivre rapportés. Ce n'est que vers le milieu du dernier siécle que cet art a été perfectionné. Jusqu'alors les plus belles statues de bronze étoient fondues à plusieurs reprises. Cet art exige de grandes précautions & beaucoup de sagesse.

BRONZINO, (*Agnolo*) né dans les Etats de Toscane, fut l'éleve de Pontorne, dont il saisit si bien la maniere, lorsqu'elle étoit encore bonne, que l'on a peine à distinguer leurs tableaux; le Bronzino aida beaucoup son Maître dans la composition de différens ouvrages. Il finit la Chapelle de S. Laurent, après la mort de Pontorne, & tout y paroît du même Maître.

On voit beaucoup de ſes tableaux à Florence, à Piſe. Il peignoit très-bien le Portrait. Il mourut à Florence vers 1570.

BRUCIOLI, (*Antoine*) Savant Commentateur & Traducteur du ſeizieme ſiécle. On lui doit une traduction Italienne de Pline l'ancien ; une traduction de pluſieurs Traités d'Ariſtote : il donna des éditions très-correctes de Boccace & de Petrarque, avec des notes; & une traduction Italienne de la Bible, dont il y a eu pluſieurs éditions, & qui fit beaucoup de bruit. Elle fut miſe au rang des livres hérétiques, parce que Brucioli s'y exprime en Proteſtant. L'édition la plus recherchée, la plus ample & la plus rare, eſt celle de Veniſe, en 3 vol. in-fol.

BRUGNETO, petite Ville épiſcopale ſur la côte orientale de Gênes, mais dans les Terres au pied de l'Apennin, à quinze lieues S. E. de Gênes.

BRUNELLESCHI, (*Philippe*) né à Florence en 1377. Son pere, Lippo Lippi, lui fit faire ſes Humanités. Il le deſtinoit à être Notaire comme lui, ou Médecin. Il demanda à embraſſer la profeſſion d'Orfévre; & dès ce moment il tourna ſes vues vers la Sculpture. Il s'appliqua à l'Architecture qui étoit négligée, étudia la Géométrie, & enfin ſe livra à l'Architecture. Il puiſa de grandes lumieres dans l'examen des monumens antiques; il en fit un grand uſage dans l'Egliſe de S. Jean de Florence. Ce fut lui qui diſtingua le premier les trois anciens ordres grecs. Les Napolitains lui diſputent cette gloire, qu'ils attribuent à Maſuccio II, & citent en preuve le clocher de Sainte Claire à Naples. *Voyez* MASUCCIO. Occupé de l'idée d'élever une coupole au-deſſus de Sainte Marie *del Fiore* à Florence, il étudia jour & nuit les monumens antiques, ſe donnant à peine le temps de boire & de manger; il étoit parti de Rome ſans argent, & voyageoit dans toute l'Italie, mettant en gage, tantôt un bijou, tantôt l'autre. Lorſqu'il crut avoir acquis aſſez de connoiſſances, il retourna à Florence, & il fit ſecretement le deſſin & les modèles de ſa coupole. Il ne les montra à perſonne, & ſe contenta de dire ce qu'il penſoit ſur cette entrepriſe, & repartit pour Rome. On le redemanda. Il revint, aſſura les Florentins qu'il avoit aſſez de reſſources dans l'eſprit pour venir à bout d'élever cette coupole ; mais il demanda qu'on appellât les meilleurs Architectes de l'Europe pour en juger, ne voulant soumettre ses vues qu'à de véritables Artistes. On en fit venir d'Allemagne, d'Angleterre, de France, d'Espagne, & de différens endroits d'Italie. Lorsqu'ils furent rassemblés, Brunelluschi, qui étoit retourné à Rome, en revint. Il y eut une assemblée de tous ces Artistes, en présence des Magistrats & des principaux Citoyens. Les Architectes proposèrent une infinité de moyens plus bizarres les uns que les autres. Un des plus singuliers fut celui de former une montagne de terre, dans laquelle on jetteroit plusieurs pièces de monnoie ; de bâtir la coupole sur cette montagne, & lorsqu'elle seroit bâtie, de donner au Peuple les pièces de monnoie ; pour les trouver, le Peuple enleveroit peu-à peu cette terre, & la coupole resteroit vuide. Lorsque Brunelluschi voulut dire qu'on pouvoit élever la coupole sans tous ces moyens, on le traita de fou, & on le chassa de l'assemblée ; il soutint son sentiment, proposa son plan, & leur parut encore plus fou. Cependant il parvint à avoir la conduite de cet ouvrage. On lui donna un Collègue qu'il força d'avouer son ignorance & de se retirer. Enfin il vint à bout de son entreprise, au grand étonnement des Florentins, qui voyoient ce que les Anciens n'avoient jamais osé tenter. Sa forme est octogone ; elle porte entiérement sur les murs, & est double. Il a travaillé à la Cathédrale de Milan ; a tracé le plan de la Forteresse ; bâti l'Abbaye des Chanoines Réguliers de Fiensola ; donné les plans de la Forteresse de Vico Pieano, & des Citadelles de Pise ; fortifié le *Ponto Mare* ; il a bâti en partie l'Eglise de S. Laurent de Florence, le Palais Pitti & plusieurs autres. Le Marquis de Mantoue, le Pape Eugène IV, & plusieurs Princes l'employèrent & le comblèrent de bienfaits. C'est à lui qu'on doit le rétablissement de la bonne Architecture. Il mourut regreté de tout le monde, en 1440, âgé de trente-trois ans. Il fut inhumé avec pompe dans l'Eglise de Notre-Dame *del Fiore* à Florence.

BRUNETTE, (la) Citadelle très-forte, environnée de huit bastions, garde le Pas de Suze. Elle est située sur une petite élévation, & creusée en grande partie dans le roc ; ses mines, se cazemates, les magasins & la plupart des logemens, qui sont en très-grand nombre, sont dans les rochers. Le Roi de Sardaigne y tient une garnison très-considérable. La Ville de Suze est commandée par un roc sur lequel est un petit Fort qui communique à la Brunette par une galerie taillée aussi dans le roc en grande partie ; la Brunette est dominée par deux montagnes très-élevées, à la portée du mousquet, mais presqu'inaccessibles.

BRUNI, (*Antoine*) Poëte, né à Casalmonte, dans la Terre d'Otrante, au Royaume de Naples, vers la fin du quinzieme siecle. Il étoit né avec du genie & une imagination vive & brillante ; il produisoit avec facilité, mais son penchant pour les plaisirs l'empêchoit de corriger. Ses écrits sont quelquefois licencieux. Il reste de lui des Epîtres héroïques, un recueil de Piéces mêlées, les *trois Graces*, un autre recueil sous le titre des Amours, des Métamorphoses, des Odes, des Pastorales ; trois Tragédies, *Radamiste*, *Annibal*, *Darius*. Bruni mourut en 1637, Membre des Académies de Perouse, de Sienne, de Venise, d'Ancône, de Naples & de Rome.

BRUNUS, (*Jordanus*) né à Nole, au Royaume de Naples. Il aima à se distinguer par des opinions singulieres. Il avoit beaucoup d'esprit ; il l'employa à soutenir ses paradoxes. Aristote, de son temps, étoit mis au rang des Auteurs sacrés ; Brunus s'attacha à le fronder : il fit main-basse contre toutes les vérités de la foi. Il soutenoit que toutes les Religions étoient fausses ; que les vérités de celle des Chrétiens & des Juifs ne méritent pas plus de croyance que les fables du Paganisme ; que la Loi naturelle suffit pour régler toutes les notions du vice & de la vertu. Il soutint la pluralité des mondes tous semblables à celui que nous habitons, qui sont des animaux intellectuels avec des individus végétatifs & raisonnables. Il composa à Londres, où il s'étoit retiré : 1°. *Spaccio della Bestia triomfante*, Parigi 1584, in-8°. ou la déroute de la Bête triomphante ; 2°. *Della causa Principio é uno*, Venezia 1584 ; 3°. *De l'infinito universo*, Vezenia 1584, in-8° ; 4°. *Fabula del Cavallo Pegaseo con l'Asino Cillenico*, 1585, in-8°. petit format de quarante-neuf feuillets. Cet Ouvrage est de la plus grande rareté. Brunus, entraîné par l'amour de la Patrie, revint à Venise. Il y fut brûlé vif, par un Décret du Saint Office, en 1600.

Bua, Isle du Golfe de Venise, sur la côte de Dalmatie, proche la Ville de Tran ; on l'appelle aussi l'*Isle des Perdrix*, parce qu'on y en trouve beaucoup.

Buccaro, est une terre fine qui se trouve aux environs de Piperno, dans la Campagne de Rome. Elle est très-bonne pour faire de la poterie.

Bucentaure, (le) grand & magnifique Vaisseau sur lequel la Seigneurie de Venise s'embarque tous les ans, le jour de l'Ascension, pour la cérémonie des Epousailles de la Mer. L'étymologie du mot Bucentaure n'est pas connue, suivant Alex. Maria Vianoli : quelques personnes ont prétendu que le premier de ces vaisseaux avoit un centaure à la proue, & que tous ceux qu'on a faits depuis, ont gardé ce nom ; ils ajoutent que la particule *bu*, signifioit alors *grand*, en patois de Venise. *Voyez* Murano. Ce bâtiment, qu'on conserve soigneusement dans l'Arsenal, fut construit en 1728, & orné des plus belles sculptures, par Antoine Corradini qui a fait presque en entier tout l'ouvrage de la proue ; il est doré jusqu'à fleur d'eau ; il a quatre rangs de sièges où se placent les Sénateurs ; à la poupe est le trône du Doge, qui a à ses côtés le Nonce du Pape & l'Archevêque de Venise, tous deux en camail ; à droite & à gauche sont placés les Ambassadeurs, les Conseillers de la Seigneurie, & les Procurateurs de S. Marc. Le bâtiment a environ cent pieds de longueur sur trente de largeur. Il a peu de quille & est presque plat ; aussi lorsque le temps est trop gros, renvoie-t'on à un des jours suivans, la Fête des Epousailles ; on fait un grand cas de l'ouvrage de Sculpture du dedans & du dehors de ce bâtiment. Au-dedans on voit le lion de S. Marc, & deux statues de la Justice & de la Paix, qui s'embrassent & forment un groupe entouré de Génies. Autour de ce bâtiment regne une galerie découverte sur laquelle sont quelques Officiers subalternes, & les Chefs des Métiers de l'Arsenal. Derriere le trône du Doge, est l'Amiral en robe rouge, avec la simarre violette, le bonnet de velours rouge

rouge & la grande perruque; il tient le gouvernail. Le tillac est couvert, depuis la poupe jusqu'à la proue, de velours cramoisi chamarré de franges d'or. L'intérieur qui compose la salle où se tient la Seigneurie, est distribué en stalles semblables à celles des Chœurs de Chapitre. Le parquet est d'ébene & de noyer, incrusté de nacre de perle. Les Rameurs sont à fond de cale, vêtus uniformément, & leurs rames sont dorées. Ce bâtiment, plus beau qu'aucun de ceux dont parle l'Histoire & même la Fable, est suivi de trois galeres, des gondoles dorées des Ambassadeurs, d'un nombre infini de péotes & de petits bâtimens. On arbore les pavillons vis-à-vis la place de S. Marc, au bruit de plusieurs décharges d'artillerie, auxquelles répondent les canons de l'Arsénal & ceux des vaisseaux de Malamoch. Toute la Noblesse Vénitienne accompagne le Doge, qui est reçu dans le Bucentaure au son des cloches, des timbales, des trompettes & des chœurs de Musique, placés sur différentes barques de suite, où les Prêtres & le Clergé, en surplis, l'attendent. Le bruit des acclamations du Peuple rend cette cérémonie auguste. Le Doge avance en Mer avec toute sa suite, y jette la bague, en prononçant ces paroles : *Desponsamus te, mare, in signum perpetui dominii* : Mer, nous t'épousons en signe d'une véritable & perpétuelle domination. Après la bénédiction du Nonce, cette cérémonie terminée, on aborde à Saint-Nicolas du *Lido*, où l'on célebre la Messe. On reconduit le Doge ensuite avec la même pompe dans son Palais, où il donne aux Ambassadeurs & à la Seigneurie un magnifique repas. Avant que le Doge s'embarque, on exige un contrat des quatre Amiraux, qui cautionnent son retour. Cette cérémonie fut instituée dans le temps que le Pape Paul-Alexandre III, persécuté par Fréderic II, se réfugia *incognito* à Venise : en reconnoissance des bons traitemens qu'il reçut de la République, & de la guerre qu'elle soutint pour lui contre Fréderic, dont le fils Othon fut fait prisonnier, il lui fit quantité de présens, &, entr'autres, donna au Doge qui avoit commandé en personne, l'anneau qu'il portoit, en lui disant que la Mer sur laquelle les Vénitiens étoient si puissans, devoit leur être soumise, comme la femme doit l'être à son mari. Depuis ce temps, on a toujours célébré cette cérémonie.

BUGEY. Par le Traité de Lyon, en 1601, une partie du Bugey demeura au Duc de Savoie. Cette partie est à l'Orient du Rhône. Elle a huit lieues de long & deux de large depuis le mont Ducha jusqu'au Rhône; elle comprend les Mandemens de Saint-Genis, Entremonts, Yenne & Loissey. Le fauxbourg du Pont de Beauvoisin, Bourg en Dauphiné, sur la riviere de Guer, fait la séparation des deux Etats.

BULLES, (les) étoient chez les Romains des talismans, que les Triomphateurs & les Patriciens suspendoient à leur col: c'étoit une petite boîte remplie de préservatifs contre l'envie, la haine & les maléfices. Pour les enfans, la Bulle contenoit des présages de leur future grandeur. Ces Bulles étoient d'or, d'argent, d'airain, de différentes grandeurs & de différentes formes. Plus communément elles étoient rondes, d'où est venu notre mot de *Boule*. On en a trouvé à Herculanum.

BULLES. (Publication des) Celle qui se fait avec le plus de solemnité, est celle de la fameuse Bulle *in Cœna Domini*, après le service du matin du Jeudi Saint, dans la Chapelle Sixtine, & après l'exposition du Saint Sacrement, le Pape porté sur la tribune ou loge qui est au-dessus du vestibule de S. Pierre: on y lit, à haute voix, en *Latin* & en *Italien*, la Bulle qui excommunie les Infideles & les Hérétiques, ceux qui attentent à la vie, mutilent ou frappent les personnes consacrées au Service du Seigneur dans l'Etat Ecclésiastique, ceux qui s'emparent des biens de l'Eglise, & les retiennent directement ou indirectement. Cette lecture est faite par deux Cardinaux, le Saint Pere prononce l'excommunication au son des cloches, il éteint une torche qu'il jette au milieu de la place, & déchire la Bulle même qui porte l'excommunication; après quoi, il donne sa bénédiction au Peuple.

BULLICANT, Bains chauds, ou petit lac d'eau sulfureuse aux environs de Viterbe, dont l'eau paroît continuellement boullir. Ce lac, environné de murailles, a la forme d'une espece de bassin quarré; il en sort une fumée considérable qui a une forte odeur de soufre. Si l'on y jette un chien, il est presqu'aussi-tôt réduit en bouillie, & un œuf ne peut ni s'y durcir ni s'y cuire.

BUONAMICI se distingua dans les lettres & dans les armes qu'il porta pour le Roi de Naples. Il a laissé un Commentaire très-savant sur l'affaire de Velletri. Il fut chargé par le Roi de Naples, aujourd'hui Roi d'Espagne, de faire un Traité méthodique & complet sur l'Art de la Guerre; il en publia le plan dans les Journaux Italiens; mais la mort qui l'enleva en 1764, l'empêcha de l'exécuter.

BUONCONVENTO, Village à quinze milles de Sienne. Il est situé au pied d'une montagne, sur le bord d'un gros ruisseau. Ce Village est célèbre par la mort de l'Empereur Henri VII, de Luxembourg. Il venoit d'entendre la Messe & de communier de la main d'un Pere Dominicain, lorsqu'il se sentit attaqué d'une maladie violente, dont il mourut le dixieme jour, 25 Août 1313. Les Médecins qui visiterent son corps, assurerent qu'il étoit mort d'une fievre maligne; mais la Cour de l'Empereur crut & publia que le Dominicain, qui étoit Gibelin, avoit empoisonné ce Prince avec le vin de l'ablution.

BUONDENO, petite Ville du Ferrarois, dans l'Etat de l'Eglise, à l'Ouest de Ferrare.

BUONFIGLIO, (*Joseph Coustant*) Historien, qui a composé l'Histoire ancienne & moderne de Sicile, imprimée à Venise, en 1604, deux volumes in-4°. & l'Histoire de Messine, imprimée aussi à Venise, en 1606, in-4°. Buonfiglio étoit Napolitain, & a écrit en Italien.

BUONO, Architecte & Sculpteur, l'un des plus grands Artistes du douzieme siecle, a construit sous le Dogat de Morosini, la fameuse Tour de Saint Marc: ce qu'elle a de plus remarquable, est sa solidité; quoiqu'assise sur des pilotis, elle n'a aucune fente, au-lieu que tous les autres clochers de Venise en ont: elle a trois cent trente pieds de haut. Buono a fait bâtir un grand nombre d'édifices dans différentes parties de l'Italie: les principaux sont à Naples, le Château Capuano, ou Château de l'Œuf; à Pistoye, l'Eglise de Saint André; l'Hôtel-de-Ville d'Arezzo & le clocher.

BUONO, (*Paolo del*) Florentin, d'une famille distinguée, né le 26 Octobre 1625, apprit les Mathématiques de Galilée, & fut un de ses plus illustres disciples. Il est l'inventeur d'un instrument que les Physiciens ont adopté pour démontrer que l'eau est incompressible. Paul del Buono fut nommé par l'Empereur Président de la Monnoie de Vienne. Ce fut là qu'il éprouva la maniere de faire éclorre les œufs dans un fourneau, à la maniere des Egyptiens; il mourut à Vienne à l'âge de trente-sept ans. Candido del Buono, son frere, né en 1618, & mort en 1670, Curé de Saint Etienne de Campoli, inventa deux instrumens, l'un pour comparer les pesanteurs des fluides, l'autre pour mesurer les vapeurs qui s'en élevent. Ils furent un des principaux Membres de l'Académie de l'Expérience, établie à Florence.

BUONTALENTI, (*Bernard*) Peintre, Sculpteur & Architecte, né à Florence en 1535. La maison de son pere étoit sur le bord de l'Arno: une inondation de ce fleuve la fit crouler, & toute sa famille fut écrasée, à l'exception de Bernard, qui fut trouvé sous une voûte. Le grand Duc Cosme de Médicis prit soin de son éducation. Michel-Ange & le Vassari furent ses Maîtres pour la Sculpture & l'Architecture. Son génie inventif seconda les soins de ces Artistes: il avoit beaucoup de goût pour les méchaniques, & sur-tout pour les feux d'artifice, ce qui lui fit donner le nom de Bernardo *delle Girandole*, ou des fusées. Le petit Palais de la Villa Capponi, la *Villa Arunusio*, pour le grand Duc & celle de Pratolino, lui firent un honneur infini. On remarque dans la derniere, que sans cour, sans galerie & sans aucun autre espace vuide, il a trouvé le secret de la bien éclairer. On y admire les machines pour y élever les eaux, les jeux d'orgue & autres machines hydrauliques. Il répara des *Villa* Castello, Petraya, & les jardins Boboli. Il construisit pour le grand Duc, le Casin, derriere l'Eglise de Saint Marc. Il bâtit la façade du Palais Piazza, celle de l'Eglise de la Trinité, le Palais Acciajuoli, aujourd'hui Corsini; une des façades du Palais Strozzi, celles des Palais Riccardi & Martelli. Tous ces ouvrages sont à Florence. A Pise &

à Sienne, il éleva les Palais du grand Duc. La fameuse galerie de Florence fut bâtie sur ses desseins. Il fut nommé Ingénieur en chef de toute la Toscane. Il fortifia Tronto, dans le Royaume de Naples; Porto-Ferrayo, dans l'Isle d'Elbe; bâtit la nouvelle Citadelle de Livourne, ajouta plusieurs bastions à l'enceinte de la Ville de *Pistoya*, & fortifia Prato & Florence. Il jetta plusieurs Ponts dans la Toscane, éleva des digues & construisit plusieurs machines très-utiles. Il excella dans les décorations du Théâtre, & dans l'ordonnance des fêtes publiques. Ayant trouvé le secret de conserver la neige & la glace, le grand Duc lui donna à perpétuité le produit de l'imposition qu'on mit sur cet objet. Buontalenti étoit gai & plaisant; le grand Duc l'aimoit comme son ami; il le menoit par-tout & l'admettoit dans ses parties les plus secrettes. Un jour que des Courtisans critiquoient les desseins de cet Artiste, le Prince leur dit de crayonner leurs corrections & leurs plans, pour qu'il pût mieux juger de leurs critiques. Les Courtisans furent confondus, & le Prince fit une chanson contr'eux. Buontalenti aimoit ses Eleves & en étoit adoré; il marquoit plus de bonté à ceux qui étoient pauvres, & il les aidoit, sur-tout lorsqu'ils marquoient des dispositions. Les bienfaits qu'il répandoit, les dépenses qu'il faisoit en modeles de machines, épuiserent sa fortune; dans sa vieillesse, il ne lui resta que des envieux qui le persécuterent. Il mourut en 1608, âgé de soixante-treize ans.

BURCHIELLO. (*Dominico di Giovani*, surnommé) Ce surnom lui fut donné parce qu'il composoit *alla Burchia*, au hasard ou de caprice. Il se rendit célèbre par ses Poësies bouffonnes dans le quinzieme siecle. Son pere étoit un Barbier de Florence. Il le fut lui-même pendant quelque temps; mais enfin s'étant fait une réputation par ses Sonnets, il abandonna son métier pour se livrer à son talent. Il eut bientôt des imitateurs, & ce mauvais genre trouva des Partisans. On l'appelloit *burlesque*, du mot *burlare*, plaisanter, se moquer: on l'appella *Burchiellesque*, du nom de *Burchiello*, & l'on disoit des imitateurs de ce Poëte, qu'ils composoient alla *Burchiellesca*. Cette maniere d'écrire, qui ne devoit être regardée que comme une caricature grossiere, devint un genre, qui, après Scarron, eût pu prendre faveur en France, si Boileau ne l'eût livré au mépris qu'il mérite. Il y a un comique noble qui tient du plaisant & du sérieux, qui badine avec les graces & qui s'éleve jusqu'à l'héroïque & au grand; c'est le genre de l'Arioste & celui que M. de Voltaire a si heureusement employé. *Burchiello* & *Scarron* sont à ces Auteurs, ce qu'un Portefaix, dans une rixe du peuple, est au Maréchal de Saxe dans une bataille

BURONZO, Bourg assez considérable du Piémont, dans la Seigneurie de Verceil.

BUSQUETTO DE DULICHIO, Architecte célebre du onzieme siecle, étoit Grec d'origine. Les Pisans le chargerent, en 1016, de bâtir leur Cathédrale, l'une des plus belles d'Italie. Les Pisans, dont le commerce étoit alors fort étendu, rassemblerent de différens endroits, des colonnes, des bustes, des chapitaux, débris de monumens détruits par la guerre & le temps; c'étoient les marbres les plus précieux : Busquetto eut bien de la peine à ajuster ces différens morceaux, qui sont encore ce qu'il y a de plus beau dans cette Eglise, qui passe pour une des plus belles d'Italie. Busquetto mourut à Pise, son Inscription porte qu'il fut très-grand Méchanicien, & qu'avec peu de force il savoit soulever les plus énormes fardeaux.

BUSSETTO, Ville médiocre, & Capitale du petit Etat de Bussetto, situé entre Parme & Plaisance. L'Empereur Charles-Quint & le Pape Paul III, eurent en personne une conférence à Bussetto, en 1543. C'est une Principauté qui est connue aussi sous le nom de l'Etat Palavicin. Les anciens Ducs de Parme l'ont acquise de la Maison Palavicini. Il y a à Bussetto un College & un Noviciat de Jésuites. Borgo San Domnino est une Ville avec Evêché de cette Principauté.

BUTRINTO, petite Ville dans la contrée dite *Chimera*, sur le golfe de *Butrinto*, vis-à-vis de Corfou, dans le Levant, appartenoit aux Vénitiens. Son Port est peu fréquenté, & en très-mauvais état.

C

CABRERA, (*Bernard*) Miniſtre & Favori de Martin, Roi de Sicile. Il régna ſous le nom de ſon Maître: & après la mort du Roi, il aſpira à la Couronne. Cet ambitieux propoſa à Blanche, veuve de Martin, de l'épouſer. Elle mépriſa ſes vœux, & Cabrera lui déclara la guerre. Elle lui fut fatale; il fut pris, & Blanche le fit enfermer dans une citerne deſſéchée. Elle l'en retira quelque temps après, & l'enferma dans une tour, qu'elle fit environner d'un filet, que le Priſonnier ne pouvoit point appercevoir. Cabrera vit une iſſue, & voulut en profiter pour s'évader; mais il tomba dans le piége, & reſta ſuſpendu. La Reine l'y laiſſa pendant un jour, expoſé aux plaiſanteries du peuple. C'étoit ſe venger avec bien de l'humanité d'un monſtre, qui, pendant la vie de ſon Roi, avoit abuſé de ſa foibleſſe, & qui, après ſa mort, avoit eu l'audace de prétendre à ſa veuve & au trône. Ferdinand, Roi de Sicile, ſucceſſeur de Martin, lui rendit la liberté, à condition qu'il ſortiroit de la Sicile; mais il mourut bientôt après.

CADAMOSTO, (*Louis de*) Navigateur, né à Veniſe vers l'an 1432, partit ſur les Galeres de Veniſe le 8 Août 1454, & débarqua au Cap Saint-Vincent. Dom Henri de Portugal ayant envoyé aux Vénitiens Dom Antoine Gonzales & le Conſul de la République de Veniſe en Portugal, pour faire connoître aux Vénitiens les avantages qu'on pouvoit retirer du commerce de l'Iſle de Madere, Cadamoſto traita avec Dom Henri, & mit à la voile le 22 Mars 1455. Le 25, il aborda à Porto-Santo, & le 27 à Madere. De-là il continua ſa route, & reconnut les Iſles Canaries, le Cap blanc, le Sénégal, le Cap verd & l'embouchure de la Riviere de Gambra. Dans un ſecond voyage, il pouſſa ſes découvertes juſqu'à la riviere de Saint-Domingue, d'où il retourna en Portugal. Il revint dans ſa Patrie en 1464, où il publia ſes Ouvrages, avec la deſcription des Pays: ils ont été traduits en François, par Redoner.

CADORA ou PIEVA DI CADORA, petite Ville dans l'Etat de Venise, & Capitale du Cadorin, située sur la Pieve, dont elle prend le nom; c'est la patrie du célebre Titien. Le Cadorin est une petite Province, bornée au levant par le Frioul proprement dit, au midi & au couchant par le Bellunois, & au nord par l'Evêché de Brixen. Ce Pays est fort montagneux; il est exempt de tous impôts, à cause de la fidélité que ses habitans témoignerent pour la République contre Maximilien I, Empereur & Louis XII, Roi de France.

CAGLI, petite Ville au Duché d'Urbin, dans l'Etat de l'Eglise. *Voyez* URBIN.

CAGLIARI, Ville Capitale de l'Isle & Royaume de Sardaigne. L'Archevêque de Cagliari se prétend Primat de Sardaigne & de Corse. L'Université jouit d'une très-bonne réputation. La Ville est défendue par un Château très-bien fortifié; elle a un Port commode & avantageux: on la divise en haute & basse. La haute est remarquable par une belle Eglise toute revêtue de marbre; elle renferme une infinité de Reliques de Martyrs, qui sont exposées dans trois Chapelles souterreines. La basse Ville, qui est sur le bord de la mer, n'est pas aussi agréable; elle est mal propre & mal saine: aussi cette partie est-elle presque déserte. On compte dans Cagliari quatre Paroisses & vingt-deux Monasteres. Les édifices y sont très-beaux, sur-tout le Palais du Vice-Roi & celui de la Justice. Cette Ville est sur une coline du côté de la Mer, dans la partie méridionale de l'Isle.

CAGNACCI ou GUIDO CAULASSI, Peintre, né à Castel Durante; il étoit si contrefait, que le surnom de Cagnacci lui en est resté. Il fut l'Eleve du Guide. Ses ouvrages étoient fort estimés; mais, ayant voulu se distinguer par un coloris plus vigoureux que celui du Guide, il retomba au-dessous de son mérite. On voit un tableau de ce Maître, représentant un Martyr, dans la Galerie de M. le Duc d'Orléans, au Palais-Royal.

CAJATTAN, *Voyez* VIO.

CAJEZZO, Ville au Royaume de Naples; elle est à peu de distance du Volturno, qui fait une presqu'isle ou un coude dans cet endroit.

CAIRO, Montagne dans la Principauté de Benevent, voisine du Mont Cassin, mais si élevée, que quand on est au-dessus, on peut voir les deux mers: avantage dont on jouit aux environs de Camaldoli.

CAIRO, Bourg du bas Montferrat. *Voyez* MONTFERRAT.

CAIUS, (Saint) Pape, étoit Esclavon, parent de l'Empereur Dioclétien; il succéda à Eutychius l'an 283. Cet Empereur le fit martyriser, parce que Caius exhortoit les Martyrs à la patience, & qu'il animoit leur zèle. Caïus avoit une niece d'une rare beauté, Dioclétien voulut la marier à Maximilien Gallere son gendre, & associé à l'Empire; elle étoit Chrétienne, & il falloit abjurer sa Religion: elle préféra le martyre au titre d'Impératrice, & Caius soutint son courage jusqu'au dernier moment. Il souffrit le martyre l'an 296.

CALA, (FERRAND STOCCO, appellé le) né à Cosance, en Calabre. Il composa exprès l'Histoire de Souabe, pour faire sa cour à la Maison de *Cala*, à laquelle il prodigua la plus basse adulation. Il imagina un Saint Jean de Cala de son invention, & en preuve, il montroit une partie de squelettes qu'il faisoit passer pour les reliques de ce Saint; mais par malheur pour Ferrand, il avoit si peu de connoissance de la structure du corps humain, qu'il fut démontré que ces reliques n'étoient autre chose que la carcasse d'un âne.

CALABRE (la) Province considérable du Royaume de Naples, dans la partie la plus méridionale, vis-à-vis la Sicile, dont elle n'est séparée que par un petit Détroit, qu'on appelle le Détroit de *Bonifacio*. On la divise en deux parties, savoir, la Calabre Ultérieure & la Calabre Citérieure. *Sansovetino* est la Capitale de la premiere, & la Ville *Cosenza* est la Capitale de la seconde. Cette Province, qui est d'une grande étendue, est très-fertile; elle produit beaucoup de miel, d'olives & de soie, dont les habitans font un gros commerce. On y recueille une grande quantité de manne, qu'on dit être d'une qualité supérieure; c'est une espèce de miel naturel qui découle des feuilles du frêne. Le liége y est aussi fort commun, & les Calabrois employent souvent son écorce pour se faire de petites barques avec lesquelles ils vont à la pêche. La Basilicate dépend de la Calabre; mais elle produit très-peu de chose, & est mal peuplée. *Cerenza* ou *Acerenza* en est la Capitale; elle a un Archevêché, dont les suffragans sont *Venosa*, patrie d'Horace, Anglona, Potenza, Gravina, Tricatico, Monte Peloso, Melfi, Rapolla. Les autres Villes de la Basilicate sont Lavallo, Satriano, Marsico-Vetere & Maro.

La Calabre Citérieure entre la Méditerranée & le Golfe de Tarente, produit du bétail, de la soie, de l'acier, de l'huile, de la manne. Les suffragans de l'Archevêché de Cosenza sont Martorano, San Marco, Melito, Cassano. Rossano est une Ville Archiépiscopale, près de la mer; l'Archevêque n'a point de suffragans. *Voyez* Rossano. Ses autres Villes sont Bisignano, Amantea sur la Méditerranée, Cerenza, Cariati, Umbriatico, Ustrongoli.

La Calabre Ultérieure est une presqu'isle de la Méditerranée; elle produit du bled, de la manne, du miel, de très-bons fruits & des chevaux très-vigoureux: sa Capitale est Cantazaro. Les suffragans de l'Archevêché de Santa Severina sont *Belcastro*, *Isola*, *Strongoli*, Umbriatico, Cerenza & Cariati, dont les quatre derniers sont dans la Calabre Citérieure. Regio est à l'extrémité méridionale sur le Fare de Messine; ses suffragans sont Cantazaro, Crotone, Tropea, Oppido, *Nicotera*, *Neo-Castro*, *Geraci*, *Squilace*, *Bova*. Il y a dans cette Province Nicastro, Taverna, Monte Leone & Miletto sur la mer: ce sont des Villes Episcopales.

CALABRESE, (*Mathias* Preti, dit le Calabrois) parce qu'il étoit de la Terre de la Taverne, dans la Calabre, où il naquit, en 1643. Ce Peintre, de l'Ecole Romaine, eut Lanfranc pour Maître; il s'est rendu célebre par son génie pour l'invention, par la beauté & la richesse de l'ordonnance, par l'art avec lequel il disposoit ses ajustemens. Ses tableaux ont les plus grands effets: il n'y en a aucun qui n'offre quelque chose d'original. Sa réputation le fit désirer à Malthe, & les ouvrages qu'il y fit le mirent au-dessus de tout ce qu'on en attendoit. Le relief de ses figures est frappant. Il orna de ses chef-d'œuvres l'Eglife de Saint Jean à Malthe; il repréfenta dans le plafond la vie du Saint. On ne cru pas trop faire pour lui, en lui donnant la Croix de Chevalier de Grace, la Commanderie de Syracufe, & une forte penfion. M. le Duc d'Orléans poffede de ce Peintre le martyre de Saint Pierre: on le voit dans la Galerie du Palais Royal. Ses principaux ouvrages font à Modene, à Naples & à Malthe. Il mourut dans cette Ifle en 1699: on préfere fes frefques à fes tableaux de chevalet.

CALATA-BELLOTA.
CALATA-FIMI.
CALATA-GIRONE.
CALATA-NICETA.
CALATA-XIBETA.

Ces cinq Villes font dans l'Ifle de Sicile, les deux premieres dans la Vallée de Mazare, & les trois autres dans la Vallée de Noto; elles ont été prefque détruites par le tremblement de terre qui arriva en 1693.

CALATRISI. *Voyez* MAZARA.

CALCINATO, petite Place dans le Breffan, remarquable par la victoire qu'y remporta le Duc de Vendôme fur les Impériaux, le 19 Avril 1706; elle eft proche de la Chiefe, à quinze lieues O. du Lac de Garde.

CALDERINI, (*Domitio*) favant Littérateur. Il profeffa les Belles-Lettres à Rome, fous le Pontificat de Paul II & de Sixte IV. Il fut un des premiers qui approfondirent la Métaphyfique de la Grammaire. Il donna des éditions de plufieurs Auteurs anciens, avec des notes fur le texte, tel que Virgile, Ovide, Juvenal, Martial, Catule, Perfe, Properce, Ciceron, Suetone, Silius, Italicus, &c. Il mourut très-jeune de fatigue & de travail, en 1477.

CALENDARIO, (*Philippe*) Sculpteur & Architecte, vers le milieu du quatorziéme fiécle. Son génie lui valut l'honneur de s'allier au Doge, frappé de la beauté des portiques qui entourent la Place de Saint-Marc: ouvrage dont cet Artifte avoit été chargé par la République de Venife. Il y a dans cette fuperbe Ville un très-grand nombre de fes ouvrages.

CALENTIUS, (*Elisius*) Précepteur de Frédéric, fils de Ferdinand, Roi de Naples. Il étoit Philosophe & Poëte; son caractere doux & bienfaisant respire dans ses ouvrages; il pensoit que la Philosophie ne pouvoit pas se passer du secours des Beaux-Arts, & qu'elle n'étoit jamais si belle que lorsqu'elle étoit parée des atours de l'éloquence & de la poësie. Il avoit, au sujet des criminels, des opinions qui ont été renouvellées de nos jours, par M. le Marquis Beccaria; il ne vouloit pas qu'on punît de mort le larcin; il croyoit qu'on devoit fustiger le voleur, & le condamner à la restitution, & que l'on condamnât les assassins (qui n'avoient pas consommé leur crime) à être les esclaves de ceux qu'ils auroient voulu assassiner, ou aux mines & aux galeres. Les Ouvrages de Calentius ont été recueillis en un volume in-fol. imprimé à Rome. Il y en a une partie en prose & une partie en vers. M. l'Abbé Saas a fait réimprimer le Poëme du Combat des Rats contre les Grenouilles, imité d'Homere, de Calentius, dans le Recueil des Fables choisies de la Fontaine, que cet excellent Critique a mises en vers latins, Rouen, in-12, 1738. Calentius mourut en 1503.

CALEPIN, (*Ambroise*) Religieux Augustin, qui a pris son nom de Calepino, petit Bourg dans l'Etat de Venise, où il étoit né. Le Dictionnaire des Langues, qui a fait une si grande réputation à Calepin, fut imprimé pour la premiere fois en 1503; chaque édition qui s'en est faite ensuite, a été considérablement augmentée, & successivement par Passerat, par La Cerda, par Chifflet & par plusieurs autres. L'édition de Chifflet, faite à Lyon en 1681, deux volumes in-fol. a long-temps été regardée comme la meilleure; mais Facciolati, Professeur à Padoue, en a donné une, qui est regardée comme supérieure à toutes les autres : de même que le Dictionnaire de Moréri, qui s'est accru & enrichi du travail de tant d'Editeurs, le Calepin est encore loin de la perfection.

CALEPINO, Bourg dans l'Etat de Venise & dans le Bergamasque, près du Lac d'Iseo, est le lieu de la naissance d'Ambroise Calepin. Il mourut à Bergame, où il fut enterré dans l'Eglise des Augustins.

CALIARI, (*Benoit*) frere du célèbre Paul Veronese. Il étoit Peintre & Sculpteur. Il a composé plusieurs des tableaux qui passent sous le nom de Paul son frere. Benoît étoit sans aucune espéce d'ambition; & bien-loin qu'il fût jaloux de la réputation de Paul, il peignoit la belle architecture, & la plupart des ornemens qu'on admire dans ses tableaux. Il étoit très-labourieux; il mourut en 1598, âgé de soixante ans. *Voyez* VÉRONESE.

Paul eut deux fils, *Charles* & *Gabriel*, tous deux Peintres de l'Ecole Vénitienne. Charles montroit de grands talens; mais sa trop grande application l'enleva à la fleur de ses ans, en 1596, âgé de vingt-six ans.

Gabriel fit sa principale occupation du commerce; il s'appliqua à la Peinture comme pour s'amuser. Il finit, avec Benoît Caliari, plusieurs tableaux de son pere. Il mourut en 1631, âgé de soixante-trois ans.

CALIXTE. Il y a eu trois Papes & un Antipape de ce nom. Le premier est Saint Calixte, qui succéda à Saint Zéphirin, en 219. Il bâtit une Eglise à Rome, où il étoit né, en l'honneur de l'Enfantement de la Sainte Vierge, dans l'endroit même où une ancienne tradition faisoit croire que se forma une fontaine d'huile le jour que la Vierge enfanta. Pendant la persécution, des Cabaretiers s'étoient établis dans ce lieu. Alexandre Sévere, qui protégeoit les Chrétiens, fit rendre cette place à Calixte: c'est aujourd'hui *Notre-Dame au-delà du Tibre*. Les Idolâtres le persécuterent à l'insu de d'Empereur, & le jetterent dans un puits, où il périt en 224. Il bâtit le Cimetiere, qui porte son nom: on lui attribue l'institution des Quatre-Temps.

Calixte II étoit François; il s'appelloit *Guy de Bourgogne*, fut Archevêque de Vienne en Dauphiné: il étoit le cinquième fils de Guillaume-le-Grand, Comte de Bourgogne. Il s'illustra dans son Eglise de Vienne; & après la mort de Galase II, il fut élu, pendant les funérailles de ce Pape, où il assistoit, à l'Abbaye de Cluni, au mois de Février 1119. Il refusa jusqu'à ce que son élection eût été ratifiée à Rome. Avant de quitter la France, il y tint des Conciles à Vienne, à Toulouse, à Rheims, à Rome. Il célébra, en 1123, le premier Concile général de Latran, dont l'objet étoit l'établissement d'une paix durable entre les Papes & les Empereurs. Il mourut le 13 Décembre 1124. Il est regardé comme un des plus grands Pontifes. On a de lui plusieurs Epîtres, un Livre de la vie des Saints. On lui attribue un Traité intitulé : *Thesaurus Pauperum, de contractibus illicitis, vita Caroli Magni.*

Calixte III, (*Alfonse* de Borgia) Espagnol, né à *Xativa*, dans le Royaume de Valence, professa d'abord le Droit Civil & Canonique à Lerida, fut Secrétaire d'Alfonse V, Roi d'Aragon, fut nommé à l'Evêché de Majorque, pour le récompenser du zèle avec lequel il s'étoit employé pour faire finir le Schisme d'Aragon. Il refusa cet Evêché : on l'obligea d'accepter celui de Valence. Eugene IV le fit Cardinal en 1444. Enfin il succéda à Nicolas V, en 1455, âgé de plus de soixante-quinze ans. Il suscita les Souverains de l'Europe contre le Turc, mais sans succès. Il mourut le 6 Août 1458.

L'Antipape Calixte s'appelloit Jean, Abbé de Strume. En lui finit le schisme, qui commença à l'Antipape Octavien, Cardinal de Sainte Cecile, qui prit le nom de Victor, élu par les Partisans de Fréderic contre Alexandre III. A ce Victor, succéda Gui de Cresme, sous le nom de Pascal III, élu par la même faction, qui, après la mort de Pascal, nomma l'Abbé de Strume. L'accord entre l'Empereur & le Pape s'étant fait au Concile de Venise, l'Antipape vint se jetter aux genoux d'Alexandre III, qui le pardonna.

CALUBINA, (*Dominica*) Jeune & belle fille de Castiglione, dans le Mantouan, dont on voit la statue sur la Place de cette Ville. Cette statue en marbre est au milieu du bassin d'une fontaine, sur un piédestal qui porte cette inscription, dont les deux derniers mots sont presqu'effacés par le temps *Dominica de Calubinis quòd maluerit mori quàm fœdari.* Voici l'explication historique de cette inscription. La jeune Calubine étoit sur le point d'épouser un jeune homme qui en étoit fort amoureux : les parens consentoient à ce mariage. Cet Amant impatient voulut anticiper sur les droits qu'il alloit obtenir dans peu de jours. La jeune fille se défendit; sa modestie irrita les désirs de son Amant; il voulut employer la violence: elle lui opposa la force. L'Amant, désespéré & furieux, la tua. Il fut pris, & le Prince François de Gouzague le fit écarteler; & pour immortaliser la mémoire de cette vertueuse fille, il fit frapper une médaille avec l'inscription qu'on vient de rapporter: bientôt après on lui éleva la statue qui est sur la Place.

CALVI, Ville dans la partie occidentale de l'Isle de Corse, est située sur une montagne escarpée sur le Golfe du même nom. L'Evêque de Sagona y réside; c'est une Ville très-agréable & bien fortifiée; elle est à treize lieues O. de la Bastie, seize N. d'Ajazzo, long. 26, 35, lat. 42, 30.

CALVI, Ville du Royaume de Naples, dans la Terre de Labour, avec Evêché suffragant de Capoue; elle étoit appellée dans l'Antiquité *Cales*, & l'on disoit qu'elle avoit été bâtie par *Calais*, fils de Borée. Il est parlé de cette Ville dans *Horace*, *Ciceron*, *Tite-Live*, *Virgile*. Elle est à cinq ou six lieues de Capoue; elle a soutenu un siége de la part des François & des Turcs, en 1555, & ils ne purent la prendre.

CALVI, (*Lazaro*) Peintre, né à Gènes en 1502, d'une famille de Peintres; son grand-pere, Marciano Calvi de Santa Agatha, vint de Lombardie s'établir à Gènes; il y eut Agostino Calvi, pere de Lazaro, qui n'eut pas de peine à les surpasser: il fut un des Eleves de *Perin del Vaga*, avec lequel il peignit le Palais Doria. Il étoit dévoré du démon de l'envie: cette passion l'anima sur-tout contre Jacques Borgone, jeune Peintre, en qui il connoissoit un talent supérieur au sien; il résolut de le perdre: mais il dissimula jusqu'à ce qu'il vît un moment favorable. Un soir qu'il étoit invité avec Borgone & quelques-autres Peintres, ayant apporté deux bouteilles, dont l'une étoit préparée, il but, & servit à ses camarades celle qui ne l'étoit pas; il servit de l'autre à Borgone, qui perdit l'esprit aussi-tôt. Le Prince Doria ayant employé différens Peintres à la décoration de l'Eglise de Saint Mathias, sans y avoir employé Calvi, il abandonna la peinture, & prit le parti des armes. Ses amis l'appaiserent & le ramenerent à la peinture, dans laquelle il eut d'heureux succès. Il mourut âgé de cent cinq ans, en 1607.

Pantaléon Calvi son frere, étoit aussi Peintre; il laissa quatre fils, qui suivirent la même profession, mais qui furent bien inférieurs à leur oncle & à leur pere: celui-ci mourut âgé de quatre-vingt-quatre ans. Les ouvrages de cette famille sont à Gênes.

CAMALDULES, (Montagne des) entre la Grote du Pausilippe & le Lac d'Agnano; c'est la plus haute des environs de Naples. L'Eglise, qu'on appelle *S. Marie Scala Cœli*, & qu'on appelloit *S. Salvadore à prospetto*, à cause de la vue admirable dont on y jouit, a changé de nom, au sujet d'un songe qu'eut Saint Romuald, Fondateur des Camaldules, il crut voir une échelle qui touchoit de la terre au ciel, que les Camaldules y montoient, & que la Vierge, qui étoit au plus haut, leur donnoit la main, & les recevoit.

Le bel Hermitage des Camaldules est vers les sources de l'Asne, à huit lieues d'Arezzo & quinze à l'orient de Florence; c'est là que Saint Romuald institua son Ordre, en 1009. Il y a dans les environs des Camaldules ou Camoldoli des montagnes si élevées, qu'on voit les deux mers qui bornent l'Italie. Ces Religieux se sont divisés en différentes branches, & s'établirent en différens Pays, toujours sous le nom des montagnes où ils furent institués. Ils suivent la régle de Saint Benoit; ils sont Hermites, & leurs Statuts portent que leurs Maisons doivent être éloignées de cinq lieues des grandes Villes.

CAMARANA, Bourg dans la Vallée de Noto, dans la Sicile. *Voyez* NOTO.

CAMBIAGI ou CANGIAGE, (*Luca*) Peintre, né à Montaglia, dans les Etats de Gênes, en 1527, de l'Ecole de Bologne, fut l'Eleve de son pere, qui cultiva ses heureuses dispositions. Pour l'obliger à travailler, il ne l'habilloit qu'à moitié. A l'âge de quinze ans, il fit des tableaux de sa composition; à dix-sept, il fut employé à de grands ouvrages publics: jamais Peintre n'eut autant de facilité. On en a de lui des tableaux & des dessins sans nombre. On auroit une bien plus grande quantité de dessins, mais sa femme & sa servante s'en servoient souvent pour

allumer

allumer le feu. Sa négligence lui a fait perdre beaucoup de tableaux ; ses domestiques lui en volerent un grand nombre. Etant devenu veuf, il devint amoureux de sa belle-sœur, & sollicita vivement la permission de l'épouser ; mais Gregoire XIII la lui refusa. Ayant été appellé en Espagne par Philippe III, il y alla dans l'espérance que le Pape accorderoit plus facilement la dispense qu'il demandoit à la sollicitation du Roi ; mais on lui dit que sa demande déplairoit à Philippe : il en fut si fort affecté, qu'il tomba dans le délire, & mourut bientôt après. On trouve par-tout de ses tableaux ; les principaux sont à Gênes & à l'Escurial. Il avoit une imagination vive & féconde, & peignoit indifféremment des deux mains. Cette grande facilité le faisoit tomber dans des incorrections de dessin & de pinceau qui font reconnoître ses ouvrages. M. le Duc d'Orléans possede trois de ses tableaux. Cambiagi a trois manieres, l'une est gigantesque & outrée, l'autre est vraie & naturelle : la troisieme est peu soignée. Il excelloit sur-tout dans le raccourci. Il étoit aussi Sculpteur, & il reste de lui plusieurs figures : le Guide & quelques-autres grands Maîtres ont gravé d'après lui. Il mourut à l'Escurial en Espagne, en 1585, âgé de cinquante-huit ans.

CAMBIATURE, *Cambiatura*, ou LE TRAPASSO, Calêche ou Chaise que l'on prend en divers endroits de l'Italie, moyennant une certaine somme, & que l'on change à chaque poste. Les postes sont ordinairement de huit à neuf milles ; les trois milles font une lieue de France. De Pise à Florence, on compte quinze lieues, ou cinq postes ; on a une Chaise de Cambiature pour quarante paules.

CAMERINO, *Camerinum* ou CAMARINUM, petite Ville autrefois dans l'Ombrie, aujourd'hui dans la Marche d'Ancône Les habitans de cette Ville sont appellés, dans les Auteurs anciens, *Camerices* ; elle est située entre *Macerata* & *Spolette* : elle a un Evêché suffragant du Saint Siége, & a eu autrefois titre de Duché. Voyez Tite-Live, au liv. III & liv. XXVIII, qui dit que les Camerices fournirent à Scipion six cents hommes pour aller avec lui en Afrique. Sa position est sur une montagne proche de l'Apennin. Outre cette Ville, il y a encore

Tome I. O

Camerino, qu'on appelle aujourd'hui Camerata, dans la Campagne de Rome.

CAMERLINGUE; (le Cardinal) c'est le premier Officier de la Cour de Rome. Une de ses fonctions, est, dès que le Pape est mort, de frapper à diverses reprises sur le front du défunt, en l'appellant par son nom. Comme il ne répond point, il prend toute sa suite à témoin de la mort du Pape. Après quoi il lui ôte l'anneau du pécheur, qu'il baise avec respect, & se retire. Pendant la vacance du Siége, il gouverne l'Etat de l'Eglise, fait battre monnoie à son profit, administre la Justice, publie des Edits, & marche en cavalcade, escorté de la Garde Suisse du Pape & de ses autres Officiers. Il est toujours le Président ordinaire de la Chambre Apostolique; & en cette qualité, il a parmi ses Officiers un Trésorier & un Auditeur Généraux, & douze Clercs de Chambre, Présidens de différens Tribunaux.

CAMISANO, petite Ville dans le Vicentin. *Voyez* VICENTIN.

CAMPAGNA, petite Ville au Royaume de Naples, dans la Principauté Ultérieure, avec titre de Marquisat, & un Evêché suffragant de Conza, auquel on a uni celui de *Satriano* ou *Satri*, Ville entiérement ruinée. Le Marquisat de Campagna appartient au Prince de Monaco. Il est à sept lieues E. de Salerne, & six S. O. de Conza, du côté de la mer, & produit d'excellens vins & de bonne huile.

CAMPAGNATICO, Bourg du Sienois. *Voyez* SIENNE.

CAMPAGNE HEUREUSE; c'est ainsi qu'on appelle la Terre de Labour, la Province la plus fertile du Royaume de Naples : on l'appelle aussi CAMPANIA.

CAMPAGNE DE ROME, (la) une des douze Provinces de l'Etat Ecclésiastique, presque dépeuplée. Ce défaut de population empêche que ce beau Pays ne soit cultivé; les terres y seroient très-fertiles en bled : mais les eaux croupissantes des marais Pontins rendent le terrein si humide, & le peu de terres qu'on y laboure sont si grasses & si mobiles, que les bœufs y enfoncent jusqu'au jarret. Il seroit cependant aisé de faire écouler les eaux au moyen des fossés; mais l'habitant se contente de cultiver pour sa subsistance.

Outre le défaut de population, la gêne qu'éprouve le commerce, jette le cultivateur dans le découragement ; on le force de porter ses grains à Rome, & de les vendre au prix auquel les Ministres en place le fixent. Les propriétaires s'en vengent, en restant dans l'inaction, & souvent abandonnent leurs biens pour aller chercher à Rome des places de domestiques. Ce défaut de culture, & cette terre marécageuse, rendent l'air très-mal sain; mais ce qui prouve qu'on pourroit tirer un grand parti de ce terrein, ce sont les maisons de campagne des Seigneurs & de quelques Cardinaux, qu'on y rencontre, & qui sont très-belles & très-bien cultivées.

La Campagne de Rome contient la plus grande partie de l'ancien *Latium* ; elle est bornée N. par le Teveronne, S. par la Méditerranée, N. E. par l'Abruzze Ultérieure, E. par la Terre de Labour: Rome en est la Capitale. Ses principales Villes sont Tivoli, Frescati, la Principauté de Palestine, Albano, Ostie, le premier Evêché de l'Eglise Romaine, affecté au Doyen des Cardinaux ; Veletri, Anagni, Castel-Gandolpho, Subiaco, Alatri, Veroli, Ferrentino, Sagni, Fronsinone, Lessa, Arda & les Marais Pontins, & sur ces marais qui sont à vingt-cinq milles au S. E. de Rome, & qui ont vingt-cinq milles de long, *Nettuno, Sesa, San Pietro,* Cisterna, *Case-Nove, Labadia, Terracina, San Donato, Affura, monte Circello* ; ces deux dernieres sont sur la mer.

CAMPANELLA, (*Thomas*) né en Calabre, Dominicain, qui, dans une dispute publique, eut le malheur d'avoir raison, & d'embarrasser un vieux Professeur de son Ordre, qui jura la perte du jeune homme. Il l'accusa d'avoir voulu livrer la ville de Naples aux ennemis, & de crainte qu'il n'échappât à cette accusation, il l'accusa d'hérésie. Campanella fut mis en prison, appliqué sept fois pendant vingt-quatre heures de suite à la question la plus rigoureuse. Son innocence triompha du supplice ; il fut justifié du crime de trahison ; mais l'imputation d'hérésie lui coûta vingt-sept ans de prison, dont Urbin VIII le fit sortir. Il vint à Paris en 1624 ; il fut protégé par le Cardinal de Richelieu. Il a composé plusieurs ouvrages de Philosophie & de Théologie : le plus important est son *Atheismus triomphatus*, imprimé à Rome, in-folio. On prétend qu'il eût été mieux intitulé *Atheismus triumphans*, parce que les objections l'emportent toujours sur les solutions. Il ne devroit être permis d'écrire contre l'Athéïsme, qu'aux génies les plus sublimes. Campanella mourut à Paris en 1639, âgé de soixante-onze ans.

CAMPANI, (*Matthieu*) Curé à Rome, étoit né dans le Diocèse de Spolette. Il est le premier qui ait écrit sur la maniere de préparer & de tailler les verres pour les lunettes, & c'est lui à qui on doit cet art. Il inventa la lanterne magique, & s'en servit d'abord pour marquer les heures. Il est Auteur des horloges à pendule, sans sonnerie, & de plusieurs autres inventions.

CAMPANUS, (*Jean-Antoine*) né en 1427, près de Capoue, sous un laurier, où sa mere, qui étoit une paysanne, accoucha de lui. Il commença par être Berger, puis Valet de son Curé, qui lui apprit le latin, ensuite Précepteur à Naples. Il se fit des amis puissans : Pie II récompensa ses talens par l'Evêché de Cortone, & ensuite par celui de Terano. Il fut chargé de commissions très-délicates par Paul II & Sixte IV. Il brilla par son éloquence à la Diete de Ratisbonne, & dans plusieurs autres occasions. Campanus avoit l'esprit très-vif. Il étoit fort aimé du Cardinal Bassarion ; un jour de sa fête, il lui donna un bouquet ; c'étoit une vingtaine de vers qui lui furent chantés par des Musiciens masqués : Campanus avoit parfaitement gardé l'anonyme. Le Cardinal, après avoir donné aux Musiciens autant de ducats qu'il y avoit de vers, s'approcha de Campanus, & lui dit, en lui prenant la main & lui mettant au doigt une bague de soixante ducats : *Où sont ces doigts qui ont écrit tant de mensonges de moi ?* Campanus, soupçonné par Sixte IV d'être entré dans une conspiration, mourut de chagrin & de maladie en 1477. On a de lui un volume d'Epîtres & de Poësies ; les vies d'André Bracchius & de Nicolas Piccini ; une édition de Tite-Live, & ses *Opera varia*, in-folio.

CAMPANIE, CAMPANIA, Province au Royaume de Naples,

connue aujourd'hui fous le nom de Terre de Labour-propre. *Voyez* La TERRE DE LABOUR.

CAMPI, (*Bernardin*) Peintre, né à Crémone dans le douzieme siécle, est moins connu par ses tableaux, quoique estimés, que par un ouvrage italien sur la peinture, imprimé à Crémone en 1580, in-4°. fous le titre de *Parere sopra la Pittura.*

CAMPI, (*Pierre-Marie*) né à Plaisance, Historien, vivoit dans le dix-septieme siecle. Il a fait une Histoire ecclésiastique de Plaisance en italien, qui fut imprimée dans cette Ville en 1661 & 1662, en trois volumes in-folio. On la loue pour son exactitude.

CAMPIGLIA, petite Ville du Pisan. *Voyez* PISE.

CAMPIGNANO, petite Ville du Pérugin, près du Lac de Trasimene. *Voyez* PEROUSSIN.

CAMPO, (*Antonio*) né à Crémone dans le quinzieme siécle, a écrit une Histoire de Crémone en italien, estimée. L'édition in-fol. de 1585 est fort recherchée, à cause des planches au burin, qui sont d'Augustin Carrache. Cette édition est très-rare.

CAMPO-BASSO, petite Ville dans le Comté de Molise, avec titre de Comté, qui appartient au Comte de Molfetta, de la Maison de Spinola : elle est riche & bien peuplée. Tous les ans il s'y tient une foire célebre.

CAMPO-BASSO, (le Comte de) Napolitain, s'étant mis au service de Charles, Duc de Bourgogne, fils de Philippe-le-Bon, conspira contre ce Prince, & le fit assassiner en 1477. *Voyez* Mezerai, Louis XI.

CAMPO DI FIORI, grande Place de marché à Rome. On y vend toutes sortes de grains, & quantité d'autres marchandises. Il s'y fait aussi des exécutions de criminels. Le *Campo Vaccino* est aussi un marché qui se tient deux fois la semaine : il est nommé ainsi, parce que c'est le marché des bêtes à cornes. C'étoit l'endroit où se trouvoient les plus beaux Palais de l'ancienne Rome : on appelloit ce quartier *Forum Romanum*, au bas du *Monte Palatino* & du *Monte Viminale*.

CAMPOLI, petite Ville au Royaume de Naples, dans l'Abruzze

Ultérieure, au N. E. d'Aquila. Son Evêché a été uni à celui d'*Ortona*.

CAMPO-LONGO, (*Æmilius*) Padouan, savant Professeur de Médecine dans l'Université de Padoue, & qui enseigna depuis 1578, qu'il fut nommé, jusqu'en 1604 qu'il mourut. Il connoissoit bien les Langues, & cultivoit les Belles-Lettres. Il s'attacha à la doctrine d'Aristote & de Galien. On a de lui plusieurs consultations, qu'on a recueillies, avec celles de plusieurs autres Médecins. Un Ouvrage intitulé *Methodus consultandi*; un autre *de Variolis*; & un troisieme de *Arthridite*.

CAMPO-MARONE, Village & premier poste du Milanois, en sortant du territoire de Gênes, à mi-côte dans l'Apennin, avant d'arriver à la *Bocchetta*.

CAMPO-MORTO, plaine considérable, près de la Trebia, à quelques lieues au S. O. de Plaisance. On prétend que ce nom lui est resté depuis qu'Annibal y défit une armée Romaine, dont la plus grande partie resta sur la place.

CAMPO-SANTO, Cimetiere considérable dans la ville de Pise; il est nommé ainsi, parce que les paysans apporterent dans cet endroit des terres de la Palestine, l'an 1228. C'est une espece de cloître, long de cent quatre-vingt-dix pas, & large de soixante-six. Il y a quantité de tombeaux. *Voyez* PISE.

CAMPO-SANTO, Village dans le Duché de Modene, sur la rive gauche du *Senaro*, célebre par la bataille qui s'y donna le 8 Février 1743; entre les *Espagnols* & les *Autrichiens*.

CAMPO-VACCINO, grand emplacement, ainsi appellé, parce que c'est là que se tient le marché aux Vaches, & qui fut autrefois l'endroit le plus fréquenté de Rome, & sur lequel la magnificence romaine sembloit avoir prodigué ses plus beaux monumens. C'étoit le *Forum* où les Romains tenoient leurs assemblées & recevoient les impressions de leurs Orateurs. C'étoit l'endroit le plus décoré de Rome; il s'étendoit dans le vallon, qui est entre le Palatin & le Capitole, de l'arc de Septime Severe, jusqu'à celui de Titus. Il étoit traversé dans toute sa longueur par la *Via Sacra*. Tarquin l'ancien entoura le *Forum* de beaux portiques, réservés aux femmes & aux personnes les plus notables de la République pendant les assemblées du Peuple, qui étoit rangé dans la Place. C'étoit là qu'étoit la Tribune aux harangues, élevée sur un piédestal entouré d'un balcon, au milieu duquel étoit un siége pour l'Orateur; elle étoit ornée de proues de vaisseaux pris sur les ennemis; le *Forum* étoit entouré de belles statues; on y voyoit celles de Sylla, d'Auguste & de Pompée; c'étoit-là qu'étoit le bâtiment élevé par le Roi Hostilius, où le Sénat & les Consuls s'assembloient, rebâti par Auguste; on y voyoit le *Comitium*, édifice, où le peuple convoqué par Comices, & les Chevaliers tenoient leurs assemblées; l'endroit où l'on conduisoit les Ambassadeurs avant leur entrée & après leur sortie du Sénat, & où ils attendoient ses décisions. Un autre bâtiment, où les Tribuns du Peuple prononçoient leurs jugemens. Là étoit le Temple de la Concorde, bâti par Camille, le Dictateur, où le Sénat s'assembloit dans les affaires importantes, décoré en dehors & en dedans des plus belles statues. Dans le *Forum* & dans les environs, occupés par le vaste *Campo Vaccino*, qui est aujourd'hui le Marché aux vaches, étoient le Palais des Césars, des Scipions, de Pompée; le Temple de Vesta; celui de la Victoire; l'arc de Septime Severe; le Temple de Saturne, celui de Janus, &c. &c.

CANALE GRANDE. Ce Canal, qui a la forme d'une S, partage Venise en deux parties, réunies par le beau Pont de *Rialto*. Ce Canal est bordé des deux côtés, des plus beaux édifices de Venise, de l'architecture la plus noble & la plus simple : la plupart du célebre Palladio. On y retrouve les belles proportions du style grec. Ces édifices, destinés à de simples particuliers, n'ont ni la majesté, ni la pompe des Palais de Rome; mais ils ont une élégance, une régularité & un goût qui séduisent & qui enchantent le spectateur.

CANARA, BRANDO & NONZA, sont trois Fiefs dans la Jurisdiction de Capo-Corso, dans la partie septentrionale de l'Isle de Corse. Ces Fiefs sont au S. de *Capo-Corso*.

CANAVESE. (*Il*) Le Canavois, pays du Piémont, entre la ville d'Ivrée & le fleuve du Pô, bornée par le Duché d'Aoste & le Verceillois. La riviere qui le traverse, charie, dit-on, des paillettes d'or. La ville d'Ivrée en est la Capitale. Ce pays étoit autrefois dans le Montferrat; mais depuis 1631, que le Duc de Mantoue le céda au Duc de Savoie, par le Traité de Quierasque, il fait partie du Piémont. Il est renommé pour ses excellens fromages. Le Canavese est une partie du Marquisat d'Ivrée.

CANETO, petite Ville dans le Duché de Mantoue, sur la riviere d'Oglio, a beaucoup souffert des siéges qu'elle a essuyés en 1701 & en 1705. Elle est à huit lieues O. de Mantoue, & sept lieues E. de Crémone.

CANGIANO, petite Ville au Royaume de Naples, dans la Principauté Citérieure, dans les Terres, *Voyez* NAPLES, Terre de Labour.

CANINI, (*Jean Ange & Marc-Antoine*) freres, Graveurs & Sculpteurs, nés à Rome dans le dix-septieme siécle. Ils firent de grandes études de l'antiquité. Jean Ange fut disciple du *Dominiquin*. Il dessinoit avec le plus grand goût les pierres gravées. L'un & l'autre étoient attachés au Cardinal Chigi. Jean Ange vint en France avec ce Prélat. Il fut présenté au grand Colbert, auquel il communiqua le dessin d'un ouvrage qu'il avoit commencé : c'étoit *une suite des images des Héros & des grands Hommes de l'antiquité, dessinées sur les médailles, les pierres antiques, & les autres anciens monumens*. Colbert approuva son projet, & engagea l'Artiste à dédier son Ouvrage à Louis XIV. Dès que Canini fut de retour à Rome, il se mit à l'ouvrage; mais la mort le surprit. Marc-Antoine Canini, son frere, qui étoit Sculpteur, continua l'ouvrage de Jean-Ange, & le publia en Italien en 1669. Il a été traduit & imprimé en François à Amsterdam en 1731. Etienne Picard le Romain & Guillaume Valet, ont gravé les figures de l'édition Italienne. Ils étoient alors à Rome. Outre la beauté & l'exactitude des dessins des Canini, on estime beaucoup & avec raison, les explications historiques & mithologiques dont les figures sont accompagnées.

CANINIO, (*Angelo*) né à Aughiari. Voici ce que M. de Thou dit de ce Savant, au livre 19 de son Histoire, sur l'année 1557. « Angelo Caninio mourut environ en ce temps-là : il étoit illustre par l'exacte connoissance qu'il avoit, non-seulement de la Langue Grecque, de la Latine & de l'Hébraïque ; mais encore de la Syriaque & de toutes les Orientales. Il fut long-temps, pour ainsi dire, vagabond, en enseignant toutes ces Langues en Italie, à Venise, à Padoue, à Bologne, & puis en Espagne : ensuite il fut Précepteur d'André Dudith de Hongrie, qui fut après cela en réputation par sa science & par ses ambassades. Il enseigna à Paris, & enfin étant entré domestique chez Guillaume Duprat, Evêque de Clermont, il finit sa vie & ses études en Auvergne ». Il ne reste de lui qu'une Grammaire Grecque & une Méthode pour apprendre les Langues Orientales, sous le titre d'*Institutiones Linguarum Syriacæ, Assyriacæ, & Talmudicæ, unà cum Æthiopicæ & Arabicæ collatione*. Ses autres Ouvrages n'ont point été recueillis.

CANNEVARI, (*Antoine*) né à Rome en 1681, il y a bâti l'Eglise des Stigmates, réparé l'Eglise de Saint Jean & Saint Paul, fait plusieurs dessins pour la Maison de Saint Jean de Latran, & pour la Maison du Chapitre de Saint Pierre. Tous ces édifices sont très-médiocres ; en Portugal, il construisit un acqueduc, où l'eau ne put jamais couler : il se retira à Naples, honteux de ses mauvais succès. Il y bâtit le Palais Royal de Portici, & le siège de Porteneuve, où s'assemble la Noblesse. Ces deux ouvrages sont moins mauvais que les autres. Ses mœurs étoient bien supérieures à ses talens. Il mourut à Naples très-âgé.

CANNICATINI, Bourg dans la vallée de Mazara, dans la Sicile. *Voyez* MAZARA.

CANOBIO, Bourg du Val d'Ossola, ou partie occidentale de l'ancien Comté d'*Angherra*, dans le Milanois Savoyard, est remarquable par le grand commerce de cuirs qu'on y fait.

CANOSA, sur l'Ofante, Ville & Comté dans le Royaume de Naples, & la Terre de Bari, avec Evêché uni à l'Archevêché de Bari, située sur une colline, au bas de laquelle coule l'Ofante, à cinq milles des restes de Cannes. Les Auteurs anciens parlent de cette Ville.

CANOSA ou CANOSSA, petite Ville & Comté dans le Modenois, proche le Duché de Reggio, sur la Lenza, à sept lieues au Midi de Parme. C'étoit autrefois une Forteresse de la Comtesse Mathilde.

CANOSA, Ville de la Terre de Bari, au Royaume de Naples, autrefois *Canusium*, que quelques Savans ont pris mal à propos pour Cannes, que Strabon, Pline, Tite-Live distinguent, & que Procope place à vingt-cinq stades de *Canusium*. Cette Ville est célèbre par la plus honteuse de toutes les soumissions. L'Empereur Henri IV avoit été excommunié par Grégoire VII. Il vint, en 1077, mendier son pardon, nuds pieds, au milieu de l'hiver, devant la porte du Palais du Saint Pere, & ce ne fut qu'après avoir fait ces démarches avilissantes, pendant trois jours consécutifs, que l'excommunication fut levée. Le motif de Henri étoit d'ôter aux superstitieux Allemands tout prétexte de murmure & de révolte.

CANTARINI, (*Simon*) dit PESARESE, parce qu'il étoit de Pesare, né en 1612. Il fut fort estimé du Guide, dont il imitoit la maniere si approchante de la nature. Le *Pesarese* a gravé beaucoup de ses compositions. Il marchoit avec tant de précision sur les pas du Guide, & avec tant d'exactitude, que les Connoisseurs confondent quelquefois leurs Ouvrages, du moins dans la gravure. Cantarini mourut à Veronne en 1648, n'ayant vécu que trente-six ans.

CANTAZARO, petite Ville au Royaume de Naples, située près du Golfe de Squillace, à une lieue de la Mer, & à sept S. E. de Nicastro, dans la Calabre Ultérieure, avec un Evêché. Cantazaro est la résidence du Gouverneur de la Province, & la patrie du savant François Albertini, Jésuite. C'est la Capitale de la Calabre Ultérieure.

CAORLÉ, Isle, Ville & Evêché du Dogado, dans l'Etat de Venise. Caorlé & Grado ont autrefois été dépendantes du Frioul: elles sont aujourd'hui dans le Dogado ou Duché. *Voyez* DOGADO.

CAPACCIO-NUOVO, petite Ville au Royaume de Naples, dans la Principauté Citérieure, à huit lieues de Salerne. Cette

Ville a titre de Comté, & appartient à la Maison Doria. Elle est près de la Mer, ainsi que *Castello à Mare*, ce qui rend l'une & l'autre fort sujettes aux inondations.

CAPILUPI, (*Lælio, Hypolite, Camille & Jules*) freres, nés à Mantoue, dans le quinzieme siecle. Ils furent Poëtes tous les quatre. Ils se sont rendus célebres par leurs Centons. Ce sont des Poëmes tout composés de vers, ou de parties de vers rapportées, tirés de différens Auteurs de l'antiquité, auxquels on donne un arrangement propre au sujet qu'on traite, & au sens qu'on veut exprimer. Lælio, qui étoit l'aîné des Capilupi, a fait des Poëmes dans ce genre, sur l'Origine des Moines, leur Regle, leur Vie, sur les Cérémonies de l'Eglise, sur le Mal de Naples. Lælio étoit né en 1498, & mourut en 1560. Hypolite, Camille & Jules, outre les Centons, ont composé d'autres Poësies, dont les expressions leur sont propres, ainsi que les pensées. Tous les Centons de Lælio & de ses freres, sont tirés de Virgile. On peut voir un exemple de ce genre de Poëme dans Ausonne, qui, des vers chastes de Virgile, a tiré, sans y ajouter une seule expression étrangere, un Poëme très-libre. Camille a fait un petit Livre intitulé les *Stratagêmes*, imprimé à Rome en 1572, dans lequel il décrit le massacre de la Saint-Barthelemi ; il est parsemé de singularités, d'idées fausses & de faits calomnieux.

CAPITANATE, une des trois Provinces, qui, avec la Terre de Bari & la Terre d'Otrante, forment cette partie du Royaume de Naples, appellée la Pouille. La Capitanate est aussi appellée la Province de Lucera. Elle nourrit beaucoup de bétail, quoique le pays soit sec & sablonneux. On fabrique beaucoup de draps à Lucera. Ses principales Villes sont *Manfredonia*, sur le Golfe de ce nom, avec un Archevêché, dont les suffragans sont Vieste & Troïa ; *Lesina*, sur un Lac ; *Mont-Saint-Ange* ; *Arpi-Termoli*, sur la Mer ; *Dragonara, Vulturara, Sansevino, Bovino* ; la Principauté d'*Ascoli-Salpe*. Les Isles *Tremiti* sont près de cette Province. On prétend que cette Province a pris son nom d'un Capitaine célebre que l'Empereur Basile y envoya. Elle a, au levant & au septentrion, la Mer Adriatique ; au couchant, le Comté de Molife; & au midi, la Terre de Bari, la Bafilicate & la Principauté Ultérieure; les Anciens appelloient cette Province *Apulia Daunia*.

CAPITOLE, (le) *il Capidoglio*, Fortereffe redoutable à l'Univers, d'où les Romains régloient le fort des Nations, n'eft plus qu'un lieu de paix, où, comme l'a dit M. de Voltaire,

Des Prêtres fortunés foulent d'un pied tranquile
Le tombeau des Catons & la cendre d'Emile.

C'eft encore le chef-lieu de Rome; fon nom lui fut donné d'une tête de cheval qui y fut trouvée en fouillant à une très-grande profondeur. La coline du Capitole eft la plus petite des fept. On l'appelloit le Mont Tarpeien; les Temples & les édifices dont il étoit orné font détruits; mais on a bâti fur leurs ruines trois beaux édifices féparés l'un de l'autre, & qui forment une grande cour quarrée ou place. L'édifice du fond eft l'Hôtel-de-Ville de Rome; c'eft le Palais du Sénateur, élevé fur des voûtes antiques, qui font les feuls reftes de l'ancien Capitole; ce font des murailles fortes & épaiffes qui furent bâties dans le temps même des Rois de Rome: on les appelloit *fubftructiones Capitolii*. La colline du Capitole a à peu près cent toifes du nord au midi, & de l'eft à l'oueft. Par toutes les places des édifices anciens du Capitole, il paroît que leur afpect étoit tourné du côté du *Forum Romanum*, au midi du côté de *Campo Vaccino*, au lieu qu'elle eft au nord. La colline avoit deux fommets, fur l'un étoit le Temple de Jupiter Capitolin, fur l'autre une efpece de citadelle; au milieu étoit un terrein un peu plus bas, appellé *Intermontium*: c'eft aujourd'hui encore la place du Capitole. On y monte par un large efcalier à rampe fi douce, que les carroffes y marchent fans peine, & que le Pape, avec tout fon cortege, y monte quand il va prendre poffeffion de Rome & du Vatican. Cet efcalier eft bordé de deux baluftrades, au bas defquelles font deux Sphinx Egyptiens, de bafalte ou marbre gris; ce font deux beaux Antiques: ils jettent de l'eau par la gueule dans deux cuvettes. Le chemin par où l'on monte au Capitole, eft le même que celui par où les Triomphateurs y arrivoient ; il y aboutit du *Campo Vaccino*, entre le Couvent d'*Ara Cœli* & les *Substructions*. Du côté de la Ville, la place du Capitole est fermée d'une balustrade de marbre, qui commence au haut de l'escalier, & qui est prolongée de droite & de gauche. Cette balustrade est fort décorée ; on y voit sur des piédestaux, à distances égales, les beaux trophées de Marius, trouvés sous le Pontificat de Sixte V, les statues colossales de Castor & Pollux, en marbre grec ; ils tiennent chacun un cheval par la bride ; ces deux statues sont au haut de l'escalier ; les deux fils de Constantin en marbre ; deux colonnes, l'une milliaire, qui étoit la premiere de la voie Appienne ; l'autre, de même hauteur, supporte une grande boule de cuivre doré, dans laquelle on prétend qu'étoient les cendres de Trajan. Au milieu de la place, en face de l'escalier, est la statue équestre en bronze de Marc-Aurele Antonin, plus grand que le naturel : c'est le plus bel Antique de ce genre qui existe. Totila la faisoit conduire au port d'Ostie, lorsque Belisaire la reprit ; elle fut retrouvée en 1475, dans un petit souterrein de la Place Saint-Jean de Latran : Paul III la fit transférer au Capitole. Les trois côtés de la place sont occupés par autant de bâtimens d'une très-belle architecture, exécutés sur les desseins de Michel-Ange, couronnés d'une balustrade ornée de statues. La cloche du Capitole, que l'on ne sonne qu'à la mort du Pape & dans quelques occasions extraordinaires, est dans une campanile au-dessus du bâtiment du milieu. Ce bâtiment est le Palais du Sénateur, dont la face est ornée de belles statues ; on y monte par un escalier à deux rampes, sur le devant duquel est une fontaine ornée de trois statues ; celle du milieu est la statue de la Ville de Rome, dans une niche ; les deux autres sont le Tibre & le Nil : la premiere est très-belle. Le Tribunal du Sénateur & des Magistrats est dans la grande salle ; on y distribue les Prix aux Eleves de l'Académie de Saint-Luc : on croit ce Palais bâti sur les débris de l'ancien *Tabularium* ou Archives de Rome. Cette salle est décorée des statues de Paul III, Gregoire XIII, Charles d'Anjou, de quatre colonnes antiques & de belles fresques. A droite, est le Palais des

Conservateurs, parce que ces Magistrats municipaux y tiennent leurs assemblées. Il y a une galerie couverte qui regne dans toute la longueur du Palais; il a cent soixante toises, & fut commencé en 1566. Cette galerie est soutenue d'un grand ordre de colonnes Doriques, portant un second ordre Corinthien plus léger, avec une riche corniche, couronnée d'une balustrade. Sous la porte d'entrée, est la statue de Jules-César; & vis-à-vis, celle d'Auguste, antiques: la derniere fut érigée après la bataille d'Actium. Dans la cour, sont des débris de statues colossales, entr'autres, deux pieds d'Apollon, statue amenée d'Asie, qui devoit avoir trente coudées de hauteur; une tête de Commode, dont la statue est estimée à quarante pieds; la tête de Domitien, d'une proportion plus colossale que tout le reste. Quant aux autres statues de la plus grande beauté, *voyez* ROME. La colonne rostrale, en l'honneur de *Duilius*, après la premiere victoire navale remportée par les Romains, est un des plus beaux monumens de l'Antiquité. La grande salle est décorée par de belles fresques, du Cavalier d'*Arpino*, représentant différens traits de l'Histoire Romaine; des statues de Leon X, de Sixte V, en bronze, & d'Urbin VIII, par le Cavalier Bernin, & le buste de Christine, en marbre. La seconde piéce est peinte à fresque par Lauretti Sicilien, & représente la suite de la même Histoire; elle est décorée de statues des Gonfaloniers de l'Eglise. C'est dans la troisieme piéce qu'est la louve, frappée de la foudre le jour de l'assassinat de César; on voit dans la même salle la statue de Brutus le Consul, faite & placée au Capitole par ordre du second Brutus: les fresques de cette salle sont de Daniel de Volterre. La quatrieme salle est ornée de fragmens des fastes consulaires, mis en ordre par Verrus Flaccus, Grammairien, Précepteur des petits-fils d'Auguste, & de très-beaux antiques. Dans la cinquieme, deux oies antiques de bronze, fondues en mémoire de celles qui sauverent la Capitale de l'invasion des Gaulois; une belle tête d'Apollon Grec, la Sapho, Scipion l'Africain, &c. Dans la sixieme & septieme, une très-grande quantité d'antiques précieux, & une sainte Famille, de Jules Romain. Cette belle collection est suivie de celle que Benoît XIV y a faite. *Voyez* MUSÆUM. Elle occupe le bâtiment qui fait face à celui des Conservateurs. Ce ne sont pas les seules richesses dont ce savant Pontife ait fait présent au Capitole. Aux peintures qui y étoient déjà, il a ajouté celles des Palais *Sachetti* & *Pio Carpi*. Il plaça ces tableaux dans deux salles qu'il fit construire du côté même du Palais des Conservateurs. Dans la premiere, qui est au-dessus des Archives, en face de l'entrée, est le buste de Benoît XIV, par Verchafeldt. Les plus belles peintures de ces deux salles sont Remus & Romulus, allaités par la louve, de *Rubens*, qui a peint le paysan qui les découvre; un geai qui porte des cerises aux deux enfans; Agar chassée de la maison d'Abraham, par *Francisco Mola*; l'enlevement des Sabines, de *Pierre de Cortonne*; une ame bienheureuse, qui quitte la terre pour s'envoler au ciel, du *Guide*; un trait de lumiere part de la gloire, & couvre la partie supérieure de la figure, dont les couleurs naturelles sont éclipsées; une sainte Famille, du *Titien*; le triomphe de Flore, du *Poussin*; Loth & ses filles dans la grotte; Bethsabée dans le bain, du *Palma*; David coupant la tête à Goliath, de *Romanelli*; une Sainte Catherine recevant l'anneau, du même; une Vierge adorant l'Enfant-Jesus; le triomphe de Bacchus; la bataille d'Arbelle, tableau précieux; ces belles compositions de P. de Cortonne; Saint Sebastien, Saint Jérôme; la Fortune, du Guide; une Sainte Famille, & Sainte Catherine, du *Garofoli*; le repas chez Simon le Magicien, de Madame Subleyras; la Sybile physique; Cléopâtre aux genoux d'Octave; un Saint Jérôme s'éveillant au son de la trompette, du *Guerchin*; Sainte Hélène devant la croix, soutenue par un Ange; l'enlevement d'Europe, de Paul Veronese; Sainte Elizabeth présentant Saint Jean à la sainte Famille, de Mignard; la Vanité, suivant ce mot de Salomon, *omnia vanitas*, représentée par une femme nue couchée sur un lit, ayant à ses pieds un sceptre, une couronne, une corne d'abondance, d'où sortent des bijoux & des piéces d'or, du Titien; Dalila qui persuade à Samson de se laisser couper les cheveux, du jeune *Palma*; la vente de Joseph par ses freres, de P. *Testa*;

une fainte Famille, du *Giorgion*; une boutique de Chauderonnier; un couronnement d'épines, vu à la lumiere, de Baffan; une Annonciation, du *Carcellino*; une fainte Famille, avec Saint Jérôme & Sainte Catherine, de *Calvart*, maître du Guide; la femme adultere, d'*André del Sarto*; une Bohémiene difant la bonne aventure à un foldat, de *Michel-Ange*; le mauvais Riche à table, du Cavalier *del Cairo*, Milanois; Jefus couronné d'épines, du *Tintoret*; un Ange préfentant Saint François à la Vierge, de l'un des Carraches; un Saint Jean, du *Parmefan*; le frappement du rocher, de *Luc Jordans*; la femme adultere, de Raphaël, d'autres difent de *Gaudentio*, de Ferrare; une Sainte qui eft en contemplation, du *Dominiquin*; une Judith, rendant grace à Dieu après fon triomphe, du *Guide*; Polixene facrifiée par Pirrhus fur le tombeau d'Achille, par Pierre de Cortonne; deux batailles, du Bourguignon; un payfage, du *Dominiquin*; la Samaritaine, d'Annibal Carrache; un foldat qui fe repofe, de *Salvator Rofa*. Il y a un nombre infini d'autres tableaux.

Outre ces deux falles, il y en a une troifieme appellée *Academia del Nudo*; c'eft une Ecole de Deffin fur le nud, où les Eleves étudient d'après le modele; il leur eft permis d'aller dans la galerie ou falle des tableaux, copier tout ce qui leur plaît; il leur eft défendu feulement d'appliquer des papiers huilés fur les figures pour en prendre plus facilement le deffin. Un Garde eft prépofé pour ouvrir aux Eleves, & veiller à l'obfervation des réglemens. Benoît XIV a établi des fonds pour l'entretien de l'Académie, pour les Prix qu'on y diftribue, & pour le Profeffeur, tiré de l'Académie de Saint-Luc. Le modele eft toujours un des plus beaux hommes.

Le Capitole moderne eft formé des trois bâtimens dont on vient de parler : mais ils n'occupent pas tout le Mont Capitolin : plufieurs maifons rempliffent le refte du terrain, fur-tout derriere le Palais des Confervateurs. C'eft par là que les Gaulois efcaladerent le Capitole : c'étoit la partie la plus élevée. Cet endroit eft borné par le bord de la roche Turpienne, d'où l'on précipitoit les criminels. Outre l'élévation de la colonne,

il

il y avoit au bas un précipice qui a été comblé, & sur lequel on a bâti. Malgré ces bâtimens, cette roche est encore très-haute & fort escarpée; on descend par un petit escalier jusqu'au bord du Tibre. Derriere le *Museum*, est l'Eglise d'*Ara Cali*, ainsi appellée d'un autel élevé par Auguste. Cette Eglise & le Couvent des Cordeliers, sont bâtis sur l'emplacement du Temple ancien de *Jupiter Capitolin*, où les Triomphateurs venoient rendre grace aux Dieux de ce qu'ils avoient daigné se servir de leur bras pour agrandir la puissance Romaine & augmenter la gloire du nom Romain : ils prioient le Ciel de conserver Rome, de lui accorder ses faveurs, & de la protéger. Le Temple de Jupiter Capitolin n'étoit pas le seul qu'il y eût sur cette colline; il y en avoit plusieurs autres consacrés à Jupiter enfant, à Junon, à Minerve, à Vénus, à la Fortune, à Saturne, aux Divinités Egyptiennes. Le dernier monument qui y fut élevé, est l'*Athænæum*, Ecole décorée de portiques & de colonades; mais quelque solides que fussent ces constructions, les Goths, soit par jalousie, soit par ignorance, ou par férocité, détruisirent tout; de sorte que du temps de Saint Jérôme, le Capitole n'étoit qu'un monceau de ruines.

Le seul bâtiment particulier un peu considérable qu'il y ait sur le Capitole, est le Palais Caffarelli, élevé sur les dessins de Gregorio *Canonica* : il y a deux pavillons de Vignole.

Autour de la colline, où sont *S. Nicolo in Carcere* & *Sancta Maria in Campitalli*, étoit le portique d'Octavie, qu'Auguste fit bâtir, dans l'enceinte duquel étoit le Palais Metellus, & deux Temples, l'un desquels a été le premier qui eût été bâti en marbre.

On a plusieurs descriptions de l'ancien Capitole : mais on a beaucoup donné aux conjectures. On ignore encore si le Temple de Jupiter Capitolin étoit sur la cime orientale, ou vers la roche Tarpeienne. On a prétendu déterminer à deux cents pieds de long & autant de large l'étendue du Temple. Tout ce qu'on sait, c'est que Sylla l'avoit décoré de colonnes Grecques du Temple de Jupiter Olympien; qu'il fut brûlé sous Vetellius, & rebâti sous Vespasien, & ensuite sous Domitien, qui fit transporter des colonnes d'Athènes dont il l'orna. La statue du Dieu le représentoit assis, la foudre dans une main, la lance dans l'autre; elle fut d'abord de terre cuite, ensuite on la fit d'or. Valere Maxime dit que Scipion l'Africain avoit une statue auprès de celle de Jupiter. Hieron, Roi de Sicile, y avoit consacré une statue d'or de la Victoire, pesant trois cent vingt livres romaines. C'est-là qu'étoient les trophées des Vainqueurs, les dépouilles des Vaincus; une quantité immense de présens faits par les Consuls, les Généraux, les Rois, les Empereurs, les tables de bronze, au nombre de trois mille, sur lesquelles étoient gravés les principaux événemens & les loix de la République. Les portes du Temple étoient de bronze, ornées de lames d'or. Au-dessous du Temple étoient les livres de la Sybile de Cumes, enfermés dans une pierre, sous la garde des Décemvirs; ils furent brûlés dans l'incendie du Capitole, cent soixante-huit ans avant J. C. On voyoit sur le Capitole l'arc de Scipion l'Africain; celui de Néron, &c. le *Tabularium*, où l'on conservoit les actes, les loix, les priviléges de la République. Le Capitole étoit si rempli de statues, que l'Empereur Auguste en fit transporter un grand nombre au Champ de Mars.

Les Triomphateurs, en descendant du Capitole, avoient devant eux le *Forum Romanum*, décoré des plus superbes édifices; c'est aujourd'hui le *Campo Vaccino*, où il ne reste que des ruines. Le Forum remplissoit le vallon qui est entre le Mont Palatin & le Capitole, depuis l'arc de Septime Sévere jusqu'à celui de Tite. On y voit encore quelques vestiges du Temple de la Paix & de ceux de la Concorde, du Soleil, de la Lune, du Jupiter Stator: le lieu où fut le Lac de Curtius entierement comblé. Ce qui y reste de plus entier, est le vestibule du Temple de la Concorde; il est formé de six colonnes de granite oriental, d'ordre Ionique, qui portent un fronton de très-bon goût. Le Sénat s'assembloit souvent dans ce Temple pour les affaires les plus importantes de la République. Les Chevaliers Romains, assis sur les degrés du vestibule, veilloient à la sûreté des Magistrats, assemblés dans l'intérieur du Temple: les plus puissans Rois de l'Asie s'honoroient d'y être admis. La statue de la Victoire étoit placée sur le comble du Temple, qui étoit orné en dehors & en dedans des plus belles statues.

Les restes des premieres prisons, bâties à Rome par le Roi Tullus, se voient au bas du Capitole. Au-dessous de l'Eglise de Saint Joseph, est un édifice antique souterrain, dans lequel on prétend que Saint Pierre & Saint Paul furent enfermés avant d'être conduits au supplice. On y a bâti une Chapelle, dans laquelle on descend par un petit escalier de pierre, étroit & obscur, dans un cachot, dans lequel est une petite fontaine, qui sortit, dit-on, de terre lorsque Saint Pierre voulut baptiser Processe & Martinien. On appelle encore ces prisons *Carcere Tulliano*. On croit que c'est-là qu'on enfermoit les Princes destinés à la mort, après avoir servi à la pompe des Triomphateurs.

CAPIVACCIO, (*Jérôme*) un des plus grands Médecins du seizieme siécle, célèbre dans toute l'Europe par ses connoissances dans les Langues, les Belles-Lettres, la Philosophie & dans toutes les parties de la Médecine. Il fut pendant trente-cinq ans Professeur dans l'Université de Padoue, & refusa au Grand-Duc de Toscane d'aller professer à Pise, malgré les grands avantages qu'il lui faisoit. Son unique motif étoit qu'il devoit ses talens à sa patrie ; il y mourut en 1589. Il a laissé entr'autres Ouvrages, *Medicina pratica*, lib. VII, *de methodo Anatomica, de differentiis doctrinarum*.

CAPO-CORSO, Jurisdiction de l'Isle de Corse, à la partie septentrionale de cette Isle. Capo-Corso est presqu'environné de de la mer. Rolliani, petite Ville dans les Terres, & Alisio sur la mer, sont les deux seules Villes un peu remarquables de cette Jurisdiction.

CAPO-D'ISTRIA, Ville située dans le Golfe de Trieste, & Capitale de l'Istrie. Cette Ville appartient aux Vénitiens. L'air y est mal sain, & grossier ; le pays produit une grande quantité de marbres & une pierre blanche & dure, dont les bâtimens publics, les palais, le pavé, les ponts de Venise sont construits. Il y a plusieurs marais salans dans l'Istrie, qui font son principal revenu, avec les vins & les huiles, qui font l'objet de son commerce.

Capo-di-Monte, Château du Roi de Naples, que le Roi d'Espagne avoit commencé de faire bâtir, & qu'il a été forcé d'abandonner à cause du peu de solidité des fondations, ou plutôt pour le Palais de Cazerte. Les Entrepreneurs étoient deux hommes très-ingénieux, mais qui n'avoient aucun principe d'architecture : leur goût leur fit imaginer un très-beau plan, ils l'exécutèrent, & ne s'apperçurent qu'ils avoient bâti sur un terrein mobile & creux, que lorsqu'il ne fut plus temps d'y remédier, qu'en faisant des constructions souterreines & des appuis, qui coûtèrent plus que le Château. Ces travaux souterrains sont immenses. Néanmoins le Palais est très-beau, il a dix-sept croisées de face sur neuf de profil; mais il n'est pas achevé : l'architecture en est très-bien entendue. Le Roi y a renfermé un très-beau cabinet d'histoire naturelle; une riche collection de tableaux; une bibliothéque précieuse, & une suite de médailles en or, en argent & en bronze, qui paroît complette. Parmi les tableaux, il y en a de Raphaël, du Correge, du Parmesan, du Schidone, des Carraches, & du meilleur temps de ces Peintres. On y admire aussi des miniatures peintes sur vélin de *Dom Jules Clavio*; un tableau représentant Leon X entre deux Cardinaux, copie faite par André del Sarto, du tableau de Raphaël, si ressemblant à l'original, que Jules Romain en la faisant admirer à André lui-même, lui disoit qu'il reconnoissoit bien les touches de Raphaël son Maître, & qu'on s'appercevoit des draperies auxquelles lui Jules avoit travaillé. Les plus fins Connoisseurs qui ont vu l'original au Palais Pitti, à Florence, ne savent pour lequel se décider. On y voit encore une sainte famille, de Raphaël; huit tableaux des Carraches; cinq du Schidone; la Danaé du Titien; deux tableaux, de Palma; les quatre saisons, du Bassan; quatre tableaux, de Ricci; le combat des Amazones, du Brescian; un repos en Egypte, du Parmesan; plusieurs autres de Carle Maratte, d'Albert Durer, des deux Jordans, de Rubens, du Guide, de l'Albane, de l'Espagnolet, de Michel-Ange, de Jules Romain, de Tempesta

& dans ce même cabinet, on voit une statue Egyptienne, de Basalte, avec des hiéroglyphes : une coupe d'Agathe, onyx oriental, de huit pouces de diametre, sur un pouce deux lignes de profondeur, dont le dedans est un camée gravé en relief : ce morceau est unique dans son genre. Parmi les curiosités naturelles, on remarque un morceau de crystal de roche pesant deux mille. Le médailler est un des plus beaux d'Italie, & aussi rare que celui de Florence. La bibliothéque contient beaucoup de livres rares, peu de manuscrits, mais très-précieux.

CAPONI, (*Pierre*) Magistrat de Florence, mérite une place honorable parmi les Héros. Charles VIII, Roi de France, passant par la Toscane, demanda aux Florentins de lui fournir de l'argent pour son expédition de Naples, & exigeoit qu'on lui donnât une certaine autorité dans la République. Caponi fut député vers Charles, qui marchoit avec une armée formidable. Un Secrétaire du Prince lisoit devant Caponi ces conditions humiliantes, & Charles prétendoit être obéi : les Députés Florentins étoient dans la plus grande crise. Caponi, d'un air fier & menaçant, arrache brusquement le papier des mains du Secrétaire, le déchire avec fureur, en disant à Charles : *Eh bien ! faites battre le tambour, & nous allons sonner nos cloches : voilà ma réponse : il sort*. Charles & sa Cour ne douterent point que l'audace de Caponi ne fût soutenue & autorisée par des troupes toutes prêtes, on le rappelle, & on le laisse le maître des conditions.

CAPOUE, CAPUA, dans le Royaume de Naples, distante de cinq lieues de cette Ville, Capitale de la Terre de Labour, à trois quarts de lieue de l'ancienne Capoue, si célebre par le séjour qu'Annibal y fit après la bataille de Cannes. La nouvelle Capoue a environ cinq mille habitans, & est située sur le Volturno, entourée de fortifications, & très-bien gardée.

L'ancienne Capoue, si renommée par ses délices, étoit si puissante & si considérable, qu'on la comparoît à Rome & à Carthage. Elle proposa aux Romains, que chaque année un des Consuls fût pris à Capoue. Après la retraite d'Annibal, elle fut si fiere d'avoir amolli le courage de ses Soldats, qu'elle s'égala à Rome, qui se vengea de tant d'orgueil. Les uns font remonter son origine aux Tyrrhéniens, chassés des bords du Pô par les Gaulois, environ cinq cent vingt-quatre ans avant Jésus-Christ; d'autres, & sur-tout Pline, Suétone, & Virgile, lui donnent Capys, Compagnon d'Enée, pour Fondateur. Les Samnites s'en emparerent, & les Romains en chasserent les Samnites. Elle étoit si agréable, qu'on lui donnoit les noms de *Capua dives*, *Capua amorosa*, *Capua felix*. Trois cent quarante-trois ans avant Jésus-Christ, la garnison Romaine qui y avoit hiverné, en trouvoit le séjour si délicieux, qu'elle avoit formé un complot pour s'en emparer. Elle étoit située dans une plaine agréable & fertile de la Campanie, que Ciceron appelloit le plus beau patrimoine du Peuple Romain, le séjour de l'orgueil & le trône de la débauche. Ces belles campagnes produisoient les vins de Falerne & de Massique, le Cecube, le Celene, l'huile de Venafre: Polybe en fait le plus grand éloge. Séduits par Annibal, qui promit aux Capouans de faire de leur Ville la Capitale de l'Italie, ils prirent son parti; les Romains mirent le siege, cinq ans après devant Capoue, la prirent; firent le Peuple esclave; le vendirent à l'encan; disperserent les Citoyens; firent décapiter les Sénateurs, après les avoir battus de verges: & Vibius Virius, qui étoit à la tête du parti d'Annibal, s'empoisonna avec quelques-uns. Capoue fut entiérement ruinée par les Vandales, rétablie par Narsès, & détruite par les Lombards. Elle est dans le lieu appellé aujourd'hui *Santa Maria d'elle Grazie*. On y voit des restes d'édifices antiques, qui laissent juger de leur magnificence & de la grandeur de la Ville. L'Amphithéâtre étoit encore plus décoré que celui de Rome, & bâti dans le même goût, c'est-à-dire, quatre ordres d'Architecture; sur l'Architecture du premier au second ordre, les têtes de toutes les Divinités du Paganisme étoient représentées en relief; entre le second & le troisieme, étoient leurs bustes; entre le troisieme & le quatrieme, leurs statues: ce goût paroît assez singulier. Il ne reste qu'une partie de la décoration du premier ordre, le reste est méconnoissable.

La nouvelle Capoue a été bâtie dans le neuvieme siécle par

Landulphe, Evêque de Capoue, & par le Comte Landon, Lombards; ils y employerent les ruines de l'ancienne Capoue; ils la situerent sur les bords du Vulturne, au pied du mont Tifates, aujourd'hui Saint Nicolo. Elle fut assiégée par les troupes de l'Empereur d'Orient pendant quarante jours; mais elles furent obligées de lever le siege. Cette nouvelle fondation languit; mais Dom Carlos en a fait une place considérable, & bien fortifiée. Elle a de l'apparence au dehors; mais, à l'exception de quelques quartiers assez bien bâtis, & de quelques belles maisons, c'est une Ville assez ordinaire.

L'Eglise de Capoue fut érigée en Archevêché par Jean XIV en 968. La Cathédrale paroît antique, à cause des matériaux pris dans l'ancienne Capoue, dont on s'est servi en la construisant; elle est petite, agréable, & soutenue par des colonnes de granite de différentes proportions. On y voit un tableau de Solimene fort estimé, quoique d'un dessin bizarre; l'Enfant Jésus, dans les bras de sa mere, sourit à Saint Etienne, qui lui présente les pierres dont il a été lapidé; Saint Augustin lui offre son cœur, & une Sainte lui montre le bout d'une corde qu'elle a au col. Il y a au maître-autel une Assomption, du même. Dans l'Eglise souterreine, on voit sur l'autel une demi-figure de Notre-Dame de Pitié, par le Bernin, en marbre. Au milieu de l'Eglise, est une figure de Jésus-Christ dans le tombeau, du même Artiste: le Christ est en marbre, de grandeur naturelle, couché sur le Suaire, la couronne d'épines à ses pieds. Il y a encore trois tableaux, de Francischetto, & un mausolée avec un bas relief antique, représentant la châsse de Méléagre.

La simplicité de l'Eglise de l'Annonziata a fait croire que c'étoit un Temple antique. Les maisons de cette nouvelle Ville offrent beaucoup de marbres, d'inscriptions incrustées dans les murs, & des têtes en bas reliefs, sculptées sur les clefs des arcades. Il y a plusieurs Villages dans les environs de Capoue, dont les noms désignent l'origine; tels sont *Martianese*, d'un Temple dédié à Mars; *Ercole*, de celui d'Hercule; *Curtis* du mot *Curia*, ancien Palais; *Casa pulla*, d'un Temple d'Apollon. Il y avoit entre Capoue & Caserte un Temple de Jupiter Tiphatin, & de Diane Tiphatine, il n'en reste plus de vestiges : à la place du second, est l'Abbaye Saint Ange. On appelle Monti-Tiphatini, les montagnes des environs de Capoue & de Caserte. La population de Capoue est de dix à douze mille ames, sans compter la garnison.

Les Villes Episcopales dépendantes de la Métropole de Capoue sont, *Calvi*, *Caserta*, *Carinola*, *Caiazzo*, *Telese*, *Tiano*, *Sessa*, *Alifi*, *Venafra*, *Fondi*, *Gaeta*, *Aquino*, *Sora*. Elle a dans son territoire l'Abbaye du Mont Cassin.

CAPRAÏA, petite Isle entre la Corse & l'Italie, dans la mer de Gênes : elle étoit appellée par les Anciens Ægilon, Ægilium, Capraria, Capræsia. Elle fut habitée dans les premiers temps du Christianisme par de saints Moines. Les Génois en dépouillerent, en 1507, *Giacopo de Maro*, qui en étoit Seigneur, & l'ont conservée jusqu'à ces derniers temps. Elle a environ six lieues d'étendue, elle est très-agréable.

CAPRAROLA, petit Village au-dessus de Ronciglione, dans le Patrimoine de Saint Pierre. Il n'y a de remarquable que le superbe Palais du même nom, qui appartient aux Princes Farnese, le Cardinal Alexandre Farnese le fit bâtir dans le seizieme siecle : c'est un des plus beaux châteaux de l'Italie : il est situé sur une montagne : c'est l'ouvrage du célebre Vignole. Il forme une citadelle de figure pentagone ; les cinq faces sont égales ; la cour qui est au milieu est parfaitement ronde, ainsi que les corridors & les galeries qui l'environnent, quoique les salles soient quarrées & bien proportionnées. Les Peintures sont de Pietro Orbista, Peintre en réputation sous Paul III. Chaque appartement a quelque chose de particulier ; dans l'un, il y a un sallon, où quatre personnes, placées chacune à un angle, le visage tourné vers la muraille, peuvent converser en parlant très-bas, sans être entendues de celles qui sont dans le sallon. Il y a dans le Château vieux de Meudon, une salle qui a la même propriété. Dans une autre chambre de Caprarola, si quelqu'un frappe du pied quand il est au milieu, ceux qui sont au-dessous jureroient qu'on y a tiré un coup de pistolet. Caprarola est à six lieues de Rome.

CAR

Capri, Caprée, Isle de la mer Tyrhienne, au Royaume de Naples, vis-à-vis de Sorrento, célebre autrefois par la retraite & par les débauches de Tibere. Cette Isle a environ trois à quatre lieues de circuit : elle n'est abordable que par un seul côté : le séjour en est si délicieux, que cet Empereur le regarda comme le plus propre à la vie voluptueuse dans laquelle il se plongea : il y bâtit douze maisons de plaisance. L'Evêché de Capri, suffragant d'Amalfi, est appellé l'Evêché des Cailles, à cause de la prodigieuse quantité de cailles qu'il produit, & qui font partie du revenu de l'Evêque, qui est très-considérable. Cette Isle avoit autrefois deux Villes, elle n'a plus que Capri, qui en est la Capitale.

CARACCIO, (*Antoine*) Baron Romain, Poëte, vivoit dans le dix-septieme siecle. Ses Poësies sont Italiennes ; elles eurent de son temps beaucoup de réputation. Sa plus belle Tragédie est *Corradin*, imprimée à Rome en 1694. Il a fait un Poëme épique sous le titre d'*Imperio Vindicato*, en quatre chants, imprimé à Rome en 1690, in-4°. Les Italiens le placent immédiatement après l'Arioste & le Tasse ; mais il y a de l'exagération dans cet éloge.

CARACCIOLI. Famille illustre de Melphes. Parmi les grands personnages qu'elle a produits, Jean Antoine le dernier fut Abbé Régulier de Saint Victor de Paris : son inquiete sévérité le rendit dur & tyrannique envers ses Confreres. Il permutta son Abbaye en 1551, avec l'Evêque de Troyes. Il avoit composé un Ouvrage qui lui fit honneur, sous le titre de *Miroir de la vraie Religion* ; mais il finit par prêcher le Calvinisme à ses Diocésains, & par se marier. Il mourut, également méprisé des Calvinistes & des Catholiques, à Châteauneuf sur Loire, en 1569.

César Eugenio Carraccioli composa, dans le dix-septieme siecle, entr'autres Ouvrages, une Histoire Ecclésiastique de Naples, en Italien, imprimée in-4°. en 1654 : elle a été augmentée par Charles Lellis : elle est rare.

CARACHE. *Voyez* CARRACHE.

CARAFE, Maison illustre d'Italie. Le Cardinal Antonio

Carafe dans le seizieme siecle, mérita, par son savoir, le choix que Sixte V fit de lui, pour présider à l'édition de la Bible grecque qui parut à Rome, avec la Préface & les Scholies de P. Morin, in-folio. Cette Bible est rare & fort recherchée.

CARAGLIO, (*Jean-Jacques*) Graveur, originaire de Vérone, a vécu dans le seizieme siecle. Il commença par graver au burin sur le cuivre, & alla très-loin dans cet art. Les estampes qui restent encore de cet Artiste sont fort estimées & font regretter qu'il n'ait pas continué; mais il crut que la gravure en pierres fines avoit quelque chose de plus noble. Il abandonna donc son premier genre, & se livra tout entier à l'autre: il y réussit supérieurement: il grava aussi des médailles. Sigismond I, Roi de Pologne, l'attira à sa Cour, honora son talent, & accabla cet Artiste de bienfaits & d'honneurs.

CARARI, CARARA, petite Ville de la Toscane, au pied de l'Apennin. C'est de ses carrieres que se tire le plus beau marbre qui soit en Italie.

CARAVAGGIO, Village dans le Milanez, à trois lieues de Milan, est remarquable par la Bataille que François Sforce remporta sur les Vénitiens, en 1446, & par la naissance du célebre Peintre de ce nom. *Voyez* MICHEL-ANGE. Cet endroit, qui a titre de Marquisat, appartient à la Maison de Sintzendorf. Caravaggio est situé sur la frontiere du Bergamasque.

CARCHERE, Bourg de la Province d'Acqui, dans le bas Mont-Ferrat, au Piémont. *Voyez* MONT-FERRAT.

CARDA, Bourg du Duché d'Urbin, dans l'Etat de l'Eglise. *Voyez* URBIN.

CARDAN, (*Jerôme*) né à Pavie, en 1501. Sa mere, qui l'avoit eu n'étant pas mariée, chercha à se faire avorter; les remedes qu'elle employa n'opererent d'autre effet que de donner à son fruit naissant des cheveux noirs & frisés; il eut un esprit pénétrant, mais un caractere inquiet & bizarre. Il se vantoit d'avoir un démon familier comme Socrate. Il possédoit de grandes connoissances dans la Médecine, la Philosophie & les Mathématiques: il s'en servoit pour établir les opinions les plus extravagantes. Il professa ces Sciences à Padoue, à Pavie, à Milan & à Bologne, où il fut mis en prison. Dès qu'il eut la liberté, il alla à Rome où il obtint une pension du Pape. Cardan avoit la manie de l'Astrologie judiciaire; il prédit le jour de sa mort, à l'âge de soixante-cinq ans; ce jour étant arrivé, il se laissa mourir de faim, pour ne pas donner un démenti à l'Astrologie. Jules Scaliger étoit son ennemi irréconciliable & le contredisoit en tout; Scaliger en savoit plus dans les Belles-Lettres; mais Cardan avoit porté plus loin ses connoissances dans la Physique. Il avoit lui-même composé sa Vie. Charles Spon a recueilli ses Œuvres en 10 vol. in-fol. Elles renferment beaucoup de choses absurdes; il mourut en 1576. Jean-Baptiste Cardan, son fils aîné, Médecin, comme son pere, eut la tête tranchée à vingt-six ans, pour avoir empoisonné sa femme dont il s'étoit dégoûté. Ses Ouvrages sont imprimés avec ceux de son pere.

CARDINAUX, (les) sont, après le Pape, les personnes les plus distinguées de la Cour de Rome. Ils élisent le Pape & le choisissent parmi eux; ils sont son Conseil, les Dépositaires & les Ministres de son autorité, les Princes de l'Eglise & les Chefs de la Prélature. On ne sait pas précisément l'origine de leur institution. Il y en a qui la font remonter jusqu'au dixieme siecle de l'Eglise. D'autres la fixent au quatrieme. On nommoit ainsi des Prêtres & des Diacres qui formoient le Conseil des Métropolitains, ou qui assistoient immédiatement l'Evêque au Service Divin, ou qui avoient obtenu du Pape le droit de dire la Messe à un autel qu'on appelloit *Altare Cardinale*. Nicolas II, qui gouvernoit l'Eglise en 1050, établit, dans un Concile général, qu'ils nommeroient les Papes. Ils n'avoient pas alors cette distinction éminente qu'ils ont acquise depuis. Ils ne signoient qu'après les Abbés & les Evêques: quand ils étoient élevés à l'Episcopat, leur Cardinalat vaquoit, parce qu'ils regardoient cette nouvelle dignité comme beaucoup plus honorable. Au Concile de Lyon, l'an 1245, Innocent IV leur donna le chapeau rouge: le Pape Paul II leur permit, en 1464, de porter la pourpre. C'est ainsi qu'insensiblement, ils l'ont emporté sur les Evêques; & qu'établis par les hommes, ils ont obtenu le pas fur ceux qui rapportent leur inftitution à l'Auteur même de la Religion. Leur fonction eft d'être les Miniftres du Souverain Pontife, de l'aider dans le Gouvernement de l'Eglife. On les divife en quatre Ordres, Evêques, Prêtres, Diacres & Sous-Diacres. De fimples Clercs peuvent cependant être élevés à cet honneur.

Les Cardinaux fe regardent comme égaux aux Princes Souverains. Ils prennent le titre de Protecteurs des Royaumes. Le Cardinal Protecteur de la France, le Cardinal Protecteur de l'Empire; mais au fond ils ne font que les Protecteurs des Eglifes de ces Royaumes: car ils fe mêlent très-peu des affaires des Couronnes, à moins que les Souverains ne les en chargent, & fur-tout lorfque ces Couronnes ont des Ambaffadeurs à Rome. Ils peuvent être Miniftres des Souverains à la Cour de Rome; ils en font les affaires, mais cette commiffion ne leur donne pas le titre de Protecteurs.

Les Cardinaux font à la tête du Gouvernement. Leur dignité les oblige à de grandes dépenfes; & s'ils ne font pas riches par eux-mêmes, le Pape y fupplée, en leur accordant des Bénéfices ou des emplois lucratifs. L'état le plus fimple d'un Cardinal, eft un *Maeftro di Camera*, qui eft un Gentilhomme, deux Gentilshommes de fuite, des Chapelains, Aumôniers, Secrétaires, une livrée nombreufe, douze chevaux de carroffe. Il y en a plufieurs qui ont un état de Maifon comme des Souverains. Les Cardinaux ont tous les départemens des affaires; plufieurs font les Miniftres des Puiffances de l'Europe; ils préfident à tous les Tribunaux de Rome; ils partagent l'autorité du Pape, & ont toutes les Charges principales.

En carême, quand le Pape tient Chapelle, ils portent la foutane violette de laine, un grand manteau de moire traînant, & dont la queue ne finit point; le Caudataire, ou celui qui porte cette queue, eft un Ecclefiaftique en foutane & en manteau de foie violette, affis dans toutes les cérémonies aux pieds de fon Maître. Le refte de l'année les Cardinaux font vêtus de rouge; en hiver la foutane eft de velours; en été d'une étoffe de foie légere. Ils font le matin en long habit noir ou simarre doublée de rouge ; l'après-dîné, en habit court de même couleur ; le manteau, les bas, la culotte & les talons des souliers, rouge. Ils ne portent le chapeau rouge que lorsqu'ils font leur entrée solemnelle à Rome, ou à la prise de possession du Pape.

Le nombre des Cardinaux n'étoit que de sept, en 1277. Sous Nicolas III, il fut de vingt. Sous Jean XXII, en 1331, les Conciles de Bâle & de Constance les fixerent à vingt-quatre. Léon X, en 1517, porta le nombre à soixante-cinq. Paul IV en ajouta cinq, & Sixte V ordonna, en 1566, que ce nombre seroit invariable à l'avenir. Pour exciter l'émulation des Religieux, il voulut qu'il y en eût quatre tirés des Ordres Mendians. Six ont les titres de Cardinaux Evêques ; ces Evêchés sont Porto, Albano, Sabine, Frescati, Ostie ou Veletri, Palestrine ; les cinquante Cardinaux Prêtres prennent le titre des cinquante principales Eglises de Rome ; les quatorze Diacres, d'autres Eglises.

CARIATI, Ville au Royaume de Naples, dans la Calabre Citérieure, s'appelle *Cariati vecchia*, pour la distinguer de *Cariati nuova*, qui est tout auprès du Golfe de Tarente ; elle a titre de Principauté, & appartient à la Maison de Spinelli. L'Evêché de Cariati est suffragant de Sainte Severine. Elle est peu considérable, située sur la Mer Yoniene.

CARIGNAN, *Carinianum*, petite Ville du Piémont, avec titre de Principauté, dans la Province de *Carmagnole*. Carignan a donné son nom à une branche de la Maison de Savoie. Son terrein est fertile & renommé pour ses pâturages, il produit quantité de mûriers. Entre Carignan & Carmagnole, on passe le Pô sur un très-beau Pont. Carignan est très-bien fortifié, a essuié beaucoup de sieges ; sa situation est agréable. Il est sur le Pô, à trois lieues S. de Turin, six S. E. de Pignerol, deux de Carmagnole.

CARINOLA, petite Ville au Royaume de Naples, dans la Terre de Labour, avec un Evêché suffragant de Capoue. Elle a titre de Comté. L'air y est très-mal sain. La Ville est située sur une petite riviere à trois ou quatre lieues de la Mer, entre Capoue & Sessa. Elle appartient à la Maison *Caraffe*.

CARLIN, (le) eſt une piece de monnoie de Naples, elle vaut à peu près huit ſols de France.

CARLONE, (*Jean & Jean-Baptiſte*) freres, nés à Gènes ſur la fin du ſeizieme ſiecle. Ces Peintres n'ont point de maniere qui leur ſoit propre. Comme ils s'étoient formés à l'Ecole de Bologne, ils en ont imité les Peintres. On trouve beaucoup de leurs tableaux à Gènes & à Milan. On les reconnoît à l'indéciſion de la maniere. D'ailleurs Jean avoit beaucoup de génie ; ſon deſſin eſt aſſez correct & ſon coloris vigoureux. On regarde comme un chef-d'œuvre le plafond de l'Annonciade, Egliſe de Gènes, où il a repréſenté l'Hiſtoire de la Vierge. Il excelloit dans les racourcis. Jean-Baptiſte avoit auſſi beaucoup de mérite. Il a achevé dans l'Egliſe de Milan, un tableau que ſon frere avoit laiſſé imparfait, & qu'on admire. Il a laiſſé beaucoup d'autres ouvrages eſtimés, & ſur-tout des freſques dans pluſieurs Egliſes de Gènes.

CARMAGNOLE, *Carmaniola*, Ville très-forte & très-marchande dans le Marquiſat de Saluces, à deux milles du Pô, cinq lieues de Turin, ſept S. E. de Pignerol, dix N. de Coni, long. 25, 20, lat. 44, 43. Charles-Emmanuel s'en empara en 1558, pendant les guerres civiles de France. Elle lui fut cédée avec le Marquiſat de Saluces, en échange de la Breſſe & du Bugey, par le traité de paix de 1601. Elle fut priſe par M. de Catinat, en 1691, & repriſe par le Prince Eugene la même année.

CARMAGNOLE, (*François*) Capitaine illuſtre, né d'un payſan dans la Ville de Carmagnole, dont il prit le nom. Il garda les pourceaux dans ſa jeuneſſe ; il quitta ce vil métier & ſe fit Soldat. Il parvint, par ſa valeur & ſa conduite, au grade de Général, dont Philippe Viſconti, Duc de Milan, l'honora. Il fit dans ce grade, des actions éclatantes, que le Duc récompenſa en lui donnant ſa ſœur en mariage, & un Gouvernement conſidérable. Cette faveur lui attira des ennemis qui le perdirent dans l'eſprit de ſon bienfaiteur. Il chercha un aſyle chez les Vénitiens, qui le firent Général de leur armée contre Viſconti lui-même ; il gagna pluſieurs batailles, & le força à demander la paix. Il eût pu mieux profiter de l'avantage que la victoire lui donnoit ; mais il le ménagea dans le dessein de se réconcilier avec lui ; les Vénitiens, dont il avoit traité quelques Sénateurs d'orgueilleux dans la paix, & lâches dans la guerre, le firent arrêter, & lui firent trancher la tête à Venise, en 1422.

CARMIGNANO, petite Ville du Florentin. *Voyez* TOSCANE.

CARNAVAL (le) à Rome ne dure que huit jours ; pendant ce temps, excepté le Dimanche & les Fêtes, ce ne sont que mascarades, courses de chevaux. L'ouverture du Carnaval est annoncée au son de la cloche du Capitole ; des détachemens de sbyrres & de soldats sont placés dans la longueur de la rue du Cours & dans les rues adjacentes, pour arrêter quiconque causeroit le moindre trouble. Les masques se promenent dans cette rue, qui est très-belle, & qui a environ une demi-lieue ; les fenêtres & les balcons, ornés de beaux tapis, sont remplis de monde. Le Palais de l'Académie de France est dans cette rue, & l'Ambassadeur ne manque pas de s'y trouver pour y recevoir les Cardinaux pendant la course des chevaux. Ces courses commencent un peu avant le coucher du soleil. Le Barigel à cheval avec ses Officiers vont d'un bout de rue à l'autre avertir les masques & les carrosses de se ranger. Qu'on se figure une rue immense remplie de plus de dix mille masques, tous proprement habillés, & sur-tout les femmes, se promenant entre deux ou trois files de carrosses les plus élégans qu'il est possible, dont les chevaux sont ornés de rubans & de parures de gaze, animés par une quantité de sonnettes dont on les charge, tout se livrant à la joie, acteur & spectateur tour à tour : tous, à l'ordre du Barigel, se rangent pour voir les courses. Les chevaux qui doivent courir sont rangés sur une ligne, sous un hangard qui n'est ouvert que du côté du Cours. On a bien de la peine à les retenir, encore ont-ils les yeux couverts. Un coup de canon & le son des trompettes sont le signal auquel on lâche les chevaux ; ils partent tous en même temps, l'œil a peine à les suivre ; ils courent nuds, & rien ne les gêne ; ils sont excités par les cris du Peuple & par des plaques de cuivre armées de petites pointes qui leur battent la croupe & les flancs :

il semble que l'honneur du triomphe les anime plus que tout le reste; car ils usent de toutes les ressources dont pourroient s'aviser des hommes qui disputeroient le prix. S'il y en a qui aient de l'avantage, les autres pour le gagner poussent ceux qui les devancent, les mordent, cherchent à les faire tomber; quelquefois ils redoublent de vîtesse, ou ils rassemblent toutes leurs forces, s'élancent, & d'un saut parviennent à la tête; s'il en tombe quelqu'un, les autres franchissent par dessus. C'est dans ces occasions que cessant de marcher à la file, ils écartent le peuple, renversent & foulent tout ce qu'ils rencontrent: en moins de trois minutes ils ont parcouru la rue du Cours. Alors on les arrête dans les toiles que les palfreniers tiennent tendues; on les enveloppe, & on leur ôte les plaques de cuivre. On a remarqué que les chevaux qui arrivent les derniers, sont très-sensibles à la honte d'être vaincus. Les prix de la course sont des piéces d'étoffes, que les Juifs de Rome fournissent gratuitement; c'est un tribut au moyen duquel ils ont racheté l'obligation où ils étoient autrefois de courir eux-mêmes. Le Gouverneur est placé à une fenêtre du Palais de S. Marc, près du but: la piéce d'étoffe appartient au vainqueur. Comme il n'y a que les chevaux des Princes qui courent, le vainqueur gratifie ordinairement le peuple de vin, de viandes salées. Ce n'est là qu'une partie des fêtes; les masques font quelquefois des quadrilles, des marches pompeuses. Les Eleves de l'Académie de Peinture, les Pensionnaires de l'Académie de France, ou le Corps des Musiciens, se promenent dans des chars de triomphe de la plus grande magnificence. Dès que le jour commence à tomber, & à un certain signal, les masques sont obligés de se retirer, ou de ne paroître qu'à visage découvert, sous des peines séveres.

CARNAVAL DE VENISE; (le) c'est la plus brillante & la plus longue des fêtes de l'Europe. Le Carnaval a lieu deux fois l'année. Le premier commence le lendemain de Noël. Alors les Vénitiens, de quelque condition qu'ils soient, prennent tous le masque, qu'on porte toute la journée, excepté les Fêtes & Dimanches, qu'on ne le prend qu'à midi, & les trois premiers jours de l'année qu'on quitte le masque, à cause des Prieres de Quarante-Heures. L'habit de masque le plus ordinaire consiste en un manteau quelquefois gris & le plus souvent noir, de soie, en une espece de camail de gaze ou de dentelle noire, appellé *Bahuta*, qui enveloppe la tête, & couvre le menton jusqu'à la bouche. Le *Volto* ou masque blanc couvre le haut du visage jusqu'à la bouche, & est retenu par un chapeau garni d'un plumet blanc. Les femmes ne sont distinguées que par la jupe, qui déborde le manteau. Les habits de caractere sont permis pendant ce premier Carnaval. C'est sur-tout le jeu qui fait un des grands amusemens de Venise pendant le Carnaval. Il y a en différens quartiers des Ridotti ou Salles où s'assemblent une foule de masques : il y a plusieurs tables de jeu. Les Nobles seuls peuvent tailler à la bassette : souvent c'est un Sénateur en fonction. Les joueurs & les spectateurs sont tous masqués : on observe un grand silence autour des tables principales. Dans le fond du Ridotti, il y a des tables où l'on observe moins de circonspection. Dans la semaine grasse, *settimana grassa*, qui est la derniere, il y a des Bals particuliers & des Bals publics. *Voyez* BALS.

Le second Carnaval commence le jour de l'Ascension, après la cérémonie du Bucentaure, à moins qu'elle ne soit remise ; ce qui arrive assez communément, soit pour retenir les étrangers à Venise, soit parce qu'il seroit très-dangereux d'exposer le Bucentaure, qui n'est pas aussi solide que magnifique, à un gros temps. Ce Carnaval dure quinze jours, autant que la Foire de la Place de S. Marc. Toutes les boutiques sont illuminées & fort décorées; elles sont divisées par rues, chacune est affectée à une espéce particuliere de Marchands; la rue des Orfévres, celle des Clincaillers, celle des Peintres, celle des Marchands de soie, &c. Nos Foires de S. Germain, de Saint-Ovide peuvent donner une idée de la Foire de la Place de Saint-Marc.

CARO, (*Annibal*) Poëte & Orateur, né à Citta Nova, en Istrie, en 1507, alla fort jeune à Rome, où il fut Secretaire de quelques Prélats, & ensuite du Duc de Parme; & enfin du Cardinal Pierre-Louis Farnese. Il fut député vers Charles V, pour une affaire importante, & s'acquitta avec le plus grand succès de sa commission. Après la mort de Farnese, les Cardinaux Alexandre Ranuce & le Duc Octave Farnese se disputerent Caro, & chacun en particulier le combloit de bienfaits & de bénéfices pour se l'attacher. Il fut fait Commandeur de l'Ordre de Malthe : il eut des envieux qui furent sacrifiés. Il mourut dans la retraite, en 1566. Il a laissé plusieurs Ouvrages très-estimés. 1°. Une traduction de Virgile en vers Italiens, que la pureté & l'élégance du style font mettre au rang des meilleurs Ouvrages Italiens. 2°. Un Recueil de Poësies Italiennes, imprimé à Venise, en 1584, dont on admire la délicatesse. 3°. Des Discours d'éloquence & des traductions de Poëtes & d'Orateurs; de la Rhétorique d'Aristote; des Oraisons de Saint Grégoire de Nazianze, & de Saint Cyprien : enfin, deux volumes de Lettres qu'on regarde comme des modeles.

CAROUBIER, (le) CAROBBA, est un arbre de moyenne grandeur, fort commun dans toute l'Italie, sur-tout aux environs de Naples & de Gênes. Son fruit a une cosse comme les haricots, mais plus longue & plus large : cette cosse est remplie d'un suc mielleux, que les Apothicaires emploient dans plusieurs remedes, ayant la même vertu que la Casse. Dans plusieurs pays on s'en sert pour nourrir les mulets & les ânes, & on prétend que cela leur donne plus de force.

CARPI, (*Carpum*) Ville dans le Duché de Reggio, au N. O. & à trois lieues de Modene, avec Evêché suffragant de Bologne : elle a le titre de Principauté, & est défendue par un excellent Château. Elle est située sur un Canal de Secchia, elle est entourée de bonnes murailles & de fossés remplis d'eau. Cette Principauté a été possédée depuis l'an 1319, jusqu'environ l'an 1550, par la famille de Pio. Le Prince Eugene s'en empara en 1706. Cette Ville est assez bien peuplée. Il y a encore dans le Veronese une autre Ville du même nom, située sur l'Adige, appartenante aux Vénitiens : elle est célebre par la bataille qu'y gagna le Prince Eugene sur les François.

CARPUS, (*Jacques*) Médecin. Son véritable nom est Berenger : il étoit né à Carpi, dans le Modenois, & prit le nom du lieu de sa naissance. Il vivoit au commencement du seizieme siecle. Ce fut lui qui rétablit l'étude de l'Anatomie. On l'accusa faussement d'avoir disséqué deux Espagnols en vie. On lui doit plusieurs découvertes anatomiques. Il fut le premier qui appliqua le mercure à la guérison du mal vénérien. Il étoit Médecin de l'armée de Charles d'Anjou, dans le temps du siége de Naples : la maladie venerienne enlevoit une très-grande quantité de soldats. On ne connoissoit encore le mercure dans la Médecine, que pour guérir la gale. Carpus s'imagina que puisque la gale, qui se manifestoit par des pustules, cédoit au mercure, la maladie syphillitique, qui se manifestoit aussi par des pustules, ne lui résisteroit pas : sa conjecture réussit, & il gagna des sommes immenses avec ce secret. Ce Médecin a laissé des Commentaires sur l'anatomie de *Mundinus*.

CARRACHE, (*Louis*) Peintre célebre, né à Bologne, en 1555. Ses talens ne se développerent qu'à force d'étude & d'application. *Prospero Fontana*, son Maître, lui conseilla plusieurs fois d'abandonner un art qu'il croyoit au dessus des forces de son Eleve ; mais son génie, après des méditations profondes sur les tableaux & la maniere des plus grands Maîtres, se déployant tout-à-coup, Louis jetta dans l'admiration & Fontana, & tous ceux qui l'avoient regardé en pitié. Les Ouvrages d'André del Sarte, de Correge, du Titien, du Parmesan, de Jules Romain, avoient fermenté dans son ame ; & de retour à Bologne, dont il s'étoit absenté pour étudier ces grands modeles, il laissa derriere lui tous ses compatriotes : il fit plus, il opposa l'imitation de la nature & les beautés de l'antique, au goût manieré qui régnoit de son temps dans l'Italie. Cette innovation ne réussit pas d'abord ; on négligea les Ouvrages de Louis Carrache, & ceux d'Augustin & d'Annibal, ses cousins, dont il dirigeoit les études ; mais le goût triompha, & bientôt on rendit justice à leurs talens. Louis, animé de l'amour de son art, établit à Bologne une Académie de peinture & de dessin, dans laquelle il fut secondé par Augustin & par Annibal. C'est à cette Ecole que se sont formés le Guide, le Schidone, l'Albane, le Guerchin, &c. Louis est savant & gracieux, fécond dans ses compositions, il a fait des tableaux qui, pour la correction du dessin, la beauté du coloris, la vérité de l'expression, vont de pair avec tous les chef-d'œuvres antiques & modernes. Telle est l'Histoire de Saint Benoît & celle de Sainte Cécile, que Louis a peintes dans le cloître Saint Michel in Bosco, à Bologne, & qui forment une des plus belles suites qu'il y ait au monde. Il réussissoit parfaitement dans le paysage. Le Roi & M. le Duc d'Orléans ont des tableaux de Louis Carrache. Il mourut à Bologne, en 1619.

CARRACHE, (*Augustin*) n'avoit pas la même élévation de génie que Louis, quoiqu'il en eût beaucoup : son dessin est pur, & son coloris vrai : il n'avoit pas autant de force dans l'expression. Il étoit né à Bologne en 1558, & étoit frere d'Annibal : il eut pour Maître *Prosper Fontana*, & ensuite Bartholomeo Passerotti. Il aima tous les arts & toutes les sciences ; mais il se captiva à la peinture & à la gravure. Il eut pour Maître, dans ce dernier art, Corneille Cort. Il étoit très-difficile dans le dessin : il revenoit très-souvent à ses tableaux, & à ceux qu'il copioit. Il s'est fait connoître autant par la gravure que par la peinture. Comme il avoit étudié les Lettres, ses connoissances lui fournissoient les belles pensées de ses compositions. Ses Poésies lui procurerent l'entrée de l'Académie *Dei Gelosi*. Dans celle que Louis avoit établie, c'étoit Augustin qui montroit l'histoire, la fable, la perspective & l'architecture. Quoiqu'il eût l'amitié la plus tendre pour Annibal son frere, ils ne pouvoient se défendre d'une certaine jalousie, lorsqu'ils étoient ensemble; & de la plus grande tristesse, lorsqu'ils étoient séparés. Il a gravé au burin d'après le Tintoret, Paul Veronese, le Baroche, Correge & Vannius. Ses grands ouvrages de peinture sont à Bologne, à Rome & à Parme, où il mourut en 1619.

CARRACHE, (*Annibal*) fut supérieur à son cousin & à son frere. Sa maniere étoit noble & sublime, son dessin étoit correct & fin ; son coloris admirable. Il naquit à Bologne, en 1560. Son pere, qui étoit Tailleur, le destinoit à la même profession ; Annibal en fut bientôt dégoûté : son pere le mit chez un Orfévre ; mais Louis son cousin, qui devina son talent, lui donna les principes du dessin : il y réussit si parfaitement, qu'il saisissoit du premier coup d'œil la figure d'une personne, & en faisoit la ressemblance en quelques coups de crayons. Il fit arrêter des voleurs qui l'avoient dépouillé lui & son pere, en crayonnant leur portrait au bas de sa plainte. Il portoit si loin l'art des caricatures, qu'il donnoit aux animaux, & même à des vases, l'air & l'esprit des personnes qu'il vouloit critiquer. Il avoit pris dans l'étude réfléchie & assidue des grands Maîtres, un style sublime, un coloris vigoureux, & un goût de dessin fier & majestueux. Il réussissoit dans tous les genres. Ses tableaux ne se sentent pas de la négligence qu'on avoit eu de lui faire étudier les Belles-Lettres. Louis & Augustin Carrache suppléoient à ce défaut. Il employa huit années de sa vie à finir la galerie Farnese, une des merveilles de l'Italie. Ce monument, l'un des plus beaux chef-d'œuvres de l'esprit humain, fut payé à la toise. Carrache en fut si indigné, qu'il en mourut de chagrin. Il étoit très-attaché à sa réputation. Il mettoit la plus grande correction dans ses figures, & copioit fidelement la nature. Il a gravé plusieurs de ses ouvrages à l'eau forte. Bologne, Parme, Rome, possedent ses grands morceaux. Le Roi & M. le Duc d'Orléans ont plusieurs de ses beaux tableaux. Ses principaux Eleves sont Antoine Carrache son neveu, le Guide, le Dominiquin, Lanfranc, le Guerchin, le Bolognese, le Schidone. Il mourut à Bologne, en 1609.

Antoine Carrache, fils naturel d'Augustin, mourut fort jeune; il auroit égalé la gloire de ses parens, si l'on en juge par les tableaux excellens qu'on voit de lui à Rome.

CARRANZA, (*Barthelemi*) né à la Miranda, dans le Royaume de Navarre, Dominicain. Il professa la Théologie dans son Ordre avec tant d'applaudissement, qu'il fut choisi pour se trouver au Concile de Trente, où il prononça un discours très-éloquent, dans lequel il soutint que la résidence des Evêques étoit de droit divin. L'année d'après, Philippe II, Roi d'Espagne, qui, dès 1554, avoit mené avec lui Carranza en Angleterre, lorsqu'il y alla épouser Marie, Reine d'Angleterre, qui le choisit pour son Confesseur, lui donna l'Archevêché de Tolede en 1556. Charles V, qui s'étoit retiré au Couvent de

Saint Juſt, l'appella pour le conſoler dans ſes derniers momens. Des Inquiſiteurs, jaloux de ſon mérite, l'arracherent de deſſus ſon ſiége Epiſcopal, & le traînerent dans les priſons. Il dit aux deux Evêques qui l'y conduiſoient, *je vais en priſon au meilleur ami, & de mon plus grand ennemi*. Les Evêques ſe regarderent, & frémirent; il les raſſura, en leur diſant que cet ami étoit ſa conſcience qui ne lui reprochoit rien, & l'Archevêché de Tolede que lui ſuſcitoit l'envie. Il reſta huit ans en priſon en Eſpagne, & fut conduit à Rome, où en ayant appellé au Pape, ſa captivité y fut encore plus dure ſous Pie V & Grégoire XIII. On ſoupçonnoit Charles V d'être mort dans des ſentimens conformes à ceux de Luther, & on accuſoit Carranza de les avoir favoriſés. Enfin, il fut jugé, en 1576, & ſa Sentence portoit, que quoiqu'il n'y eût point de preuves formelles de ſon héréſie, il feroit néanmoins une abjuration ſolemnelle de ſes erreurs. Il n'en avoit jamais avancé aucune. On le remit aux Religieux de ſon Ordre, du Couvent de la Minerve, où il mourut dans l'année même. Il proteſta dans les derniers inſtans de ſa vie, qu'il n'avoit jamais erré un inſtant en matiere de foi. A ſes funérailles, le Peuple marqua ſon mépris contre les Juges iniques de Carranza. Toutes les boutiques furent fermées; on honora ſon corps comme celui d'un Saint. Tous les Savans ont parlé de cette victime du fanatiſme, comme d'un modele de douceur & de patience. Ses principaux Ouvrages ſont la Somme des Conciles & des Papes, depuis Saint Pierre juſqu'à Jules III, en latin; Traité de la réſidence des Evêques; un Catéchiſme Eſpagnol, approuvé, enſuite cenſuré par l'Inquiſition; enfin, abſous par le Concile de Trente, en 1563, & un Traité de la Patience.

CARRERA, petite Ville dans le Duché de Maſſa, dépendante des Etats de Modene. Elle eſt dans le voiſinage des carrieres de ce beau marbre dont on ſe ſert dans les plus beaux édifices d'Italie.

CARRETO, une des plus nobles & des plus anciennes Maiſons d'Italie, qui a produit nombre de perſonnages illuſtres. Galeas, qui vivoit ſur la fin du quinzieme ſiécle, poſſédoit le Final, qui lui fut enlevé par les Génois ; mais il se rétablit : elle a eu Alphonse I, qui fit travailler aux fortifications de Final, & à qui l'Empereur Maximilien donna la qualité de Vicaire de l'Empire, & la permission de faire battre monnoie ; Fabrice, grand Maître de Rhodes ; Charles Dominique, Cardinal, & Louis Evêque de Cahors. Final fut usurpé par les Espagnols sur Alphonse II, en 1571. Il lui fut rendu : les Carreto le possederent jusqu'en 1602, que le Marquis de Fuentes prit cette place. Les Espagnols firent périr le Marquis, dernier de cette famille. Elle prétendoit descendre de Witikind, Prince de Saxe, compagnon de Charlemagne.

Le Cardinal Charles Dominique Carreto fut successivement Archevêque de Rheims, de Toulouse, &c. Il fut fort aimé de Louis XII.

CARREZANO, Bourg de la Province d'Acqui, dans le bas Montferrat : il est situé sur les frontieres de Gênes.

CARSUGHI, (*Rainier*) Jésuite, né en 1647, à Citerna, petite Ville de la Toscane, a composé un Poëme sur l'*Art d'écrire* : c'est une excellente Rhétorique, aussi estimable par les principes de goût, que par la maniere élégante & agréable dont ils sont présentés. Ce Religieux mourut en 1709, Provincial de la Province Romaine.

CARTELLETI, (*François-Sebastien*) Poëte Italien, qui vivoit avant le Tasse. Il a composé un Poëme Italien sur le martyre de Sainte Cécile. Le Tasse lui-même en fait un très-grand éloge dans un Sonnet qu'il adresse à l'Auteur ; mais le Tasse lui est bien supérieur. Ce Poëme a été imprimé plusieurs fois. L'édition la plus recherchée est celle de Rome, en 1598, in-12.

CASAL, (*Bondico magnum, Casale*), Ville Capitale du haut Montferrat, qui donne son nom à la Province de Casal. Cette Ville a un Evêché suffragant de Milan. Louis XIV, qui l'avoit achetée du Duc de Mantoue en 1681, l'avoit extrêmement fortifiée. Le Duc de Savoie, & ses Alliés, l'ayant assiégée en

1695, elle fut rendue par capitulation au Duc de Mantoue; après qu'on en eut ruiné les fortifications. Le Roi de Sardaigne les a rétablies en partie. Elle est située sur le Pô, à quinze lieues N. E. de Turin, quatorze S. O. de Milan, vingt N. E. de Gênes. Les autres lieux principaux de la Province de Casal, sont *Fraſſine, Occiminiano, San-Salvador, Lu, Vignale, Pondeſture, Caſtellazzo, Rinco*.

CASAL-MAGGIORE, petite Ville dans le territoire de Crémone, à l'orient du Crémonois : elle est assez bien fortifiée. *Voyez* CRÉMONE.

CASANATA, Cardinal Prêtre, naquit à Naples, au commencement du dernier siecle. Au sortir de ses études, qu'il fit à Naples, il alla à Rome. Innocent X le fit Prélat Domestique, & peu de temps après lui donna différens Gouvernemens. Alexandre VII l'envoya, en qualité de Gouverneur, à Malthe; à la mort de ce Pape, il fut élu Gouverneur du Conclave. Enfin, en 1678, Clément X le fit Cardinal, au grand contentement de tout le Consistoire & de toute la Ville de Rome; son caractere doux & sociable l'avoit fait généralement aimer. Il avoit un goût particulier pour les Belles-Lettres. A sa mort, par son testament, il laissa aux Dominicains de Rome, toute sa Bibliothéque, avec un fonds considérable pour l'enrichir tous les jours. On appelle aujourd'hui cette Bibliothéque, qui est à la Minerve, la Bibliotheca Casanata. La Famille Casanata étoit originaire d'Espagne.

CASANOVA, (*Marc-Antoine*) né à Rome. Son caractere plaisant & enjoué le portoit naturellement à l'Epigramme, genre qu'il cultiva avec beaucoup de succès. Il a laissé les éloges des Hommes illustres de l'ancienne Rome, en vers, dont on estime l'élégance & les graces. Il a écrit en latin, & paroît avoir pris Martial & Catulle pour modeles. Il mourut à Rome en 1527.

CASATI, (*Paul*) Savant Théologien & Physicien, Jésuite, né à Plaisance, en 1617. Il enseigna la Théologie & les Mathématiques à Rome. Il fut envoyé auprès de la Reine Christine, qu'il détermina à embrasser la Religion Catholique. Casati a composé plusieurs Ouvrages Italiens & Latins : les principaux sont: 1°. *Vacuum proscriptum.* 2°. *Terra machinis mota.* 3°. *Mechanicorum libri octo.* 4°. *De igne dissertationes.* 5°. *De Angelis disputatio Theologica.* 6°. *Hydrostatica dissertationes.* 7°. *Opticæ disputationes.* Il fit ce dernier Ouvrage à l'âge de quatre-vingt-huit ans, étant déja aveugle; il mourut à l'âge de quatre-vingt-onze ans.

CASCADE DE TERNI, (la) est à quatre milles de la Ville, & est formée par la riviere de *Velino.* C'est un des plus beaux spectacles que la nature offre en Italie. Le *Velino* prend sa source dans les montagnes de l'Abruzze Ultérieure, passe à Rietti & se jette dans le Lac de Luco. Vers l'an 671 de Rome, Curius Dentatus desséca le territoire de Rietti, & donna aux eaux leur écoulement, par le Velino, dans la Nera; voilà pourquoi, lorsque le Velino a traversé le Lac Luco, il paroît plus gros qu'avant d'y entrer. Au sortir de ce Lac, la pente du lit du Velino devient plus rapide jusqu'à la montagne del Marmore; jusques-là le Velino a parcouru dix lieues depuis sa source. Cette montagne del Marmore forme une ouverture de vingt pieds de largeur; les eaux qui arrivent en abondance, s'échappent par cette ouverture qui se trouve en haut du rocher escarpé, & comme coupé à pic, & se précipitent de deux cents pieds de hauteur perpendiculaire, dans un abîme que les eaux se sont creusé par leur propre poids dans le rocher qui est au-dessous de la Cascade. L'eau sort de cet abîme avec une espece de fureur; les flots s'élevent les uns d'un côté, les autres de l'autre à travers les rochers. L'air continuellement comprimé par le poids de l'eau, mugit comme les vents les plus furieux; mais ce qu'il y a de plus amusant, c'est qu'en tombant & en se brisant sur les rochers, les eaux répercutées s'élevent en brouillard & forment un nuage qui ressemble à un tourbillon de poussiere, qui monte au-dessus du point de sa chûte; cette poussiere humide retombe en rosée qui rafraîchit le terrain des environs, sans le détremper : ces nuages éternels, formés de gouttes imperceptibles & divisés à l'infini, produisent un phénomene nouveau quand le soleil paroît. Chaque goutte réfléchissant & réfractant ses rayons, on voit une multitude infinie d'arcs-en-ciel mobiles qui se croisent, montent, descendent & se jouent au gré du mouvement que l'eau pluvérisée reçoit de la force de la chûte ; quand le vent du midi rassemble le brouillard contre la montagne, & le tient comme suspendu, alors le soleil ne forme qu'un seul grand arc qui couronne toute la Cascade. Ce spectacle est soutenu par le bruit affreux que fait l'eau en se brisant. *Voyez* VELINO.

CASCADE ET CASCADELLES DE TIVOLI : la grande Cascade de Tivoli est formée par la riviere du *Teverone*, laquelle, après avoir pris sa source dans les montagnes voisines, coule à travers des rochers qui la bordent jusqu'à *Tivoli*, où se trouvant resserrée entre deux montagnes, elle n'a pas plus de trente pieds de largeur, dans l'endroit où elle se précipite de quarante pieds de hauteur, & va se perdre dans des cavernes souterreines, que l'on appelle bouches d'enfer. L'œil est agréablement frappé par la vue des rochers sur lesquels cette riviere forme une nape écumante, & par le bouillonnement continuel des eaux, dont le volume est très-considérable ; le bruit qu'elles forment en tombant, répété par les échos, les marteaux des forges, les papeteries, les meules des moulins, ajoutent encore à la singularité de ce spectacle.

Ce qu'on appelle les Cascadelles ou petites Cascades, sont formées par une partie du Teverone, détournée au-dessus de la grande Cascade, pour fournir de l'eau à la Ville & aux maisons de campagne des environs ; la plus grande tombe d'une élévation très-considérable sur un rocher où elle s'est formée un bassin ; de-là elle se précipite au moins de cent pieds dans le Teverone ; à gauche, sont quelques-autres petites Cascadelles ; à un mille plus loin, il y en a encore trois autres aussi élevées que la premiere ; les rochers qui forment ces Cascadelles, & ceux qui sont au-dessous, sont tapissés de mousse, de plantes & de fleurs aquatiques. Toutes ces eaux se rassemblent dans une plaine voisine, & forment une riviere, qui, après avoir circulé dans la Campagne de Rome, vient se jetter dans le Tybre.

CASE, (*Jean de La*) Poëte, né à Florence, a vécu dans le quinzieme siecle, sous les Pontificats de Paul III, Marcel III & Paul IV, qui l'honorerent de leur estime, & l'employerent dans des négociations importantes. Paul III lui donna l'Archevêché de Benevent, & l'eût revêtu de la pourpre, si on n'eût fait craindre au Pontife, que l'amour qu'avoit de la Case pour les femmes ne l'eût deshonoré. Jean de la Case aimoit & cultivoit les Lettres, & protégeoit ceux qui les cultivoient. Il étoit ami de tous les Savans; il avoit beaucoup de délicatesse dans l'esprit. On a traduit en françois, sa *Galatée*, ou *La Maniere de vivre dans le Monde*. Sa Muse étoit libertine; les Poësies de sa jeunesse empêcherent qu'il ne fût Cardinal. On lui a faussement attribué le livre abominable *de Laudibus Sodomiæ*. Il a fait un Poëme qui n'est gueres moins obscene, sous le titre de *Capitolo del forno*. Un passage équivoque lui attira une satyre violente de la part de *Vergerio*, qui interprétoit ce passage de maniere à faire croire que la Case étoit l'Apologiste de l'amour antiphysique; il se justifia par un Poëme en vers latins, dans lequel il soutient qu'il n'avoit loué que l'amour des femmes. Ses Poësies imprimées à Florence forment 2 vol. in-4°. L'édition de 1717 est la plus estimée.

CASERTA, *Caserta*, petite Ville, avec titre de Principauté, au Royaume de Naples, dans la Terre de Labour, avec un Evêché suffragant de Capoue, situé au pied du Mont Caserta, à trois lieues S. E. de Capoue, & cinq N. E. de Naples, dans la plaine où étoit autrefois la délicieuse Capoue. Cette Ville doit son origine aux Lombards. Charles III en acheta le Fief à l'ancienne Maison des Duez, pour y faire une maison de campagne. La premiere pierre en fut posée en 1752. C'est un des plus beaux Châteaux d'Italie. Il est construit sur les plans de Vanvitelli, Architecte Romain. Quatre grands corps de bâtimens forment un quarré parfait. Les deux grandes façades ont chacune trente-quatre croisées: au milieu de chaque face, & aux angles, sont des corps avancés avec des pilastres: deux ordres de colonnes s'elevent jusqu'au comble, & soutiennent de larges frontons, décorés de sculpture. Au-dessus de l'escalier est un grand sallon de forme ronde, sur le plan d'un temple antique découvert à Pouzzol, & construit des mêmes matériaux, avec un double rang de colonnes que l'on a enlevées pour les placer dans ce sallon ; il est éclairé par une coupole au centre de l'édifice. On peut juger, par ce morceau, de la beauté du Palais. La montagne de Caserta produit toutes sortes de beaux marbres. Ce qu'il y a de plus surprenant, c'est que quoique ce Château soit regardé comme un des plus beaux de l'Europe, il ne reviendra pas au Roi à quinze millions. L'acqueduc destiné à conduire les eaux dans les jardins, aura plus de neuf lieues depuis les sources qui sont au-dessous de la montagne de Taburno : il traverse plusieurs vallées sur des ponts fort élevés ; celle qu'il traverse près de Monte-Garzano est très-profonde. Le pont a cent soixante-dix-huit pieds de hauteur sur trois étages, & seize cent dix-huit de long. Le premier rang est de dix-neuf arches ; le second, de vingt-sept ; & le troisieme, de quarante-trois ; les piliers des premieres arches ont quarante-quatre pieds d'épaisseur en bas, & dix-huit en haut, & ces arches ont quarante-quatre pieds de hauteur, les dernieres en ont cinquante-trois. C'est le plus bel ouvrage moderne de ce genre.

CASOLE, Bourg du Pisan. *Voyez* PISAN.

CASSANO, Bourg sur l'Adda, au Duché de Milan, entre Cremone & Bergame, est célebre par l'échec qu'y reçut le Prince Eugene, en 1705, par les Troupes du Duc de Vendôme, & qui rendit les François maîtres de l'Italie.

CASSANO, Ville du Royaume de Naples, dans la Calabre Citérieure, avec Evêché suffragant de Cosenza ; elle a titre de Principauté, est peu considérable, & est située près de la petite riviere de Lione.

CASSELLATO, petite Ville de l'Alexandrie dans le Milanez Savoyard. *Voyez* ALEXANDRIN.

CASSERIUS, (*Julius*) Médecin & Chirurgien, né à Plaisance, au commencement du dix-septieme siecle, de parens pauvres. Il fut Domestique & ensuite Eleve d'*Aquapendente*. Il lui succéda dans la chaire de l'Université de Padoue, après la mort de ce Savant. Cafferius mourut Profeſſeur, âgé de ſoixante ans. Il a laiſſé entr'autres Ouvrages: *De vocis auditúſque organis Hiſtoria Anatomica. De quinque Senſibus lib.*

CASSINI, (*Jean-Dominique*) célebre Aſtronome, né à Perinaldo, dans le Comté de Nice, en 1625, s'appliqua d'abord à l'Aſtrologie judiciaire, dont il eut bientôt reconnu la folie. Il s'adonna à l'Aſtronomie dans laquelle il fit de grands progrès & de nombreuſes découvertes. Le Sénat de Bologne le choiſit pour remplacer le Pere Cavallieri dans la chaire d'Aſtronomie. Il traça cette fameuſe Méridienne qui porta au loin ſa réputation. Il régla les différends entre Ferrare & Bologne, ſurvenus par les inondations du Pô. Louis XIV, par les ſoins de Colbert, le demanda, ſeulement pour quelques années, à Clement IX, & au Senat de Bologne, qui le réclamerent en vain au terme convenu. Louis l'enchaîna par des penſions & des bienfaits. On lui doit la découverte du troiſieme & du cinquieme Satellites de Jupiter; il continua la Méridienne de l'Obſervatoire de Paris, commencée par Picard. Il a laiſſé pluſieurs Ouvrages d'Aſtronomie. Il mourut à Paris, en 1712, âgé de quatre-ving-huit ans, & aveugle. Il laiſſa Jacques Caſſini, qui n'eut pas moins de réputation que ſon pere, mort en 1733. Cette famille eſt diſtinguée dans le Monde Savant; & M. Caſſini de Thury ſoutient la réputation de ſes aïeux.

CASSINO, petit Village ſur le penchant du Mont-Caſſin, au revers de l'eſpace qu'occupe la célebre Abbaye qui a pris ſon nom de cette montagne, laquelle le devoit à l'ancienne Ville de Caſſinum, dont on voit les ruines à *Caſſino.* C'étoit une Colonie des Romains, où Varron avoit une très-belle Maiſon de campagne, dans l'endroit appellé Monti-Celli. Caſſinum fut ravagé par les Goths. Ce qui en reſte encore eſt un petit Temple de très-bon goût, en forme de Baſilique, de cinquante pieds de long, ſur trente-cinq de large, d'ordre Toſcan, & d'une telle ſolidité, qu'il a réſiſté aux fureurs des Barbares. Il prenoit jour par quatre fenêtres percées dans la voûte faite en forme de coupole. Par ce qui reſte de l'amphithéâtre, on peut juger de ſa grandeur. La circonférence, huit cent vingt pieds; l'arène, deux cens pieds de long; les gradins sont presqu'entiérement détruits. Les murailles ont cinquante-sept pieds de haut. On y entroit par cinq portes: celles qui restent ont vingt-six pieds de hauteur, sur treize de largeur. On y voit les loges des bêtes pour les combats, & les acqueducs pour l'eau des Naumachies. Il ne reste que des foibles vestiges du théâtre, qui est situé un peu plus haut; sa forme, demi-circulaire, a deux cent quatre-vingt-trois pieds de diametre. La célebre Abbaye du Mont-Cassin est au haut de la montagne. *Voyez* MONT-CASSIN. L'Hospice est au bas dans la Ville de Saint-Germain. *Voyez* SAINT-GERMAIN.

CASTAGNO, (*André del*) Peintre, Florentin, le premier qui ait fait connoître en Toscane la maniere de peindre à l'huile. Antoine de Messine étoit l'auteur de cette invention. Dominique de Venise l'avoit apprise de lui. André del Castagno s'insinua auprès de Dominique qui étoit venu à Florence, parut rechercher son amitié, & lui enleva son secret. Mais ce perfide conçut une si grande jalousie contre son bienfaiteur & son ami, qu'un soir il le poignarda. Dominique, qui ignoroit quel étoit son assassin, se fit porter chez André, qu'il croyoit son ami, & mourut dans ses bras. Ce ne fut qu'au lit de la mort que Castagno découvrit son crime. Après la découverte du secret de Dominique, il fit plusieurs Ouvrages dans Florence, qui furent fort admirés. Il a fait, du moins en très-grande partie, le tableau qui représente l'exécution des Conjurés qui avoient conspiré contre les Médicis, & que la République fit faire en 1478.

CASTALDI, (*Corneille*) Poëte & Orateur, né à Feltri, d'une ancienne famille, en 1480, n'en fut pas moins bon Jurisconsulte pour être un grand Poëte. Il fut chargé d'une négociation importante pour sa Patrie, auprès des Vénitiens: il obtint ce qu'elle demandoit. Padoue, où il se fixa par le mariage, lui dut l'établissement d'un Collége. C'est un Conti qui a fait connoître les Poësies de Castaldi; il y en a d'italiennes & de latines. Les premieres sont faciles, agréables, & d'une Poësie noble, le goût de l'antiquité se fait sentir dans les secondes. Castaldi mourut en 1517.

CAS

CASTEL-ARAGONESE, Ville considérable dans l'Isle de Sardaigne, sur la riviere de Termo, avec un Evêché suffragant de Sassari. Elle est bien fortifiée & son Port est avantageux. Les Aragonnois lui ont donné le nom d'*Aragonese*, parce que ce fut la premiere Ville qu'ils prirent en Sardaigne. Elle est à huit lieues de Sassari. Le nom de cette Ville étoit *Empurias, Emporia*.

CASTEL-BALDO, petite Place dans le Veronese, sur l'Adige, à six lieues O. de Rovigo.

CASTEL-BOLOGNESE, Bourg situé dans l'Etat de l'Eglise, entre Imola & Faensa : il a été fortifié pour défendre la Ville de Bologne, qui n'en est pas éloignée.

CASTEL-DURANTE, Ville du Duché d'Urbin, dans l'Etat de l'Eglise, étoit fort connue par les beaux ouvrages de terre qui s'y faisoient dans le seizieme siecle. Baptista Franco dessinoit les vases avec une telle perfection, & les Ouvriers les exécutoient avec une telle adresse, que le Duc d'Urbin envoya à l'Empereur Charles-Quint de quoi garnir deux grands buffets. Ils surpassoient, par les peintures, ceux d'Arezo qui étoient en si grande réputation. Les Manufactures de porcelaine qui se sont établies depuis, ont porté l'art de la fayancerie à une bien plus grande perfection.

CASTEL-FARNESE, petite Ville du Duché de *Castro*, dans l'Etat de l'Eglise. C'est de ce lieu que la Maison Farnese a tiré son nom & son origine.

CASTEL-FRANCO, petite Ville fortifiée dans le Bolonois, près de la Secchia, est défendue par le Fort Urbin.

CASTEL-FRANCO, petite Ville du Florentin. *Voyez* TOSCANE.

CASTEL-GANDOLFO, Maison de plaisance du Pape, & petite Ville bâtie sur le Lac appellé *Lago-Castello*, à quatre lieues de Rome, *voyez* LAGO-CASTELLO, appartenant aux Papes; la seule Maison de campagne qu'ils aient, & où ils vont en villegiature, dans l'automne. Il y a un Château Pontifical qui domine sur la campagne de Rome. La vue en est très-belle & l'air très-sain. Cet endroit offre plusieurs curiosités. Les ruines de la maison de campagne de Domitien sont des chambres voûtées, un grand mur avec des niches de distance en distance. Les jardins du Pape sont d'une belle simplicité. Le Château est une maison simple, peu décorée, mais fort vaste. La chambre du Pape est dans la même simplicité : un lit de damas, des chaises de bois peintes ; quelques tableaux de *Christiani*, de *Roza*, en font toute la richesse ; l'Eglise en croix grecque est du Bernin ; on y voit une Assomption, de *Carle Maratte*, & quelques peintures dans la coupole. On voit aussi à Castel-Gandolfo les jardins & les belles statues de la *Villa Cibo*. On fait remarquer près de la Ville, l'endroit où Claudius tua Milon, Dictateur de Lanuvium sa patrie ; le Mausolée que Cornelie fit ériger à Pompée, lorsqu'on lui apporta ses cendres d'Egypte ; les tombeaux qu'on croit être ceux des Horaces, & plusieurs autres curiosités antiques.

CASTEL-DI-GRÆCI, dans la Vallée de Mazara, en Sicile, assez avant dans les Terres.

CASTELL'A-MARE, Village au Royaume de Naples dans la Terre de Labour, près de la mer, au-dessus des ruines & des fouilles de Pompeia & de Stubia. Ce Village a pris son nom du Château même qui le défend. Son Evêché est suffragant de Salerne. Castell'à-Mare a toujours appartenu à la Maison Farnese. En 1746, on y a établi une Manufacture de crystal. Il y a des eaux minérales sur lesquelles il a été publié un Traité fort savant, par le Docteur Raymond de Maio. Il y a une Ville du même nom dans la Vallée de Mazare.

CASTELLANA, ou CIVITA-CASTELLANA, dans le Patrimoine de Saint Pierre, petite Ville avec Evêché, réuni à celui d'Otri & dépendant immédiatement du Saint Siége. Il y a eu trois Synodes dans cette Ville, en 1596, en 1600 & en 1624.

CASTELLANETA, petite Ville au Royaume de Naples dans la Terre d'Otrante, sur la petite riviere de Talvo, avec un Evêché suffragant de Tarente. Elle a titre de Principauté, & appartient à la Maison de Mirabolo. Cette Ville est située sur la riviere de Talvo, à sept ou huit milles du golfe de Tarente, entre Matera & Moluta.

CASTELLANS & NICOLOTTES. Ce sont deux partis qui subsistent depuis plusieurs siecles entre le Peuple de Venise, qui sont toujours opposés l'un à l'autre, s'accablant mutuellement d'injures dès qu'ils se rencontrent, & qui en viennent

nent assez souvent aux coups. Les Castellans sont ainsi appellés, parce qu'ils sont du quartier appellé Castello, & les Nicolottes ou *Nicoletti*, parce qu'ils sont des environs de l'Eglise de Saint Nicolas. Il y a une aversion singuliere entre ces deux partis. Les Nicolottes se nomment un chef, qu'ils appellent Doge; il est l'objet des plaisanteries des Castellans : les Nicolottes, qui n'ont pas beaucoup de respect pour leur Souverain, prétendent être seuls en droit de se moquer de lui, & le défendent contre les injures des Castellans : les querelles deviennent alors fort intéressantes, par les invectives plaisantes qu'ils se disent.

Ils donnent encore souvent d'autres spectacles au Public; ce sont des tours d'adresse, des jeux, des joûtes qu'ils font entr'eux & dans lesquels chaque parti combat pour l'honneur du Corps. Un de ces jeux consiste à combattre les uns contre les autres sur le Pont de Rialte. Chaque combattant essaie de culbuter son adversaire dans le canal : souvent ils s'y entraînent l'un l'autre. Le Jeudi gras ils donnent un autre spectacle, après la présentation du taureau, de douze porcs gras, représentant le Patriarche d'Aquilée, & les douze Chanoines, qui furent faits prisonniers par le Patriarche de Grado, en 1162, qui l'avoient injustement attaqué, & qui ne furent mis en liberté, qu'à condition qu'ils paieroient tous les ans à la Seigneurie un taureau pour le Patriarche, & douze cochons, & autant de pains; après cette présentation qui se fait au Doge & à la Seigneurie en robe rouge sur la place Saint Marc, les Nicolottes & les Castellans, font un jeu qu'ils appellent les forces d'Hercule. Huit hommes, rangés deux à deux, soutiennent des bâtons sur leurs épaules, sur lesquels montent quatre autres; sur ces quatre, trois; & sur ces trois, deux, placés perpendiculairement; celui qui fait la pointe de la pyramide, a les jambes en haut, & la tête appuyée sur la tête de celui qui le porte. Le triomphe consiste dans l'adresse, la promptitude à s'arranger, & dans l'espace de temps qu'ils peuvent rester dans cette attitude : ils se défient ensuite au vol sur la corde, qui est tendue depuis le clocher de Saint Marc jusqu'au grand canal.

CASTELLAZZO, petite Place du haut Montferrat, dans la

Province de Casal, au Duché de Milan, célebre par l'affaire du Comte de Staremberg avec les François, en 1704 : elle est à une lieue E. d'Alexandrie, quatre S. O. de Tortone.

CASTELLI, (*Bernard*) né à Gènes en 1557, s'attacha à la maniere du Cangiagi ; né avec un génie qui se fait sentir à travers ses incorrections, il négligea trop l'étude de la nature. Il s'acquit beaucoup de réputation, & fut admis à faire un tableau pour l'Eglise de Saint Pierre de Rome. Il peignit les grands Poëtes ses contemporains, qui l'en récompenserent, en le célébrant dans leurs vers. Il fut l'ami particulier du Tasse, pour lequel il grava les figures de la Jérusalem délivrée : il eut plusieurs fils qui furent ses Eleves. Bernard Castelli excelloit dans le portrait. Il y a de ses ouvrages à Gènes, à Rome & à Turin : il mourut à Gènes en 1629.

Valerio Castelli, fils de Bernard, naquit à Gènes en 1625, quatre ans avant la mort de son pere, qui ne put lui donner des leçons ; mais il s'éleva au-dessus de lui par son propre mérite & par son travail. Il a excellé dans les batailles, genre pour lequel il avoit beaucoup de goût : il montra du génie dans ses compositions, son coloris est très-beau, son dessin exact & correct. Ses principaux ouvrages sont à Gènes : il y en a plusieurs en Angleterre. Il mourut dans sa patrie en 1659.

CASTELLINO, petite Ville du Duché de Toscane. *Voyez* TOSCANE, FLORENTIN.

CASTELLO-SAN-GIORGIO, Château & Bourg sur la route de Bologne à Ferrare, dans un pays très-fertile ; mais très-gâté par les inondations du Pô.

CASTELLONE, petit endroit entre *Mola*, ou Formies, & Gayette, où l'on voit quelques ruines assez considérables, qu'on prétend être des restes du *Formianum*, maison de campagne de Ciceron : ces ruines, en partie recouvertes par la mer, laissent voir une grande salle voûtée, presqu'entiérement remplie d'eau. On dit dans le pays qu'elle est entourée de siéges de marbre ; que Ciceron y assembloit ses amis & y tenoit des conférences philosophiques. On appelle ces ruines les écoles de Ciceron. Toute la plage du midi au couchant, est couverte de belles ruines, qui subsistent & subsisteront encore long-temps, parce que l'eau de la mer qui les couvre, empêche qu'on ne s'en serve pour des bâtimens modernes.

CASTEL-NUOVO. Il y a plusieurs Bourgs en Italie qui portent ce nom, comme *Castel-Nuovo Tortonese* ou de *Servia*, dans le Milanois; *Castel-Nuovo di Carsagnana*, dans la Carsagnane, qui appartient au Duc de Mantoue; mais la Place la plus importante de ce nom, est CASTEL-NUOVO, en Dalmatie. Elle a un Château très-fort, que les Chrétiens assiégerent inutilement lorsqu'elle appartenoit aux Turcs. Il a été bâti en 1373, par Tuander, Roi de Bosnie. *Castel-Nuovo*, après avoir passé successivement à différens Maîtres, est resté aux Vénitiens, qui le possedent depuis 1687. Cette Ville est sur le golfe de Cattaro à quatre lieues de *Cattaro*.

Il y a en Sicile près du golfe de Milazzo, une petite Ville du même nom de *Castel-Nuovo* qui a titre de Principauté.

CASTEL-SAN-GIOVANI, petite Ville au Duché de Plaisance, avec un Château : elle tire son nom de son Eglise Collégiale, sous l'invocation de Saint Jean. C'est la premiere place du Duché de Plaisance. Outre l'Eglise de Saint Jean, elle a trois Couvents de Mendians, les Capucins, les Récollets & les Carmes, qui la dévorent; c'est une chose honteuse que ce grand nombre de Religieux dans une aussi petite Ville; mais les Italiens s'en font honneur, & les Moines mendians en profitent, & se rendent maîtres. Castel-San-Giovani est située dans une plaine très-fertile. L'Eglise de Saint Jean est bien bâtie. Le maître-autel est d'un très-bon goût & de beau marbre. Les femmes y sont fort resserrées, par leurs meres, leurs peres ou leurs maris.

CASTEL-SCHINO, petite Ville de la Sicile, dans la vallée de Démona, n'est remarquable qu'à cause de la quantité de riches mines de fer qu'on trouve aux environs.

CASTELVETRO, (*Louis*) né à Modene, vivoit dans le seizieme siecle. Sa *Poëtique*, sous le titre d'éclaircissemens sur la Poëtique d'Aristote, qui est très-estimée, lui suscita beaucoup d'ennemis ; qui, avec le mauvais état de ſes affaires, le dégoûterent de ſa Patrie. Il alla en Allemagne à la Cour de Maximilien II. Son penchant à la critique le fit accuſer de favoriſer les Hérétiques. Ses amis ſe donnerent beaucoup de mouvemens, & écarterent l'orage qui le menaçoit. Il revint à Modene, après dix ans d'abſence : ſon humeur difficile lui fit de nouveaux ennemis. Annibal Caro avoit compoſé des vers à la louange de la Maiſon de France ; Caſtelvetro fit une critique amere de cet ouvrage : le Caro y répondit ; les Académies & les amis des deux Auteurs prirent parti. Caſtelvetro ne ſavoit pas faire des vers, ſes partiſans firent des Sonnets en ſon nom pour répondre à ceux du *Caro*. Tout le Parnaſſe alloit être en feu ; mais Caſtelvetro mourut dans le fort du combat, au commencement de 1571. On raconte, qu'étant à Lyon, le feu ayant pris à la maiſon qu'il habitoit, Caſtelvetro ſe mit à crier, ſans ſonger à autre choſe, *all Poëtica* ! C'étoit tout ce qui méritoit d'être conſervé de cet Auteur.

CASTIGLIONCELLO, petit Village de la Toſcane, ſur la route de Florence à Sienne, & ſur la petite riviere de Stagio, gouverné comme tous les villages de la Toſcane par un Podeſtat ou Vicaire.

CASTIGLIONE, *Caſtrum Stiliconis*, petite Ville dans le Mantouan, avec titre de Principauté, dont les Seigneurs étoient de la Maiſon de Gonzague, à huit lieues N. O. de Mantoue, peuplée d'environ cinq mille ames. On l'appelle *Caſtiglione* de la *Stiviere*. Elle appartient à l'Empereur, avec toute la Principauté qui a environ neuf lieues de tour. Les François ont preſque dévaſté cette Ville ; il n'y reſte preſque plus que des murs & des jardins, quelques maiſons diſperſées & des couvents. C'eſt à Caſtiglione que naquit Louis de Gonzague, en 1568, mort Jéſuite à l'âge de vingt-trois ans, & béatifié quatorze ans après, du vivant même de ſa mere & de ſon frere François, Ambaſſadeur de l'Empire à Rome, qui eurent la ſatisfaction de l'invoquer comme Saint. Son frere François, Prince de Caſtiglione, fonda dans cette Ville les Capucins, le Collége & le *Parthenone*, maiſon de Piété, appellée dans le pays, *Collegio delle Signore*

CAS

Vergini : elle contient trente demoiselles de qualité, & seize sœurs converses. On remarque sur la Place de Castiglione, la statue de *Dominica Calubina*, jeune & belle fille. *Voyez* CALUBINA.

CASTIGLIONE, petite Ville maritime dans la Calabre Citérieure, au Royaume de Naples. Cette contrée, qui est à peu de distance de la mer, est très-renommée par un excellent vin rouge qui y croît : elle a titre de Principauté, & appartient à la Maison d'Aquino.

Il y a en Italie plusieurs Villes de ce nom, telles que *Castiglione d'elle Stivere*, dont on vient de parler. *Castiglione Mantuano*, dans l'Etat de Mantoue, du côté de Véronne ; *Castiglione di Carsagnana*, appartenante à la République de Lucques.

CASTIGLIONE, (le lac de) est situé à vingt lieues ou environ de Sienne, au midi, sur le bord de la mer, à l'entrée d'une espece de golfe, qui a deux lieues de diametre, remarquable par les salines que l'on y a établies. Ces salines sont défendues des inondations, causées par le voisinage de l'Apennin, au moyen d'une forte digue. Le réservoir où se fait l'évaporation, est tiré au cordeau, & a mille pieds de long sur soixante de large ; il reçoit l'eau à deux pieds & demi de hauteur. On voit à Castiglione une pompe à feu, à peu près semblable à celle qu'on a inventée à Londres, & qui sert au desséchement des Moures en Flandres.

CASTIGLIONE, *Voyez* BENEDETTO.

CASTIGLIONI, (*Balthasar*) Poëte Latin & Italien ; né à Mantoue, en 1478. On estime beaucoup ses Elégies pour l'élégance, la délicatesse des pensées, la pureté & les charmes du style. Il a composé une Cléopâtre, dont les Connoisseurs font beaucoup de cas. Ses Poësies italiennes sont sur des sujets de galanterie. Il mourut à Tolede, en 1529. Il avoit été envoyé en Ambassade auprès d'Henri VIII, Roi d'Angleterre, de la part du Duc d'Urbin ; ce Roi lui donna l'Ordre de la Jarretiere. Il épousa Hypolite Torella, qui joignoit la beauté la plus rare au plus beau génie ; il la perdit quatre ans après

Leon X, pour le confoler, voulut lui donner le Chapeau de Cardinal. Clément VII l'envoya pour les affaires de la Cour de Rome, auprès de l'Empereur Charles V, qui le prit en fi grande amitié, qu'il fe propofoit de le faire fon fecond, fi François I eût accepté fon cartel. Cet Empereur le nomma à l'Evêché d'Avila. Le Livre de Caftiglioni, intitulé le Courtifan, eft un Ouvrage que les Italiens ne peuvent fe laffer de lire. Scaliger dit que les Poëfies latines de Caftiglioni reuniffent l'élévation des penfées de Lucain, & l'élégance du ftyle de Virgile.

CASTRATS, *Caftration*. L'inhumanité de cette opération remonte aux temps les plus reculés : on en attribua l'abominable invention à Sémiramis. Cet ufage barbare s'eft perpétué chez les Peuples de l'Orient. C'eft fur-tout chez les Perfes qu'il s'établit : les Romains firent fervir la Caftration à leurs débauches. Dans tous les temps, on s'eft élevé contre cet ufage ; mais les cris de l'humanité, des loix & de la raifon, furent impuiffans. Les Italiens modernes ont imaginé que comme la voix des enfans & des impuberes étoit plus claire & plus belle que celle des hommes faits, on conferveroit cette voix en les empêchant de parvenir jamais à la virilité. Cependant on affure que fur cent, à peine y a-t-il un Caftrat qui réuffiffe au gré des fanatiques amateurs de la mufique. Les malheureux, outre la privation de leur être, font accablés d'infirmités auxquelles cette opération affujettit, & la diminution de leurs forces les empêche de gagner leur vie : un dommage encore plus confidérable eft la dépopulation; il eft vrai que dans les confervatoires où l'on éleve les enfans pour la mufique, il eft défendu d'attenter à leur virilité; mais leurs avares parens les retirent vers l'âge de dix à onze ans, & comme il y a des loix qui défendent la Caftration, fans le confentement de l'enfant, ils leur perfuadent aifément, à cet âge, que c'eft pour leur fortune : en effet, les appointemens qu'on donne aux Acteurs de cette efpece, & le rôle qu'on voit jouer à quelques-uns, peuvent déterminer des enfans. L'avidité des parens eft fouvent trompée; car quelquefois cette opération enleve aux enfans, ou gâte leur voix.

Le dernier Pape a défendu cette mutilation, sous les peines les plus séveres. C'est un des plus grands bienfaits de son Pontificat.

CASTRO, (Duché de) dans le Patrimoine de Saint Pierre. La Ville de Castro appartenoit au Duc de Parme, avec un Evêché qui dépendoit immédiatement du Saint Siége. Sous la Régence de Rainuce, Duc de Parme, Innocent X fit renaître les prétentions qu'Urbin VIII, son prédécesseur, avoit eues sur ce Duché : pour cela, il profita de cette occasion : ayant envoyé à Castro un Evêque qu'il avoit choisi & sacré pour cette Ville, ce Prélat fut tué dans une émeute populaire. Le Pape, pour venger sa mort, fit marcher des troupes, qui se saisirent du Duché de Castro : Innocent le confisqua & le remit au Domaine de la Chambre Apostolique ; ce que les Italiens appellent *incamerare*. Il fit ruiner la Ville de Castro par le Comte Videman, Général des troupes ecclésiastiques, qui la démolit en 1646 : elle étoit située à dix ou douze milles de la mer, près de Toscanella & de Corneto, ayant autour des précipices qui en rendoient l'accès très-difficile. Il transféra le Siége à *Aqua Pendente*. Les Ducs de Parme ont toujours réclamé ce Duché. Il est bordé N. par l'Orvietan. S. par la mer Méditerranée. E. par la riviere de Marta. O. par la Toscane. Il est fertile en grains & en fruits. Les Villes de ce Duché sont *Castel-Farnese*, *Marta* & *Borgettho*. Le lac de Bolsena est enfermé dans le Duché.

CASTRO, *Castrum Minervæ*, *Portus Veneris*, petite Ville au Royaume de Naples, dans la Province d'Otrante, avec un Evêché suffragant d'Otrante. C'est la Patrie de Paul de Castro : elle est située à l'extrémité orientale de l'Italie, à trois lieues S. O. d'Otrante, sur la mer Ionienne. Les Turcs y ont souvent fait des descentes : la plus funeste, fut celle de 1537 ; ils pillerent la Ville, la ruinerent, & emmenerent captifs, ou tuerent la plus grande partie des habitans ; mais elle s'est bien rétablie depuis ce temps-là, & s'est mise en garde contre leurs incursions.

Il y a plusieurs Villes & Bourgs de ce nom en Italie, telles que *Castro Certaldo*, petite Ville du Duc de Toscane, dans le Siennois. C'est la Patrie du célebre Boccace.

CASTRO-RÉALE, petite Ville de Sicile dans la vallée de Démona, entre les montagnes, à la source de *Ruzzolino*. Il y a encore *Castro*, dans l'Isle de Melos; *Castro*, dans la Campagne de Rome, dans la Basilicate, dans l'Abruzze; *Castro Vilare*, Duché de la Calabre Citérieure près de Cassano.

CASTRUCCIO, CASTRACANI, Capitaine célebre, né à Castruccio, en 1281, dans le temps que l'Italie étoit en proie aux factions des Guelfes & des Gibelins. Ses parens étoient Gibelins; il les perdit à vingt ans. Il alla en Angleterre offrir ses services à Edouard. Un Seigneur, jaloux des bontés que le Roi marquoit à l'Etranger, lui donna un soufflet; Castruccio le tua & fut obligé de quitter l'Angleterre. Il se retira auprès de *Philippe-le-Bel*, en Flandres, & gagna son amitié par ses belles actions. Couvert de gloire, il revint en Italie; il se mit à la tête des Gibelins, renfermés dans Pise, les mena à Lucques qui lui ouvrit ses portes; il en chassa les Guelfes. Le Peuple nomma Castruccio Gouverneur. Louis de Baviere, Empereur, son allié, le fit Comte du Palais de Latran, Duc de Lucques, & Sénateur de Rome. Castruccio conduisit ce Prince à Rome, & le fit couronner, sans lui faire prêter le serment de fidélité. Le Légat du Pape l'excommunia; mais Castruccio mourut peu de temps après, en 1328.

CATACOMBES, Grottes ou lieux souterreins dans lesquels se réfugioient les premiers Chrétiens, & où ils enterroient leurs Martyrs. Les plus célebres sont celles de l'Eglise de Saint Sebastien à Rome, & celles des environs de Naples, sur la voie Appienne. Plusieurs croient que les Chrétiens eux-mêmes se creuserent ces souterreins; mais il est plus probable qu'ils existoient long-temps avant l'établissement du Christianisme, & que c'étoient des carrieres d'où l'on tiroit la pierre pour la construction des édifices de Rome, qui étoient abandonnées, & dont les Chrétiens se firent des asyles. Il y a plusieurs Catacombes à Rome; les plus vastes, celles de Saint Sebastien, sont des galeries de trois à quatre pieds de large, creusées dans la pierre ou dans le sable à une grande profondeur. A droite & à gauche sont des niches faites avec des briques minces ou des plaques de marbre; on y plaçoit les corps des Martyrs, avec les instrumens de leur supplice, des palmes, des croix, des épitaphes, & quelquefois une phiole de leur sang. C'est de ces souterreins qu'on tire encore les reliques des Saints que le Pape accorde aux Puissances, aux Ambassadeurs & à certaines Eglises. Il y a des corps entiers; mais qui se réduisent en poussiere dès qu'on les touche. On assure qu'on pourroit faire vingt milles de chemin dans ces souterreins.

Les Catacombes de *San Gennario*, à Naples, sont fort supérieures à celles de *Saint Sebastien*. Elles sont creusées dans le roc. Elles ne sont pas si étendues, quoiqu'on dise qu'elles avoient deux milles de profondeur; elles sont divisées en trois étages; chaque étage a plusieurs voutes parallèles, assez étendues pour y cacher quarante mille hommes. Il y en a qui paroissent avoir été destinées à des assemblées particulieres, & qui sont d'une forme différente. On trouve, en entrant, une petite Eglise entiérement creusée dans le roc, au milieu de laquelle est un autel de pierre grossiérement taillé; derriere l'autel est une chaire coupée dans le roc vif, au milieu d'un demi-rond, entouré de banquettes, où se plaçoient l'Evêque ou Prêtre principal avec ses Ministres, & où se faisoient les instructions. A côté de cette Eglise sont des excavations où étoient des sépulcres. Une ouverture conduit dans une galerie étroite où deux personnes ont peine à passer de front; d'espace en espace sont des parties creusées en demi-cercle, qui ont servi d'autel; on y voit encore des restes de peintures à fresque presque effacées; on y distingue une moitié de Crucifix; on ne peut plus lire les inscriptions. Dans l'épaisseur des pilastres qui soutiennent ces voûtes, sont de petites chambres sépulcrales ornées de peintures & de mosaïques: on y entroit par une petite porte quarrée étroite & basse; on descend dans les unes, on monte dans les autres. On y distingue le trou où se plaçoit la lampe sépulcrale. Au milieu du second étage, on trouve une Chapelle où l'on croit que se faisoient les Ordinations; elle a trois nefs, & aboutit à une salle très-vaste, destinée à l'instruction des Peuples. A quatre ou cinq pieds de hauteur, est une chaire creusée dans le roc, d'où l'Evêque parloit au Peuple. On ignore si ces excavations ont été faites par les Chrétiens mêmes, ou si c'étoient des carrieres qu'ils ont accommodées à leurs cérémonies & à leurs usages; mais tout prouve que c'étoit le lieu où s'assembloient les Chrétiens. S'ils l'ont creusé, dans quel endroit ont-ils porté les pierres qu'ils en ont tirées, & qui devoient être en une quantité immense: car il paroît que ce monument, tel qu'il est, est très-considérable, & devoit encore s'étendre fort loin? D'un autre côté, la régularité des constructions, les trois étages placés l'un sur l'autre, ces voûtes distribuées en Chapelles, salles, galeries, annoncent même, dans l'origine, toute autre chose que des excavations faites au hasard. Quelques-uns ont prétendu que ce lieu avoit servi de sépulture aux Payens, avant l'établissement du Christianisme; mais ce qui détruit cette opinion, ce sont les tombeaux mêmes qui sont des sarcophages; au lieu que dans le temps auquel on fait remonter ces cimetieres, on brûloit les morts & l'on déposoit l'urne qui contenoit leurs cendres dans des caveaux autour desquels il y avoit des trous formés avec des briques ou des pots de terre comme dans les colombiers. M. de Lalande prétend que, comme celles de Rome, les Catacombes de Naples étoient simplement des carrieres de Pouzzolane, qui servoient ensuite à enterrer les Esclaves & le bas Peuple, qu'on ne brûloit pas, & dont les Chrétiens se firent des asyles, & où ils enterrerent leurs Martyrs.

CATANE, *Catania*, Ville célebre & considérable de l'Isle de Sicile, dans la vallée de Démona, avec un Evêché suffragant de Montréal. Les Catanéens reconnoissent Evarque pour Fondateur. Catane étoit déja très-florissante l'an 287 de Rome. Le Roi Hieron y mourut dans la soixante-dix-huitieme Olympiade. Elle est située sur un golfe à l'embouchure de la riviere d'Indicello. C'est une des plus grandes Villes de la Sicile. Elle a un bon Château élevé sur une roche, pour la défense du port ou de la plage; des rues longues & droites; une belle place, une superbe Cathédrale, dont l'entrée est soutenue par dix belles colonnes de marbre: elle fait un très-grand commerce; le terroir est très-fertile, le séjour agréable; mais le voisinage du Mont-Gibel, qui est à vingt milles de cette Ville, la rend sujette aux tremblemens de terre. Elle fut renversée en 1693, mais elle fut très-promptement rétablie; il y a beaucoup de Noblesse. Elle jouit de grands priviléges; elle a son Magistrat particulier, & il n'y a ni Garnison ni Gouverneur de la part du Roi. Nicolas Eudeschi, connu sous le nom de Panorme, y est né. Elle produit d'excellens vins, & des fruits en abondance. Catane est située au S. O. de Messine, à treize lieues N. de Syracuse.

CATHARIN, (*Ambroise*) Théologien célebre, né à Asinino, entra chez les Dominicains en 1551: il eut successivement l'Evêché de Minori & l'Archevêché de Conza; il s'étoit distingué au Concile de Trente. Il a avancé, dans ses écrits, des opinions singulieres. Il prétend que Jesus-Christ seroit venu au monde, quand même Adam n'auroit point péché; que la réprobation des Anges vient de ce qu'ils n'ont pas voulu reconnoître le Mystere de l'Incarnation; il se faisoit un point de penser hardiment, & sans aucun égard aux opinions reçues.

CATHO, (*Angelo*) né à Tarente, Aumônier, Médecin & Astrologue de Louis XI, qui lui donna l'Archevêché de Vienne en Dauphiné: il étoit fort lié avec Philippe de Comines, qui entreprit ses Mémoires, à la sollicitation de Catho. Comines atteste que Catho lui annonça, vingt ans avant l'événement, que Fréderic, second fils d'Alphonse, Roi d'Arragon, monteroit sur le trône; qu'il prédit à Guillaume Briconnet, qui alors étoit marié, qu'il joueroit un grand rôle dans l'Eglise, & qu'il toucheroit de près à la Thiare; il fut en effet Cardinal. Catho, qui pourtant n'étoit pas Sorcier, mourut à Vienne son Diocèse.

CATHOLICA, Village dans la Romagne, à dix milles du *Pesaro à Rimini*, ainsi nommé parce que plusieurs des Peres du Concile de Rimini s'y retirerent, indignés de ce que la secte des Ariens dominoit dans ce Concile, & protesterent qu'ils se séparoient de la communion de ces Hérétiques. Cet événement, qui arriva en 359, est consacré dans l'inscription que le Cardinal Spada fit mettre devant l'Eglise.

CATTARO, petite Ville de la Dalmatie, est défendue par une forteresse peu considérable. Son Evêché est suffragant de Bari. Elle appartient aux Vénitiens. Elle est sur le golfe de Cattaro, à quatre lieues N. O. de Scutari, & à onze lieues de Raguse.

CAVA, petite Ville du Royaume de Naples, dans la Principauté Citérieure, avec un Evêché suffragant de Salerne, & une Abbaye: elle est renommée par les belles toiles qu'on y fabrique, mais l'air y est mal sain. Elle est située au pied du Mont-Metelin, à deux lieues N. O. de Salerne, & à dix lieues E. de Naples.

CAVAGLIA, Bourg de la Province de Biele, dans la Seigneurie de Verceil, en Piemont. *Voyez* BIÉLE.

CAVALCANTI, (*Barthelemi*) né à Florence en 1503, avoit une grande étude des Belles-Lettres: il fut chargé de négociations par Paul III, & par Henri II, Roi de France. Il mourut à Padoue en 1562. Il a laissé une Rhétorique en sept livres, & un Commentaire du meilleur état d'une République. Il y a eu un autre Cavalcanti, Poëte & Philosophe, né à Florence, qui a laissé plusieurs Ouvrages en vers & en prose.

CAVALIERI, (*Bonaventure*) né à Milan en 1508, grand Mathématicien: il entra dans la Congrégation des Jésuites, fut Disciple de Galilée, & ami de Toricelli. Il étoit tourmenté de la goutte; Benoît Castelli lui conseilla, pour faire diversion à son mal, de s'appliquer à la Géométrie. Il alla si loin, qu'il inventa le calcul des infinimens petits. Il composa le *Directorium universale Uranometricum*. Bolog. 1632. *Geometria indivisibilium continuorum*. Bolog. 1635. Il fut attaqué par les uns, & adopté par les autres; enfin regardé comme un des plus grands Géometres. Il étoit Professeur de Mathématiques à Bologne, où il mourut en 1647.

CAVALLER-MAGGIORE, Bourg de la Province de Savillan, dans le Piémont. *Voyez* SAVILLAN ou SAVIGLIANO.

CAVALLINI, (*Pietro*) Peintre & Sculpteur, né à Rome, vécut dans le seizieme siecle. Il fut le plus pieux & le plus modeste des Peintres, avec beaucoup de talent. Il est l'Auteur du Crucifix qu'on dit avoir parlé à Sainte Brigitte. Il vécut quatre-vingt-quatre ans.

CAVEDONE, (*Jacques*) Peintre, né à *Saſſuolo* dans le Modenois, en 1580. Il fut Eleve d'Annibal Carrache, & saiſit ſi bien ſa maniere qu'on s'y trompoit aiſément; il eut enſuite une maniere à lui. Il a acquis une ſi grande facilité, que le Guide ne pouvant le croire, voulut le voir travailler. Il ſe promettoit une fortune brillante; mais des malheurs multipliés accablerent ſa famille; ſon eſprit ſe dérangea, ſon génie diſparut, & il ſe vit réduit à ne peindre que des *Ex voto*. Dans ſa vieilleſſe, il demandoit publiquement l'aumône à Bologne. Il ſe trouva mal un jour, tomba au milieu de la rue; on le traîna dans une écurie voiſine où il mourut en 1660, âgé de quatre-vingts ans. Ses principaux Ouvrages ſont à Bologne. Il y a deux tableaux de ce Peintre au Palais Royal.

CAZALI, (*Frere Jean-Vincent*) Servite, Sculpteur & Architecte, né à Florence, d'un Teinturier. Cazali fut l'Eleve, pour la Sculpture, de Frere Jean-Ange, qui s'étoit fait une grande réputation, & qui entra dans l'Ordre des Servites. Il fit pluſieurs ſtatues; il eleva l'Autel de marbre des Servites de Lucques; la forme & les ſtatues dont cet Autel eſt décoré. Le Duc d'Oſſonne, Viceroi de Naples, l'appella & l'engagea de chercher les moyens de faire écouler les eaux qui croupiſſoient & qui infectoient l'air de ce pays. Cet Artiſte eut le plus heureux ſuccès. Il fit conſtruire la Darſene de Naples, dans un terrein que perſonne n'avoit pu deſſécher. Il fit bâtir encore un beau manege. Il accompagna le Duc d'Oſſonne en Eſpagne, où Philippe le combla d'honneurs. Cazali examina & fut chargé de réparer, par ordre de ce Prince, les forterreſſes de Portugal. Il mourut au moment où il ſe préparoit à remplir cette commiſſion, en 1593.

CEBA, Politique, Hiſtorien, Orateur & Poëte du dix-ſeptieme ſiecle. Il a écrit dans tous les genres. Il a compoſé un Traité du Poëme Epique. On eſtime ſes Tragédies, dont les meilleures ſont *les Jumelles de Capoue* & *Alcipe*. On les trouve dans le Recueil des meilleures Tragédies italiennes, que le Marquis Maffei a publiées en trois volumes in-8°. à Verone en 1723.

Sa Tragédie d'Efter a été mife à l'index, à caufe des fables qu'il a mêlées aux vérités de l'Ecriture.

CECCO D'ASCOLI, né à Afcoli en 1257, Théologien, Poëte, Médecin & Mathématicien. Jean XXII le fit venir à Avignon, & le nomma fon Médecin. Ses envieux l'obligerent de quitter Avignon; il alla à Florence où il fe fit encore des ennemis. Il paffa à Bologne, & y enfeigna l'Aftrologie & la Médecine. On le dénonça à l'Inquifition, comme faifant tout émaner de l'influence des aftres, & fe difant Prophête. Il abjura les erreurs dont on l'accufoit, & fe foumit à la pénitence. Charles-Jean Santerre, Duc de Calabre, l'appella à Florence pour être fon Médecin & fon Aftrologue. Cecco, malgré fes malheurs paffés, tira des horofcopes. Il fut repris par l'Inquifition, accufé d'avoir enfeigné des erreurs qu'il avoit abjurées, & d'avoir foumis Jéfus-Chrift même à l'empire des aftres. Sur cette accufation, Cecco n'en fut pas moins condamné à être brûlé; ce qui fut exécuté folemnellement devant un Peuple inombrable, perfuadé que le démon familier de Cecco viendroit l'enlever du milieu des flammes. Ce Jugement rendit les Inquifiteurs odieux au Peuple. Ses Ouvrages Poëtiques & Mathématiques furent recueillis in-4°. en 1487 à Venife. Ses Poëfies ont été réimprimées en 1516, in-4°. à Venife. *Cecco* avoit du génie, & quand même les accufations intentées contre lui auroient eu quelque chofe de vrai, fon fupplice eft affreux.

CECILIA, (*Sancta*) Eglife de Sainte Cecile à Rome, n'offre rien de plus curieux que la ftatue de la Sainte, faite par Maderne, au-deffus du grand Autel, & répréfentée couchée. On voit dans une Chapelle baffe, dans un coin, une chaudiere qu'on dit être celle dans laquelle la Sainte fut plongée dans l'huile bouillante, fans qu'elle en reçût aucun mal.

CEFALU, *Cifalu* ou *Cifaldi*, Ville de Sicile dans la Vallée de Démona, fur la Mer, appellée par les Latins *Cæphaledis* ou *Cæphaladium*, avec un Evêché fuffragant de l'Archevêché de Meffine. Elle eft fur un Cap qui s'avance dans la Mer avec un bon Port, d'où lui eft venu fon nom grec. La Ville eft affez belle, défendue par un Château bâti sur une colline fort élevée. On admire la façade de sa Cathédrale. Il ne faut pas confondre *Cefalu*, avec Cefalu qui est dans la Vallée de Mesara.

CELANO, petite Ville au Royaume de Naples, dans l'Abruzze Ultérieure, environ à une demi-lieue du Lac du même nom, autrefois appelé le Lac Fucin, au pied des montagnes. Celano a titre de Comté, & appartient à la Maison Savelli.

CELESTIN. Il y a eu cinq Papes de ce nom. Le premier est Saint Celestin, Romain, élu en 423. Il fit condamner la doctrine de Nestorius, par un Concile tenu à Rome, en 420. Il défendit Saint Augustin, attaqué par quelques Prêtres Gaulois. Il mourut en 432. Celestin II, élu en 1143, mourut un mois après. Celestin III, de Rome, élu en 1191. Ce fut lui qui, en sacrant l'Empereur Henri VI, poussa d'un coup de pied la Couronne qu'il devoit mettre sur la tête de Henri. Il mourut en 1198. Celestin IV fut élu le 22 Septembre 1241, & mourut dix-huit jours après. Enfin Celestin V, ou Pierre de Mouron, qui, né de parens obscurs, vécut dix-sept ans dans la solitude & se fit Bénédictin. Il se retira au Mont de Majelle, près de Salmone ; fonda les Celestins, & s'enfonça dans une cellule, si bien fermée, qu'il se faisoit servir la Messe par la fenêtre. Ce fut-là qu'on alla le chercher pour le porter sur le trône Pontifical. Il alla se faire sacrer à Aquila, monté sur un âne. Il porta la plus grande simplicité, mais la plus grande ignorance sur le trône. Par les rufes & par les intrigues du Cardinal Cajetan, il donna sa renonciation au Pontificat. Cajetan fut élu sous le nom de Boniface VIII. Il fit enfermer Celestin dans un cachot, gardé à vue par des Soldats. Pierre de Mouron mourut dans sa prison, en 1246. Clément V le canonisa.

CELLAMARE, Ville & Principauté du Royaume de Naples, dans la Terre de Bari. *Voyez* BARI.

CELLINI, (*Benevenutto*), Peintre, Sculpteur & Graveur, né à Florence en 1500, fut recherché de plusieurs Princes de l'Europe, pour son savoir & pour ses talens. Le Pape Clément VII avoit pris pour lui la plus grande estime, & comme Homme de génie, & comme un des plus grands Guerriers de son siecle. Il lui confia la défense du Château Saint-Ange, & Cellini se rendit, par sa valeur, digne de la confiance du Pontife. François I lui témoigna les mêmes sentimens, & l'honora de ses bienfaits. Il a laissé d'excellens Ouvrages. Avant de s'adonner à la Peinture & à la Sculpture, il commença par l'Orfévrerie & la Gravure. Il a publié lui-même sa Vie, en un volume in-4°. un Traité sur la Sculpture, & un autre sur la Maniere de travailler l'or. Il mourut à Florence en 1570.

CENIDA, Ville dans la Marche Trevisanne, avec un Evêché suffragant d'Aquilée. Elle est bâtie sur une hauteur à huit lieues N. de Trevise. Son nom latin est *Ceneta*, & *Ceneda Agathiæ*.

CENSENIGHE, Bourg du Bellunese, dans l'Etat de Venise. *Voyez* BELLUNESE.

CENSORI. Censeurs. A Gênes on appelle Censeurs les différens Préposés, nommés par la République, pour veiller à l'entretien, au progrès & à la bonne foi du Commerce & des Manufactures. Ils en sont responsables, & doivent en tenir un compte exact au Sénat.

CENSORI. A Venise, ce sont des Magistrats nommés par la République, pour veiller sur les mœurs des Particuliers, sur les abus qui peuvent se commettre dans le Broglio, dans l'administration de la Justice, & sur plusieurs autres abus qui tendent au relâchement de la subordination, & à la corruption des mœurs.

CENTO, petite Ville située près de celle de Bologne, sur la route de Ferrare, célebre par la naissance du Guerchin, ou Jean-François Barbieri, qui, dès l'âge de vingt-six ans, avoit acquis une si haute réputation, que les Amateurs venoient exprès à Cento pour le voir. Il y reçut trois Cardinaux, qu'il fit servir par douze de ses Eleves les mieux faits. Il y avoit fondé une Académie qui attiroit une foule de jeunes Peintres. Cento a conservé plusieurs de ses tableaux. On voyoit au Collège des Jésuites, un Saint Jérôme & une Vierge allaitant son enfant; un Vieillard; Elisée ressuscitant le fils de la Sunamite; ces deux derniers tableaux sont de Gennari, cousin du Guerchin. On admire dans l'Eglise du Rosaire, un Christ, un Saint Jérôme, un Saint Jean-Baptiste,

Baptiste, un Saint Thomas; un tableau de Sainte Madeleine, dans l'Eglise de cette Sainte; Jesus-Christ ressuscité qui apparoît à sa mere, le plus beau tableau du Guerchin, dans la Chapelle du Nom de Dieu, à la Cathédrale; Jesus-Christ confiant les clefs à Pierre, du Guerchin; & une Transfiguration, de Gennari; à Saint Pierre, un tableau de Saint Benoît, un de Saint Pierre-aux-Liens; à Saint Sauveur, un de tous les Saints; aux Servites, un Saint Charles; aux Capucins, les Disciples d'Emaüs, & une Madonne, dont on prétend que la tête est celle de la Maîtresse du Guerchin. Cento a été érigée en Ville Episcopale par Benoît XIV, qui l'aimoit beaucoup.

CENTO-CAMERELLA. Les cent Chambres, situées à quatre cens pas de la *Piscina mirabile*, proche le Cap de Misene, sur le penchant de la montagne, & près de la mer. On les appelle aussi labyrinthe, à cause du grand nombre de chambres voûtées qui communiquent les unes aux autres, & dans lesquelles il seroit aisé de s'égarer; ce sont des caves très-belles bien voûtées, & bien conservées: on ne peut en voir que vingt, les autres sont bouchées par des éboulemens de terre. On ne sait à quel usage ces cent chambres pouvoient servir, ni le nom de celui qui les a fait construire; mais on sait que Lucullus avoit une très-belle maison ou palais, du côté du Cap de Misene, on n'en sait pas au juste la situation: Tibere y mourut. Valerius Asiaticus l'ayant fait agrandir considérablement, Claude par les trames & les conseils de Messaline & de Vitellius, fit arrêter Valerius, confisqua tous ses biens, & lui laissa le choix de sa mort. Il se pourroit bien que ces cent chambres fussent les substructions ou les souterreins du Palais de Lucullus.

CERCA, Bourg du Véronois, dans l'Etat de Venise, près du Lac de Guarda *Voyez* CERCA.

CÉRÉMONIAL (le) occupe une partie de la vie des Italiens; ils sont très-minutieux à cet égard; tous les rangs sont marqués; tous les devoirs sont prescrits; il faut savoir ce qu'on doit aux différens états; entre le supérieur, l'égal & l'inférieur, il y a mille nuances à observer. Accorder trop ou trop peu, est également répréhensible; les Italiens ne se pardonnent point ces choses entr'eux; les Etrangers qui y manquent sont seulement punis par le ridicule de ne pas connoître les usages, pourvu toutefois qu'on ne puisse pas y soupçonner de l'affectation. Parmi eux, celui qui marque trop de déférence ou plus qu'il n'en doit, est regardé comme un lâche, ou comme un vil adulateur, & on le voit de mauvais œil; celui qui n'en marque pas assez, passe pour un homme grossier ou pour un insolent, & est regardé d'un plus mauvais œil encore. Les François qui ne doutent de rien, s'imaginent que les Italiens doivent se mettre à leur ton, & éprouvent quelquefois des désagrémens, qu'un peu d'étude du caractere vif & phlegmatique en même temps de cette Nation leur eût sauvé: il est sur-tout essentiel de savoir la Langue, & les Italiens prennent l'ignorance de leur idiôme, dont ils font le plus grand cas, comme une marque de mépris. On raconte qu'un François, qui n'ignoroit pas moins les usages que la langue, se trouvant chez un Italien qui lui faisoit admirer des tableaux, crut qu'il étoit de la politesse d'enchérir sur tout ce que l'Italien lui vanteroit; malheureusement le François n'étoit pas connoisseur; si l'Italien disoit d'une chose, qu'elle étoit belle, le François ne manquoit pas de s'écrier, *ô bellissima, Signor*! S'il disoit, en louant le Peintre ou le Sculpteur, que c'étoit un Artiste divin, le François répétoit *divinissimo*; enfin, le hasard les conduit devant un tableau très-médiocre, & l'Italien voyant que le François l'examinoit, se hâta de le prévenir, en lui disant d'un ton ironique: ô pour celui-là, c'est un morceau excellent; *excellentissimo*, dit le François d'un ton affirmatif; l'Italien, qui ne s'attendoit à rien moins, le regarde, & en lui témoignant sa surprise, *Io credo, Signor Francese*, dit-il, *che me pigliate per un Coyone; Coyonissimo*, s'écria le François. L'Italien perdit son phlegme, & se retira en donnant ordre qu'on le mît à la porte.

CÉRÉMONIE *de fermer & d'ouvrir la bouche à un Cardinal.* Après que le nouveau Cardinal a reçu le chapeau, dans le premier Consistoire, le Pape fait la cérémonie de lui fermer la bouche par une harangue, qui roule d'ordinaire sur la dignité, & les obligations d'un Cardinal. Par cette cérémonie, il est privé de voix active & passive; il est déclaré incapable de donner sa voix pour l'élection d'un Pape, comme aussi d'être élu Dans le Consistoire qui suit, le Pape fait la cérémonie de l'ouverture de la bouche; c'est-à-dire, qu'il donne au Cardinal le droit de voix active & passive. Après la mort de Clément XI, les Cardinaux firent difficulté de recevoir le Cardinal Alberoni, à qui le Pape défunt n'avoit point fait la cérémonie de lui fermer & ouvrir la bouche. En 1571, Sixte V rendit un Décret, par lequel il déclara que ce n'étoit qu'une simple cérémonie, qui n'ôtoit aucun droit aux Cardinaux. Depuis ce temps, les Cardinaux entrent dans le Conclave, & concourent à l'élection du Pape, quoiqu'on ne leur ait pas ouvert la bouche.

CERENZA, ACERENZA, Ville au Royaume de Naples, dans la Basilicate, dont elle est la Capitale, que les Anciens appelloient *Acherontia* ou *Acherontus* : elle est située au pied de l'Apennin sur le Brundano. Son Archevêché a été uni à celui de Matera, dans la Province d'Otrante. Cette Ville est presque ruinée. Les Evêques suffragans de Cerenza, sont Venosa, Anglona, Potenza, Gravina, Tricatico, Monte-Peloso, Melfi, uni à celui de Rapolla. Il ne faut pas confondre cette *Cerenza* avec une Ville du même nom dans la Calabre Citérieure.

CERETA, (*Laura*) jeune Bressanne, qui ayant eu le malheur de perdre son mari, dix-huit mois après son mariage, ne trouva de consolation que dans l'étude des Belles-Lettres; elle s'y adonna entiérement : elle fit des progrès surprenans dans la Philosophie & la Théologie; mais elle mourut à la fleur de son âge, vers la fin du quinzieme siécle. Elle étoit en correspondance avec tous les Savans. Philippe Thomasini a publié ses Lettres au nombre de soixante-douze, in-8°.

CERIOLO, Bourg de l'Alexandrin, dans le Duché de Milan. *Voyez* ALEXANDRIN.

CERISOLA, CERISOLES, Village dans la Province de Quiers, en Piémont, sur une colline près de Carmagnole. Il est moins célébre par lui-même, que par la bataille qui s'y donna sous le regne de François I, contre Charles V, le 14 Avril 1544: les François, sous la conduite de Bourbon, Duc d'Enguien, mirent en fuite les Impériaux & les Espagnols, conduits par le Marquis de Guaeft qui fut bleffé & qui fe retira, & qui abandonna fon camp, où l'on trouva quatre mille chaînes pour les François qu'il croyoit battre.

CERTALDO, petit Bourg, célèbre par la naiffance de Bocace, où l'on montre encore fa maifon, au-devant de laquelle on lit cette infcription :

Has olim exiguas coluit Bocacius ædes.
Bocace habita jadis ce petit édifice.

Certaldo eft fur la route de Pife à Livourne : à une lieue & demie du Pont de la Pifciola, on voit le Château de Certaldo qui eft fur la croupe d'une montagne, où il forme un point de vue charmant.

CERTOSA, (la Chartreufe de) dans le territoire de Pavie, à peu de diftance de cette Ville. *Voyez les Chartreufes d'Italie.* Celle-ci eft une des plus belles. L'Eglife eft de la plus grande richeffe & de la plus grande beauté : elle eft foutenue par un très-grand nombre de colonnes en dehors & en dedans. Le portail eft de marbre blanc, orné de quantité de ftatues. Tout répond à cette magnificence. Ce fut à la Chartreufe de Certofa, que François I fut conduit, lorfqu'il fut fait prifonnier à Pavie.

CERVIA, ancienne Ville dans la Romagne, avec un Evêché fuffragant de Ravenne ; l'air y eft mal fain ; mais il y a de bonnes falines aux environs : elle eft fur le golfe de Venife, à quarante-quatre mille S. E. de Ravenne.

CESENACIO, fur le chemin de Rimini à Ravenne à une lieue & demie du Pifatello ou Rubrion, eft un gros Bourg fur le bord de la mer, avec un Port & un Canal pour les barques feulement.

CESENE, *Cefena*, *Cefea*, Ville dans la Romagne, fur la riviere de Savio, affez agréable, mais fur un terrein inégal, au pied d'une haute montagne, a été fondée par les Gaulois Sénonois, trois cent quatre-vingt-onze ans avant Jefus-Chrift : elle a appartenu aux Boulonois, enfuite à des Seigneurs particuliers ; le dernier fut *Malatefta Novello*, à qui Alexandre VI l'enleva. Ce Pontife la donna à *Céfar Borgia* : elle repaffa au Saint-Siége, après la mort de César. Sa principale rue, comme dans presque toutes les Villes d'Italie est la seule qui soit fréquentée. Les Eglises les plus remarquables sont celles de Saint Dominique, de Saint Philippe, la Cathédrale, dans laquelle est une fort belle Chapelle toute en marbre avec de très-belles peintures. La principale Place est ornée d'une fontaine fort jolie pour la sculpture. A une lieue en deçà de cette Ville, on passe la petite riviere de *Pisatello*, qui est le célebre Rubicon.

CESI, petite Ville de l'Etat Ecclésiastique près Narni, est située au pied d'un rocher, qui semble menacer ruine ; il est défendu sous peine de la vie d'aller couper du bois sur ce rocher. Il y a dans la Ville de Cesi, des cavernes ou grottes qui donnent un vent réglé, & qui passent par des issues, appellées *Bocche di vento* ou *Grotte di vento* : ce vent est très-frais & on le conduit dans les maisons, par des tuyaux, on s'en sert à rafraîchir le vin, les caves & les appartemens.

CEVA, petite Ville, avec titre de Marquisat dans le Comté d'Ast, dans le Piémont. Ce Marquisat a eu des Seigneurs particuliers, qui vendirent leur petit Etat à la Ville d'Ast, en 1195. On y fait d'excellens fromages, & on y trouve quantité de faisans & de perdrix. Ceva est située sur le Tanaro, à deux lieues S. E. de Mondovi : elle est Capitale d'un petit pays, où sont les langues ou collines qui forment le commencement de l'Apennin. Quoique Ceva soit peu considérable, elle est néanmoins bien fortifiée.

CHABLAIS, *Ducatus Cabellicus*, l'un des six pays qui forment la division de la Savoie, & l'un des trois qui sont au S. Le Chablais est borné au N. par le lac de Geneve, au L. par le Vallois, au S. par le Faussigni, & à l'O. par le Genevois. L'Empereur Conrad, le Salique, le donna à Humbert aux blanches mains : il fut érigé en Duché par l'Empereur Frédéric II, en 1238. Il s'étendoit autrefois jusqu'à Saint Maurice. Les Valaisiens s'en emparerent en 1536. La Chambre Impériale les condamna à le restituer. Charles V voulut les forcer à cette restitution : ils relâcherent seulement, par le Traité de 1569, ce qui est au-deçà de la riviere de Morges, jusqu'à celle de Dranse :

les Bernois rendirent tout ce qu'ils avoient conquis sur Charles III, Duc de Savoie, dans les Bailliages de Tonon, de Ternier, de Gaillard. Le Chablais a neuf à dix lieues de longueur, & trois à quatre de largeur. Il consiste en cinq Bailliages ; savoir *Tonon*, *Evian*, *Aups*, *Ternier* & *Gaillard*. Les autres lieux les plus considérables, sont *Ripaille*, sur le lac, *Nouvelle*, *Hermance*, *Yvoire*, *Langin*, *le Fort des Allinges*, *Taramont*, *Chavannes*, *Abondance*, *Volanzana*, les Terres de *Saint-Victor*, & plusieurs possessions de la République de Geneve y sont enclavées. Les Romains avoient des haras dans cette Province, & l'appelloient *Provincia Equestris* & *Caballica*. Elle faisoit partie des Peuples Andates & Veragriens, dont parle César dans ses Commentaires.

CHALEURS D'ITALIE (les) sont très-fortes dans l'été. L'Italie, sujette à l'intempérie de l'air, exige de la part de ses habitans des précautions. C'est ordinairement aux mois d'Août & de Juillet, que les chaleurs sont les plus grandes. Les Italiens ont soin d'occuper les appartemens bas pendant cette saison ; à Rome, on pousse cette précaution jusqu'à ne point changer de chambre dans la même maison. Les Romains prétendent que le changement d'air leur seroit pernicieux : il est défendu d'aller en Villegiature ; ils s'enferment chez eux, & ne sortent que sur les huit heures du matin. Comme l'air, pendant ces deux mois, est mal sain dans les quartiers de *Borgo* & du *Transtevere*, il est défendu aux Propriétaires qui y ont des maisons, de louer des chambres à qui que ce soit.

CHAMBERY, *Camberiacum*, Capitale de la Savoie, l'ancienne Ville des Allobroges, dans laquelle la Savoie fut érigée en Duché, par l'Empereur Sigismond, le 19 Février 1416. Cette Ville, dans laquelle on compte de huit à dix mille habitans, est petite, quoiqu'assez bien bâtie : elle étoit autrefois la résidence des Comtes & des Ducs. Ses rues sont étroites, son aspect est triste, par la nature de la pierre dont elles sont construites. On y remarque le Château à demi brûlé en 1745, des anciens Comtes & Ducs, où se retira le Roi Victor en 1730 après son abdication & son mariage avec la Marquise de Saint

Sébastien ; les Jacobins où le Sénat s'assemble ; l'exercice de l'Arquebuse, la Place du marché & la Promenade du Vernay. On y trouve une quantité étonnante de fontaines, & une plus grande quantité encore d'Eglises & de Couvens des deux sexes. Ses fortifications sont peu considérables. La Laise & l'Albane traversent la Ville ; ce sont deux ruisseaux plutôt que deux rivieres. (*Voyez* ALBANE) Il y a deux Jurisdictions, le Sénat qui juge souverainement, & une Chambre des Comptes pour la Savoie. La Sainte Chapelle, qu'on voit dans l'enceinte du Château, est de fondation royale, & n'a rien de bien remarquable, & n'a jamais été finie : on en estime le portail. Le commerce y est en vigueur : les habitans sont doux & honnêtes ; quoiqu'en général le sexe n'y soit pas de la plus grande beauté, on y voit de très-belles femmes. Cette Ville est à onze lieues N. E. de Grenoble. Elle a été la Patrie de l'Abbé de Saint Réal, du Pere Deschalles, & du Président Favre, célebre Jurisconsulte : on va presque par-tout dans la Ville, sous des portiques.

CHAMBRAI, jolie petite Ville du Gozzo, Isle à l'O. & dépendante de l'Isle de Malthe. C'est le Bailli de Chambrai qui a fait bâtir la Ville qui porte son nom.

CHAMBRE, (la) Village peu considérable de la Savoie, à cinq lieues d'Aiguebelle, dans les montagnes des Alpes. Il n'y a qu'un Couvent de Cordeliers, le reste n'est qu'un tas de vieilles maisons & de chaumieres. Les Goîtres sont très-communs, & presque ordinaires dans ce lieu & dans les montagnes des environs. On y est si accoutumé, que bien des gens regardent comme un défaut de n'en avoir pas. On attribue ce vice local à la qualité des eaux crues & dures.

CHAMBRE APOSTOLIQUE, (la) est un Tribunal préposé à l'administration des revenus du Saint Siége, & qui juge toutes les causes qui y ont rapport. Elle a pour chef le Cardinal Camerlingue : elle est composée du Gouverneur de Rome, de l'Auditeur de la Chambre & du Trésorier, qui est comme le Contrôleur-Général des Finances. Il y a douze Prélats, appellés *Chierici di Camera*, qui se rassemblent deux fois la semaine chez le Cardinal Camerlingue, pour la révision des comptes. Parmi ces Clercs de la Chambre, est le *Præfetto de l'Annona*, qui est à la tête de l'approvisionnement de Rome : il veille à la culture des terres, à la conservation des grains ; est à la tête des greniers d'abondance, juge les causes relatives au commerce des grains, dont il fixe le prix. Il y a encore le Président *d'ella Grascia*, qui veille à tous les autres comestibles. Ces deux Officiers en taxant les bleds & les comestibles, font, dit-on, le malheur de la campagne de Rome. Le Cultivateur n'ayant pas la liberté de vendre ses denrées au meilleur prix possible, abandonne la culture des terres, & aime mieux aller à Rome jouir du bas prix du bled, que de se donner beaucoup de peine pour le récolter sans profit ; il en est de même pour les comestibles. La Chambre Apostolique comprend encore le Commissaire-Général des Troupes. *Voyez* MILICE DU PAPE. Le *Commissario del mare*, qui a le département de tout ce qui regarde les troupes de mer, les galeres, ports de l'Etat Ecclésiastique. *Présidente della zecca*, dont le département est tout ce qui concerne les monnóies, le change, & la fixation des monnoies étrangeres. *Présidente delle strade*, qui a le département des ponts & chaussées, grands chemins, &c. *Présidente delle ripe & dell'aque*; il a le département des eaux & forêts. *Présidente d'egli Archivi*, qui est chargé de veiller aux dépôts des minutes & titres de l'Etat Ecclésiastique : enfin, le Président des Prisons. Tous ces Prélats ont sous eux des Auditeurs ou Juges, qui tiennent leurs Audiences dans la grande salle de *Monte Citorio*.

CHAMMUNI ou CHAMMONI, petite Ville du Faussigni. *Voyez* FAUSSIGNI.

CHAMP DE MARS. *Campo Marzo*. Il s'étendoit depuis le Capitole & le Quirinal, jusqu'à la porte du Peuple : il étoit borné au N. par le Tibre, & à l'O. par le Mont Pincio : il occupoit presque tout l'espace qu'occupent aujourd'hui les rues *del Corso, di Ripetta & del Babuino*. Il étoit destiné aux assemblées du Peuple & entouré de beaux monumens, dont on voit encore les ruines. Il avoit plus de deux cent-cinquante toises de long : on y voyoit des temples, des cirques, des théâtres, des portiques. *Le Circus agonosticus*, le Portique d'Europe, le Panthéon, les Thermes de Néron, le Portique de Gratien, le Tombeau d'*Auguste*, la Place de Trajan, étoient aux environs du Champ de Mars. C'étoit-là qu'étoit l'Obélisque Horaire, dont on voit encore les débris, dans une cour derriere Saint-Laurent, près de la Place de *Campo Marzo*. *Voyez* Obélisque. Toute cette partie de la voie Flaminienne, qui comprenoit toute la rue du Cours, étoit décorée dans toute sa longueur de deux rangs de statues & de plusieurs arcs de triomphe. Toute cette partie de Rome n'avoit d'autres édifices que ceux qui lui servoient de décoration. La Basilique dédiée à Marc-Aurele Antonin, étoit dans l'endroit qu'occupe la Place Colonne : tout cet ancien Champ de Mars a disparu sous les ruines, & c'est sur ces ruines mêmes, que les Romains, qui quitterent les sept collines, vinrent faire leurs établissemens. On peut juger de combien les débris de l'ancienne Rome, les inondations, les bouleversemens ont exhaussé le terrein, par la profondeur à laquelle l'Obélisque Horaire a été trouvé. C'étoit en creusant des latrines que des ouvriers le découvrirent. Le Panthéon d'Agrippa, que sa solidité a sauvé de la fureur des Barbares, étoit si enterré, qu'on y descendoit par plusieurs marches avant qu'on n'eût fait abaisser le terrein. *Voyez* Navonne, Colonne Antonine.

Champs Élisées, (les) Plaine charmante, sur le bord de la Mer Morte, aux environs du Cap de Mysene, proche le Golfe de Pouzzol. *Voyez* Mercato del Sabbato, Achéron, Cumes.

Champs Phlégréens ; c'est le lieu où Hercule, secondé des Dieux, défit, dit-on, les Géans. On place ce terrible champ de bataille entre Pouzzol & Cumes : les tremblemens de terre auxquels ces lieux sont sujets, les exhalaisons sulfureuses qui s'échappent de la terre donnerent lieu à la fable des Géans enterrés sous les rochers qu'ils lançoient contre les Dieux, & qu'ils s'efforcent de soulever encore. *V.* Solfatare.

Chapelle Pontificale à Saint-Pierre ; c'est lorsque le Pape pontifie à Saint Pierre, qu'on peut juger de la magnificence de sa Cour. Il se transporte du Vatican, où il fait sa résidence, à Saint Jean de Latran. Il descend à l'heure de la grand'Messe, précédé d'un Détachement de la Garde Suisse, armé de pied en cap, & le casque en tête, d'un Détachement de Chevaux-Légers, en bottines, & le pistolet à la main, des Domestiques de livrée, des Maîtres-de-Chambre, & des Gentilshommes de la suite, des Cardinaux, des Portiers du Pape, en simare rouge, & le capuchon bordé d'hermine. Le plus jeune des Auditeurs de Rotte porte la croix, suivi de toute la Prélature, composée des Gouverneurs des Villes voisines, des Protonotaires, des Auditeurs de Rotte, des Evêques assistans du Trône, des Généraux d'Ordre, des Cardinaux, suivis de leurs Caudataires, en simare violette, des quatre Conservateurs, & des Princes assistans du Trône. Le Pape, en chape, la mitre sur la tête, assis dans un fauteuil placé sur un brancard, est porté sur les épaules de quatorze Valets-de-Chambre, vêtus de rouge comme les Portiers. On porte à côté de lui deux grands éventails de plumes d'autruche blanches; huit Gentilshommes ordinaires soutiennent le dais qui couvre le brancard; les Cameriers secrets & ordinaires, & le reste de la Garde Suisse, terminent la marche. Ce Cortege arrive à Saint Pierre; à quelques pas de l'autel, on descend le Pape, qui va se placer sur son Trône dressé à gauche; le sacré Collége, en habits d'Evêques ou de Diacres, les Prélats en camail & les Généraux d'Ordre, se placent dans une enceinte de bancs à dos & tapissés; les Princes assistans sont sur les degrés du Trône, les Auditeurs, le Maître du sacré Palais, & les Protonotaires, sont sur le degré inférieur. Au pied de l'autel est un buffet, où sont les calices, l'aiguiere à laver, les vases pour l'eau & le vin, plusieurs bassins, le tout d'or; à côté du buffet sont les Conservateurs, en robe de moire couleur d'or, bordée de velours cramoisi. Le Pape commence la Messe sur son Trône; elle est chantée en plain-chant grégorien, sans orgues ni musique. L'Epître & l'Evangile sont chantés dans les deux Langues Grecque & Latine. Le Pape descend de son Trône à l'Offertoire, & reste à l'autel jusqu'à l'*Agnus Dei*. Alors il remonte sur son Trône, fait les prieres qui précédent la Communion, & on la lui apporte ; il partage l'hostie en deux, en consomme la moitié, & distribue l'autre aux Diacre & Sous-Diacre, qui sont Cardinaux ; il prend une partie du sang avec un chalumeau d'or, & le Diacre reporte le calice sur l'autel, où il consomme le reste avec le Sous-Diacre. Après la Messe, on porte le Pape avec le même Cortege qu'il est venu à la grande tribune au-dessus du vestibule de Saint Pierre ; il donne la bénédiction à la Ville & à l'Univers. La colonade est bordée des deux côtés des troupes du Pape : la place & la rue qui y aboutit sont remplies d'un peuple immense. L'arrivée du Pape est annoncée par les fanfares, & sa bénédiction par le canon du Château Saint-Ange.

Le Cortege ordinaire du Pape est composé de deux Cuirassiers à cheval & de six Valets de pieds qui dévancent le carrosse du Pape, précédé d'un Ecclésiastique, sur une mule, qui porte la croix ; le carrosse est à six chevaux, le Postillon & le Cocher sont en manteau & en rabat ; deux Officiers de la Chambre, en soutanes violettes à manches de couleur pourpre, avec des rochets violets, & à cheval, & les deux plus anciens Domestiques du Pape, sont aux portieres ; deux haies de douze Suisses, en pourpoints, hauts-de-chausses, rabats de dentelles, le chapeau à moitié retroussé, avec le plumet, entourent le carrosse. Il est suivi d'un second carrosse aussi à six chevaux, où sont les Officiers du Pape. Le tout est suivi de douze Gardes-du-Corps & de douze Cuirassiers à cheval, l'épée à la main : un Faquino ou Portefaix, tient un marche-pied à trois degrés pour faire descendre le Pape. Par-tout où il passe, on sonne les cloches, on se met à genoux, & les carrosses sont obligés de s'arrêter, les personnes qui y sont de descendre : aussi a-t'on grand soin de l'éviter, & de détourner d'aussi loin qu'on apperçoit le Cortege. On ne porte devant le Pape ni chapeau, ni épée, ni canne ; les Cardinaux seuls ont cette permission : les Chevaliers de Malthe gardent leur épée. *V.* AUDIENCE DU PAPE.

CHARBONNIERES, Ville de Savoie, dans le Comté de Maurienne, sur les frontieres du Duché. Charbonnieres est une forteresse très-bonne, sur la riviere d'Arche, auprès d'Aiguebelle. *Voyez* MAURIENNE.

CHARLES I, surnommé le Guerrier, Duc de Savoie, né en 1468, n'avoit que quatorze ans lorsqu'il succéda à Philibert son frere. Louis XI son oncle se déclara son tuteur, pour empêcher les troubles survenus au sujet de la Régence. Louis XI étant mort quelque temps après, Charles prit l'administration de ses Etats. Les premiers démêlés qu'il eut, furent avec Sixte IV, qui vouloit nommer, à l'Evêché de Geneve, Jean de Compeys Evêque de Tarni. Charles, malgré les menaces du Saint Siege, parvint à faire nommer Evêque de Geneve François de Savoie son oncle, Archevêque d'Auch. Par la suite, il se réconcilia avec le Pape. Ce Prince mourut dans ses Etats en 1489, âgé de vingt-un ans. Charlotte sa tante l'avoit laissé héritier en mourant du Royaume de Chypre, dont il avoit pris le titre de Roi en 1488. Il avoit épousé Blanche, fille de Guillaume de Monferrat, qui fut nommée tutrice de Charles-Jean-Amédée, qui mourut à huit ans.

CARLES III, surnommé le Bon, Duc de Savoie, succéda, en 1504, à Philibert, dit le Bel, son frere, qui ne régna que très-peu de temps. Charles, qui étoit né craintif & timide se vit exposé à des révolutions qui troublerent long-temps son regne, & le rendirent malheureux. François I, Roi de France, jaloux de le voir préférer l'amitié de l'Empereur à la sienne, lui suscita des guerres qui le mirent à deux doigts de sa perte. Ce Prince infortuné, accablé de chagrin, tomba malade d'une fievre lente, dont il mourut à Verceil le 16 Septembre 1553, âgé de soixante-six ans. Ce fut lui qui changea le nom de l'Ordre du Collier en celui de l'Ordre de l'*Annonciade*. Il eut plusieurs enfans de Beatrix de Portugal, qui ne vécurent point: il n'y eut qu'Emmanuel Philibert qui lui resta, & qui lui succéda.

CHARLES-EMMANUEL I, Duc de Savoie, dit le Grand né au Château de Rivoli, en 1562. Il fut intrépide dans la guerre; le camp de Monbrun, les combats de Vigo,

Afti, Châtillon, Oftage, atteftent fa valeur ; le fiege de Verrue & les barricades de Sufe, fa capacité. Il afpira fucceffivement à la Couronne de France, où il tenta de s'emparer de la Provence, dont il fe fit reconnoître Protecteur par le Parlement d'Aix ; au Trône d'Allemagne, après la mort de l'Empereur Mathias ; au Royaume de Chypre ; à la Principauté de Macédoine. Il porta fes armes contre Geneve, qu'il furprit par efcalade. Il échangea la Breffe & le Bugey pour le Marquifat de Saluces. Il fe brouilla avec la France, l'Efpagne & l'Allemagne. Son ambition fans bornes lui caufa des chagrins juftement mérités. Il eut de grands démêlés avec Henri IV, qui fut toujours fupérieur à la politique cachée & dangereufe & à l'audace de Charles, qui mourut de chagrin en 1630.

CHARLES EMMANUEL II, fils de Victor Amédée, Prince qui méritoit mieux que le précédent le nom de Grand, fi ce nom s'accordoit aux vertus pacifiques. Il perça un rocher qui féparoit la Savoie & le Dauphiné, & y pratiqua un chemin magnifique pour faciliter le commerce entre ces deux Provinces. On compare ce travail à celui d'Annibal ; mais le motif eft à l'avantage du Duc de Savoie. L'efprit de ce Prince & la protection qu'il accorda aux Lettres, lui affignerent une place parmi les Grands Rois.

CHAROUSSE, Ville & l'un des douze Mandemens du Fauffigni. *Voyez* FAUSSIGNI.

CHARTREUSES. Une des principales eft celle de Bologne. La maifon eft très-vafte, & a plufieurs cloîtres. Son Eglife eft riche en tableaux ; on voit un Saint Bruno invoquant la Vierge dans fa gloire, & un Religieux méditant fur un livre, du Guerchin ; un baptême de Notre Seigneur, par Elifabeth Sirani ; le couronnement d'épines, & la flagellation, de Louis Carrache ; la communion de Saint Jérôme, d'Auguftin Carrache ; S. Denis Chartreux, du Guide ; Saint Jean-Baptifte prêchant fur le bord du Jourdain, par Louis Carrache. La Chartreufe de Venife a donné fon nom à l'Ifle qu'elle occupe, elle eft très-belle, & renferme d'excellens morceaux de l'Ecole Vénitienne.

La Chartreufe de Naples, quoique moins riche qu'elle ne le

paroît, est si sagement administrée, que ses revenus suffisent non-seulement à son entretien, mais à une décoration qui semble annoncer des revenus immenses. *Voyez* NAPLES. Elle est située au-dessus du Château de Saint-Elme, au haut d'une montagne fort élevée. C'est, dit-on, un des trois plus beaux points de vue de l'Europe. L'Eglise, quoique petite, est admirée par les beaux marbres dont elle est revêtue, par les peintures & les sculptures. Il y a de très-beaux ouvrages du Guide (la Nativité du maître-autel), le tabernacle est de Lanfranc.

La Chartreuse de *Certosa*, à quelques lieues de Pavie, n'est pas aussi bien située ; mais elle est bien dédommagée par son étendue & par l'architecture de ses bâtimens, qui la fait regarder comme la plus belle de toutes les Chartreuses de l'Europe. Elle est située dans la plaine de Parco. On admire le portail de l'Eglise, tout entier de marbre blanc, orné de très-belles statues ; le tombeau de Jean Galéas Visconti I, Fondateur de la *Certosa* ; la Chapelle de Saint Michel, peinte par le Perugin ; le tabernacle du maître-autel, composé de pierres précieuses. Le cloître a mille pas de tour, & les galeries sont soutenues par des colonnes de marbre, comme celles de Naples. *V.* PAVIE, CERTOSA.

CHASSE, (la) *Caccia*, est permise presque par toute l'Italie, & principalement dans l'Etat Ecclésiastique ; chasse qui veut sur toutes les terres, même sur celles des Seigneurs & des Cardinaux, sans avoir besoin d'aucune permission : aussi y voit-on très-peu de Gardes-chasse : ce qui fait que le gibier est très-rare en Italie, & même fort cher.

CHATEAU DAUPHIN, place très-forte dans le Marquisat de Saluces, au Piémont, renferme quatre fortes places dans le pays, nommé les quatre Vallées, habitées par les Vaudois ; qui professent la Religion Prétendue-Réformée, & que les Rois de Sardaigne souffrent à cause des services qu'ils en ont reçus dans leurs guerres. La France a cédé Château Dauphin au Duc de Savoie, en 1713. Il est à douze lieues S. E. de Briançon, onze E. d'Embrun.

CHATEAU-DE-L'ŒUF, est un Fort qui sert, ainsi que le Château-neuf, de mole & de défense au grand Port de Naples. Guil-

Jaume I, Duc de la Pouille, qui le fit bâtir, en fit une maison de plaifance bien fortifiée contre les entreprifes des Napolitains qu'il avoit lieu de craindre. *Voyez* NAPLES.

CHATEAU DE SALANOVE, petite Ville fortifiée du Genevois, ainfi que Châteauvieux, qui eft un des onze Mandemens ou Bailliages. *Voyez* GENEVOIS.

CHATEAUFORT, Place de la partie du Bugey, qui eft demeurée au Duc de Savoie, par le Traité de Lyon. Châteaufort eft chef de Baronnie, près de la riviere de Guer.

CHATEAU SAINT-ANGE, (le) eft la feule Fortereffe qu'il y ait à Rome ; c'étoit autrefois le tombeau, ou maufolée, ou mole d'Adrien, un des monumens les plus magnifiques de l'ancienne Rome. L'Empereur Adrien le fit conftruire vis-à-vis le tombeau d'Augufte, qui étoit de l'autre côté du Tibre ; c'étoit une grande & fuperbe Tour à trois étages & à trois ordres d'architecture, décorés de colonnes de granite & de porphyre. Cette Tour étoit élevée fur un focle immenfe de marbre de Paros. Dans les entrecolonemens des galeries formées par les trois ordres, étoient des ftatues & de bas-reliefs des plus grands maîtres : le tout étoit terminé par une magnifique coupole furmontée d'une pomme de pin de bronze, qu'on voit dans le *Belvedere* de Rome : les ftatues tant d'hommes que de chevaux & les bas-reliefs, étoient de marbre de Paros. Cette belle conftruction étoit à un jet de pierre hors des murs ; on la joignit aux fortifications par deux murailles qui venoient aboutir au Tibre, & l'on en fit une des plus fortes défenfes de la Ville. Les Goths s'en fervirent contre les armées qui venoient les attaquer, non-feulement pour fe mettre à couvert, mais encore ils lançoient contre les affaillans les débris des ftatues qu'ils mutiloient, & les autres ornemens de ce bel édifice. Les colonnes qu'ils ne purent brifer refterent dans leur entier, & ont enfuite été tranfportées à Saint Paul, hors des murs, & dans d'autres édifices. Dans les neuvieme & dixieme fiécle, ce mole d'Adrien fervit de retraite à ces petits tyrans qui s'éleverent à Rome. Boniface VIII s'en empara, & le fit fortifier : il y mit une garnifon. Alexandre VI & Pie IV. y ajouterent de nouveaux ouvrages, & Urbin VIII en fit une fortification inexpugnable. L'ancien tombeau d'Adrien forme le corps principal de cette Forteresse. Il est entouré de quatre gros bastions ; on y conserve le trésor de l'Eglise, formé par Sixte V, & les beaux ornemens du Souverain Pontife, les Bulles & les Chartres de la Cour de Rome. On y tient enfermés des prisonniers d'Etat. Au centre de l'ancien monument, est une grande sale peinte à fresque par Jules Romain & Perrin del Vaga. On y voit des Antiques, & entr'autres un buste d'Antonin le Pieux, une statue de Rome triomphante, &c.

Les Papes peuvent, en cas d'événement, s'y retirer par une galerie qui y communique du Vatican. On a donné, dit-on, à ce mole d'Adrien le nom de Château Saint-Ange, parce que, lors de la peste qui ravageoit Rome l'an 593, S. Gregoire le Grand, assistant à une Procession générale qu'il avoit ordonnée pour obtenir du Ciel la cessation de ce fléau, & dans le temps que cette Procession passoit sur le pont qui est vis à-vis, ce Saint Pontife vit au haut de la Tour, ou mole d'Adrien, un Ange qui remettoit l'épée dans le fourreau. Comme la peste cessa peu de temps après, en mémoire de cette délivrance, il fit placer au haut du mole la statue d'un Ange, qui tient une épée à la main. Ce Château est extrêmement curieux. Il y a dans l'arsenal, parmi un grand nombre d'armes, quelques-unes qui sont défendues : il y en a de fort singulieres & de très-anciennes. Le cirque d'Adrien n'étoit pas loin de-là : on en voit des vestiges dans les prairies qui sont sur le bord du Tibre. Vis-à-vis du Château, est le pont Saint-Ange, orné d'une belle balustrade & de statues de marbre blanc. Ce fut Alexandre VI, qui, en 1500, fit la galerie de communication du Vatican au Château Saint-Ange ; c'est du Château qu'on tire tous les ans un superbe feu d'artifice la veille de Saint Pierre : la grande girande est de quatre mille cinq cents fusées.

CHATILLON. Il y a deux petites Villes de ce nom en Savoie ; l'une dans la Baronnie de Faussigni, dont elle est un des Mandemens ou Bailliages ; l'autre dans le Duché d'Aouste, sur la *Doria*.

CHAUMONT, un des douze Mandemens qui composent le Genevois. *Voyez* GENEVOIS. CHAVANNES,

CHAVANNES, Ville de Savoie, dans le *Chablais.* Voyez CHABLAIS.

CHEMINS D'ITALIE, (les) sont fort incommodes pour les voyageurs. Il s'en faut de beaucoup que les routes soient aussi belles que celles de France; elles sont hautes & basses, à cause des montagnes, & fort tortueuses. La plupart des environs de Rome, & de presque toutes les autres Villes d'Italie, ne sont point pavés : ce qui occasionne en été une poussiere insupportable, & en hiver des mauvais chemins. *V.* VOYE APPIENNE.

CHERASCO, Ville du Piémont, Capitale de la Province de Querasque, à laquelle cette Ville donne son nom. *Cherasco* est assez forte; elle est sur une montagne, près de l'endroit où la Stura & le Tanaro se joignent : on y compte sept mille habitans.

CHERZO, Isle considérable du Golfe de Venise, avec une Ville du même nom, qui a titre de Comté. Le nom de Cherzo prouve son ancienneté. Les Grecs appelloient Chersonese une peninsule ou presqu'isle. Cherzo est d'autant plus avantageuse aux Vénitiens, qu'elle leur sert de magasin pour tous leurs bois. Ses pâturages sont si fertiles, que cette Isle nourrit continuellement cent cinquante mille têtes de bétail. L'air y est très-sain, le territoire très-fécond en vins, huiles & en miel, & tout d'une excellente qualité.

CHEVALIERS DE MALTHE, (les) étoient appellés originairement les Hospitaliers de Saint-Jean de Jérusalem, par la suite on les nomma les Chevaliers de Rhodes : ce fut en 1530 que Charles-Quint leur donna l'Isle de Malthe, & c'est de-là qu'ils ont pris le nom de Chevaliers de Malthe. Cet Ordre est composé de plusieurs Langues ou Nations. On en compte sept, Provence, Auvergne, France, Italie, Arragon, Allemagne & Castille. Il faut faire preuve de quatre générations de noblesse pour entrer dans l'Ordre, & être reçu Chevalier. Ces Chevaliers font les trois vœux de Religieux. Le Chef de l'Ordre s'appelle Grand-Maître. Les Chevaliers portent sur leur habit, du côté gauche, la Croix de toile blanche, à huit pointes. *V.* le *Dictionnaire de Trévoux*, à *l'article de* MALTHE. *Voyez* MALTHE.

CHEVALIERS DE L'ÉTOILE D'OR, Ordre de Chevalerie établi à Venise. Il n'y a que ceux qui ont été Ambassadeurs, ou qui ont rendu des services importans à la République, qui soient honorés de cette Chevalerie. Les Chevaliers ont sur l'épaule un morceau de drap noir qu'ils appellent l'étole; quoiqu'ils aient la permission de la porter de brocard d'or, ils se contentent de la border d'un petit galon.

CHIABRERA, (*Gabriel*) Poëte, qu'on regarde comme le Pindare de l'Italie, né à Savonne en 1552, cultiva les Lettres dès son enfance. Il fut lié avec Alde-Manuce & Muret. Il eut une grande réputation de son vivant. Il a composé des Poësies dans tous les genres; ses Poësies lyriques sont les plus estimées; il s'y éleve au ton de Pindare & avec autant d'enthousiasme: il a plus de clarté. Il étoit déja fort vieux, lorsque Urbin VIII, qui aimoit & qui cultivoit la Poësie, l'invita de venir à Rome pour le Jubilé de 1621. C'étoit à Rome que Chiabrera s'étoit formé; mais son âge & ses infirmités l'empêcherent de revoir cette Capitale, où il eût pu jouir de sa gloire. Chiabrera mourut en 1638. Ses Ouvrages, recueillis en trois volumes in-8°. ont été publiés à Rome par l'Abbé Poalucci. Ses Poëmes héroïques sont: l'*Italia liberata*: *il Foresto*: *il Rugiero*: *Amadeida*, ou la Conquête de Rhodes, par Amédé de Savoie.

CHIANA ou CLANIS, Riviere que les eaux qui tombent de l'Apennin dans le temps de la fonte des neiges grossissent tout à coup d'une maniere extraordinaire; ces eaux coulent dans l'Arno & dans le Tibre, & causent quelquefois dans leurs cours des inondations considérables.

CHIARI, Ville du Bressan, à l'ouest du Brescia, est célèbre par la bataille qui s'y donna le 1 Septembre 1701, entre les François, commandés par M. de Villeroy, & les Impériaux, commandés par le Prince Eugene, qui battit M. de Villeroy.

CHIAVARI, petite Ville dans la République de Gènes; cet endroit est très-renommé à cause des grandes Foires qui s'y tiennent. Elle est située vers l'embouchure de la riviere de Lavagna, près de Rapello. Son nom chez les Anciens étoit *Clavarum*, *Claverum* & *Claverinum*. Les Génois la firent bâtir vers 1167.

CHIAVENNA, Bourg & Vallée dans le Pays des Grisons. Le Bourg est situé sur la riviere de Meira, qui se joint à l'Adda. Ces deux rivieres se jettent ensemble dans le lac de *Como*.

CHIETI ou THÉATE, grande Ville & Capitale de l'Abruzze Citérieure, au Royaume de Naples. Clément VII l'érigea en Archevêché. Cette Ville a donné son nom aux Religieux Théatins. Congrégation établie en 1524, par Gaëtan de *Thiene* ou Théate. Chieti est sur une montagne proche la riviere de *Peschara* : le territoire y est abondant & fertile. Elle est séparée par la *Peschara* de l'Abruzze Ultérieure.

CHIGI AL CORSO (Palais à Rome). Il est dans une des plus belles situations de Rome ; il a sa principale entrée dans la rue du Cours, & domine sur la Place Colonne. L'architecture n'a rien de surprenant ; il y a encore de belles peintures, quoique plusieurs aient disparu. On y admire encore une bataille de Salvator Rosa, chef-d'œuvre ; une Nativité, de Carle Marate ; une Madeleine, du Guerchin ; Orphée adoucissant les animaux avec sa lyre ; trois enfans qui jouent, de *Baroccio* ; Vénus dans le bain, servie par les Nymphes, accompagnée des Graces, de l'Albane ; des marines & paysages, de Claude Lorrain ; une Judith, de Polidore de Caravage ; une Vénus, & un tableau allégorique, de Rubens ; un Satyre portant des fleurs, avec une Bacchante, du même ; Mars qui fouette l'Amour en présence de Vénus, de Caravage ; le portrait de l'Aretin, par le Titien. Parmi les sculptures antiques & modernes, les plus dignes d'être remarquées sont un Apollon saisissant Marsyas par l'épaule, & tenant le couteau dont il va l'écorcher ; un buste de Caligula, en porphyre, sur une colonne d'albatre transparant ; plusieurs bustes, du Bernin ; & beaucoup d'autres morceaux très-précieux. La Chapelle est très-ornée ; on y montre une croix de diamans dont Louis XIV fit présent au Cardinal Chigi, dans le temps qu'il étoit Nonce en France.

CHINCA; (la) c'eſt ainſi qu'on appelle à Rome la Cavalcade qui ſe fait la veille de Saint Pierre, pour aller porter au Pape le tribut annuel que le Roi de Naples a coutume de lui envoyer, & qui conſiſte en une bourſe de ſept mille écus, & une haquenée ou une mule ſuperbement harnachée. Cet uſage ſubſiſte depuis 1265, que les Souverains de Naples tiennent ce Royaume & celui de Sicile en fief de l'Egliſe, en vertu de ce que le Pape Clément IV donna l'inveſtiture de ces deux Royaumes à Charles de France, frere de Saint Louis & Duc d'Anjou. Cette Cavalcade s'aſſemble ſur les ſix heures du ſoir au Palais Farneſe, & eſt compoſée d'un grand nombre de Gardes, du Sénateur de Rome, d'autres Officiers & de l'Ambaſſadeur qui ſuit la marche dans ſon carroſſe, accompagné de pluſieurs Cardinaux.

CHIOZZA ou CHIOGGIA, Ville dans les Etats de Veniſe, aſſez agréable; elle eſt ſituée dans les Lagunes, à vingt-cinq milles de Veniſe. L'Adige & le Pô ſe jettent dans la mer au-deſſous de cette Ville, qui eſt au milieu des eaux, & dans une Iſle où l'on fait beaucoup de ſel. L'Egliſe Cathédrale eſt très-belle; les rues ſont fort larges, & ont des portiques très-commodes. On a de Chiozza la vue des Alpes, du côté de Padoue, & l'on entre dans les Lagunes. Chiozza a un Evêché & un Port. Cette Iſle eſt dans le Dogado. *Voyez* DOGADO.

CHIVAS, CHIVAZO, CHIVASCO, Place importante, & Ville conſidérable du Piémont, ſituée au N. E. du Piémont propre, près du Pô, à quatre lieues de Turin; elle eſt très-bien fortifiée. Après avoir eſſuyé différens ſieges, elle eſt reſtée au Duc de Savoie, qui y entretient une bonne garniſon. Chivas eſt la clef du Pays où eſt Turin, du Canaveze, du Montferrarois & de la Lombardie.

CHIUSA, Ville de l'Etat de Veniſe, dans le Véronnois, ſituée près de l'Adige, au-deſſus de Véronne. Elle eſt fortifiée, & dans un terrein très-fertile.

CHIUSI, petite Ville Epiſcopale du Siennois, dans la Toſcane: ſon Evêché eſt ſuffragant de Sienne. Chiuſi eſt à treize lieues de cette Ville, prés du Lac de Chiana ; on croit que c'est l'ancienne *Clusium*, Capitale des Rois d'Etrurie, dans le temps que Porsenna faisoit trembler la République Romaine encore naissante. Il est fort parlé de *Clusium* dans *Tite-Live*, *Polybe*, *Strabon*, *Pline*, &c. Il faut la distinguer de *Chiusi-Nuovo*, Bourg de la Toscane, sur une colline vers la source du Tibre.

CHOCOLAT, (le) le déjeûner ordinaire en Italie est une tasse de Chocolat, qui y est excellent, sur-tout à Rome. Si vous allez le matin faire une visite à quelque ami ou autre personne de connoissance, on vous offre aussi-tôt la *Chocolata*, qui est promptement fait ; beaucoup de personnes le préparent sans avoir besoin de braise ou de charbon ; on a de petits réchauds, à l'esprit-de-vin ou autre liqueur qui entretient la flamme d'une grosse mêche allumée, qui suffit pour échauffer l'eau ; en moins d'un quart d'heure, on prépare trois ou quatre tasses de Chocolat.

CHRISTINE de France, fille de Henri IV & de Marie de Médicis, avoit épousé en 1619 Victor Amédée, Duc de Savoie. Ce Prince à sa mort la déclara Régente des Etats de Savoie, & la chargea de la tutele des jeunes Princes ses enfans. L'ambition des Princes de sa famille arma les Sujets contre leur Souveraine, & occasionna les maux dont la Savoie fut affligée. François-Hyacinthe, qui régnoit alors, & dont elle avoit la tutele, ne vécut qu'un an. Charles-Emmanuel son frere lui succéda ; comme il n'étoit âgé que de quatre ans, Christine en eut encore la tutele, qui dura jusqu'en 1649, que le jeune Prince fut déclaré majeur. Cette Princesse joignoit à beaucoup de prudence un grand discernement & une sage politique.

CIAMPANI (*Jean-Justin*) Savant Littérateur, né à Rome en 1603. Les divers emplois qu'il occupa à la Chancellerie Apostolique, lui firent abandonner l'étude du Droit ; mais il ne perdit jamais de vue celle des Lettres. Il érigea à Rome une Académie pour l'étude & les recherches de l'Histoire Ecclésiastique. Il engagea la Reine Christine, en 1677, à en établir une de Physique & de Mathématiques qui devint bientôt florissante. Ciampani a composé beaucoup d'Ouvrages auxquels on reproche le défaut de méthode & de diction. Les principaux sont, *Coniecturæ de perpetuo azymorum usu in Ecclesiâ Latinâ*, in-.°. un Traité sur ce qui reste de plus curieux dans les monumens de l'ancienne Rome, sous ce titre : *Vetera Monumenta in quibus præcipuè Musicæ Opera, sacrarum prophanarumque Ædium Structuræ dissertationibus iconibusque illustrantur*. Cet ouvrage est très-utile & très-savant. *De sacris Ædificiis à Constantino Magno constructis*, in-fol. *Examen des Vies des Papes, par Anastase le Bibliothécaire*, & plusieurs autres Dissertations. Ciampani mourut en 1699.

CICALA-DI-FORLI, Poëte Italien & fameux Bouffon, étoit de la petite Ville de Forli. Il avoit le génie plaisant, & toutes ses productions se ressentent de son caractere ; aussi par la suite on a donné le nom *Cicalata*, à toutes sortes de pièces bouffonnes & badines, comme celles que l'on fait dans la plupart des Academies d'Italie au temps du carnaval.

CICCIONE, Architecte & Sculpteur Napolitain, a bâti le fameux Couvent du Mont Olival, le Palais de Barthelemi de Capoue, le troisieme Cloître de Saint Severin, & l'Eglise du célebre Pontanus, Précepteur & Secretaire d'Etat d'Alphonse le jeune, Roi d'Arragon.

CICERON, (le Tombeau de) est auprès de Mola, bâti sur les ruines de l'ancienne Formies, où Ciceron avoit une maison de campagne : on voit à la droite de la voie Appienne, une tour fort ancienne & presque ruinée : on dit que c'est-là où étoit le Tombeau de Ciceron. L'entrée est une petite porte quarrée, presque fermée par des ruines & des broussailles. Selon Plutarque, il fut tué près de Formies ; selon d'autres, il fut rencontré par les Emissaires d'Antoine, entre Terracine & Astura.

CICERONI. On appelle ainsi, à Rome & dans l'Italie, des personnes qui se proposent aux Etrangers pour leur expliquer & leur faire connoître les choses curieuses, les antiquités, les tableaux, & généralement tout ce qu'il y a de curieux à voir ; mais il est dangereux de s'en rapporter à leurs explications ; la plupart de ces *Ciceroni* sont de pauvres Ecclésiastiques, fort ignorans, qui ont toujours à propos un conte qu'ils répétent ou qu'ils imaginent, quand ils ignorent le sujet d'un tableau, d'une statue, ou qu'ils montrent quelque monument antique. Une preuve de leur ignorance, c'est qu'ils ne restent jamais sans réponse à tout, & qu'ils ne doutent de rien.

CIGNANI, (*Charles*) Peintre, né à Bologne, en 1628, de l'Ecole Lombarde. Il fut l'Eleve de l'Albane, dont il prit les graces, & qui l'employa souvent à peindre dans ses tableaux. Cignani s'acquit une grande réputation. Les Souverains le comblerent de bienfaits & d'honneurs. Son dessin, sa composition, son coloris sont excellens : il peignoit avec beaucoup de facilité. Le grand fini de ses tableaux nuit quelquefois à son expression. On admire à Forli la coupole de la *Madona del Fuoco*. Clement XI le nomma Prince de l'Académie Clémentine de Bologne : tant d'honneurs lui susciterent des envieux ; il ne leur opposa qu'une douceur charmante & un cœur généreux. Il eut dix-huit enfans, dont un seul lui survécut. Il a peint les Vierges, & sur-tout les Enfans, de la maniere la plus vraie & la plus aimable. Ses principaux Ouvrages sont à Rome, à Bologne & à Forli. Le Roi possede de cet Artiste une Descente de Croix, & Notre-Seigneur qui apparoit à la Madeleine. M. le Duc d'Orléans a du Cignani un excellent morceau appelé *Noli me tangere*.

CIGOLI, ou CIVOLI, (*Ludovico*) Peintre, né en 1559, dans le Château de Cigoli en Toscane. Il fut l'Eleve d'Alexandre *Allori*. Son nom étoit *Cardi*. Il fit une étude particuliere de l'Anatomie, & fut chargé de modeler en cire les squelettes des cadavres disséqués ; ce qui le perfectionna dans le dessin. Il étoit Peintre, Architecte, Poëte & Musicien ; son talent pour la Peinture, le fit recevoir à l'Académie de Peinture de Florence ; l'étude des Lettres & son goût pour la Poësie, lui ouvrirent l'entrée de l'Académie de la *Crusca*. Le reproche qu'on lui fit un jour d'aimer mieux jouer du luth que de finir ses tableaux, lui fit briser cet instrument, auquel il renonça. Il se trouva en concurrence, pour un *Ecce Homo*, avec *le Barroche* & *Michel-Ange*, & il l'emporta sur eux. Lors du mariage de Marie de Médicis avec Henri IV, Roi de France, il fut chargé des arcs de triomphe & des décorations de théâtre pour les Fêtes publiques. Il donna le deſſin du Palais Médicis dans la place Madama. C'eſt Cigoli qui a auſſi donné le deſſin du piédeſtal de la ſtatue équeſtre de Henri IV ſur le Pont-Neuf à Paris. Il eſſuya les traits de l'envie. Ayant été admis à faire un tableau pour l'Egliſe de Saint Pierre de Rome, il fit faire un échaufaud où il s'enfermoit. Un de ſes envieux s'y introduiſit en ſon abſence, deſſina ſa penſée, la grava & en publia l'eſtampe, en diſant que Cigoli avoit copié le tableau de cet envieux. Ce Peintre fit abattre l'échafaud, peignit devant tout le monde, & couvrit ſon ennemi de honte. Il travailla, par ordre du Pape, à de plus grands Ouvrages ; il en reçut le Bref de Chevalier Servant de Malthe : il ne jouit pas de cet honneur, qui lui fut annoncé au lit de la mort. Cigoli deſſinoit correctement, peignoit d'une maniere ferme & vigoureuſe, & compoſoit avec génie. Il a imité la maniere de colorier des plus grands Maîtres. On a des tableaux de lui dignes du Correge. Il eſt mort à Rome en 1613.

CIMABUÉ, Peintre & Architecte, né Florence en 1230. Les Grecs, que les Turcs avoient forcés de fuir leur patrie, s'étant réfugiés en Europe, le Sénat de Florence en fit venir pluſieurs, pour ramener les Arts dans ces belles contrées, dont l'invaſion des Barbares les avoit exilés. Cimabué ſe perfectionna ſur leurs principes, & les ſurpaſſa à quelques égards. Comme la peinture à l'huile n'étoit pas encore trouvée, tous ſes Ouvrages étoient à freſque. Il en reſte encore quelques morceaux à Florence ; on y remarque du génie, du talent naturel, mais un goût encore informe. Il fut le premier qui releva l'honneur des beaux Arts. Charles I, Roi de Naples, paſſant par Florence, voulut le voir, & alla chez cet Artiſte. Il fit un tableau repréſentant la Vierge, qu'on trouva d'une ſi grande beauté, que la Ville de Florence le fit porter à l'Egliſe de Sainte Marie la Nouvelle, au ſon des tambours & des trompettes. Il mourut à Florence en 1300, âgé de ſoixante-dix ans.

CINZANO, petite Ville du haut Montferrat dans la Province de Trin. Cinzano eſt au midi du Pô, ainſi que Jarſo & San-Raphaël. *Voyez* TRIN.

CIRANI, (*Elisabeth*) de l'Ecole Lombarde, a fait honneur à Bologne sa patrie, par son talent pour la Peinture. Elle avoit médité les ouvrages des grands Maîtres, & avoit bien profité de cette étude. Ses pensées sont belles & son expression quelquefois heureuse, mais sa maniere n'est point décidée. Son coloris est frais & gracieux : elle avoit beaucoup de goût pour les sujets terribles, mais elle manquoit de force pour les bien rendre : elle réussissoit bien mieux dans les sujets simples & tendres ; elle eût pu marcher sur les traces des plus grands Peintres, si elle n'en eût choisi que de ce genre.

CIRILLO, (*Bernardin*) né à Aquila, dans l'Abruzze, a composé sur la fin du seizieme siecle une Histoire fort estimée & devenue rare, de la Ville d'Aquila, de ses révolutions & de ses malheurs. Elle a été imprimée à Rome en 1570 in-4°. *Salvator Massonio* a aussi donné une Histoire de cette Ville & des Savans qu'elle a produits, ce qui complette celle de Cirillo. Celle de *Massonio* fut imprimée à Aquila, en 1594, in-4°.

CIRO-FERRI, Peintre & Architecte, né à Rome en 1634. Quoique fort riche, il vendoit ses tableaux très-cherement ; il voulut vivre de son travail. La fraîcheur, les graces de son coloris, la beauté de sa maniere & sa composition, l'élévation de son génie les firent toujours rechercher. Il s'étoit formé sur les ouvrages de Pierre de Cortone son Maître. Alexandre VII, Clément IX, Clément X & Innocent XI, le Grand Duc de Toscane, lui donnerent des preuves de leur estime. Le Grand Duc le chargea de terminer des ouvrages que Pierre de Cortone avoit laissés imparfaits, & il s'en acquitta de maniere que tout paroît de la même main. A Rome il donna les dessins de plusieurs Palais. Il peignoit avec propreté. On l'accuse d'avoir manqué de feu, & de n'avoir pas assez animé ses caracteres. On prétend que la jalousie qu'il conçut des talens de Bacici, occasionna sa mort. Le Roi a de ce Maître une allégorie à la gloire de Louis XIV. Il mourut à Rome en 1689.

CIRQUES. Du temps des premiers Romains, on appelloit Jeux du Cirque, *Ludi Circenses*, généralement tous les Jeux qui se célébroient dans un champ vaste, qu'on avoit coutume de choisir entre une colline & une riviere. Là se donnoient les chasses, les combats des Gladiateurs, les courses des chevaux, les nomachies. Lorsque le luxe se fut répandu, on voulut un lieu plus décoré & clos. Le premier des Tarquins fut le premier qui, après avoir disposé un lieu vaste entre le Mont Aventin & le Mont Palatin, le fit entourer de loges & de bancs pour y placer commodément les Spectateurs : ce corps de bâtiment conserva toujours le nom de Cirque, & acquit par degré de nouvelles magnificences : les Empereurs ornerent les Cirques de superbes obélisques & de statues. Chaque fête nouvelle fournissoit des ornemens nouveaux. Auguste, Claude & Caracalla y firent des dépenses considérables. On compta dans Rome jusqu'à huit Cirques. On inventa l'amphithéâtre que l'on construisit sur le modele du Cirque, mais bien moins vaste. Le Cirque de Tarquin n'étoit d'abord environné que d'échafauds de bois, remplis de bancs & couverts de planches ; depuis on y éleva de superbes bâtimens, & on orna la place de plusieurs buts ou bornes de marbre pour la dispute de la course. Il y avoit aussi plusieurs obélisques avec des figures hiéroglyfiques & des colonnes ; l'Empereur Claudius en fit dorer la plupart ; Caligula fit paver la place avec de la pierre de vermillon mêlé avec de la soudure d'or : Heliogabale y ajouta de la limaille d'argent. Ce Cirque, appellé encore *il Circo di Caracalla*, est le seul qui soit resté. Son circuit est encore tout entier ; mais ce n'est plus qu'un gros mur de briques de douze à quinze pieds de hauteur, dans lequel on remarque des arcades de distance en distance avec des portes bouchées : on y entre par un portique de briques, qui est sur le bord de la *Via Appia*, du côté du levant. On y distingue encore l'arene, & au milieu, la ligne appellée *Spinea*, ainsi que les bornes autour desquelles tournoient les charriots. Au bout du Cirque, du côté du couchant, on voit encore trois tours qui étoient contiguës aux galeries où se plaçoient les Spectateurs qui y pouvoient tenir au nombre de soixante mille ; aujourd'hui ce pompeux édifice est au milieu des champs & des vignes ; l'arene n'est plus qu'un pré ; ces belles pierres qui formoient la ligne *Spinea*, ainsi que les statues, en ont été enlevées. Innocent X en a fait ôter le superbe obélisque qu'Auguste y avoit fait dresser, & Sixte V le fit élever dans la place *del Popolo*.

CISMONE, petite Ville de l'Etat de Venise, dans la Marche Trevisane, près de Bassano.

CISTERNA, Ville, Principauté & Fief relevant de l'Eglise de Rome, dans la Province de Quiers en Piémont. L'Eglise de Rome a plusieurs autres Fiefs dans ce même pays.

CITADELLA, petite Place du Padouan, dans l'Etat de Venise. *Voyez* PADOUAN.

CITTA, ou CIVITA CASTELLANA, petite Ville de l'Ombrie à dix lieues de Rome: on y arrive, de cette derniere Ville, en laissant à droite le Mont *Soracle*, dont Horace dit qu'il étoit encore couvert de neige au mois d'Avril, & après avoir passé la *Cremera*, aujourd'hui la *Valcha*, qui vit la défaite des Fabius par les Veiens. *Civita Castellana* étoit autrefois la capitale des Falisques, située sur une montagne escarpée, où l'on n'arrive que par des chemins tortueux, étroits & difficiles, tels que Tite-Live en décrit les accès de la montagne des Falisques. Furius Camillus la tenoit assiégée depuis deux ans sans succès: un Maître d'Ecole lui livra tous les enfans que les Habitans avoient confiés à ses soins; Camille eut la générosité de renvoyer les enfans & le Maître; ce qui détermina les Falisques, plutôt que les armes des Romains, de se soumettre. Citta Castellana n'est pas précisément dans le même emplacement que cette Capitale appellée *Falerium*, mais un peu plus loin. On voit avant d'arriver à *Citta Castellana*, quelques restes d'anciennes fortifications sur les rochers qui bordent la montagne du côté de Rome; c'est-là qu'on juge qu'étoient la Ville, la Citadelle & le Temple de Junon de l'ancienne Faleris. La Ville qui la remplace, est Episcopale, petite, mal bâtie, pauvre & déserte. Le Palais qu'Alexandre VI y fit bâtir, ressemble à une Citadelle; on y enferme des Prisonniers d'Etat. La Citta est environnée de trois côtés par trois petites rivieres qui coulent dans des vallons de plus de trois cens toises de profondeur. Plusieurs Savans prétendent que *Citta Castellana* est dans l'emplacement de l'antique Veies, & non de Falerium ou Faleris. Il y a de grandes autorités pour & contre. *Voyez* Iscla. La roche sur laquelle *Cine Castellana* est située, a été réunie à la Campagne par un pont magnifique à doubles arcades; c'est un ouvrage digne des anciens Romains; il fut fait en 1712 par les soins du Cardinal Imperiali, alors *Preffetto del buon Governo*.

Citta-Nuova, petite Ville dans l'Istrie, très-bien bâtie: cette Ville appartient aux Vénitiens, & a le meilleur Port du pays, à vingt-quatre lieues E. de Venise. Elle est sur la mer Adriatique, à l'embouchure de la riviere de *Quieto*. Elle est peu habitée, à cause de son mauvais air: elle a été bâtie un peu au-dessous de la ville d'*Æmonia*, lorsqu'elle eut été détruite; c'est de-là que lui vient le nom de *Citta-Nuova*; on l'appelle indistinctement dans le discours latin, *Æmonia* ou *Civitas Nova Istria*.

Civita-Borelle, Ville Episcopale de l'Abruzze Citérieure, dans le Royaume de Naples. *Voyez* Abruzze.

Civita di Friouli, Ville au Frioul dans l'Etat de Venise étoit ci-devant la Capitale du pays: elle est encore aujourd'hui remarquable par sa Noblesse & son Chapitre; c'est la patrie de Paul Diacre, & de Philippe della Torre. Cette Ville qui est assez bien fortifiée est sur le Natisone, à huit lieues N. d'Aquilée.

Civita di Penna, Ville au Royaume de Naples dans l'Abruzze Ultérieure avec un Evêché suffragant de Chieti, est assez bien peuplée. Cette Ville a toujours appartenu à la Maison de Farnese, & le Roi de Naples la possede comme héritier de cette Maison; elle est proche la riviere de Salino, à quatre lieues N. O. de Chieti.

Civita di Pieve, *Civitas plebis*, petite Ville dans le Pérugin, peu considérable, & appartenante à l'Etat Ecclésiastique.

Civita-Disole, petite Ville de la Romagne, qui appartient au grand Duc de Toscane. Elle est sur la petite riviere de Fagnone, vers la Romagne Ecclésiastique: elle a d'assez bonnes fortifications.

Civita-Lavinia, autrefois *Lavinium*, est de la plus grande antiquité. Les Historiens de l'ancienne Rome, les Poëtes & sur-tout Virgile, ont célébré Lavinium ; c'est-là, selon Virgile, qu'Enée aborda en arrivant en Italie. *Lavinaque venit Littora.* Plusieurs Auteurs la font remonter à une plus haute antiquité, en confondant Lavinium & Laurentum ; ils prétendent que Laurentum prit le nom de Lavinie, de la fille du Roi Latinus, qu'Enée épousa ; cependant Virgile distingue ces deux Villes, & le Laurentum étoit une Citadelle du Roi Latinus.

CIVITA-TURCHINO, est une colline à six lieues de Viterbe, dans l'Etat Ecclésiastique. On croit que c'est dans cet endroit même qu'étoit autrefois *Tarquinium* On y a trouvé des inscriptions, des médailles & d'autres monumens antiques. Il ne reste aucun vestige de Ville.

CIVITA-VECCHIA, petite Ville dans le Patrimoine de Saint Pierre, avec titre d'Evêché, avec un Port servant au commerce de Rome, très-bien fortifié, & dans lequel sont les Galeres du Pape, est à quinze lieues au N. O. de Rome. Cette Ville s'appelloit, du temps des beaux jours de la République, *Centum Cella*. Trajan y fit agrandir & construire un beau Port dont parle Pline. Elle a été prise & reprise par les Barbares, par Narsès, par les Sarrasins, elle fut rebâtie par Léon IV, dans un autre endroit ; elle s'appelle Cincelle, & l'ancienne Ville prit le nom de Civita-Vecchia. Il paroît que les Papes l'ont fort protégée. Benoît XIV déclara le Port franc, ôta tous les impôts qui pouvoient gêner le commerce, & fit faire d'immenses magasins. Il y a près de Civita-Vecchia une grotte salutaire qu'on appelle la grotte du Serpent, parce qu'on prétendoit qu'un serpent guérissoit les plaies des malades qui y entroient, en les léchant. Cette fable n'est plus crue, même du Peuple. Ces guérisons proviennent d'une vapeur sulfureuse que les malades y respirent, comme dans les Etuves de San Gennaro. Il y a aussi à trois lieues N. E. de Civita-Vecchia, une mine d'alun, la plus abondante de l'Italie. On l'appelle alun de Rome, & il s'en fait une grande exportation en France.

CIVITELLA, petite Ville, ainsi que le désigne son nom, dans le Florentin. *Voyez* FLORENCE.

CIVOLI. *Voyez* CIGOLI.

CLANIO, autrefois CLANIUS, Fleuve ou riviere qui passe à une lieue & demie de Capoue, & qu'il faut distinguer du Clanis, qui est auprès de Chiusi dans la Toscane.

CLARIO, (*Isidore*) Bénédictin du Mont Cassin & ensuite Evêque de Foligno, se distingua au Concile de Trente. Il a laissé plusieurs Ouvrages très-savans. Un *Traité sur la correction du texte de la Vulgate*, & des notes littérales sur les endroits difficiles de la Bible. On l'accusa de n'avoir pas assez respecté le texte de la Vulgate. Son Livre fut mis à l'Index; mais les Députés du Concile de Trente pour l'examen des Livres firent lever la défense de le lire. Clario mourut en 1555.

CLÉMENT. Il y a eu quatorze Papes de ce nom, en y comprenant Laurent Ganganelli, né le 31 Octobre 1705, élu le 19 Mai 1769, & mort le 22 Septembre 1774.

Clément I mourut l'an 100 de Jesus-Christ. Il est parlé de lui dans l'Epître de Saint Paul aux Philippiens. On lui a attribué plusieurs Ouvrages. Le seul qui soit de lui est une Epître aux Corinthiens, publiée à Oxford en 1633, sur un manuscrit venu d'Alexandrie, à la fin du nouveau Testament.

Clément II & Clément III ont regné très-peu de temps, l'un en 1046, l'autre en 1188. Clément IV étoit François. Il porta les armes, fut ensuite Jurisconsulte, puis Secretaire de Saint Louis, Prêtre après la mort de sa femme & Archevêque de Narbonne, Cardinal, Evêque de Sabine & Légat en Angleterre. Il refusa le Saint Siége, qu'on le força, pour ainsi dire, d'accepter. Il ne donna pour dot à sa niéce que 300 livres, & ne lui permit d'épouser qu'un simple Chevalier; ses sœurs préférerent le Couvent à une dot si modique. Il fit tous ses efforts pour dissuader Saint Louis de la Croisade. Il mourut à Viterbe en 1268. Clément V, (Bertrand de Gouth) François, du Diocese de Bordeaux, fut couronné à Lyon, & fit sa résidence à Avignon, élu en 1300. On lui a reproché ses amours pour la Comtesse de Périgord. Il établit les Annates. Les Italiens lui ont imputé d'avoir permis que tout se vendît à sa Cour. Il partagea avec Philippe-le-Bel les dépouilles des Templiers, qu'il aida à détruire. Il mourut en 1314. On lui doit les Clémentines. Clément VI, de Limoges, (Pierre Rougier) Docteur de Paris, Bénédictin, Archevêque de Rouen, élu en 1342. Il assembla à Avignon tous les pauvres Clercs, & le nombre alla à plus de cent mille. Lorsqu'il mit le Jubilé de cent ans à cinquante, on vit à Rome près de douze cent mille Pelerins. Sa Bulle d'excommunication contre Louis de Baviere, est remplie d'imprécations horribles contre ce Prince ; ce qui produisit plusieurs libelles contre le Pape. Il mourut en 1352. Le luxe, l'amour des plaisirs, le nepotisme, ternirent les talens de ce Pontife. Clement VII. (Jules de Médicis) Sa Ligue avec François I, les Princes d'Italie & le Roi d'Angleterre, contre Charles V, fut la source de ses malheurs. Le Connétable de Bourbon saccagea Rome. Des soldats Luthériens, revêtus des habits des Cardinaux, élurent Luther à la place de Clément. Charles V lui imposa toutes les conditions qu'il voulut. Le refus de Clément de consentir au divorce d'Henri VIII, lui fit perdre l'Angleterre. Il étoit avare & inquiet, & entendoit peu ses véritables intérêts. Il mourut en 1534. Clément VIII. (Aldobrandin) Il réconcilia Henri IV avec l'Eglise, établit la fameuse Congrégation *de auxiliis* ; mais les soins inutiles qu'il se donna pour terminer les disputes des Jésuites & des Dominicains sur la Grace, abregerent ses jours. Il mourut en 1605. Clément IX, (Rospigliosi) Prince grand, généreux, ami du Peuple & des Lettres. Il fit tout ce qui dépendoit de lui pour étouffer les disputes du Jansénisme. Clément X lui succéda, & fut aussi doux & aussi pacifique que lui. Il s'appelloit Emile Altieri. Il mourut en 1676. Clément XI. (Jean-François Albani) Ce fut lui qui publia la fameuse Constitution. Il faisoit le plus grand cas du livre du P. Quesnel, & il le condamna. Il mourut en 1721. Ses Ouvrages ont été recueillis en deux volumes in-folio. Clément XII, (Laurent Corsini) elu en 1730, donna ses revenus aux pauvres, & punit toutes les malversations commises sous Benoit XIII, son Prédécesseur. Il mourut en 1740. Clément XIII, (Charles Rezzonico) né à Venise, s'est immortalisé par l'expulsion des Jésuites de France, de Portugal, d'Espagne & de Naples. Il eut le desir de pacifier les troubles de l'Eglise &

la douleur de ne pouvoir y réuſſir. Il eſt mort en 1769.

CLÉMENT XIV avoit été Cordelier. Parmi les Réglemens qu'il a faits, la défenſe de la caſtration eſt le plus ſage : la mort l'a ſurpris au milieu de grands projets qu'il n'a pas eu le temps d'exécuter.

CLÉMENT III, Antipape. *Voyez* GUIBERT.

CLÉMENT VII & CLÉMENT VIII, Antipapes. Le premier étoit *Robert de Geneve*, fils d'Amé III, Comte de Geneve. Il avoit été ſucceſſivement Chanoine de l'Egliſe de Paris Protonotaire du Saint Siége, Evêque de Terouane & de Cambrai, Cardinal du titre des douze Apôtres. Après l'élection d'Urbin VI, les Cardinaux d'en-deçà les monts, prétendant n'avoir pas été libres, ſe retirerent à Fondi : il ſe joignit à eux trois Cardinaux Italiens, & ils nommerent Robert, âgé de trente-ſix ans, le 21 Septembre 1378. Il prit le nom de Clément. En lui commença ce ſchiſme, qui dura plus de cinquante ans, & qui partagea l'Europe, & qui eut de part & d'autre des Souverains & des Titres. Clément ſiéga à Avignon, & mourut en 1394, âgé de cinquante-deux ans. Pierre de Lune, ſous le nom de Benoît XII, lui ſuccéda. Ce ſchiſme finit à Clément VIII, ou Gilles de Munion, Arragonnois; le Roi d'Arragon ſeul le reconnut en haine de Martin V. Cet Antipape fit des Cardinaux ainſi que Clément VII ; mais il abdiqua ſon Pontificat le 27 Juillet 1429, en proteſtant qu'il n'avoit conſenti à ſon élection que pour finir le ſchiſme. On lui donna l'Evêché de Majorque. Ainſi cette ſucceſſion d'Antipapes finit ſans trouble. Elle comprend Clément VII, Benoît XII & Clément VIII.

CLERGÉ DE ROME. Le Clergé remplit à Rome toutes les dignités, les places, les Magiſtratures ; le ſeul tribunal dont les Magiſtrats ne ſont point Eccléſiaſtiques, eſt celui du Capitole, où s'expédient des affaires peu importantes, & dont les Jugemens s'exécutent ſur le champ. Le Clergé ſupérieur eſt diviſé en trois claſſes ; les Cardinaux, le Corps de la Prélature & l'Epiſcopat. On appelle Prélats tous ceux qui tiennent à l'adminiſtration ou à la Cour : il y a des places qui conduiſent au Cardinalat;

dinalat, telles que celles de Gouverneur ou Préfet de Rome, de Promoteur Général, de Secretaire de la Consulte, de Trésorier de la Chambre Apostolique, de Majordome, de Maître de Chambre du Pape, les Nonciatures, &c. Les Prélats remplissent les Tribunaux, les Appartemens du Pape, les Chapitres. Il y en a quelques-uns qui sont Evêques *in partibus*, mais l'Episcopat est l'Ordre le plus respectable. Les Prélats qui aspirent aux grandes dignités, n'ambitionnent point des Evêchés ou Archevêchés, parce qu'ils demandent résidence; les Cardinaux Evêques ne se dispensent pas de visiter souvent leurs Diocèses. Les Evêques sont ordinairement très-instruits, & c'est le plus souvent leur mérite qui les conduit à l'Episcopat.

On compte à Rome environ trois mille Prêtres séculiers, sans parler des Etrangers qui y abondent, & près de quatre mille cinq cents Réguliers, sans compter les Religieuses; ce qui en tout fait un quinzieme des habitans, & peut-être un dixieme, si l'on met dans ce nombre les Clercs qui aspirent à la Prêtrise. Le Cardinal Vicaire a la Jurisdiction & l'inspection sur tous les Corps Ecclésiastiques, Séculiers & Réguliers: le Vice-Régent ou Promoteur a la Police générale des mœurs du Clergé; il examine pour les Ordinations, approuve les Confesseurs & reçoit les plaintes contre les Ecclésiastiques, &c. Le Promoteur de la Foi est un autre Prélat, destiné à veiller qu'il ne s'éleve aucune erreur nouvelle.

Le Clergé Séculier inférieur ne jouit d'aucune considération, se respectant peu lui-même; il se rend méprisable au plus bas Peuple, dont il a les mœurs & les maximes: il est pauvre, ignorant & paresseux. Il est subjugué par le Clergé Régulier, qui est fier, impérieux, se regardant comme la colonne de l'Eglise. Les Prêtres de cet Ordre rampent aux pieds des Moines, qui les méprisent: ceux-ci ont le plus grand crédit sur le Peuple, qui les nourrit en partie par ses aumônes. Ces vices sont généraux, mais dans le particulier, il y a des Religieux du plus grand mérite, & des mœurs les plus exemplaires.

CLET, (Saint) Disciple de Saint Pierre, né à Rome, succéda à Saint Lin en 78. Il souffrit le martyre en 91. Dans cet intervalle, il défendit les Chrétiens pendant la persécution de Domitien, autant qu'il fut à son pouvoir : il ordonna vingt-cinq Prêtres pour les différens quartiers de Rome.

CLITUMNO, *Clitumnus*, Riviere que Virgile a célébrée, pour la fertilité de ses bords, & la beauté des troupeaux qui s'y nourrissoient, & parmi lesquels on choisissoit les victimes pour les sacrifices, (Géorg. 2.) prend sa source entre Spolette & Foligno, le long de la voie Flaminiene, au pied des collines qui bordent la plaine. Il sort de dessous un rocher, & va serpentant dans cette plaine délicieuse. Sa source, & les agrémens de ses bords, sont tels à peu près que Pline les a décrits. Le Clitumnus est formé par trois grosses sources qui se réunissent ; auprès on voit les restes d'un Temple, celui sans doute dont parle Pline : on l'a réparé en partie ; on l'appelle dans le pays le Temple de Clitumne. Il y a dans l'intérieur un Autel sur lequel on dit la Messe : le Clitumne traverse le grand chemin, passe à *Bevagna*, en latin *Mevania*, petite Ville agréablement située, & tombe dans le Topino, autre riviere.

CLOVIO, (*Giulio*) Peintre, originaire de l'Esclavonie, Eleve de Jules Romain ; mais il borna son talent à la miniature, genre dans lequel il se distingua. Ses Ouvrages sont à Rome, à Florence & dans quelques cabinets. Il est mort à Rome en 1578, âgé de quatre-vingts ans.

CLUSE, (la) petite Ville de Savoie & Capitale du Faussigni, sur l'Arve, à neuf lieues S. E. de Geneve, huit N. E. d'Anneci, seize N. E. de Chamberi. Long. 24. 12. lat. 46.

CLUSON, Riviere qui traverse la Province de Pignerol ou des quatres Vallées, arrose la ville de Pignerol, Fenestrelles. Il y a dans le Bergamasque une petite Ville qui porte le nom de Cluzon.

COCAGNE, Fête du Peuple, dans laquelle on lui distribue certaines viandes & du pain. C'est sur-tout à Naples, que le Roi, dans le temps du Carnaval, dans la Place qui est devant le Palais, donne une Cocagne. Il y a un grand théâtre dressé vis-à-vis du grand balcon, garni depuis le haut jusqu'en bas, de pains, de jambons, de saucissons, de cervelats & de toute sorte de viandes salées. Des farceurs, des musiciens donnent des spectacles, pendant lesquels le Peuple se rassemble. Lorsque le Roi le juge à propos, il fait un signal, & la Cocagne est livrée au Peuple; mais on a soin d'empêcher qu'il n'arrive d'accident.

COCCOPANI, (*Jean*) originaire de Lombardie, né à Florence d'une famille illustre, en 1582, Peintre, Architecte, Mathématicien, versé dans la connoissance des Loix, de l'Histoire, des Méchaniques: il enseigna ces sciences à plusieurs Seigneurs d'Italie & des pays étrangers, & s'en fit des amis. L'Empereur l'appella à Vienne en 1622, l'employa dans les armées comme Ingénieur: il obtint en récompense de sa bonne conduite, plusieurs Fiefs. Il revint à Florence, & le grand Duc lui fit bâtir le beau Palais de *Villa Imperiale* : il construisit le beau Couvent des Religieuses de Sainte Therese de Jesus. Il fut choisi par le grand Duc pour remplir la Chaire de Mathématique. Cet Artiste y professa avec distinction toutes les parties des Mathématiques. On le sollicita pour aller remplacer à Rome, dans la même Chaire le P. Castelli qui venoit de mourir; il refusa pour ne pas quitter Florence & le grand Duc. Il étoit grand Méchanicien: il avoit fait le modele d'une machine, au moyen de laquelle, soixante pintes d'eau versées dans certains caissons, faisoient moudre du grain & imprimoient des dessins de cuivre. Son frere *Sigismond Coccopani* étoit aussi très-savant, & Galilée l'estimoit beaucoup : il étoit Peintre & Architecte. Jean mourut en 1649.

CODOGNO, Bourg au Duché de Milan, dans le Lodesan, vers le confluent de l'Adda & du Pô, à trois lieues de Lodi. Il est remarquable, parce que les Autrichiens y furent forcés le 6 Mai 1746, par les François.

COGORETTO, *Cogureo*, Bourg près de la Mer, entre Gènes & Savonne, sur la côte occidentale & dans les Etats de Gènes. Ce Bourg est très-remarquable pour avoir donné naissance au célebre Christophe Colomb, qui y naquit en 1442, & qui le premier découvrit l'Amérique en 1492.

COLALTO, Ville & Comté de l'Etat de Venise, dans la

Marche Trévifane près de Torcello. *Voyez* MARCHE TRÉ-VISANE.

COLEGNO, (Chartreuse de) sur la route de Rivoli à Turin, est remarquable par une belle façade en marbre que le Roi fit construire à l'occasion de son mariage en 1737.

COLISÉE, *Coloſſeo*. C'est le plus grand Amphithéâtre qu'ait élevé la magnificence Romaine. Il fut construit par Vespasien, après sa conquête de la Judée. Si l'on en juge par ses ruines, les Auteurs n'en imposent point lorsqu'ils mettent ce monument au-dessus des Pyramides d'Egypte, & des autres merveilles du monde. On prétend qu'il fut construit, en moins d'une année, par douze mille Juifs amenés en captivité à Rome. C'est un ovale qui a cinq cent quatre-vingt-un pieds de longueur, quatre cent quatre-vingt-un de largeur, & cent soixante de hauteur : l'enceinte & la partie du côté du nord, sont exactement conservées. L'arène, ou la place vuide, est presque comblée par les débris des voûtes qui supportoient les degrés, au haut desquels est un mur percé de fenêtres. Ce mur est décoré dans la partie extérieure, des quatre ordres d'Architecture : les trois premiers ordres sont en colonnes, le quatrieme est en pilastres ; il y avoit entre ces colonnes autant de statues : il en reste encore les niches & les piédestaux. Les ordres avoient moins de saillie à mesure qu'ils s'élevoient ; le premier en avoit plus que le second ; celui-ci plus que le troisieme. Les pierres étoient liées entr'elles par de gros cloux de bronze ; les Goths ont eu la patience de scier les pierres pour les enlever. Chaque ordre avoit quatre-vingts arcades égales. Dans la frise qui termine le quatrieme ordre, on voit de petites fenêtres quarrées, au-dessous desquelles étoient attachées les cordes dont on se servoit pour tendre les toiles & couvrir l'Amphithéâtre en cas de besoin. L'intérieur est presqu'entiérement dégradé ; il paroît qu'il y avoit trois rangs de corridors doubles, les uns au-dessus des autres ; les ruines de la maçonnerie sur laquelle les gradins étoient posés, font juger de leur disposition : il en reste un côté tout entier, aussi solide que s'il venoit d'être construit. Les deux rangs d'arcades qui ferment chaque corridor, ont chacun quinze pieds de largeur ; ils sont de pierres blanches de Tivoli ; le pavé est de grandes briques recouvertes d'un mastic qui leur donne la solidité du marbre ; le rang d'en-bas est rempli de terre, ainsi que les souterreins où l'on enfermoit les bêtes féroces. On entroit dans ce grand Edifice par quatre grandes portes de quatorze pieds huit pouces de largeur ; on montoit aux corridors par quatre grands escaliers. L'Amphithéâtre contenoit, dit-on, près de cent dix mille Spectateurs, dont quatre-vingt-sept mille étoient assis, & vingt mille debout aux différentes ouvertures.

Cet Edifice a d'abord été dégradé par les Goths qui enleverent les bronzes & les autres ornemens : ensuite le Pape Paul II, Pierre Barbo, Vénitien, y prit toutes les pierres dont il eut besoin pour bâtir le Palais énorme de Saint-Marc ; il emporta toute la partie méridionale. La Chancellerie fut aussi bâtie par le Cardinal Riario, des pierres du Colisée ; & le Cardinal Farnese, depuis Pape sous le nom de Paul III, en construisit son Palais ; malgré ces dégradations, ce qui en reste étonne encore. Clément X, par un mouvement de piété, en considération du sang des Martyrs versé sur l'arene, fit réparer les portes, & ordonna qu'elles fussent fermées pendant la nuit, & fit élever des Autels autour de l'arene, & un au milieu, sous l'invocation des Martyrs. On dit qu'au nombre de ces Martyrs est l'Architecte même du Colisée, S. Gaudence ; Benoît XIV y a fait ajouter quatorze Chapelles en l'honneur des Mysteres de la Passion. On dit aussi que le Cardinal Farnese ayant demandé & obtenu la permission de son oncle d'enlever du Colisée la quantité de pierres qu'il pourroit abattre dans un demi-jour, il y mit quatre mille hommes qui abattirent un tiers de la façade, & qui auroient tout abattu, si le Pontife, qui en fut informé, n'eût arrêté la démolition.

Collé, petite Ville Episcopale dans le Pisan, au Duché de Toscane ; son Evêché est suffragant de Florence. Collé est située sur une colline dans la vallée d'Elsa, à six lieues S. de Florence.

Colleges de Rome. Les Sciences & la Religion ayant fixé en Italie l'amour de l'étude depuis l'expulsion des Barbares, on s'y est sur-tout occupé à donner à la Jeunesse une éducation honnête

& conforme au goût général de la Nation. Les Universités d'Italie, & sur-tout celles de Padoue & de Pise, sont fameuses depuis plusieurs siecles. Presque toutes les Villes un peu considérables ont des Colleges, & l'on porte les plus grands soins au choix des Professeurs. La plupart ont leur Bibliothéque & des Cabinets d'Histoire naturelle, de Médailles, d'Antiques, & des Chef-d'œuvres modernes de Sculpture & de Peinture.

Le College de la Sapience à Rome, est le premier & comme le centre de l'Université, quoique son établissement remonte à des temps beaucoup plus éloignés. L'Université ne date que de 1244, sous le Pontificat d'Innocent IV. *Voyez* ROME. Ce College occupe un bâtiment magnifique commencé par Michel-Ange. Il n'y a point de basses Classes, mais il y a un Professeur pour la Rhétorique; cinq pour la Philosophie; huit pour la Médecine, Botanique, Anatomie & Chymie; huit pour la Théologie; six pour le Droit Civil & Canonique; quatre pour les Langues, hébraïque, grecque, syriaque & arabe. Ce College est sous la protection des trois Cardinaux Chefs d'Ordre, & sous l'administration des Avocats Consistoriaux, dont un a le titre de Recteur.

Le College Romain que les Jésuites occupoient à Rome, & qui est le plus fameux de cette Ville après celui de la Sapience, est un des beaux Palais, si on le considere du côté de la magnificence de ses ornemens & l'étendue des salles. Outre sa superbe Bibliothéque, le Musée est ce qu'il y a de plus surprenant par l'immense quantité de curiosités que le Pere Kirker y a rassemblées. Vases, camées, médailles, morceaux d'histoire naturelle, modeles de machines, un cadran solaire antique, &c. forment cette précieuse & riche collection. Le Dominiquin, le Pere Grassi & l'Algarde, ont contribué à l'architecture de l'Eglise, sous l'invocation de Saint Ignace. Les peintures de la voûte des Chapelles & de la tribune sont du Pere Pozzi & du Frere Latri, Jésuites; des tableaux du Trevisan, des bas reliefs, des statues de Legros, &c. ornent cette Eglise.

Le College de la *Propagande* fut fondé en 1622, par le Pape Grégoire XV, augmenté & doté par Urbin VIII en 1627. Une

Congrégation de Cardinaux y tient ses séances pour les affaires qui ont rapport à la propagation de la Foi, aux Professeurs qui y enseignent la Théologie, la Philosophie, les Belles-Lettres & les Langues orientales, pour l'instruction des Ecclésiastiques que l'on destine aux Missions étrangeres, & que l'on y éleve en grand nombre. Outre ces Eleves ordinaires, les Evêques Catholiques répandus dans les Pays des Infideles, envoient à ce College plusieurs Sujets des Indes, de l'Abyssinie, de la Syrie, de l'Arménie, de la Grece, &c. pour s'y instruire, & retourner ensuite dans leur pays aider ces Evêques dans leur apostolat. Presque tous les Professeurs des Langues orientales, qui enseignent dans ce College, sont de l'Asie.

COLLENUCCIO, (*Pandolfo*) natif de Pesaro, vivoit au commencement du seizieme siecle, vers l'an 1501. Il étoit savant dans les Langues & dans le Droit Civil & Canonique : il y joignit une grande connoissance des Belles-Lettres. Il fut Ambassadeur du Duc de Ferrare auprès de Maximilien I. Ange Politien, Lilio Giraldi, Leander Alberti, Ugolinus Verinus, parlent de lui avec éloge. Paul Jave dit que Jean Sforce, Tyran de Pesaro, le fit étrangler en prison; & Valerianus assure que ce fut César Borgia. Il a composé un grand nombre d'ouvrages, parmi lesquels on distingue une Histoire de Naples, un Dialogue de la Tête & du Chapeau, sous le titre de la *Bareta contra i Cortegani*, une Apologie pour *Pline*.

COLLEONI, ou COGLIONI, né à Bergame d'une famille qui eut la Souveraineté de cette Ville, commanda les Troupes Vénitiennes contre Philippe Visconti, dans le parti duquel il se jetta ensuite pour quelque mécontentement. Les Vénitiens, qui connoissoient son mérite, le rappellerent & le mirent à la tête d'une armée contre les Turcs. Il mourut en 1475. Le Sénat de Venise avoit été si content de ses services, qu'il lui fit élever une statue équestre en bronze. Il est le premier qui se soit servi de canon en campagne.

COLLICIPOLI, *Collis Scipionis*, petit Village de l'Etat Ecclésiastique près de Terni, à l'extrémité du vallon délicieux qui est entre Narni & Terni. On y fait une chasse assez singuliere;

on dresse des pigeons appellés *Mandarini*; ils vont au-devant des pigeons de passage, & les conduisent dans la forêt & sur les arbres mêmes où les Chasseurs les attendent.

COLLIUS, (*François*) Docteur, né à Milan dans le dernier siecle, a composé un Traité singulier de *Animabus Paganorum*, 2 vol. in-4°. 1622 & 1623. Dans ce Traité il examine quels sont les grands Hommes du Paganisme que Dieu a pu sauver & ceux qui sont damnés. Il met dans le premier rang, la Reine de Saba, Nabuchodonosor, les sept Sages de la Grece, Socrate & quelques autres ; mais il met dans le second, Pithagore, Aristote, &c. Cet Ouvrage, qui de nos jours eût été condamné, fut regardé dans le temps, comme un jeu d'esprit, & comme les conjectures d'un homme qui jugeoit les vertus morales indépendamment de la Religion, que d'ailleurs il respecte par-tout.

COLOMIA, Bourg du Milanois, sur l'*Adda*, & sur le canal qui va à Milan ; ce Bourg est situé sur une hauteur ; son aspect est très-agréable ; on y voit une très-belle maison que le Général Merci y a fait construire, avec de magnifiques jardins en terrasse qui vont joindre le canal, un des plus beaux ouvrages d'architecture hydraulique.

COLONNA, petite Ville dans l'Etat Ecclésiastique, à deux lieues de Frascati, du côté de Palestrine, & qui fait partie de cette Principauté ; elle passe pour avoir été l'ancienne Gabies que Tarquin fit détruire. C'est auprès de Colonna qu'est la source de l'*Aqua Vergine*, ou de la Fontaine de Trevi à Rome. *Voyez* FONTAINES.

COLONNA, ou COLOMNA, (*Fabio*) né à Naples en 1567, grand Naturaliste, & sur-tout Botaniste profond. Il étudia cette science dans les Ouvrages qui nous restent de l'antiquité, & devina des secrets qu'on n'y avoit point encore apperçus. Colonna employoit tous les momens que ses études lui laissoient, à celle des Langues, de la Musique, des Mathématiques, du Dessin, de la Peinture, de l'Optique, du Droit Civil & Canonique. Il a donné, *Plantarum aliquot ac Piscium Historia*, 1592, in-4°. avec des planches gravées par lui. *Minus cognitarum rariorumque Stirpium Descriptio ; itemque de aquati-*

libus, aliisque nonnullis Animalibus Libellus. Il compare ces objets de l'Histoire naturelle, avec les mêmes dont il est parlé dans les Anciens. Ses Ouvrages furent très-estimés; ils furent imprimés à Rome, en 1616, in-4°. par l'Imprimeur de l'Académie des Lyncæi, & par les soins du Duc *d'Aqua Sparta*, Fondateur de cette Académie. Colonna a encore donné une Dissertation *sur la Pourpre & sur les Glossopetres*, écrite en latin, fort estimée & devenue fort rare. Elle fut réimprimée à Kiel en Allemagne, en 1674, in-4°. avec des Notes de Daniel Major, Médecin Allemand. Quoique depuis Colonna, l'Histoire naturelle ait fait de grands progrès, ses Ouvrages n'en sont pas moins estimables, & peut-être lui doit-on une partie de ces progrès.

COLONNA, (*François*) Dominicain, qu'on met au nombre des Architectes, parce qu'il contribua beaucoup aux progrès de cet Art, par son Ouvrage intitulé *le Songe de Polyphile*. Il considere l'Architecture comme la base de toutes les Sciences. Il voit cet Art dans tout ce qu'il a de plus sublime. Il propose des Edifices publics, dans ce qu'ils peuvent avoir de plus grand; il rassemble dans son Livre tout ce que les Anciens ont fait de plus majestueux. Il s'éleve contre la médiocrité des talens des Architectes de son temps. Cet Ouvrage fit beaucoup de bruit. Le Pere Colonna mourut à Venise, en 1520. Le Songe de Polyphile est devenu rare; &, quoiqu'ancien, mériteroit d'être traduit.

COLONNES. Monumens que l'ancienne Rome érigeoit aux grands Hommes, dont elle vouloit immortaliser la mémoire ou les actions : il y en avoit dans plusieurs quartiers, dans les Places. Presque toutes ces colonnes ont subi le sort de tant d'autres monumens, qui paroissoient devoir durer autant que le monde, & que les Barbares & l'ignorance ont détruits. Plusieurs sont restées ensevelies sous les ruines ; d'autres ont été brisées en différentes piéces & abandonnées. Celles qui peuvent donner encore une idée de la beauté de ces monumens, sont les suivantes.

Colonne Antonine. Elle donne le nom à la Place Colonne,

au milieu de laquelle elle est élevée, & dont elle fait le plus grand ornement. C'est, à ce qu'on croit, un trophée érigé par le Sénat à l'Empereur Antonin le pieux, après sa mort. Elle a cent-seize pieds de hauteur, en y comprenant le piédestal, qui a vingt-cinq pieds, deux pouces, cinq lignes, & la colonne quatre-vingt-onze pieds, sept lignes. Elle est de marbre, & suivant l'inscription, elle a souffert de la foudre, ou de quelqu'incendie. Elle fut restaurée en 1589, sous la conduite de Fontana, elle est ornée de bas reliefs qui l'entourent dans toute sa hauteur, en ligne spirale, représentant divers événemens des guerres des Romains sous Antonin & sous Marc-Aurele, son successeur, qui la fit ériger. Elle a dans son plus grand diametre seize pieds, quatre pouces : elle est de proportion Corinthienne. On monte jusqu'au sommet par cent-quatre-vingt-neuf marches ; l'escalier, qui est intérieur, est éclairé par seize fenêtres ; au lieu de la statue de l'Empereur, qui devoit être au dessus, Sixte V y fit placer la statue de Saint Paul, en bronze doré, quatre inscriptions gravées sur les faces du piédestal, indiquent l'année de la restauration, la dédicace à Saint Paul, la dédicace ancienne de Marc-Aurele à Antonin, & le nom de Fontana qui l'a restaurée.

Devant le Palais du Bailliage de Rome, *in Monte Citorio*, on a trouvé un piédestal de marbre, de plus de douze pieds de haut, restauré par Benoît XIV, qui portoit une colonne érigée à Antonin le pieux. On a trouvé dans les jardins des Prêtres de la Mission, une colonne qu'on voit actuellement couchée dans la petite rue du Monte-Citerio : elle est de granite : le fût a près de quarante-six pieds de haut, le diametre est de cinq à six pieds : elle pourroit être élevée & restaurée à peu de frais.

La Colonne Trajane passe pour la plus belle colonne du monde : elle est dans l'endroit même où étoit le superbe *Forum Trajani*, où le Sénat la fit élever, pendant qu'il étoit occupé à la guerre contre les Parthes, pendant laquelle il mourut. Ce monument a en tout, en y comprenant la statue de Saint Pierre dont elle est surmontée, environ cent-cinquante pieds de haut : le fût est formé par vingt-trois blocs de marbre, de quatre pieds quatre pouces d'épaisseur, posés à plomb les uns sur les autres: dans l'épaisseur de ces blocs, est l'escalier, de cent-quatre-vingt-quatre marches jusqu'au chapiteau, couronné d'un petit dôme, au dessus duquel est la statue : la base a huit blocs ; elle est entourée de bas reliefs en ligne spirale, suivant la direction de l'escalier, éclairé par de petites fenêtres, qui ne défigurent point l'ordre du dessin. Ces bas reliefs représentent l'histoire militaire de Trajan : on y compte deux mille cinq cents figures : cet ouvrage est très-estimé, le dessin & l'exécution en sont admirables. Les Académies de Peinture de Paris & de Rome, ont fait mouler ces figures en plâtre : chaque bloc a été travaillé dans l'attelier ; mais tout l'ouvrage est si bien lié, que la colonne paroît avoir été sculptée sur pied, tant pour l'ouvrage extérieur que pour l'escalier. Les figures ont environ deux pieds de proportion ; celles du haut un peu plus & en plus grandes saillies ; tout paroît fait de la même main, quoique plusieurs Artistes y aient travaillé, sur le dessin & sous les yeux d'Apollodore de Damas. Le piédestal & la base étoient enterrés. Sixte V fit enlever les ruines qui les cachoient, en 1588, & les fit entourer d'une balustrade, par où l'on descend pour monter dans la colonne. A peu de distance, les terres élevées font disparoître la base & le piédestal qui est décoré de beaux trophées, d'aigles romaines & de guirlandes. Sixte V fit élever sur cette colonne une statue de Saint Pierre, qui a vingt-trois pieds de haut ; elle est de bronze doré, sur le modele de Thomas Porta, & coulée par Torrigiani.

Colonne rostrale de Duillius. C'est le plus ancien monument de ce genre qu'il y ait à Rome. Il est au bas de l'escalier du Palais des Conservateurs au Capitole. Il fut érigé à Duillius, le premier des Romains qui ait remporté une victoire navale, l'an 494 de la République : elle avoit été placée dans le *Foro Romano* : elle est de marbre de Paros, haute de dix à douze pieds, d'ordre Toscan, ornée de proues & d'ancres : elle porte une petite statue de Rome triomphante : il y a sur les proues des chevaux marins en relief. Auguste la restaura : quoiqu'elle ne soit pas aussi belle que beaucoup d'autres colonnes, son antiquité la rend respectable.

Colonnes du Temple de Jupiter Stator. Il y a plusieurs colonnes dans le Campo Vaccino, dont les trois plus belles sont vers *Santa Maria liberatrice*. On ne sait pas au juste si elles sont du Temple de *Jupiter Stator*, ou du *Comitium*. Ces trois colonnes sont d'une très-belle proportion, cannelées, & servent de modele aux Artistes pour les proportions & les ornemens. Il reste encore huit magnifiques colonnes du Temple de la Concorde, bâti par le Dictateur Furius Camillus. Six forment le frontispice couronné d'un entablement, & d'un reste du fronton. On voit que les deux autres, placées derriere la premiere & la sixieme, faisoient partie de la colonnade du Temple. Un peu plus loin sont trois autres colonnes, d'ordre Corinthien & cannelées : on croit qu'elles faisoient partie de la décoration de Jupiter Tonnant. Tout cet emplacement, voisin du *Forum*, & le *Forum* même, étoient ornés de temples, de colonnes, d'arcs de triomphe, de statues & de portiques ; il n'y reste que des ruines & les colonnes dont on vient de parler, qui ont résisté à la fureur des Barbares. C'étoit dans le Forum qu'on voyoit la *Pila Horatia*, ou la colonne à laquelle Horace, vainqueur des Curiaces, suspendit leurs dépouilles sanglantes. Dans ce même endroit étoit une autre colonne, auprès de laquelle Brutus fit fouetter de verges son propre fils avant de le faire conduire à la mort, à laquelle il l'avoit condamné lui-même. Elle servit ensuite à y lier les criminels & les esclaves ; il y avoit encore une colonne qui servoit à marquer l'heure du jour au moyen de l'ombre ; c'étoit une méridienne ou cadran solaire, que le Consul Valerius Messala apporta de Catane. C'étoit au *Forum* qu'étoit la tribune aux harangues. L'ancien Temple de Janus, que Romulus avoit fait élever, étoit vers la partie orientale du *Forum* : il y avoit deux portes de bronze, l'une à l'orient & l'autre à l'occident ; l'une étoit ouverte pendant la guerre, & l'autre pendant la paix. *Voyez* CAMPO VACCINO.

Colonne de la Douanne. Elle est d'ordre Corinthien, dans

l'espace qui est entre les colonnes de Jupiter Stator & celles du Temple de la Concorde. On ne sait pas trop à quel édifice la rapporter : elle est cannelée & d'une belle proportion.

Colonne Milliaire. C'est au Capitole qu'on conserve cette colonne. C'étoit la premiere, qu'on appelloit Mille doré. Elle étoit placée dans le *Forum.* C'est Auguste qui l'y plaça, comme dans le centre d'où partoient & où aboutissoient toutes les grandes routes d'Italie; & c'est de-là qu'on commençoit à compter les milles romains. Nous les avons imités en Europe.

Il y a une infinité de colonnes à Rome, qui ont fourni aux Savans beaucoup de sujets de dissertations, dans lesquelles ils ont essayé d'accorder les faits de l'Histoire ancienne avec ces restes mutilés, qu'on croit en être les monumens. Quoiqu'il n'y ait souvent que des conjectures dans ces sortes d'Ouvrages, ils ont donné lieu à des recherches, qui non-seulement ont beaucoup servi à éclaircir l'Histoire, mais qui ont produit le meilleur effet pour les Arts modernes, qui sont nés des ruines de l'antiquité. C'est dans l'examen détaillé de ces monumens, que les Artistes ont trouvé des modeles, & ont appris à les imiter au point que bien souvent on n'a su à qui on devoit donner la préférence de l'antique & du moderne Michel-Ange, supérieur dans la Peinture à ce que nous connoissons des plus grands Maîtres chez les Romains, prouva qu'il les égaloit au moins dans la sculpture. Tout le monde connoît la maniere dont il s'y prit, pour faire voir qu'il étoit très-possible d'aller dans cet Art aussi loin que les Anciens. Une très-belle statue antique fut trouvée à Rome; elle étoit mutilée, & aucun Sculpteur n'osa entreprendre de la restaurer. Michel-Ange fit en secret le bras qui manquoit à la statue, & le cacha sous des ruines où l'on devoit fouiller; le bras fut trouvé, on se félicita de cette découverte, & personne ne douta que ce ne fût le fragment de la statue; ce ne fut que lorsque les plus grands Artistes eurent prononcé, que Michel-Ange découvrit sa supercherie.

Colonnes de Florence. Soit que les Romains eussent pris des Toscans l'idée d'ériger des colonnes pour éterniser la mémoire des grands événemens ou celle des hommes célebres; soit que les Toscans la tiennent des Romains, on a plusieurs colonnes à Florence ; il est vrai qu'elles sont toutes modernes. La République de Pise fit présent de deux colonnes de porphyre, avec des chaînes prises sur le Port. Ces deux colonnes sont devant la porte principale du Baptistaire à Pise : même on voit vis-à-vis de la Cathédrale, une colonne isolée de marbre blanc, surmontée d'une urne sépulcrale antique, aussi de marbre, autour de laquelle est un Sylene jouant de la double flûte. On ne peut trop dire à quoi ce monument a rapport ; l'urne semble indiquer un tombeau.

Il faut avouer que nous ne connoissons pas tous les usages auxquels on faisoit servir les colonnes. Il y en avoit une dans le Cirque de Flaminius, qu'on appelloit colonne militaire, suivant Ovid. Fast. VI. C'étoit du pied de cette colonne qu'on lançoit une flèche au Roi ou à la Nation, contre lequel on se disposoit de prendre les armes. C'étoit-là sans doute la formule de la déclaration de guerre des Romains. Suivant ce Poète, cette colonne étoit petite : *Non parva parva columna nota*.

Colonnes de la Place Saint Marc. Ce sont deux des plus belles colonnes qu'il y ait dans l'Italie ; elles furent apportées de la Grece vers l'an 1175 ; elles sont de granite, placées sur le bord de la mer. Sur l'une est le Lion aîlé en bronze doré, sur l'autre est la statue de Saint Théodore. C'est entre ces deux colonnes que le Doge Marin Falier fut décapité. On y fait encore les exécutions publiques.

Vis-à-vis de la porte de l'Eglise de Sainte Marie Majeure, dans la Place, est une colonne cannelée, qui a servi autrefois au Temple de la Paix, que le Pape Paul V fit restaurer, & transporter en cet endroit ; il la surmonta d'une statue de la Vierge, de bronze doré, avec cette inscription : *Reginæ pacis* : elle a quarante-quatre pieds de hauteur : il y en avoit huit semblables dans le Temple de la Paix. On peut juger de la magnificence de ce Temple par cette colonne seule, qui est d'un très-beau marbre.

COLONNES, (les) Maison célèbre d'Italie, qui a produit un grand nombre de personnes recommandées par leurs talens, leurs dignités & leurs vertus.

Jean Colonne, fait Cardinal par Honoré III, en 1216, &

COL 319

Légat de l'armée Chrétienne, dans la Croisade, étoit au siege de Damiette, & soutint, par ses exhortations & son zèle, le courage des soldats. Les ennemis le prirent, & le condamnerent à être scié par le milieu du corps. Il marcha au supplice avec une telle intrépidité, que les Infideles étonnés lui donnerent la vie & la liberté. Il mourut en 1245, après avoir fondé l'Hôpital de Latran.

Jean Colonne, Dominicain, Archevêque de Messine, fut chargé de Commissions importantes. Il a composé un *Traité de la gloire du Paradis*; un autre, *des malheurs des Gens de Cour*, & la vie des Historiens jusqu'au regne de Saint Louis.

Gilles Colonne, Général des Augustins, a été le premier Professeur de son Ordre à l'Université de Paris. Il fut Archevêque de Bourges, Précepteur de Philippe-le-Bel, pour lequel il a composé le Traité *de Regimine Principum*. Il mourut à Avignon en 1316, & son corps fut porté à Paris. Il est appellé dans l'Ecole le Docteur très-fondé.

Jacques Colonne, Cardinal, & Pierre son cousin, s'étant retirés auprès de Sciara Colonna leur parent, qui commandoit dans Palestrine, pour éviter les fureurs de Boniface VIII, ce Pape les excommunia; & s'étant rendu maître de Palestrine, il mit leur tête à prix. Sciara en fuyant fut pris par des Pirates, qui le mirent à la chaîne, & Sciara préféra cette condition à celle de tomber entre les mains du Pape. Philippe-le-Bel le fit délivrer, & l'envoya avec Nogaret pour enlever Boniface. Ils le surprirent à Agnani. Colonne lui donna un soufflet avec son gantelet. Boniface en mourut de chagrin peu de jours après: Jacques mourut en 1318.

COLONNA, (*François*) *Voyez* son article, pag. 313.

Jean Colonne, Cardinal. Jules II, qui l'aimoit, l'indemnisa par des emplois importans, des persécutions qu'il avoit essuyées sous Alexandre VI & Sixte IV. Il mourut en 1508.

Fabrice Colonne, Capitaine célebre, fils d'Edouard, Duc d'Amalfi, s'attacha au Roi de Naples, & fit une guerre sanglante à la Maison des Ursins. Il fut nommé Connétable par le Roi de Naples, & confirmé par Charles V. Il commandoit l'avant-garde à la bataille de Ravenne, en 1512, & y fut fait prisonnier. Alphonse, Duc de Ferrare, le délivra. Il rendit les services les plus importans à ce Duc. Fabrice mourut en 1500, regardé comme le meilleur Capitaine de son siécle.

Marc-Antoine Colonne, se distingua contre les François, dans les guerres d'Italie. A la paix, François I l'attira à son service. Il fut tué au siége de Milan par Prosper Colonna son oncle, qui fit pointer contre lui, sans le connoître, une couleuvrine en 1520.

Prosper Colonne prit le parti de Charles VIII, lorsqu'il alloit à la conquête de Naples; il prit ensuite le parti contraire. Il fut fait prisonnier en défendant le passage des Alpes en 1515, & conduit en France. Il eut sa liberté, reprit les armes, & contribua à la défaite des François dans la bataille de la Bicoque en 1522. Il força Bonnivet de lever le siége de Milan, qu'il bloquoit. Il mourut en 1523 : les François crurent avoir tout gagné à sa mort.

Pompée Colonne, neveu & pupille du précédent, prit l'habit ecclésiastique, sans quitter son goût pour les armes. Etant Evêque de Rieti, il se battit en duel avec un Espagnol : il mit sa soutane en piéce, parce qu'on les avoit séparés. Il fut fait Cardinal. Lors des querelles qu'excita l'élection de Clément VII, il prit Rome avec Moncade. Clément le dépouilla du Cardinalat; mais lors du sac de Rome & de sa prison au Château Saint-Ange, le Pape eut recours à lui : Colonne le servit avec générosité, & lui procura la liberté. Clément le rétablit. Colonne mourut Vice-Roi de Naples en 1532. Il aimoit & cultivoit les Lettres. On a de lui un Poëme, *de Laudibus mulierum*, dans lequel il consacre la mémoire de *Constance Colonne*, qui célébra par de beaux vers ses regrets & son amour pour le Marquis de Pescaire son époux.

Marc-Antoine Colonne, Duc de Palliano, Vice-Roi de Sicile, se distingua à la bataille de Lépante, où il combattit en qualité de Lieutenant Général contre les Turcs. Outre ceux qu'on vient d'indiquer, il y a eu dans cette Maison les Cardinaux Marc-Antoine, Ascagne, &c. &c.

COL

COLONNE, (Palais) au pied du Quirinal, sur la Place des Saints Apôtres : ses jardins s'étendent jusqu'au sommet de la montagne. La galerie de ce Palais est grande, noble, décorée avec le meilleur goût ; elle passe pour être la plus belle de Rome ; elle a environ cent soixante pieds de longueur sur trente-six de largeur. Elle a aux deux extrémités des sallons ou portiques séparés de la galerie par un grand arc ouvert dans toute sa largeur, soutenu par des colonnes & des pilastres de jaune antique, avec des trophées d'armes. Dans le plafond de cette galerie est peinte la bataille de Lépante, où Marc-Antoine Colonna, Gonfalonnier de l'Eglise, commandoit. Parmi les beaux tableaux dont elle est ornée, on distingue une Madonne ; un Saint Pierre & Saint Paul, de Raphaël ; un Hérodias, du Guide ; Vénus & l'Amour, de Paul Veronese ; une Assomption, de Rubens ; une Vierge avec plusieurs Saints, du *Parmegianino* ; Régulus, que les Carthaginois enferment dans le tonneau hérissé de pointes ; des paysages, du Poussin ; une Bacchanale, de Rubens ; un Christ mort, du Guerchin ; un *Ecce Homo*, de l'Albane ; un Paysan qui mange des feves, du Tintoret ; une Peste, du Poussin ; une Sainte Famille, d'André del Sarto, &c. Parmi les Antiques, une statue de Marc-Antoine Colonne ; l'Apothéose d'Homère, bas-relief ; la statue d'un Roi ; un buste d'Alexandre ; une tête de Méduse, en porphyre ; une tête de Jupiter.

Les jardins sont formés de différentes terrasses ; on trouve dans le bois qui est vers le haut de la montagne, un gros reste de frise corinthien, orné de festons, & un gros bloc de marbre, qui a douze pieds de long, autant de largeur, & onze d'épaisseur ; on croit que ce sont les restes d'un Temple du Soleil, élevé par Aurélien, après la victoire qu'il remporta sur Zénobie, Reine des Palmiréniens ; le piédestal de Marc-Aurele du Capitole paroît fait d'un semblable bloc. Quels édifices que ceux où l'on employoit de semblables pierres pour architraves ! Quelles colonnes ! Ce Palais Colonna est meublé avec une richesse & une magnificence royales.

COLOREDO, Ville du Frioul, dans l'Etat de Venise. *Voyez* FRIOUL.

Tome I. X

COLORNO, petite Ville dans le Parmesan, qui s'est embellie par le séjour que la Cour de Parme y fait une grande partie de l'été. La maison de plaisance des Ducs de Parme est quarrée & flanquée de quatre bastions; l'extérieur n'a rien de remarquable : mais les appartemens sont dans le même goût que ceux de Versailles. On y a fait des embellissemens considérables; on y a bâti un magnifique escalier de marbre, un grand sallon superbement décoré, & une très-belle Vénerie. Les jardins ont été agrandis, & peuvent être comparés à celui de la Muette; ils sont environnés de belles terrasses. L'air est très-pur à Colorno. *Voyez* PARME.

COMACHIO, petite Ville du Ferrarois, dans l'Etat de l'Eglise, dans des marais, sur la mer de Venise; elle est bâtie entre des marais appellés les *Vallées de Comacchio*, dont elle est la Capitale. On appelle vallées les marais que forment les branches du Pô avant que de se décharger dans la mer. L'Empereur Joseph I, qui s'en étoit emparé en 1708, comme d'un Fief de l'Empire, l'avoit fortifiée. Charles VI la rendit au Pape Benoît XIII en 1725. L'air y est très-mauvais; aussi n'est-elle habitée que par des Pêcheurs, qui trouvent dans les vallées du poisson en abondance. Il y a aussi des salines, qui rapportent un revenu considérable au Saint Siége.

CÔME, Ville & Capitale du Comasque, dans le Milanez, située sur un grand lac du même nom, & sur les frontieres des Grisons, au N. de Milan. La Ville de Côme est riche & bien peuplée. On y voit beaucoup d'inscriptions anciennes qui ont été ramassées par *Zobius*, en 1526. Elle étoit autrefois Comté; elle est Episcopale, & son Evêque est suffragant d'Aquilée. Elle s'appelloit chez les Anciens *Comum* ou *Novo-Comum*. Justin dit qu'elle fut bâtie par les Gaulois, lorsqu'ils entrerent en Italie, sous la conduite de Brennus. Son nom de *Novo-Comum* lui fut donné, lorsqu'après avoir été détruite, elle fut rebâtie. Elle souffrit beaucoup des guerres de François I & de Charles-Quint. Le lac sur lequel elle est bâtie, est traversé par l'Adda, & a plusieurs Bourgs sur ses bords. *Luco*, *Mariano*, le Fort de Fuentes sont des Villes assez considérables & les principales du Comafque. Côme eft une Ville fort grande; elle portoit déjà le nom de *Novo-Comum* au temps de Catulle, & le Lac s'appelloit *Lacus Larius*. Elle a été la patrie de *Catulle*, de *Pline le jeune*, du Pape Innocent XI, de Paul Jove, l'Hiftorien, & de fon frere Benoît.

COMMERCE DES ITALIENS, (le) n'eft pas, à beaucoup près, ce qu'il devroit être, fi la plupart des Peuples d'Italie n'étoient point prévenus que tout Commerce dépare des titres de Nobleffe. Les Vénitiens, les Génois & les Florentins, perfuadés que la vraie gloire confifte autant à procurer les chofes néceffaires à leurs Etats, qu'à les défendre par les armes, s'adonnent tous au Commerce. Les Nobles & les Marchands s'affemblent; mais ils font bande à part : & cette diftinction, qui eft la feule, n'empêche pas qu'ils ne travaillent tous également pour le bien de l'Etat. Dans le détail, le Commerce regarde les hommes; ce font eux qu'on voit dans les boutiques. Les femmes n'y paroiffent jamais; elles font retirées dans leurs appartemens, & occupées dans l'intérieur de leurs maifons; elles ne paroiffent pas non plus dans les cafés, mais feulement dans les boutiques où l'on vend des modes. Il n'y a qu'à Turin où les Dames foient dans leur comptoir comme à Paris.

COMMERCE DE ROME. Il y a très-peu d'argent qui circule à Rome; le Commerce s'y fait en billets de la Banque du Saint-Efprit & des Monts de Piété, dont les échéances font à certains termes. Lorfque ces termes arrivent, on va à ces dépôts, & l'on renouvelle les billets, ou bien l'on donne quelqu'argent & des billets de moindre valeur. Le crédit de ces Banques eft établi fur la foi où l'on eft à Rome, que les fonds des billets font dans les caiffes : mais cela feroit difficile & peut-être dangereux à vérifier. Du refte, le Commerce y eft très-peu de chofe, non pas que les Italiens ne foient très-induftrieux, mais à caufe de leur pareffe & de quelques vices du Gouvernement. L'obligation où font les payfans de l'Etat Eccléfiaftique de ne vendre leurs denrées qu'à Rome, & à un prix fixé par la Congrégation des Approvifionnemens, fait que les cultivateurs ayant plûtôt à perdre qu'à gagner, abandonnent la culture des terres, & tâchent de se procurer des places de domestiques chez les Seigneurs, où, sans avoir rien à faire, ils jouiront du travail d'autrui. De-là il résulte que les matieres premieres du Commerce venant de l'Etranger, absorbent le peu d'argent qui circule. Il n'y a point de Manufactures de toile, parce qu'il n'y a ni lin ni chanvre, qui cependant seroient très-abondans & très-beaux, si on les cultivoit. La paresse naturelle aux Italiens y a presque anéanti les Manufactures; il y en a quelques-unes d'étoffes de soie très-légeres; on y fait venir les carrosses de Milan, & ceux qu'on construit à Rome sont très-grossiérement faits. Le Commerce de Rome se réduit donc à celui de la cire, dont il se fait une grande consommation, & à celui des tableaux, des estampes & des statues, copiés de l'antique. L'Italie a dans ce genre, des richesses immenses que toutes les Nations réunies ne sauroient payer : mais ces richesses ne produisent rien. Il y auroit pour les propriétaires une certaine honte à vendre des originaux. Dans une Ville où le Commerce attire peu d'argent, les denrées de consommation doivent être à vil prix. Elles y abondent : car le peuple vit très-frugalement. Voilà une idée de ce qu'est le Commerce à Rome.

COMPAGNI, (*Dino*) Historien, Auteur d'une Chronique de Florence depuis 1280 jusqu'en 1312. Ce qu'elle a de plus intéressant est le changement qui arriva dans le Gouvernement, lorsqu'on établit les Prieurs, en 1282. L'Auteur étoit Gibelin : & avant de lire les Historiens d'Italie de ce temps-là, il faut commencer par savoir de quel parti ils sont.

COMTES DE VIENNE. (les) Rien n'est plus commun, à Vienne, que la qualité de Comte, si ce n'est celle de Monseigneur en Italie : aussi ne fait-on pas grand cas de la plupart. On raconte que Charles-Quint étant venu à Vienne, fut sollicité par quantité de riches Bourgeois, de leur accorder le titre de Comte ; & que pour se défaire de leur importunité, il dit à haute voix : *Oui, oui, je vous fais tous Comtes, la Ville & les Fauxbourgs.*

CONCHA, (*Sebastien*) Peintre Napolitain, de l'Ecole Romaine. Il semble avoir pris pour modele Solimeni ; il imite sa maniere : mais il n'avoit pas assez de chaleur pour suivre ce grand Peintre ; il l'emporte cependant sur son maître par la fraîcheur de son coloris. Son plus beau morceau est une grande machine à fresque, au fond de la salle principale du grand Hôpital de Sienne. Il est mort il y a quelques années.

CONCINA, (*Daniel*) Dominicain, Théologien & Prédicateur, né dans le Frioul, en 1686. Il suffit, pour faire son éloge, de dire que Benoît XIV le consultoit souvent. Il a fait un très-grand nombre d'Ouvrages, & n'a jamais eu en vue que la vérité. L'erreur la plus accréditée n'étoit pour lui qu'une erreur : il étoit grand ennemi des Casuistes relâchés. Un de ses principaux Ouvrages, est une suite de *Dissertations théologiques, morales & critiques sur l'histoire du probabilisme & du rigorisme*, en Italien, 1741, à Venise, deux volumes in-4°. Il y combat les subtilités des Probabilistes. Il a donné la *discipline ancienne & moderne de l'Eglise Romaine sur le Jeûne du Carême*; *Mémoire historique sur l'usage du Chocolat les jours de Jeûne*; *Explication des quatre Paradoxes qui sont en vogue dans notre siecle*, traduite en françois ; *Theologia Christiana, dogmatica, moralis*, douze volumes, in-4°. 1749. Les Jésuites ont fait tout ce qu'ils ont pu pour faire proscrire cette Théologie. *De Sacramentali absolutione impartiendá aut differendá recidivis consuetudinariis*, traduit en françois, 1755.

CONCINI, connu sous le nom de *Maréchal d'Ancre*, célebre Aventurier, né à Florence d'un pere roturier, qui, de simple Notaire, parvint à être Secrétaire d'Etat. Concini vint en France avec Marie de Médicis. Galigaï sa femme s'étant emparée de l'esprit de cette Princesse, elle la gouverna entiérement après la mort de Henri le Grand : mort à laquelle on a soupçonné Concini d'avoir eu part. Ce fut alors qu'il acheta le Marquisat d'Ancre, qu'il fut fait Gentilhomme de la Chambre, & Gouverneur de Normandie. Il ne s'arrêta pas-là ; quoiqu'il n'eût jamais servi, il aspira au premier grade de la guerre, & l'obtint. Il eut l'audace de lever à ses dépens sept mille hommes de troupes, pour maintenir, disoit-il, l'autorité royale. Coni, sans avoir le titre de Ministre, dirigeoit toutes les opérations du Ministere. Son insolence révolta tous les Grands. Léonore Galigai, fille de la Nourrice de la Reine, marchoit de pair avec les Princesses, à qui elle marquoit des mépris. Luynes, qui élevoit pour le Roi enfant, des piegrieches, lui fit sentir l'odieux que ce Favori téméraire faisoit réjaillir sur la majesté royale. Louis ordonna qu'on arrêtât Concini. Il résista: Vitry lui fit lâcher un coup de pistolet. Le peuple déterra son cadavre, & le traîna dans les rues de Paris, & on le pendit à une des potences qu'il avoit fait dresser pour ceux qui parleroient mal contre lui. On le démembra; on vendit ses membres; on les brûla, & l'on vendit ses cendres à tant l'once. Le Parlement fit le procès à sa femme: il n'y avoit que trop de raisons pour la condamner; on se servit du motif de sortilege, à la mode dans ce temps: on la condamna au feu comme sorciere. L'abus de la faveur n'est-il pas un crime assez grand? On sait la réponse fiere qu'elle fit à un de ses Juges, qui lui demandoit de quel charme elle s'étoit servie pour ensorceler la Reine. *Mon sortilege*, répondit-elle, *a été le pouvoir que les ames fortes doivent avoir sur les esprits foibles.* Concini fut tué le 24 Avril 1617.

CONCLAVE, enceinte dans laquelle se renferment les Cardinaux pour l'élection du Pape, & de laquelle ils ne peuvent sortir jusqu'à ce qu'il y ait élection. C'est ordinairement dans une des galeries du Vatican, que dix jours après la mort du Pape les Cardinaux entrent dans le Conclave. Il embrasse tout le premier étage, depuis la tribune des bénédictions sur le péristyle de Saint Pierre, & depuis la salle royale & la salle ducale jusqu'à celle des paremens & des Congrégations. On y construit autant de cellules qu'il y a de Cardinaux qui doivent entrer au Conclave; elles ont douze pieds & demi de long sur dix de large: elles sont faites avec des planches, tapissées en soie, numérotées & toutes rangées sur une même ligne; mais de telle sorte qu'une ruelle assez étroite, sépare les unes des autres. Chaque Cardinal fait mettre ses armes sur la porte de sa cellule. Toutes les issues du Conclave sont murées, ainsi que les arcades du portique; il n'y a que la porte qui du grand escalier conduit à la salle royale, & qui se ferme avec quatre serrures, deux en dedans, dont le Cardinal Camerlingue & le premier Maître des Cérémonies ont les clefs, deux en dehors, & les clefs restent au Maréchal du Conclave. On passe à manger, & les choses nécessaires aux Cardinaux & aux Conclavistes, par des tours comme ceux des Couvents : il y en a huit, deux au haut de l'escalier de Constantin, gardés par les Conservateurs de Rome & par les Prélats; deux autres sont gardés par les Auditeurs de Rote & par le Maître du sacré Palais; deux autres du côté de la Secrétairerie, gardés par les Prélats Clercs de Chambre; enfin, deux du côté du Belvedere, gardés par les Patriarches, les Archevêques, les Evêques & les Protonotaires, le tout à tour de rôle. Il y a une fenêtre dans la grande porte, par laquelle on donne Audience aux Ambassadeurs, à travers un rideau toujours fermé. Le Majordôme du Pape a son appartement au haut de la rampe; le Maréchal du Conclave a le sien près de la grande porte, pour l'ouvrir s'il arrive quelque Cardinal, le Conclave fermé, ou pour faire sortir s'il est nécessaire. Chaque Cardinal garde avec lui deux Conclavistes & trois s'il est Prince. Il y a dans le Conclave les Maîtres des Cérémonies, le Secretaire du sacré College, le Sacristain, le Sous-Sacristain, le Confesseur, deux Médecins, le Chirurgien, l'Apothicaire, quatre Barbiers, trente-cinq Domestiques, un Maçon, un Menuisier.

Le jour qu'ils entrent au Conclave, les Cardinaux s'assemblent à la Chapelle Pauline; le Doyen, après une Oraison, lit les Constitutions du Conclave & les Cardinaux jurent de s'y conformer. Ce jour-là ils reçoivent dans leurs cellules les visites de la Noblesse, des Prélats, des Ambassadeurs. Tous ceux qui sont préposés à la garde du Conclave, prêtent serment, ainsi que les Conclavistes, & le soir le Cardinal Doyen fait sonner la cloche pour la clôture du Conclave, & le Cardinal Camerlingue, suivi des trois Cardinaux Chefs d'ordre, font la visite la plus exacte. Dès-lors, personne ne sort plus, ou si quelqu'un sort il ne rentre plus, & l'on choisit une autre personne à sa place. S'il meurt un Cardinal, ses Conclavistes sont obligés de rester, jusqu'à la fin : les trois Cardinaux Chefs d'ordre donnent Audience au Gouverneur de Rome, à celui du Conclave, aux

Sénateurs & aux Ambassadeurs, à travers le tour, au nom du sacré College. On porte tous les jours en cérémonie le dîner de chaque Cardinal. Quand il s'agit du scrutin, le Maître des Cérémonies avertit les Cardinaux de se rendre à la Chapelle de Sixte IV : après la Messe du Saint-Esprit, on leur distribue des billets, où chacun met son nom, & celui à qui il veut donner sa voix. Le dernier Cardinal Diacre prend sur une petite table, placée devant l'Autel, des boules où sont écrits tous les noms des Cardinaux du Conclave, il les lit, les compte à haute voix, les met dans un sac de damas violet, agite le sac & en tire trois, qui sont désignés Scrutateurs, & trois autres qui sont les Infirmiers, pour plier les billets des Cardinaux malades ; ils reçoivent une cassette, que les Scrutateurs ouvrent pour faire voir qu'elle est vuide, ils la referment à clef ; il y a au-dessus une petite fente comme celle d'un tronc, les Infirmiers portent les billets aux malades pour les faire remplir, & les glissent dans la cassette. Le Doyen prend le premier un billet dans le bassin, le remplit du nom du Cardinal, auquel il veut donner sa voix ; le plie, le cachete, le prend des deux doigts, le montre aux Cardinaux, va se mettre à genoux devant l'Autel, & lit le serment qui est placé sur la table, par lequel il proteste devant Dieu, qu'il n'a élu que celui qu'il a cru devoir élire. Il met le billet dans la Patene qui est sur l'Autel, & de la Patene dans le Calice. Chaque Cardinal fait la même chose ; ensuite les Scrutateurs ouvrent la cassette des malades, & les mettent également dans le Calice ; quand tous les billets sont dans le Calice, on le couvre de sa Patene, on les mêle plusieurs fois ; le premier Scrutateur tire un billet, l'ouvre ; après l'avoir vu, le présente au second qui le lit, & qui le donne au troisieme, lequel prononce le nom à haute voix. Chaque Cardinal, qui a devant lui un Catalogue imprimé des Cardinaux, marque les voix ; quand tous les billets sont nommés, ils comptent, & si un Cardinal a les deux tiers des voix, il y a élection. Si les Cardinaux étrangers voient qu'un Cardinal, dont sa Cour n'approuveroit point l'élection, est près d'avoir le nombre suffisant, il doit le dire, avant que le nombre soit complet, sans quoi l'élection seroit faite. Si aucun n'a le nombre suffisant, on passe à un second Scrutin, dans lequel on peut accéder à la nomination de tel ou de tel, qui a tant de voix; mais chacun reste dans son parti.

On a beaucoup parlé des intrigues, des démarches secretes qui se pratiquent dans les Conclaves; souvent c'est celui auquel on pense le moins qui à la fin emporte les deux tiers des suffrages; quelquefois celui qui a le plus intrigué, & qui, aux premiers scrutins, a été le plus près du but, est celui qui, aux derniers, a le moins de voix. Il y a des Conclaves qui ont duré fort long-temps. Celui de 1730 commença le 3 Mars, & ne finit que le 11 Juillet. On a imprimé l'histoire des Conclaves; cet Ouvrage n'est pas un des moins instructifs en fait de Politique.

CONCORDIA. Il y a deux Villes de ce nom dans l'Etat de Venise; l'une avec Evêché, & dans la Marche Trévisane; l'autre est une Ville aussi Episcopale; mais ruinée, & dont l'Evêque fait sa résidence à *Porto Gruaro*, Bourg qui en est assez proche. Cette Ville de Concordia est dans le Frioul. Il y a encore une autre Ville de ce nom dans le Duché de la Mirandole : elle est la seconde du Duché.

CONGLIANO, petite Ville de la Marche Trévisane dans les Etats de Venise. *Voyez* TRÉVISANE.

CONGRÉGATION. On appelle ainsi en Italie toutes les assemblées où l'on traite de plusieurs affaires de même nature, présidées, ou composées d'un ou de plusieurs Cardinaux & de Prélats. Le Conseil d'Inquisition s'appelle Congrégation pour les affaires du Saint Office : le Pape tient aussi des Congrégations fort souvent. Les Prélats sont les Officiers Ecclésiastiques de la Cour de Rome, qui, après les Cardinaux, remplissent les charges, soit civiles, soit ecclésiastiques. Pour entrer en Prélature, il faut être d'une naissance honnête, & avoir un revenu d'environ huit mille livres. C'est le premier grade pour arriver au Cardinalat. On commence, quand on est admis, par être Rapporteur dans les Congrégations, on est ensuite Gouverneur dans une petite Ville. Les Camériers secrets & les Camériers d'honneur sont des Prélats qui servent le Pape en attendant qu'il vaque des places majeures.

Il y a des Congrégations permanentes, il y en a de momentanées ; du premier genre, sont la *Consulte*, établie par Sixte V, pour le gouvernement de l'État ecclésiastique : on y reçoit les plaintes des Peuples contre les Officiers ; des Vassaux contre les Barons : on y examine les différens entre les Gouverneurs ; les qualités de ceux qui demandent d'être admis à la Noblesse ; les procès criminels, les réglemens à faire, &c.

La Congrégation del Buon Governo regarde la partie économique de l'État, celle de l'Inquisition. *Voyez* INQUISITION. Celle de *l'Index*. *Voyez* INDEX. La Congrégation des *Rites* qui concerne les cérémonies ecclésiastiques, Rituels, Missels, Bréviaires, Offices, Canonisations, Fêtes, Tradition de l'ancienne Eglise, &c. Il y a beaucoup d'autres Congrégations de ce genre. Quant à la seconde espece, elles sont indéterminées, ce sont des commissions pour l'examen de certaines affaires ou questions. Telle étoit la Congrégation *de auxiliis*, &c. de travaux proposés & à vérifier, &c.

CONFLANS, Ville, & l'un des neuf Mandemens de la Savoie propre.

CONI, *Cuneum*, Ville du Piémont, est défendue par une forteresse très-considérable. Plusieurs fois on a tenté d'assiéger cette Place, & on a échoué en 1750. La Duchesse Douairiere choisit cette Ville pour sa résidence. De Coni jusqu'à Carmagnole, il y a un Canal qui rend son commerce florissant. Cette Ville est à quatorze lieues S. de Turin, & douze E. de Pignerol. Elle est située sur une hauteur au Confluent de la Sture & du Gès, à dix ou douze milles de Saluces. Quoiqu'elle ait souvent résisté aux attaques & aux sieges, le Comte d'Harcourt l'emporta en 1641. Les François l'attaquerent inutilement en 1744 ; mais ils y battirent le Roi de Sardaigne. Elle est située au Confluent de la Sture & du torrent de Cesso.

CONON, Pape, né dans la Thrace, succéda à Jean V, le 20 Octobre 686. Il avoit été transporté peu de temps après sa naissance, en Sicile ; il fut ordonné Prêtre à Rome. Ses vertus l'éleverent à la Papauté, pendant le schisme qui se forma après la mort de Jean V, entre Pierre Archiprêtre, élu par le

Clergé, & Théodore, élu par les gens de guerre. Dès que Conon fut nommé, le schisme cessa. Il ne regna que onze mois & quelques jours.

Conseil de la République de Gênes, (le) consiste en trois chambres principales; la premiere comprend la Signoria, où préside le Doge, assisté de huit Sénateurs, qui sont comme ses Conseillers d'Etat. La seconde est le grand Conseil, composé de quatre cents Membres, dont deux cents qui ne sont que Bourgeois particuliers, élus par le sort, forment le petit Conseil. La troisieme est le *Consiglio di Sindici*. Les cinq Syndics qui le composent ont un grand pouvoir; c'est devant eux que se traitent les grandes affaires criminelles; les petites affaires sont renvoyées à un autre petit Tribunal appellé *Podesta*. Les Sentences à mort doivent toujours être confirmées par le grand Conseil. Outre ces différens Tribunaux, il y en a encore un particulier, qu'on appelle *il Consiglio di Ricota*; c'est lui qui juge toutes les affaires civiles. Il est composé de cinq Docteurs en droit, & de sept autres Juges, qui sont en même temps Membres du petit Conseil.

Conseils de Venise. Le principal est le Grand Conseil, qui comprend tous les autres, & représente les Comices Romains; il ne s'assemble que les Fêtes & Dimanches, afin que les Magistrats des différens Tribunaux puissent s'y trouver. La souveraine puissance réside dans le grand Conseil, aucun Noble n'y peut assister qu'il n'ait vingt-cinq ans. Il faut distinguer le grand Conseil du Sénat, qui lui est subordonné, comme celui de Rome l'étoit aux assemblées du Peuple. Le grand Conseil réunit les quatre Tribunaux ou Chambres principales. La premiere appellée le College *Pieno Collegio*, ou la *Signoria*, comprend le Doge & six Sénateurs, qui l'accompagnent toujours; à ce Conseil est joint celui des Sages-Grands, qu'on appelle *il Consiglio proprio*; il est composé de vingt-six Assesseurs. On y donne Audience à tous les Ambassadeurs. Le College connoît des grandes affaires qui lui sont renvoyées par le Sénat, il reçoit les dépêches des Princes étrangers & de leurs Ministres. La seconde qu'on appelle *il Consiglio di Pregadi*;

c'est le Sénat composé d'environ deux-cent-cinquante Nobles; savoir, soixante Magistrats, une Giunta ou jonction d'un nombre semblable pour les seconder, soixante autres Patriciens, appellés *Sotto-Prégadi*. Le Prégadi est renouvellé tous les ans; il comprend outre les cent-quatre-vingts Magistrats dont on vient de parler, les Procurateurs & plusieurs autres sortes de Magistrats; c'est dans le Prégadi que se décident la paix & la guerre & que sont traitées toutes les affaires de la République. La troisieme est le Conseil des dix, qui passe pour le plus redoutable & le plus secret; il est chargé de veiller à la sûreté de l'Etat, de punir tous les délits qui ont quelques rapports au Gouvernement, sans en rendre compte à personne: il choisit trois Inquisiteurs d'Etat, qu'il fait dépositaires de toute son autorité; ces Inquisiteurs sont les personnes les plus recommandables par leur sagesse, & les plus irréprochables dans leurs mœurs. Le Conseil des dix juge sans appel; le Doge même est obligé d'y comparoître, lorsqu'il est dans le cas d'être accusé, & les Inquisiteurs peuvent le condamner à mort, s'ils sont tous trois du même avis. Tout est soumis à ce Tribunal redoutable. Leur maxime, en fait de crimes d'Etat, est *correre à la pena, prima d'essaminare la colpa*. On cite un grand nombre d'exemples de Nobles & de Citoyens, qui, sur un simple soupçon, ont disparu pour toujours; d'autres, qui pour avoir manqué de s'observer sur les points les moins essentiels, ont reçu les plus vives réprimandes. Ces trois Inquisiteurs ou *Capi dieci*, sont les Chefs du Tribunal des dix; ils font les informations, entendent les prisonniers & les témoins, & font leur rapport au Conseil, composé des Patriciens les plus qualifiés, les plus integres & les plus éclairés; il connoît de tous les crimes publics, comme séditions, malversations des Magistrats, fausse monnoie, & personne ne peut parler, ni écrire pour la justification du coupable. Les Jugemens de ce Tribunal sont secrets, ainsi que les exécutions qui se font dans l'obscurité de la nuit.

Il y a, outre ces Conseils, trois Cours souveraines appellées Quaranties, parce qu'elles sont composées de quarante Magistrats; la premiere, appellée Quarantie Civile nouvelle, juge par appel de toutes les Sentences rendues en matiere civile par les Juges des Villes de l'Etat de Terre-ferme & des Isles; la seconde, appellée la Civile vieille, juge les appels des Tribunaux subalternes de la Ville; & la troisieme, appellée la criminelle, juge les causes criminelles qui ne sont pas du ressort du Conseil des dix. Il y a trois Avogadors qui font les fonctions des Gens du Roi, & qui portent les affaires à la Quarantie qu'ils jugent à propos; ils sont chargés du maintien des Loix: ils font suspendre la promulgation des Nouvelles, jusqu'à ce qu'on les ait examinées de nouveau sur les motifs qu'ils en donnent.

Il y a des Censeurs dont la Jurisdiction s'étend sur les mœurs, & d'autres Magistrats pour la Police & l'entretien des Ouvrages publics, des marchés, pour les entrées, les douanes, la santé des Citoyens, &c. MONT DE PIÉTÉ.

Le Chancelier de la République est pris de l'Ordre des Secretaires; il est à vie comme le Doge; il a les secrets des délibérations; quand il va au *College*, il est accompagné du plus ancien Procurateur. La robe d'honneur du Chancelier est de velours cramoisi en hiver, & en été de damas rouge avec l'étole d'or. Il est ordinairement vêtu d'écarlate ou de violet. Il est élu par le grand Conseil, ainsi que les Magistrats de la Ville & est le seul Officier, dont les obséques soient faites comme celles du Doge, aux dépens de l'Etat à Saint Marc. Il y a trois classes de Secretaires; l'une du Conseil des dix, l'autre du Pregadi, l'autre des Sécretaires ducaux. Ceux du Sénat ou Pregadi fournissent les Ministres que l'on envoie en qualité de Résidens à Naples, Turin, Milan, Florence, Zurich, &c. Les Secretaires ducaux font les fonctions de Notaires. L'enfant, d'environ douze ans, qu'on choisit pour tirer les balotes à l'élection du Doge, entre dès ce moment dans l'Ordre des Secretaires, & est élevé aux frais de la République.

Quant au gouvernement ecclésiastique, l'Archevêque de Venise, qui est Patriarche de Dalmatie, n'ajoute jamais aux mots par la *Miséricorde Divine*, ceux-ci, *& par la grace du Saint Siege Apostolique*, parce que le Sénat seul a droit de le nommer. Il y a plusieurs exemples de Prélats nommés Archevêques de Venise, qui par cela même n'ont jamais eu l'agrément du Sénat. On appelle de ses Ordonnances au Sénat. Plusieurs Réguliers & Religieuses ne connoissent pour Supérieur que le Doge, qui a droit de visite dans leurs Monasteres. Les Curés & le Clergé Séculier ont leurs Jurisdictions particulieres. Le Primicier ou Doyen de Saint Marc, a tous les honneurs & toutes les marques de la Prélature, & en fait les fonctions. Il est nommé par le Doge. Les Cures sont réservées au Peuple. Aucun Noble ne peut les posséder. Tout Ecclésiastique est exclu des charges qui peuvent lui donner connoissance du gouvernement de la République.

Quant au Militaire, cette partie est assez négligée. Les Isles du golfe sont gouvernées par des Provéditeurs & des Conseillers qui sont renouvellés tous les trois ans; trois Syndics tirés du Corps du Sénat, vont faire la visite des Places de Terre & & de Mer, & font le procès aux prévaricateurs.

Les Charges de la Marine sont, en temps de guerre, le Général de mer: il a une autorité générale sur la flotte. Le Provéditeur général de mer a une autorité absolue sur la flotte, quand il n'y a pas de Général de mer. Le Gouverneur du Golfe commande l'escadre qui garde le Golfe. Il est à la tête dans les combats maritimes, comme étant le plus ancien Officier de mer. Il y a deux Chefs d'escadre qui commandent chacun quatre galeres, qui ne s'éloignent jamais du Port que pour des commissions particulieres. Ce sont de jeunes Nobles qui commandent les autres vaisseaux ou galeres de la République, qui ne leur fournit que le vaisseau & les munitions; ils sont chargés de lever les soldats; & pour les défrayer, on leur permet de vendre les places d'Officiers.

Les Podestats sont les Officiers que la République envoie dans ses Etats de terre-ferme. Ils ont l'état & le rang de Gouverneurs; ils jugent conjointement avec les Capitaines des armes qui commandent les garnisons des Villes & Châteaux, & à la charge desquels sont l'entretien & les réparations des murailles. Tous ces Officiers changent, & n'ont qu'un temps déterminé pour la durée de leurs emplois ; ils font foumis à la Jurifdiction fupérieure des Inquifiteurs de terre-ferme, Magiftrats que la République envoie tous les cinq ans pour examiner la conduite des Podeftats & Capitaines des armes. On peut voir un détail plus circonftancié du Gouvernement de Venife dans M. l'Abbé Richard, de qui nous avons pris une partie de ce qu'on vient de lire. En temps de guerre, le Général de mer, *Capitaneo grande*, eft toujours un Noble Vénitien ; au lieu que prefque toujours, c'eft un Etranger qui commande les troupes de terre.

CONSERVATOIRES, Ecoles gratuites où l'on donne à la jeuneffe une éducation convenable à la naiffance de chacun. Il y en a dans toutes les principales Villes. Ces inftitutions, ainfi que les *Monti di Pietà*, font beaucoup d'honneur aux Italiens. Rome renferme plufieurs de ces Maifons fecourables, fondées par différens Papes. On y éleve les enfans des deux fexes & orphelins, ou nés de parens pauvres, & l'on pourvoit à leur établiffement. Les garçons font mis en métier jufqu'à un certain âge ; mais les filles ne fortent des Confervatoires que pour être mariées ou pour fe faire Religieufes. Alors on leur donne les dots, que des Compagnies charitables ont foin de faire. Ces Compagnies font différentes Confréries, compofées de Séculiers, dont la plupart font des Nobles, lefquels contribuent, chacun felon fes moyens, à former des dots pour marier des filles ou pour leur faire prendre l'habit de Religion. A Rome, la dot de celles qui fe marient eft de cinquante écus Romains, & elle eft double pour celles qui prennent le parti du Cloître. La diftribution de ces dots fe fait en différens temps de l'année. La plus célebre eft celle du jour de l'Annonciation, dans l'Eglife de la Minerve. Celles qui doivent être dotées communient toutes à la grand'Meffe, qui eft célébrée par le Pape ou par un des Cardinaux. Après la Meffe, il fe fait une grande Proceffion où elles marchent deux à deux. Il y a des années où le nombre paffe trois cents.

Il y a auffi des Confervatoires à Naples, celui des filles délaiffées fut fondé par le Cardinal Spinelli.

On entend aussi à Naples, & dans quelques-autres Villes d'Italie, par Conservatoires, des Ecoles gratuites établies pour y enseigner la Musique. Il y en a trois à Naples, savoir à *Pietà de Turchini*, les enfans y sont habillés de bleu, *Santo Onofrio*, l'habit y est noir & blanc, & *Loretto*, tout blanc jusqu'au chapeau. Ceux qui sont à la tête de ces Conservatoires sont appellés *Gubernatori* : ce sont de riches Négocians ou Particuliers. Avec peu de recommandation, la plupart des enfans y sont reçus gratuitement; les autres y paient une pension très-modique. C'est de ces Ecoles que sont sortis les Vivaldi, Pergolese, &c. C'étoit aussi de-là que sortoient de très-belles hautes-contres; mais le Pape Clément XIV défendit dans toute l'Italie le moyen barbare dont on se servoit pour se procurer les plus belles voix aux dépens des races futures.

CONSISTOIRE. C'est le Conseil du Pape, le premier Tribunal de Rome; le Pape y préside sur un Trône fort élevé, & sur un Siége de drap d'or. Il y a trois sortes de Consistoires; le Consistoire public, secret & demi-secret. Dans le premier, qui est l'Assemblée la plus majestueuse de toute la Cour de Rome, on admet les Princes & les Ambassadeurs des Rois, tout le Collége des Cardinaux y assiste, ainsi que toute la haute Prélature. Ce Consistoire traite des affaires de la plus grande importance; comme Promotion des Cardinaux ou Canonisation. Le Consistoire secret se tient dans une Chambre écartée du Sacré Palais. On y propose les Evêchés, on préconise les Evêques, on accorde le *Pallium*; on ferme ou on ouvre la bouche aux Cardinaux. L'Assemblée n'est composée que d'un petit nombre de Cardinaux & de Prélats; le demi-secret se tient ordinairement pour des affaires qui concernent particuliérement l'Etat Ecclésiastique. Il est composé de Cardinaux Protecteurs des Eglises, des Auditeurs de Rotte : lorsque l'on veut délibérer sur la Canonisation d'un Saint, le Pape fait tenir quatre Consistoires; les deux premiers sont secrets, le troisieme public, & le quatrieme demi-secret.

CONSTANTIN, Pape, Syrien de naissance, succéda à Sysinnus, Syrien comme lui, le 7 Mars 708. Felix, Archevêque

vêque de Ravenne, ayant refusé de le reconnoître, & ayant fait soulever les Citoyens de sa Ville, l'Empereur Justinien le Jeune le fit aveugler, & le relégua dans la Province de Pont. Constantin allant en Orient pour régler quelques affaires, fut reçu avec magnificence à son passage à Constantinople, ensuite à Nicomédie, où l'Empereur lui baisa les pieds. Le Pape de retour ne voulut point reconnoître Philippien qui avoit envahi l'Empire, chassé le Patriarche Cyrus, & qui avoit mis à sa place l'Hérésiarque Jean, dont il condamna les propositions. L'Empereur, qui étoit Iconoclaste, ayant fait effacer les portraits des Peres qui avoient assisté aux Conciles Généraux, de l'Eglise de Sainte Sophie à Constantinople, le Pape les fit peindre à Rome. Il ordonna que le nom de l'Empereur ne fût plus dans les actes, ni son effigie sur les monnoies. Il rétablit sur le siége de Ravenne, Felix l'aveugle qui se soumit. Enfin Constantin mourut le 9 Avril 714.

L'Antipape Constantin étoit frere de Toton, Duc de Nepo en Toscanne, qui, voyant approcher la mort de Paul I, entra dans Rome avec une armée, força d'élire son frere qui n'étoit point Clerc, & le fit ordonner & consacrer par George, Evêque de Palestrine. Il fut dur & injuste. Son frere ayant été tué, Constantin s'enfuit de Rome; mais Etienne III ayant été élu, l'Antipape fut pris, aveuglé, condamné dans un Concile, & chassé de l'Eglise.

CONSTANTIN, (l'Ordre des Chevaliers de) fut établi à Venise, en 313, par l'Empereur Constantin le Grand; c'est un Ordre qui est à peu près comme celui de Malthe. Il y a un Grand Maître, & différentes Commanderies qui sont situées çà & là, en Italie & en Dalmatie, lesquelles appartiennent aux Chevaliers de cet Ordre.

CONTARINI, très-ancienne famille de Venise, qui a donné plusieurs grands Hommes à la République, soit dans les Armes, soit dans les Lettres; parmi les Savans qu'elle a produits, Gaspar Contarini fut Ambassadeur de la République auprès de Charles V, & se distingua dans cette Ambassade. Il fut fait Cardinal en 1555, & Légat de Paul III, en Allemagne. Il fut

Philosophe & Théologien. On a de lui plusieurs Ouvrages: un Traité de l'immortalité de l'Ame; un Traité des Sacremens; des Scholies sur les Epîtres de Saint Paul; une Somme des Conciles; des Traités des Controverses contre Luther; deux Livres du devoir des Evêques; un Traité en latin du Gouvernement de Venise. Contarini mourut Légat à Bologne en 1542. Vincent Contarini, Professeur d'Eloquence à Padoue, mort dans la fleur de son âge, en 1617, a laissé d'excellens Ouvrages; les plus estimés sont, *De re frumentaria*, & celui de *Militari Romanorum stipendio*.

CONTI, (*Giusto*) un des meilleurs Poëtes de Florence, vivoit dans le quatorzieme siecle. Ses Poësies recueillies sous le titre de *Labellamano*, furent imprimées, pour la premiere fois, à Paris, en 1985, in-12. Il en a paru une édition plus ample avec les Préfaces & les Notes de l'Abbé *Salvini*, à Florence.

Noël Conti, de la même famille, donna, dans le même siécle, une Histoire latine de son temps, qui a été traduite en différentes Langues.

L'Abbé Antoine Conti s'acquit, dans ses voyages, l'estime de tous les Gens de Lettres. Dans son voyage de Londres, il se lia avec Newton, qui lui confioit ses idées & ses découvertes. Il a composé des Tragédies imprimées à Lucques en 1765, un essai d'un Poëme intitulé, *Il globo di Venere*. Ces Poëmes languissent à force de philosophie. Il y a une édition de ses Ouvrages de Prose & de Vers, à Venise, en 1756, in-4°. L'Abbé Conti mourut à Venise en 1749.

CONVERSANO, Ville au Royaume de Naples, dans la Terre de Bari, avec un Evêché suffragant de Bari, assez bien peuplée; elle a titre de Comté, & appartient à la Maison d'Aquaviva. Elle est entre des montagnes, à trois lieues du Golfe de Venise du côté de Nonopoli. Son nom latin est *Conversa, Conversanum & Cupersanum*.

CONVERSATION. (la) C'est ainsi qu'on appelle, en Italie, les Assemblées ou Cercles de différentes personnes au nombre de trente ou quarante qui se réunissent le soir dans les maisons les uns des autres. Il y a deux sortes de Conversations;

celles qui se tiennent à l'entrée de la nuit, tenues par les Cardinaux, qui ont leur jours marqués; elles durent près de trois heures. L'Assemblée se tient dans une galerie vaste, bien décorée & bien illuminée : après qu'on a fait sa révérence au Cardinal, on passe dans d'autres piéces où l'on est le maître de s'asseoir, de se promener & de causer avec qui l'on veut. On y trouve toujours des rafraîchissemens. Pour arriver au lieu de l'Assemblée, on passe par plusieurs antichambres remplies, la premiere, de la Livrée, ensuite des Valets de Chambre, la troisieme, des Aumôniers & Chapelains, puis des Secretaires & Gentilshommes. On déclare son nom à la premiere, & il passe de chambre en chambre jusqu'au Maître de Chambre, qui est un Gentilhomme qualifié, qui annonce & qui présente.

Les autres Conversations s'appellent les grandes Conversations, & se tiennent chez les Princesses & les Dames Romaines. Elles durent une partie de la nuit en hiver, & jusqu'au jour en été. On y converse, on y danse, on y joue à des jeux de Société. Les Particuliers reçoivent aussi chez eux à certains jours fixés, & cela s'appelle tenir Conversation.

CONZA, *Compsa*, petite Ville dans le Royaume de Naples, avec Archevêché, au S. E. de Bénévent, près des sources de l'Ofante, au pied de l'Apennin, dans la Province de la Principauté Ultérieure. Suivant la Martiniere, cette Ville, très-ancienne, fut ruinée entiérement par un tremblement de terre en 1694, & ensuite rétablie : quoique petite & peu peuplée, elle fait un commerce de marbre considérable. Conza est à douze lieues de Bénévent, & vingt-une E. de Naples. Les suffragans de l'Archevêché de Conza, sont *Cedogna*, *S. Angelo-di-Lombardi*, *Basaccia muro Satriano* uni à *Campagna*, *Monteverde*.

COORLE, petite Isle du Golfe de Venise sur les côtes du Frioul. Il y a une Ville du même nom; cet endroit est mal peuplé à cause de l'air qui est mal sain. Son Evêché est suffragant de Venise.

CORAIL, (le) *Corallo*. Cette plante, qui croît sous l'eau, est en forme d'arbrisseau attaché aux rochers, & dont tout le monde connoît la propriété, & se pêche communément le long des côtes de la Toscane, de la Calabre Ultérieure & de la Sicile. Le plus estimé se rencontre aux environs de la Ville d'Alghieri sur les côtes de l'Isle de Sardaigne. Il y a à Livourne une Manufacture de Corail, dans laquelle on le coupe, on l'arrondit sur la meule cannelée, on le perce, & enfin on le met en colliers pour l'usage des Barbaresques.

CORBINELLI, (*Jacques*) de Florence, allié de la Reine Marie de Médicis, qui l'ayant fait venir en France, le mit auprès du Duc d'Anjou, comme Homme de Lettres, auquel il expliqua les Auteurs Grecs & Romains, dans des conversations familieres. Il fut fort lié avec le Chancelier de l'Hôpital. Il aida Henri IV par ses conseils, en l'avertissant de tout ce qui se passoit, lorsqu'il entreprit d'entrer dans Paris. *Raphaël Corbinelli*, petit-fils de Jacques, se fit aimer par son esprit, & par son caractere enjoué & franc. Il a donné un extrait de tous les bons endroits des Ouvrages des plus célebres Auteurs de son temps, en 1681. Les anciens Historiens latins réduits en Maximes, en 1694; l'Histoire Généalogique de la Maison de Gondi. *Raphaël Corbinelli* mourut à Paris en 1716, âgé de près de cent ans.

CoREGLIA, Ville assez considérable de la République de Lucques.

CORELLI, Musicien fort renommé en France & en Italie par ses Symphonies. Cet habile Artiste pensoit que la Musique françoise avoit un caractere qui lui étoit propre, & que ce caractere étoit très-bon; il croyoit qu'un homme de génie pouvoit en tirer le même parti que de la Musique italienne, & c'est ce qu'il a fait: il a réuni les suffrages des deux Nations. Il répondit au Cardinal d'Estrés qui le louoit sur la beauté de ses Symphonies & sur le genre de sa Musique, *Monseigneur, c'est que j'ai étudié* Lully. Il mourut à Rome en 1733.

CORFOU, *Corcyra, Pheacia Dapano*, Isle considérable de la Mer Ionniene, à l'embouchure du Golfe de Venise, au couchant de la Grece, à cinq à six milles des côtes de l'Epire; elle a vingt-six lieues de longueur sur huit de large, & est divisée en quatre Départemens qui sont, *di Leros, di Mezzo, d'A*suite

& *de Leuchin*. On y compte environ cinquante mille Habitans, & trente Châteaux. Le plus confidérable de tous eft le Château Saint-Ange, qui eft regardé comme une des meilleures places de l'Europe. Les Turcs ont tenté plufieurs fois d'y faire des defcentes, mais toujours inutilement. En 1537, vingt mille Turcs, fous la conduite de Barberouffe, en firent une. Les Vénitiens députerent vers le Pape & l'Empereur pour demander du fecours, & les aider à conferver une place qui eft la clef de l'Italie; mais avant qu'on eût rien obtenu, les Vénitiens eurent chaffé Barberouffe. En 1716, les Turcs firent encore une defcente qui leur coûta dix-huit mille hommes. Le Comte de Sculembourg & Loredan, Généraux Vénitiens, fe défendirent avec tant de bravoure qu'ils firent lever le fiége. La Ville de Corfou, qui eft la Capitale de l'Ifle, eft munie de bonnes fortifications; elle eft défendue par deux Châteaux que leur affiete rend prefque imprenables. Son Archevêque, qui eft toujours un Noble Vénitien, eft fuffragant du Patriarche de Venife. Outre une garnifon de vingt-quatre mille hommes que la République a foin d'entretenir, ellle y envoie un Providiteur & deux Confeillers. Corfou appartenoit autrefois au Royaume de Naples, mais en 1386 fes Habitans fe font donnés aux Vénitiens qui les ont toujours gouvernés depuis. Les quatre Gouvernemens ou Bailliages qui divifent l'Ifle ne font pas également peuplés. Dans le territoire du Bailliage de Leuchin, on compte vingt-cinq Villages & environ dix mille ames; Potami eft le plus gros; il y a de-là jufqu'à la mer un canal qui peut y porter les vaiffeaux. Le territoire de la Guire ou Agiu contient vingt Villes où l'on compte environ huit mille Habitans. La contrée de Mezzo eft la plus peuplée; elle contient, outre la Ville de Corfou, trente Villages; ce Bailliage renferme vingt-cinq mille Perfonnes. On compte dans celui de Leros vingt-cinq Villages & huit mille Habitans. Le Rit grec & le Rit latin ont lieu dans l'Ifle. La Cathédrale eft très-belle; les Grecs ont pour Prélat un Vicaire Général. Corfou eft appellée avec raifon la porte du Golfe & le boulevard de l'Italie. Son commerce confifte en grains, en vin, en olives, en plufieurs fortes de fruits. La terre y est très-fertile & l'air fort sain. Les citronniers & les orangers y sont très-communs; l'huile, le miel & la cire y sont en abondance. Les figues de Corfou passent pour être les meilleures de toute l'Italie; les cedres y sont en très-grande quantité, & sont un très-grand objet de commerce. C'est, dit-on, à Corfou qu'étoient les beaux jardins d'Alcinoüs, décrits par Homere. Les anciens Habitans de Corfou étoient grands Navigateurs. La Ville fut, dit-on, bâtie par les Corinthiens la dix-neuvieme Olympiade, vers l'an cinquante-un de Rome.

Cori, ou Coré, petit Bourg à trois lieues de Velletri, dans la Campagne de Rome. C'étoit une ancienne Ville du Latium, occupée par les Volsques. Elle renferme plusieurs antiquités. On y voit l'enceinte des murs, qui embrassoit toute la montagne depuis le pied jusqu'au sommet, avec des terraces de distance en distance pour la commodité des Assiégés. On arrivoit à ces terrasses à couvert des traits des Assiégeans, par le moyen de galeries souterreines taillées dans le roc. La maniere dont ces murs sont bâtis, a contribué à leur conservation: les pierres n'y sont pas rangées horisontalement, mais emboîtées les unes dans les autres. Au-dessus de la montagne de Coré, on voit les restes d'un Temple d'Hercule; on y trouve huit colonnes du vestibule, & les restes d'un autre Temple consacré à Castor & Pollux; ils consistent en deux belles colonnes d'ordre Corinthien.

CORIO, (*Bernardin*) d'une famille illustre de Milan, a écrit l'Histoire de sa Patrie, à la priere de Ludovic Sforce, dit le le Maure. Les François s'étant emparés de Milan, & ayant fait prisonnier Ludovic, l'attachement de Corio pour sa Patrie & pour son Maître, le fit tomber dans un chagrin dont il mourut. Son Histoire est intéressante par les détails curieux dont il l'a enrichie. La meilleure édition de cette Histoire, est celle de Milan, imprimée en 1509. Charles Corio son neveu, a donné une description de Milan, & dans laquelle il a rassemblé tous les monumens anciens & modernes.

Cormaggiore, Bourg du Piémont, dans le Duché d'Aouste, sur la Doria. On prétend que son nom est une corruption des mots *Curia major*, parce que les Romains y avoient un Tribunal où l'on rendoit la Justice.

COR

CORNARA-PISCOPIA, (*Lucretia Helena*) née à Venise en 1646; elle étoit de la Maison Cornaro. Elle possédoit les Langues hébraïque, grecque, latine, espagnole & françoise, indépendamment de sa Langue maternelle; elle avoit des notions de toutes les Sciences, & des connoissances profondes de la Théologie & de la Philosophie. L'Université de Padoue voulut lui donner le bonnet de Docteur en Théologie, mais le Cardinal Barbarigo, Evêque de Padoue, ne voulut point le permettre, & on ne lui donna que le bonnet de Docteur en Philosophie qu'elle reçut dans l'Eglise Cathédrale. Elle avoit fait vœu de virginité à l'âge de douze ans. Elle mourut en 1684. On recueillit ses Ouvrages en un volume in-8°. Ils sont au-dessous de sa réputation.

CORNARO, (*Louis*) de la même famille, a écrit un Livre des avantages de la vie sobre. Cet Ouvrage est en italien, & a été traduit en latin par Lessius; on en fit une traduction françoise en 1701, in-12. intitulée, Conseils pour vivre long-temps. Peu de temps après l'édition françoise, on fit une critique de cet Ouvrage sous le titre d'*Anti-Cornaro*. Quoi qu'il en soit, Cornaro mourut âgé de plus de cent ans, en 1566.

CORNEILLE, (Saint) Pape, Romain de nation, élu le 30 Avril 251, un an après la mort de Saint Fabien. Son savoir & ses vertus l'éleverent à la Papauté. Novat excita contre lui quelques esprits turbulens qui nommerent Novatien à la Chaire de Saint Pierre. Ce Novatien étoit Hérétique. Ainsi Corneille eut à lutter contre l'hérésie, le schisme & la persécution des Empereurs. Il triompha de ces trois fléaux; & après avoir soutenu des tourmens affreux par ordre des Empereurs Gallus & Volusien, qui ne purent lui faire abjurer sa foi, il fut relégué à Centumcelles. Gallus le rappella, & ayant voulu inutilement le forcer à sacrifier aux Idoles, il lui fit couper la tête le 16 Septembre 253. Il reste de lui six Epîtres.

CORNETO, petite Ville au Patrimoine de S. Pierre, sur la Marta, à huit lieues S. O. de Viterbe, près de la mer. Son Evêché releve du Pape. On y trouve des restes précieux d'antiquités étrusques, ainsi qu'à Civita Turchino, & dans les *Monti Rosi*.

CORNETO, (*Adrien Castelleſt*) étoit Sécretaire d'Alexandre VI, qui lui donna le chapeau de Cardinal en 1503. On dit que ce Pape accumula ſur lui bienfaits ſur bienfaits, & que lorſqu'il eût engraiſſé aſſez la victime, il ſe diſpoſoit à l'immoler; que Céſar Borgia s'invita à dîner chez Corneto, avec Alexandre ſon pere; qu'ils y porterent deux bouteilles d'un vin très-rare, dont l'une étoit empoiſonnée, mais que le Maître d'Hôtel qui devoit ſervir de celle-là au Cardinal, ſe trompa de bouteille, & empoiſonna Alexandre & ſon fils; Alexandre en mourut; & Céſar ne fut ſauvé qu'après avoir été enveloppé dans la peau d'une jument qu'on fit éventrer. M. de Voltaire s'eſt attaché à réfuter ce fait. Corneto fut exilé ſous le Pontificat de Jules II. On dit qu'il ſortit de Rome déguiſé en moiſſonneur, ſans qu'on ait jamais pu ſavoir ce qu'il devint. Corneto ne valoit, dit-on, guere mieux que Borgia : il avoit néanmoins de grands talens, & il eſt un des premiers qui ont dégagé le latin des mots barbares, & qui lui rendirent les graces & la politeſſe des beaux jours de Rome. Il a laiſſé de très-bonnes remarques ſur la pureté de la Langue latine, dans un Ouvrage intitulé, *de Sermone Latino*, dédié à Charles V.

CORNO, (le) ou BARETTA DUCALE, Bonnet du Doge de Veniſe. Il eſt de velours cramoiſi & ſe termine en pointe comme une mitre. Le Doge ne l'ôte jamais que dans l'une de ces deux occaſions, au moment de l'élévation de l'Hoſtie pendant la Meſſe, & quand il reçoit les viſites d'un Prince du Sang Royal, ou d'un Cardinal. Il y a un Corno au tréſor de Saint Marc, mais il ne ſert au Doge que dans les grandes cérémonies, ou lorſqu'il eſt proclamé Chef de la République. Ce bonnet eſt auſſi de velours cramoiſi avec le cercle d'or, le tout eſt enrichi de pierreries & de perles de grand prix. C'eſt une des plus belles curioſités du tréſor.

CORONELLI, (*Vincent*) Minime, né à Veniſe, Profeſſeur de Géographie, enſuite Général de ſon Ordre. Il ſe rendit plus célebre par les Globes qu'il fit pour Louis XIV, que par ſon Généralat. Il a publié plus de cent Cartes de géographie. On a traduit en françois ſa deſcription du Péloponeſe.

Il mourut à Venise en 1718. Il étoit bien inférieur en talens au Pere Magnan du même Ordre, Provincial de la Province d'Aquitaine, à Toulouse.

CORRADINI, (*Pierre Marcellino*) né à Sezza en 1658, fut un des plus célebres Avocats de Rome. Clément XI récompensa ses talens, en le créant Cardinal en 1721. Outre son éloquence & les connoissances profondes du Droit, il étoit très-savant dans l'antiquité. Il a laissé plusieurs Ouvrages. Les principaux sont, *Vetus latinum, profanum & sacrum*, in-fol. 2 vol. Il contient les recherches les plus curieuses. *De Civitate & Ecclesia latina*.

CORRADO, (*Sébastien*) Grammairien & Professeur de Belles-Lettres à Bologne. Il a composé un Livre qui jette des lumieres sur la lecture des Ouvrages de Ciceron, sous le titre de *Quæsturâ in quâ Ciceronis vita refertur*; & un autre où l'on trouve d'assez bonnes remarques, intitulé *De Lingua latina*, in-4°.

CORREGE, (*Antonio Allegri*) Peintre célebre, né en 1494 à *Corregio* dans le Modenois. Il n'eut besoin que de son génie pour Maître. Il vit un tableau de Raphaël, il le fixa; & sentant le feu créateur se développer en lui, il s'écria: *Anch'io, son pittore*. Il prit ses pinceaux des mains de la nature & des graces; il ne connoissoit ni l'Antique, ni le Titien, ni Raphaël, ni André del Sarte. Il ne consulta que la nature, & parvint tout d'un coup à un point de perfection que tous les principes ne sauroient donner sans le génie. Il ne connoissoit pas lui-même l'excellence de ses talens, & mettoit ses tableaux à un très-bas prix. Un jour il alla à Parme recevoir le prix d'un de ses ouvrages; on le paya en monnoie de cuivre; il y en avoit pour deux cent livres. Ce poids, joint à une chaleur brûlante, & à l'empressement de porter cet argent à sa pauvre famille, lui donna une fievre dont il mourut. Aucun Peintre n'a pu encore imiter le coloris enchanteur du Correge, & le moëlleux de son pinceau. Ses Ouvrages sont devenus très-rares, & d'un prix excessif. Il les travailloit avec un très-grand soin, & y mettoit un temps considérable; ce qui le faisoit vivre dans la misere,

& malgré fa pauvreté, il trouvoit le moyen de foulager les malheureux. Il eſt le premier qui ait repréſenté des figures en l'air; & c'eſt le Peintre qui a le mieux entendu l'art des racourcis & la magie des plafonds. Ses principaux Ouvrages font à Parme. Ce qu'on admire dans ſes tableaux lui appartient en propre, ſes belles compoſitions, ſon grand goût de deſſin & ſa maniere large. Il mourut à Corregio en 1534.

CORREGGIO, CORREGE, *Corregium*, Ville du Modenois, & Capitale de l'ancienne Principauté du même nom, avec un beau Château. Le Prince Eugene s'en rendit maître en 1706, mais aujourd'hui elle appartient au Duc de Modene. Corregio eſt dans le Duché de Reggio, & eſt célebre pour avoir donné la naiſſance au fameux Peintre de ce nom; elle eſt ſituée entre Reggio & Carpi, à quatre lieues N. O. de Modene.

CORSE, (l'Iſle de) Royaume au Nord de celui de Sardaigne, dans la Méditerranée, appartenant aujourd'hui à la France, qui en a ſubjugué les Rebelles. La Corſe eſt ſéparée du Continent par le détroit de Bonifacio: elle a trente-cinq lieues de long. Quoique ſon terrain ſoit ſablonneux, il eſt très-fertile; les montagnes dont eſt couverte la Corſe ſont ſuſceptibles de la meilleure culture. Il n'y a rien que la Corſe ne puiſſe produire, ſi les naturels du pays étoient moins pareſſeux, ou moins ennemis de la gêne. Les François commencent à y former des établiſſemens, & à mettre la cultivation en activité. Le commerce de ſel, de poiſſon ſalé, de miel, de cidre, de bled & de vin y étoit aſſez conſidérable. Les Corſes paſſent pour être les plus vindicatifs de toute l'Italie. Jaloux de leur liberté, ils ont cherché pluſieurs fois à ſe ſouſtraire à la domination des Génois; auſſi les factions y ont-elles été très-fréquentes. En 1736, ils proclamerent Roi, Théodore, Baron de Neuhoff, qui ne ſe ſoutint que très-peu de temps. M. le Maréchal de Richelieu, que la France avoit envoyé à Gènes pour pacifier les troubles, fit rentrer l'Iſle de Corſe ſous la domination des Génois, & le Traité d'Aix-la-Chapelle leur en aſſura la poſſeſſion; mais par des arrangemens poſtérieurs, la France a envoyé des Troupes dans l'Iſle, qui avoit choiſi Paoli pour chef; les Rebelles ont été dispersés; Paoli s'est retiré hors du Royaume, & le Roi de France est reconnu Souverain de l'Isle. Elle est séparée dans sa longueur de l'Est à l'Ouest. La partie orientale s'appelle *Banda da Dentro*; l'occidentale *Banda da Fuori*. La langue des Corses est un mêlange du Grec, de l'Italien, de l'Espagnol, du François & autres Langues des Peuples voisins. On la dit fort riche & fort énergique. Ses principales productions sont les vins, les huiles, les figues, les chevaux & le corail qu'on y pêche vers les bouches de Saint Boniface. Au milieu de l'Isle est le Mont Gradaccio, au haut duquel sont les lacs *Creno* & *Ino*, qui donnent trois rivieres. *Voyez* CRENO & INO.

On compte cinq Evêchés en Corse, *Aleria*, *Sagona*, *Ajazzio*, suffragans de Pise, *Mariana* & *Nebbio*, suffragans de Gènes. Toute l'Isle se divise en dix Jurisdictions & quatre Fiefs; six Jurisdictions & trois Fiefs dans la partie septentrionale; quatre Jurisdictions & un Fief dans la partie méridionale. On compte cent seize mille Habitans. Les six premieres Jurisdictions sont *Capo-Corso*, sous laquelle sont *Rolliani* & *Alisio*; les trois Fiefs *Canara*, *Brando* & *Nonza*, sont au S. de *Capo-Corso*. La deuxieme Jurisdiction est *Balagna*, d'où dépend *Algagliola*; la troisieme est *Calvi*, qui a *Giralatte*; la quatrieme est *Bastia* & *Nebbio*, elle a *Mariana*, *San-Fiorenzo*, *Nebbio*; la cinquieme est celle de *Corte*; la sixieme est celle d'Aleria, dans la partie méridionale, au-delà des monts; la septieme est celle de *Vico*, qui a *Sagona*; la huitieme est celle d'*Ajazzio*; la neuvieme est celle de *Porto-Vecchio*, elle a Bonifacio; la dixieme est *Sartena*; le quatrieme Fief est *Istria*. L'Isle Capraïa dépend de la Corse. C'est une Isle très-agréable, située entre *Capo-Corso* & la Toscane.

CORSINI (Palais) à Rome, au pied du Janicule; sa situation est riante, & ses jardins s'étendent jusqu'au haut de la montagne. Il est décoré d'un grand nombre de tableaux; les plus remarquables sont une sainte Famille, de Frédéric Baroccio; une châsse de Breughel de velours; la boutique du boucher, de Teniers; le voyage de Jacob en Mésopotamie, avec sa femme & ses troupeaux, de Castiglione; un Saint André, du *Calabrese*;

un Saint Barthelemi, de Lanfranc; un vieillard, de Rubens; la tête de Paul III, par Raphaël; une adoration de Bergers, du Baſſan; Hérodias, du Guide; un grand nombre de tableaux du Pouſſin, & entr'autres Noé, remerciant Dieu, après le déluge; un Saint François, du Carrache; deux Rubens, dans le goût de Teniers; les ruines des Thermes de Dioclétien, de Jean Paul *Panini*; le portrait de Rembrand, par lui-même, &c. &c.

C'eſt dans ce Palais qu'eſt morte la Reine Chriſtine de Suéde, en 1689. Il y a une très-belle Bibliotheque; la collection d'eſtampes eſt peut-être la plus belle après celle de la Bibliotheque du Roi; il y en a que le Roi n'a point; comme le Roi en a beaucoup, qui manquent à la collection Corſini. Les jardins ſont publics, très-variés & fort agréables; les aſſemblées des Antiquaires de l'Académie Querini, ſe tiennent dans un des boſquets, en forme d'amphithéâtre, au milieu duquel eſt une fontaine. Le Cardinal Corſini en eſt le Directeur perpétuel.

Dans la *Villa Corſini*, en face de la porte Saint Pancrace, on remarque un beau portique, élevé ſur quatre grands arcs, un ſalon qui a douze portes & douze fenêtres, dont la voûte eſt peinte par *Paſſeri*, qui y a repréſenté l'Aurore devançant le char du Soleil. Les jardins bien ſitués, ſont conſacrés à l'utile, & n'en ſont peut-être pas moins agréables.

CORSINI, Religieux des Ecoles pies, né à *Fanano* en 1702, ſe fit connoître par ſes inſtitutions Philoſophiques & Mathématiques, en ſix volumes in-8°. publiés en 1623; l'Auteur n'avoit alors que vingt-un an. Il fut encouragé par le ſuccès de cet Ouvrage, & publia en 1735, un nouveau cours de Géométrie. Le grand Duc, ſur la réputation de *Corſini*, lui donna une chaire de Philoſophie à Piſe: dès ce moment, il s'occupa à retoucher ces deux Ouvrages, qui reparurent conſidérablement augmentés. Il donna quelque temps après une Diſſertation ſur des matières d'Hydroſtatique. Le Pere Corſini tourna ſes études vers les Belles-Lettres & l'Hiſtoire; ſes faſtes des Archontes d'Athenes eurent le plus grand ſuccès. Ayant été nommé à la chaire de Morale & de Métaphyſique, il compoſa un Cours de Métaphyſique, qui parut depuis à Veniſe en 1758. Il paſſa ensuite aux objets de critique & d'érudition. Il publia en 1747 quatre Dissertations sur les *Jeux sacrés de la Grece*; en 1749, un Ouvrage sur les abréviations des Inscriptions Grecques. Il fut nommé Général de son Ordre; dès que le temps fut expiré, il se hâta de retourner à ses études & à sa chaire, regardant sa dignité comme un fardeau qui le détournoit. Il publia un Ouvrage fort estimé, sous le titre de *Præfectis Urbis*. Il fut nommé Historiographe de l'Université de Pise; il alloit publier le premier volume de son Histoire, lorsque la mort l'enleva en 1765, âgé de soixante-trois ans.

CORTE; Ville située presqu'au milieu de l'Isle de Corse, & qui donne le nom à la cinquieme Jurisdiction de l'Isle. C'est la résidence de l'Evêque d'Aleria, Ville anciennement ruinée. Corte est à dix lieues S. E. de *Calvi*, onze S. O. de *Bastia*.

CORTESI, (*Gregoire*) né à Modene d'une famille ancienne, Bénédictin du Monastere de Lerins, où il donna l'exemple de la vertu, de la régularité & des bonnes études, fut fait Cardinal par Paul III, en 1542; il composa plusieurs Ouvrages en vers & en prose. On estime un Recueil de Lettres latines, imprimées à Venise en 1573, in-4°. dans lequel on trouve les éloges de plusieurs Savans, & des Anecdotes curieuses sur la Littérature de son temps.

CORTESI, (*Paul*) né à San-Geminiano en Toscane, en 1465, s'étant appliqué de bonne-heure à l'étude des Belles-Lettres, publia dès l'âge de vingt-trois ans un Dialogue sur les Savans de l'Italie, qu'Ange Politien regardoit comme un excellent Ouvrage. Il n'a été réimprimé qu'en 1734, à Florence, in-4°. Il est rempli de choses très-curieuses, relativement à l'Histoire de la Littérature du temps de l'Auteur. Il a fait des Commentaires sur le Livre des Sentences, & un Traité de la dignité des Cardinaux. Son style paroît formé sur celui des meilleurs Auteurs de l'antiquité. Cortesi fut fait Evêque d'Urbin : il protégea toujours les gens de Lettres : il mourut en 1510.

CORTICELLA, Village marécageux sur la route de Bologne à Ferrare.

CORTONE, *Cortona*, Ville de la Toscane, dans le Florentin,

autrefois très-célebre, à cinq lieues d'Arezzo & à huit de Perouse. Suivant quelques-uns, c'est le *Corytum* des Anciens, dont
Virgile dit que Dardanus étoit originaire. Tous les Historiens
font remonter Cortone à la plus haute antiquité; il y en a plusieurs qui y font mourir Ulysse. Elle devint la Capitale de l'E-
trurie; elle fit alliance avec les Romains. Après avoir été faite
Colonie Romaine, elle fut dévastée par les Barbares; elle se rétablit, & étoit très-florissante dans le onzieme siecle. Elle suivit
le parti des Gibelins. En 1325, *Ranieri Casali*, se fit nommer
par le Peuple, Souverain de Cortone; sa famille regna jusqu'en
1409, que les Habitans livrerent le dernier des Cazali à Ladislas, Roi de Naples, qui en fut déclaré Souverain; deux ans
après, Ladislas la céda aux Florentins.

On voit dans la Cathédrale une belle Nativité, de P. de
Cortone, & un tombeau antique avec des bas reliefs, qui re-
présente le combat des Lapithes & des Centaures; les uns di-
sent que c'étoit le tombeau de Corythus, d'autres du Consul
Flaminius; ce qui est plus vraisemblable. A Sainte Marie la
Neuve, on voit un Saint Charles, de Baccio Carpi, & une
Nativité de la Vierge, du Bronzin; à Saint François, une An-
nonciation, de P. de Cortone; à Sainte Marguerite, une Sainte
Catherine & une Vierge, du *Barocci*; à Saint Dominique,
l'Assomption, du jeune *Palma*; à Saint Augustin, un Saint
Jean-Baptiste, avec Saint Etienne, Pape, de P. de Cortone;
aux Religieuses Bénédictines, une Assomption, du Perugin; à
Saint-Michel, du même Ordre, la descente du Saint-Esprit,
d'*André del Sarto*; à la Trinité, une Trinité, avec les quatre
Docteurs de l'Eglise Latine, du *Signorelli* de Cortone; à Sainte
Claire, une Vierge, avec Saint François & Sainte Claire, de
P. de Cortone; au bon Jesus, la Cène, la priere au jardin des
Oliviers, une Vierge & un Ange Gabriël, d'*André del Sarto*;
à Notre-Dame des Allemands, une Assomption du même. Il
y a encore une infinité de Tableaux du plus grand prix, soit
dans les Eglises, soit dans les Palais. Ces édifices sont très-bien
construits. Les murs de la Ville sont bâtis de gros blocs de
pierre, sans chaux ni ciment: il y a des parties qui sont très-

bien conservées; on les croit bâties par les anciens Etrusques. On voit à Cortone les restes d'un Temple de Bacchus avec de très-belles colonnes de marbre, des restes de bains antiques, pavés en belles Mosaïques, & plusieurs autres restes d'antiquités. Il y a depuis 1726 une Académie célebre, établie par les Chevaliers Marcello, Ridolfino Venuti & Philippo Venuti; elle a un très-beau Cabinet d'antiques, d'estampes, de médailles, d'histoire naturelle & de livres les plus rares; ce cabinet est public. Les antiquités Etrusques sont le principal objet de cette Académie. Elle a produit sept volumes d'excellens Mémoires & Dissertations. Il y a à Cortone plusieurs Cabinets & Bibliotheques très-précieux. Cette Ville a donné la naissance à Pierre de Cortone & à Luc Signorelli, Peintres célebres.

Cortone est située sur le penchant d'une montagne, au bas de laquelle est une vaste plaine terminée par le lac de Pérouse ou de Trasimene; ses environs sont plantés de vignes & d'oliviers; il y a des carrieres de très-beau marbre. On fait à Cortone de fréquens & nombreux pélerinages, pour visiter le corps de Sainte Marguerite, qui y est inhumé.

CORTONE, (*Pietro Berretini de*) né à Cortone, dans la Toscane, en 1596. Il montroit si peu de talens pour la Peinture, que ses compagnons d'étude ne cessoient pas de le plaisanter & de le tourner en ridicule. Mais après avoir long-temps médité sur les antiques, sur les ouvrages de Raphaël, de Michel-Ange & de Polidore, il s'éleva au-dessus de ses contemporains, & étonna par la noblesse & la majesté de sa composition. Il fit, encore jeune, pour le Palais Sacchetti, les fameux tableaux de l'enlevement des Sabines & de la bataille d'Arbelles, conservés précieusement au Capitole. On prétend reconnoître dans ce dernier, l'ordonnance & les grouppes principaux du tableau de Lebrun sur les mêmes sujets. Ces deux ouvrages firent la plus grande réputation de Pierre de Cortone. Il la soutint par ceux dont il embellit le Palais Barberin, & qu'on regarde comme une des merveilles de Rome. Le grand Duc Ferdinand II l'employa à Florence. Ce Prince admiroit un jour un enfant que ce Peintre avoit peint pleurant; Pierre de Cortone ne fit que donner un coup de pinceau & cet enfant parut rire; Ferdinand parut étonné; le Peintre donne un nouveau coup de pinceau, & l'enfant parut pleurer. *Prince, vous voyez*, lui dit-il, *avec quelle facilité les enfans pleurent & rient.* Pierre de Cortone excella aussi dans l'Architecture. Plusieurs édifices en Italie ont été bâtis sur ses plans. Alexandre VII, qui l'estimoit beaucoup, le créa Chevalier de l'Eperon d'Or, & le combla de présens; Pierre ne voulut point être en reste, il fit présent à Sa Sainteté de tableaux qu'il fit exprès. C'étoit dans les grandes compositions & dans les tableaux d'une vaste ordonnance qu'il aimoit à déployer son génie; les petits tableaux, qui demandent un plus grand fini, le gênoient. Il a beaucoup peint à fresque. Son coloris est frais & brillant, mais foible dans les carnations. Il manque quelquefois de correction. Il a très-bien peint aussi le paysage. Le Roi possède plusieurs tableaux de cet Artiste. Il y en a au Palais Royal & à l'Hôtel de Toulouse.

Corvo, Montagne située dans l'Ombrie, est regardée comme la plus haute de toute l'Italie; les fréquens tremblemens de terre l'ont fendue en plusieurs endroits; elle est à quelque distance de Spolette.

Cosenza, Ville au Royaume de Naples, dans la Calabre Citérieure, dont elle est Capitale, avec un Archevêché dont les suffragans sont Martorano, San Marco, Melito, Cassano. Cette Ville, qui est assez considérable, a un Château très-fortifié. Elle est située près de l'Apennin, dans une plaine très-fertile, sur la *Grata*, à quatre lieues de la Mer & douze S. O. de Rossano. C'est la Patrie de Jean-Vincent Gravina, de Bernardin Tilesio, habile Philosophe, Auteur de deux volumes de Principes des choses naturelles. C'est dans cette Ville que mourut Alaric en 410.

Cosimo, (*André & Pierre*) Peintres qui vivoient dans le seizieme siecle. On cite André pour le clair obscur; Pierre, pour les bachanales & les compositions singulieres. Il mourut en 1580, âgé de quatre-vingts ans. Son esprit étoit si fécond en idées extravagantes, qu'il étoit toujours accompagné de jeunes gens qui lui demandoient des sujets de ballets, de mascarades & de fêtes.

COSTANZO,

COSTANZO, (*Angelo di*) Historien & Poëte, Seigneur de Cantalupo, né en 1507 à Naples. Il publia, en 1582, l'Histoire de cette Ville, depuis l'an 1250 jusqu'en 1489, ou depuis la mort de Fréderic II, jusqu'à la guerre de Milan, sous Ferdinand I. Cette Histoire lui avoit coûté cinquante-trois ans de recherches. La premiere édition est fort rare & fort recherchée. Il s'appliquoit aussi à la Poësie latine & italienne. Ses vers italiens ont été recueillis en 1709, in-12.

COTOGNA, Bourg du Duché d'Urbin, dans l'Etat de l'Eglise. *Voyez* URBIN.

COVOLI, ou CAVALI, (Grotte de) à deux lieues de Vicence du côté de Padoue, est très-célebre. Elle est creusée dans l'intérieur de la montagne en forme de labyrinthe; elle est très-vaste. On y trouve des salles, des allées, des routes, des galeries, des arcs, des sources, des incrustations, des pétrifications, & mille autres choses singulieres : tout est l'ouvrage de la nature.

COURTISANES, (femmes publiques) *Meretrici*, ne sont que trop répandues dans bien des endroits de l'Italie, mais sur-tout à Venise & à Rome, où elles sont permises, pour empêcher quantité de libertins de faire pis. Dans ces deux grandes Villes, elles ont un quartier séparé. A Rome, elles sont obligées de se faire inscrire sur le registre du Barigel : à Venise, elles sont aussi inscrites ; mais dès qu'elles ont fait leur déclaration de prostitution, elles passent pour infâmes à jamais ; il leur est défendu de se montrer dans aucune promenade publique, ni de lier commerce avec qui que ce soit ; elles ne peuvent faire de testament, & si elles laissent quelque bien, il est confisqué au profit du Couvent des Filles repenties, où elles peuvent se retirer de leur vivant.

COUVENS (d'Italie). Il y en a dans presque toutes les Villes. Comme le nombre des Religieux y est prodigieux, les Couvens y sont extrêmement multipliés. Naples en a plus de cent cinquante de différens Ordres. Les autres Villes à proportion. Rome en a aussi un grand nombre. Le Couvent des Dominicains à la *Minerve* est un des plus remarquables à cause de sa Bibliothéque *Casanate*. C'est dans ce Couvent que demeure le

Tome I.   Z

Général de l'Ordre de Saint Dominique, qui est regardé à Rome, comme le Chef de tous les Généraux d'Ordre. C'est une dignité plus honorable que celle d'Archevêque, & il n'y a que celle de Cardinal qui soit au-dessus : on le distingue en le nommant seulement *il Generale*, & même il y en a qui l'appellent le Cardinal blanc.

On regarde comme les plus beaux Couvens d'Italie, ceux des Dominicains & de Saint Sauveur à Florence; celui de Saint Michel in Bosco, à Bologne. En général les Couvens sont très-vastes & très-riches. Celui qui étoit occupé par les Jésuites à Rome, comme dans les autres Villes, est d'une magnificence qui étonne.

COZZANDUS, (*Leonard*) né à Bresse dans le dix-septieme siecle, Moine, Auteur de plusieurs Ouvrages estimés. Les principaux sont, *De Magisterio antiquorum Philosophorum*, un Traité *de Plagio*, & un autre intitulé, *Epicurus expensus*.

Cozzo, Ville du Milanez Savoyard, dans la Laumeline. *Voyez* LAUMELINE.

CRASSO, (*Jules-Paul*) né à Padoue, Médecin célebre du seizieme siecle, mêloit à la profession de son Art la culture des Belles-Lettres. Il a laissé des Ouvrages remplis d'érudition. On a de lui une Traduction latine des Ouvrages d'*Aratus*, & de plusieurs autres Médecins grecs. Il mourut en 1574. De cette même famille étoient Nicolo Crasso, célebre Jurisconsulte, & Laurent Crasso, Auteur des *Eloges des Hommes de Lettres de Venise*, en deux volumes in-4°. publiés en 1666, Ouvrage très-rare & très-recherché.

Il y a eu du même nom *François Grasso* de Milan, qui, après avoir occupé plusieurs places distinguées dans sa patrie, passa au service de Charles V, qui le mit dans son Conseil, & dont Crasso prononça l'Oraison funebre. Etant devenu veuf, Pie IV le rappella à Rome, & lui donna le Gouvernement de Bologne, & le fit ensuite Cardinal en 1565. Il mourut l'année suivante, & son corps fut transporté à Milan.

CRASSO, ou CRASSUS PADUANUS, Religieux de Saint François, né à Barlette, dans le Royaume de Naples, vivoit en 1540. Il a laissé une Concorde des Epîtres de Saint Paul, tirée des Ecrits de Saint Augustin, & des autres Saints Docteurs; *De Republica ecclesiastica; Enchiridion ecclesiasticum.*

CREME, Ville Capitale du Cremasque, dans l'Etat de Venise. Elle est située sur la riviere de Serio qui se jette dans l'Adda à l'entrée du Milanois : elle renferme de très-baux Edifices, un beau Palais, un Château & des Fortifications. L'étymologie de *Crema*, selon quelques-uns, est pris de *Cremata*, parce qu'elle a été bâtie sur les ruines d'une Ville hérétique que l'Archevêque de Milan fit brûler en 951. Elle est grande, riche & bien peuplée. Le Pape Grégoire XIII l'érigea en Evêché en 580, & l'Evêque est suffragant de Bologne. Elle est à huit lieues N. de Plaisance, dix S. O. de Milan; elle appartient aux Vénitiens depuis 1428.

Le Cremasque est un petit territoire presqu'enclavé dans le Milanois, mais il est fertile en bled, en vin & en lin; il n'a d'autre Ville que Creme sa Capitale.

CREMONE, *Cremona*, Ville & Capitale du Cremonois, au Duché de Milan sur le Pô, à dix lieues de Lodi & à six de Plaisance, avec un Evêché & un Château très-fort. Elle fut fondée par les Gaulois Sénonois, qui suivirent Brennus en Italie, l'an de Rome 363. Cremone ayant pris le parti d'Antoine, Octave livra Cremone & son territoire à ses Soldats; son voisinage fut funeste à Mantoue, comme s'en plaint Virgile :

Mantua væ miseræ nimium vicina Cremona.

On sait les chagrins auxquels cet événement exposa ce Poëte. Cremone fut dévastée encore par les Goths en 630, & quelques siecles après par Fréderic Barberousse. Elle a appartenu aux Vénitiens. L'Empereur Sigismond y a établi une célebre Université à laquelle il donna les mêmes privileges qu'à celle de Bologne. Cette Ville offre un aspect assez agréable. Ses rues sont larges, droites, mais les maisons sont plus apparentes que belles.

La Tour de Cremone passe pour être la plus élevée de toutes celles d'Italie, à cause de son éguille. On compte pour aller jusqu'aux cloches quatre cent quatre-vingt-dix-huit marches. Elle fut élevée en 1286 par Fréderic Barberousse. Les Eglises y sont belles, mais sur-tout la Cathédrale, l'Eglise de Saint Pierre, celle de S. Dominique & celle des Augustins; on voit dans ces Eglises des tableaux des plus grands Maîtres. On admire dans la derniere un tableau du Pérugin. Le portail de la Cathédrale attire l'attention des Voyageurs. On ne manque pas de leur montrer la maison où le Maréchal de Villeroi fut fait prisonnier.

Cremone a donné la naissance à plusieurs hommes célebres, entr'autres, à Platina, Auteur d'une Histoire des Papes fort estimée, au fameux Peintre Antonio del Campo, & à Vida que son Art Poëtique, à l'imitation d'Horace, a rendu immortel. Cremone est située dans une plaine délicieuse arrosée par l'Oglio.

CREMONINI, (*César*) né à Cento, dans le Modenois, en 1550. Il professa la Philosophie à Ferrare & à Padoue. Il eut tant de célébrité, que des Princes & des Rois voulurent avoir son portrait. Il s'étoit formé à la Cour des Princes d'Est, où il s'étoit lié avec le Tasse, le Pigna, & les autres grands Hommes que la protection des Princes y rassembloit. Il s'attacha sur-tout à la Philosophie d'Aristote. Les Vénitens, sur sa réputation, lui donnerent la Chaire de Padoue. Ses bonnes qualités étoient unies à des défauts de caractere insupportables; il étoit méchant, médisant, envieux, dissimulé. Il soutenoit l'immatérialité de l'ame mais par une contradiction bizarre, il prétendoit qu'elle étoit corruptible comme celle des bêtes. Outre son Traité de l'ame, il en a composé plusieurs autres: *De Cœlo, De Sensibus, De Calido innato, De Semine, &c.* Cremonini mourut en 1630, âgé de quatre-vingts ans de la peste qui désola Padoue.

CREMONOIS, (le) Province du Milanois, bornée à l'E. par le Duché de Mantoue, N. par le Bressan, O. par le Cremasque, S. par le Parmesan. Ce pays est renommé pour les bons violons & autres instrumens de Musique, dont les Habitans font un grand commerce. On y fait un trafic considérable de lin, d'huile, de miel & de cire. Cette Province appartient à la Maison d'Autriche. Elle est abondante en vins, bleds, fruits, lait, & en tout ce qui est nécessaire à la vie. Les Cremonois sont adroits & industrieux. Les principales Villes du Cremonois sont *Casal-Maggiore*, *Pizzighitone*, *Sorefina*.

CRENO, l'un des deux lacs qu'on trouve sur le Mont *Gradaccio*, presqu'au milieu de l'Isle de Corse. De ce lac sortent deux rivieres qui ont un cours opposé : l'une, nommée *Tavignano*, coule à l'E. & va se jetter dans la mer, au-dessus d'*Aleria*; l'autre, appellée *Liamone*, va du côté de l'O. & tombe dans la mer au golfe de *Sagona*. *Voyez* INO.

CRESCENTINO, petite Ville du Marquisat d'Ivrée, dans le Piémont, sur le Pô, située à l'opposite de la forteresse de Verue. C'est une Ville assez bien fortifiée, quoiqu'elle ait beaucoup souffert des deux sièges qu'elle essuya en 1704 & en 1706. Elle est à huit lieues N. E. de Turin.

CRESCENZI, (*Jean-Pierre*) Romain, d'une famille illustre. Il étoit très-savant & se distingua dans le seizieme siecle. Parmi les divers Ouvrages qu'il composa, on estime sur-tout un Traité de la *Noblesse Italienne*, écrit en italien, 2 vol. in-4°. Bologne 1639, & un Traité d'Agriculture, écrit d'abord en latin, & traduit ensuite en italien, à Florence in-4°. 1605 édition très-rare.

De cette même famille étoit le Cardinal *Marcel Crescentio*, qui s'appliqua dès sa jeunesse aux Belles-Lettres & à la Jurisprudence Civile & Canonique, & que son savoir engagea Clément VII à nommer à l'Evêché de *Marsico* dans le Royaume de Naples. Paul III le créa Cardinal en 1542, ensuite Protecteur de l'Ordre de Cîteaux, Légat perpétuel de Bologne, & Evêque de Couzerans; Jules III le nomma Légat pour présider au Concile de Trente. Il présida aux Sessions 11, 12, 13, 14 & 15, ce qui finit en 1552. Il resta malade à Trente. On a prétendu qu'ayant passé toute une nuit à écrire au Pape, comme il se levoit de dessus son siege, il crut voir un chien énorme, qui, la gueule enflammée & les yeux étincelans, le menaçoit de se jetter sur lui pour le dévorer. Crescentio ayant appelé, le chien ne se trouva point. Le Cardinal tomba dans une profonde mélancolie & dans une maladie qui le conduisit au tombeau. Dans son agonie, il croyoit voir encore ce chien enragé, & disoit qu'on prît garde qu'il ne s'élançât sur son lit. Quoiqu'il n'y ait rien d'extraordinaire dans ce fait, on s'est bien donné de la peine pour le réfuter. Ce fantôme n'étoit autre chose que l'effet d'une imagination échauffée par un travail excessif qui avoit épuisé ses forces.

CRESCIMBENI, (*Jean-Marie*) né à Macerata en 1663, Orateur & Poëte. On raconte qu'il débuta par des vers d'une bouffissure & d'un mauvais goût, dont il ne fut pas le dernier à s'appercevoir. Il corrigea ce défaut par la lecture des meilleurs Auteurs de l'antiquité; il ne se contenta point de s'être corrigé lui-même; il établit la célebre Académie connue sous le nom d'Arcadie, composée d'abord de quatorze Membres ou Arcades, qui prirent chacun le nom d'un Berger. *Voyez* ACADÉMIES. Crescimbeni en fut nommé Directeur, & fut trente-huit ans dans cette place, où il ne s'occupa qu'à combattre le mauvais goût, & perfectionner le bon. Il composa un très-grand nombre d'Ouvrages en vers & en prose. Un des meilleurs & qui devroit être traduit en françois, est l'Histoire de la Poësie italienne, avec un Commentaire rempli d'anecdotes sur les anciens Poëtes Italiens, & sur les Poëtes Provençaux. Cette Histoire, dont la derniere édition est de 1731, à Venise, en 7 vol. in-4°. est très-estimée. Parmi ses autres Ouvrages, on distingue la Vie du Cardinal de Tournon, in-4°. l'Histoire de l'Académie des Arcades & la Vie des plus illustres Arcadiens; un Recueil de leurs Poësies latines en 9 vol. in-8°. &c.

CRESPELLANO, petite Ville du Bolonois, dans l'Etat de l'Eglise, près de Bentivoglio. *Voyez* BOLONOIS.

CRESPI, (*Joseph-Marie*) Peintre, né à Bologne en 1665, éleve du Cignani, étudia, dès sa jeunesse, les ouvrages du Barroche, du Titien, du Tintoret & de Paul Veronese: son imagination vive & riante le rendoit aussi fécond, aussi agréable dans sa conversation que dans ses tableaux; il fut aimé & recherché des Grands. Les fonds presque toujours obscurs de ses tableaux, en rendent les figures saillantes & lumineuses; son dessin est correct, ses caracteres frappans & variés. On a de lui des dessins estimés à la sanguine & l'encre de la Chine. Ses principaux ouvrages sont à Parme, à Bologne, à Mantoue, à Ferrare, à Modene, à Bergame, à Lucques. Il en a gravé plusieurs. Il est mort à Bologne en 1747.

CREVECŒUR, (le Marquisat de) fait partie de la Seigneurie de Verceil; il a été uni à la Principauté de *Masserano*. Ces deux petits Etats, avec la Province de Biete & la Province de Verceil, composent la Seigneurie. Masseran & Crevecœur étant des Fiefs de l'Eglise de Rome, sont indépendans.

CRINITUS, (*Pierre*) dont le vrai nom est *Pietro Riccio*, Disciple d'Ange Politien, qu'il remplaça après sa mort dans la Chaire des Belles-Lettres à Florence. Il se livra à des goûts honteux; la familiarité avec laquelle il vivoit avec ses Ecoliers, causa sa mort. Dans une partie qu'il avoit faite avec eux à la campagne, il leur tenoit les propos les plus obscenes; il y en eut un, soit qu'il fût pris de vin, soit qu'il fût moins corrompu que les autres, qui lui jetta une bouteille à la tête. *Crinitus* ne put survivre à cet outrage. Il mourut dans sa quarantieme année en 1505. On a de lui deux Livres de Poësies latines, un Traité *De honesta Disciplina*, en vingt-cinq Livres, & cinq Livres des Vies des Poëtes Latins. On lui reproche beaucoup d'enflure & de mauvais goût. Ses Vies des Poëtes Latins ont été imprimées à Lyon chez Gryphins, in-4°. 1554.

CROARA, petite Ville du Veronois, près de l'Adige, au-dessus de Verone, ainsi que *Chiusa*. *Voyez* VERONOIS.

CROISILIEZ, un des onze Mandemens du Genevois. *Voyez* GENEVOIS.

CRONACA, (*Simon Pollajolo, dit l'Antiquaire ou le*) né à Florence en 1454. Il quitta sa patrie pour quelque étourderie de jeune homme; il s'enfuit à Rome; il étudia les monumens antiques; & s'y livra à son goût pour l'architecture. De retour à Florence, il ne cessoit de parler de la beauté des monumens anciens; ce qui lui fit donner le nom de *Cronaca*. Il continua le Palais Strozzi, que Mayano avoit abandonné, & que le Cronaca termina par le plus bel entablement qu'on eut jamais vu; il l'avoit copié de l'antique. La Sacristie du Saint-

Esprit à Florence ; l'Eglise de Saint François, à Saint-Miniato, que Michel-Ange admiroit ; le Couvent des Servites & plusieurs autres Ouvrages ont illustré cet Artiste. Il mourut dans sa Patrie en 1509.

CROTONE, petite Ville au Royaume de Naples, dans la Calabre Ultérieure, avec un Evêché. Cette Ville très-ancienne est remarquable par la force extraordinaire de ses anciens Habitans, sur-tout du fameux athelete Milon, Crotoniate : elle est située au S. E. de San-Severino, sur le golfe de Tarente. C'est à Crotone que Pithagore établit son école, & fonda la Secte italique ; en 1751, on y construisit un Port, & les vaisseaux les plus grands y sont en sûreté.

Crotone fut fondée, selon les uns, par Diomede, selon les autres, la troisieme année de la dix-septieme Olympiade, au temps de Numa. Il étoit passé en Proverbe, que le plus foible des Crotoniates étoit le plus fort des Grecs. Elle a produit les Atheletes les plus célebres de l'antiquité & plusieurs autres grands Hommes : le plus recommandable est le Poëte Orphée. Crotone avoit anciennement douze milles de circuit ; la riviere d'*Esaro* la traversoit.

CROTTE. (Montagne de la) C'est auprès de cette montagne, que pour rendre le passage de Chamberi en Dauphiné praticable, Charles Emmanuel II, Duc de Savoie, a fait faire un chemin digne de la grandeur des Romains, à travers des rochers inaccessibles, qui ont été coupés à la hauteur de plus de cent pieds. L'Abbé de Saint-Réal a fait l'inscription qu'on lit au-dessus du chemin : elle est en latin, & porte en substance, que Charles Emmanuel II, Duc de Savoie, Prince de Piémont, a ouvert un chemin plus court, plus sûr, que les Romains n'avoient jamais tenté, & que personne n'avoit osé espérer, à travers les rochers dont il a abattu les pointes & & les masses suspendues sur les têtes des voyageurs, &c. 1670.

CRUSCA, (Académie de la) un des plus célebres Corps Littéraires d'Italie, établi à Florence. Elle a pris son nom de la Crusca, qui signifie du *son*, pour marquer que sa destination est d'épurer la langue Toscane. Dans la salle où s'assemblent les Académiciens, tout est relatif à leur titre de la Crusca. Les sieges sont en forme de hottes à porter du pain; leur dossiers en pelles à remuer le bled; les coussins des chaises en forme de sacs. Cette Académie a donné un Dictionnaire qui passe pour un chef-d'œuvre. *Voyez* ACADÉMIES.

CUMES, *Cuma*, *Cumæ*, Ville très-ancienne, située à une demi-lieue de Bauli, & à trois lieues de Naples, avoit été bâtie par des Grecs venus de l'Isle d'Eubée. Enée, selon Virgile, en y abordant, y trouva un Temple d'Apollon, bâti par Dédale, qui y avoit représenté les différens événemens de la vie de Minos, & y avoit consacré les aîles avec lesquelles ce célebre Architecte s'étoit échappé du labyrinthe. La beauté des ruines de Cumes fait ajouter foi aux choses que Virgile en raconte, & prouve la beauté de cette Ville & le luxe de ses habitans, qui, selon Athénée, étoient couverts de draps dor, & n'alloient jamais que dans des chars. Les agrémens de Baies & de Pouzzols, qui attirerent les Romains, dépeuplerent Cumes; les Sarrasins la dévasterent: ses murs, dont il reste encore quelques parties, étoient fort élevés. Les antiquités qu'on y trouve sont encore assez bien conservées: on y voit des restes de temples & d'acqueducs, que le temps seul & les volcans n'ont pas détruits; mais la férocité des hommes: on y trouve un arc de triomphe, bâti de gros quartiers de marbre, assez ressemblant à celui de Janus à Rome.

C'est dans cette Ville qu'étoit l'entrée de la grotte de la Sibylle, & qui communiquoit à celle dont l'entrée est sur le lac Averne: comme il y a apparence que c'étoient les mêmes souterrains, nous parlons ici de l'une & de l'autre. Vis-à-vis du Temple d'Apollon, au Midi du lac Averne, étoit l'entrée de l'antre de la Sibylle. Elle est encore à peu-près telle que Virgile l'a décrite. L'ouverture en est large, remplie de cailloutages, couverte d'épaisses forêts, & défendue par un lac noir & profond; mais cette entrée est presque bouchée par des atterissemens. Cette excavation qui communiquoit au lac depuis Cumes, n'a plus que deux cents pas. Les éboulemens ont coupé le passage. Un petit chemin étroit conduit à deux petites pieces quarrées taillées dans le roc, qu'on appelle les bains de la Sibylle. Ces petites chambres sont à une très-grande profondeur creusées dans le roc. On y descend par une petite porte quarrée, ouverte dans le roc de cinq pieds & demi de hauteur, sur trois de largeur, & qui conduit à un mauvais escalier, aussi taillé dans le roc, & qui va en tournant; on descend jusqu'aux bains de la Sibylle, qu'on croit être à plus de cent pieds au-dessous du niveau de la grotte; ces deux pieces paroissent avoir été fort ornées, & pavées en Mosaïque; il regne autour une espece de banquette. On prétend qu'il y avoit encore plusieurs autres pieces; mais les éboulemens des terres empêchent d'en juger. C'étoit par là, selon Virgile, qu'Enée descendit aux Enfers.

On voit encore auprès de Cumes un ancien édifice de vingt-neuf pieds de long sur vingt-cinq de large. On l'appelle le Temple des Géans; la voûte en est assez bien conservée; elle est ornée de compartimens; il renferme trois grandes niches quarrées. La *Torre di Patria*, à une lieue au N. de Cumes, à l'embouchure du Literne, ou Clanio, est, dit-on, le tombeau de Scipion. Il n'y reste de l'ancienne inscription, que le mot *Patria*, qui a donné le nom à cette tour; c'étoit là sa maison de campagne où il mourut.

CUMINO, une des petites Isles qui sont autour de celle de Malthe. *Cumino* est située entre *Gozzo* & Malthe, près de celle de *Furfura*.

CURIA INNOCENZIANA, (la) est située dans la Place de *Monte-Citorio* à Rome, & c'est le lieu où s'assemble le Parlement de Rome, qu'on appelle la *Rotta*. Ce superbe Palais, qui est composé de plusieurs salles, fut bâti par Innocent XII. Il est habité par le Trésorier Général, l'Auditeur de la Chambre, & d'autres Juges & Ministres.

CURZOLA, Isle du golfe de Venise, sur les côtes de Dalmatie, d'environ dix-huit lieues de long. Il y a une carriere qui fournit une quantité si considérable de marbre, que la plupart des maisons de la Ville Capitale en sont bâties. Son Evêché est suffragant de Raguse : cette Isle appartient aux Vénitiens.

CURZOLAIRES, (les) *Curzolari*, ou Echinades, sont cinq

petites Isles, vis-à-vis l'embouchure du Golfe de Lépante, autrefois de Corinthe. Ce fut auprès de ces Isles que se donna la fameuse bataille de Lépante, gagnée par les Chrétiens contre les Turcs en 1571 : en 1570, les Turcs ayant pris Chypre, descendirent dans la principale de ces Isles, pour assiéger la Ville ; Balbo, Gouverneur de l'Isle s'enfuit avec les Habitans. Leurs femmes resterent & fermerent les portes. Un Prêtre se mit à leur tête, elles prirent les armes & les habits de leurs maris, monterent sur les remparts, & firent bonne contenance. Une d'elles ayant mis le feu à un canon, pointa par hasard vers la flote ; elle démâta une des galeres. Les Turcs ne doutant plus que la garnison ne voulût se défendre, & la croyant plus nombreuse, prirent la fuite. Les Curzolari se trouvant dans la disette de bleds l'année d'après, eurent recours aux Vénitiens, qui ne voulurent leur envoyer du secours, qu'autant que leurs femmes, plus courageuses qu'eux, le demanderoient.

CUSTODES. Ce sont les Concierges ou Valets de Chambre qui introduisent les Curieux dans les appartemens des différens Palais, & qui en expliquent les curiosités aux étrangers ; ils sont dans les Palais ce que les Ciceroni sont dans les Quartiers & dans les Eglises. Il y en a qui sont très-bien instruits, il y en a d'autres qui n'ont qu'une routine de nomenclature, & d'autres enfin, qui, ne sachant rien, vont toujours expliquant & parlant à tort & à travers. On paie les Ciceroni, & l'on offre aux Custodes un petit présent en argent qu'ils ne refusent jamais.

D

DALMATIE, (la) Province de l'Europe, située sur le long du Golfe de Venise, à l'opposite de l'Italie. Sa Ville Capitale étoit autrefois Delminium, qui donna son nom à cette partie de l'Illyrie. Elle avoit ses Rois particuliers ; elle a aujourd'hui au couchant l'Istrie, au septentrion la Croatie, au levant l'Albanie, au midi la Mer Adriatique. Elle est possédée par les Vénitiens & par la Reine de Hongrie ; ils y ont Zara, Sebenico, Spalatro, près de Salone, Nona, Novigrad, Cissa, Scardena, Saint-Nicolas, Cataro, Budua, Vesicchio, le Sina, qui est une Isle située dans le Golfe, peuplée d'une immense quantité de lievres & de lapins, & qui produit aussi d'excellentes figues. Les Turcs possedent en Dalmatie Scardone, Aulivari, Dulcigno, Narenza, Sdrigna, Trebigna, Mostar, la Laurana. Les Ragusiens y ont leur République. La langue du pays est l'Esclavon ; on y parle assez généralement l'Italien. La Dalmatie a environ cent douze lieues de longueur sur vingt-trois de largeur. Le terroir y est assez fertile en grains : mais l'air y est mal sain.

DALMATIO, (San) Ville du Comté de Nice, dans le Piémont, dont les François s'emparerent avec les autres Villes du Comté ; mais tout fut rendu à la Paix en 1748. Sospello, Lantosca & San-Dalmatio sont au N. de la Ville de Nice.

DAMASE. Il y a eu deux Papes de ce nom. Le premier est Saint Damase, Espagnol, qui succéda au Pape Liberius, le 15 Septembre 367. Il avoit été Vicaire de son prédécesseur. A son élection, une partie du Clergé fit schisme, & Ursicin fut sacré dans une Eglise. Il y eut bien du sang répandu ; mais l'Empereur Valentinien ayant confirmé l'élection de Damase, chassa l'Antipape de la Ville. Alors les Schismatiques accuserent Damase d'adultere. Il fut justifié dans un Concile, & ses accusateurs furent bannis. On composa contre lui des libelles diffamatoires : mais son innocence triompha toujours. Ces vexations ne l'empêcherent pas de travailler au bien de l'Eglise & à l'extirpation de l'hérésie. Il assembla trois Conciles à Rome contre les Ariens & les Apollinaires. Il présida au Concile général de 381 : il mourut le 11 Décembre 385. Saint Jérôme fut son Secrétaire, & le regarde comme très-savant. Ses Œuvres, qui contiennent sa vie, quarante Pieces en vers, ses Epîtres décretales, avec quelques fragmens, & les notes de Sarrazini, furent imprimés à Rome en 1639. Il a fait bâtir deux Eglises, décora les tombeaux de Saint Pierre & de Saint Paul, fit construire un baptistaire magnifique, corrigea la psalmodie.

Le second Damase étoit Evêque de Brixen : il s'appelloit Popon. L'Empereur Henri III, dit le Noir, l'envoya à Rome dans le temps que Benoît IX s'étoit mis sur le Siege Pontifical. Après la mort de Clément II, Popon fut élu, prit le nom de Damase II, & mourut vingt-trois jours après, à Palestine, en 1048.

DAMASE, (Saint) BUCIANA ou PAUSANIA, une des Isles qui environnent celles de Sardaigne, près du Port de *Terra-Nova*, entre le L. & le N. Cette Isle a quatre lieues de circuit ; elle est remplie de montagnes, parmi lesquelles il y en a une si haute, qu'elle est le premier objet des Navigateurs qui vont d'Italie en Sardaigne. C'est dans cette Isle que le Pape Poncien fut exilé, & il y mourut en 235.

DAMIANO, (San) petite Ville dans le bas-Montferrat, à trois lieues d'Albe. Le Maréchal de Brissac s'y défendit pendant trois mois, en 1559, & força l'armée de l'Empereur Charles V de lever le siege. Cette Ville a beaucoup souffert, & a presque été démolie. Il ne faut pas confondre San-Damiano avec une autre Ville du même nom, dans la Province de Brille & la Seigneurie de Verceil.

DANDINI, famille de Cesene, dans la Romagne. Cette famille a produit Jérôme Dandini, né en 1509, qui, après avoir appris le Droit à Bologne, s'avança à la Cour de Rome, fut Evêque de Cassano, ensuite d'Imola ; Nonce en France sous le Pontificat de Paul III, fait Cardinal par Jules III, en 1551. Il mourut à Rome le 4 Décembre 1559.

Jérôme Dandini, Jésuite, qui enseigna la Philosophie à Paris, professa la Théologie à Padoue, fut envoyé en qualité de Nonce en 1596 au Mont Liban, chez les Maronites, par le Pape Clément VIII. Il passa par toutes les charges de sa Compagnie, excepté le Généralat. Il mourut à Forli en 1634, âgé de quatre-vingt-neuf ans. Il a composé un Traité de Philosophie, & la rélation de son voyage de Rome au Mont Liban. Elle a été traduite en françois par Richard Simon, qui y a ajouté des notes, qui valent mieux que le texte. Dandini a aussi composé un Commentaire sur les trois Livres d'Aristote, *de anima*.

DANDOLI, (*André*) Doge de Venise, & successeur de Gradonico, en 1342, composa une Chronique des Vénitiens, dont Pétrarque parle avec éloge. Il mourut en 1354.

DANDOLO, (*Henri*) Doge de Venise en 1192. Il avoit plus de quatre-vingts ans, & étoit Doge depuis neuf ans, lorsque les Princes croisés lui demanderent des vaisseaux pour passer en Syrie. Il ajouta cinquante galeres aux vaisseaux qu'ils lui demanderent; & malgré ses longs travaux & son âge, il se mit à la tête de la flotte Vénitienne. Il avoit cinquante ans, lorsqu'étant Ambassadeur à Constantinople pour la République, l'Empereur Manuel lui fit passer sur les yeux une lame d'airain ardente pour l'aveugler. Ses yeux resterent beaux, mais sa vue étoit très-affoiblie. Malgré cette infirmité, ce Prince étoit un des plus grands Capitaines de son siecle, & un très-habile Politique. La force de son corps n'étoit point diminuée; sa présence inspiroit le respect. En 1203, au siege de Constantinople, il voulut donner l'exemple. Arrivé à la vue de la Ville, il ordonna qu'on le mît à terre, où tous ceux de la flotte le suivirent. Il arbora l'étendard de Saint Marc sur une tour; il se fit conduire au camp des François, pour repousser les efforts des ennemis, qui firent bientôt sonner la retraite. Il refusa d'être Empereur de Constantinople, & fit nommer Baudouin.

DANTE ALIGHIERY, Poëte sublime, né à Florence en 1265 : on le regarde comme le plus ancien modele de la Poësie italienne. Il étudia sous le fameux *Brunetti*. Au plus grand talent, au génie le plus brillant, à l'imagination la plus féconde, il joignit une délicatesse & une aménité de style qui assurerent l'immortalité à ses ouvrages. Le temps, les allusions qui y sont répandues, & sa précision énergique, les rendent aujourd'hui difficiles à entendre. Ils consistent en trois Poëmes, ou plutôt en un seul, divisé en trois parties; l'enfer, qui contient vingt-quatre chants; le Purgatoire, qui en contient trente-trois; & le Paradis, trente-quatre. Le Dante y a semé des traits d'une satire si maligne & si mordante, même contre le Saint Siége, qu'il finit ses jours dans l'exil. C'est sur-tout dans son Enfer qu'il attaque les Florentins, leurs Chefs & le Gouvernement, sous des noms feints & des allégories ingénieuses. Son attachement au parti des Gibelins ou des Empereurs, fut le prétexte de son exil, dont les satires étoient la véritable cause. Ces allusions & l'admiration qu'on a conservé pour le Dante, ont fait établir dans l'Université de Pise une Chaire dont l'objet est d'interpréter ses Poëmes, & de les éclaircir par des remarques: ce qui a produit d'excellens Commentaires. Nous n'en avons en françois qu'une traduction en vers très-mauvaise. Outre ces Poëmes, le Dante a laissé quelques Poësies latines *de Monarchia Mundi*. Il mourut exilé à Ravenne en 1321, âgé de cinquante-six ans.

DANTE, (*Jean-Baptiste*) célebre Mathématicien, du quinzieme siecle, né à Perouze. On lui attribue l'invention d'aîles artificielles, au moyen desquelles il s'élevoit dans les airs. Il en fit plusieurs expériences sur le lac de Trasimene, & toujours avec le même succès; mais un jour qu'il voulut donner ce spectacle à la Ville de Perouze, une des machines de fer qui lui servoit pour diriger ses aîles, se cassa: il tomba sur l'Eglise Notre-Dame, & se fracassa la cuisse. Cette invention lui avoit fait donner le nom de nouveau Dédale; mais après sa chûte, on le changea en celui d'Icare. Il mourut à Venise, âgé de quarante ans.

DANTE, (*Pierre-Vincent*) de Perouze, ainsi que le précédent, célebre Architecte & Mathématicien. On lui doit plusieurs machines qu'il a inventées. Il se distingua par son amour pour les Lettres & par son talent pour la Poësie. Il a laissé un très-beau Commentaire sur la sphere de *Sacrobosco*. Il mourut en 1512.

DANTE, (*Vincent*) né à Perouze en 1530, petit-fils de P. Vincent, Peintre, Poëte, Sculpteur & Architecte. Sa famille a produit plusieurs hommes célebres. A vingt ans, il fut chargé par la Ville de Perouze de faire la statue de bronze de Jules III, qu'on regarde comme un des meilleurs morceaux de ce genre. Cosme de Médicis le chargea de faire un dessin pour l'Escurial: Philippe II en fut si content, qu'il le sollicita vivement de passer en Espagne pour exécuter son plan. La tranquillité dont il jouissoit à Perouze, & la foiblesse de sa santé, lui firent refuser les faveurs du Roi; il aima mieux employer ses talens à décorer sa patrie, dont il rétablit la grande fontaine, & qu'il embellit de plusieurs autres Ouvrages. Frere Ignace, Dominicain, son frere, peignoit dans le même temps la galerie du Vatican, & s'appliqua aux Mathématiques. C'est à ce Religieux que nous devons l'histoire de la vie & des ouvrages de Vignole, & les démonstrations des regles de perspective de ce célebre Artiste. Frere Ignace mourut Evéque d'Alatri, petite Ville de la Campagne de Rome: sa mort arriva à Perouze en 1576.

DATAIRE, Officier de la Cour de Rome, dont les fonctions consistent à porter au Pape, pour les signer, les suppliques des bénéfices un peu considérables, auxquelles il met la date, *datum Romæ*, &c. Il fait signer les suppliques de petits bénéfices sans en parler au Pape. C'est toujours un Cardinal qui possede cet emploi ou commission. Il a au-dessous de lui le Sous-Dataire, deux Reviseurs, l'Officier des petites dates, & plusieurs autres.

DATI, (*Carlo*) célebre Professeur des Belles-Lettres à Florence sa patrie, Membre de l'Académie d'ella Crusca, s'acquit une grande réputation parmi les Savans. Il fit paroître, en 1669, un Panégyrique de Louis XIV en italien. Il mourut en 1675. Il y a eu un *Gorodi Stagio Dati*, mort en 1435, fort célebre parmi les Historiens de la République de Florence sa Patrie. Il a la réputation d'être très-exact pour les mœurs & les

les usages de son temps & les particularités de Florence. Les guerres qu'eut la République contre les Visconti, sont écrites avec la plus grande exactitude. Son Histoire n'a été imprimée qu'en 1735. Il ne faut pas les confondre avec *Augustin & Nicolas Dalhi* ou *Datus*, pere & fils, de Sienne, l'un né en 1420, qui composa, par ordre du Sénat, l'Histoire de la Ville de Sienne, qui fut très-bien reçue ; mais son fils, après la mort d'Augustin, en retrancha beaucoup de choses, & rendit cet Ouvrage défectueux. Ils furent l'un & l'autre Secrétaires de la République de Sienne. Le pere mourut en 1478 & le fils en 1498. Ils ont laissé d'autres Ouvrages : les Lettres du pere furent imprimées à Paris en 1517.

DAVILA, (*Henrico Catherino*) né dans le Royaume de Chypre, qu'il quitta pour se dérober à la fureur des Turcs, qui s'en étoient rendus maîtres en 1571. Il se retira auprès de parens qu'il avoit en Espagne ; mais n'ayant pu en tirer aucuns secours, il vint en France ; il y trouva des Protecteurs, & se distingua à la Cour de Henri III & de Henri IV. Son courage plut au dernier, sous lequel il fit des actions de valeur devant Honfleur, & ensuite au Siege d'Amiens, où il fut blessé. Il se retira ensuite à Venise, où la République récompensa son mérite & ses talens, en l'employant dans plusieurs affaires. Il y composa son Histoire des Guerres civiles de France, en quinze Livres, depuis la mort de Henri II, en 1569, jusqu'à la Paix de Veronino, en 1598. Cette Histoire est très-estimée ; on lui reproche d'avoir prodigué l'éloge à Catherine de Médicis, & d'avoir mis trop de harangues dans la bouche de ses héros. Elle fut imprimée au Louvre, en 2 vol. in-fol. Elle a été traduite en françois, par Baudouin, & puis par l'Abbé Mallet, dont la traduction est plus estimée. Davila, vers l'an 1634, fut tué d'un coup de pistolet, dans un voyage qu'il faisoit par ordre de la République. Son fils, qui voyageoit avec lui, âgé de dix-huit ans, se jetta sur l'assassin, & le massacra.

DECIUS, (*Antoine*) Poëte Italien, vivoit en 1590, & s'acquit beaucoup de réputation par ses Tragédies & par l'amitié de Torquato Tasso.

Tome I.   A a

DECIUS, Déci ou Décé, (*Philippe*) savant Jurisconsulte de Milan, frere de *Lancelotus* Decius, sous lequel Philippe étudia le Droit à Pise, & auquel il succéda à l'âge de vingt-un ans. Ayant ensuite passé à la Chaire de Droit de Pavie, il y soutint les décisions du Concile de Pise. Jules II l'excommunia, & sa maison fut mise au pillage. Il se retira en France, & s'y arrêta deux ans à Bourges. Sa réputation étant parvenue à Louis XII, ce Prince lui donna une Chaire à Valence, & une charge de Conseiller au Parlement. Il ne put résister à l'amour de sa patrie, il y retourna, & mourut à Sienne, âgé de plus de quatre-vingts ans, en 1535. Il a laissé plusieurs Ouvrages de Jurisprudence, dont la latinité est ce qu'il y a de moins bon.

DÉCRÉTALES; ce sont les Lettres des Papes en réponse aux questions des Evêques ou Juges Ecclésiastiques, dans lesquelles ils ont décerné ou ordonné telle ou telle chose. Gratien publia son Décret ou Recueil des Constitutions Ecclésiastiques, en 1150. Depuis cette époque, Gregoire IX fit recueillir les Décrétales des Papes qui avoient occupé le Saint Siege jusqu'en 1230, en cinq Livres. Boniface VIII y en ajouta un sixieme, appellé le Sexte. Jean XXII publia en 1317 la collection commencée par Clément V, des Décrets du Concile général de Vienne, auquel ce Pape avoit présidé, & de ses Epîtres & Constitutions. Cette collection, interrompue par la mort de Clément, fut publiée sous le nom de Clémentine par son successeur, qui fit ensuite les premieres Extravagantes, ainsi appellées *quasi vagantes extrà*, n'étant pas comprises dans le corps des Décrétales. Puis vinrent les Extravagantes communes; c'est la derniere collection des Décrétales jusqu'en 1483. Toutes sont aujourd'hui comprises dans le corps du Droit Canon, & n'ont pas perdu pour cela le titre d'*Extravagantes*.

DELFINO, une des vingt-quatre premieres familles de Venise, a produit quantité d'hommes célebres. *Jean Delphino*, fils de Nicolas & d'Elisabeth Priuli, Sénateur de Venise, Patriarche d'Aquilée, s'est distingué dans les Lettres. Nicolas son pere s'étoit acquis beaucoup de réputation dans les différens emplois dont la République l'avoit chargé. Jean étoit né en

1617. Il y avoit un autre Jean, qui fut élu Doge en 1356. Il avoit fait lever le siege de Trevise, & conservé la Dalmatie à la République. *Zacharie* Delphino, né le 29 Mai 1527, dut les faveurs dont le Pape Paul IV le combla, à son esprit & à ses talens; il le fit successivement Evêque de Torcellano, ensuite de Paris, Nonce en Allemagne. Pie IV, après lui avoir conféré le même titre, pour qu'il engageât les Princes Allemands à se trouver au Concile de Trente, le fit enfin Cardinal en 1565. Il remit l'Evêché de Torcellano à Jean Delphino son neveu, qui fut aussi Nonce & Cardinal, mort en 1583, âgé de cinquante-sept ans.

DELLE NOCI, *Senuci*, petite Ville au Royaume de Naples, dans la Terre de Bari, est défendue par un bon Château, avec titre de Duché, qui appartient à la Maison d'Aquaviva.

DEMONA, (la Vallée de) Province la plus considérable de la Sicile, & la plus voisine de l'Italie, a pris son nom de l'Ætna ou mont *Gibel*, que le peuple croit être une des bouches de l'Enfer & l'habitation des Démons, & qui est près de *Catania*, Ville de cette Province. La Vallée de Demona a environ quarante lieues de long sur vingt-cinq de large, & est assez fertile. Messine est la Capitale de cette Province. La Sicile se divise en trois Provinces ou Vallées, qui sont celles de *Mazata*, de *Demona* & de *Noto*. Demona occupe le N. de la Sicile. Les Villes qu'elle renferme sont, Messine, Milazzo, Termini, Tosafor, San Marco, *Cefalu* & *Patti*, au N. ainsi que *Lipari*, *Catania* au M. & dans les Terres, *Asinello*, *Mistratta*, *Mont Albano* & *Francavilla*.

DEMONT, Ville très-forte, dans le Marquisat de Saluces, en Piémont. Le Prince de Conti conduisant l'armée françoise, & l'Infant d'Espagne Dom Philippe à la tête des Espagnols, la prirent en 1744.

DENDRITES OU PIERRES DE FLORENCE. On appelle ainsi certaines pierre qui se trouvent dans les montagnes voisines de Florence; lorsqu'on les a sciées en deux transversalement ou verticalement, & qu'on les a polies, elles représentent les unes des arbres, les autres des villes & des ruines de châteaux; mais d'une maniere si naturelle, qu'on a de la peine, lorsqu'on ne les a pas vu polir, à ne pas les croire peintes. La nature semble ici lutter avec l'art ; on a imaginé de faire des pierres, qui, à leur tour, imitent ces productions de la nature.

DENYS, Pape, étoit un Anachorete Grec ; il succéda à Saint Sixte, & fut élu le 12 Septembre 260. Il composa un Livre contre les erreurs de Sabelius ; il écrivit aussi contre Paul de Samosate. Il a laissé deux Epîtres : il y en a une sur la division des Paroisses. Il ordonna sept Evêques, du nombre desquels fut Zama, premier Evêque de Bologne : il mourut en Décembre 270.

DENYS-LE-PETIT, (*Dyonisius Parvus*) né en Scythie, appellé Petit, à cause de sa taille, vint à Rome, & s'y distingua par son savoir & par son esprit. Il vécut dans le sixieme siecle. Il recueillit & corrigea les anciens Canons, dont il traduisit une partie du grec en latin. Il renouvella le Cycle de quatre-vingt-quinze ans, de Victor, & introduisit la maniere de compter les années depuis la naissance de J. C. Il a laissé une traduction du Traité de Saint Gregoire de Nice, *de la Création de l'Homme*. Cassiodore, Chancelier de Théodoric, dit parmi les éloges qu'il fait de Denys, qu'il possédoit si bien la langue grecque, qu'en voyant un livre grec, il le lisoit en latin, & qu'en voyant un livre latin, il le lisoit en grec.

DENUNTIE SECRETTE ; on appelle ainsi à Venise des billets que chacun peut jetter dans des especes de boëtes attachées aux murs de certaines galeries du Palais Saint Marc. Ces boëtes sont faites en forme de têtes ou mufles de lions ou de léopards, dont la gueule est une ouverture comme celles des boëtes aux lettres à Paris. On inscrit dans ces billets des avis utiles pour l'Etat, & l'on peut même y former des accusations contre ceux qui parleroient mal du Gouvernement ou qui trameroient quelque chose contre la République. Les Inquisiteurs ont la clef de toutes ces boëtes, & font usage de ces avis, s'ils les trouvent avantageux à la République.

DESANA, Bourg dans la Seigneurie de Verceil, en Piémont. *Voyez* VERCEIL.

DESPUIG, (*Raimond*) d'une des familles les plus illustres de l'Isle de Majorque, fut élu Grand-Maître de l'Ordre de Saint-Jean de Jérusalem, le 16 Décembre 1736. Son mérite qui l'avoit élevé aux premieres dignités de l'Ordre, le fit généralement regretter. Il mourut le 15 Janvier 1741. D. Emmanuel Pinto, Portugais, qui vient de mourir, lui succéda.

DETRIANUS, fameux Architecte, vivoit sous l'Empereur Adrien. Ce Prince le chargea de la conduite des plus superbes édifices de son temps. Il a rétabli le Pantheon, la Basilique de Neptune, le Marché appellé *Forum Augusti*, & les bains d'Agrippine.

DIABLERET, montagne dans le Velais, qui tomba successivement dans le mois de Juin 1714. Le temps étoit fort serein, lorsque sur les trois heures après-midi, la partie occidentale de la montagne se détacha, écrasa cinquante-cinq cabanes de paysans, & quinze personnes seulement, plus de cent bœufs ou vaches, & couvrit de ses débris une lieue quarrée de pays.

DIACO ; c'est ainsi qu'on appelle les Chapelains de l'Ordre de Malthe. Les Diacos sont reçus par le Grand-Maître, qui leur donne le titre de *Diaco*. Ils servent dans le Couvent de Malthe depuis dix jusqu'à quinze ans : c'est pourquoi ils sont aussi appellés Clercs Conventuels ou Clercs servans.

DIANO, Ville du Royaume de Naples, à quatre lieues au N. de Policastro, qui donne son nom à la Vallée auprès de laquelle elle est située. La Vallée de Diano est arrosée par la riviere de Botta, & riche en grains & en fruits.

Il y a plusieurs autres lieux en Italie qui portent le nom de Diano : tels qu'un Bourg de l'Etat de Gènes, un Bourg du Monferrat, &c.

DIGNANO, Bourg de la Marche d'Ancône, dans l'Etat de l'Eglise.

DIEUDONNÉ, *Deus dedit*, Pape, né à Rome, fut élu après la mort de Boniface IV, le 13 Novembre 614. Il étoit très-charitable ; on dit qu'il guérissoit les lépreux, en appliquant sa bouche contre la leur : ce qui prouve du moins une charité bien ardente. Il mourut le 8 Novembre 617. Il reste de lui une Lettre à Gordien, Evêque de Seville.

Dino, Port de mer, dans la Calabre Citérieure. L'Isle de Dino, qui est tout auprès, fournit une quantité prodigieuse de lapins. On pêche près de la côte de cette Isle beaucoup d'anchois & plusieurs especes d'excellens poissons.

Diomedeen, (le) Oiseau singulier qu'on ne trouve que dans les Isles de Tremiti, situées dans la Mer Adriatique, & dépendantes du Royaume de Naples. Cet Oiseau a des dents, les yeux étincelans, & à peu près la figure d'un hibou. Il a le ventre blanc & les aîles tannées; il vole de nuit, & son cri ressemble à la voix humaine. Il est appellé Diomedeen, à cause des Isles qu'on nommoit autrefois *Insulæ Diomedæ*.

Dioscore, Antipape, Diacre de l'Eglise Romaine, fut élu contre le Pape Boniface II, en 530. Il fut soutenu par Athanaric. La mort de cet Antipape finit le schisme naissant. Boniface l'excommunia après sa mort, parce que Dioscore fut inculpé de Simonie. Agapet, successeur de Boniface, releva le mort de l'excommunication.

Dioti-Salvi, Architecte du douzieme siecle, jetta, en 1152, les fondemens du Baptistaire de Pise. C'est une rotonde en face de la Cathédrale; & un très-bel édifice tout de marbre : la coupole a deux cents palmes de haut. *V.* Pise.

Disenzano, petite Ville du Bressan, dans l'Etat de Venise, sur le Lac du Guarda, remarquable par les excellens fromages dont on fait un commerce considérable.

Divertissemens d'Italie. (les) Sous ce nom, on comprend les jeux, les réjouissances & les fêtes publiques. Il y en a de toute espece comme dans tous les pays. Ceux qui paroissent être les plus goûtés, sont les courses des chevaux & les batailles à coups de poing, sur les ponts, comme à Pise & à Venise sur le pont de Rialte. *Voyez* Castellans & Pise. A Venise, ce sont encore les courses des gondoles, que l'on appelle les ragattes : on donne ce spectacle à tous les Seigneurs Etrangers. Cette Ville est celle qui offre le plus de divertissemens. Le Carnaval de Venise en présente une infinité, & sur-tout des combats de taureaux. Le Jeudi-Gras on en décapite un dans la Place de Saint-Marc, devant tout le Sénat, en mémoire d'une bataille gagnée dans le Frioul.

DOGADO, *Ducatus Venetus*, une des cinq Provinces des Etats de Venise. Elle renferme la plus grande partie des Etats de la République : elle comprend la Ville de Venise, qui en est la Capitale. Cette Province, qui a environ quatre lieues de longueur, est sur les côtes du Golfe ; elle s'étend en long depuis l'embouchure du Linsonza jusqu'à celle de l'Adige, & comprend les Isles & Lagunes de Venise, de Maran & tout le quartier qui est vers la côte du Golfe depuis Carvazere jusqu'à Grado, & plusieurs Isles. Les principales sont Lido, Murano, Torcello, Caorle, Grado au N. & au N. O. de Venise, Malamocco, Chiosa, Brondolo, Loredo vers le M. Les principaux lieux du Dogado sont *Chiosa*, Evêché : *Port de Chiosa*, *Mestre*, *Loredo*, *Lido*, *Torcello*, *Cahorle*, *Fusine*, Marghera.

DOGE de Venise, Chef ou plutôt l'image de cette République ; il a le titre & les honneurs de Prince : mais il n'en a pas l'autorité & n'est reconnu comme tel qu'à la tête du Sénat, aux Conseils & dans le Palais de Saint-Marc. Il ne peut aller à la campagne qu'avec la permission des six Seigneurs qui possedent, conjointement avec lui, toute la Seigneurie, & alors il redevient simple Particulier. La monnoie est frappée en son nom ; mais au lieu de son image, c'est la figure d'un Doge à genoux devant l'image de Saint Marc. Le Doge a la puissance arbitraire des Tribuns. Le premier fut Lucio Paolo Anafesto, élu en 709. Ses successeurs abuserent de l'autorité en 1172. Les premiers de la République formerent un Conseil entr'eux, à la tête duquel ils eurent le Doge, avec des pouvoirs très-limités. Enfin, en 1289, Pierre Gradenigo, tout Doge qu'il étoit, contribua de tous ses soins à établir l'Aristocratie, à rendre le Sénat un Corps auguste & redoutable, confirma les loix de ce Conseil suprême, & fut le premier à s'y soumettre. Sa grandeur ne fut plus alors qu'un fantôme.

L'élection du Doge se fait à la pluralité des voix ; & pour cet effet, on se sert de petites boules que l'on nomme ballottes ;

ceux à qui tombent les neuf premieres ballottes, élisent quarante Conseillers, qui tirent douze autres ballottes, & ceux-ci élisent vingt-cinq autres Conseillers; ceux à qui tombent neuf des boules dorées, élisent encore quarante Conseillers, qui tirent onze ballottes; ces onze choisissent quarante-un Conseillers, qui procedent à l'élection, jusqu'à ce que vingt-cinq suffrages ou plus, tombent sur la même personne, qui alors est déclarée Doge. Cette élection se fait dans l'assemblée du Grand Conseil, composé de tous les Nobles résidans à Venise, ayant le droit d'y entrer. Aussi-tôt après l'élection, les Sénateurs conduisent le nouveau Doge au jubé de l'Eglise de Saint-Marc, d'où il harangue le peuple; de-là il est porté dans une espece de chaire dorée, qu'on appelle le *puits*, à cause de sa figure; & après avoir fait le tour de la Place de Saint-Marc, le plus ancien des Procurateurs le couronne au haut de l'escalier dit des Géans. (cette couronne est le Corno d'or, que l'on conserve dans la tour de Saint-Marc, & qui ne sert qu'à cette cérémonie) Pendant trois jours de suite, Venise est dans les fêtes, & le Doge n'est occupé qu'à donner des marques de sa magnificence & de sa générosité, Le Doge est établi à vie, & il ne peut être déposé de sa dignité que lorsqu'il a commis des crimes d'Etat, ou que son âge & ses infirmités le rendent tout-à-fait incapable de rendre des services à la République. On lui donne le titre de Sérénité à la tête du Conseil, & il est distingué des autres Sénateurs par sa veste ducale de pourpre & son bonnet de velours cramoisi. Le Doge assiste à tous les Conseils; c'est à lui que s'adressent les affaires concernant la République : mais il doit les communiquer toutes au Sénat, & c'est en son nom que sont publiées toutes les Déclarations du Grand Conseil. Les lettres de créance que les Ambassadeurs & Ministres de la République portent aux Cours étrangeres, sont expédiées en son nom, mais scellées du sceau de la République. Les Conseils & les Tribunaux se levent quand il entre. Il nomme les *Commendadori del Palasso* ou Huissiers du Palais, les Primiciers & Chanoines de Saint-Marc. Il a un Introducteur des Ambassadeurs, & autres personnes qui vont lui rendre visite. Cet Officier ou Domestique est à lui, & s'appelle le Chevalier du Doge : il est habillé de rouge. Le Doge a douze mille ducats par an pour l'entretien de sa maison. Il est obligé de donner quatre festins solemnels, auxquels sont invités les Ambassadeurs étrangers, & tous les Nobles en charge chacun à son tour. On dit du Doge, en *Rex in purpura, Senator in Curia, in Urbe captivus, extra Urbem privatus. Roi sous la pourpre,* parce qu'il est couronné & traité de Prince à la tête des Conseils ; *Sénateur à la Cour,* parce qu'en effet il n'y est que cela ; *Esclave à la Ville,* parce qu'il est toujours assisté de six Conseillers qui le gardent pour ainsi dire à vue, & répondent de sa conduite ; *Hors de la Ville simple Particulier,* car il n'est rien alors. Une de ses prérogatives, est de ne se découvrir qu'au moment de l'élévation de l'hostie, ou quand il reçoit la visite d'un Prince de sang royal ou d'un Cardinal. Lorsqu'il adresse la parole au Grand Conseil, il commence ainsi : *Grand Conseil, Maitre de la République & le nôtre, &c.* Quand il marche en cérémonie, il a à sa droite le Nonce & à sa gauche l'Ambassadeur de France. On porte devant lui un siege pliant : le carreau du siege est une espece de dais fait en forme de parasol. Il est toujours accompagné de la Noblesse & des étendards sur lesquels sont les armes de Venise. Il a deux voix au Sénat ; il peut vendre toutes les charges du Palais Ducal. Les quatre jours du Banquet d'Etat dont j'ai parlé, sont les jours de S. Marc, de l'Ascension, de Saint Vit & de Saint Modeste, & le lendemain de Noël, qui se passent en réjouissances publiques : tout le monde peut voir les préparatifs du Banquet.

Lorsque le Doge est mort, on expose sa représentation en cire, avec tous les ornemens de la dignité ducale, au Palais de Saint-Marc, sur un lit de parade ; & pendant les trois jours qu'elle est exposée, sa vie est scrupuleusement examinée par trois Inquisiteurs nommés à cet effet. S'il se présente des créanciers, les héritiers sont obligés de payer ses dettes ; autrement le Doge seroit privé des honneurs funebres, qui sont aux dépens de la République. Les Sénateurs assistent à ses obseques en vestes d'écarlate, pour marquer que cette mort n'intéresse ni la liberté ni la souveraineté de la République. Dès qu'il est mort, le Chevalier du Doge, accompagné des Officiers & Domestiques du Palais, en deuil, se présente au Collége, fait l'éloge du défunt, notifie sa mort, donne les clefs du Palais au Sénateur, qui répond, sans se découvrir, que le Doge défunt avoit servi la République comme il le devoit; mais que puisqu'il est mort, on va songer à en élire un autre. On ouvre la salle où est la représentation, & toutes les cloches de la Ville annoncent sa mort. L'exposition dure trois jours, chacun dans une salle différente. Le catafalque ou lit de parade est orné de tous les attributs du Dogat & de la République. On l'enterre le quatrieme jour. Le convoi est si nombreux, que la marche dure près de quatre heures; il est formé par toutes les Confréries, les Clercs Réguliers, les Moines & tout le Clergé, la maison du Doge, une partie de la Seigneurie en robe rouge & l'autre en robe noire; puis vient la représentation, portée par les Ouvriers de l'arsenal, ensuite les parens du Doge. Ceux qui forment le deuil sont coeffés d'un bonnet pyramidal d'environ trois pieds de haut, recouvert d'un grand voile qui les enveloppe de tous côtés, & qui traîne jusqu'à terre. Devant la porte principale de Saint-Marc, on fait sauter trois fois la représentation pour saluer Saint Marc, & l'engager de présenter le Doge à Saint Pierre. Le catafalque de l'Eglise est de la plus grande magnificence, & touche presque à la voûte. On ferme les Théâtres, & on interdit les masques le jour de l'enterrement.

Trois jours avant l'élection du nouveau Doge, le Grand Conseil fait publier des résolutions contenues en quatre articles. Le premier, enjoint au Doge & à ses successeurs de veiller sur tout à l'entretien de l'arsenal & des lagunes, comme étant un objet intéressant pour la République. Le second, recommande aux soins du Doge la Surintendance de l'Hôpital *della casa di Dio*. Le troisieme, fixe les honneurs & les prérogatives de l'épouse du Doge, & statue qu'après l'élection du nouveau Doge, la Seigneurie de Venise en fera instruire son épouse dans la matinée par un Secrétaire du Sénat. Le quatrieme, régle les honneurs & les priviléges affectés à la famille du Doge, proportionnément au degré de parenté & aux différentes circonstances des temps.

DOGE DE GÊNES, Chef du Sénat & de la République, est élu tous les deux ans, & pris entre les Sénateurs. On le choisit alternativement parmi l'ancienne Noblesse, & parmi la nouvelle. Son pouvoir n'est pas plus étendu que celui du Doge de Venise. Il préside à tous les Conseils, & a seul le droit de proposer les délibérations ; mais c'est à cela que toute son autorité se borne : il y a cette différence entre celui de Gênes & celui de Venise, que ce dernier est à vie, au lieu que le terme de deux ans expiré, celui de Gênes quitte son Palais & se retire accompagné de toute la Noblesse. Il n'est que le Représentant de la République ; c'est en son nom que se traitent toutes les affaires ; mais il doit en rendre un compte exact au Sénat. Quand il est sorti de Charge, il n'est plus regardé que comme un simple particulier, & reste huit jours *Sotto il Syndicato dei supremi* ; c'est-à-dire, qu'il est exposé à la censure & aux plaintes de chacun ; les Syndics les reçoivent, & sur l'examen le plus sévère des dénonciations, ils jugent s'il doit être admis ou exclu de la procuratie générale & perpétuelle. Il ne peut être élu Doge une seconde fois, qu'après un intervalle de dix ans, ce qui n'arrive jamais. On ne peut point élire un de ses parens, qu'il n'y ait aussi un intervalle de quelques années. L'élection se fait par scrutin : on tire au sort cinquante personnes du grand Conseil ; ces cinquante choisissent vingt sujets qu'ils jugent dignes de la place : le grand Conseil en choisit quinze ; le petit Conseil les réduit à six ; & sur ces six, le grand Conseil en choisit un ; il faut qu'il ait cinquante ans au moins, & qu'il soit noble & riche, & né en légitime mariage. L'élection faite, on le couronne d'une couronne d'or, & on lui met le Sceptre à la main, à cause du Royaume de Corse qui appartient à la République. Aussi-tôt après son couronnement, les Arsclanottes ont seuls le droit de porter le Doge jusqu'en son Palais, qu'on appelle *Palazzo reale*. Ses vêtemens de Cérémonie sont une longue robe à l'antique de velours ou de damas cramoisi, & un bonnet en pointe de même, avec une espece de corne en devant; les Procurateurs & les Sénateurs ont des robes semblables, mais noires, & n'ont point de bonnet ducal; son habit ordinaire est aussi cramoisi, jusqu'à ses bas & ses souliers: il porte une grande perruque & une grande cravate de dentelle. Lorsqu'il va en Procession, ou qu'il sort en cérémonie, on porte devant lui deux masses & une épée dans son foureau.

Dans le Palais Ducal, deux des Gouverneurs, ou Sénateurs sont logés avec le Doge, & observent toutes ses actions & toutes ses démarches, & le Doge ne peut recevoir des visites qu'en leur présence. Deux Huissiers en pourpoints courts, mi-partie de noir & de jaune, avec de grandes chausses, de grandes cravates & de larges perruques, gardent la porte des appartemens du Doge, annoncent les visites, & un Gentilhomme reçoit & conduit jusqu'à l'appartement de sa *Sérénité*. La Garde du Palais est confiée à des Suisses qui portent le baudrier & la hallebarde. *Voyez* GÈNES.

La liste des Doges de Gènes commence à Simon Boccanegra, élu le 23 Septembre 1339; mais il y a eu de longs intervalles pendant les différentes révolutions qui ont agité la République. Elle a dû le rétablissement de sa liberté à André Doria, qui fit élire *Oberto Cataneo*. Il fut le quarante-septieme. On en compte cent-soixante-onze, depuis 1339; en 1748, il y avoit un César Cataneo, quatre-cent neuf ans après Oberto.

DOIRE, (la) *Dora*, riviere qui descend du Mont-Cenis & va tomber dans le Pô, près de Turin; il y a deux Doires, la source de la petite est dans le lac même du Mont-Cenis, formé par la réunion des eaux qui coulent des montagnes dans la plaine. Cette plaine forme sur le Mont-Cenis une plate-forme d'une lieue & demie de longueur; le lac est abondant en truites excellentes. L'épanchement des eaux donne naissance à la petite Doire, du côté du Piémont. Cette riviere va se joindre au-dessous de Suse, à la grande Doire, qui prend aussi sa source dans le Mont-Cenis, au-dessus du lac. Ainsi réunies, elles vont se jetter dans le Pô. Au dessous des Echelles, est la plaine Saint Nicolas, où l'on jouit du spectacle d'une cascade très-belle, formée par cette riviere, qui se précipite du haut du rocher, & entre ensuite dans un lit qui sépare la Savoie du Piémont.

DOLCE, (*Ludovico*) Poëte, né à Venise en 1508, est regardé comme un des meilleurs Ecrivains de son siecle, par la douceur & par l'élégance de son style, qui eût encore été plus correct, si, moins pressé par le besoin, il eût pu y donner plus de temps. Il a laissé beaucoup d'Ouvrages & quantité de traductions. Parmi ses Poësies, on regarde comme un des morceaux les plus infames & les plus licentieux, les *Vendangeurs du Tansillo*. La vie privée de Dolce est peu connue. Il mourut à Venise en 1568.

DOLCEAQUE, *Dolce-aqua*, petite Ville de Piémont, dans le Comté de Nice, & Capitale d'un Marquisat de même nom, avec un bon Château sur la Nœvia. En 1744, les François & les Espagnols s'en rendirent maîtres; mais elle fut rendue au Duc de Savoie par le Traité de paix. Son territoire est fertile en bon vin & en excellente huile.

DOLLI, (le Cavalier) Poëte satyrique du dix-septieme siecle, natif de Lombardie. Il avoit choisi Venise pour son séjour. La franchise qu'il mit dans ses écrits lui attira la haine des Nobles. Il mourut à Venise, poignardé. M. Conti a donné en 1758, une traduction de ses satyres.

DOMINICAINS ou PRESCHEURS, Ordre Religieux, fondé par Saint Dominique, approuvé par Innocent III au Concile de Latran, en 1215, confirmé par Honoré III, sous la régle de Saint Augustin, avec des Constitutions particulieres. Il est sorti de cet Ordre un grand nombre de Saints, quatre Papes, plusieurs Cardinaux, une foule de Prélats & de grands Ecrivains.

DOMINICI ou DOMINICUS de DOMINICIS, Evêque de Bresce en Italie, Vénitien, fut employé à différentes négociations par les Papes Pie II, Paul II, Paul III & Sixte IV, qui l'honorerent de leur amitié, il avoit été Evêque de Torcello, avant d'être nommé à l'Evêché de Bresce. Il se rendit célebre par quantité d'Ouvrages qui ne sont pas venus jusqu'à nous. Il mourut à Bresce en 1478.

DOMINIS, (*Marc-Antoine de*) Archevêque de Spalatro en Dalmatie, mort en 1625. Il entra fort jeune chez les Jésuites, & y apporta de grands talens ; son inconstance naturelle ne lui permit pas d'y rester. Son savoir lui fit accorder l'Evêché de Segni, & ensuite l'Archevêché de Spalatro. Ces bienfaits ne purent le retenir ; il se rendit en Angleterre où les Protestans l'appelloient ; il y resta depuis le commencement du regne de Jacques I, jusqu'en 1622, qu'il retourna à Rome, où il fit abjuration de ses erreurs ; mais ayant été convaincu d'entretenir une correspondance avec les Protestans, il fut renfermé au Château Saint-Ange où il mourut. On découvrit après sa mort, que malgré son abjuration, il avoit persisté dans ses sentimens. L'Inquisition fit déterrer son cadavre & le fit brûler au champ de Flore, avec ses écrits, dont le principal est *de Republica Christiana*, qu'il avoit composé en Angleterre.

DOMINICO DE SANTIS, Vénitien & célebre Aventurier. Ayant accompagné aux Indes un Seigneur Indien, qui, après avoir embrassé le Christianisme, avoit été envoyé par le Pape à Goa, Dominico de retour à Rome, persuada qu'il avoit les connoissances les plus étendues sur le commerce de l'Asie ; on lui confia des marchandises qui périrent. Il retourna à Goa, & avec quelque argent qu'il ramassa, il alla en Perse & passa en Pologne. Il y persuada que personne ne connoissoit comme lui les affaires de l'Asie. Le Roi de Pologne, l'Empereur, la République de Venise & le Pape lui donnerent leur confiance & le firent leur Ambassadeur. Il mit en réserve les sommes que lui donnerent ces Puissances, & arriva en Perse avec une suite indigne d'une telle ambassade. Le Roi de Pologne envoya un second Ambassadeur, & destitua Dominico, qui, craignant quelque mauvais traitement, se mit à la suite d'un Ambassadeur Moscovite. Celui-ci le mena jusqu'à la mer Caspienne, & le congédia sous quelque prétexte. Il s'en retourna à Ispahan & de là à Goa. Il passa à Lisbonne & revint à Venise où il mourut méprisé & regardé comme un homme vil & indigne du rôle qu'il avoit joué.

DOMINIQUIN, (*Dominique Zampieri, dit le*) Peinne, né à Bologne en 1581, Eleve des Carraches : il mettoit beaucoup de temps à ce qu'il faisoit, les autres Eleves le railloient sur sa lenteur ; cependant ses talens se développerent, & sa réputation lui attira de grands Ouvrages. Il excita l'envie des Peintres, excepté de l'Albane, qui fut toujours son ami. Ils le tourmenterent tellement à Naples, qu'il fut obligé d'abandonner les peintures de la Chapelle du Trésor, qu'il avoit commencées & de s'enfuir. Son retour fut si vivement sollicité, qu'il s'exposa encore à de nouveaux traits. On corrompit les personnes qui préparoient l'enduit pour ses fresques, on les engagea à y jetter de la cendre pour que l'ouvrage ne tînt pas ; n'osant plus se fier à personne, il préparoit lui-même sa nourriture. Il mourut de chagrin au milieu de ces craintes, non sans soupçon de poison. Le Dominiquin méditoit long-temps ses sujets avant de les exécuter ; il marchoit toujours enveloppé dans son manteau & livré à la réflexion. Il excitoit en lui tous les mouvemens des passions qu'il vouloit exprimer. Ses compositions sont parfaitement raisonnées ; le Poussin le nommoit le Peintre par excellence. Il mettoit la Transfiguration de Raphaël, la descente de Croix de Volterre, & le Saint Jerôme du Dominiquin, au premier rang des chef-d'œuvres de la Peinture. Le Dominiquin a parfaitement entendu la belle ordonnance des tableaux, ses airs de tête ont de la noblesse & de la variété, & souvent une grande vérité d'expression. Ses plus beaux morceaux, soit à l'huile, soit à fresque, sont le martyre de Sainte Agnès, à Bologne ; la communion de Saint Jérôme, au Vatican ; le Plafond de *Santa Maria in Transtevere* ; les peintures de la Chapelle de Saint Janvier, à Naples ; celles de l'Abbaye *Grotta Ferrata*. Ses tableaux de chevalet sont très-rares & très-précieux. Son coloris ne répond pas toujours à la pureté du dessin & à la grandeur de ses compositions. Le Roi possede plusieurs tableaux de chevalet de cet Artiste. Il y en a quelques-uns chez M. le Duc d'Orléans. Cet Artiste mourut en 1641. Le Dominiquin étoit aussi grand Architecte, Grégoire XV lui donna l'Intendance & la Direction des bâtimens Apostoliques : il bâtit dans l'Eglise de Sainte Marie *in Transte-*

vere la Chapelle de Notre-Dame de *Strada Cupa*; la porte du Palais Lancelotti : le Belvedere à Frescati est bâti en partie sur ses plans, la Ville Ludovisi, &c.

DOMNE ou DOMNION. Il y a eu deux Papes de ce nom, Romains l'un & l'autre. Le premier élu le premier Novembre 676, après la mort de Dieudonné, ou *à Deo datus*, qu'il ne faut pas confondre avec *Deus dedit*, mourut dix-sept mois après, le 11 Avril 678. On a observé une Comete qui parut pendant trois mois sous son Pontificat.

Domne II succéda à Jean XIII; & ne regna que trois mois depuis le 20 Septembre jusqu'au 19 Décembre 972.

DOMO. (*Il*) On appelle ainsi en Italie presque toutes les Cathédrales, & la plupart des belles Eglises. Le Dôme de Milan est regardé comme ce qu'il y a de plus beau dans ce genre, après l'Eglise de Saint Pierre. *Voyez* MILAN. On appelle aussi dôme, la coupole d'un édifice.

DOMO, d'*Ossola*, petite Ville au Duché de Milan, dans le Comté d'Anguiera, avec une forteresse, auprès des Alpes, du côté de la Suisse, sur le torrent de *Tosa*.

DONAS, petite Ville du Duché d'Aouste, dans le Piémont. On y trouve un très-beau chemin taillé dans le roc. Il est très-ancien, & a exigé de grands travaux; ce qui a donné lieu de croire qu'il a été fait par Annibal.

DONATO, famille illustre de Venise, qui a produit plusieurs grands hommes. *François Donato*, Doge en 1545, dut son élévation à son mérite personnel autant qu'à sa naissance; il fit achever le Palais de Saint Marc, & commença la Bibliotheque. Il mourut en 1555. *Leonardo Donato* fut élu Doge en 1606. Son Dogat fut célebre par la fermeté avec laquelle il défendit les intérêts de la République contre Paul V. Il mourut en 1612. *Nicolao Donato*, élu en 1618, ne regna que trente jours, & dans cet intervalle il découvrit & dissipa une conjuration contre la République.

Parmi les gens de Lettres de ce nom, Louis, Evêque de Bergame, a laissé plusieurs Ouvrages ecclésiastiques, des Commentaires sur le Maître des Sentences, des Oraisons, mort en 1484.

DON

Paul *Donato*, Carme, dédia à Pie V les solutions des contradictions qui se trouvoient entre Saint Paul & Aristote.

Jérôme *Donato* se distingua par ses talens littéraires & politiques, & par une probité à toute épreuve : il réunit Jules II avec la République de Venise en 1510. Il a laissé des Ouvrages très-estimés, un très-grand nombre d'Epîtres, la traduction du grec en latin, d'Alexandre Aphrodiseen, & une Apologie pour la primauté de l'Eglise.

Louis *Donato*, Cardinal, de l'Ordre de Saint François, parvint jeune à la dignité de Général de son Ordre. Il fut employé dans différentes négociations par Urbin VI, qui le fit Cardinal ; mais l'ayant envoyé ensuite avec quelques autres Cardinaux vers Charles III, Roi de Naples, n'ayant pas réussi dans leurs négociations comme il le desiroit, ce Pape les traita d'une maniere barbare. Louis Donato fut appliqué à la question à Luceria, conduit ensuite à Gènes, où il eut la tête coupée en 1385.

DONATO, (San) petite Ville de la Campagne de Rome, qui se trouve au milieu du Marais, au lieu que *Monte-Circello* & *Astura* sont sur la mer.

DONATO, Architecte & Sculpteur, né à Florence, se fit connoître par un beau bas relief qu'il fit dans l'Eglise de Sainte Croix, représentant une Annonciation de la Sainte Vierge, qui lui valut la protection de Côme de Médicis. Le Sénat de Venise fut si content d'une Judith, coupant la tête d'Holopherne, par cet Artiste, que la République le chargea de la statue équestre en bronze, qu'elle éleva à Gata Mellata, Général de ses armées.

DONDUS, Médecin & Mathématicien, né à Padoue, fut appellé *Aggregator*, à cause de la grande quantité de remedes qu'il avoit composés. Il a laissé un grand nombre d'Ouvrages de Médecine & de Physique. Il se rendit célebre par l'invention d'une Horloge qui marquoit les heures, les jours du mois, les phases de la Lune, & le cours annuel de la Lune & du Soleil. Il trouva le premier le secret de faire du sel avec l'eau de la fontaine d'Albano de Padoue. Il mourut en 1350.

DONI, Poëte, natif de Rome, contrefait de corps, & dont les mœurs étoient fort décriées, mais d'un esprit rare. Ses vers épars dans différens recueils, sont remplis d'élégance & de goût; il étoit très-satyrique. Il a laissé des Poësies latines & italiennes. Il étoit très-pauvre, & sans Onufre de Sainte Croix, qui aimoit les Lettres, & qui faisoit beaucoup de cas de ses talens, Doni seroit mort de faim; Onufre le retira dans sa vieillesse, & en fit son Secretaire.

DORIA, (*André*) Génois, le plus grand Homme de Mer de son siecle, né à Oneille le 30 Novembre 1466, d'une noble & ancienne famille de Gènes. Etant au service de François I, qui le fit Chevalier de son Ordre, Amiral des Mers du Levant, Général absolu de ses Galeres, il se distingua en Sardaigne, & dans le port de Naples où il défit l'armée de l'Empereur Charles V, au service duquel il passa pour des mécontentemens qu'il reçut à la Cour de France. Sa Patrie, dont il chassa la garnison Françoise, lui érigea une statue, avec l'inscription: *Au Libérateur & au Pere de la Patrie.* L'Empereur le fit Général de l'armée navale d'Espagne; il repoussa Barberousse, & se rendit maître de Patras & de Coron. Il remporta plusieurs autres victoires: il ne tint pas à lui que Charles V ne renonçât à son expédition d'Alger; il avoit dit à ce Prince que toute sa flotte y périroit: Charles lui répondit: *Vingt-deux ans d'Empire pour moi, & soixante-douze ans de vie pour vous, nous doivent suffire à tous deux pour mourir contens.* Il pouvoit être Souverain de sa Patrie, il se contenta du titre de Restaurateur, & transporta la Souveraineté aux vingt-six familles Nobles & Plébéiennes qui se trouverent avoir six maisons dans Gènes. Cette forme de Gouvernement déplut à Louis de Fiesque qui conspira contre Doria. Celui-ci découvrit la conjuration & la dissipa: on lui reproche d'avoir fait mourir Fiesque d'Ottobon, qui n'avoit eu que très-peu de part à la conspiration de Louis. André Doria mourut le vingt-cinq Novembre 1590, âgé de quatre-vingt-quatorze ans, sans postérité. Cette famille a donné à la République plusieurs grands Hommes qui se sont distingués à son service.

DORIA, Riviere. *Voyez* DOIRE.

Dorno, petite Ville du Milanez Savoyard, dans la Province de Laumeline. *Voyez* Laumeline.

DOSA, (*George*) né en Sicile, Aventurier célebre, qui se mit à la tête des Paysans Hongrois, contre le Clergé & la Noblesse en 1513. Ces Rébelles le choisirent pour leur Roi & le couronnerent ; mais ils furent défaits par *Jean*, Vaivode de Transilvanie, qui fit leur Roi prisonnier ; son supplice est effrayant. On le fit asseoir sur un trône de fer rouge, une couronne sur la tête & un sceptre à la main, l'un & l'autre de fer ardent. On le retira de-là pour lui ouvrir les veines. On fit boire devant lui un verre de son sang à son frere. On avoit fait prisonniers trois Paysans ; pendant trois jours, on les fit venir & on leur ordonna de se jetter sur le Roi, & de le déchirer avec leurs dents ; enfin brûlé, épuisé de sang, couvert de blessures, on l'écartela & l'on fit cuire ses membres, qu'on fit manger à quelques-uns des Rébelles, destinés comme plusieurs autres, à mourir de faim. Dosa souffrit ces horribles supplices, sans qu'il lui échappât un cri ni un soupir ; tous les Prisonniers furent empalés, ou écorchés vifs, ou moururent de faim.

DOSIO, (*Jean-Antoine*) Architecte & Sculpteur, né à Florence en 1513. Dès l'âge de quinze ans, il fut mis chez un Orfévre à Rome. Il abandonna cette profession pour la sculpture dans laquelle il se distingua ; il s'appliqua à l'architecture ; il éleva à Rome plusieurs édifices. Après s'être fait, dans ces deux Arts, une grande réputation, il retourna dans sa patrie où il construisit la Chapelle de Sainte-Croix pour les Nicolini, & le Palais de l'Archevêché. Ces deux monumens font beaucoup d'honneur à cet Architecte.

Dosolo, petite Ville du Mantouan, au midi de Mantoue. *Voyez* Mantouan.

DOSSES, (les freres) Peintres, nés à Ferrare, contemporains & compatriotes de l'Arioste. Ils étoient estimés pour le paysage : François-Marie, Duc d'Urbin, les employa à décorer le Palais *Impériale* ; mais n'ayant pas trouvé leurs peintures à son gré, il les effaça & renvoya les Peintres ; cependant il continua la pension qu'il faisoit à l'aîné, qui mourut fort vieux à Ferrare. Son cadet lui survécut & fit beaucoup de tableaux.

DRAGONARA, au Royaume de Naples, dans la Capitanate. *Voyez* CAPITANATE. *Voyez* GROTTA DRAGONARA.

DRONERO, petite Ville du Piémont dans le Marquisat de Saluces, auprès des Alpes, sur la riviere de Macra, que l'on passe sur un pont d'une élévation extraordinaire.

DUARE, Place très-forte de la Dalmatie, près d'Almissa, sur une montagne fortifiée à l'antique. Paul Caolorta, Vénitien, l'enleva aux Turcs en 1646. Ils la reprirent. Le Général Foscarius la prit aux Turcs en 1652. Les Vénitiens la détruisirent & l'abandonnerent, mais les Turcs la rebâtirent : elle repassa aux Vénitiens.

DUCA, (*Jacques del*) Architecte & Sculpteur Sicilien, apprit ces deux Arts sous Michel-Ange. Il éleva la lanterne qui est au-dessus du dôme de Notre-Dame de Lorette, dont San-Gallo avoit donné le plan. Il donna le dessin de deux portes latérales. Il a élevé le Palais Pamphile à Rome ; il a fait la grande fenêtre de la façade du Palais des Conservateurs. Il a fait quelques-autres édifices, mais tous de fort mauvais goût. Il eut cependant des envieux, & fut assassiné à Palerme sa patrie, où il avoit été nommé, à son retour, Ingénieur en chef. Cet Artiste s'amusoit de la Poësie, mais ses vers n'étoient pas meilleurs que ses bâtimens.

DUCALE. On appelle Ducales, les Lettres-Patentes du Sénat de Venise, *Senatus Venetiarum Diploma*. On appelle aussi de ce nom, les Lettres que le Sénat écrit aux Princes. Le nom de Ducales vient de ce qu'au commencement de ces Lettres-Patentes le nom du Duc, ou Doge, est écrit en cette maniere: *N. Dei Gratiâ*, Dux Venetiarum.

DUCAT, monnoie d'or & monnoie d'argent qui ont cours dans plusieurs pays d'Italie. Le Ducat d'or vaut environ un écu de 6 livres, & celui d'argent un écu de 3 livres de France. A la Chancelerie de Rome, on compte par Ducats. Il y a aussi une monnoie qui est presque de même valeur qu'un Ducat d'argent. On l'appelle Ducaton. Il vaut près de 4 liv. monnoie de

France. Les Ducatons de Venise valent à présent 3 liv. 7 s. Les Ducatons des autres endroits d'Italie sont de diverse valeur. Il y a aussi des demi-Ducatons.

DUPONT. (*de Ponte*) *Voyez* BASSAN.

DURAS, ou DURAZZO, Ville & Port de mer d'Albanie, à l'embouchure de l'Argentaro, bâtie par les Habitans de Corfou, vers l'an 130 de Rome. Son nom fut *Epidamus*, que les Romains changerent en celui de *Dyrachium*. Bajazet la prit aux Vénitiens dans le quinziéme siecle; son Port est beau, mais sa population est très-peu de chose, à cause du mauvais air qu'on y respire.

E

ECHELLES, (la montagne des) est à environ une lieue des frontieres du Dauphiné & de l'entrée de la Savoie : elle est si élevée, que sans le parapet, dont le chemin est revêtu, les voyageurs auroient de la peine à soutenir la vue de la profondeur des précipices. C'est ce grand chemin taillé dans le roc, que quelques-uns croient être celui qu'Annibal fit ouvrir en passant en Italie. Il a donné le nom des Echelles à la montagne; le Duc-Emmanuel II l'a fait considérablement augmenter. On y voit une belle inscription, faite par l'Abbé de Saint Réal. Le Guer passe entre cette montagne & celles du Dauphiné, dans une vallée si profonde, qu'à peine peut-on le voir du haut de la montagne.

ECHELLES, (le Village des) est situé dans un vallon fort étroit à une lieue & demie de la grande Chartreuse. On trouve sur les hauteurs les ruines des Châteaux qui défendoient le passage de France en Savoie.

ECOLE DE BOLOGNE ou ECOLE LOMBARDE. Raphaël, Chef de l'Ecole Romaine, avoit porté, ainsi que le dit M. Cochin, au plus haut degré, la pureté du dessin, la noblesse des idées, la beauté des caracteres de tête, la simplicité & l'élégance des formes, le choix des figures, celui des draperies, & la composition particuliere des groupes; mais il n'avoit point connu les grands effets que peuvent produire le clair obscur & l'intelligence du jeu de la lumiere. Annibal Carrache, ses freres, le Dominiquin, le Guide, le Guerchin, l'Albane & les grands Peintres de l'Ecole Lombarde, ont porté la peinture au plus haut degré de perfection. Cette Ecole, dont le Correge est regardé comme le Chef, & qui a produit un si grand nombre de grands Peintres, s'est formée à Bologne. On dispute aux Carraches d'avoir été les premiers inventeurs de ce grand caractere de dessin. On voit dans la salle de l'Académie Clémentine, qui a fécondé, ou plutôt dans laquelle on a fondu l'Ecole Lombarde, un plafond de Pellegrino Tibaldi, représentant divers sujets de l'Odissée, d'un caractere de dessin, & d'une maniere aussi grande & aussi terrible, que tout ce qu'ont fait les Carraches. On prétend que Tibaldi a précédé les Carraches.

L'Académie Clémentine, comme on l'a dit, doit son institution à Clément XI, qui est représenté en marbre dans la salle qui sert aux assemblées. Le célebre Cavalier Carlo Cignani fut le premier Chef de cette Académie, qui, avec l'Académie Bénédictine, forment le célebre Institut de Bologne.

ECOLE FLORENTINE. C'est la premiere de toutes les Ecoles d'Italie, qui a tiré la peinture de l'espece d'anéantissement où elle étoit. La République de Florence appella quelques Peintres Grecs en 1250. Cimabué, né avec des talens & du génie, se perfectionna dans leur art, il forma des Eleves qui se succederent; enfin parurent, l'un vers le milieu, l'autre vers la fin du quinzieme siecle, Léonard de Vinci & Michel-Ange, qu'on regarde comme les fondateurs de l'Ecole Florentine. Le caractere des Peintres de cette Ecole est une imagination vive, noble & féconde, un pinceau hardi, correct & gracieux, un style noble & sublime.

ECOLE ROMAINE. Cette Ecole est la seconde, en comptant par rang d'ancienneté. Elle regarde Raphaël comme son fondateur, & Raphaël est postérieur à Léonard de Vinci & à Michel-Ange, fondateurs de l'Ecole Florentine. Le caractere de cette Ecole est une touche facile, savante & gracieuse : une composition élégante, & quelquefois singuliere ; une vérité frappante dans les airs de tête ; un goût sûr & formé sur l'antique ; une invention heureuse ; une imagination grande & noble, quelquefois au-delà de la nature. Elle l'emporte sur les autres, par la quantité de beaux Ouvrages qui en sont sortis. On lui reproche d'avoir trop négligé la partie du coloris.

ECOLE VÉNITIENNE. Cette Ecole est de même date que l'Ecole Romaine ; le Titien & le Giorgion, nés presqu'en même temps, c'est-à-dire, vers la fin du quinzieme siecle, sont regardés comme les Chefs de cette Ecole, dont le caractere principal est la beauté du coloris, une vérité frappante dans l'imitation de la nature ; mais un peu de négligence dans le dessin.

ECU ROMAIN, ainsi nommé, parce qu'il a cours dans tout l'Etat de l'Eglise. Il vaut cinq livres, monnoie de France.

EDOUARD, surnommé le Libéral, Comte de Savoie, succéda à Amédée V, qui l'avoit chargé de plusieurs entreprises, dans lesquelles Edouard avoit donné de grandes preuves de valeur & de prudence. Lorsqu'il fut déclaré Comte de Savoie, Hugues Dauphin, Comte de Foucigny, se déclara son plus grand ennemi. Clémence de Hongrie, veuve de Louis Hutin, avant de mourir, réconcilia ces deux Princes, dans un voyage qu'Edouard fit à Paris avec le Roi, en 1328 ; mais le Comte de Savoie ne jouit pas long-temps de cette réconciliation. En 1329 il tomba malade à Gentilly, près de Paris & y mourut âgé de quarante-cinq ans, après en avoir regné six. Il avoit épousé Blanche de Bourgogne, dont il n'eut point d'enfans. Aymond son frere lui succéda.

EGLISES D'ITALIE. Les Italiens l'emportent sur tous les Peuples de la Terre, par la magnificence, la richesse & la décoration de leurs Temples. Les carrieres de l'Apennin, & entr'autres celles de Carrare, près de la Toscane, leur fournit les moyens de les rendre plus solides & plus superbes que dans aucun lieu du monde. Outre le marbre, le porphyre, l'agathe & quantité d'autres pierres précieuses qui y sont prodiguées ; les plus habiles Peintres se sont fait honneur de les décorer, presque toutes de leurs chef-d'œuvres. Les dehors sont aussi magnifiques que le dedans; il est vrai qu'il seroit à désirer que la plupart fussent moins sombres. Les Italiens prétendent que cette obscurité imprime plus de respect. Excepté dans celles de Rome & de Naples, & dans la Cathédrale de Milan, qui n'ont point ce défaut, à peine y voit-on clair. Dans plusieurs Villes, & principalement à Naples, ce ne sont point des Marguilliers & des Confréries de Marchands qui ont en maniement les revenus de l'Eglise, l'administration en est confiée à des Nobles, qui ont eu soin de les décorer. Quelque magnifiques qu'elles soient, on trouve encore le moyen de les embellir aux Fêtes annuelles & aux Fêtes des Patrons. Ce sont de tous côtés des tentures de velours cramoisi, relevées en bosses d'or, de damas rouge, ornées de franges d'or. Saint Pierre de Rome & plusieurs Eglises de cette Ville se distinguent par cette sorte de magnificence. Il n'y a point de chaises, mais des bancs, encore dans plusieurs n'y en a-t'il pas, & l'on est obligé d'être debout ou à genoux pour entendre la Messe. La Musique y est magnifique, sur-tout aux grands jours de Fêtes. C'est elle qui pour l'ordinaire chante les premieres Vêpres, la Messe & les secondes Vêpres. Le Curé célebre la Messe, assisté de quelques Ecclésiastiques, en chape ou en aube, & les autres Prêtres n'assistent point dans le Chœur pendant l'Office ou le Sermon; & pour les aumônes, il y a des Ecclésiastiques qui quêtent avec un petit sac, attaché au bout d'un bâton de cinq à six pieds de long, qu'ils alongent à leur gré dans tous les rangs à droite & à gauche, afin de ne point déranger personne. Quoique nous parlions des Eglises, en parlant de chaque Ville, nous allons indiquer les principales. *Voyez* BASILIQUES.

A Florence. La Cathédrale, dédiée à Saint Jean, est un bâtiment massif, immense & tout revêtu de marbre; le portail n'est point fini, il est peint à fresque par Zuchero. On voit en sortant de l'Eglise la Tour de Giotto, toute de marbre blanc; c'est une des plus hautes d'Italie; les portes d'airain du Baptistaire, qui est vis-à-vis de l'Eglise, passent pour des chef-d'œuvres. Michel-Ange les appelloit les portes du Ciel. *Santa Maria Novella*, la *Santa Croce*, où est le tombeau de ce grand Artiste & celui de Galilée; l'*Annonciata*, presque toute revêtue de marbre; *Saint Laurent* où est la sépulture des grands Ducs de Toscane, dans une Chapelle qui seroit la plus belle qu'il y eût au monde, si elle étoit achevée; *Saint Michel*, dont le Maître-Autel, consacré à la Vierge, est de la plus grande beauté; *le Saint-Esprit* soutenu en dedans par deux rangs de colonnes magnifiques qui forment une double nef, au milieu de laquelle est le maître-Autel de la plus grande beauté.

A Gênes, la Cathédrale est la moindre; on y voit un grand vase d'argent porté sur quatre colonnes de porphyre que l'on dit contenir les cendres de Saint Jean-Baptiste, Patron de la Ville. L'Annonciation est l'édifice le plus gai & le plus magnifique, tout le toit est doré, & les murs couverts des peintures les plus exquises; les pilliers sont de marbre. Le portail n'est pas encore fini. Il y a encore les Eglises de Saint Philippe de Neri, des Peres de la Mission, des Jésuites; la *Schola Pia*, celles de Saint Cyr, de *Santa Maria Carignano*, qui sont dignes de remarque.

A Lucques, la Cathédrale dédiée à Saint Martin, fameuse par le *Volto Santo*; l'Eglise de Saint Augustin, fameuse par sa Madonna tenant l'Enfant Jesus.

A Milan. La Cathédrale, qu'on remarque comme le plus beau monument de l'Italie, après la Basilique de Saint Pierre, mais qui est une masse énorme d'Ouvrages Gothiques. On y compte onze mille statues. La plus belle est un Saint Barthelemi, d'Agrati, en marbre; *Sainte Marie & Saint Paul*, belle architecture de Fontana; Saint Ambroise, où l'on admire le serpent de bronze sur une colonne; les Milanois prétendent que c'est le même qui fut élevé dans le désert.

A Naples. La Cathédrale, ou Saint Janvier, bel édifice, chargé de marbre, orné de quantité de statues de cuivre, de tableaux de Lanfranc & du Dominiquin; miracle annuel du sang de Saint Janvier. *San Severino*, le pavé blasonné des principales familles, en bas relief, est beau, mais incommode; de beaux morceaux de peinture & de sculpture. *Le Mont Olivet*, un Christ mort avec ses Disciples autour de lui, en terre cuite, & du plus grand naturel, par Maderino: un Saint Christophe, de Solimeni. *L'Annonciata*, belle, & un Hôpital d'Enfans-Trouvés, admirable par son institution; on y éleve, on y dote les filles, & si elles redeviennent malheureuses, on les reprend.

A Padoue. Saint Antoine, une des Eglises les plus riches pour la décoration & par son trésor. Sainte Justine, belle architecture de Palladio, le pavé est magnifique, le portail n'est pas achevé.

A Pise. La Cathédrale en marbre, monument superbe. *Voyez* PISE.

A Ravenne. La Cathédrale, le maître-Autel d'or massif, incrusté de pierreries, représentant diverses histoires de l'ancien Testament. *San-Vitula*, beau tableau de Baroccio, le puits où l'on dit que le Saint se noya, on distribue de son eau, qui est purgative. Le Bénitier, vase antique d'albâtre. Ses tombeaux.

A Rome. Trois cents Eglises, la plus belle est Saint Pierre du Vatican; la plus parfaite le Panthéon. *Voyez* ces articles. Sainte Bibienne, bâtie dans le goût du Panthéon, chef-d'œuvre de Bernini. Saint Jean de Latran, Saint Paul, Sainte Marie-Majeure, Saint Laurent, Saint Sébastien. *Voyez* ROME.

A Sienne. La Cathédrale, monument gothique, revêtu de marbre en dehors & en dedans. Le pavé.

A Venise. Saint Marc, Cathédrale, mauvaise architecture en dehors, superbe en dedans par la quantité de marbre de toute espece, & des pierres les plus rares; tableaux du Titien; quatre beaux chevaux de cuivre doré, pavé en mosaïques de Lapis Lazuli, voûte de même, portes d'airain. L'Eglise est sombre, les statues des murailles extérieures de marbre, apportées, dit-on, de la Grece. Huit colonnes de porphyre supportent les quatre chevaux antiques. Table du maître-Autel d'or massif, enrichi de pierreries; armoires, dont plusieurs d'argent massif, présent que les Doges sont obligés de faire, & qui sont autour de l'Eglise. Richesses du Trésor, Corno ou bonnet du Doge, estimé deux cent mille écus.

La plupart des Eglises de Rome sont bâties des restes de l'antiquité. Celle de Sainte Constance, fille de Constantin, est le même édifice qu'on appelloit *Tempio di Baccho*, en rotonde, le petit dôme est soutenu par vingt-quatre colonnes de granite oriental.

L'Autel est au milieu de cette colonnade; derriere est le *Sepolcro di Baccho*, fait d'une seule piece de porphyre, haut de six pieds, large de cinq par le bas & de sept & demi par le haut; les quatre faces ornées de sculptures, &c. L'Eglise de Saint Paul sur le chemin d'Ostie, bâtie par Constantin, embellie par plusieurs Papes, offre quatre-vingts colonnes de marbre d'une seule piece, qui soutiennent les voûtes & forment cinq nefs très-longues; ces colonnes ont été tirées des Thermes de Caracalla & du Môle d'Adrien. Les portes sont de bronze.

Outre l'obscurité de la plupart des Eglises d'Italie, elles ont encore un défaut qui est assez général, c'est que les plus belles ne sont point achevées : le portail y manque presque toujours. C'est un prétexte pour demander des legs, ou des dons.

EGLISE, (l'Etat de l'Eglise) est un pays considérable d'Italie, qui provient des donations que Pepin & Charlemagne ont faites aux Papes dans le huitieme siecle, & dont ils s'étoient réservé la Souveraineté pour eux & leurs Successeurs : ils l'ont conservée jusqu'en 1076, que les Papes se rendirent Seigneurs immédiats & indépendans. Ce Pays se divise en douze Provinces : la Campagne de Rome, la Sabine, le Patrimoine de Saint-Pierre, le Duché de Castro, l'Orviétan, le Pérugin, les Duchés de Spolette & d'Urbin, la Marche d'Ancône, la Romagne, le Bolonnois & le Ferrarois. Le terrein est fertile en bled, en vin & en huile, il le seroit encore davantage si la plupart des terres ne restoient incultes; parmi les causes de ce vice, est le peu de liberté dont jouit le commerce des grains, & de toute espece de denrées. Tous les prix sont taxés, & les Paysans sont obligés de porter tout à Rome. D'ailleurs, sous prétexte de la mauvaise qualité de l'air, la campagne dans certains endroits est déserte; on rencontre des terres entieres où il n'y a pas la moindre plantation; & on ne fait pas attention que si réellement l'air y est mal sain, cela provient du défaut de cultivation qui rend les eaux croupissantes & infectes, d'où se forment des marais empestés. La grande mollesse des Peuples qui habitent le Patrimoine de Saint-Pierre, contribue encore à entretenir ces terres en friche. Comme il y a peu d'impôts à Rome, qu'on n'y connoît ni capitation ni industrie, & que tout y est en abondance, & à vil prix, ces Peuples aiment mieux se contenter de peu, que de travailler : le faste des Grands & des Seigneurs, toujours assistés d'une foule de valets qu'ils paient pour ne rien faire, entretient la paresse : le Cultivateur abandonne sa charrue pour se livrer à cette vie oisive ; ceux qui n'ont pas le bonheur d'être sous les fers de la servitude, achetent quelques merceries qu'ils revendent. Une grande cause encore de ce désordre est la facilité de se faire Prêtre ou Moine. L'Etat de l'Eglise comprend encore Avignon, le Duché de Bénévent & le Venaissin. Rome est la Capitale de l'Etat Ecclésiastique. Il est borné E. par le Royaume de Naples, N. par l'Etat de Venise, S. par la mer de Toscane, O. par la Toscane.

EGNACE, (*Jean-Baptiste*) Disciple d'Ange Politien, Maître de Leon X. Egnace remplit avec la plus grande distinction la Chaire de Professeur des Belles-Lettres à Venise. Il s'acquit la plus grande réputation ; & lorsque son âge ne lui permit plus de professer, la République lui continua les mêmes appointemens. Il mourut en 1583, âgé de quatre-vingts ans. Il porta aux plus grands excès sa sensibilité pour la critique. Il répondit par un coup de bayonnette dans le ventre à Robertel qui l'avoit critiqué. Egnace a laissé un abrégé en latin de la Vie des Empereurs, depuis César jusqu'à Maximilien, traduit en françois ; Traité de l'Origine des Turcs ; un Panégyrique de François I, en vers héroïques. Charles V suscita contre le Panégyriste la haine de Paul III ; des remarques sur Ovide, des Notes sur les Epîtres familieres de Ciceron, & sur Suétone.

EGOUTS DE ROME. Ce qui prouvoit le plus à Denis d'Halicarnase la magnificence de Rome, étoient les chemins publics, les acqueducs & les égoûts. En effet, les acqueducs y conduisoient à travers les montagnes & les vallées, des torrens d'eau, des rivieres presque entieres. Les égoûts n'étoient pas moins surprenans ; les Anciens avoient un genre d'architecture souterreine que nous avons perdue de vue : des terreins d'une étendue surprenante, en Egypte, étoient soutenus par des galeries & des voûtes immenses ; le Pausilippe, les

Catacombes de Naples, celles de Saint Sébaſtien à Rome, ſont des ouvrages ſurprenans; mais rien n'égale les égoûts de Rome ancienne, dont une partie ſubſiſte encore. Le plus conſidérable eſt la *Cloaca maxima*, voûte qui ſurprend par ſa hauteur & par ſa largeur; elle eſt formée de gros blocs de pierres, joints par leur propre poids, ſans chaux ni ciment; ce qui en reſte a de longueur cent vingt-cinq toiſes, & ſon embouchure eſt dans le Tibre. Ce grand égoût recevoit les eaux & les immondices de pluſieurs autres, dont les branches s'étendoient ſous divers quartiers. Tarquin l'ancien fit commencer ces grands ouvrages; Tarquin le ſuperbe les fit continuer. Ces égoûts circuloient entre le Capitole, le Palatin & le Mont Quirinal; Caton, l'année de ſon Conſulat, & ſon Collegue Valerius Flaccus, firent nettoyer & étendre les anciens égoûts, & en firent conſtruire ſous les quartiers qui n'en avoient point. Pline, en parlant des égoûts qu'Agrippa conſtruiſit, dit qu'il avoit bâti une Ville navigable ſous celle de Rome; il y fit paſſer ſept torrens qui entraînoient dans le Tibre tout ce qu'ils rencontroient. Le grand égoût ou *Cloaca maxima*, étoit ſi vaſte qu'on y alloit en bateau pour le viſiter & pour le nettoyer. Il y coule encore un ruiſſeau d'eau vive.

ÉLECTION & exaltation du Pape. *Voyez* CONCLAVE. Après que les deux tiers des voix ont décidé l'élection, au coup de cloche du dernier Cardinal-Diacre, les Maîtres de Cérémonies & le Secrétaire du ſacré Collége entrent. La Chapelle fermée, le Cardinal-Doyen ou premier Cardinal-Evêque, avec le premier Cardinal-Prêtre, & le premier Cardinal-Diacre, le Camerlingue, aſſiſté du Maître de Cérémonies, & d'autres témoins, vont trouver le Cardinal élu, & lui demandent s'il conſent à l'élection. Après ſon aveu, on lui demande quel eſt le nom qu'il veut prendre. On dreſſe l'acte d'acceptation; après quoi le nouveau Pape, accompagné de deux Cardinaux, fait ſa priere devant l'autel, & paſſe derriere, quitte les habits de Cardinal, & prend les habits pontificaux, des bas blancs, des mules de velours rouge, une ſoutane blanche, une ceinture à frange d'or, un rochet, une calotte & une étole. Il retourne à l'autel, donne la premiere bénédiction au ſacré College. Aſſis ſur ſon trône, les Cardinaux viennent baiser sa main, & il les embrasse. Le Camerlingue lui met au doigt l'anneau du Pécheur : le Pape le rend au Maître des Cérémonies, pour y faire graver son nom. Le premier Cardinal-Diacre va à la tribune qui est au-dessus du portique de Saint Pierre, fait ouvrir le mur qu'on y avoit construit au commencement du Conclave, & annonce au peuple qu'il y a un Pape, que c'est un tel Cardinal qui s'est donné tel nom. Ce nom est écrit sur un papier qu'il jette au peuple. Aussi-tôt l'élection est annoncée par le canon du Château Saint-Ange, par toutes les cloches de la Ville, auxquelles répondent la mousqueterie, les trompettes & les tambours des troupes du Pape, rangées sur la Place Saint-Pierre. Vingt Palefreniers élevent alors Sa Sainteté sur leurs épaules sur la chaise gestatoire à brancards, brodée d'or, précédés de la croix & des Musiciens qui chantent *Ecce Sacerdos Magnus*. On porte ainsi Sa Sainteté, accompagnée des Cardinaux, environnée de Gardes Suisses, dans l'Eglise de Saint Pierre, où, après avoir fait sa priere, il est élevé sur le grand autel, où les Cardinaux viennent l'adorer : on le reporte ensuite au Vatican. Avant sa consécration & son couronnement, il ne fait aucune fonction & n'expédie aucune Bulle. Le lendemain, on le porte, avec la plus grande pompe, au Palais de *Monte-Cavallo*. Le couronnement se fait huit jours après l'élection. Ce jour le Pape, accompagné du sacré Collége, en habit de cérémonie, & en grand cortege, vient s'asseoir sur un trône sous le portique de Saint-Pierre, où les Chanoines viennent lui baiser les pieds : on le porte dans les Chapelles du Saint Sacrement, de Saint Gregoire & au grand autel. C'est alors qu'un Clerc de Chapelle, tenant un cierge allumé précéde le Maître de Cérémonies, qui, après s'être prosterné trois fois devant le Pape, met le feu à des étoupes, qu'il porte au bout d'une canne argentée, en chantant *Sancte Pater, sic transit gloria mundi*. Ensuite on met le pallium au Pape ; c'est une étole ornée de six croix, de tafetas noir : les Cardinaux & les Evêques vont lui baiser les pieds. Quand il commence la Messe, les Cardinaux lui baisent encore les pieds, ensuite la poitrine & le visage. Après la Messe, on le porte à la grande tribune, monté fur un trône : on lui met la tiare fur la tête (*voyez* TIARE), & il donne deux fois la bénédiction au peuple, & publie l'Indulgence plénière. On le reporte dans la falle des paremens, où il reprend fes habits, & reçoit le compliment du Doyen du facré College. Le foir, il y a illumination à la façade & à la coupole de Saint-Pierre, chez les Cardinaux, les Ambaffadeurs & toutes les perfonnes qui tiennent à la Cour. L'illumination du dôme eft une des plus belles chofes qu'on puiffe voir : elle fe renouvelle tous les ans à la Fête de Saint Pierre. On tire un feu d'artifice, dont on ne peut guere fe faire une idée fans l'avoir vu : la feule derniere gerbe, qu'on appelle la girandole, eft compofée de quatre mille cinq cents fufées qui partent toutes à la fois. Ce fpectacle eft d'autant plus beau, que la terraffe du Château S. Ange, où fe tire le feu, femble faite exprès.

La cérémonie de la prife de poffeffion de l'Eglife de Saint-Jean de Latran, eft très-pompeufe. La marche eft très-brillante; & comme l'efpace eft fort long, les rues, les palais, les maifons font fort décorées. On éleve des arcs de triomphe : la cavalcade & le cortege font plus nombreux que dans toute autre occafion (*voyez* CORTEGE). Le Pape eft monté fur un cheval blanc, caparaçonné de velours cramoifi avec des franges d'or: la bride eft tenue par un des Princes du Trône & par les Confervateurs. Les Cardinaux font fur des mules ; toute la fuite, qui eft immenfe, eft à cheval ; c'eft ainfi qu'il arrive à Saint-Jean de Latran, d'où il repart après avoir pris poffeffion.

ÉLEUTHERE, Pape, de Nicopolis, Ville de Grèce, fut élu en 177, après la mort de Soter. Dès qu'il fut nommé, Irenée vint le confulter de la part des Confeffeurs, prifonniers à Lyon, fur une prophétie de Montan, concernant l'ufage des viandes. Il y répondit par une Décrétale. *Lucius*, Roi des Bretons, lui envoya demander des Miffionnaires pour inftruire fes peuples, & bâtit une Eglife dans fes Etats. Eleuthere fouffrit le martyre le 26 Mai 192.

ÉLOQUENCE. Cet art eft celui que les Italiens ont le moins perfectionné. A Venife même, où le Gouvernement Républicain offre un plus vaste champ à l'Orateur, l'Eloquence n'a produit qu'un très-petit nombre d'Orateurs dignes de passer à la postérité. L'Eloquence de la Chaire auroit dû, ce semble, produire dans le Chef-lieu de la Religion, de nombreux chef-d'œuvres ; mais les Orateurs sacrés & les Orateurs profanes d'Italie sont bien au-dessous de nos Bourdaloue, de nos Massillon, Cochin, Terrasson, Patru, & de tant d'autres.

ELVA, (l'Isle d') au Duché de Toscane, dans le voisinage de *Piombino*, appartient au Duc de Sora, de la Maison de Buoncompagno, Prince de *Piombino*, à l'exception des deux Villes de Porto-Ferraïo & Porto-Longone, dont la première appartient au Duc de Toscane, & la seconde au Roi de Naples. Cette Isle est dépendante de la Principauté de Piombino. On y trouve de riches mines de fer.

ÉMERY de Sienne, fils d'un Paysan, appellé Particelli, que le Cardinal Mazarin amena en France. La protection de ce Ministre l'éleva à la place de Surintendant des Finances. Il trouva dans son protégé toute la souplesse d'esprit & la bassesse de sentimens dont il avoit besoin pour servir ses vues. Emery imagina de créer des charges nouvelles, & de les faire acheter. Tout fut érigé en charge, Contrôleurs de Fagots, Langueyeurs de Cochons, Jurés-Vendeurs de Foins, Crieurs de Vin : il donna à tout cela des provisions & le titre de Conseillers du Roi. Mazarin voyant le soulevement général, exila Emery dans ses Terres.

EMILIANI, (*Jérôme*) Noble Vénitien, qui, après s'être distingué dans les armes, ayant été fait prisonnier, crut avoir recouvré la liberté par l'intercession de la Vierge. En reconnoissance, il quitta le monde, s'habilla d'une façon singuliere, & se consacra à l'instruction des pauvres orphelins. Quelques Compagnons se joignirent à lui, & lui persuaderent de se retirer à Somasque, entre Bergame & Milan. C'est de ce lieu que les Clercs Réguliers Somasques tirent leur nom : ils furent institués par Emiliani en 1530. Il mourut en 1537.

EMMANUEL I, (*Charles*) Duc de Savoie, l'un des plus grands Princes de son siecle par sa valeur, naquit le 12 Février

vrier 1562, & succéda en 1580 à Emmanuel-Philibert son père. Ce Prince échoua dans plusieurs tentatives. Henri IV, de qui il espéroit quelqu'appui dans ses projets, se montra son ennemi, lorsqu'il voulut s'emparer du Marquisat de Saluces. Il en coûta à Emmanuel, à la paix qui fut signée à Lyon le 17 Janvier 1601, la Bresse, le Bugey, le pays de Valromey & de Gex, qui passèrent sous la domination françoise. Charles, malgré ses disgraces, fut toujours grand & magnanime. Il mourut le 26 Juillet 1630, & laissa plusieurs enfans, entr'autres, Victor-Amédée I, qui lui succéda. Il avoit épousé Catherine-Michelle, Infante d'Autriche.

EMMANUEL II, (*Charles*) Duc de Savoie, n'avoit que quatre ans lorsqu'il succéda à François Hyacinthe son frere. Marie Royale de France sa mere fut chargée de sa tutele jusqu'en 1649, qu'il fut déclaré majeur. Ce fut alors qu'il témoigna à la France son attachement. La paix des Pyrénées mit fin à une longue guerre qu'il avoit entreprise contre les Espagnols, & rendit la paix à ses peuples. Ce Prince n'étoit occupé qu'à embellir plusieurs Villes de ses Etats. Il fit percer dans le roc, à travers du Mont Viso, une voûte de cent pas géométriques, pour faciliter le transport des marchandises de France en Italie. Cet ouvrage, dont nous avons parlé ailleurs, lui fait un honneur infini. Il mourut en 1675, âgé de quarante-un ans. Il eut de Marie-Jeanne de Savoie Nemours, sa femme, Victor-Amédée II, qui lui succéda.

EMPOLI, petite Ville en Toscane, avec Evêché suffragant de Florence, sur l'Arno, à sept lieues S. O. sur le chemin de Florence à Pise. On prétend que cette Ville a été bâtie par les anciens Rois Goths. La rue principale est large & bordée de belles maisons. Son nom d'*Emporium* fait croire que c'étoit le Marché de tous les pays.

ENCEINTE de Rome ancienne & moderne. Son enceinte actuelle, en y comprenant la partie qui est au-delà du Tibre & tout le Vatican, est d'environ quinze milles ou cinq lieues. M. l'Abbé Richard assure qu'elle n'a jamais été plus considérable. Depuis *Servius Tullius* jusqu'au temps de l'Empereur

Aurélien, elle ne comprenoit que les sept collines ou monts, (*voyez* MONTS DE ROME) & le Janicule. Aurélien agrandit cette enceinte, & y ajouta le Champ de Mars, qui s'étendoit depuis le pied du Capitole & du Quirinal jusqu'à la porte du Peuple, borné au N. par le Tibre & à l'O. par le mont *Pincio*, & qui occupoit l'espace où sont les rues immenses *del Corso di Ripetta* & *del Babuino*. Il y a des Auteurs qui ont prétendu que Rome ancienne pouvoit contenir quatorze millions d'habitans, & qui l'ont supposée d'une étendue inconcevable. Il y a apparence que, même en exagérant beaucoup, ils ont renfermé les fauxbourgs dans la Ville. Ce qui le prouve, c'est que la plupart des portes sont au même endroit que les portes anciennes. *Voyez* PORTES DE ROME. On convient qu'elle pourroit contenir aujourd'hui un million d'habitans. Il est vrai que la partie habitée n'est presque que le Champ de Mars ajouté par Aurélien : le reste est rempli de jardins, vignes & terres labourées. C'est entre la porte *del Popolo* & le mont Palatin & du mont Pincio au Tibre qu'est la grande population : & il y a apparence qu'elle a toujours été au même endroit : le reste étoit occupé par les jardins immenses des riches Romains, par les cirques, les théâtres & d'autres édifices dont on voit encore les ruines.

ENOSINA ou PLOMBEA, connue sous le nom de SAN-ANTIOGO, une des Isles voisines de la Sardaigne. On y trouve une grande quantité de mines très-abondantes en plomb. Le nom de *San-Antiogo* lui vient d'un Saint qui y mourut en exil. Il y a, dans un endroit de l'Isle, des ruines très-anciennes, qui paroissent être les restes de l'ancienne Ville de Sulcis & de la superbe Eglise de S. Antioche. Cette Isle a environ neuf lieues de tour.

ENTELLA, petite Ville ou Bourg de la Sicile, dans la Vallée d'Mazara, dans les Terres, ainsi que *Castel di Græci*, *Calatrisi*, *Guiliana* & *Caunicatini*.

ENTINOPUS, né en Candie, fameux Architecte, & l'un des premiers Fondateurs de la Ville de Venise ; avec quelques infortunés qui fuyoient la fureur des Barbares, il se retira dans les marais du Golfe, & ils bâtirent les vingt-quatre maisons qui formerent d'abord la Ville de Venise. Celle d'Entinopus, bâtie la premiere, dans le commencement du cinquieme siecle, fut changée en Eglise, & dédiée à Saint Jacques.

ENTREMONT, Ville du Genevois, sur le Lac de Genève, vis-à-vis de Fervaques, l'une à l'E. & l'autre au S.

ENTREMONTS, petite Ville & l'un des Mandemens de la partie du Bugey, qui est demeurée au Duc de Savoie par le Traité de Lyon, en 1601, à l'Or. du Rhône.

ENZIO, Roi de Sardaigne, fut fait prisonnier par les Bolonois en 1242. Ils éleverent une tour qu'on voit encore vis-à-vis le *Palatio Publico*, pour y renfermer ce Prince, dont l'Empereur Frédéric II son pere, ne put jamais obtenir l'élargissement, quelque rançon qu'il offrît pour lui. Il y resta pendant vingt ans, & y mourut.

ÉPOUSAILLES du Doge de Venise, ou la fête du Bucentaure. *Voyez* BUCENTAURE, VENISE.

ERASMO, (Sant) Isle assez considérable dans le Dogado, d'où les Vénitiens tirent des vins excellens & de très-bons légumes. Cette Isle est un de leurs potagers.

ERICUSA, une des Isles de Lipari, dépendantes de la Sicile. On en compte sept; *Lipari, Stromboli, Palmaria, Volcano, Ericusa, Salini, Pararotto*. Il y en a deux autres peu remarquables: Lipari est la plus considérable. Dans quelques unes, il y a des volcans, quelques autres ne sont presque point habitées. *Volcano* produit beaucoup de soufre.

ERIZZO, (*Paul*) Vénitien, ayant soutenu, dans la guerre de Negrepont, tous les efforts des ennemis avec l'intrépidité la plus constante, se rendit enfin. Le Sultan Mahomet II garantit la tête de ce brave homme dans la capitulation; mais sous prétexte qu'il n'avoit garanti que sa tête, il lui donna à choisir ou d'être scié par le milieu du corps, ou de renoncer à la foi de ses peres, & d'embrasser la loi de Mahomet. Erizzo n'hésita point, & souffrit le plus horrible supplice. Mahomet II décapita de sa propre main Anne, fille d'Erizzo, qui rejetta avec horreur l'amour brutal du barbare.

Louis & Marc-Antoine Erizzo, freres de la même famille, ayant fait assassiner secrettement, en 1546, un Sénateur de Ravenne, furent dénoncés par leur complice, qui gagna son pardon & deux mille écus que le Sénat avoit promis au dénonciateur. Louis fut décapité, & Marc-Antoine mourut en prison.

Sebastien Erizzo, de la même famille, publia un Traité sur les Medailles, imprimé à Venise, in-4°. en 1559.

ESCALA, famille qui a eu pendant plus de cent vingt ans la Seigneurie de Vérone. Ezzelin s'érigea en tyran de Vérone ; après sa mort Mastin de l'Escole fut nommé Podestat de Vérone, & ensuite Capitaine perpétuel : il fut assassiné en 1273 par les habitans, excités par ses ennemis. On trouve dans l'histoire de ses descendans des guerres & des assassinats. Can I de l'Escale, surnommé le Grand, fils d'Albert, prit Regio, Parme, Feltro, Vicence & Belluno, & se rendit redoutable à ses ennemis. Il se mit à la tête des Gibelins contre les Padouans ; mais n'ayant pas eu les succès qu'il espéroit, il attendit des circonstances plus heureuses, assiégea Padoue, & s'en rendit maître en 1325. Il accompagna Louis de Baviere à Milan, lorsqu'il alla se faire couronner Empereur ; il alla ensuite assiéger Trevise, & mourut, après s'en être rendu maître, en 1329. Son corps fut porté à Vérone, & ses neveux lui succéderent. *Voyez* SCALIGER.

ESCALE ou DE LA SCALA, (*Alexandre*) fille de Barthelemi de la Scala au commencement du seizieme siecle, se rendit illustre par sa piété & par la connoissance des Langues Grecque & Latine ; elle a laissé des Ouvrages dans l'une & dans l'autre. Elle mourut à Florence en 1506.

ESME, Bourg de la Tarentaise.

ESPAGNOLET, (*Joseph* RIBERA, dit l') Peintre, né à Xativa, dans le Royaume de Valence en Espagne, en 1589, Disciple de Michel-Ange de Caravage, dont il étudia la maniere, mais qu'il surpassa, quoique son pinceau ne fût pas aussi moelleux. Comme son maître, il préféroit les sujets terribles & pleins d'horreurs. L'Espagnolet a poussé ce goût jusqu'à la férocité. Il étoit très-pauvre. Un Cardinal, qui le vit peindre, fut frappé de son génie & touché de sa misere; il l'emmena dans son Palais, & lui fit donner tout ce dont il avoit besoin; mais l'Espagnolet s'appercevant que cet état d'aisance le rendoit paresseux, sortit brusquement de chez le Cardinal, se mit dans la misere pour reprendre le goût du travail. Il se fixa à Naples, & il fut regardé comme le premier Peintre. Le Vice-Roi lui donna un appartement au Palais. Le Pape le nomma Chevalier du Christ. L'Académie de Saint-Luc à Rome le reçut avec empressement. Ses principaux ouvrages sont à l'Escurial en Espagne & à Naples. Ses dessins sont fort estimés pour l'expression des têtes. Le Roi & M. le Duc d'Orléans ont plusieurs de ses tableaux. Ce Peintre a gravé à l'eau forte. Il mourut à Naples en 1656.

ESPERIENTE, (*Philippe*) né à *San-Geminiano* dans la Toscane. Son nom étoit *Buonacolli*, d'une famille illustre. Il fonda à Rome une Académie avec *Pomponius Latus*. Chaque Membre étoit obligé de prendre un nom grec ou latin. *Buonacolli* prit celui de *Calimaco*. Paul II s'alarma de ces changemens de noms. Il crut que cette Académie cachoit quelque mystere politique. Le génie des affaires avoit fait donner à Callimaque le nom d'Esperiente. Il fut obligé de fuir de Rome. Casimir III, Roi de Pologne, le chargea de l'éducation de ses enfans, le fit ensuite son Secretaire; l'envoya en ambassade à Constantinople, à Vienne, à Venise, à Rome. Il mourut en 1496 de chagrin de la perte de sa Bibliotheque & de toute sa fortune, causée par un incendie. Il a laissé, *Commentarii rerum Persicarum*, in-fol. *Historia de iis quæ à Venetis tentata sunt Persis & Tartaris contra Turcas movendis*; *Attila*, ou Histoire des Huns, in-4°. *Historia de Rege Vaislao*, in-4°. Ces Ouvrages sont fort estimés.

EST, ou ESTE, ou ATESTE, Ville d'Italie dans le Padouan, située sur la riviere de *Bacchiglione*, vers les montagnes de Padoue, avoit autrefois titre de Marquisat & d'Evêché suffragant d'Aquilée. Cette Ville est très-ancienne, mais elle fut ruinée par le Tyran Ezzelin, vers l'an 1247.

EST, (la Maison d') tire son nom de la Ville d'Est; quelques Généalogistes tirent son origine d'Actius, Roi d'Albe, aïeul d'Actius, Roi des Volsques ; mais les plus raisonnables la font remonter à Azzon I, Comte d'Est, Vicaire de l'Empire en Italie, & qui mourut vers l'an 970. Cette famille a produit des Personnages illustres dans l'Eglise, dans les Armes & dans les Lettres. On peut voir les éloges que l'Arioste leur donne. Nous ne parlerons que de quelques-uns.

EST, (*César d'*) Duc de Modene, fils d'Alphonse, & de Laura Eustochia sa maîtresse, qu'il épousa avant de mourir. Alphonse II, Duc de Modene, l'institua son héritier. Il en eut Modene, Regio & Ferrare ; mais Clement VIII se rendit maître de Ferrare. Il épousa Anne-Virginie de Médicis, fille de Côme, & en eut Alphonse III qui lui succéda, Louis d'Est, Général des Troupes de la République de Venise, Hippolyte, Chevalier de Malthe, &c. Il mourut en 1628.

EST, (*Hippolyte d'*) Cardinal, Archevêque de Strigonie, de Capoue, de Milan, de Narbonne, &c. Jean, Cardinal d'Arragon, son oncle, qui connoissoit la sagesse & la piété d'Hippolyte, lui remit l'Archevêché de Strigonie, quoiqu'il n'eût que huit ou neuf ans. Il passa en Hongrie auprès de la Reine Beatrix sa tante ; il s'y arrêta huit ans, & s'y perfectionna dans les Sciences. Il revint à Rome en 1493 ; Alexandre VI le fit Cardinal. Après un second voyage en Hongrie, de retour en Italie, il aida Ludovic Sforce son beau-frere, dans la guerre qu'il eut à soutenir contre les François. Le malheureux succès de Sforce l'obligea de se retirer en Allemagne ; il en revint pour le mariage d'Alphonse son frere, avec Lucrece Borgia, fille du Pape. Il s'unit à Louis XII ; & lorsque les Vénitiens assiégerent Ferrare, les François vinrent au secours, chasserent les Vénitiens, à qui ils enleverent soixante drapeaux que le Cardinal suspendit dans l'Eglise de Ferrare. Il écrivit l'Histoire de cette guerre. Hippolyte étoit très-savant, aimoit & protégeoit les Lettres. Il savoit très-bien les Mathématiques. Dans les persécutions que Jules II fit essuyer à la Maison d'Est, le Cardinal prit le parti de faire un troisieme voyage en Hongrie. Il en revint lorsque Léon X fut élu ; ce Pape l'envoya vers François I en 1516. Il mourut à Ferrare en 1520. On l'accuse d'avoir fait arracher les yeux à son frere Jules, aimé d'une femme dont Hippolyte étoit amoureux.

EST, (*Hippolyte d'*) Archevêque de Milan, d'Ausch, d'Arles, de Lyon, appellé le Cardinal de Ferrare, fils d'Alphonse & de Lucrece Borgia, né le 24 Août 1509, fut élevé dans la science du Gouvernement, par Alphonse son pere. Etant venu en France, le Roi François I le fit Conseiller d'Etat, lui donna de grands biens, & lui procura le chapeau de Cardinal, que Paul III lui accorda en 1539. Henri II ne vouloit point que les Ministres & les Généraux qu'il avoit en Italie entreprissent rien sans en avoir conféré avec le Cardinal de Ferrare. Pie IV l'envoya Légat en France; il se trouva au Colloque de Poissy. Il mourut à Rome en 1572, âgé de soixante-un ans. Il fit beaucoup de bien aux Gens de Lettres. Muret, qu'il protégea, prononça son Oraison funebre.

EST, (*Louis d'*) Cardinal de Ferrare, fils d'Hercule II & de Renée de France, fille de Louis XII, naquit en 1538, fut fait Coadjuteur de l'Evêché de Ferrare dès l'âge de dix ans. Henri II lui donna l'Archevêché d'Ausch. Paul IV le fit Cardinal en 1561. Il vint deux fois Légat en France, sous le regne de Charles IX & de Henri III, & se trouva aux Etats de Blois en 1578. Il mourut à Rome; mais il voulut que son cœur fût transporté & inhumé dans son Eglise d'Ausch, & qu'on ensevelît ses entrailles dans celle de Saint Louis de Rome, & son corps dans celle de Saint François de Tivoli. De Thou fait un grand éloge de ce Cardinal.

EST, (*vin d'*) vin muscat qui croît aux environs de la petite Ville de Monte-Fiascone, dans le Patrimoine de Saint-Pierre. On lui a donné le nom d'Est, à cause d'une aventure qui y donna lieu: Un Allemand, qui aimoit beaucoup le vin, dans ses voyages faisoit marcher devant lui son Valet, qui avoit coutume d'écrire sur les portes des Cabarets, en gros caractere, *Est*, *Est*. Cette marque donnoit à entendre à son Maître, qu'il y avoit là de bon vin. Arrivé à Monte-Fiascone, il s'y arrêta en voyant le signal *Est*, *Est*; mais il trouva le vin si bon, & en prit une si forte dose qu'il en mourut. Son Valet lui fit cette épitaphe que l'on voit au haut de la Montagne :

Propter nimium Est, Est,
Dominus meus mortuus est.

C'est depuis ce temps qu'on appelle le vin que produit *Monte-Fiascone*, le vin d'*Est*.

ESTENST, (*Villa*) sur la hauteur de Tivoli, bâtie par le Cardinal Hippolyte d'Est, vers 1522. La maison n'a rien de merveilleux pour l'architecture, mais sa situation, ses terrasses, ses fontaines, ses cascades, ses bosquets, ses parterres, en font un endroit délicieux ; il y a des grottes & des chûtes d'eau admirables ; les fontaines sont ornées de belles statues & de bas-reliefs ; la grande gerbe, appellée la Gerande, fait un bruit comme plusieurs pieces d'artillerie entendues de loin : des aigles qui sont les pieces des armoiries de la Maison d'Est, & des vases forment plus de trois cens jets & soleils d'eau ; l'architecture, la sculpture & l'hydraulique contribuent par-tout à l'embellissement de ce jardin. Au-dessus d'une cascade en demi-cercle, décorée de petites niches avec des figures & des arcades à travers desquelles on voit un portique, sont des rochers ; au milieu est une grande figure de femme assise ; au dessus & dans le milieu des rochers, est un percé de montagnes figurées & couvertes d'arbres ; dans le plafond est un Pégase ; sur le côté est une salle avec cinq niches près du plafond ; dans celle du milieu il y a un Bacchus ; à l'autre bout est la fontaine de Rome, où l'on voit plusieurs Temples & autres édifices en stuc, grands comme des modeles, placés les uns auprès des autres. Le Tibre & le Teverone forment le point de vue de la belle allée d'eau. Il n'y a point de situation au monde où l'on ait une aussi belle vue au-dessous de soi, avec des jets d'eau immenses au-dessus. Il y a dans cette maison quelques statues antiques : elle appartient au Duc de Modene, qui y vient rarement. C'est le Teverone qui fournit l'eau à la fontaine du Parnasse, & cette fontaine la disperse par-tout. Cette maison a coûté cinq millions de livres de France, & elle dépérit tous les jours.

ETIENNE. Il y a eu dix Papes qui ont porté ce nom.

ETIENNE I étoit Romain, & fut élu en 255. Il combattit l'erreur des Rebaptifans : c'étoient des Evêques qui foutenoient qu'on devoit rebaptifer les Hérétiques qui revenoient au fein de l'Eglife. Son zele fut récompenfé du martyre. Il le fouffrit dans les Catacombes, où il s'étoit retiré, fous l'Empereur Valérien en 257.

ETIENNE II, élu en 752, ne regna que trois ou quatre jours.

ETIENNE III, né à Rome, fils de Conftantin, élu en 752, s'oppofa aux exactions qu'Aftolfe, Roi des Lombards, voulut mettre fur la Ville de Rome. Etienne eut recours à *Conftantin Copronyme*: Aftolfe n'eut aucun égard à l'interceffion de cet Empereur. Il eut recours à Pepin, Roi de France, qui affiégea Aftolfe dans Pavie, & qui lui impofa les conditions qu'il voulut. Le Prince Lombard abandonna l'Exarcat de Ravenne, que Pepin réunit à l'Eglife. Etienne, étant en France, avoit facré Pepin & fes enfans. Aftolfe, dès que le Roi eut quitté l'Italie, mit le fiége devant Rome, & mit tout à feu & à fang dans les environs. Pepin, à la follicitation d'Etienne, revint en Italie, & força Aftolfe à remplir fes engagemens ; & par le fecours de ce Roi, l'Eglife s'enrichit de l'Exarcat de Ravenne, de la Marche d'Ancône, des quatre Villes du Picentin, &c. Ce Pape mourut après avoir régné cinq ans & fix mois, en 757.

ETIENNE IV, élu en 768, étoit Prêtre titulaire de Sainte Cecile, lorfque le faux Pape Conftantin, intrus au Pontificat pendant la maladie de Paul I, fut détrôné. Etienne dut fon élévation à fa piété & à fon favoir. Il rétablit la paix dans l'Eglife, régla ce qui devoit être obfervé à l'élection des Papes ; fut infulté par Didier, Roi des Lombards, qui fit crever les yeux à Chriftophe & à Sergius, Défenfeurs des droits du Saint Siége, & à tous ceux qui s'étoient déclarés contre l'Antipape Conftantin. Etienne mourut en 772.

ETIENNE V dut fon élévation à fon mérite. Il vint en France, facra à Rheims l'Empereur Louis le Débonnaire, &

mourut sept mois & quelques jours après son élection, le 25 Janvier 817.

ETIENNE VI, Romain, élu en 885. Il fut annoncé par une grande piété. Il écrivit avec force à l'Empereur Basile le Macédonien, pour l'engager dans son parti contre Photius. Il reste plusieurs Lettres de ce Pape sur différens sujets. Il régna six ans & quelques jours.

ETIENNE VII, après l'expulsion de Boniface VI, intrus au Saint Siège, se plaça lui-même sur le Trône, & le Clergé, qui craignoit un schisme, confirma son élection. Etienne fit déterrer Formose, prédécesseur de Boniface, lui fit couper les trois doigts avec lesquels il donnoit la bénédiction, & les fit jetter dans le Tibre. Il fut mis en prison & étranglé en 900.

ETIENNE VIII montra beaucoup de vertus pendant son Pontificat qui dura deux ans & quelques mois. Il mourut en 931.

ETIENNE IX, Allemand, parent de l'Empereur Othon, qui le porta sur le Saint Siége en 939, fut insulté & maltraité par des Prétendans à la même dignité. Il ne s'en vengea qu'en montrant plus de zele pour les intérêts de l'Eglise. Il soutint Louis d'Outremer contre ses Sujets révoltés. Il mourut en 943.

ETIENNE X, frere de Godefroy le Barbu, Duc de Lorraine, élu en 1057, Moine du Mont-Cassin, après avoir été Légat de Léon X. Il étoit Abbé de ce Monastere lorsqu'il fut élu Pape. Il mourut à Florence neuf mois après son élection. Il étoit très-savant & est regardé comme un Saint.

ETUVES DE SAINT-JANVIER, *Stuffa di San Gennaro*, sont à deux ou trois cents pas de la grotte du chien, près du lac d'Agnano. C'est un bâtiment quarré, voûté & couvert d'une terrasse, divisé en quatre ou cinq pieces différentes, dont la plus grande est la premiere. On conduit par de petits canaux qui sont dans les murs, la vapeur ou fumée de soufre qui sort de la bouche principale. Les malades s'étendent sur de petites banquettes de pierre, la chaleur paroît d'abord insupportable; non-seulement on s'y accoutume, mais elle devient agréable & la respiration plus libre qu'en plein air. Elle est cependant de

29 à 40 degrés. Les murailles près des bouches à fumée sont les plus chaudes & chargées de soufre. Plus la chaleur est forte, plus la couleur du soufre est vive. La fumée qui s'exhale par les ouvertures, est si chaude, qu'elle consume le papier sans l'enflammer. Elle éleve sur la peau des vessies qui ne sont point douloureuses, & qui passent sans laisser des traces de brûlure, dès qu'on les frotte avec du soufre chaud. Plusieurs expériences prouvent l'activité de cette fumée, qui étincelle quelquefois dans la nuit.

ETUVES DE TRITOLI, ou BAINS DE NERON, (*Bagni di Nerone,* ou *di San-Georgio,*) dans le Golfe de Pouzzol, au Royaume de Naples. L'ouverture de ces bains est vis-à-vis de Pouzzol, à trente pieds environ au-dessus du niveau de la mer. Ces Etuves sont formées de sept à huit petites voûtes de cinq à six pieds de largeur & de quatre de longueur, ouvertes dans le roc; la chaleur, occasionnée par les eaux bouillonnantes qui sont au fond & par le foyer qui n'en est pas éloigné, est si considérable, qu'il suffit d'y faire deux ou trois pas, pour être couvert de sueur. Les personnes qui y vont habituellement pour guider les étrangers, sont pâles, abattus, les yeux éteints, les traits flasques & tombans : l'eau des puits ou grottes du fond, est bouillante, & il en sort des gerbes de feu; elles sont très-limpides & ont un goût un peu acide & sulfureux. Il y a plusieurs chambres, des salles & des galeries taillées dans le roc. Elles sont murées toute l'année, excepté dans le temps des bains, parce que les Habitans & ceux des environs s'y retiroient pour y faire des parties de débauches. Ces bains ont toujours été fort célebres. On prétend que Neron les avoit fait construire pour son usage. On voit au-dessous des Etuves de grandes voûtes creusées dans le même rocher, qu'on croit être un Ouvrage des Romains. On y voit encore quelques restes de bas reliefs & de gaînes, & aux environs, quelques ruines qui font présumer qu'il y avoit un Palais considérable, qu'on croit avoir été celui de Neron.

EVARISTE, Pape, né en Grece, fils d'un Juif, fut élu le 26 Avril 110, après la mort d'Anaclet. Il partagea les Prêtres en différentes maisons de Rome, où les Chrétiens s'assembloient, voulut que sept Diacres assistassent l'Evêque, lorsqu'il prêcheroit. Il souffrit le martyre sous l'Empire d'Adrien, le 26 Octobre 119.

EUGENE. Il y a eu quatre Papes de ce nom. Le premier étoit Romain. Constantin ayant exilé Martin I, en 652, mit à sa place, de son autorité, Eugene : il se conduisit si bien, qu'après la mort de Martin, le Clergé le nomma. Il mourut cinq ou six mois après en 652.

EUGENE II, Romain, eut pour Concurrent Zinzima, qui occasionna des désordres, après l'élection d'Eugene. Lothaire appaisa ces troubles. Eugene regna trois ans, deux mois & vingt-trois jours, & mourut en 827.

EUGENE III, natif de Pise, appellé *Pierre Bernard*, de l'Ordre de Citeaux, Disciple de Saint Bernard, Abbé de Saint Athanase à Rome, élu le 27 Février 1147. Les Romains révoltés, l'obligerent de quitter Rome avec les Cardinaux. Il y revint & fut obligé d'en sortir encore, & de chercher un asyle en France. Il y tint le Concile de Rheims. Il retourna en Italie en 1149, fit la paix, chassa les séditieux, & mourut à Tivoli, le 25 Février 1145.

EUGENE IV, Gabriel Condolmerio, Vénitien, neveu de Grégoire XII, fait Cardinal en 1408, élu en 1431. Il eut des querelles avec les Peres du Concile de Basle ; il le déclara dissous après la mort de l'Empereur Sigismond, & en assembla un à Ferrare, en 1437. Les Peres de Basle le déposerent & nommerent à sa place Amé VIII, Duc de Savoie, en 1439, sous le nom de Felix V. Eugene transféra son Concile de Ferrare à Florence. Les Grecs, dont l'Empereur s'y trouva, les Arméniens & les Ethiopiens embrasserent la foi des Latins : en 1442, Eugene transféra le Concile à Rome, Amé se retira, & Eugene mourut en 1447.

EUGUBIO ou GUBIO, petite Ville de l'Etat de l'Eglise, dans le Duché d'Urbin, avec un Evêché suffragant d'Urbin. Elle est fort fréquentée à cause d'un certain trafic de laines qui s'y fait. Elle est à quatre lieues d'Assise & à neuf d'Urbin.

Evian, *Aquianum*, Ville médiocre de Savoie, dans le Duché de Chablais, sur le bord du lac de Geneve, à quatre lieues S. O. de Lausanne.

EULALIUS, Antipape, élu contre Boniface I, l'an 418. Il fut soutenu par Symmaque, Préfet de Rome, qui ayant envoyé la relation de son élection à l'Empereur Honorius, obtint de ce Prince un rescript en faveur de l'Antipape. Le Clergé ayant envoyé de son côté la relation de l'élection de Boniface, l'Empereur fit venir à Ravenne les deux Pontifes pour les juger: il leur défendit à l'un & à l'autre d'aller à Rome; malgré cette défense, Eulalius y alla pour exciter une sédition. Honorius ordonna au Préfet de le chasser, & Boniface fut confirmé.

EUSEBE, Pape, né dans la Grece, fils d'un Médecin, succéda à Saint Marcel & fut élu le 5 Février 309. Il ne régna que deux ans, huit mois & vingt-un jours; il mourut le 26 Septembre de l'an 311. On lui attribue trois Epîtres décrétales, une aux Evêques des Gaules, l'autre à ceux d'Egypte, & la troisieme à ceux de Toscane ou de Campanie.

EUSTACHIUS, (*Barthelemi*) Professeur d'Anatomie & de Médecine à Rome, vers l'an 1550, laissa des planches anatomiques, publiées à Rome en 1714; elles sont fort estimées, quoique faites dans un siecle où l'anatomie étoit bien loin des progrès qu'elle a faits depuis.

EUTYCHIEN, Pape, né à Luna, entre la Toscane & la côte de Gênes, fut élu après la mort de Felix I, le 4 Juin 275. Il combattit l'erreur de Manès, qui condamnoit l'usage de bénir sur l'Autel les prémices des fruits, & ordonna qu'on les béniroit. Il voulut qu'on ensevelît les corps des Martyrs dans des tuniques de pourpre; ce qu'il fit lui-même à trois cent-quarante. Cet usage s'étendit ensuite aux Evêques, & Saint Grégoire le Grand le défendit même pour les Papes; il souffrit lui-même le martyre le 8 Décembre 283, après huit ans six mois & quatre jours de Siége.

EXILLES, (Forteresse d') *Ocellum*, petite Ville du Piémont. C'est un passage important qui conduit de Briançon à Suze. En 1708, le Duc de Savoie la prit, & par le Traité d'Utrecht, elle lui est restée : elle est sur la *Doria*, à trois lieues S. O. de Suze, dix N. O. de Pignerol, quinze N. E. d'Embrun.

EZZELIN, Ecclin ou Izelini da Odara, né au Village d'Odara, dans la Marche Trévisane, fils d'Ezzelin, dit le Moine, dont le pere étoit venu d'Allemagne avec l'Empereur Othon. Ezzelin, ambitieux & cruel, se mit à la tête des Gibelins, remporta plusieurs victoires, se fit un nom & abandonna son parti, pour ne songer qu'à soi ; il s'empara de Vérone, de Padoue, & de quelques autres Villes d'Italie. Il y régna avec le despotisme le plus affreux, violant les droits les plus sacrés. Les Papes Grégoire IX, Innocent IV & Alexandre IV, fulminerent des excommunications contre lui ; mais il s'en moquoit. On prêcha une Croisade contre ce monstre ; enfin, toutes les Villes de la Marche Trévisanne & les Princes de Lombardie ayant fait une Ligue, le Tyran fut pris comme il alloit attaquer Milan : on le conduisit à Soccino, où il mourut de rage & de désespoir, le 10 Octobre 1259. Parmi plusieurs actions horribles qu'on raconte de ce Tyran, on cite celles ci. Un jour, enragé de ce que la Ville de Padoue s'étoit révoltée, il fit mourir douze mille habitans qu'il avoit, ou dans ses troupes, ou à son service.

F

FABIEN, Pape, né à Rome, fut élu après Antere, le 15 Janvier 236. On prétend qu'une colombe se reposa sur sa tête lors de son élection. Il trouva l'Eglise en bute à la persécution des Empereurs & aux factions des Hérétiques. Il divisa la Ville en quatorze Régions, mit dans chacune une personne pour écrire les actes des Martyrs. Il bâtit des Eglises dans les cimetieres de ces Saints, & fut lui-même martyrisé sous l'Empire de Dece, en 250, après un pontificat de quinze ans & cinq jours.

FABRILLI, (*Raphaël*) né à Urbin en 1619, savant Antiquaire, fut d'abord Secrétaire d'Alexandre VIII, Préfet des Archives du Château Saint-Ange, Chanoine de S. Pierre sous Innocent XII. Il acquit la connoissance la plus profonde de l'Histoire Grecque & Romaine, étudia les Langues savantes & étrangeres, & se forma la correspondance la plus étendue avec tous les Savans de l'Europe. Il regarda toutes ces études comme nécessaires à celle des Antiquités. Il a laissé un Traité *de aquis & aquæ ductibus veteris Romæ*, in-12, *Romæ*; un autre *de Columna Trajani cum Alfonsi Ciaconii historiâ; utriusque belli Dacici à Trajano gesti*, in-fol. *Inscriptionum antiquarum explicatio*. Ces Ouvrages sont très-estimés des Savans.

FABRIANO, petite Ville de l'Etat de l'Eglise, dans la Marche d'Ancône. Elle est renommée par la bonté du papier qu'on y fabrique, & qui passe pour le meilleur de toute l'Italie.

FABRICIUS, (*Jérôme*) qui prit le nom d'AQUAPENDENTE sa patrie, Disciple & successeur de Fallope pour l'Anatomie à Padoue, où il professa cette science pendant quarante ans avec la plus grande distinction. La République de Venise l'honora d'une statue & d'une pension de cent écus d'or & d'une chaîne d'or. Il a composé plusieurs Ouvrages sur la Médecine

& l'Anatomie, qui lui ont fait beaucoup d'honneur. Il a découvert les valvules des veines. Il étoit fort désintéressé. Il avoit mis dans un cabinet les présens que ses amis lui avoient faits avec cette inscription :

Lucri neglecti lucrum : Profit des profits négligés.

Ses Ouvrages d'Anatomie ont été imprimés in-fol. à Leyde, en 1738. Il mourut en 1603.

FABRINI, (*Jean*) de Florence, Grammairien du seizieme siecle, a laissé des commentaires & des notes sur Virgile, Horace, Terence, & sur quelques Epîtres de Ciceron, & quelques Ouvrages de Grammaire.

FACIO, (*Barthelemi*) né à Spilia, dans l'Etat de Gênes, Secrétaire d'Alphonse d'Arragon, Roi de Naples, fut l'ami de Pie II, & très-lié avec tous les Savans ; ennemi irréconciliable de qui s'étoit attiré sa haine : il ne pardonna jamais *Laurent Valla*, qui avoit critiqué ses Ouvrages. Il a laissé, en latin, une Histoire de la Guerre des Vénitiens & des Génois ; une Histoire de son temps jusqu'en 1455, in-4°. un Traité des Hommes illustres ses contemporains, imprimé à Florence en 1741, in-4°. des Opuscules ; & une traduction latine de la vie d'Alexandre le Grand, par *Arien* ; *de vitæ felicitate & præstantiâ* ; *de immortalitate animæ*.

FAÇADE, *Faciata*, est une fête que les Cardinaux donnent lors de leur réception ; elle est ainsi nommée, parce que, dans son origine, dans le temps que le Prélat alloit recevoir le chapeau de Cardinal, son premier domestique, en l'honneur de cette nouvelle dignité de son maître, faisoit peindre en rouge le chambranle des portes & des fenêtres, & allumoit quelques torches devant la principale face du Palais ; ensuite, au lieu de peindre en rouge, on peignit en marbre, & il y eut quelques torches de plus. La Chambre Apostolique poussa les choses plus loin à la reception du Duc d'Yorck ; le Cardinal qui fut reçu enchérit encore. On est venu au point que non seulement la décoration de la façade est de la plus grande somptuosité, qu'elle est formée des ordres d'architecture les plus riches, avec des statues & tous les ornemens

mens de cet art, que l'illumination suit tous ces ordres; que cette décoration est soutenue dans l'intérieur du Palais, dans les jardins & dans tout le pourtour, éclairés par une infinité de pots-à-feu; que quelquefois il y a des galeries de Musiciens de l'autre côté de la rue, & sur-tout si le Palais est sur une Place, avec des loges pour les spectateurs, formées aux dépens des maisons voisines, que le Cardinal achete pour y pratiquer des enfoncemens; mais qu'il donne pendant deux ou trois jours que dure la fête, toutes sortes de rafraîchissemens & de confitures. Ces fêtes sont devenues très-dispendieuses. En mémoire de la premiere institution, la façade principale doit toujours être illuminée avec des torches de cire blanche, distribuées par faisceaux de distance en distance.

FAENZA, ou FAÏENCE, ou FAVENTIA, Ville d'Italie, dans la Romagne, au Duché d'Urbin, sur le *Lamone*, est très-ancienne. Elle est grande & bien bâtie, ses bâtimens sont en brique, la Place principale est entourée de beaux portiques, & ornée d'une belle fontaine. Faenza est connue dans toute l'Italie par la belle vaisselle de terre cuite qu'on y fabrique; elle porte le nom de la Ville, qui l'a donné à toutes les Manufactures de la même vaisselle, établies dans les autres Royaumes. Ce fut un Italien, qui s'étant trouvé à Nevers, & voyant de la terre propre à faire la même vaisselle qu'à Faenza, y établit la premiere Fayancerie du Royaume. Les Italiens appelloient cette vaisselle *maiolica*, & on l'appelle encore dans les Provinces méridionales de la France de la *mélique*. Faenza a passé des Manfredi au Pape Alexandre VI, qui la leur attacha. Elle est à dix milles de Forli.

FAERNÉ, (*Gabriel*) né à Crémone, Poëte du seizieme siecle, composa, à la sollicitation de Pie IV, & mit en vers cent fables choisies dans les anciens Auteurs: elles sont très-estimées, par le naturel & la simplicité du style. Son Recueil ne fut imprimé que trois ans après sa mort, en 1564, in-4°. orné de planches, & fort recherché des Savans. Charles Perrault traduisit ses fables, dans le dernier siecle, en vers françois. Faerne a donné d'excellentes éditions de Cicéron, de Caulle, de Térence, avec des notes savantes, & d'autres Ouvrages sont estimés. Il mourut à Rome en 1561.

FALCONNETTO, (*Jean-Marie*) Architecte, né à Vérone en 1458. Il fut d'abord Peintre médiocre; mais son application à l'architecture le rendit un excellent Artiste. Il suivoit les monumens antiques avec tant d'assiduité, qu'il creusoit lui-même en plusieurs endroits pour découvrir la place des anciens édifices. Il les dessinoit, il copioit en même temps toutes les sculptures anciennes de Rome & des environs jusqu'au Royaume de Naples. Quoique très-bien reçu de l'Empereur Maximilien, quoiqu'il jouît d'une certaine considération dans Vérone, des disgraces qu'il y reçut l'obligerent de se retirer à Padoue, où il fut accueilli par le Cardinal Bembo & Louis Cornaro. Ce dernier lui accorda son amitié, & l'employa à bâtir un Palais près de l'Eglise Saint-Antoine. On y admire sur-tout une galerie sur la Cour. Il éleva plusieurs édifices à Padoue, à Vopo, dans le Frioul. Il fut le premier qui donna les dessins des théâtres & des amphithéâtres des Anciens. Falconnetto voyoit tout dans le grand; il refusoit de bâtir pour les particuliers; il exécutoit des modeles de vastes édifices sans qu'ils lui fussent commandés. Il fut le premier qui introduisit le goût de la bonne architecture à Venise. On a pris de ses ouvrages pour être de Michel-Ange. Louis Cornaro, qui l'avoit toujours aimé, & qui s'amusoit beaucoup de ses saillies & de ses épigrammes, voulut qu'il fût enterré dans son tombeau. Il mourut à Padoue en 1534, âgé de soixante-seize ans.

FALCONIERI, (*Octavio*) de Florence, est Auteur d'un savant Discours italien sur la pyramide de Caius Sestius. La regle des *Oblates*, approuvée par Martin V, est de Julienne Falconieri, de la même famille, morte en 1341.

FALDA, (*Jean-Baptiste*) Graveur: ses Estampes à l'eau-forte sont recherchées des connoisseurs. Il a laissé des ouvrages sur l'architecture: ses Livres des Palais, des Vignes & des Fontaines de Rome.

FALERNE, (montagne de) est à deux milles environ de Pouzzols, sur la droite; elle étoit célebre du temps des Romains, par les vins qu'elle produifoit. Il n'eſt ni moins bon ni en moins grande quantité que du temps d'Horace ; mais les Romains d'aujourd'hui ne fe donnent pas le temps de l'attendre, comme les anciens. On le boit dans l'année, tandis que Gallien dit expreſſément que le Falerne ne commence d'être bon qu'à fa dixieme année, & qu'il eſt à fa perfection depuis quinze juſqu'à vingt ans. Il en eſt de même de pluſieurs autres vins d'Italie, qu'on trouve beaucoup au-deſſous des éloges qu'en ont fait les Poëtes. On ne fait point attention que la bonté du vin dépend en grande partie de la maniere de le faire & de l'eſpace du temps qu'on doit l'attendre. Parmi nos vins de France, il y en a pluſieurs, & peut-être le plus grand nombre, qui font déteſtables la premiere année, & délicieux la troiſieme, la quatrieme & juſqu'à la dixieme. Il y en a d'autres qui ne veulent point être gardés, & qu'il faut boire la premiere année.

FALETTI, (*Jérôme*) Comte de Trignano, né à Savone, dans le feizieme fiecle, fut allier les affaires & la Poëſie. Il fut très-utile aux Ducs de Ferrare, qui le chargerent de commiſſions importantes. Il a laiſſé la *Guerre de Flandre*, Poëme Italien, en quatre Chants ; douze Livres de Poëſies ; les cauſes de la Guerre d'Allemagne fous Charles V, in-8°. le Traité d'Athenagore fur la Réſurrection, traduit en italien, in-4°. Il a travaillé au Polianthea.

FALIER, (*Mario*) Doge de Veniſe, qui ayant formé le projet de s'emparer pour toujours de l'autorité fuprême, complota de faire aſſaſſiner tous les Sénateurs. La conſpiration fut découverte par un de fes complices. Falier fut décolé, feize Conjurés furent pendus, & quatre cents périrent par différens fupplices. Le Sénat donna au délateur des lettres de nobleſſe & mille écus de penſion. Quoique ce fût un homme de rien, il murmura de la modicité de la récompenſe. Le Sénat l'exila dans une Iſle ; il voulut s'échapper, & périt fur le Golfe.

Ordelaphe Falier, Doge, de la même famille, rendit des fervices importans à la République. Il aida, avec une puiſſante flotte, Baudouin, Roi de Jéruſalem, à reprendre la plus grande partie de la Syrie. Il conquit la Dalmatie, la Croatie, & remporta des victoires signalées. Mais Zara s'étant revoltée, il y vola, mit le siege devant la place, & y périt vers 1104.

FALLOPE, (*Gabriel*) célebre Médecin, Botaniste, Astronome, Physicien & Anatomiste, né à Modene en 1450. Il fit de longs voyages dans différentes parties de l'Europe pour se perfectionner dans son art : il y fit des découvertes heureuses. Si les Anciens connoissoient la trompe de la matrice à laquelle il a donné son nom, il a donné à cette découverte un degré d'utilité, qui lui a laissé tout le mérite de l'invention. Ses Ouvrages ont été imprimés en trois vol. in-fol. & un vol. de Supplément, à Venise, en 1606. Il mourut âgé de soixante-treize ans.

FAMAGOUSTE, *Famagosta* (Fama-Augusta) Ville dans l'Isle de Chypre, avec un bon Port, autrefois Salamine, selon quelques-uns. Elle est quarrée, environnée de murs & d'un fossé ; elle a toujours été fort commerçante. Elle a passé des Génois aux Vénitiens, & ensuite aux Turcs. Mustapha l'assiégea : Bragadin la défendit en héros ; forcé de capituler, il ne se rendit que sous promesse de la vie & des honneurs de la guerre. Mustapha, qui avoit perdu quatre-vingt mille hommes à ce siege, promit tout, & fit mourir Bragadin au mois d'Août 1571.

FANO, (*Fanum fortunæ*) Ville de l'Etat Ecclésiastique, peu considérable, au Duché d'Urbin, sur le bord de la mer. On y voit les restes d'un ancien arc de triomphe, érigé, disent les uns, en l'honneur de l'Empereur Auguste ; en celui de Constantin, disent les autres ; il se réduit à une porte de marbre blanc. Ce qui a laissé quelqu'incertitude sur la destination ou dédicace de cet arc, c'est que le haut paroît avoir été fait dans un siecle de mauvais goût, tel que celui de Constantin, & que l'architecture du bas est très-bonne. Il y a en Italie plusieurs arcs de ce genre. Il ne reste aucun vestige du temple que les Romains avoient bâti en l'honneur de la Fortune. La Cathédrale n'a rien de remarquable, que la quatrieme Chapelle à droite, où l'on voit quelques tableaux fort estimés. Dans l'Eglise de *S. Pietro de Patri Philippini*, on distingue dans la voute six tableaux de Viviani ; un tableau du Guide ; J. C. remettant les clefs à Saint Pierre; deux autres tableaux de *Santarini*, Peintre Vénitien; un Saint Jean, du Guerchin; une miniature singuliere à la Bibliotheque, c'est J. C. la Vierge & S. Jean: le cadre en est formé par les quatre histoires évangéliques de la Passion, écrites en petits caracteres.

FARE DE MESSINE, (le) est un Détroit célebre dans la mer Méditerranée, entre les côtes de la Sicile & de la Calabre Ultérieure. Ce Canal est fameux par le flux & reflux de la mer de six en six heures. Il est dangereux pour les vaisseaux, qu'il entraîne quelquefois, malgré la résistance des ancres. Il y a aussi à l'entrée de ce Canal deux écueils célébrés par les Poëtes, *Caribde & Scilla*. Le Fare de Messine est un fanal qui éclaire toutes les nuits les vaisseaux qui passent ou qui entrent dans le Port de Messine. En 1675, les François gagnerent une bataille navale sur les Espagnols près de ce Détroit.

FARFA, nom d'une petite Riviere & d'un Bourg de la Sabine, dans l'Etat de l'Eglise. Elle prend sa source au Cap de Farfa, & se décharge dans le Tibre, vis-à-vis de Toretta, après avoir baigné le Bourg de Farfa, situé à sept lieues de Rome. Il y a dans ce Bourg une célebre Abbaye, appellée l'Abbaye de Farfa.

FARINACCIO, (*Prosper*) Jurisconsulte, né à Rome en 1554, se distingua dans le Barreau. Il aimoit à se charger des causes les plus désespérées; il eut la charge de Procureur Fiscal, qu'il exerça avec tant de rigidité, qu'il souleva tout le monde contre lui. Il n'étoit pas aussi juste pour ce qui le regardoit, ce qui faisoit dire au Pape Clément VIII, que *sa farine étoit excellente, mais que le sac qui la contenoit ne valoit rien*. Farinaccio mourut à Rome en 1618; ses Ouvrages, recueillis en neuf volumes in-fol. ont été imprimés à Anvers en 1620—21—22.

FARINATO, (*Paul*) Peintre & Architecte, fut employé par le Prince de Melfe, qui n'aimoit pas moins sa personne que ses tableaux. Il mourut à Vérone sa patrie, en 1606. Il a laissé des ouvrages à Vérone, à Mantoue, à Milan, à Rome, à Venise. Il fut un des ornemens de l'Académie de Philarmonici de Vérone. Il aimoit beaucoup sa femme : ils eurent le bonheur de mourir à la même heure.

FARNESE, Maison célebre d'Italie, qui doit son plus grand lustre à Alexandre Farnese, né en 1468, Pape, sous le nom de Paul III, en 1534. Cette Maison étoit connue en 1288, & étoit originaire de Toscane. On a prétendu que Paul III versa ses bienfaits sur Aloysius Farnese son fils naturel, tige de cette Maison jusqu'à Elisabeth Farnese, Reine d'Espagne. La vérité est que Paul III avoit été marié avant son Pontificat, & qu'il eut de son mariage Constance Farnese, qui fut mariée, & mourut sans enfans, & un fils nommé Pierre-Louis. Cette Maison a régné près de deux siecles, & ne s'éteignit qu'à la mort d'Antoine Farnese, arrivée en 1731. La Principauté de Farnese est enclavée dans le Duché de Castro : elle appartient aujourd'hui à la Maison Chigi, dont les Princes sont les neveux d'Alexandre VII. Les Farneses, Ducs de Parme, ont autrefois possédé les Duchés de *Castro* & de *Ronciglione* réunis aujourd'hui au Patrimoine de Saint Pierre. Il y a encore dans le Duché de Castro un Bourg du nom de Farnese. Cette Maison a fini à Antoine Farnese, dont Elisabeth, Reine Douairiere d'Espagne, morte le 12 Juillet 1766, avoit été héritiere. Pierre Farnese I étoit Consul d'Orviette, dans le treizieme siecle.

FARNESE, (*Alexandre*) Pape, sous le nom de Paul III; il étoit fils de Pierre-Louis Farnese, Seigneur de Montalto. S'étant insinué dans les bonnes graces du Pape Alexandre VII, il fut honoré d'une Légation à Ancône. Malgré cette dignité, regardée comme Ecclésiastique, il épousa une fille de la Maison de Rafini, de laquelle il eut Pierre-Louis Farnese, & une fille nommée Constance ; c'est ce qui a fait dire aux uns que Pierre-Louis étoit bâtard, & aux autres, qu'il eut un fils naturel appellé *Aloysius*. Lorsque la Légation d'Alexandre eut pris fin, il vint à Rome. Le Pape l'éleva au Cardinalat, en 1493 ; & en 1530, le Pape Clément VII étant mort, il fut élu, & prit le nom de Paul III. Ce fut alors qu'il s'appliqua aux affaires du Gouvernement, qu'il travailla à faire le bien du Saint Siege, en faisant celui de ses enfans. Il unit un Confiftoire, dans lequel il fit donner l'inveftiture de Parme & de Plaifance à fes defcendans à perpétuité, à condition du vaffelage au faint Siege. Pierre-Louis de Farnefe en prit poffeffion, ainfi qu'on le verra dans l'article fuivant.

FARNESE, (*Pierre-Louis*) Premier Duc de Parme & de Plaifance, fils de Paul III, connu, avant fon élection au Pontificat, fous le nom d'Alexandre Farnefe. Ce Pape retrancha de l'Etat de l'Eglife Parme & Plaifance, pour lefquelles il donna en échange la Principauté de Camerino & la Seigneurie de Nepi. Dès que Pierre-Louis Farnefe eut été reconnu Duc par le Clergé & par le Peuple, il s'appliqua à fortifier fes Etats. Plaifance, qui n'avoit pour toute défenfe que des baftions de terre, fe vit bientôt entourée d'une muraille très-élevée, entourée de foffés très-vaftes, & fa Citadele fut regardée comme une des meilleures forterefles d'Italie. Il ne borna pas là fes foins, il travailla à réprimer la tyrannie que les Nobles exerçoient fur le Peuple. Ce projet, fi conforme à la fage politique & à l'humanité, fut caufe de fa mort. Quatre de ces Nobles confpirerent contre lui, & l'affafinerent le 10 Septembre 1547. Le Marquis de Gonzague, ancien ennemi de la Maifon de Farnefe, & Gouverneur du Milanez pour Charles V, fut foupçonné d'être un des complices. Ce foupçon eft fondé fur ce que dans le moment de l'exécution, les Milices Impériales étoient aux portes de Plaifance, & que Gonzague obligea les Plaifantins de prêter ferment à l'Empereur. Lorfque Paul III eut cédé la Souveraineté de Parme & de Plaifance à Pierre-Louis, pour la tenir comme Vaffal de l'Eglife, à la charge d'une redevance annuelle de huit mille écus romains, Charles V refufa de le reconnoître, & ne ceffa de le troubler dans la poffeffion de fes nouveaux Etats. Pierre-Louis avoit épousé Hiéronifme Urfin, de laquelle il eut Alexandre, qui fut Cardinal, & Octave, qui lui fuccéda. Celui-ci époufa Marguerite d'Autriche, fille naturelle de Charles V, qui fut Gouvernante des Pays-Bas. Ce mariage engagea l'Empereur de confirmer à la Maifon de Farnefe la poffeffion du Duché de Parme. Octave eut de Marguerite, Alexandre Farnese, si connu par son gouvernement de Flandres.

FARNESE, (*Alexandre*) fils d'Octave Farnese & de Marguerite d'Autriche, succéda à son pere en 1586. Il s'acquit beaucoup de gloire dans ses guerres de Flandres, & sur-tout au siege d'Anvers. Il pénétra en France, & soutint le parti de la Ligue. Quoiqu'il eût tenté pour empêcher Henri de Bourbon de venir à bout de ses glorieux desseins, ce Prince n'en regarda pas moins Alexandre Farnese comme un des plus grands Capitaines de son siecle. Il avoit épousé Marie, fille d'Edouard, Duc de Guimarannes, en Portugal. Alexandre mourut en 1592, & laissa de son mariage Rainuce I, qui lui succéda ; Edouard, qui fut Cardinal, & Marguerite, qui fut mariée à Vincent I, Duc de Mantoue.

FARNESE. (Palais) Il y a le grand & le petit Farnese. Le grand est situé sur une Place du même nom, ornée de deux belles fontaines, formées de deux grandes cuves assez profondes & ovales. Ce Palais fut commencé par Giamberti de Sangallo, continué par Michel-Ange, & fini par Jacques della Porta. Il fut construit aux dépens du Colisée, dont le Pape Paul III permit que Michel Ange, qui étoit plus fait que personne pour respecter ce que les Goths avoient épargné, enlevât les marbres & les pierres de taille de ce superbe monument de la magnificence romaine. Ce Palais a passé au Roi de Naples ; s'il a quelque défaut, c'est d'être trop majestueux pour le Palais d'un Particulier. Cette grandeur donne au vestibule & à la cour un air trop resserré. Un des meilleurs morceaux, est la célebre galerie Farnese, peinte par Annibal Carrache. Sous la galerie ouverte de la cour, dans les arcades, sont de très-belles statues antiques. Les trois plus belles sont le célebre *Hercule Farnese*, chef-d'œuvre de sculpture, ainsi que la *Vénus de Médicis*. L'Hercule est de Glicon l'Athénien ; elle fut trouvée sans jambes. Jacques della Porta les répara si bien, que lorsqu'on eut trouvé les véritables jambes, Michel-Ange ne voulut pas les changer ; on voit les jambes antiques dans la *Villa Borghese*. Le pendant est un autre Hercule de si belle proportion, qu'on n'ose décider s'il est ancien ou moderne. La seconde figure est la Flore Antique, tenant d'une main une couronne, & de l'autre relevant sa robe du bout des doigts : elle est de la même grandeur que l'Hercule, & aussi belle : on la croit de Polyclete de Sicione. La troisieme est le Gladiateur, tenant un enfant mort sur son épaule : on doute si c'est l'Empereur Commode ou *Spicillus Mirmillo*. Les autres statues de ce portique sont un autre Gladiateur, ayant son casque sous le pied, une autre Flore, &c. Dans l'escalier, sont trois statues colossales couchées, représentant la Méditerranée & l'Océan, & entre l'une & l'autre un enfant nud entouré de la queue d'un dauphin, & trois bustes de Jupiter, de Castor & de Pollux. On voit dans ce Palais une grande urne ou tombeau de marbre de Paros, ornée d'arabesques, trouvée à *Capo de Bove*, renfermant les cendres de Cecilia Metella, femme de Crassus. Dans la galerie des Carraches, un Mercure aussi beau que l'Antinoüs, du *Belvedere*; un buste antique & rare, de Séneque ; une tête d'Homere ; le buste d'une jeune vestale : une Vénus accroupie, deux fois grande comme le naturel, jouant avec son fils, auquel elle a pris son arc & ses flèches ; un excellent buste, de Caracalla ; un Faune, portant un chevreau sur ses épaules, antique Grec fort renommé ; Hercule & Omphale ; le magnifique groupe d'Amphion, & Zethis, attachant Dircée aux cornes d'un taureau, par ordre d'Antiope, groupe célèbre dans l'Antiquité même, d'un seul bloc de marbre blanc, haut de treize à quatorze pieds : il est d'Apollonius & de Tauriscus, Asinius Pollio l'avoit fait venir de Grèce ; une statue équestre d'Auguste encore jeune ; un groupe d'Alexandre Farnese, couronné des mains de la Victoire, ayant à ses pieds la Flandre à genoux & l'Escaut enchaîné. Outre les belles peintures des plafonds de la galerie, par le Carrache, il y en a beaucoup d'autres de cet Artiste & du Dominiquin. Une grande partie de la fable est peinte dans les plafonds de la galerie & des appartemens. Le travail d'Annibal Carrache, dans ce Palais, est immense ; on y voit plusieurs morceaux rares ; la grande table de Michel-Ange, faite de pierres orientales, sur onze pieds de long ; la

Vénus aux belles fesses; Trimalcion, entrant dans la salle du festin, où deux amis l'attendent couchés sur un lit : un Faune le soutient, un autre le déchausse, &c. *V*. PETIT FARNESE.

FARNESE, (petit) ou *Farnesina*. Le petit Farnese, Palais de Rome, ainsi appellé pour le distinguer du magnifique Palais Farnese, dont nous avons parlé. Le petit Farnese est au-delà du Tibre. Il a été bâti pour Augustin Chigi, Banquier de Rome. La Galerie qui sert de vestibule a été peinte par Raphaël, à fresque, & par ses meilleurs Eleves, tels que Jules Romain, Ferrari, Penni, & l'humidité ayant gâté ces peintures, Carle Maratte en a restauré plusieurs. L'assemblée des Dieux, devant laquelle Vénus se plaint de l'amour de son fils pour Psiché, & l'Apothéose de Psiché sont le sujet de cette fresque, qui n'est plus belle que pour le dessin, les couleurs ayant beaucoup souffert; le même défaut se trouve dans la galerie de Raphaël dans les appartemens du haut. Sur une cheminée, la forge de Vulcain, de Raphaël. Roxane & Alexandre, d'après la description du tableau d'Action par Lucien, du Sodoma : un dessin sur le mur, d'une tête de Faune, fait au Charbon par Raphaël.

Ce Palais, qui est regardé comme une Maison de Plaisance, appartient, comme le grand Farnese, au Roi de Naples. Outre l'énorme quantité de peintures de Raphaël, qui ornent les appartemens & les plafonds, où Raphaël, dans l'histoire de Psiché, a ramené toute la fable, & épuisé les plus grandes ressources de la Poësie & de la Peinture, il y a de très-belles statues; on y a transporté la Vénus aux belles fesses : on y voit une Agrippine, une tête colossale de César, &c.

Outre ces deux Palais, le Roi de Naples a encore la *Villa Farnesiana*, dont la principale entrée est sur le marché du *Campo Vaccino*, & dont les jardins occupent une partie du mont Palatin. L'entrée principale est de Vignole & est très-noble; les jardins sont ornés de statues, qu'on a trouvées dans l'Amphithéâtre qui est près de là : dans les jardins on est conduit par de belles allées de charmilles & par un escalier en pente douce à une grotte, précédée d'un vestibule dans lequel est une belle statue d'Agrippine; au milieu de la grotte est un jet d'eau ; autour sont des statues grecques, une femme avec les cheveux bouclés, une Vénus aux belles fesses, une statue d'Esculape, une Vénus marine, des bustes de Marc-Aurele. Sur une autre terrasse, encore des statues grecques, d'Apollon, de Bacchus, d'un Faune, &c. Il y a plusieurs terrasses; sur l'une, on trouve une quantité d'entablemens, de chapiteaux, de colonnes. En creusant dans ces jardins, il y a quelques années, on trouva des salles incrustées de beaux marbres, dans l'une desquelles il y avoit de grosses colonnes de porphyre de verd antique; mais tout étoit gâté par le feu. On descend dans trois salles, dont les murs subsistent à la hauteur de dix pieds. On croit que ces débris sont les ruines du Palais des Césars. Derriere ces salles, dans le fond d'un potager, on descend aux bains de Livie; ce sont de petites salles souterraines; la voûte de la premiere est ornée de feuillages, rehaussés d'or sur un fond blanc; la seconde est ornée d'arabesques & de compartimens, dans lesquels on voit trois petits tableaux peints à fresque. La voûte est ornée de figures, qui paroissent bien dessinées, partie en or sur un fond d'azur, & partie en azur sur un fond d'or; on entrevoit quatre ou cinq figures qui paroissent avoir été assez bien peintes; les bordures sont des especes de corniches faites de lapis, de jaspe, d'agathe & autres pierres dures. M. le Cardinal de Polignac acquit une grande partie des bas reliefs trouvés dans ces ruines; il les fit venir à Paris, avec plusieurs autres morceaux trouvés dans les ruines du Palais de Marini. Ces jardins sont couronnés par des arcades qui sont au-dessus & qui en se mélant avec les cyprès & les ronces, forment le plus bel aspect.

FARRA, (*Alexandre*) de Castellazzo, près d'Alexandrie, dans le Milanois, Poëte & Jurisconsulte, vivoit dans le seizieme siecle, de l'Académie d'*Egli Affidati* de Pavie. Après s'y être distingué dans les Lettres, il prit le parti des armes. Son frere l'engagea d'étudier le Droit : il eut de grands succès dans cette profession. Pie V, qui étoit d'Alexandrie de la Paille, ayant été élu Pape, les Alexandrins lui députerent Farra, pour lui témoigner leur joie. Le Pape enchanté de ſes talens, lui donna le Gouvernement d'Aſcoli. Le Marquis de Peſcaire lui donna enſuite celui de Caſal.

FAVAGNANA, Iſle & petite Ville ſur la côte occidentale de la Sicile, près de *Trapano*. La Ville eſt défendue par un Fort conſidérable, qu'on appelle le Fort de Sainte Catherine.

FAVERGES, Bourg aſſez conſidérable du Genevois, ſur le lac de Geneve, au Sud du Lac.

FAUSSIGNI, (la Baronie de) *Focinianum*, Province de la Savoie propre, entre le Genevois & le Valois, au pied des Alpes, dans un pays de montagnes. On n'eſt pas d'accord ſi c'eſt Bonneville ſur la riviere d'Arve, ou Cluſe ſur la même riviere, qui en eſt la Capitale. Le Fauſſigni a eu autrefois des Seigneurs indépendans. Les Comtes de Savoie faiſoient hommage aux Rois de France pour le Fauſſigni, à cauſe du Teſtament de Humbert II, à qui il appartenoit, & qui donna toutes ſes Terres au Roi Philippe de Valois, ſous condition que les aînés de nos Rois porteroient le titre de Dauphin, & que la Baronie de Fauſſigni ne pourroit être ſéparée du Dauphiné. Il fut fait un échange du Fauſſigni, du pays de Gex, & des Terres que le Dauphin avoit au-delà du Rhône, avec celles que le Comte poſſédoit en deçà; mais comme ce que la Savoie acquit valoit mieux que ce qu'elle donna, & que les Commiſſaires s'étoient laiſſé corrompre, les Comtes de Savoie s'aſſujettirent à l'hommage. Louis XI les en diſpenſa, quoiqu'il ne pût le faire, & ſa renonciation eſt regardée comme non avenue. Le Fauſſigni renferme douze Mandemens ou Bailliages; ſavoir, Salanches, Charouſe, Flumet, Montjoye, Chammuni, Châtillon, Samoven, Taminge, Bonneville, Fauſſigni, Thie & Bonne. On le diviſe en haut & bas. Outre ces Bailliages, il y a encore Paſſi, Saint Joire, Vien, Boëga, Chamoni, Cluſe. Fauſſigni eſt un Château qui a donné ſon nom au pays.

FAYOLA, (la) petit Bourg ſur le chemin de Rome à Naples, où l'on change de chevaux, auprès d'une forêt du même nom, d'où l'on a tiré d'excellens bois de conſtruction pour la marine, & qui commence à être fort dépeuplée Ce bois étoit d'autant plus utile, qu'il offroit des courbes naturelles : effet de l'action du Soleil ou d'une féve abondante. Cette qualité est très-commune aux tiges des arbres des pays méridionaux, qui se courbent dès qu'ils ont pris une certaine hauteur. Le Bourg de la Fayola est à six milles de Marino, le chemin à travers la forêt est très-mauvais.

FELETRO, petite Ville au Royaume de Naples, dans la Principauté Citérieure, avec un Evêché suffragant d'*Amalfi*, & le titre de Principauté qui appartient à la Maison Carafa.

FELTRI, *Feltria*, petite Ville dans la Marche Trévisanne, avec un Evêché suffragant d'Aquilée, sur une hauteur, est située sur l'Aronne, à six lieues N. de Trévise, au pied des montagnes. Ses habitans font un commerce considérable de fer. On rapporte deux vers de Jules César, qui maudit cette Ville, à cause du froid qui vient des neiges éternelles qui couvrent les montagnes qui l'environnent. *Feltri* est la Capitale du *Feltrin*, pays de montagnes, qui appartient à la République de Venise depuis 1404. Le Feltrino est très-peu étendu, son principal revenu consiste en fer. *Vedana* & *Romagno* sont, après la Capitale, les lieux les plus remarquables, & ils le sont peu.

FÉLIX. Il y a eu quatre Papes & un Antipape de ce nom. Le premier fut Saint Félix, Romain, qui succéda à Saint Denis, le 30 Décembre 270 : il écrivit contre Sabellius & Paul de Samosate, deux Hérésiarques. On lui attribue trois autres Epîtres. Il bâtit une Eglise & fit deux Ordinations : il mourut par le martyre, le 30 Mai 275.

FÉLIX II fut mis par les Ariens à la place de *Liberius*, envoyé en exil : il n'étoit pourtant point Arien ; il fut élu dans le Palais impérial de Constance, & non dans l'Eglise. Les Catholiques eurent horreur de cette élection : trois Evêques Ariens lui imposèrent les mains. On le regardoit comme excommunié & Antipape ; mais il quitta les Ariens & condamna Constance, & les Officiers de l'Empereur lui firent trancher la tête à Cere où il s'étoit retiré, après le retour de Liberius. On marque son martyre en 357. L'Eglise l'honore comme un Saint Pontife.

FÉLIX III, Romain, Bisaïeul de Saint Grégoire le Grand, succéda à Simplicius le 8 Mars 483 : il rejeta l'Edit d'Union, publié par Zenon, il assembla un Sinode à Rome, dans lequel Pierre Mongus, & Pierre le Foulon furent condamnés. N'ayant pu gagner par la douceur Acacius de Constantinople, il le déposa dans un Concile assemblé à Rome en 484. Acacius s'en vengea en rayant le nom du Pape des Dyptiques ecclésiastiques, & persécuta les Prêtres Ortodoxes. Il assembla un Concile pour la réconciliation des rebaptisés par les Ariens. Tout son Pontificat ne fut qu'une suite de soins en faveur de l'Eglise : il mourut le 25 Février 492. On lui attribue huit Epîtres.

FÉLIX IV, né à Bénévent, succéda à Jean I, le 24 Août 526 ; il fut élu par l'autorité de Théodoric, qui força les suffrages ; Félix fut cependant un bon Pape, & marqua toujours un grand zele pour l'Eglise. Les Goths persécutoient les Ecclésiastiques ; Athalaric leur Roi, à qui il s'en plaignit publia un Edit qui fit cesser la persécution. Il a laissé trois Epîtres ; il mourut le 12 Octobre 530.

L'Antipape Félix V, est le célebre Amédée VIII, Duc de Savoie. *Voyez* RIPAILLE.

FENESTRELLES, Place assez bien fortifiée dans la Province de Pignerol, ou des quatre Vallées, sur le Cluson, entre Pignerol & Suse au N. Le Duc de Savoie la prit en 1708, & le Traité d'Utrecht lui en a assuré la possession.

FERDINAND, ou FERNAND I, Roi de Naples & de Sicile, fils naturel d'Alphonse V, Roi d'Arragon, légitimé par Eugene IV, recouvra deux fois ses Etats par les secours des Papes. Il paya le Saint Siege d'ingratitude. Innocent VIII l'excommunia ; lorsqu'il sut que Charles VIII se préparoit à la conquête de Naples, ne pouvant plus compter sur les secours du Pape, il offrit à Charles de lui faire hommage de son Royaume & de lui payer un tribut annuel de cinquante mille écus. Charles rejetta ses offres, & Ferdinand en conçut tant de chagrin, qu'il mourut d'une apoplexie au mois de Janvier 1494, âgé de soixante-onze ans. Alphonse son fils abandonna le Trône à Ferdinand II, fils d'Alphonse. Aux approches de Charles, Ferdinand II se retira dans l'Isle d'Ischia; après le départ de Charles, les Princes Italiens lui faciliterent les moyens de remonter sur le Trône : il mourut quelques mois après en 1496.

FERDINANDI, (*Epiphane*) né à Messagna, dans la Terre d'Otrante, en 1669, Médecin célebre, qui professa dans sa patrie, la Poësie, la Géométrie, la Philosophie & la Médecine. Il publia plusieurs Ouvrages. Son Ouvrage le plus estimé, & le plus souvent imprimé, est *Observationes & Casus Medici*. Un jour que *Ferdinandi* expliquoit Hypocrate à ses Disciples, on vint lui annoncer la mort d'un de ses fils âgé de vingt ans, il se contenta de répondre, comme Job : *Deus dedit, Deus abstulit*. Ferdinandi mourut en 1638.

FERENTINO, *Feretium*, petite Ville de l'État Ecclésiastique dans la Campagne de Rome, sur une Montagne à trois lieues d'Anagni. Son Evêché ne releve que du Pape. Cette Ville est aujourd'hui peu considérable. Il y a une petite Ville du même nom au Royaume de Naples, dans la Capitanate, au S. E. de San-Seviero, avec Evêché.

FERENTO, ancienne Ville de l'Etrurie, appellée par les Anciens, *Ferentiæ, Ferentinum & Ferentium*. Elle avoit un Siége Episcopal, & étoit située près de Viterbe, dont les Habitans ruinerent *Ferento* en 1014, à cause de son hérésie. On en voit les ruines près de *Monte-Fiascone*.

FERENZUOLA, ou FIERENZUOLA, Ville Episcopale dans la Capitanate. Elle est bâtie dans l'endroit où Sylla défit en 672 de Rome, M. Carbo. Il y a une Abbaye célebre.

FERMO, autrefois *Firmum Picenum*, Ville ancienne & assez bien fortifiée; elle est célebre par la naissance de Lactance, qui a composé plusieurs Ouvrages en faveur de la Religion Chrétienne. Il étoit si éloquent, qu'on lui a donné le nom de *Ciceron Chrétien*. *Fermo* est sur le Golfe de Venise, dans la Marche d'Ancône, avec Archevêché. Elle secourut autrefois Rome contre Annibal. Les ruines de l'ancienne *Fermo* sont un peu au-delà de celles d'aujourd'hui, dont les Italiens disent : *Quando Ferma vuol Fermare, tutta la Marca la fatremare.*

Feroni, (*Villa*) aux environs de Rome, & au-dessous de la Villa Pamphili entre les Monts Celius & le Janicule ; la maison est de la plus grande simplicité, plus proprement que richement meublée. Cette maison de campagne mérite l'attention des Voyageurs par ses belles allées de charmilles, ses plantations d'orangers, de citronniers, de cédras, par ses longs berceaux d'*Agrumi*, qui, en procurant l'ombrage le plus agréable, répandent une odeur délicieuse.

FERRACINO, (*Bartholomeo*) né dans le Bassan en 1692. Il étoit Scieur de bois ; mais il étoit né avec le génie des Arts ; dès l'enfance il inventa une scie à vent qui faisoit plus d'ouvrage que la scie ordinaire. Il fit des tonneaux à vin, sans cerceaux, plus solides que les autres. Il inventa des Horloges de fer d'une plus grande simplicité, & qui avoient de plus grands effets que les Horloges connues ; une Machine hydraulique très-simple, au moyen de laquelle il faisoit de grandes roues dentelées. Il imagina une Machine hydraulique qui élevoit l'eau à trente-cinq pieds, & qui étonna les Mathématiciens. Il construisit dans très-peu de temps le beau Pont de Bassano sur la Brenta. Il y a peu de temps que ce grand Ingénieur est mort. M. Memmo a publié la Vie & les Inventions de Ferracino, à Venise 1764 in-4°.

Ferrandina, ou Ferdinanda, petite Ville au Royaume de Naples, dans la Basilicate, avec titre de Duché, qui appartient à la Maison de Tolede-Osorio ; elle est près de la riviere de Basiento, à six lieues S. O. de Matera, à quinze ou vingt milles du Golfe de Tarente.

Ferrare, *Ferraria*, grande Ville d'Italie & Capitale du Ferrarois dans l'État Ecclésiastique, à dix lieues de Bologne & à vingt de Venise, sur un des bras du Pô, est située presque au centre du Ferrarois. Cette Ville fut fondée, vers le sixieme siecle, par Smaradus, Exarque de Ravenne, qui fit entourer de murailles l'endroit où est aujourd'hui Ferrare. Le Pape Vitalien y transféra l'Evêché de Viguenza. L'Université y fut établie par Frédéric II dans le temps de ses démêlés avec le Pape : il lui donna autant de célébrité qu'il dépendoit de lui pour faire tomber celle

celle de Bologne. Le Pape Jean XII la donna à Tebaldo, Marquis d'Eſt, mort en 1007. Cette Maiſon, qui poſſéda long-temps le Ferrarois, donna toute ſon attention à l'embelliſſement de Ferrare. Ce n'étoit d'abord qu'un Marquiſat. Paul II l'érigea en Duché en faveur de Borzo d'Eſt. Ferrare devint une des plus belles & des plus floriſſantes Villes d'Italie: elle étoit encore très-riche & très-conſidérable au temps de l'Arioſte; il ne reſte aujourd'hui que des veſtiges de ſa magnificence, de ſa population & de ſon commerce. Le Ferrarois, après la mort d'Alphonſe II, Duc de Ferrare, paſſa, par droit de conquête, à Clément VIII, qui, avec ſon neveu Aldrobrandin, enleva Ferrare à la Maiſon de Modene, deſcendante de celle d'Eſt. C'eſt depuis qu'elle appartient à l'État Eccléſiaſtique, que Ferrare déchoit tous les jours. Elle n'a tout au plus que quinze mille Habitans; l'aſpect de la Ville eſt impoſant; les fortifications en ſont belles & bien entretenues; les édifices publics & particuliers ſont très-beaux; les rues en ſont droites & larges; pluſieurs même ſont tirées au cordeau, & quelques-unes ont un quart de lieue de longueur; mais le peu de population de Ferrare les fait paroître triſtes & déſertes; les campagnes des environs ne ſont pas mieux peuplées; ce qu'on attribue à l'air mal ſain qui s'exhale des marais du Ferrarois. Au milieu de la Ville eſt un Château qui étoit autrefois le Palais des Ducs. Il eſt la réſidence du Cardinal Légat que le Pape envoie à Ferrare pour gouverner. Il eſt entouré d'eau & flanqué de quatre groſſes tours. Près de ce Château eſt l'ancien Palais des Nobles appartenant à la Maiſon de Modene, qui le tient en Fief de l'Egliſe. On voit au-devant du Palais deux ſtatues de bronze aſſez médiocres, ſur des colonnes très-hautes; ce ſont deux Ducs de Ferrare.

Les Egliſes les plus recommandables ſont la Cathédrale dédiée à Saint Georges, vis-à-vis l'ancien Palais des Ducs ou des Nobles; elle eſt bâtie en Croix grecque, le portail eſt d'un goût gothique. On y admire un Saint Laurent, du Guerchin; un tableau du Jugement dernier, copié, ou du moins fort imité de Michel-Ange; quelques peintures du Doſſi, & le tombeau de

Lilio Grég. Giraldi. On voit au Collége des Jésuites un Saint Stanislas communié par les Anges, de l'Espagnolet, & un Saint François Xavier ressuscitant un mort, du même ; à Sainte Marie, un tableau de Paul Veronese ; à l'Eglise des Bénédictins, dans la Chapelle de Saint Jean-Baptiste, un tableau du festin d'Herode & d'Herodias, sous les traits du Duc Alphonse & de sa Maîtresse ; ce tableau est de Bononi. Cette Eglise est plus remarquable par le tombeau de l'Arioste, qui y est enterré, que par ses peintures. C'est un grand Mausolée en marbre blanc. Arioste mourut en 1533, âgé de cinquante-neuf ans. Ce monument fut érigé à sa mémoire en 1612. Dans le vestibule du réfectoire des Bénédictins, est un Paradis de *Benedetto di Garafolo*, qui y a représenté l'Arioste entre Sainte Catherine & Saint Sebastien. L'Arioste lui avoit dit, en plaisantant: *Mettez-moi dans votre Paradis, car je ne prends pas trop le chemin de l'autre*.

On conserve, & les Étrangers vont voir l'Hôpital Sainte Anne, où le Duc Alphonse de Ferrare tint long-temps enfermé le Tasse, sous prétexte de folie ; digne récompense d'un Prince que ce grand Poëte avoit immortalisé. On voit la maison où le *Pastor Fido* fut représenté pour la premiere fois ; elle appartenoit autrefois aux Guarini. L'Eglise des Dominicains renferme les tombeaux des Strozzi pere & fils, tous deux Poëtes ; ceux de Nic. Leo. Canigo & Celio Calcagnino, & de plusieurs Savans qui brillerent à Ferrare, du quatorzieme au quinzieme siecle. On va voir aux Théatins un beau tableau du Guerchin ; c'est la présentation au Temple.

Eugene IV assembla un Concile à Ferrare en 1438, dans l'Eglise de Saint George des Moines Olivetans ; c'est-là que se fit la réunion de l'Eglise Grecque à l'Eglise Latine : l'Empereur Jean Paléologue y assista. Ferrare a produit plusieurs Hommes célebres dans les Lettres & les Arts : ils étoient fort cultivés à la Cour des Ducs d'Est, qui les aimoient & les protégeoient. Cette Maison, quoique Souveraine d'un petit État, étoit riche & magnifique ; la culture des terres & la population rendoient ce pays florissant, & les revenus du Prince considérables. Depuis que Ferrare appartient au Pape, la culture a été négligée ; &

par une conséquence nécessaire, la population & l'abondance ont fort diminué. C'est Borzo, Duc d'Est, qui fonda la Chartreuse, son tombeau est au milieu du Cloître. On voit dans l'Eglise une Ascension & un Jugement dernier, du Bastinianino Filipi; au réfectoire, les Noces de Cana, du Bononi; dans la salle du Chapitre, un Saint Bruno, du même.

Il y avoit une très-belle Académie à Ferrare, connue sous le nom des Intrépides. Son Université, qui a été très-fameuse, est réduite au seul Collége des Jésuites.

Ferrare a donné naissance au fameux Cardinal Guy Bentivoglio, à Jean-Baptiste Guarini, à Riccioli. On y cultive encore les Lettres. Messieurs Jean-André Barotti, Poëte & Littérateur; Jerôme Berafaldi, Antiquaire, ainsi que Jean-Baptiste Passeri, & le Marquis Alfonso Verano, célebre par sa Tragédie de Démétrius, une des meilleures que l'Italie ait produite, & par sa Sémiramis, sont très-estimés. Nous devons à Ferrare la célebre Actrice Flaminia Balletti, & les Riccoboni, qui se sont distingués en France, comme Acteurs & comme Auteurs; Madame Riccoboni est la bru de Flaminia; ses Pieces de Théâtre & ses Romans jouissent d'une grande réputation.

FERRARI, (*Bernardin*) né à Milan en 1579, fut envoyé par Frédéric Borromée, Archevêque, en Espagne & dans toute l'Italie pour rassembler des manuscrits & des livres, & augmenter la Bibliothéque Ambroisienne. Ferrari l'a enrichie de ses Ouvrages. On a de lui, *De Ritu Sacrarum Concionum*. Ce Livre estimé étoit fort rare avant qu'on ne le réimprimât. La premiere édition est de 1620, in-4°. des Applaudissemens & des Acclamations des Anciens, à Milan, 1627; un Traité des Funérailles des Chrétiens.

Il y a eu à Milan plusieurs autres Savans de ce nom. Jean-Baptiste, qui publia dans le 17ᵉ siecle *Hesperides, sive de malorum Aureorum cultura & usu*, in-fol. & *de Cultura Florum*, in-4°. Jean-Baptiste Ferrari, Jésuite, de Sienne, publia en 1622, un *Dictionnaire* Syriaque. Il mourut en 1655. Octavien, né en 1510, Professeur de Philosophie à Padoue, a laissé un savant Traité de l'Origine des Romains, en latin, inféré par Grœvins dans le premier volume de ses Antiquités Romaines. Un autre Octavien Ferrari, né en 1607, qui reçut des marques flatteuses de distinction de Louis XIV, de la Reine Christine, & de la Ville de Milan. C'étoit un très-savant Antiquaire. Il a publié un Traité sur *les Vêtemens des Anciens*; un second sur *les Lampes sépulcrales*; un troisieme sur *les Mimes & Pantomimes*; un quatrieme, sur *l'Origine de la Langue Italienne*. Il mourut en 1684, âgé de soixante-quatorze ans.

FERRARI, (*Philippe*) Général des Servites, né à Ovillo près d'Alexandrie de la Paille, dans le Milanois, Théologien, Littérateur & Mathématicien. Il enseigna pendant quarante-huit ans les Mathématiques à Pavie. Il fut aimé de Clément VIII, Paul V & Urbin VIII. Il a laissé plusieurs Ouvrages; le plus estimé est son *Lexicon Geographicus*, qui ne fut publié qu'en 1627, à Milan. Il a été corrigé & augmenté par Baudrand, & imprimé à Paris en 1670.

FERRARO, (*Jean-Baptiste*) Cardinal, natif & Archevêque de Modene, sous le Pontificat d'Alexandre VI, dont il sut flatter les vices, pendant qu'il étoit Cardinal de Borgia. Ferraro étoit ambitieux & avoit de l'esprit; il s'acquitta des commissions que Borgia lui donnoit avec exactitude. Etant devenu Pape, il lui donna divers emplois; l'Archevêché de Modene & celui de Capoue. Son avidité n'en fut pas satisfaite, il fit mille bassesses à la Chancellerie.

FERRAROIS, ou Duché de Ferrare, est borné au Nord par l'Etat de Venise, au Couchant, par les Duchés de Mantoue & de la Mirandole; au Midi, par le Bolonois & la Romagne, & au Levant, par le Golfe de Venise. Différentes branches du Pô, qui a son embouchure dans la mer Adriatique, entourent tout ce pays & l'inondent : par la difficulté que les eaux ont à s'écouler, elles séjournent dans les terres, & y forment des marais qui rendent l'air très - mal sain. On a rendu celui de Commachio utile, par les salines qu'on y a établies; mais si les Souverains Pontifes, à qui ce pays est échu, ne donnent pas leur attention à faire des desséchemens, par des canaux ou par d'autres moyens, ce pays qui fut si riche, qui est encore si agréable, deviendra désert & inhabitable. Il passa des Romains aux Lombards. La destruction d'Aquilée par Attila força quelques habitans du Frioul de se réfugier dans ces terres marécageuses, ainsi que les Venetes dans les Lagunes. Le Ferrarois passa aux Rois d'Italie, descendans de Charlemagne, & fut donné à la Maison d'Est par l'Empereur Frédéric II. Les Papes s'en emparerent ensuite, prétendant que ce pays faisoit partie des biens donnés au Saint-Siége par Charlemagne, comme dépendans de l'Exarcat de Ravenne. Les eaux désolent une surface de cent soixante lieues quarrées de pays, entre Bologne, Ravenne & Ferrare. On y a fait quelques travaux; on a détourné le Reno, qui couloit dans l'ancien lit d'une branche du Pô, & qui pouvoit former des attérissemens funestes pour le pays; le Panaro qui y couloit aussi, se fit de lui-même une autre route; ces travaux suspendus ont causé plus de dommages encore: Bologne souffre beaucoup de ces inondations; les Bolonois ont fait des plaintes, on a promis d'y avoir égard, on a fait des projets & on n'en a exécuté aucun. Cependant le Ferrarois, le Polesin, une partie du Modenois, sont presque impraticables pour les voyageurs, qui courent beaucoup de risques lorsqu'ils veulent aller sans guides: sans les inondations, le pays seroit très-fertile. Il s'y forme d'espace en espace des amas d'eaux considérables qui se répandent dans la direction des vents, rompent les chemins & roulent dans les lieux bas. Comme c'est toujours des inondations nouvelles, on est obligé de prendre continuellement des guides, & quoique de Bologne à Ferrare on ne compte que cinq postes, les détours qu'on est obligé de faire doublent & triplent ce chemin. Les chaussées sont fort étroites; les voyageurs doivent craindre de se rencontrer.

Le Ferrarois produit une grande quantité de chanvre, on y voit quelques vignes, on y recueille des bleds, des graines & quantité de légumes, du moins dans les lieux qui ne sont pas inondés.

Les autres Villes du Duché de Ferrare sont *Ariano*, *Mezzo*-

Goro, *Mesola*, *Pomposa*, *Valana*, vers les embouchures du Pô, *Buondeno*, à l'Ouest de Ferrare, *Francolino* au Nord, *Belriguardo*, *Argenta*, *Ostellato*, Migliarmo, & *Sento*, Evêché au-dessous.

FERRERIO, (*Antoine*) Cardinal, Evêque de Perouse, né à Savone, de la lie du Peuple; son ambition & son avarice lui tinrent lieu de talens; il cacha adroitement l'une & l'autre; il fut d'abord Ecuyer du Cardinal Récanati; parvint à être domestique du Pape Jules II, qui lui donna successivement les Evêchés de Nole, d'Ugubio & de Pérouse, & qui enfin le fit Cardinal, malgré l'opposition générale du sacré College, en 1505. Jules lui donna la Légation de Bologne, Ferrerio s'y conduisit comme un tyran; il fit mourir plusieurs habitans, & leur vola plus de trente mille ducats d'or. Il fut soupçonné d'avoir formé des projets contre le Pape, qui le fit arrêter & fit vendre ses meubles pour payer ce qu'il avoit volé aux Bolonois. Ferrerio mourut de chagrin le 13 Juillet 1508.

FERRERO. Il y a eu quatre Cardinaux de ce nom. Leur famille est de Biele en Piémont: elle tire son origine d'Acciaioli de Florence, dont la branche de Ferrero vint s'établir en Lombardie. *Jean Etienne Ferrero*, fils de Sébastien, Fondateur des Chanoines Réguliers de Biele, fut fait Evêque de Verceil, ensuite de Bologne, & Alexandre VI le revêtit de la pourpre, en 1500; il mourut en 1510, âgé de trente-six ans, regretté des Savans, qu'il aimoit, & entre lesquels il tenoit un rang distingué.

FERRERO, (*Boniface*) son frere, Evêque de Verceil, fut fait Cardinal en 1517, par Léon X, à qui Sébastien Ferrero avoit rendu des services; il étoit alors Evêque d'Ivrée, & on l'appella le Cardinal d'Ivrée. Paul III l'avoit destiné pour présider au Concile indiqué à Vicense. Il l'envoya Légat à Bologne, où il fonda un College pour les pauvres Gentilshommes du Piémont, il mourut à Rome en 1543.

FERRERO, (*Gui*) de la même famille, naquit en 1537; il étoit fils de Sébastien, Marquis de Romignano & de Madeleine Borromée, qui fonda à Milan un Monastere de filles pénitentes; elle eut trois fils; mais Gui succéda à ses deux freres;

Pierre François Ferrero, son oncle, Cardinal, prit soin de son éducation, & lui remit l'Evêché de Verceil. Pie IV le fit Cardinal. Il fut employé dans le sacré College, & se fit estimer par son savoir & par sa piété. Il mourut en 1585.

FERRERO, (*Pierre François*) son oncle, aussi Cardinal, étoit fils de Geofroy de *Casalevalone*, Président au Sénat de Milan. Il se trouva au Concile de Trente, en qualité d'Evêque de Verceil. Pie IV le fit Cardinal en 1561. Il mourut à Rome, en 1566, âgé de soixante-trois ans.

FERRETI, Poëte & Historien, né à Vicense, dans le quatorzieme siecle, a laissé plusieurs Ouvrages, soit en vers, soit en prose, & entr'autres un Poëme, dans lequel il célebre les belles actions de Can de l'Escale ; une Histoire depuis la mort de Frédéric II, en 1250, jusqu'en 1317. Il passe pour avoir été un de ceux qui rétablirent le bon goût & chasserent la barbarie de l'Europe. Il ne faut pas le confondre avec Jean-Pierre Ferreti, Evêque de *Laviello*, au Royaume de Naples, Auteur de différens Traités manuscrits, mort en 1577.

FERRIERES, Village de Savoie, sur le bord de la Doire, composé d'une vingtaine de maisons, entre deux rochers escarpés ; il est borné de tous côtés, on n'y voit le Soleil que sur les cimes des montagnes ; on y entend le bruit des torrens, & l'on est entouré de précipices de tous côtés.

FESTES. *Voyez* DIVERTISSEMENS. Une des plus singulieres est celle du 24 Août à Bologne, appellée la Fête de la *Porcelette*. Elle se fait dans la grande place, vis-à-vis de la Seigneurie. L'Ecuyer tranchant du Légat, placé sur une tour de charpente, construite exprès, jette au petit peuple du cochon rôti, qu'il dépece avec beaucoup de gravité ; on jette aussi quantité de quartiers de volaille ; tandis que le Peuple se dispute & ramasse à terre ces morceaux, on lui jette de grands sceaux d'eau, qui ne l'empêchent pas de s'acharner à s'enlever ces viandes. Une foule de spectateurs anime la canaille ; ensuite viennent des courses de bague qui consistent à se tenir debout sur des tonneaux couchés, qu'on roule sous les pieds ; il faut beaucoup d'adresse pour ne pas tomber, & viser en même temps la bague. On s'y exerce quelquefois deux mois d'avance & l'on n'en tombe pas moins, ce qui fait beaucoup rire les spectateurs. Outre ces divertissemens, les Bolonois en inventent tous les ans de nouveaux pour cette Fête.

La Fête de Saint Pierre à Rome est une des plus belles. Le jour du Saint, le Pape célebre la Messe au grand Autel, placé au-dessous de la Chaire de Saint Pierre. On forme autour de l'Autel un Chœur postiche, avec des bancs élevés de trois marches & couverts de tapis rouges, où se placent les Cardinaux, les Evêques & les Chanoines, &c. La veille de la Fête se fait la Chinea, cavalcade dont nous avons parlé ailleurs pour présenter au Pape le tribut du Roi de Naples. On tire le soir de la veille deux beaux feux d'artifice, l'un sur le haut de la Tour du Château Saint Ange, & l'autre à la Place *Farnese*. Pendant ces deux jours on illumine à l'entrée de la nuit tout l'extérieur du dôme jusqu'au haut de la Croix, ce qui forme une montagne de lumiere, qu'on voit à deux lieues à la ronde. Les Cardinaux, les Princes, les Ambassadeurs, les *Monsignori*, & plusieurs riches Particuliers font illuminer aussi les façades de leurs maisons avec des lampions & des transparens. *Voyez* Feux d'Artifice.

Festes de Venise. *Voyez* Venise, Carnaval, Bucentaure, Nicolotes.

FETI, (*Dominique*) né à Rome, en 1589. Il fut Eleve du Civoli; mais il chercha à imiter l'antique de Jules Romain, ce qui lui donna une maniere grande. Il avoit une imagination belle & brillante. Son coloris est vigoureux, le ton de ses couleurs est sombre & un peu noir; mais ses tableaux sont fort recherchés par le piquant & par l'esprit qu'il y a mis. Cet Artiste mourut à la fleur de son âge, dans le temps que le Duc de Mantoue, dont il embellissoit le Palais, se disposoit à lui assurer une fortune brillante. Le libertinage contribua à sa mort. Sa sœur se fit Religieuse, elle peignoit très-bien, elle orna le Couvent où elle s'enferma, & fit des tableaux pour d'autres Couvents de Mantoue. Les dessins de Feti sont faits avec beaucoup de goût. Le Roi possede plusieurs de ses tableaux. M. le Duc d'Orléans en a un qui repréfente une Fileufe. Il mourut à Venife en 1624, âgé de trente-cinq ans.

FEUDI IMPERIALI, Fiefs de l'Empire.

Ce font plufieurs petits territoires, anciennement connus fous le nom de Fiefs de l'Empire & qui appartenoient à la Maifon d'Autriche, mais que l'Archiducheffe a cédés en différens temps au Duc de Savoie. Ces Fiefs font compris dans la partie méridionale du *Pavefe*, qui a été cédé auffi au Roi de Sardaigne par cette Princeffe en 1743, après le Traité de Worms. Les principaux font *Bobbio* fur la *Trebia*, *Voghera*, *Stradelle*, *Varzi*, *Organifca*, *Mongiardino*, *Oltone*, *San-Stefano*, *Toriglia*, & *Borgo Fornari*. Les territoires d'*Alexandrie*, de *Lomelline*, de *Tortone*, de *Pavie*, de *Vigevano*, de *Novarre*, d'*Anghuiera*, & les vallées de *Seffia* font auffi compris dans les *Feudi Impériali*.

FEUX D'ARTIFICE. On fait que les Italiens font très-habiles dans ce genre ; auffi y réuffiffent-ils mieux que tous les autres Peuples. Il fe tire des feux affez communément en Italie, & leur artifice eft très-brillant ; les Romains fur-tout y excellent. Ceux que l'on tire la veille & le jour de Saint Pierre font de la plus grande beauté ; outre une infinité de fufées & de gerbes, de pots à feux, de ferpentaux, de bombes, de foleils & autres artifices, qui repréfentent des chiffres & des fontaines, il y a toujours à la fin une girandole, compofée d'une quantité prodigieufe de fufées, & dont la lumiere eft fi vive & fi confidérable, qu'il eft impoffible d'en foutenir l'éclat à une demie lieue à la ronde.

FIANO, petite Ville au Patrimoine de Saint-Pierre, a donné naiffance à l'Hiftorien Francefco. Elle eft fur le Tibre, à fix lieues de Rome : fes environs font charmans.

SIANONE, petite Ville de la République de Venife, dans l'Iftrie, avec un Port fur la côte du Golfe, à l'embouchure de de la riviere d'Arfia : c'eft la derniere place d'Iftrie. Elle eft fituée fur une montagne d'où coule une fontaine qui fait aller quantité d'ufines, par fa chûte, avant d'être parvenue dans la plaine.

FIASCONE. *Voyez* MONTE FIASCONE.

FIASELLO, (*Dominique*) Peintre, né à Sarzane, dans l'Etat de Gènes, en 1589, s'acquit beaucoup de réputation. Il est plus connu parmi les Peintres sous le nom *d'el Sarzano*, que sous celui de *Fiasello*. Il mourut le 19 Octobre 1669. Jean-Baptiste *Fiasello*, son neveu & son éleve, fut aussi un excellent Peintre.

FICHERVOLE, petite Ville au Duché de Ferrare, près des frontieres du Mantouan, sur le Pô. Il y a un Canal superbe qui communique du Pô au Tartaro.

FICIN, (*Marsile*) Chanoine de Florence, un des hommes les plus savans dans les Langues Grecque & Latine. Il professa la Philosophie dans l'Université de Florence, où il eut un très-grand nombre de Disciples. Il passoit une grande partie de sa vie dans une campagne agréable que lui avoient donné les Médicis. Il étoit d'une santé foible & délicate : de la sobriété, des amis choisis, le grand air, dissipoient la mélancolie à laquelle il étoit enclin. Il prolongea ses jours à force d'attention jusqu'à soixante-six ans. Il mourut en 1499. Le Recueil de ses Ouvrages a été imprimé à Basle, en deux volumes in-fol. On y trouve les traductions de Platon & de Plotin, des Traités de Physique, de Métaphysique, de Morale. On a reproché à Ficin d'avoir donné dans la folie de l'Astrologie judiciaire.

FIESOLI ou FESULA, Ville très-ancienne, dont il ne reste que des ruines, à deux milles de Florence, au L. d'hiver, sur les bords de l'Arno. Cette Ville est beaucoup plus ancienne que Florence, dont elle étoit la Métropole : on croit que Fiesole étoit le Chef-lieu des Augures Toscans. Elle conserva son droit de Métropole sur Florence jusqu'au commencement du onzieme siecle. En 1010, les Florentins la détruisirent, employerent ses débris à leurs édifices, & forcerent les Fiesules à venir s'établir parmi eux. Ils ont néanmoins conservé leur Evêque, qui a son revenu, son titre & son Palais à Florence, dans son Diocese même. Il reste encore de l'ancienne Fesula la Cathédrale, qui est d'architecture gothique, un Séminaire, une Maison pour les Chanoines, un Couvent de Franciscains, & quelques maisons qu'on a rebâties, & qui forment un petit Village, dans une situation fort agréable.

FIESQUE, (*Jean-Louis* de) Comte de Lavagna, d'une famille illustre de Gènes. Son ambition fut cause de sa perte. Jaloux de la puissance & de l'illustration de la Maison de Doria, il forma une conspiration pour se rendre maître de Gènes. Ses mesures étoient tellement concertées, qu'il seroit venu à bout de ses desseins, sans un accident qui lui coûta la vie, & & sauva Gènes. Dans l'instant qu'il donnoit ses ordres pour faire exécuter son entreprise, Fiesque tomba dans l'eau, & se noya. Ses freres, qui avoient eu part au complot, ne purent se soustraire à la vengeance de leur ennemi. Jérôme de Fiesque eut la tête tranchée. Ottobon tomba entre les mains de Doria, qui le fit mourir sans pitié. Scipion fut enveloppé dans les malheurs de sa famille : son Palais fut rasé, & ses biens confisqués ; & il fut défendu à lui & à ses descendans, jusqu'à la cinquieme génération, de rentrer dans Gènes. C'est ainsi que finit cette famille illustre, qui avoit produit un grand nombre d'hommes célebres, & qui avoient fait honneur à Gènes.

FILARETE, (*Antonio*) né à Florence, dans le quinzieme siecle. Il fit, par ordre du Pape Eugene IV, la porte de bronze de l'Eglise Saint-Pierre du Vatican, avec Simon, frere de Donatelli, qui ne vaut pas celles du Baptistaire de S. Jean de Florence, faites par Ghiberti, dont Michel-Ange disoit qu'elles étoient dignes d'être les portes du Paradis. Filarete donna le plan du grand Hôpital de Milan ; c'est un des plus grands & des plus beaux dans ce genre. Il donna encore le plan de la Cathédrale de Bergame. Il a laissé un Ouvrage sur l'Architecture, bon pour le temps.

FILICAIA, (*Vincent* de) Poëte, Sénateur, né à Florence en 1642, de l'Académie de la Crusca & de celle des Arcades, qu'il a honorées par ses écrits. Il a laissé des Poësies agréables & légeres, remplies d'élégance & de délicatesse ; son fils les recueillit, & les publia en 1707, l'année même de la mort de son pere.

FINAL, *Finalium*, *Finarium*, Ville dans l'Etat & fur la côte occidentale de la mer de Gènes, entre Savonne & Albengue. Ce Marquifat n'a que fix milles de long du côté de la mer, & la Ville eft défendue par une bonne Citadelle & deux Forts confidérables. Final a long-temps appartenu à la Maifon de Carreto. Les Efpagnols la furprirent en 1602, & firent mourir le dernier de cette Maifon; mais Charles VI s'en étant rendu maître en 1710, la vendit aux Génois pour la fomme de trois cent mille écus : elle eft à douze lieues S. E. de Coni, treize S. O. de Gènes, vingt-deux de Turin.

FINAL ou *Finale de Modena*, petite Ville dans les Etats du Duc de Modene, dans une Ifle formée par le Panaro, fur les frontieres du Ferrarois, à cinq lieues S. E. de Mirandole. Cette Ville, qui a fouffert plufieurs fieges, a été confidérablement endommagée.

FINIGUERRA, (*Mafo*) Orfévre à Florence, au milieu du quinzieme fiecle : on lui attribue l'invention de la Gravure, ou plutôt de l'Imprimerie de la Gravure. Il faifoit une empreinte en terre des chofes qu'il gravoit fur de l'argent; il jettoit enfuite dans le moule du foufre fondu. Il imagina de frotter les empreintes d'huile & de noir de fumée, & leur fit repréfenter les figures gravées fur l'argent. De ce procédé, il paffa à celui d'employer le papier en l'humectant, & en paffant un rouleau bien uni fur l'empreinte. Le fuccès alla plus loin qu'il ne l'efpéroit; ces figures étoient fi bien imprimées, qu'elles paroiffoient tracées avec la plume. C'eft-là l'origine de la Gravure d'Eftampes, qui eft parvenue au degré de perfection où nous la voyons. Beccio Bandinelli & André Mantigna, Peintre, y ajouterent une nouvelle perfection. Martin d'Anvers & Albert Durer y excellerent. *Ugo de Carpi* inventa la Gravure en bois. Vers 1500, on imagina de creufer le cuivre avec l'eau-forte. Le Parmefan, le Guide & le Benedette, graverent ainfi leurs ouvrages. Vinceflas Hollar porta ce genre de Gravure à un nouveau degré de perfection encore; mais celui qui la porta le plus loin, fut le célebre Rembrant, qui eut l'art d'employer les ombres & les clairs avec tant de fuccès, qu'il rendit toute la force & l'énergie de ses tableaux ; & que ses Estampes, qui sont devenues de la plus grande rareté, sont presque mises au niveau de ses Tableaux : on en voit une collection précieuse dans le Cabinet d'Estampes du Roi.

FIORENSO, (San) Ville de l'Isle de Corse, près du Golfe du même nom, dans la partie septentrionale, est défendue par un Port, muni de bonnes fortifications : l'Evêque de Nebio y fait sa résidence.

FIORENSOLA, qu'on croit être l'ancienne *Fidentia*, est une petite Ville qui partage le chemin entre Bologne & Florence ; elle est baignée par la riviere de *Santerno*, qui prend sa source dans l'Apennin, & se perd dans les marais du Pô, dans la Légation de Ravenne. Elle est située dans une vallée fertile & bien cultivée. On attribue sa fondation ou plutôt sa restauration aux Florentins, au commencement du quatorzieme siecle, pour en faire une place considérable. En quittant Fiorenzola, on commence à monter le Giogo. *Voyez* GIOGO.

FIORENZUOLA, Bourg de l'Etat de Busseto, entre Parme & Plaisance, est dans une situation fort agréable, sur la Voie Emilienne : sa forteresse, située dans une fort belle plaine, est très médiocre. On trouve auprès de Fiorenzuola une très-belle Abbaye, de l'Ordre de Cîteaux, dont étoit Abbé Antoine de Birague, qui eut l'avantage d'y recevoir en même temps François I, Charles-Quint & le Pape Paul III. Plusieurs prétendent que c'est à Fiorenzuola que naquit le célebre Cardinal Alberoni.

FIUME ou SAINT-VITE, petite Ville dans l'Istrie, située dans une vallée qui est près du Golfe *Quarner*. Cette Ville est plus peuplée que celle de Trieste. Ce qui mérite d'être vu, est l'Arsenal, l'Hôpital & la Cathédrale, qui est nouvellement bâtie. La Compagnie du Levant, à laquelle Charles VI a accordé de grands privileges, & qui fait avec les Portugais un commerce considérable de toutes sortes de marchandises, y a établi son comptoir. Cette Ville, qui dépend, quant au spirituel, de l'Evêque de Pola, appartient à la Reine d'Hongrie.

FIUME DI SIXTO, est un large & beau Canal entrepris par

Sixte V, pour le deſſéchement des marais Pontins, qui infectent l'air de Rome & de l'Etat Eccléſiaſtique. Il raſſembla dans ce Canal une grande partie des eaux diſperſées, & les fit déboucher dans la mer auprès du Mont Circello, profita des anciens canaux creuſés par *Appius Claudius*, Auguſte, Néron & Trajan. Il fit faire des chauſſées des deux côtés : ces chauſſées ſe rompirent après la mort de ce Pontife, dont l'entrepriſe devint inutile par la négligence de ſes ſucceſſeurs.

FIUMISINO ou FIUMICINO, gros Bourg & petit Port de mer, à l'embouchure du Tibre, à ſix lieues S. O. de Rome, à peu de diſtance de Civita-Vecchia. Ce Port eſt très-utile à Rome, pour le tranſport de ſes marchandiſes, & il s'y fait un commerce conſidérable. Ce lieu eſt fort renommé pour les bonnes huîtres & pour le bon poiſſon. Les Romains y vont faire des parties de plaiſir dans le temps du Carême. Fiumiſino eſt très-près de l'ancien Port de Trajan ou de Porto. On y voit une tour fort ancienne, appellée *Tore Aleſſandrina*.

FLAMINIO, (*Marc-Antoine*) né à Imola, Poëte & Théologien. Il fut formé au goût des Lettres par Jean-Antoine ſon pere, qui a laiſſé divers Ouvrages en vers & en proſe. Marc-Antoine eut bientôt ſurpaſſé ſon pere ; il entra auprès du Cardinal Farneſe, qui ſe chargea de ſa fortune, & qui le fit nommer Secrétaire du Concile de Trente : emploi diſtingué, que ſa ſanté lui fit refuſer. Il mourut à Rome, âgé de cinquante-ſept ans, en 1550. Ses Poëſies furent fort eſtimées ; il a laiſſé une Paraphraſe en vers latins, de trente Pſeaumes, imprimée à Florence en 1548, avec des notes, qui lui fit honneur, & pluſieurs autres Ouvrages.

FLAMINIO, (*Antoine*) né en Sicile, profeſſa les Belles-Lettres à Rome, dans le ſeizieme ſiecle. Il fuyoit le commerce des hommes de toute eſpece ; il ne voyoit perſonne ; il ne voulut même jamais de domeſtique, & c'étoit lui-même qui alloit chercher ſon dîner à l'Auberge, & l'apportoit chez lui. Son Hôte s'étant apperçu qu'il y avoit trois jours qu'il n'étoit venu, entra chez lui par la fenêtre, & le trouva mort au milieu de ſes livres.

FLAMINIO SCALA, Comédien, né vers l'an 1540. Il étoit très-grand Acteur, & réussissoit parfaitement dans les Pieces-impromptu. Il fut le premier qui fit imprimer des canevas ou plans de Comédies Italiennes. Il en donna cinquante, en 1611.

FLAVIO DE GIOYA, inventa, au commencement du quatorzieme siecle, la Boussole, qu'on assure cependant avoir été inventée auparavant, & qui étoit connue, suivant quelques Auteurs, sous le nom de Marinette. Gioya étoit d'Amalfi, Ville de Naples. *Voyez* AMALFI.

FLEUVES D'ITALIE. (les) On en compte quatre principaux, dans lesquels vont se jetter toutes les autres rivieres qui baignent la contrée d'Italie. Le plus considérable de tous est le Pô. Les trois autres sont le *Tibre*, l'*Arno* & l'*Adige*.

FLOREBELLO, (*Antoine*) né à Modene, vivoit dans le seizieme siecle, étoit lié avec tous les Savans de son temps, & sur-tout du Cardinal Sadolet, dont il écrivit la vie. Il mourut en 1547. Il a laissé plusieurs Ouvrages, & entr'autres, *de Autoritate summi Pontificis, Eccles. Capitis; de Concordia ad Germanos*, &c.

FLORENCE, *Florentia, Firenze*, une des plus célebres & des plus grandes Villes d'Italie, dans le Duché de Toscane, dont elle est la Capitale, avec un Archevêché. Elle est située au pied de l'Apennin, dans une Vallée fertile & riante, arrosée par l'Arno. Les Romains, du temps de Sylla, en jetterent les premiers fondemens, *ad Arni Fluentia*. *Voyez* DUCHÉ DE TOSCANE. Elle a changé ce nom en celui de Florence la belle, à cause de la beauté de sa situation, la magnificence & la régularité de ses bâtimens. L'Arno la sépare en deux parties inégales qui se communiquent par quatre ponts, dont le plus remarquable est celui qu'on nomme *Ponte della Trinita*. Cette Ville, qui a deux lieues de tour, est divisée en quatre quartiers, sous les noms de Sainte Croix, de Saint Jean, de Sainte Marie la nouvelle, & du Saint Esprit; chacun a sa banniere particuliere: trois sont à la droite de l'Arno, le quatrieme est à la gauche. Ces quartiers sont peuplés de soixante-quatorze mille ames. Florence renferme quarante-neuf Paroisses, soixante Maisons de Religieuses, & vingt-huit de Religieux cloîtrés, plusieurs Hôpitaux pour les Malades & les Pélerins, & des Conservatoires ou Maisons dans lesquelles on éleve des Enfans orphelins, plusieurs belles Places décorées de fontaines, & de statues, colonnes, & autres monumens publics.

Le pont de la Trinité, renversé par une inondation en 1557, & rebâti sur les dessins de l'*Ammanati*, par les ordres de Côme I, est d'une construction solide & hardie. Il n'a que trois arches de marbre, d'une largeur prodigieuse, pavé de grands carreaux de pierres de taille, & bordé de larges parapets; les arcs sont de forme ovale, coupés par le milieu dans leur longueur. On voit aux deux entrées du pont, quatre statues de bronze représentant les quatre Saisons de l'année. Les rues sont également pavées de pierres de taille, larges & presque toutes tirées au cordeau.

Les trois autres ponts sont le *Ponto Vecchio* couvert de bâtimens tous occupés par des Orfévres. Au-dessus passe la galerie couverte, ou corridor qui va du Palais Pitti au vieux Palais, & qui a six cents pas de longueur; le *Ponte alle Grazzie* & le *Ponte alla Caraia*, n'ont rien de bien frappant.

La Porte San-Gallo, celle par laquelle on arrive de Bologne, est la plus belle de toutes. C'est un arc de triomphe qui fut élevé, lorsque l'Empereur François, n'étant encore que Grand Duc de Toscane, fit, avec son épouse, son entrée à Florence en 1739.

Les Eglises de Florence seroient, sans contredit, les plus belles d'Italie, si elles étoient achevées: l'intérieur en est sombre, mais le bel ordre d'architecture dont elles sont décorées, & les peintures dont elles sont ornées les feront toujours admirer. On en compte cent cinquante-deux.

La Cathédrale, qu'on appelle *Santa Maria di Fiori*, est un édifice très-vaste: elle a quatre cent vingt-six pieds de longueur & trois cent soixante-trois de largeur. Elle fut commencée en 1296, sur les dessins d'Arnolphe, Disciple de *Cimabué*; la superbe coupole qui s'éleve du milieu de l'Eglise, est de Philippe Brunelleschi; elle est octogone, & si hardie, que

Michel-

Michel-Ange disoit qu'il étoit très-difficile de l'imiter, & impossible de la surpasser; elle a cent quarante pieds d'un angle à l'autre. Zuchero & Vazari y ont peint le Jugement dernier. L'extérieur de cette Eglise est plus magnifique que l'intérieur. Elle est incrustée en dehors de marbre noir & blanc très-poli; le pavé de l'Eglise est des mêmes marbres. Le Sanctuaire est formé par une colonnade de marbre blanc, d'ordre Ionique, terminée par une corniche & une petite galerie, avec quelques statues. On voit, dans cette Eglise, les quatre Evangélistes, de Donatello, le plus grand Sculpteur après Michel-Ange; un groupe de Jesus-Christ mort, du Pere Eternel & d'un Ange, de Bandinelly; un autre par Michel-Ange, qui n'est qu'ébauché; mais qu'aucun Artiste n'a osé achever. Le portail étoit gothique, on l'a démoli; celui qu'on doit y substituer n'est pas encore fini.

Vis-à-vis de la Cathédrale est le baptistaire, qu'on dit avoir été un Temple de Mars; les trois portes sont d'airain & d'un ouvrage fini; il y en a une sur-tout dont Michel-Ange faisoit tant de cas, qu'il disoit qu'elle méritoit d'être la porte du Ciel. Il y a dans l'Eglise plusieurs tombeaux d'Hommes célebres, tels que Brunelleschi, Giotto, Dante, &c. la porte dont Michel-Ange faisoit tant de cas, est d'André Ugolini de Pise; les deux autres sont de Lorenzo Ghiberti. Toutes les trois sont ornées de tableaux en bas reliefs inimitables.

L'Eglise de Saint Marc des Dominicains & leur Couvent sont célebres; on y voit quatre tableaux de Frere *Bartholomeo della Porta*, du même Ordre; la Chapelle de Saint Antonin, & la statue de cet Archevêque de Florence, le tout par Jean de Bologne; les tombeaux de Pie, de la Mirandole & de Politien. Ce Couvent étoit la demeure du célebre Jérôme Savonarolle.

La *Nunziata* & le Couvent des Servites, de qui elle dépend, ne sont pas moins remarquables. La nef de l'Eglise est soutenue de piliers revêtus de marbre de différentes couleurs; le plafond est en stucs blancs à compartimens dorés. Il y a une Chapelle où l'on conserve un portrait de la Vierge, qu'on dit avoir été peint par les Anges; des beaux bas-reliefs de Jean de Bologne; l'autel, les gradins, le tabernacle, les candelabres, les lampes, mille *ex voto*, le tout d'argent enrichi de pierreries, & l'architecture de Michellozi rendent cette Chapelle un des morceaux les plus curieux. L'Eglise & le Cloître sont remplis d'excellens morceaux de peinture : l'Assomption, du Franceschini à la coupole ; la Résurrection & le Jugement, du Bronzin ; la Guérison de l'Aveugle né, de Passigirani ; la Nativité de la Vierge, d'Allori ; & sur-tout le fameux tableau à fresque d'André del Sarto, de la *Madonna del Sacco*, parce que Saint Joseph est assis sur un sac.

Dans l'Eglise de Sainte Croix des Franciscains, la plus ornée, on admire différens morceaux du Donatelli, du Salviati, du Vasari, du Cigoli ; la chaire du Prédicateur est toute de marbre blanc, taillée en bas-reliefs, qui représentent l'Histoire de la Vie de Saint François ; le tombeau du célebre Michel-Ange qui forme un groupe admirable de la Peinture, la Sculpture & l'Architecture en pleurs ; le Mausolée de Galilée, & plusieurs autres morceaux précieux.

L'Eglise de Saint Laurent renferme plusieurs morceaux de Rossy, d'André del Sarto, dont le tableau représentant un Pere Eternel attaché sur une Croix, d'où il explique à Adam & Eve le Mystere de l'Incarnation de son fils, & de la Rédemption des Hommes, est une idée très-singuliere. Ce qu'il y a plus frappant est la Chapelle des Princes, dont l'architecture est de Michel-Ange ; elle renferme tout ce que cet Artiste a fait de plus précieux ; le tombeau de Julien de Médicis, Duc de Nemours ; sa statue est de la main de cet inimitable Sculpteur ; celles du Jour & de la Nuit, quoiqu'elles ne soient pas achevées, sont des chef-d'œuvres ; celle de la Nuit paroît endormie & respirer doucement. Les statues de l'Aurore & du Crépuscule qui accompagnent celle de Laurent de Médicis, celle de la Vierge qui tient l'Enfant entre ses bras, du même Artiste, sont autant de morceaux incomparables. Plusieurs tombeaux des Médicis, dont le plus remarquable, par sa simplicité, est celui de Côme l'ancien, avec cette inscription honorable : *Decreto publico*, *Partri Patriæ*. Il faut voir dans cette Eglise la fameuse Chapelle de Médicis, de forme octogone ; tout y est de la plus grande richesse & de la derniere perfection; le revêtissement des pilastres qui soutiennent la corniche, est en entier de jaspes, agathes Orientales, lapis lazuli & autres pierres précieuses; on y voit des mosaïques de la plus grande beauté; des tombeaux de granite d'Egypte, de la plus belle proportion; des statues par Jean de Bologne; le pavé est en marqueterie en marbre choisi; le devant d'autel est une mosaïque de fleurs montées sur un fond d'orfévrerie en or. Le détail de cette Chapelle seroit immense, & lorsqu'elle sera finie, il n'y aura pas de monument qu'on puisse lui comparer. La fameuse bibliothéque de Saint Laurent, si connue par le nombre de manuscrits rares qu'elle renferme, mérite l'attention des Voyageurs: on les fait monter à plus de trois mille neuf cents; ils sont tous reliés, enchaînés l'un avec l'autre sur de grands pupîtres couverts de toile pour les garantir de la poussiere. Cette collection fut commencée par Côme de Médicis qui la rendit publique; le bâtiment est du dessin de Michel-Ange.

Dans les autres Eglises de Florence, les Curieux ne trouveront pas moins de quoi satisfaire leur goût, soit pour la peinture, la sculpture ou l'architecture: & ce qu'il y a de plus précieux, c'est qu'on y voit le bon goût se débarrassant des entraves du mauvais, & les premiers efforts du génie qui ne le cédent point aux derniers; mais la plus belle de toutes les collections, est celle de la galerie de l'ancien Palais du Grand Duc, si connue dans toute l'Europe. *Voyez* GALERIE.

Le nouveau Palais, ou Palais Pitti, est celui où réside le Grand Duc, lorsqu'il est à Florence; il a conservé le nom de Luc Pitti, qui le fit commencer sur les dessins de Brunelleschi: on y voit une belle statue de porphyre représentant Moïse qui vient de frapper le rocher; elle est entourée de plusieurs jets d'eau qui semblent jaillir à ses ordres, & d'enfans montés sur des cygnes qui paroissent se jouer dans l'eau; on y remarque plusieurs tables de la plus belle mosaïque, & des meubles enrichis de lapis lazuli & des plus belles pierreries, des bronzes, des lustres, des urnes, &c. mais sur-tout des tableaux des plus grands maîtres, des plafonds de Pierre de Cortone, & quantité d'ouvrages du même Artiste, d'André del Sarto, de Carlin Dolce, de Cigoli, du Cavalier Marni, du Titien, de Rubens, du Bourguignon, de Bartholomeo della Porta, Maître de Raphaël, & digne d'un tel Eleve; de Wandick, du Guerchin; plusieurs des meilleurs morceaux de Raphaël, & sur-tout la *Madona della Sedia*, du Giorgion, de Jules Romain, du Guide, de Michel-Ange, de Paul Veronese, de Salviati, de Tempesta, &c.

Dans le Palais Ricardi, parmi le grand nombre de tableaux Flamands, on en remarque un de Jacques Bassan, d'une composition assez singuliere; c'est Venus & l'Amour nuds dans une boutique de Chaudronnier garnie de poêles & de chaudrons. Dans le Palais Girini, on remarque, parmi les morceaux excellens qui y sont rassemblés, un tableau de Frédéric Zuchero, représentant Jesus-Christ, un livre fermé sous le bras, dans la vallée de Josaphat, au milieu d'une immense quantité d'ossemens dispersés de tous côtés, qui paroissent en mouvement pour se rajuster; on voit des corps entièrement formés, d'autres qui ne le sont qu'à demi, des membres qui commencent à se rejoindre, &c.

Dans la Maison Buonarotti, que Michel-Ange a habitée, & qu'on dit qu'il a bâtie, on conserve encore les premiers desseins qu'il a tracés sur les murs; il n'avoit alors aucun principe de l'Art; on y voit ses premiers tableaux.

Les Palais Corsini, Strozzi, Salviati recelent de grandes beautés; mais l'ancien Palais *Palazzo Vecchio* ne mérite pas moins l'attention des Voyageurs. Il fut bâti par ordre du Sénat dans le temps de la République qui y tenoit ses Assemblées, il est devenu celui des Souverains, lorsque les Médicis s'emparerent du pouvoir suprême. Il est précédé d'une place ornée des plus belles statues. On y admire celle de Côme I, par Jean de Bologne, une très-belle fontaine, au mileu du bassin, de laquelle sort un Neptune de marbre de huit pieds de hauteur, traîné dans une conque par quatre chevaux marins, & suivi de trois Tritons, le tout d'*Ammanati*; les Nymphes & les Tritons qui sont sur les bords du bassin, sont de Jean de Bologne; le David, vainqueur de Goliath, par Michel-Ange, & l'Hercule venant à tuer Cacus, par Rossy, ornent le frontispice du Palais. On est étonné de la grandeur de la salle d'audience ; elle a plus de cent soixante pieds de longueur, sur une largeur porportionnée. Les murs sont peints à fresque par Vasari ; elle est décorée de tableaux excellens & de statues de Rossy, de Bandinelly. On y admire sur-tout celle de la Victoire, ayant un Captif sous les pieds, par Michel-Ange. Les richesses que renferme la salle appellée la Garderobe, sont inappréciables. On les évalue le prix d'une grande & belle Province. La matiere d'un devant d'autel de six pieds de long qu'on y garde, est évaluée à deux millions, sans compter ce qu'a coûté la main-d'œuvre. On y voit l'original des Pandectes. Dans la Loggia ou portique qui est vis-à-vis du Palais entre plusieurs statues, du Donatello, de Cellini, on distingue l'enlévement d'une Sabine, par Jean de Bologne.

On compte à Florence cent soixante belles statues, dans les places, dans les rues & aux façades des Palais. Les autres édifices qui méritent d'être vus, & qui renferment des monumens des Arts, sont le clocher de la Cathédrale, ou la tour du *Giotto*, de cent quarante-quatre brasses de hauteur, revêtue de marbre & ornée de statues, l'une desquelles est un Vieillard que le Donatello regardoit comme son chef-d'œuvre ; la place de la *Nunziata*, parce qu'elle est devant cette Eglise, ornée de portiques à arcades ouvertes, du dessin de Brunelleschi, au milieu de laquelle est la statue équestre du Grand Duc Ferdinand I, par Jean de Bologne ; la galerie qui renferme la Bibliothéque de Laurent de Médicis, de cent quarante pieds de longueur sur trente-trois de largeur, bâtie par Michel-Ange ; l'Hôpital de Sainte Marie-la-Neuve, dont les bâtimens & la Chapelle doivent être vus. Il y a plusieurs autres Etablissemens de ce genre pour les Malades, pour les Convalescens, pour les Incurables, pour les Pélerins en général, pour les Pélerins Ultramontains, pour les Voyageurs Prêtres & Religieux, pour les Enfans Trouvés ; il ne faut pas oublier le Jardin *Boboli*, soit pour la disposition & l'étendue, soit pour les statues des meilleurs Artistes ; il y en a quatre de Michel-Ange ; le Jardin des Simples ; l'Académie ou

Ecole d'Equitation, dont le manege est d'une belle architecture; la Ménagerie, dont la cour, destinée aux combats des bêtes féroces qu'y donnoient les Médicis; l'Université dans l'enceinte de laquelle l'Académie della Crusca, tient ses séances; le Château de Saint Jean-Baptiste, ou *Fortessa da Basso*, dans lequel est une belle Fonderie de canons; la place de la Sainte-Trinité, sur laquelle est une statue de la Justice, plus grande que nature, portée sur une grande colonne de granite, d'ordre Dorique, qui servoit aux Thermes de l'Empereur Antonin à Rome; la Fabrique des Officiers, ou Bâtiment dans lequel les différens Magistrats de la Ville se rassemblent; l'architecture est du Vasari. Il y a une très-belle Bibliothéque publique. Les Théâtres sont peu de chose.

Les dehors de Florence offrent de beaux monumens; la *Villa*, ou *Poggio Imperiale*, renferme des statues, des tableaux & des meubles du plus grand prix, & des plus grands Maîtres; la Chartreuse qui mérite d'être vue; le *Monte-Senario* où Saint Philippe Benzi, Fondateur des Servites, se retira; Buonsollazzo, qui est une colonnie de la Trappe; le jardin Ferdinando qui appartient au Grand Duc, ainsi que le Poggio Caiano, Arimini, Petraïa, Castello, Pratolino & Carraggi. Chacune de ces Maisons est enrichie de morceaux rares de tous les Arts, & mériteroit une description particuliere.

FLORENTIN, (*le*) ou LE TERRITOIRE DE FLORENCE; c'est un des principaux Etats de la Toscane. On y trouve *Pistoie*, *Fiesoli*, *Prato*, & Borgo San-Sepolcro, Villes Episcopales, *Monte Pulciano*, Evêché, *Cortona*, *Arezzo*, *Barberino*, *Ancisa*, *S. Miniato*, Evêché, *Val-Ombrosa* & *Camaldoli*, *Saravalle*, *Pescia*, *Carmignano*, *Firensuola*, *Scarperia*, *Nipozano*, *Empoli*, *San-Cassiano*, *Castellino*, *Uzano*, *Castelfranco*, *Bibiano* & *Civitella*, *Pietra Santa*. Les autres Etats de la Toscane sont le *Pisan*, le *Siennois*, le Val de *Magra*, *Piombino*.

FLORETTI, (*Benoit*) dans le dix-septieme siecle. Il connoissoit les Langues, & sur-tout la sienne. Il a fait des notes & des corrections au *Dictionnaire d'ella Crusca*: mais elles sont encore manuscrites dans la Bibliotheque du Grand-

Duc. Il publia les régles de la Poësie, sous le nom d'*Udenus Nisielius*. Il quitta ses études pour s'appliquer entiérement à celle de la Théologie. Il mourut à Florence : on ignore précisément le temps.

FLORIN, est une espece de Monnoie de divers prix, selon les divers Pays. En Italie, il vaut ordinairement de vingt à vingt-cinq sols, monnoie de France. Le Florin de Savoie est de douze sols ; en Allemagne & en Hollande, il varie encore.

FEUMET, Bourg & l'un des douze Mandemens qui composent le Faussigni, en Savoie.

FOGLIETA, (*Uberto*) Prêtre Génois, qui fut exilé dans le temps des troubles de Gènes, vers le milieu du seizieme siecle. Les Lettres, qu'il avoit toujours cultivées, furent sa ressource dans ses chagrins. Il se retira à Rome, auprès du Cardinal d'Est, qui connoissoit son rare mérite. Il composa dans sa retraite plusieurs Ouvrages, qui sont très-estimés. On fait beaucoup de cas de son Traité *de ratione scribendæ Historiæ*: de son Histoire des Génois, en douze livres, qui a été traduite du latin en italien. Il a laissé plusieurs autres Ouvrages ; & entr'autres un Traité savant *d'ella Republica di Genoe*. Il mourut à Rome en 1581, âgé de soixante-deux ans. Il étoit fils d'Augustin Foglieta, qui avoit été Conseiller des Papes Jules II, Leon X & Clément VIII. L'Empereur Charles V lui avoit fait donner quatre mille écus d'or de pension, & l'Evêché de Mazara. *Paolo Foglieta*, frere d'Uberto, est renommé à Gènes pour ses Poësies.

FOLENGIO, (*Théophile*) connu sous le nom de *Merlin Cocaie*, Bénédictin, né à Mantoue, esprit goguenard & enjoué. Sa gaieté lui fit de puissans protecteurs, qui le mirent à couvert des persécutions que les Moines, jaloux & peut-être piqués des traits satiriques qu'il lançoit sur eux, étoient disposés à lui faire essuyer. Il composoit dans le genre bouffon & grotesque. Le Poëme qui le fit connoître le plus, fut sa *Macaronée*, du nom de *macaroni*, dont il est fort question dans cette folle production. On appella Macaroniques les vers du genre de cet Ouvrage. Ces vers consistent dans un mélange bizarre de mots latins italianisés & de mots italiens latinisés. Ce goût extravagant prit, & vint jusqu'en France, où l'on francisa le latin & latinisa le françois. La Macaronée fut traduite en cette langue en 1606, & réimprimée en 1734, en deux volumes in-12. L'édition de la Macaronée de 1521, in-12, publiée sous le nom de Merlin Cocaie, est devenue fort rare. Il y a eu un autre Folengio, aussi de Mantoue, Bénédictin, mort en 1559, qui a laissé un bon Commentaire sur les Pseaumes, imprimé à Basle en 1557, mais dont la lecture fut défendue, parce que, songeant sérieusement à la réformation des mœurs du Clergé, on le soupçonna d'avoir eu des sentimens favorables à la nouvelle doctrine qui faisoit déja de grands progrès.

FOLIGNO ou FOLIGNI, petite Ville bien peuplée, dans le Duché de Spolette, avec Evêché, bâtie dans la plaine au pied de l'Apennin, dans le sixieme siecle, par les habitans du *Forum Flaminii*, Ville détruite par les Lombards. Foligno fut encore saccagée en 1281 par les Sarrasins: le Cardinal Vittelleschi la soumit au Saint Siege. Elle est assez commerçante, le terrein des environs est bien cultivé. Il y a des Manufactures de papier, & on fait de la soie. La Cathédrale est très-bien bâtie, d'une belle construction, mais peu ornée; on y remarque au-dessous d'un dôme, une très-belle statue d'argent de S. Felicien, Evêque & Patron de la Ville; il est assis; elle a été faite par Legros, Sculpteur François; le dôme est du Bramante. Sous la coupole, & au-dessus du maître-autel, est un beau baldaquin, sur le modele de celui de Saint-Pierre de Rome. Dans le Couvent des Franciscaines, appellées les Comtesses, on voit un tableau de Raphaël, donné par *Sigismondo de Comitibus*, Secrétaire du Pape, représentant la Vierge dans sa gloire, portée sur un nuage, posant sur un arc-en-ciel, tenant l'Enfant-Jésus, environné d'un cercle de Chérubins; un Saint Jean, un Saint François à genoux, & un Cardinal, sont dans le bas, S. Jérôme est derriere. *Foligno* est renommée pour ses excellentes confitures.

FONDACO DÉ TEDESCHI; (il) on appelle ainsi à Venise un vaste & beau Bâtiment, dans lequel il y a cinq cents chambres,

& où les Marchands Allemands entreposent leurs marchandises. Il y a aussi deux Académies de Peinture, où l'on trouve de très-habiles Maîtres dans cet art.

FONDI, petite Ville sur les confins du Royaume de Naples, dans une grande plaine, près du Lac du même nom, & à trois lieues de Terracine. Cette Ville est peu considérable & mal peuplée ; elle est pavée des pierres enlevées de la voie Appienne : l'air y est très-mal sain, ce qui vient du Lac de Fondi, qui a environ quatre milles d'étendue, entre la Ville & la mer. Les eaux basses & croupissantes forment des exhalaisons putrides. Ce Lac est rempli de grosses anguilles qui sont fort estimées. On prétend que Fondi a été bâtie par les Aurunciens, Peuple du Latium. La voie Appienne la traverse & forme la principale rue. Cette Ville fut désolée, dans une descente qu'y fit le Corsaire Barberousse, Roi d'Alger : il exerça sa fureur contre les habitans, pour se venger d'avoir manqué Julie de Gonzague, femme de Vespasien Colonne, de la plus rare beauté, & dont Barberousse vouloit faire présent au Grand Seigneur. Julie fut assez heureuse pour se sauver en chemise à travers les montagnes. Les Anciens estimoient beaucoup les vins de Fondi. Proche du Château est un jardin, qu'on dit avoir appartenu à Ciceron. Il y a un Couvent de Dominicains très-célèbre. Saint Thomas d'Aquin y a enseigné la Philosophie & la Théologie. On y montre encore sa chambre & un oranger qu'on prétend que ce Saint a planté. Le territoire de Fondi est de la plus grande fertilité. Les orangers, les oliviers, les vignes, les mirthes, les lauriers, & généralement les plantations de toute espece y viennent en abondance. Une montagne, qui est à un mille, est entièrement couverte d'oliviers. Tout le territoire des environs à plusieurs milles, sur-tout depuis les confins de l'État ecclésiastique jusqu'à Fondi, offre les mêmes productions ; c'est dommage que l'air y soit si mal sain.

FONTAINE DU GÉANT. *Voyez* BOLOGNE. C'est une des plus belles fontaines qu'il y ait en Italie : elle est au milieu de la Place du Géant, vis-à-vis la grande porte du Palais. Elle a été décorée par Jean de Bologne. Aux angles du piédestal qui supporte un magnifique Neptune, sont quatre enfans qui tiennent des Dauphins : ils jettent de l'eau qui retombe dans des coquilles. Les quatre Syrenes assises sur des Dauphins, aux angles du soubassement, faisant jaillir de l'eau de leurs mamelles qu'elles pressent, sont de la plus grande beauté & dans des attitudes voluptueuses. Toutes ces figures & des masques jettent une grande quantité d'eau, qui remplit le large bassin au milieu duquel cette grande machine est placée.

Fontaine de Rosel, (la) qui se voit dans une des Places de la ville de Saffari, au Royaume de Sardaigne, est comparable aux plus magnifiques de Rome : elle est si fort vantée dans le pays, qu'il est passé en proverbe de dire : *chi non vidde Rossel, non vidde mundo.*

Fontaines de Rome. Ce sont les plus beaux ornemens des Places de cette Capitale ; l'art s'est épuisé à décorer les fontaines. Les endroits les plus élevés de Rome, comme les plus bas, en ont d'également abondantes, & les eaux en sont très-salutaires. A peu de frais on pourroit réparer les anciens acqueducs de Rome, dont quelques-uns ont été rétablis. *Voyez* Acqueducs. Les Romains avoient besoin d'une grande quantité d'eau; ils en consommoient une grande partie pour leurs naumachies & une très-grande pour les bains publics, sans compter les usages ordinaires ; ces eaux coulent aujourd'hui dans des canaux souterrains & se dégorgent dans le Tibre ; une partie est destinée à fournir les fontaines, & elles sont si abondantes, qu'après avoir fait les délices des Romains, elles font aller des moulins, des forges, des papeteries.

Les principales fontaines sont la fontaine Pauline, ou *Aqua Paola*, la fontaine de *Trevi*, celle de la Place Navonne. *Voyez* Aqua Paola, Trevi, Navonne.

L'*Aqua Felice*, ainsi appellée du nom du Pape Sixte V, qui fit restaurer les anciens acqueducs qui conduisoient les eaux de Colonna à deux lieues de Frascati jusques sur le mont Viminal, est une fontaine ou grand réservoir sur cette montagne, où ces eaux se rassemblent Ce Fontanone est décoré d'un Moyse frappant le rocher, d'où l'eau sort par trois ouvertures & tombe dans un grand baſſin, qui par différents tuyaux, la diſtribue ſur le Mont Quirinal, le Capitole eſt ſur une partie du Mont *Pincio*. Cette Fontaine eſt appellée auſſi la fontaine de *Termini*. Le baſſin eſt orné de lions, dont deux ſont antiques & de marbre noir d'Egypte.

La fontaine qui eſt ſur la Piazza d'Iſpagna, à laquelle l'Hôtel de l'Ambaſſadeur d'Eſpagne a donné le nom, fut faite par les ordres du Pape Urbin VIII, ſur les deſſins du Bernin. Le baſſin eſt fait en forme de bateau, idée que l'Architecte prit d'un vaiſſeau, qui dans une grande inondation de Rome, échoua dans cet endroit; il eſt en marbre. Les Romains appellent cette fontaine *Barcaccia*; l'eau eſt verſée des deux côtés de la nacelle.

La Piazza Barberina eſt ornée de deux belles fontaines du Bernin, l'une eſt la fontaine du Triton; quatre Dauphins ſoutiennent une grande coquille, ſurmontée d'un Triton, dont la conque jette de l'eau. L'autre eſt appellée la fontaine des trois mouches, formée d'une ſeule coquille ouverte. Sur la charniere de cette coquille ſont trois mouches, qui ſont les armoiries de cette Maiſon, & d'où l'eau jaillit. Ces deux fontaines ſont très-eſtimées pour la ſimplicité, & en même temps pour la beauté de l'architecture.

Le quartier appellé les quatre fontaines, tire ſon nom des fontaines qui ſont placées dans un carrefour entre *Monte-Cavallo* & la Porte Pie, la Trinité du Mont & Sainte Marie-Majeure; une de ces fontaines ſeulement eſt très-eſtimée par l'Architecture & par la ſtatue d'une femme couchée & drapée, avec un chien.

En face de *la Strada Julia*, Paul V fit élever la belle fontaine, appellée de *Ponte-Sixto*, ſur les deſſins de *Fontana* qui y conduiſit l'*Aqua Paola*, du haut du Janicule. Elle eſt formée d'une arcade, de deux colonnes d'ordre Ionique & d'un Attique. Les armes de ce Pape ſont dans le fronton, une nappe d'eau ſort du ceintre, elle tombe dans un vaſe, d'où elle ſe précipite dans un petit baſſin.

Près de l'Hôpital du Saint-Eſprit, vers le Pont Saint-Ange,

& sur les bords du Tibre, est l'*Aqua Lancisiana*, ou fontaine *della Barchetta*. L'eau en est excellente & très-saine; c'est à cette salubrité qu'elle doit son origine; *Lancisi* rassembla les différentes veines de cette source, & fit construire la fontaine en très-belles pierres de taille, uniquement pour l'utilité publique.

La fontaine des Tortues, sur la Place Mattei, sur les dessins de Jean de Bologne, est formée de quatre figures de bronze sur des Dauphins qui soutiennent un bassin de granite oriental; du milieu, l'eau s'éleve en grosse gerbe. Elle a pris son nom de fontaine des Tortues, des quatre figures d'enfans assis sur l'enroulement d'une grosse coquille, qui jettent des tortues dans le bassin.

Une des fontaines les plus abondantes est celle qui est sur la Place de Sainte Marie *in Transtevere*, faite par Adrien I, rétablie par Innocent XII, sur les dessins de Carlo *Fontana*.

La fontaine d'*Egérie*, au-dessous de la colline de Saint Urbin, hors de la porte Saint Sébastien, est un monument respectable par son antiquité, les eaux en sont encore abondantes & très-salubres. C'étoit aux environs de cette fontaine que Numa alloit rêver à son plan de législation, & en revenant, il faisoit croire aux Romains, pour leur bien, qu'il avoit des conférences secrettes avec la Nymphe Égérie. La fontaine existoit du temps même de Numa, qui ordonna que les Vestales y prendroient l'eau de leurs sacrifices; la source est au fond d'une voûte très-antique; il y a trois niches de chaque côté, revêtues de stucs, dont il ne reste que quelques vestiges; au-dessus de la source est la statue de marbre d'une femme couchée, nue jusqu'à la ceinture, & très-mutilée, & qui paroît avoir été faite long-temps après la voûte, il y avoit une piece quarrée de chaque côté en entrant, avec une petite niche dans le fond. La voûte est bâtie en partie sous la montagne à laquelle elle est adossée: au-dessus étoit un petit Temple antique, consacré aux Muses, dont il ne reste que quelques colonnes cannelées de marbre blanc : on en a fait une Chapelle, sous l'invocation de Saint Urbin. Juvenal se plaignoit de son temps qu'on eût dégradé la simplicité de ce lieu, par les ornemens du luxe.

Il y a beaucoup d'autres fontaines qui feroient l'ornement de nos plus belles Villes de France. Les deux fontaines de la Place de Saint Pierre méritent une attention particuliere de la part des curieux : l'une a été faite par les ordres de Paul V, & l'autre par ceux d'Innocent X ; elles font à droite & à gauche de l'obélifque, de très-beau marbre ; les baffins font de granite ; les gerbes d'eau qu'elles jettent font fort épaiffes, & cette grande quantité d'eau s'éleve fi haut, qu'elle retombe en une pluie très-fine, elles forment dans l'air une pyramide, dont la pointe furpaffe les Palais les plus hauts.

FONTANA, (*Charles*) Architecte célebre, né à Brundolo, dans le territoire de Côme, en 1634, fut un des meilleurs Eleves du Chevalier Bernin ; mais il n'eut point fa correction, & donna dans le fingulier. Ses Ouvrages font la Chapelle *Ginetti* à Saint André *della Valle* ; la Chapelle Cibo dans l'Eglife de Notre-Dame du Peuple ; le dôme, le grand Autel, & les ornemens de l'Eglife de Notre-Dame des Miracles ; l'Eglife des Religieufes de Sainte Marthe ; la façade de l'Eglife de la bien-heureufe Rita, & celle de Saint Marcel au cours ; le Maufolée de la Reine Chriftine de Suede, à Saint Pierre du Vatican ; le Palais Grimani, à *Strada Rofella* ; le Palais Bolognetti ; la fontaine de Sainte Marie *in Tranftevere* ; une des fontaines de la Place de Saint Pierre, du côté de la porte des Chevaux-Légers ; la réparation de l'Eglife du Saint-Efprit des Napolitains ; le Théâtre de Tordionne. Il a conftruit par ordre d'Innocent XII, fon protecteur, l'Eglife de Saint Michel à Ripa ; la Chapelle du Baptême à Saint-Pierre du Vatican, & acheva le beau Palais de *Monte-Citorio*. Par ordre de Clément XI, il bâtit à Termini les greniers publics ; le portique de Sainte-Marie in Tranftevere, & le grand baffin de la Fontaine de Saint-Pierre *Montorio*. Fontana répara le Cafin du Vatican, & y raffembla tous les modeles de ce vafte édifice. Il conftruifit la Bibliotheque de la Minerve, la coupole de la Cathédrale de *Monte-Fiafcone* ; le Palais & la Villa de Monfignor Vifconti à Frefcati. Il fit un modele pour la Cathédrale de Fulde, & plufieurs modeles qu'il envoya à Vienne. Innocent XI le chargea de faire la description de l'Eglise de Saint Pierre; Fontana y donna quelques projets pour y ajouter de nouvelles beautés extérieures comme des percés pour des points de vue, une Place, des rues & quelques autres accessoires, de l'utilité desquels tout le monde convient. Suivant le calcul de Fontana, les dépenses qui ont été faites pour l'Eglise de S. Pierre depuis sa fondation, jusqu'au moment où il écrit, (en 1694) montent à quarante-six millions, huit cent mille & cinquante-deux écus Romains; c'est-à-dire, à trente-quatre millions deux cent soixante livres de France; sans y comprendre la dépense des modeles, celle de la démolition des murs de l'ancienne Eglise & du clocher du Chevalier Bernin, qui fut détruit, & qui monte à plus de cent mille écus Romains ou cinq cent mille livres de France; & sans y comprendre les vases sacrés, les ornemens d'Eglise, les peintures, les échaffauds & les machines. Fontana s'étendit beaucoup sur les disputes qui se sont élevées au sujet des fentes de la coupole, attribuées par les envieux du Bernin, aux niches & aux escaliers que cet Artiste pratiqua dans les massifs qui la supportent. Fontana fait voir la frivolité de cette accusation & soutient avec plusieurs Artistes que les alarmes occasionnées par ces fentes sont mal fondées, & que les cercles de fer dont cette coupole a été entourée lui ont fait plus de mal que de bien. La description de Fontana est un Ouvrage rempli d'excellens principes pour les jeunes Architectes. Cet Artiste mourut en 1714.

FONTANA, (*Dominique*) Architecte célebre, né à Mili, Village sur le bord du Lac de Côme, en 1543, se rendit à Rome, auprès de Jean Fontana son frere aîné; celui-ci apprenoit l'architecture. Dominique avoit étudié les Elémens de Géométrie; cette étude lui rendit facile celle de cet art. Il bâtit, par ordre du Cardinal Montalte, depuis Sixte V, la Chapelle de la Crêche, dans l'Eglise de Sainte Marie Majeure, & le petit Palais Negroni. Grégoire XIII, à qui ces bâtimens persuaderent que Montalte étoit riche, lui ôta ses pensions. Fontana, touché de la peine qu'eut le Cardinal de voir ces travaux suspendus, & peut-être arrêtés pour jamais, fit venir de son pays mille écus Romains qu'il avoit ramassés avec peine, &

finit, le mieux qu'il put, la Chapelle avec cette modique somme. Sixte V, décoré de la Tiare, nomma Fontana son Architecte; il acheva la Chapelle, quant à l'intérieur, & elle fut admirée de tout le monde. Lorsque Sixte V forma le projet d'élever au milieu de la Place Saint Pierre, l'obélisque qui étoit couché à côté de la Sacristie de cette Eglise, l'entreprise parut d'une difficulté insurmontable; plus de cinq cents Ingénieurs ou Mathématiciens qu'on avoit fait venir de toutes parts, présenterent leurs mémoires, avec les plans & les modeles des machines. Fontana présenta son projet, expliqua les modeles de sa machine, fit des expériences; enfin, après de longs débats, son projet fut approuvé; mais le Pape chargea Jacques de la Porte & Ammanati de l'exécution. Fontana, indigné, représenta à Sa Sainteté, que personne n'étoit plus en état d'exécuter un plan que celui qui l'avoit inventé. Le Pape l'en chargea. Les préparatifs furent immenses; les cercles de fer pour embrasser l'obélisque pesoient quarante milliers; il falloit jusqu'à sept paires de bufles pour tirer les pieces de bois qu'on employa. L'obélisque entouré de cercles, de barres de fer, de madriers & de nattes, se trouva peser environ quinze cent mille livres; les cables, en très-grand nombre, avoient un tiers de palme de diametre & deux cents cannes de long; la charpente paroissoit une forêt. Tous les préparatifs étant faits, le Pape défendit, sous peine de la vie, à toutes personnes de quelle qualité qu'elles fussent, excepté aux Ouvriers, de se trouver dans l'enceinte, le jour de l'élevation, de ne faire aucun bruit, ni même de parler. Il y eut une potence dressée sur la place, & le Barigel avec les Sbires & le Bourreau s'y rendirent dès le matin. Fontana reçut la bénédiction du Pape, qui lui dit que le mauvais succès lui coûteroit la vie: Fontana, qui le connoissoit, fit, en tout événement, tenir des chevaux tout prêts. Cette nouveauté avoit attiré à Rome un Peuple prodigieux; les rues voisines, les toits des maisons étoient couverts de Peuple. Fontana commença son opération le 30 Avril 1586; l'obélisque fut conduit jusqu'à l'endroit qui lui étoit destiné le 13 Juin; les travaux furent suspendus jusqu'à l'automne à cause des chaleurs. Neuf cents Ouvriers & soixante-quinze chevaux y furent employés. On recommença le 10 Septembre; l'obélisque fut élevé en cinquante-deux reprises, & scellé sur son piédestal au coucher du soleil. Les Ouvriers prirent Fontana sur leurs épaules, & le porterent, en triomphe, dans sa maison au son des trompettes & des tambours; le Pape le fit Chevalier de l'Eperon d'Or, & Noble Romain, & lui donna une pension de deux mille écus d'or reversible à ses héritiers, & une somme de cinq mille écus d'or comptant. Il lui fit présent en outre de toute la charpente & des machines; ce qui montoit à plus de vingt mille écus romains. Il voulut que le nom de Fontana fût gravé sur la base de l'obélisque. Il fut chargé de l'érection des autres obélisques qu'on voit à Rome. Il fit plusieurs autres ouvrages, entr'autres, la façade de Saint Jean de Latran, du côté de Sainte Marie Majeure; un Palais pour le Pape à côté de cette Eglise; c'est un des plus beaux de Rome; la Bibliothéque du Vatican; il commença de bâtir la partie du Vatican qui regarde la Place Saint-Pierre; il eut beaucoup de part à la construction du Palais Quirinal, élargit la place, fit transporter les Thermes de Constantin; donna les desseins des quatre Fontaines de la rue Felice; répara les deux fameuses Colonnes Antonine & Trajane; dirigea le conduit de l'*aqua* Felice, dont la source est à seize milles de Rome; bâtit la Fontaine sur la place *Termini*; il bâtit aussi le Palais *Matei*, l'Hôpital pour les Prêtres Infirmes, &c. La mort de Sixte V lui fut funeste. Ses envieux le dénigrerent auprès de Clément VII, son successeur, qui lui ôta sa place d'Architecte Pontifical, & voulut lui faire rendre compte des sommes qu'il avoit employées dans ses constructions. Le Comte de Monterey, Vice-Roi de Naples, l'appella. Fontana rassembla les eaux de la Terre de Labour, nettoya l'ancien canal du Clanio, & le conduisit jusqu'à la tour de l'Annonciade; il commença & décora de plusieurs Fontaines, la rue de Chioja, le long de la mer, redressa la rue de Sainte Lucie; éleva la Fontaine de Médine, la plus belle de Naples; son plus grand ouvrage dans cette Capitale est le Palais du Roi, auquel on a fait beaucoup d'augmentations. Fontana mourut à Naples, en 1607, comblé d'honneurs & de richesses. Son fils César lui fit élever un très-beau Mausolée,

solée, dans l'Eglise de Sainte Anne des Lombards, où il est enterré. Les tombeaux & les statues de Charles I, de Charles Martel & de Clémence sa femme, près de la porte de l'Archevêché, sont de Dominique; il avoit été aidé dans ses travaux par Jean Fontana son frere, né en 1540 & mort en 1614. Le plus grand talent de Jean étoit pour l'Hydraulique. Il nettoya l'embouchure du Tibre à Ostie; régla le cours du Velino; conduisit des eaux à Civita-Vecchia & à Velletri; amena l'Aqua Algida à Frescati; rétablit les anciens Acqueducs d'Auguste, pour amener l'eau du Lac de Bracciano; bâtit la belle Fontaine de Saint Pierre *Montorio*, dont il continua les conduits jusqu'au Pont de Sixte, où l'on voit une des plus belles cascades qu'il y ait au monde; il amena aussi des eaux à Recanati & à Lorette; il a travaillé à la cascade du *Teveronne* à Frescati. Il a fait plusieurs autres ouvrages de ce genre en différens endroits de l'Italie.

FONTANA, (*Publio*) Poëte né à Palluccio près de Bergame. Il étoit Prêtre, & s'adonna à la Poësie latine. Ses vers & ses mœurs étoient de la plus grande pureté. Il vivoit dans la solitude, d'où le Cardinal Aldobrandin chercha vainement à l'arracher. La *Delphinide* est son meilleur Poëme.

FONTANINI, (*Jules*) né dans le Frioul, en 1666. Il étoit Chanoine de l'Eglise Sainte-Marie Majeure. Il a été un des plus grands Littérateurs de son temps; il entretenoit un commerce de lettres avec tous les Savans de l'Europe. Il a composé plusieurs Ouvrages, entr'autres, une notice de Livres rares Italiens; une collection de Bulles de Canonisation depuis Jean XV jusqu'à Benoît XIII, in-fol. en latin, 1729; une Histoire Littéraire d'Aquilée, in-4°. à Rome, 1741, fort estimée, mais qui n'a été publiée qu'après la mort de l'Auteur, arrivée à Rome en 1736.

FONTE, (*Moderata de*) née à Venise en 1555. Elle avoit une mémoire si prodigieuse, qu'elle répétoit mot pour mot un Sermon entier après l'avoir entendu. Elle a fait un Ouvrage pour prouver que les femmes égalent les hommes en esprit & en vertus. Elle a fait plusieurs autres Ouvrages en prose & en vers: elle est morte en 1592.

Tome I. G g

FORANO, Ville de la Sabine, avec titre de Principauté, dans l'Etat de l'Eglise. Cette Principauté est très-petite, mais agréable.

FORCESCA, Bourg dans le territoire de Vigevano, au Duché de Milan, remarquable par un superbe Château de plaisance, que le Duc Louis Morus a fait bâtir. Cet endroit abonde en très-beaux mûriers, & on y éleve beaucoup de vers à soie.

FORESTA, (*Jacques-Philippe* de) né à Bergame, & connu sous le nom de *Philippe de Bergame*, Religieux Augustin, publia une Chronique depuis Adam jusqu'en 1503, & continuée après sa mort jusqu'en 1535. Cette Chronique a eu plus de réputation que de mérite. Foresta a laissé quelques-autres Ouvrages, & sur-tout un Traité des Femmes illustres.

FORLI, *Forum Livii*, belle & agréable Ville dans la Romagne, peu commerçante, & par conséquent peu peuplée. Elle tire son nom de *Livius Salinator*, qui s'y établit après la défaite d'Annibal. Les habitans conserverent long-temps leur liberté. Cette Ville fut soumise à la République de Bologne, & ensuite à différens Particuliers, jusqu'à Jules II, qui s'en empara, & la réunit à l'Etat Ecclésiastique. On y voit des Palais assez agréables : les rues sont bordées de portiques qui soutiennent les bâtimens. On doit y voir la Cathédrale & l'Eglise des Bénédictins, ainsi que la Maison des Peres de la Mission. Cette Ville est située à quatre lieues S. E. de Faensa, & huit S. O. de Ravenne. Tous ses environs sont des promenades charmantes, plantées d'oliviers. Le peuple y est gai & poli. On prétend que Forli a été la patrie de *Cornelius Gallus* & de *Flavio Biondo*, Historien, & de Morgagni, Médecin célebre, & Professeur d'Anatomie à Padoue.

FORLIMPOPOLI ou FORUM POPILII, Ville ancienne, dont on voit les ruines, dans la Romagne, entre Cesene & Forli. Il n'y reste que quelques maisons & un Château, qui paroît avoir été construit dans le temps que César de Borgia s'emparoit de la Romagne, & la réunissoit à l'Etat Ecclésiastique. Les principales productions de son territoire sont le lin & la garence, qu'on y cultive avec succès.

FOR

FORMELLO, petite Ville dans le Patrimoine de S. Pierre, remarquable par la Maison du P. Chigi.

FORMIES, Ville très-ancienne & très-agréable, où l'on croit voir les restes du tombeau de Ciceron. Cette Ville n'est connue aujourd'hui que sous le nom de *Mola*. Voyez MOLA, POUZOL, BAYES.

FORMOSE, Pape, succéda à Étienne VI, en 899. Il rendit des services à l'Eglise avant son Pontificat. Nicolas I l'avoit envoyé dans la Bulgarie. Il étoit Evêque de Port. Jean VIII le déposa, & Marin le rétablit. Pendant son Pontificat, il envoya des Légats à Constantinople, pour savoir ce qu'il falloit faire au sujet de ceux qui avoient communiqué avec Photius. Il appella en Italie l'Empereur Arnoul contre Guy d'Espolette, qu'il avoit couronné en 892. Il mourut le 14 Décembre 896. Etienne VII son successeur, & qui avoit été son ennemi, lui fit un crime d'avoir quitté l'Evêché de Port pour celui de Rome. Il fit déterrer son corps, & l'ayant fait revêtir de ses habits pontificaux, il le fit placer dans la Chaire de S. Pierre, lui reprocha d'avoir violé les regles de l'Eglise, & prononça sa condamnation. Il le fit ensuite dépouiller & jetter dans le Tibre avec une pierre au col.

FORNACETTES, (les) est la premiere poste en allant de Pise à Sienne; c'est un petit Village sur l'Arno; pour y arriver, on côtoie ce fleuve sur une chaussée plus basse que son lit, & qui est emportée dans les grandes eaux: alors la campagne est entiérement inondée. Il y a un peu plus loin un grand pont de briques uniquement destiné à faciliter l'écoulement des eaux de la plaine après les grandes pluies, & pour empêcher qu'elles ne renversent la chaussée.

FORNOVO, FORNOUE, Ville d'Italie, à trois lieues S. O. de Parme, célebre par la bataille appellée de Fornoue, que Charles VIII qui revenoit de la conquête de Naples, gagna en 1495, sur les Princes d'Italie, ligués contre lui.

FORT URBANO, près du Panaro, au voisinage du Modenois, dans l'Etat de l'Eglise, au Bolonois.

FORO DI POZZOLI, Village dans le bassin ou vallée formée

par le Pausilippe & les montagnes voisines. La fertilité de cette vallée rendroit ce Village délicieux, sans le voisinage du lac d'Agnano, que la quantité des chanvres qu'on y fait rouir rend très-infect. Les feux souterrains qui sont dans toute cette partie de l'Italie, donnent la plus grande force à la végétation. Les habitans de Foro, quoique grands & bien faits, ont le teint fort basané, soit que la qualité de l'air leur donne cette couleur, soit par l'effet du soleil, qui, dans ces montagnes, doit être brûlant pendant l'été, soit enfin que cette impression vienne des vapeurs sulfureuses qui s'exhalent continuellement de la terre, & qui, dans certains endroits, produisent une fumée abondante, brûlante & souvent étincelante.

FORTIGUERRA, (M.) Poëte, né à Florence, Auteur de Richiardetto, Poëme dans le style & dans le genre de l'Arioste, qu'on lit avec beaucoup de plaisir, même après l'Orlando Furioso. M. Fortiguerra entreprit ce Poëme par une espece de défi. Dans la dispute qui regne depuis si long-temps en Italie sur la préférence du Tasse ou de l'Arioste, M. Fortiguerra soutenoit que par le sujet, le Tasse devoit l'emporter; qu'il devoit même avoir la préférence pour la sagesse & la conduite du plan: mais que toutes ces choses n'étoient que le résultat du travail & de l'étude; que le génie, les graces d'une diction pure & élégante, la magie d'un style, qui rend la couleur & le tout des objets que peint le Poëte, l'harmonie d'une versification séduisante, la variété & la multiplicité des peintures, étoient des beautés particulieres au Poëte, & que l'Arioste étoit bien supérieur au Tasse de ce côté-là. Pour prouver que le travail & la peine devoient être comptés pour rien dans un Poëme, il s'engagea de fournir en huit jours deux chants d'un Poëme. Il tint parole; mais ces deux chants furent trouvés si bons, qu'il se sentit encouragé, & qu'il continua. C'est à ce défi que Richardet doit son origine. Il eut le plus grand succès en Italie, & a reçu le même accueil en France, dans deux traductions, l'une en vers & l'autre en prose, qui ont été publiées depuis quelques années. M. Fortiguerra mourut en 1735.

Il y a eu de la même famille le Cardinal Nicolas *Fortiguerra*, qui rendit de grands services aux Papes Eugene IV, Nicolas V, Pie II & Paul II. Il commanda l'armée du Saint Siége, & mourut à Viterbe en 1475, ayant remporté des victoires signalées sur les Malatestes, sur le Comte d'Anguillara.

FOSCARINI, (*Marc*) Chevalier de l'Etole d'or, Doge de Venise, fut élevé à cette dignité le 31 Mai 1762, & n'a pas survécu un an à son élection. Il a été remplacé par *Alvisio Mocenigo*.

Antoine Foscarini, qui fut la victime de la sévérité outrée du Gouvernement, dans le dernier siecle, étoit de cette famille. Il étoit Sénateur; ses qualités aimables, ses mœurs douces, les agrémens de son esprit, sa libéralité, sa piété, ses vertus bienfaisantes, l'avoient rendu l'idole du Peuple & des Moines, qu'il avoit comblés de charités. Il étoit aimé, respecté & cité comme un modele d'honnêteté dans la Ville. Sa célébrité, qu'il étoit trop modeste pour l'avoir mendiée, fit naître des soupçons dans l'esprit des Inquisiteurs; ils le regarderent comme coupable, dès qu'il cessoit d'être au niveau de ses Compatriotes: il fut arrêté, & disparut pour toujours. Dans une République, il n'est pas permis d'être plus vertueux que les autres. Aristide fut peut-être injustement condamné par l'Ostracisme: on ne fit que l'exiler. Foscarini fut trop inhumainement traité.

FOSSANO, Ville & petite Province du Piémont, avec un Château & un Evêché suffragant de Turin, sur la *Stura*. Il y a des bains fort salubres. Fossano est située entre Saluces & Moudovi. Les François ont souvent pris cette Ville durant les guerres d'Italie. La Cathédrale est dédiée à Saint Juvenal. Cette Province n'est composée que de Fossano & de Bene, petite Ville vers l'Orient.

FOSSA NUOVA, Abbaye superbe, située aux environs de Piperno, dans la Campagne de Rome; on y voit dans l'Eglise le tombeau de Saint Thomas d'Aquin. On voit auprès du tombeau une grille qui couvre quelques empreintes de pieds qu'on suppose être celles de l'âne qui conduisit Saint Thomas jusqu'à cette Eglise. La grille conserve cette superstitieuse croyance.

FOSSOMBRONE, *Forum Sempronii*, petite Ville dans l'Etat de l'Eglise, au Duché d'Urbin, avec un Evêché, près de la riviere de Meftro, fameufe par la bataille donnée vers la fin de la feconde guerre punique entre Asdrubal, qui vouloit joindre fon frere Annibal, & les Confuls Néron & Livius. Les Carthaginois y perdirent cinquante mille hommes & Asdrubal. Foffombrone fut ruinée par les Goths & par les Lombards: on la rebâtit, mais non pas dans la même place. On voit encore auprès les ruines de l'ancienne Ville. Elle a effuyé plufieurs révolutions avant de paffer fous la domination des Papes.

FOURNEAUX, Bourg de la Tarentaife, dans la Savoie propre *Voyez* TARENTAISE.

FRACASTOR, (*Jérôme*) né à Vérone en 1482, célebre Médecin. On dit qu'il vint au monde fans bouche, ou que du moins fes levres étoient tellement unies, qu'il fallut employer un rafoir pour les féparer. On dit que la foudre écrafa fa mere qui le tenoit dans fes bras, fans qu'il en fût bleffé. Cette bouche, fermée dans un homme qui dans la fuite devint fi éloquent, l'accident de la foudre, donnerent matiere aux Ecrivains de fon temps. Tous chanterent fes louanges, non fans raifon. Né avec une mémoire prodigieufe, il pouvoit s'appliquer indiftinctement à l'étude de toutes les fciences, auxquelles il réuffit parfaitement. On lui a reproché d'avoir embraffé les rêveries de l'Aftrologie judiciaire; mais ce défaut lui étoit commun avec tous les Savans de fon fiecle. Il ne s'y attacha que dans l'intention de faire fa cour au Pape Paul IV. Ce Pontife, qui n'étoit pas en bonne intelligence avec Charles V, pour venir à bout de faire transférer à Bologne le Concile qui fe tenoit à Trente en 1547, eut recours à Fracaftor, qui confulta les Aftres, & répandit le bruit que la Ville de Trente étoit menacée d'une maladie contagieufe & prochaine. Il n'en fallut pas davantage pour faire déferter de Trente les Peres, qui vinrent à Bologne, comme le Pape l'avoit défiré. La réputation que Fracaftor s'étoit acquife, le mettoit en correfpondance avec tous les Savans de l'Europe, & le faifoit rechercher des Grands

FRA

Il étoit lié d'amitié avec le Cardinal Bembo. Sur la fin de ſes jours, Fracaſtor ſe retira dans ſa maiſon de campagne à Caſſi, près de Vérone. Il y mourut d'apoplexie, âgé de ſoixante-onze ans. Il s'étoit ſur-tout diſtingué dans la Poëſie & la Médecine. Vérone lui fit élever une ſtatue ſix ans après ſa mort. Ses Ouvrages ont été recueillis, à Padoue, en 1735, en deux vol. in-4°. Son Poëme, intitulé *Syphilis, ſive de Morbo Gallico*, eſt un Ouvrage immortel : il eſt digne des bons Ecrivains de l'Antiquité. Il a été traduit en françois, avec des notes par M. de la Combe, en 1753. Le Cardinal Bembo étoit l'ami particulier de Fracaſtor.

FRANCAVILLA, petite Ville de la Sicile, dans la Vallée de Demona. *Voyez* DEMONA.

FRANCESCHINI, (*Marc-Antoine*) Peintre, né à Bologne en 1648, Eleve de Cignani, dont il ſut ſi bien attraper le goût, que ce Maître lui confia l'exécution de ſes principaux ouvrages. Son coloris eſt tout-à-fait gracieux, ſon deſſin aſſez précis : ſa maniere a plus de ſimplicité que de nobleſſe. Pluſieurs de ſes tableaux ſont d'une belle expreſſion : on en trouve beaucoup à Bologne, à Florence, à Rome. Il a travaillé toute ſa vie, qui a été longue : il eſt mort en 1729. Il travailloit avec Quaïni, mort à Bologne en 1717. Quaïni entendoit ſur-tout le payſage, les ornemens & la perſpective aërienne : Franceſchini faiſoit les figures de ſes tableaux. Leurs pinceaux étoient ſi reſſemblans, que leurs ouvrages paroiſſent être de la même main.

FRANCHINI, (*François*) né à Coſenza, accompagna Charles V dans ſon expédition d'Alger, auſſi bon Poëte que brave Militaire. Il prit enſuite le parti de l'Egliſe, fut Evêque de Maſſa, & après de Populania. Il mourut à Rome en 1554. Il a laiſſé des Dialogues & quelques-autres petits Ouvrages, & entr'autres un Poëme ſur la malheureuſe expédition de Charles V.

FRANCHIS, (*Vincent de*) né à Naples en 1531 : il étoit neveu & éleve de *Giacopazio de Franchis*, célebre Juriſconſulte, appellé *el Faudiſta*. Franchis devint un Avocat ſavant.

Il étoit naturellement éloquent; Philippe II le nomma Conseiller du Royaume de Naples, & ensuite Président du Conseil en 1591. Il fut un Juge sévere. Il publia les Décisions du Conseil Royal de Naples, en quatre parties. Ce Recueil est fort estimé. Il mourut en 1601, âgé de soixante-dix ans.

FRANCHO, (*Nicolas*) Poëte Satirique, né à Benevent, contemporain de l'Aretin, dont il fut l'ami. Il l'imita dans son audace contre le Ciel & contre les Grands. Il avoit beaucoup de facilité & une imagination plus féconde que brillante. Il fit en deux jours quatre cent cinquante Sonnets. C'est un Recueil d'horreurs & d'invectives contre le Pape Paul III, les Farneses, Charles V, & contre les Peres du Concile de Trente. Il ne gardoit aucun ménagement. Il poussa l'effronterie plus loin que l'Aretin, mais il ne fut pas aussi heureux. Aretin vécut tranquillement, & Francho fut pendu en 1569, par ordre du Pape Pie V. Il a laissé quelques Romans Italiens, un Recueil de Lettres, in-8°. 1542, un Recueil de Poësies Italiennes, & d'autres Ouvrages. Francho avoit joui d'une grande considération à Naples, à Venise avant la publication de sa satire qui le conduisit à la potence. Il a laissé un Recueil de Nouvelles, & les vies des Poëtes de son temps.

FRANCIA, (*François*) regardé comme le restaurateur de la Peinture à Bologne, & le plus ancien Peintre de l'Ecole Lombarde, né en 1450. Sur la grande réputation qu'il s'étoit faite, Raphaël lui adressa un tableau de Sainte Cecile, pour le corriger. Francia fut si frappé du génie d'un jeune homme qu'il regardoit comme bien au-dessous de lui, qu'il en conçut un chagrin, qui fut, dit-on, la cause de sa mort, arrivée en 1518. On remarque dans les tableaux qui restent de lui un ton de couleur assez bon pour le temps où il vivoit. Il y en a à Bologne, à Florence, dans les Cabinets des Curieux, & en France même.

FRANCO, (*Batista*) Peintre Vénitien, un des plus grands Dessinateurs, mais le plus foible Coloriste de son siecle, mort à Venise en 1571.

FRANÇOIS D'ASSISE, (Saint) Fondateur de l'Ordre

de ce nom. Il fut d'abord Commerçant. Ayant renoncé à tout, il embrassa la pauvreté évangélique : il eut bientôt plusieurs Disciples. Il forma le projet d'en faire des Religieux, & de fonder un Ordre. Le Pape Innocent III l'approuva dans le Concile de Latran, en 1215 : Honoré III le confirma en 1223. Ces Religieux s'appellerent d'abord les *pauvres Mineurs*, parce que les Vaudois s'appelloient les pauvres de Lyon ; ils prirent ensuite celui de *Freres Mineurs*. Une foule d'hommes & de femmes suivoient la prédication de François. Ils ne voulurent point l'abandonner : il en fit un nouvel Ordre, sous le nom du *Tiers-Ordre*. On dit que dans le premier Chapitre général que tint Saint François, en 1219, il s'y trouva plus de cinq mille Religieux, & qu'il en étoit resté presqu'autant dans les Couvens. Il mourut le 4 Octobre 1226, âgé de quarante-six ans. Ses Ouvrages ont été recueillis en 1623 ; ils contiennent ses petits discours, *Collationes Monasticæ* ; *testamentum Fratrum Minorum* ; *Cantica spiritualia* ; *Admonitiones*, *Epistolæ*, *Benedictiones*.

FRANÇOIS DE PAULE, (Saint) natif de Paule, Ville de la Calabre, fils de Jacques Martolite, ne donna à ses Religieux que le nom de *Minimes*, par humilité, pour enchérir sur François d'Assise. Sixte IV approuva son Ordre : Jules II le confirma. Le Roi Louis XI le fit venir en France, pour obtenir la guérison de ses maux. François mourut en 1507. Les Huguenots brûlerent son corps en 1562. Il s'étoit conservé entier jusqu'à cette époque.

FRANCOLINO, petite Ville du Ferrarois, dans l'Etat de l'Eglise, au N. de Ferrare. *Voyez* FERRAROIS.

FRANCOLISI, petite Ville au Royaume de Naples, dans le voisinage de Capoue, sur la route de Rome à Naples, dans un pays fertile & délicieux. Françolisi n'est pas considérable, mais très-peuplée.

FRANGIPANI, (*Latinus*) Cardinal-Evêque d'Ostie, né à Rome, neveu de Nicolas III, par sa mere. Ce Pape engagea la Maison des Ursins de l'adopter. Il entra dans l'Ordre de S. Dominique, & son mérite le fit parvenir aux premieres dignités. Le Pape Nicolas III le fit Cardinal en 1278, & lui donna plusieurs Légations. Après la mort de Nicolas IV, il gouverna l'Eglise, sous Célestin V, qui avoit mis en lui toute sa confiance. Ce ne fut qu'après la mort de Frangipani ou du Cardinal des Ursins, qui arriva au mois d'Août 1294, que Célestin abdiqua : ce qu'il n'auroit pas fait du vivant de Frangipani. On attribue à celui-ci la profe du *Dies iræ*, que d'autres donnent à S. Bernard.

La famille de Frangipani est très-célebre. François-Christophe Frangipani conspira, avec le Comte de Serin son beau-frere, pour se rendre maîtres de la Hongrie, qu'ils firent soulever en 1665. La conspiration ayant été découverte, Frangipani & Serin eurent la tête tranchée. Le premier sur-tout souffrit son supplice, qui fut cruel, par la mal-adresse de l'Exécuteur, avec une fermeté héroïque, à Neustadt, le 30 Avril 1671. Anne-Catherine sa sœur, Comtesse de Serin, qui avoit été le principal auteur de la révolte, souffrit la mort à Gênes, avec le même courage, en 1673.

FRASCATA, (*Gabriel*) Médecin célebre, né à Brefce, dans le seizieme siecle. Il adoucissoit l'étude de la Médecine par les charmes de la Poësie. Il y a plusieurs pieces de lui dans le Recueil de l'Académie des Affidates de Pavie, dont il étoit Membre. On a de lui un Traité des Bains de *Retorbio*, près de Pavie. La célébrité de Frascata alla jusqu'à Philippe II, qui voulut l'attirer auprès de lui. Il se disposoit à partir pour Madrid, lorsque la mort l'enleva en 1580.

FRASCATI ou FRESCATI, petite Ville Episcopale, à cinq lieues de Rome, célebre chez les Romains, sous le nom de *Tusculum* ou *Tusculanum*, bâtie à demi-côte d'une montagne fort élevée & tapissée de verdure & de toutes sortes d'arbustes. Tusculum existoit avant Rome même. Ce fut là que Tarquin se retira, après son expulsion du Trône. Plusieurs Romains célebres lui durent leur naissance, sur-tout *Cincinnatus*. Elle refusa le passage à Annibal, qui n'entreprit pas de la forcer; enfin elle tomba au pouvoir des Romains, qui en trouverent le séjour si agréable, l'air si salubre, qu'ils y bâtirent des maisons de campagne. Elle tomba au pouvoir des Papes, après l'expulsion des Goths de l'Italie. Les Papes y trouvant les mêmes délices que les anciens Romains, l'embellirent, & lui donnerent la préférence sur tous les environs de Rome; les habitans de cette derniere en furent si jaloux, qu'ils prirent les armes contre *Tusculum*; cette guerre divisa les Romains & le Pape, & dura jusques à la fin du douzieme siecle, que Clément III s'obligea de retirer *Tusculum* des mains de l'Empereur & de le rendre aux Romains; traité qui fut exécuté par son successeur Célestin III, en 1191; ce qu'il y eut d'affreux, c'est que les Romains la traitant en vainqueurs, détruisirent cette Ville de fond en comble, & les malheureux Tusculans dispersés, se retirerent dans les ruines d'un fauxbourg où ils se firent des cabanes avec des branches d'arbres; c'est de là que *Tusculum* a pris le nom de *Frascati*, ou Feuillée. La Ville de Frascati est donc aujourd'hui dans le fauxbourg de l'ancienne Ville de *Tusculum*, dont le sol est occupé par les *Villé*, *Conti*, *Pamphile*, jusqu'à la *Rusinella*, occupée par les Jésuites. Ciceron avoit une maison de campagne à *Tusculum*, c'est là qu'il composa les Traités philosophiques, qu'il appella *Tusculanes*. On trouve de très-belles ruines sur le haut de la montagne. Ciceron parle souvent des maisons, des temples, des eaux & de mille choses précieuses qu'on voyoit à *Tusculum*. Les plus belles maisons qui l'embellissent aujourd'hui, sont bâties sur le penchant d'une montagne, environnées de beaux jardins, de vignes & d'oliviers; elle a en perspective dans le lointain, la Ville de Rome, & les montagnes qui sont par derriere: elle voit la mer, & on distingue les vaisseaux.

La *Villa Conti* est une des plus belles des environs de Rome par ses jardins & ses eaux. On y voit des ruines qu'on croit être des restes de la maison de campagne de Lucullus, qui, suivant les Historiens, étoit immense. Ce qui reste à la *Villa-Conti*, est, dit-on, sa ménagerie; on y voit dix-huit voûtes, dont celles du milieu sont les plus élevées, & les autres diminuent en s'éloignant du centre.

La *Villa Pamphili*, ou Belvedere, à cause de sa situation

agréable, a été bâtie sur les desseins de Jacques de la Porte. Vis-à-vis est une espece de Théâtre : les jardins sont en terrasse sur la montagne. Les eaux sont amenées dans ces jardins de *Monte-Algido*, à deux lieues de là ; elles y paroissent sous différentes formes : il y a plusieurs jets d'eau sur le Théâtre dont on vient de parler. Dans le milieu, c'est Hercule aidant Atlas à porter le monde, & c'est du globe que sort l'eau en abondance ; à droite, est un Centaure embouchant une trompe ; & à gauche, un Cyclope qui joue de la flûte à sept trous, ces deux figures exécutent des airs par le mouvement de l'eau : il y a encore plusieurs statues sur ce Théâtre ; on y admire un Silene assis, de marbre de Paros, très-bel antique Grec. On voit dans les appartemens meublés avec plus de goût & de propreté que de magnificence, des tableaux précieux, un David & Abigaïl, du Cavalier d'Arpino, dans le goût de Raphaël ; ce même Peintre a peint dans le plafond Adam recevant la défense de manger du fruit de l'arbre de vie ; Adam tenté par Eve ; Adam & Eve chassés du Paradis. Dans un sallon, peint par le Dominiquin, on voit un Parnasse en relief ; Apollon, les neuf Muses & le cheval Pégase, mis en mouvement par une machine hydraulique, exécutent un concert, dont une orgue qu'on ne voit point joue les airs.

La *Villa Borghese* est au Nord de Frascati ; ce Palais forme deux *Villé* ; l'une est appellée *Villa-Taberna* ; ses jardins s'élevent de terrasse en terrasse, jusqu'à l'autre *Villa*, appellée *Mondragone*, qui est très-vaste : dans la premiere est un beau tableau de l'Espagnolet, représentant Saint Pierre. On remarque à Mondragone un beau portique de Vignole ; au fond du Parterre, un autre portique dans le goût antique, de forme circulaire, avec six niches dans les entre-colonnemens, ornées de six statues. On admire dans la galerie un Salomon dans sa vieillesse au milieu de ses femmes, sacrifiant aux idoles, de Paul Véronese ; un buste colossal d'Antinoüs, un autre de Faustine, antiques ; les bustes des douze Césars, du Bernin ; un buste antique de Ciceron ; un Orphée de Joseph d'Arpino.

La *Villa Falconnieri*, ou *la Ruffina*, a de belles peintures un grand plafond de Carle Maratte, représentant la naissance de Venus ; un autre plafond de Ciro Ferri, qui y a peint les Saisons ; Actéon & les Nymphes dans le bain, de l'Albane ; Caïn & Abel, du Guerchin.

La *Villa Bracciano* a été décorée par les Eleves du Dominiquin. On y voit une galerie de Jean-Paul Panini. Plus haut est le Couvent des Capucins, à l'Orient ; on y admire un beau Christ, du Guide ; au-dessus est la *Ruffinella*, maison de campagne des Jésuites. Plusieurs Savans prétendent que la maison de Ciceron étoit près de là ; d'autres assurent qu'elle étoit près de *Grotta Ferrata*. *Voyez* GROTTA FERRATA. Il faut voir l'Hermitage des Camaldules au dessus de Frascati.

FRASSINE, Bourg du haut Montferrat, dans la Province de Casal. *Voyez* CASAL, MONTFERRAT.

FRATTA, Bourg du Pérousin, sur le Lac de Pérouse, dans l'État de l'Eglise.

FRATTA, Poëte du seizieme siecle, né à Vérone. C'est assez faire son éloge que de dire que le Tasse estimoit ses Poësies. Ce sont des Églogues, une Pastorale, la Matheide, Poëme Héroïque, & plusieurs autres Pieces.

FREGOSE, famille célebre de la République de Gênes, féconde en grands Hommes dans les Armes & dans l'Eglise. Ils ont été Ducs de Gênes, & tantôt amis, tantôt rivaux des Adornes.

FREGOSE, (*Baptiste*) ayant été élu Doge en 1478, Paul Fregose son oncle, Archevêque & Cardinal de Gênes, le chassa & s'empara de l'autorité. Baptiste, dans son exil, composa un Ouvrage ou Recueil d'Exemples mémorables qu'il dédia à son fils. Cette compilation n'est pas moins estimée que celle de Valere Maxime.

FREGOSE, (*Frédéric*) Cardinal, Archevêque de Salerne, se rendit célebre par la victoire qu'il remporta sur Cortogoli, fameux Corsaire qui désoloit les environs de Gênes ; il alla jusqu'à Tunis, & revint chargé de gloire & de butin. Quelque temps après Frédéric fuyant les malheurs que les Espagnols firent éprouver à sa Patrie, vint en France, où François I lui donna l'Abbaye de Saint Benigne de Dijon; il s'y retira & s'y appliqua à la lecture des Livres saints. Il revint en Italie, eut l'Evêché de Gubio, & refusa la Pourpre Romaine que Paul III le força d'accepter en 1539. Il mourut en 1541.

FREGOSE, (*Paul*) Cardinal, Archevêque de Gènes, frere de Pierre qui fut Duc, & qui lui persuada d'embrasser l'état ecléfiastique, quoiqu'il eût un fils naturel & que ses mœurs ne fussent pas bien pures. Pierre lui fit obtenir l'Archevêché de Gènes en 1452. Paul étoit d'une ambition démesurée. Il chassa Louis Frégose son parent, qui avoit été rétabli dans la dignité de Duc, & se fit nommer à sa place. Paul fut contraint d'y renoncer; mais il trouva le moyen de s'y rétablir. Le Pape Pie II lui donna les avis les plus sages pour régler sa conduite envers le Peuple; il ne sut point en profiter. Sa hauteur & ses violences révolterent les Génois, qui appellerent François Sforce, Duc de Milan, & Paul fut obligé de céder & d'abandonner Gènes. Il y revint, cabala & fit chasser Prosper Adorne, qui étoit Duc, pour mettre à sa place Baptiste Fregose, neveu de Paul, à qui il fit donner le Chapeau de Cardinal; mais joignant l'ingratitude à la fureur de régner, il parvint à le faire chasser & à se faire nommer pour la troisieme fois; mais il ne sut pas mieux se maintenir que les précédentes; il en fut chassé en 1488. Il se retira à Rome, & cessa de cabaler pour changer le gouvernement de Gènes. Il mourut le 2 Mars 1498, un an avant la révolution qu'il avoit préparée, & qu'il n'eut pas le plaisir de voir, mais dont un autre profita. *Voyez* DORIA.

FRESCATI. *Voyez* FRASCATI.

FRESQUE, (Peinture à) ce genre de Peinture est très-ancien: il en reste des morceaux des premiers temps de la République Romaine. Elle est beaucoup plus durable que la peinture à l'huile. Elle se fait sur une muraille fraîchement enduite de mortier, de sable & de chaux. Les couleurs qu'on y emploie doivent avoir passé par le feu. Ces couleurs & les terres dont on se sert, doivent être d'une nature séche, comme des marbres ou pierres calcaires bien pilées. Les couleurs ou teintures tirées des minéraux qui ne s'accorderoient point avec la chaux, ne vaudroient rien; auſſi la peinture à freſque ne pouvant pas ſoutenir toutes ſortes de couleurs, eſt toujours moins parfaite que la peinture à l'huile. Elle demande dans l'Artiſte beaucoup de promptitude. Pour peindre un mur, on fait deux enduits; le premier qui touche la pierre, doit être fait de gros ſable de riviere, bien appliqué, mais raboteux; le dernier eſt de mortier, de chaux vieille éteinte, & de ſablon de riviere. Le Maçon ne doit préparer de ce ſecond enduit, que l'eſpace qui peut être peint dans la journée pour qu'il ait toute ſa fraîcheur. Le Peintre doit obſerver de bien empâter ſes couleurs; il doit avoir ſous les yeux ſon deſſin arrêté, parce qu'il n'a pas le temps d'étudier & de tâter; ces deſſins doivent être arrêtés & finis ſur de gros papier de la grandeur de l'ouvrage. On peut peindre en tout temps, excepté dans celui de la gelée.

FREZZI (*Frédéric*) de Foligno, Dominicain. Boniface IX qui l'aimoit, lui donna l'Evêché de Foligno en 1403. On lui attribue le Poëme de la Vie humaine que les Italiens mettent en parallele avec celui du Dante. Il eſt diviſé en quatre parties, comme la vie : la premiere eſt intitulée *Cupido*; la ſeconde, *Satan*; le troiſieme, les Vices; la quatrieme, Minerve. Ce Poëme eſt de Malpici Bolonois, du quatorzieme ſiecle. Il fut imprimé en 1481 à Foligno, & en 1508 & 1511 à Florence. On y blâme le mélange du ſacré & du prophane.

FRIGNANA, petit Pays d'Italie, dans le Duché de Modene, qui s'étend au pied de l'Appenin, & qui comprend quelques Bourgs, tels que Frignano, Seſtola, &c.

FRIOUL, (le) *il Friuli*, *foro Julium*, ou *forum Julium*, Province conſidérable dans l'Etat Vénitien, bornée N. par la Carinthie, S. par le Golfe de Veniſe, O. par la Marche Tréviſane. Cette Province qui a toujours ſervi de paſſage aux Barbares qui ont déſolé l'Italie, a eſſuyé beaucoup de révolutions, & a eu beaucoup de Maîtres. On prétend que Jules Céſar lui a donné ſon nom. Des Goths & des Herules elle a paſſé aux Lombards. Charlemagne les ayant chaſſés, laiſſa le Frioul à un Seigneur Lombard en 774. C'étoit Rolgaud qu'Adalgiſe ſéduiſit; mais Charlemagne revint en Italie, fit couper la tête au Rebele,

& donna le Frioul à Henri, Seigneur François, avec la Carinthie & la Stirie. Henri se jetta sur les Huns Avarois; il fut assassiné par ceux de Frioul en 799. Charles vengea cette mort. Codolah fut mis à sa place. Après sa mort le Duché fut donné à Baudri, qui fut déposé pour ne s'être pas opposé aux Bulgares qui ravageoient la Pannonie. Louis *Techio*, son dernier Duc, perdit le Frioul en 1420, pour s'être engagé dans une guerre contre les Vénitiens, qui s'en rendirent maîtres, sous la conduite de Philippe d'Arceilli leur Général. Cette Province est assez bien peuplée; son territoire produit quantité de vin, de soie & de fer. Udine en est la Capitale. Une partie du pays appartient à la Maison d'Autriche: elle y possede Udine.

FRIOUL, *Friuli*, ou *Forum Julii*, Ville du Frioul, avec un Evêché suffragant d'Aquilée, située sur la riviere de Natisone, au pied des Alpes. On prétend que César la fit bâtir. Les autres Villes du Frioul sont *Venzone*, *Marano*, *Palma Nuova*, assez bonnes forteresses; *Concordia*, Ville Episcopale ruinée; *Porto-Gruaro*, *Ponte-à-Fella*, *Coloredo*, *Castel-Nuovo*, *Tolnuso*, *Monteregale*, *Solambergo*, *Polcenigo*, *Montefalcone*.

FRUITS D'ITALIE, ou *Agrumi*. Ce Pays agréable, dont le le terrein est si fort échauffé par les rayons du soleil, ne peut produire que des fruits délicieux & en abondance. Des différentes Provinces d'Italie, Naples est la seule Ville où ses Habitans s'occupent plus particuliérement de la culture des terres. Aussi les fruits y sont-ils beaucoup meilleurs, & il s'y en fait un très-grand commerce avec plusieurs Villes, & sur-tout avec Rome. Tous les fruits se vendent à la livre; ils sont généralement beaux; & sur-tout les figues, les raisins muscats & les melons, dont il y a de rouges & de blancs; rarement il s'y en trouve de médiocres. Les François, dans le temps de leurs guerres d'Italie, mangeoient les fruits avec excès & sans précaution, & les dyssenteries dévastoient les armées; mais il est rare qu'on en soit incommodé quand on les mange dans leur parfaite maturité. La Toscane produit aussi d'excellens fruits; mais les agrumis de Naples sont envoyés dans tous les Pays Etrangers.

FRU

FRUSINO, ou FRUSINONE, petit Bourg d'Italie dans la Campagne de Rome, entre Alatri & Piperno. Les Auteurs anciens en font mention fous le nom de *Frufinum*. Elle a été autrefois le fiége d'un Evêque. Les Papes Hormisdas & Sylverius y font nés.

FUCIN, (Lac) connu aujourd'hui fous le nom de Célano, dans l'Abruzze Ultérieure, au Royaume de Naples. Il eft au pied des Montagnes, près de *Campoli* & *Civita di Penna*.

FULIGNO, Ville de l'Etat de l'Eglife, dans l'Ombrie, à trois lieues de Spolette. Les Marchands y font affez riches & le commerce affez en action.

FULVIA MORATA, (*Olympia*) née à Ferrare en 1526, fut élevée auprès d'Anne d'Eft, fille d'Hercule II, Duc de Ferrare, & de Renée de France, qui aima beaucoup Fulvia. Elle le méritoit par fon éloquence naturelle, & par fon application. Elle apprit le grec & le latin, & devint une des plus favantes filles de fon fiécle. Elle donna dans les nouvelles opinions au fujet de la Religion; elle époufa un jeune Médecin Allemand, nommé Grandier, qui avoit donné dans les mêmes erreurs; il la mena à Suinfurt en Francolie. Cette Ville fut faccagée & les deux époux n'échapperent qu'avec peine. Ils errerent long-temps de Ville en Ville, & s'arrêterent à Heilderberg, où Fulvia mourut le 25 Octobre 1555, âgée de vingt-neuf ans. Il refte d'elle des ouvrages qui font regretter fon fort.

FUNO, petit Village qu'on trouve fur la route de Bologne à Ferrare, dans les marais du Pô.

FURFURA, une des petites Ifles qui font autour de celle de Malthe. Elle eft voifine de Cumino.

FURIETI, (Palais à Rome.) Le Cardinal Furieti, par la connoiffance qu'il avoit de l'antiquité, efpérant de trouver encore quelque morceau précieux dans la *Villa Adriani*, fi fouvent fouillée, acheta de la Chambre Apoftolique la permiffion de fouiller encore; il avoit quatre morceaux Antiques de mofaïque; il favoit qu'ils avoient fervi de pavé aux appartemens d'Adrien; cette connoissance l'excita. Il trouva des appartemens souterrains & de nouveaux tableaux de mosaïque; mais ce qu'il trouva de plus précieux, ce sont les deux Centaures de pierre, de Parangon, de la plus belle & de la plus grande exécution grecque, & les ouvrages les plus parfaits & les mieux conservés; un des Centaures, plus âgé que l'autre, a les mains croisées sur le dos; on voit la place que l'amour occupoit, & qui sans doute vouloit les attacher; il est rêveur & marque beaucoup de douceur. L'autre paroît rire de cette inaction; il est armé d'une massue qu'il porte sur l'épaule; il a la peau d'une bête fauve sur le bras gauche.

FUSINE, petite Isle & Ville de l'Etat de Venise dans le Dogado.

G

GABATO, (*Sebaſtien*) célebre Navigateur, ſurnommé le *Rocher*, naquit à Veniſe, & alla s'établir à Briſtol en Angleterre. Il forma le premier le projet d'aller en Amérique, en ſuivant une route différente de celle de Chriſtophe Colomb; c'eſt-à-dire, qu'au lieu d'aller vers les Canaries, enſuite vers les Açores, & d'arriver par le S. O. Gabato arriva plutôt & plus ſûrement, en faiſant toujours voile vers le N. O. Il découvrit la terre de Lubrador, avec trois Marchands, que Henri VII, Roi d'Angleterre, lui donna.

GABRIELI, famille noble & ancienne, originaire de Gubio, dans l'Ombrie, & qui exiſtoit dans le troiſieme ſiecle. Elle s'eſt répandue dans le reſte de l'Italie; elle a produit des hommes célebres dans l'Egliſe, dans la Magiſtrature, dans l'Epée. *Fatio Gabrieli* a publié, en 1154, un Traité *de Elementis*, un autre *de vera Philoſophia*, *Hugolino Gabrieli*, un Traité des Sacremens. En 1438, Jules Gabrieli, Secrétaire du Cardinal de Mantoue, prononça deux beaux diſcours au Concile de Trente. Il a laiſſé une traduction latine de la Cyropedie, de quelques traités de Plutarque, & pluſieurs autres Ouvrages, mort en 1572. Jérôme Gabrieli, Avocat Conſiſtorial, publia des Ouvrages de Droit. Il y a eu dans cette famille des Cardinaux, Jules Gabrieli, en 1641, Gabriel de Gabrieli, en 1505; pluſieurs Evêques de Ferrare, de Plaiſance, de Gubio dont cette Maiſon eſt Seigneur, de Lucques, d'Urbin, &c.

GABRINO RIENZI, (*Nicolas*) né à Rome, de la lie du peuple, mais avec des ſentimens élevés. Il s'adonna de bonne heure à la lecture des bons Auteurs de l'Antiquité, qui enflammerent ſon ame pour la liberté & le gouvernement républicain. Il ſe fit bientôt un nom. Les Romains le députerent avec Pétrarque, pour déterminer Clément VI, qui s'étoit fixé à Avignon, de revenir à Rome. Pétrarque employa le langage des Muses; Rienzi lui fit une harangue très-éloquente. Ils se firent admirer l'un & l'autre, mais ne gagnerent rien. Gabrino, de retour à Rome, se fit donner le gouvernement, & il fut nommé Tribun par le peuple. Alors il fit publier que chacun s'assemblât dans l'Eglise du Château Saint-Ange, sans armes, la nuit du 17 Mai 1347. On y célébra plusieurs Messes du S. Esprit: après quoi Rienzi, vers les neuf heures du matin, conduisit le peuple au Capitole. Il leva trois étendards, qui portoient le symbole de la liberté, de la justice & de la paix, & fit lire quinze réglemens pour parvenir *au bon Etat*. Il créa ensuite un nouveau Conseil, appellé la Chambre de Justice & de Paix. Il chassa de Rome & punit sans remission tous malfaiteurs, meurtriers, adulteres, voleurs, &c. Précédé de la terreur, il leva une armée de vingt mille hommes, & invita tous les Seigneurs & toutes les Républiques d'entrer dans la ligue du *bon Etat*. On loua son zèle pour la patrie: Louis de Baviere, Empereur, Louis I, Roi de Hongrie, & Jeanne, Reine de Naples, lui envoyerent des Ambassadeurs. S'il eût eu plus de sagesse, il eût opéré une révolution; mais il cita des Souverains à son Tribunal, & fit arrêter plusieurs Seigneurs. On fit revenir le peuple: Rienzi, après plusieurs tentatives malheureuses, renonça au Tribunat, & se retira à Naples, où il vécut deux ans chez des Hermites. Ennuyé de cette vie, il revint à Rome, y excita quelque sédition, & fut obligé de fuir une seconde fois. Il alla à Prague, y fut reconnu; & Charles de Luxembourg, un des Princes qu'il avoit cités, le fit arrêter, & l'envoya à Clément VI à Avignon. La mort du Pape interrompit le procès qu'il avoit fait commencer. Innocent VI le renvoya à Rome, absous, & avec le titre de Sénateur. Un nommé Baronetti avoit pris le titre de Tribun: Gabrino s'en défit, & reprit ce titre. Les Nobles se souleverent, & Gabrino périt dans la sédition de cent coups de poignard, le 8 Oct. 1354. Rienzi avoit tous les talens d'un Chef de conjuration; mais il se laissa trop éblouir par la bonne fortune. Gabrino prenoit le titre de *Nicolas clément & sévere, Libérateur de la Ville, Zélateur de l'Italie, Soldat &*

GAD

Candidat du Saint-Esprit, *l'amour de l'Univers*, *Tribun auguste*.

GADDI, (*Gaddo*) Peintre, né à Florence dans le treizieme siecle, s'adonna à la mosaïque, & se rendit célebre par ce genre de peinture. Son dessin l'emportoit sur celui de tous ses contemporains. Il a laissé des ouvrages dans plusieurs endroits de l'Italie. Sur la fin de ses jours, il avoit imaginé un autre genre de peinture; il employoit, pour rendre ses sujets, des coquilles d'œufs qu'il faisoit peindre en toutes sortes de couleurs, & qu'il distribuoit avec beaucoup d'art. Il mourut en 1312, âgé de soixante-treize ans. Gaddi, ainsi que son fils Angelo Gaddi, avoient été éleves du Giotto. Angelo joignit au talent de la peinture celui de l'architecture. Il mettoit l'expression la plus énergique dans ses figures, qu'il animoit de tout le feu des passions. Il composoit d'ailleurs avec génie. La tour de *Santa Maria del Fiore* & le pont qui est sur l'Arno, l'un & l'autre à Florence, sont de cet Artiste, qui y mourut en 1350.

GADDI, (*Thadée*) né à Florence en 1300, Peintre & Architecte, éleve du Giotto, qu'il surpassa dans ces deux arts, ainsi qu'André de Pise, son rival, dans la direction de plusieurs ouvrages considérables. Il a fait les magasins voûtés de la Place Saint-Michel à Florence, fit rétablir l'ancien pont. Il répara le Château Saint-Gregoire, acheva le clocher de la Cathédrale, & fit encore plusieurs autres ouvrages.

GAETE, *Caieta*, ancienne & forte Ville au Royaume de Naples, à quinze lieues de cette Capitale & à vingt-cinq de Rome, dans la Terre de Labour. Elle est située sur le penchant d'une petite montagne, avec un port agréable & commode, qui fut réparé par Antonin le Pieux, & un golfe qui sert pour les vaisseaux, & au fond duquel est un Fauxbourg considérable. Ce golfe est celui que les Anciens appelloient golfe de Formies. Cette Ville est très-ancienne; les uns prétendent qu'elle fut fondée par les Grecs. Enée, selon Virgile, y fit enterrer sa Nourrice. A la chûte de l'Empire, elle fut gouvernée par des Ducs, qui relevoient du Pape. La destruction de Formies &

de Minturne, rendirent Gaëte très-florissante. Le Château, qui est à la pointe du golfe, bâti en 1449 par Alphonse, Roi d'Arragon, est très-bien fortifié. Elle a aussi de bonnes fortifications du côté de la terre. La Ville est isolée, & ne tient au continent que par une langue de terre ; elle n'a que deux portes, qui sont très-soigneusement gardées. Le monument le plus remarquable de Gaëte, est le tombeau de Lucius Munatius Plancus, qu'on appelle dans le pays *Torre d'Orlando* ; le tombeau du Connétable Charles de Bourbon, qui fut tué au siége de Rome en 1528, commandant les troupes de Charles-Quint contre le Pape, & rébelle à son Roi ; une tour ronde assez semblable au tombeau de Munatius Plancus, appellée *Latratina*, est, dit-on, un temple de Mercure, ainsi appellé, parce qu'il étoit représenté comme Anubis avec une tête de chien. On montre aux étrangers un rocher fendu en trois parties, en l'honneur de la Sainte Trinité, le jour de la mort du Sauveur. Il paroît que ce rocher ne faisoit qu'un seul massif, il est fendu depuis sa cime jusqu'à la mer : on l'appelle la *Rocca spaccata*. On a fait une Chapelle du Crucifix sur un gros bloc de marbre qui est tombé dans une des fentes, & où deux hommes peuvent entrer : la mer, qui baigne cette fente du rocher, passe au-dessous. Les vaisseaux qui passent devant lui rendent le salut. On rapporte plusieurs miracles opérés par ce Crucifix. On voit dans la Cathédrale deux beaux tableaux, l'un de Paul Veronese, & l'autre d'André de Salerne. Le baptistaire est un des meilleurs morceaux d'antiquité ; c'est un vase porté par quatre lions de marbre d'une seule piece, avec des bas-reliefs représentant Ino, assise sur un rocher, cachant dans son sein un de ses enfans à la fureur d'Athamas son mari, des Satyres & des Bacchantes dansent autour d'elle. On lit au bas le nom de Salpion, Sculpteur Athénien. Le clocher est remarquable par le travail & l'élévation. On conserve à côté du maître autel une colonne de marbre blanc, sculptée du haut en bas, qu'on dit avoir servi au Temple de Salomon.

Gaëte est située sur un golfe dont le rivage est délicieux ; les ruines qu'on apperçoit encore dans la mer, prouvent qu'il étoit bordé de belles maisons, comme le port de Baies. Les Romains se plaisoient beaucoup sur ces côtes, & leur goût étoit bien justifié par les charmes du pays. Le Port de Gaëte est en demi-cercle, revêtu de beaux quais, garnis d'artillerie, avec quelques ouvrages avancés du côté de la mer. Ses environs ne sont pas moins agréables; on voit de tous côtés des orangers, des mirthes & des arbustes les plus odorans & les plus agréables, au milieu desquels on apperçoit des ruines de tombeaux antiques. Quoique ces monumens soient méconnoissables, l'œil enchanté du spectacle de la nature, dans toute sa beauté, s'arrête avec plaisir sur ces vestiges de la grandeur Romaine.

GAILLARD, Bailliage du Chablais, dans le Piémont. Gaillard, dont les Bernois s'étoient emparés, ainsi que des Bailliages de Tonon & de Ternier, fut restitué au Duc de Savoie par le Traité de Lausane du 30 Octobre 1564.

GALAS, (*Mathieu*) né à Trente en 1589, étant entré au service en Italie, eut une Compagnie d'Infanterie & le Gouvernement de Roca di Riva, dans le Milanez. Il passa en Allemagne, & se distingua dans la guerre de Bohême, sous le Général Tilly. Il eut part à la prise de Mantoue, par Colalto. Il rendit de grands services au Roi d'Espagne, & lui soumit beaucoup de places dans les Pays-Bas. Il en rendit aussi de très-considérables à l'Empereur, qui le mit à la tête de ses troupes. Il fut battu par les François à Saint-Jean de Lône: il le rendit aux Suedois. Quelques échecs contre ces mêmes Suédois, excitèrent ses ennemis à le noircir auprès de l'Empereur, qui lui retira le commandement de son armée. Galas se justifia, & l'Empereur lui rendit toute sa confiance: mais il mourut peu de temps après, à Vienne en Autriche, en 1647.

GALEANO, (*Joseph*) Médecin, de Palerne. Il exerça son art pendant cinquante ans avec le plus grand succès. Il étoit grand Littérateur, Poëte, Théologien, Mathématicien: mais la Médecine étoit sa principale occupation. Il a laissé plusieurs Ouvrages Italiens sur cette science. On regarde comme le meilleur de ses Ouvrages latins son *Hipocrates redivivus*. Il a publié un Recueil en cinq volumes, de petites pieces des Ecrivains les plus célebres qui ont cultivé les Muses Siciliennes. Il mourut en 1675, regretté de ses amis, & sur-tout des pauvres qui jouissoient de son savoir & de sa fortune.

GALEAS VISCONTI I, Seigneur de Milan, succéda à Mathieu Visconti son pere, dit le Grand. Il fut un des plus grands guerriers de l'Italie & un des plus sages Princes de son siecle. Il s'étoit distingué par des victoires remportées sur les Guelfes. Il s'appliqua à détruire le germe des factions, qui, dans un Etat dont son pere avoit changé la forme, ne pouvoient manquer de se former. Il avoit un concurrent redoutable & un ennemi secret dans Marc son frere, qui éclata, lorsqu'il se fut formé un parti, & qui voulut s'emparer du Gouvernement ; mais il détruisit ses prétentions, quoiqu'avec beaucoup de peine. Il mourut âgé de cinquante-un ans, de maux occasionnés par les fatigues de la guerre. Il avoit épousé Beatrix, sœur d'Actius, dont il eut *Actius* Visconti, qui lui succéda. *Voyez* ACTIUS. Mais le plus célebre des Visconti, fut *Jean Galeas III*, déja fameux sous le regne de Galeas II son pere. Il succéda à Barnabé son oncle. Ce fut lui qui ramena l'art militaire en Italie. Il gouverna Milan en véritable Souverain : il fut juste, bon & grand. Jusqu'à lui, les Souverains de Milan n'avoient eu que le titre de Seigneurs, Ladislas lui donna celui de Duc, avec les marques de cette dignité. Il éleva plusieurs beaux monumens, que l'on admire encore aujourd'hui. Ce fut lui qui fit bâtir la Cathédrale de Milan, la Citadelle de Pavie, le beau pont sur lequel on passe le Tesin dans cette Ville, un des plus beaux de l'Italie moderne, la belle Chartreuse de Pavie, où il est enterré. Il fit creuser des canaux pour délivrer le Milanez des eaux qui le dégradoient. Il donna le mouvement à l'agriculture ; il augmenta considérablement ses Etats par ses conquêtes. Il étoit parvenu au point de pouvoir se faire déclarer Roi d'Italie, & de réunir en lui la puissance des Rois Lombards. Il en fût peut-être venu à bout, si la mort ne l'eût arrêté au milieu de ses projets. Il mourut en 1402, âgé de cinquante-cinq ans, après en avoir régné vingt-quatre. Il laissa deux fils, *Jean Marie* & *Philippe-Marie*, qui, étant mort sans enfans mâles, laissa le Duché de Milan à deux Prétendans redoutables, Louis XII, fils de Valentine Visconti, & à François Sforce, mari de Blanche Visconti, fille de Philippe-Marie. Le Gouvernement resta à François Sforce, soldat heureux. *V.* GALEAS-MARIE SFORCE, SFORCE.

GALEAS-MARIE SFORCE, Duc de Milan, succéda à François Sforce son pere, en 1466. Il crut pouvoir suppléer aux talens & aux vertus de François, qu'il n'avoit pas, par un abus outré de l'autorité. Sa conduite, dissolue & cruelle, le rendit l'objet de la haine de ses sujets, dont il déshonoroit les femmes & les filles. Sampognato & Olgeato, dont les femmes avoient été exposées à ses brutalités, le massacrerent, dans le temps qu'il alloit visiter l'Eglise de S. Etienne, Martyr, l'an 1476. Galeas fut marié deux fois: il eut de son second mariage Jean-Galeas-Marie, qui lui succéda.

GALEOTI-MARTIO, né à Narni, & mort à Lyon en 1478, Secrétaire de Mathias Corvin, Roi de Hongrie, dont il a publié un Recueil de bons mots, & Précepteur de Jean Corvin, fils de Mathias; un Traité de l'homme intérieur & de son corps, qu'il donna au public, fit beaucoup de bruit, & lui attira des désagrémens; il fut obligé de rétracter quelques propositions, qui furent jugées répréhensibles.

Un autre Barthelemi Galeoti, de Bologne, publia dans le seizieme siecle une Histoire des Hommes illustres de sa patrie.

Nicolas Galeoti, Jésuite, a fait l'Histoire des Généraux de sa Compagnie, en latin & en italien, volume in-fol. imprimé à Rome en 1748, l'année même de la mort de l'Auteur.

GALERIE DU GRAND DUC, (la) à Florence, est la plus belle collection du monde. Ce qui l'a rendue si riche, c'est qu'elle a été commencée dans un temps d'ignorance, où les seuls Médicis connoissoient le prix des Arts & des restes précieux de l'antiquité; elle consiste dans une longue suite d'appartemens au second étage; car les Bureaux, ou *Gli Uffizi*, sont au rez-de-chaussée; dans ces mêmes rez-de-chaussées est la Bibliotheque Magliabecchi, du nom de celui à qui elle a appartenu. Il y a quantité de manuscrits & de livres très-rares ; elle est ouverte trois fois la semaine. Au premier étage, est l'Académie de sculpture, peinture & architecture C'est dans un des bâtimens qu'on voit le travail des tableaux en mosaïque. La Galerie est séparée du vieux Palais par la Place, d'où l'on entre dans une cour immense, ornée à droite & à gauche de bâtimens uniformes & de beaux portiques. Elle fut bâtie par les ordres du grand Duc Cosme I, dont on voit la statue pédestre sur le vuide d'une des arcades ; elle est de Jean de Bologne. La Galerie est divisée en trois grands corridors ; celui qui est au Levant a environ quatre cent soixante pieds de longueur, celui du Couchant est un peu moins long, à cause du vestibule, & celui qui est au Midi a cent douze pieds ; la largeur de ces pieces est de vingt-un pieds, & la hauteur de près de vingt. Il y a dix salles sans compter le vestibule. La description détaillée en a été entreprise ; il y en a onze volumes in-fol. & il s'en faut de beaucoup qu'elle soit achevée. On ne peut donc qu'indiquer en gros ce qu'il y a de plus curieux. On trouve dans le vestibule un grand nombre de bas reliefs, de statues, d'urnes & d'autres monumens Antiques, Etrusques, Grecs & Romains. On y remarque des trophées seulement ébauchés par Michel-Ange ; deux gros chiens loups antiques, très-beaux ; un Gladiateur, tenant son épée d'une main & de l'autre son bouclier. Les voûtes des corridors ou salles, sont des fresques des Eleves de Raphaël, représentant les attributs des Sciences & des Arts, les portraits de ceux qui y ont excellé, les Vertus Civiles & Militaires, avec les portraits aussi des Florentins qu'elles ont illustrés, ce qui forme une histoire suivie de Florence. Le long des murs on a rangé cinquante-huit statues, trois groupes & quatre-vingt-neuf bustes antiques de marbre, formant la suite complette des Empereurs, depuis Jules-César jusqu'à Alexandre Severe, plusieurs de leurs Concurrens, de leurs femmes & de leurs filles. Depuis Alexandre Severe jusqu'à Constantin, la suite n'est pas si complette. Parmi ces bustes il y en a beaucoup d'autres, tels que ceux d'Aristippe, de Seneque, de Carnéade, de Xénocrate, de Bérénice, de Q. Herennius, d'Annibal, de

Ciceron; dans une autre salle il y a encore une grande quantité de bustes inconnus, Grecs, Romains & Modernes; parmi ceux-ci, on admire une tête d'homme qui n'est qu'ébauchée, par Michel-Ange; on croit que c'est un Brutus : on lit au bas ce distique du Bembe :

Dum Bruti effigiem Sculptor de marmore ducit,
In mentem sceleris venit, & abstinuit.

Le Sculpteur en faisant de ce marbre le portrait de Brutus, se ressouvint de son crime & laissa son Ouvrage.

Un Anglois a répondu à ce distique par celui-ci :

Brutum effecisset Sculptor, sed mente recursat
Tanta viri virtus; sistit & abstinuit.

Le Sculpteur auroit fini le buste de Brutus; mais il conçut une si grande idée de la vertu de ce grand homme qu'il n'osa aller plus loin.

Les bustes les plus estimés des connoisseurs sont ceux de Ciceron, de Caligula, d'Agrippine, de Séneque, d'Adrien, d'Antinoüs, de Marc-Aurele, d'Alexandre mourant, de Commode, &c.

Parmi les statues grecques & romaines de ce corridor occidental, les plus belles sont une figure d'un jeune homme, qui tient un vase, d'un grand caractere, bel antique de grande maniere; une figure de Vestale antique; une autre de Mercure debout & accoudé; une Vénus, dont le tronc seulement est antique; une copie de Laocoon, antique; la défaite du Centaure par Hercule; Marsyas attaché à un tronc d'arbre & déja écorché; Mars & Vénus, groupe antique, de la grande maniere.

Mais les plus belles statues, les chef-d'œuvres de l'antiquité, sont rassemblées dans un sallon, appellé la Tribune; il est de forme octogone, sur les desseins de Buontalenti : il prend son jour par huit fenêtres pratiquées sous la voûte & garnies de vitres de cristal. Le plafond est en forme de coupole, incrustée de nacre de perle; les murs sont tapissés de velours cramoisi, & le parquet est de différens marbres de rapport. C'est dans ce sallon qu'on voit la célebre statue de la Vénus de Médicis, placée sur un piédestal moderne, d'environ trois pieds de haut; on la croit de Praxitele; elle a un peu plus de cinq pieds de hauteur, posée sur une conque marine, ayant à côté d'elle un Dauphin la tête en bas, & devant elle sont deux petits amours; à la droite de la Vénus de Médicis, est la Vénus victorieuse qui tient la pomme à la main; on croit que c'est la Vénus de Phidias, que l'on conservoit au Belvedere de Rome; la Vénus céleste, ou Pudique; le Faune jouant des crotales & ayant un pied sur le *Scabila*, ou espece de soufflet: la tête & les bras ont été restaurés par Michel-Ange; l'Arrotino on l'Aiguiseur. *Voyez* ARROTINO, les lutteurs, groupe de grandeur ordinaire. Il y a sur la corniche saillante, qui regne autour de la tribune, plusieurs petites statues antiques de la plus belle exécution, telles que Britannicus, Hercule enfant, qui sort de son berceau pour tuer deux serpens; un Silene assis qui se soutient sur son bras gauche; un Bacchus grimpant contre un rocher pour attraper quelques grappes de raisins, &c.

Cette tribune est encore ornée de tableaux précieux. Deux tableaux de Raphaël, représentant la Vierge; un Saint Jean au désert, du même; une Madonne en contemplation devant l'Enfant Jesus, du Correge; c'est le tableau le mieux conservé de ce Peintre; une Nymphe, d'Annibal Carrache; le Portrait *d'André del Sarto*, peint par lui même; une tête de vieillard, de Paul Veronese; deux Vénus, du Titien; une Vierge recevant l'enfant des mains de Saint Joseph par dessus l'épaule; ce tableau n'est pas achevé, il est de Michel-Ange, qui, soit en tableaux, soit en statues, a laissé une infinité d'Ouvrages imparfaits; mais qu'aucun Artiste n'a osé finir: une Vierge avec l'enfant, du Parmesan; une autre, du Guide; une Cléopâtre, du même; un singe qui peigne un enfant, du Tintoret; l'ivresse de Silene, petit tableau de Rubens; une tête d'homme, par le Géorgion; l'adoration des Bergers, figures d'environ un pied de hauteur, par Vanderverf; Agar répudiée, de Pierre de Cortonne; une sainte Famille, de Rembrant, &c.

Dans la premiere chambre sont les portraits de tous les Peintres célebres, tant d'Italie que de France, de Flandres, d'Allemagne, peints par eux-mêmes. Léopold de Médicis invita les Peintres les plus célebres vivans, à y envoyer leurs portraits; ils s'en firent tous un honneur, & les autres ont ensuite continué; ces portraits sont au nombre de deux cent cinquante, la statue du Cardinal Léopold de Médicis en mabre blanc est au milieu de la salle; il est assis & a devant lui divers papiers. Dans la seconde chambre sont les porcelaines; il y en a beaucoup de la Chine & du Japon en figures & en vases. La troisieme chambre rassemble une quantité infinie d'antiques. On y voit une colonne d'albâtre oriental transparent, haute de six pieds, en spirale, au-dessus de laquelle est une Diane antique de marbre d'environ deux pieds de haut. La quatrieme chambre est celle des Arts, elle contient plusieurs tableaux des anciens Peintres. Dans une des armoires qui sont dans cette chambre entre les différens morceaux qu'on y admire, on y voit plusieurs petits groupes d'environ dix pouces de haut, de Jean de Boulogne, représentant les travaux d'Hercule. Une chose singuliere & d'une imagination bien bizarre, c'est deux caisses; dans l'une l'Artiste a représenté en cire un sépulcre plein de différens cadavres, dans tous les états où ils peuvent être depuis l'instant de leur mort, jusqu'à leur entiere dissolution; dans l'autre, plusieurs pestiférés morts ou mourans rendus avec une vérité révoltante. La cinquieme chambre est destinée aux tableaux Flamands; il y en a cent cinquante; de Rubens, de Vandick, de Metis, de Paternef, de Wanderwef, de Callot, de Breughel, de Mieris, de Gerard Dow, &c. La sixieme chambre renferme plusieurs instrumens de Mathématiques, de Physique & d'Astronomie. Nous avons parlé de la septieme; c'est la tribune qui contient ce qu'il y a de plus précieux de toute la collection. La huitieme chambre est appelée la salle de l'Hermaphrodite, à cause de la statue aux deux sexes; elle a le visage & la gorge d'une femme, & le sexe de l'homme & de la femme, des Priapes monstrueux; une infinité de dessins des plus grands Maîtres, & deux armoires, faites en forme de médaillers, remplies de portraits en miniature. La salle des médailles contient une des plus belles suites qu'il soit possible de voir. On prétend qu'elles vont à douze mille, dont quantité de grecques grand bronze très-rares. Le nombre des camées & pierres gravées est de trois mille dont plusieurs sont d'un travail excellent, formant une suite presque complette des Empereurs, de leurs femmes, &c. Il y en a d'Egyptiennes, de Grecques, &c. Cette piece est ornée de morceaux de Peintures des plus grands Maîtres. La chambre suivante sont des vases Etrusques, &c. On voit dans la derniere le Tabernacle, l'Autel destiné pour la Chapelle de Saint Laurent, &c. Nous n'avons pu qu'indiquer une foible partie de cette immense collection.

GALESINI, (*Pierre*) né à Milan, a vécu sous les Pontificats de Grégoire XIII & de Sixte V. Il fut Protonotaire Apostolique. Il fit des découvertes curieuses & utiles dans les antiquités ecclésiastiques. Il traduisit en latin quelques traités de Saint Grégoire de Nice & de Théodoret. Il publia l'Histoire sacrée de Sulpice Sévere, celle d'Aimoin d'Halbestadt. Il composa un discours sur l'obélisque que Sixte V fit élever en 1586, un autre discours sur le tombeau que ce Pape fit élever à Pie V; une Histoire des Papes, sous le titre du *Theatrum Pontificale*, & plusieurs autres Ouvrages.

GALILEI, (*Alexandre*) Architecte, noble Florentin, né en 1691, nommé à son retour d'Angleterre, où il avoit passé sept ans, Surintendant des édifices publics de Toscane. Il n'a bâti qu'à Rome, où il fut appelé par Clément XI. La façade de Saint Jean de Latran, la Chapelle Corsini de cette Eglise & la façade de Saint Jean des Florentins sont des Ouvrages qui lui font honneur. Cet Artiste entendoit très-bien la décoration & le choix des ornemens. Il étoit très-bon Mathématicien, il est mort en 1737.

GALILÉO, GALILÉI, né à Pise, en 1564. Son pere étoit Florentin, d'une famille distinguée dans la République. On le regarde comme l'inventeur du télescope ou lunette astronomique. Ce fut en 1609, qu'il découvrit les satellites de Jupiter, les phases de Vénus, les taches du Soleil & les mouvemens de la Lune. Il reconnut le premier l'accélération des Corps graves dans leur chûte, & celle du mouvement des Pendules. Ses Ouvrages remplis de vérités nouvelles, firent tourner fur lui les yeux de l'Europe favante ; il ofa démontrer le fyftême de Copernic & foutenir le mouvement de la Terre & l'immobilité du Soleil, découvertes qui parurent contrarier quelques textes mal-entendus de l'Ecriture fainte, que Galilée refpectoit, comme Savant & comme Chrétien, & dont il favoit la vérité, en foutenant que Moïfe & les Prophétes n'avoient paru dans leurs expreffions fuppofer l'immobilité de la Terre & le cours impoffible du Soleil autour d'elle en vingt-quatre heures, que pour fe conformer à l'opinion d'un Peuple groffier, qui ne jugeoit que fur des apparences. Galilée fut accufé d'impiété, condamné par l'Inquifition à une prifon perpétuelle, ou à fe rétracter : il fit une rétractation qu'on crut fimulée, parce que dans le fond elle ne pouvoit gueres être autrement ; il fut repris encore & renfermé dans les prifons de l'Inquifition à Rome. Il en fortit, mais on lui affigna pour prifon, Arcetri, petit Village près de Florence, où il mourut en 1642. Il eft enterré dans l'Eglife de Sainte Croix des Cordeliers de Florence ; fon tombeau eft un des ornemens les plus précieux de cette Eglife ; Viviani, fon difciple l'avoit projetté, & les Nelli qui ont fuccédé à cette Maifon l'ont fait exécuter en 1737. Ses os y ont été tranfportés du lieu ou Galilée fut inhumé : on avoit refufé de l'inhumer en Terre Sainte, comme fufpect d'héréfie.

GALILÉE, (*Vincent*) fils du précédent, hérita des talens & foutint la réputation de fon pere : il appliqua la Pendule aux horloges, ce qui les perfectionna ; fon pere s'étoit fervi de la pendule pour fes obfervations aftronomiques ; mais il n'alla pas plus loin, ou peut-être ne voulut-il pas y aller. Outre les découvertes du pere & du fils & les Ouvrages immortels du pere, il refte encore ceux de Vincent Galilée, pere de Galiléo-Galilée; deux Décalogues fur la Mufique. Il étoit favant Mathématicien & grand Muficien ; mais il ne put jamais apprendre la Mufique à *Galileo-Galilée*. Dans le fecond Dialogue il traite de la Mufique ancienne & moderne.

GALLIPOLI, petite Ville, mais très-forte dans la terre d'Otrante, au Royaume de Naples : elle est située entre Tarente & Sainte Marie de Leuca, qui est près du Cap du même nom. Cette Ville est assez bien peuplée & bien marchande. Les Génois en retirent beaucoup de vin, d'huile, de safran & de sucre : son Evêché est suffragant d'Otrante. Sa situation est agréable, sur une roche près de la mer. C'est le pays des anciens Salentins sur le golfe de Tarente.

GALLUZZI ou GALLUCCI. Il y a trois Auteurs de ce nom. Tarquin *Gallutius*, Jésuite, mort à Rome, âgé de soixante-quinze ans, en 1649, a laissé plusieurs Ouvrages, entr'autres, *Vindicationes Virgilianæ & Commentarii tres de Tragœdia, de Comœdia, & de Elegia*. Jean Paul *Gallucci*, savant Astronome du seizieme siecle. Il a traduit en Italien le Traité de la Peinture d'Alberdure, qu'il a enrichi d'observations & d'additions considérables, à Venise 1594, in-fol. *Ange Gallucci*, Jésuite, né à *Maurata*, & mort à Rome en 1674. Il a laissé de très-bons Ouvrages inconnus à la plupart des Savans.

GALLON ou GUALLA, né à Becheria dans la Lombardie, fut d'abord Chanoine Régulier à Pavie, puis Evêque de Verceil, & fut fait Cardinal par Innocent III, qui l'envoya en France, au sujet de l'hérésie des Albigeois : il prêcha la Croisade publia des Ordonnances Synodales, qu'on trouve dans le sixieme volume de la Bibliotheque des Peres. Il contribua à la paix entre la France & l'Angleterre, après la mort de Jean, dit Sans-Terre ; il mourut vers l'an 1235.

GAMBARA, Poëte latin de Brescle, qui fut fort protégé par *Alexandre Farnese*, qui l'honoroit de son amitié. Il a fait un Traité sur la Poësie, in-4°. Il blâme les Poëtes Chrétiens qui se servent des Divinités du Paganisme. Un Poëme intitulé *Colomb*, en quatre chants, dédié au Cardinal de Granvelle. La Colombiade de Madame du Boccage est bien au dessus. Les Eglogues de Gambara sont ce qu'on estime le plus. Il mourut âgé de quatre-vingt-dix ans en 1586. Véronique Gambara, de la même famille, naquit à Brescle en 1485 ; elle se maria à un Seigneur Italien, qu'elle perdit bientôt après ; s'adonna entièrement aux Belles-Lettres ; & sur-tout à la Poësie, elle eut une grande célébrité.

La derniere addition de ſes œuvres eſt à Breſce en 1761. On la compare pour l'élégance & la douceur de ſes vers à Pétrarque. Elle mourut à Correggio en 1550.

Il y a eu deux Cardinaux de ce nom, *Hubert Gambara*, de Breſce, très-grand Politique, qui rendit des ſervices eſſentiels à Léon X, ſon Protecteur & ſon ami, à Clément VII, qui l'envoya en Angleterre en 527, ſolliciter une ligue contre Charles V, qui retenoit le Pape priſonnier, à Paul III. Il mourut l'an 1549. *Jean-François Gambara*, neveu du précédent, rendit de grands ſervices à la Maiſon d'Autriche. Son oncle l'envoya auprès de l'Empereur Charles V. Il eut divers emplois à Rome, ſous les Pontificats de Jules III & de Pie IV, qui le fit Cardinal en 1561. Pie V lui donna l'Evêché de Viterbe, où il bâtit la très-belle maiſon de Bagnaïa, qu'il donna enſuite à ſon Egliſe. Il mourut à Rome en 1587.

GAMBARA eſt encore une petite Ville du Padouan, dans l'Etat de Veniſe.

GAMBARUTTI, (*Nicolas*) né à Alexandrie de la Paille, s'acquit une grande réputation pour la Juriſprudence. Louis XII le fit Conſeiller au Sénat de Milan. Il publia les Ouvrages de Juriſprudence d'*Angelo Peruſio de Monte Pico*, & mourut en 1502. Tiberio Gambarutti, de la même famille, s'étant formé dans la Juriſprudence Civile, Canonique, dans la Politique & les Belles-Lettres, alla à Rome, fut Secrétaire des Cardinaux Santiquatro & Araceli. Il paſſa trente-deux ans à Rome, & n'en fut pas plus avancé pour ſa fortune: il ſe retira à Alexandrie, où il s'occupa entiérement de la Littérature. Il a laiſſé des Diſcours & des Obſervations politiques, des Tragédies, des Harangues, &c.

GARDA, (Lac de la) dans le Mantouan, d'où ſort le Mincio, près de la Forterreſſe de Peſchiera, connue dans Virgile ſous le nom de *Benacus*, qu'il enviſage comme s'irritant aiſément, ainſi que les flots de la mer: *Fluctibus & fremitu aſſurgens, Benace, marino*. En effet, il eſt auſſi ſujet aux tempêtes que les mers les plus orageuſes; c'eſt dans ce Lac qu'eſt une preſqu'île, qu'on croit être la même que *Sirmio*, dont

Catulle faisoit ses délices, plus agréable à ses yeux que toutes les Isles & les Péninsules de l'Empire de l'un & de l'autre Neptune. On appelle grottes de Catulle, quelques restes d'antiquité, qu'on trouve à *Sirmio*. Au couchant du Lac, ce qu'on appelle *Riviara di Salo*, offre les rivages les plus agréables; ils sont couverts d'orangers & de citronniers : tous ces bords sont fort peuplés & très-vivans. Le Lac est très-poissonneux: la ferme de la pêche y rapporte vingt-six mille livres : le poisson de ce Lac est très-recherché, sur-tout les truites.

GARDA, (la Garde) Ville de la République de Venise, dans le Véronois, a donné son nom au Lac dont il est parlé dans l'article précédent, & qui est tout auprès.

GARGAN, Montagne de la Pouille, dans le Royaume de Naples, près de Siponte, ou Monte di San-Angelo. Cette Montagne est célèbre par une apparition de Saint Michel, qui, dit-on, fit connoître à l'Evêque de Siponte, du temps du Pape Galase I, que ce lieu étoit sous sa protection. Telle est la tradition de l'Eglise de Siponte.

GARIGLIANI, (*Pompée*) Chanoine de Capoue, Secretaire du Cardinal Perretti & du Cardinal François Barberin, a publié plusieurs Ouvrages ; un Traité de la Noblesse, & des Commentaires sur les Dialogues de Platon, dont le Cardinal Barberin disoit qu'il entendoit quelque chose au texte de Platon, mais qu'il lui étoit impossible de rien comprendre aux Commentaires de Garigliani, qui auroient besoin d'être commentés.

GARIGLIANO ou LIRIS, Riviere qui coule dans la Terre de Labour, dans un pays semé d'orangers, grenadiers, jasmins, lauriers, & de toutes sortes de productions agréables & utiles de la terre. Vers le lieu où fut Minturne, le Gariglian forme des marais ; c'est dans ses boues que se cacha le brave Marius, pour échapper aux Satellites de Sylla. Il y fut découvert : les soldats qui l'aborderent trembloient à son aspect, & ils n'oserent porter sur lui leurs mains parricides. Les eaux du Gariglian sont troubles, ses bords sont escarpés; on voit sur ses bords les vestiges de l'ancienne Ville de Minturne. *V.* TRAETTA.

GAR

GARISANDA, nom qu'on a donné à la Tour penchante de Bologne, de celui de l'Architecte. *Voyez* BOLOGNE.

GAROFALO, (*Benvenuto*) Peintre, né à Ferrare en 1615. Le nom de Garofalo lui fut donné, parce que dans tous ses tableaux il peignoit un œillet. Ses talens furent long-temps retardés par les mauvais Peintres, sous la discipline desquels il étudia; mais un voyage qu'il fit en Italie développa son génie, à la vue des chef-d'œuvres des plus grands maîtres. Il copia les ouvrages de Raphaël, dans le goût de ce maître & avec le même ton de couleur. Il y a des tableaux de son invention; M. le Duc d'Orléans en possede deux, & une belle copie du tableau de la Transfiguration, faite par Garofalo. Il étoit bon coloriste, & s'étoit fait une belle maniere de dessiner d'après les meilleurs ouvrages. Il mourut en 1695.

GARZI, (*Louis*) Peintre, né à Pistoïe, dans la Toscane, fut disciple d'André Sacchi, & rival de Carlo Maratti; son dessin étoit correct, sa composition grande, son coloris gracieux, sa touche facile. Il travailla long-temps à Rome, alla à Naples, où l'on vouloit le retenir: il revint à Rome. Il peignit, à l'âge de quatre-vingts ans, la voûte de l'Eglise des Stigmates: & cet ouvrage est regardé comme au-dessus de tout ce qu'il avoit fait pendant sa vie. Il mourut en 1721, âgé de quatre-vingt-trois ans.

GARZONI, (*Jean*) né à Bologne, dans le seizieme siecle, fut Maître de Léandre Alberti. Il composa des Annales de Misnie, de Thuringe, &c. & quelques Vies des Saints de l'Ordre de Saint Dominique.

GARZONI, (*Thomas*) né à Bagnacavallo, dans la Romagne, en 1549. Il composa des vers dès son enfance, & apprit de lui-même les Langues Hébraïque & Espagnole. Il entra dans l'Ordre des Chanoines Réguliers de Latran, à Ravenne. Il publia les *Œuvres de Hugues de Saint-Victor*, & donna plusieurs ouvrages de sa composition; *la Place de toutes les Professions du monde*; *l'Hôpital des Fous incurables*; *les Vies des Dames illustres de l'Ecriture*. Il mourut en 1589.

GASPARINI, né à Barzizla, près de Bergame, vers l'an 1350. Il fut un des premiers qui chercha à secouer le joug de la barbarie. Il étudia tous les bons Auteurs de l'Antiquité; il professa les Belles-Lettres à Padoue, & y donna des leçons de goût. Philippe-Marie Visconti l'enleva à Padoue, & se l'attacha par les bienfaits & par l'amitié: il l'avoit presque toujours avec lui. Il étoit aimé & estimé de tous les honnêtes gens. Il a laissé des Commentaires sur les écrits de Ciceron, des Epîtres, des Harangues & plusieurs autres Ouvrages. Ses Lettres & ses Harangues ont été imprimées à Milan, & réimprimées en 1723. Il mourut à Milan en 1431.

GASSO, Bourg du haut Montferrat, dans la Province de Turin. Il n'a rien de remarquable.

GASTALDY, (*Jérôme*) né à Gênes au commencement du dix-septieme siecle, d'une Maison illustre. Etant allé à Rome, dans le temps que la peste commençoit à s'y faire ressentir, il fut choisi en 1556 pour Commissaire général des Hôpitaux. La contagion étoit alors dans toute sa force: son zèle & sa vigilance lui méritèrent l'Evêché de Benevent, la pourpre Romaine & la Légation de Bologne. Il employa une grande partie de ses revenus à élever des monumens publics. Il composa un Ouvrage fort estimé. *Tractatus Politico-Legalis de avertenda & profliganda peste*, in-fol. Ce Traité mériteroit d'être traduit en François.

GATTINARA, Ville & Comté d'Italie, en Piémont. Cette petite Ville a donné son nom & la naissance à Mercurin Alborio de Gattinara. Cet homme célèbre fut l'artisan de sa fortune, & la mérita. Il s'étoit appliqué au Droit & aux Belles-Lettres. Il entreprit d'établir les droits du douaire de Marguerite d'Autriche, femme de Philibert II, Duc de Savoie. Ce Prince l'en récompensa par un brevet de Conseiller d'Etat. L'Empereur Maximilien le fit Intendant de la Justice de Franche-Comté. Charles V, au service duquel il passa, le fit son Ambassadeur, & l'envoya deux fois en Espagne. Il le fit ensuite son Chancelier : Gattinara lui rendit de très-grands services. Il fut appellé l'oracle des Souverains de son temps. Lorsqu'il eut perdu sa femme, il prit l'état eccléfiaftique, & Clément VII l'honora de la pourpre romaine, le 13 Août 1539. Il ne jouit pas long-temps de cette faveur : il mourut à Infpruck au mois de Juin 1740. Charles V lui avoit donné la Seigneurie de Gattinara en titre de Comté, qui paffa, par fa mort, à fon frere Charles.

GAVI, petite Ville très-importante par fa fituation, ainfi que Novi. Elle eft à fix lieues de Gênes, au-delà de l'Apennin, dans la plus grande largeur de la côte, fur les confins du Montferrat & du Milanez. Cette Ville appartenoit autrefois au Marquis de Gavi, qui tranfporta, en 1212, aux Génois, pour la fomme de quatre cent mille livres, tout le droit qu'il avoit fur cette Seigneurie.

GELASE. Il y a eu deux Papes de ce nom. Gelafe I étoit Africain, & fut élu le 2 Mars 1492. Il défendit la Réligion contre les entreprifes des Ariens & des Eutychéens. Il affembla en 4094 un Synode à Rome de foixante-dix Evêques, qui déterminerent quels étoient les écrits orthodoxes. Il écrivit plufieurs Epîtres, & quelques Traités. Il compofa des Hymnes & des Controverfes. Il mourut le 21 Novembre 4096.

GELASE II, né à Gayette; il s'appelloit *Jean*, fe fit Bénédictin, & fe rendit recommandable par fa doctrine & par fa piété. Urbin II le fit Cardinal en 1088 : il fut élu le 25 Janvier 1118. Cincio Frangipani, fon concurrent, le maltraita & le chaffa de Rome. Le Pape fe retira à Gayette, où il fut ordonné Prêtre, & confacré Evêque univerfel de l'Eglife. Il revint à Rome, & en fut encore chaffé par l'Empereur Henri V, qui fit élire Gregoire VIII. Gelafe vint en France, tint un Concile à Vienne, & mourut à Cluni le 9 Janvier 1119. Ce Pape a compofé la vie de Saint Erafme; l'Hiftoire en vers de quelques Martyrs; un Traité contre l'Empereur Henri; des Epîtres, &c.

GELLI ou GELLO, (*Jean-Baptifte*) né à Florence, d'un pauvre Payfan, dans le feizieme fiecle : fon efprit & fes talens l'éleverent au-deffus de fon état. Il profeffa les Belles-Lettres à Florence : il fut un des ornemens de fa Patrie. Il a écrit des

Dialogues à l'imitation de Lucien, & avec beaucoup d'élégance, deux Comédies, des traductions, la Circé. Il mourut en 1583, âgé de quatre-vingt-quatorze ans.

GEMINIANO, (San) petite Ville de Toscane, dans le Florentin, située sur une montagne, où il y a une mine de vitriol; l'air y est excellent, & bien des personnes y ont de belles maisons de plaisance.

GENGA, (*Jérôme*) Peintre, Sculpteur, Architecte & Musicien, né à Urbin en 1476. Dans son enfance, il apprit à travailler à la laine; mais son pere l'ayant surpris plusieurs fois à dessiner à la plume ou au charbon, lui permit de s'appliquer à la Peinture. Il y fit les plus grands progrès: il en fit d'aussi rapides dans l'Architecture. Le premier usage qu'il fit de ses connoissances dans cet art, fut en faveur du Duc d'Urbin, pour lequel il bâtit sur le sommet de la montagne appellée l'Impériale, au-dessus du Pesaro, un Palais si bien entendu, décoré avec tant d'art & de magnificence, que tous les Princes qui passoient aux environs, s'y arrêtoient. Paul III, dans un voyage à Bologne, y alla exprès. Il bâtit l'Eglise de S. Jean-Baptiste à Urbin. Il a fait quelques-autres édifices, & entr'autres la façade de la Cathédrale de Mantoue, qui passe pour un excellent morceau. Genga étoit doux, d'une conversation agréable, fort attaché à ses parens & à ses amis. C'est de lui que la famille Genghi tire son origine. Il mourut en 1551. Il laissa un fils, qui s'est rendu célebre dans l'Architecture: c'est Barthelemi Genga, né à Urbin en 1518. Il eut pour Maîtres, outre son pere, le Vasari & Ammanati, mais sur-tout les anciens monumens qu'il étudia avec soin. Il bâtit à Pesaro un beau Palais pour le Duc d'Urbin, & donna le plan du Port de cette Ville, qui ne fut point exécuté. On regarde comme un chef-d'œuvre l'Eglise de Saint-Pierre, qu'il fit construire à Mondovi. Comme il entendoit très-bien les Fortifications, le Roi de Bohême & les Génois l'appellerent successivement; mais le Duc d'Urbin l'empêcha de se rendre à leurs invitations: il ne l'accorda qu'à l'Ordre de Malthe, à la sollicitation d'un Capucin, qui se servit du motif de la Religion. Il fut reçu à Malthe avec le plus grand empressement. Il donna les plans d'une Eglise & d'un Palais pour le Grand-Maître ; il fit le modele des deux Villes, qu'on vouloit former de plusieurs Villages qui étoient à peu de distance les uns des autres ; mais sa mort, occasionnée par une pleuresie, lui enleva la gloire de l'exécution. Les Chevaliers le regretterent beaucoup : le Duc d'Urbin le pleura, & prit soin de l'éducation de ses enfans. Genga aimoit beaucoup la Poësie. Il avoit donné plusieurs dessins de mascarades & de décorations d'Opéra. Il mourut âgé de quarante ans, en 1558.

GÈNES, (Etat, République & Ville de) *Genova, Genua*, l'une des plus anciennes Villes d'Italie. On fait remonter sa fondation aux temps fabuleux de la Grece, à 1555 ans avant Jesus-Christ : c'est une ancienne tradition qu'elle a été fondée par Janus, Roi d'Italie ; Magon, Général des Carthaginois, la détruisit dans le temps de la seconde guerre Punique ; elle étoit depuis long-temps alliée des Romains, dont elle suivit le sort jusqu'à l'inondation des Barbares qui la saccagerent ; elle fut encore détruite & mise à feu & à sang par les Sarrasins ; les Lombards n'y laisserent pas pierre sur pierre. Charlemagne, après l'avoir enlevée aux Rois Lombards, lui rendit sa premiere liberté. Pepin son fils la donna à Adhemar, Seigneur François, qu'il en établit Comte. Dans le onzieme siecle les Génois secouerent le joug des Comtes, rétablirent la liberté & se nommerent des Magistrats qui porterent le nom de Consuls ; on divisa la Ville en six quartiers, & on créa un Capitaine ou Tribun pour chaque quartier, & on entoura la Ville de murs. La division se mit parmi les Habitans. Le désordre ayant produit l'anarchie, les Principaux de la Ville convinrent, pour écarter tout esprit de jalousie, de nommer un Podestat Etranger ; cette forme ne se soutint pas long-temps ; on nomma des Gouverneurs, des Ducs Nobles & Plébéiens. Ce Peuple inconstant qui commençoit à être plus tranquille sous ses Doges, se donna aux François, & se mit sous la protection de Charles VI : treize ans après, en 1409, les Génois secouerent encore le joug, après avoir égorgé les Troupes Françoises, &

se donnerent au Marquis de Montferrat. Quatre ans après ils se mirent en liberté, & s'élurent encore un Doge ; bientôt après ils se mirent sous la domination du Duc de Milan ; ils rétablirent les Doges en 1436. En 1458 ils se soumirent encore aux François, & trois ans après les Doges furent rétablis par le Peuple. Ils s'offrirent à Louis XI, qui leur fit dire, que si la Ville de Gènes se donnoit à lui, il la donneroit à tous les Diables.

Elle fut successivement déchirée par ses divisions intestines, par son inconstance, par les factions des Guelfes & des Gibelins ; l'ambition de ses premiers Doges, celle des Adornes & des Fregoses la mirent à deux doigts de sa perte ; les François, l'Empereur, le Duc de Milan, y régnerent tour à tour. Elle touchoit à sa perte lorsqu'André Doria, surnommé le Pere de la Patrie, suspendit le cours de ses révolutions avec le secours des Troupes Françoises & de l'Armée navale de cette Nation. Il donna une forme constante au Gouvernement, forma un Sénat, fit élire Doge Cataneo, & fixa la durée du pouvoir de ce Chef à deux ans. La même forme de Gouvernement qu'il établit alors, dure encore. Elle est Aristocratique, le Doge est le Chef. *Voyez* DOGE. Il est assisté de douze Sénateurs, dont deux portent le titre de Gouverneurs ; le Collége est formé de huit Magistrats élus tous les deux ans ; on les appelle Procurateurs. Il y a aussi des Procurateurs à vie, ce sont les anciens Doges, ils administrent les biens de la République, & décident des affaires d'État.

Le Conseil est formé de la Seigneurie, du Collége & de cent Sénateurs. C'est le Tribunal suprême pour toutes les affaires Civiles, les Criminelles sont jugées par la Seigneurie, & le Collége, & celles qui regardent l'État. Les Inquisiteurs d'État veillent à la tranquillité publique, & ont des Espions qui leur rapportent tout ce qui se passe dans les Assemblées & chez les Particuliers. La Seigneurie & quatre cens Nobles Sénateurs élus chaque année, composent le Grand Conseil, qui décide de tout ce qui regarde la paix & la guerre, & dispose des principaux Emplois.

Gênes a joué un très-grand rôle ; elle a balancé le pouvoir & les richesses de Venise ; elle a eu quelquefois de grands avantages sur cette République, mais elle est bien déchue de ce degré de gloire ; sa Marine n'est que l'ombre de ce qu'elle a été. Elle avoit encore de grandes forces, lorsqu'en 1693 elle se déclara contre la France ; mais Louis XIV la fit bientôt repentir de cette démarche. La Ville de Gênes bombardée, demanda grace, & se soumit à envoyer son Doge à Versailles faire réparation au Monarque. En 1747, cette République ayant été inquiétée par les Autrichiens, la France, sous la protection de laquelle elle s'étoit mise, acheva d'éloigner ses ennemis. M. le Maréchal de Richelieu qui y fut envoyé après la mort du Duc de Boufflers, fut comblé d'honneur & de gloire. La République, après l'avoir inscrit dans son Livre d'or, lui fit ériger une statue dans la grand'Chambre du Sénat.

Il y a à Gênes, comme à Venise, une Livre d'or sur lequel on inscrit les différentes Familles Nobles. On y distingue deux Noblesses, l'ancienne & la nouvelle. Les Fiesque, les Grimaldi, les Spinola & les Doria, sont les quatre familles principales de Gênes. Celle des Fiesque a donné deux Papes & trente-deux Cardinaux. Les Brignoletti, les Pallavicini, les Lomellini, les Balbi, les Durazzo, &c. sont aussi des familles très-anciennes. Le commerce de cette République est un des plus considérables de l'Italie. Le Noble ne rougit point de faire la banque, & la République lui en sait gré. Commercer à Gênes, c'est travailler au soutien de l'État. La Banque ou la Compagnie de Saint-George, établie Gênes, a repris son crédit ; les actions acquittées en assurent le commerce. (*Voyez* BANQUE DE GÊNES.) Le luxe ne domine point les Génois, ils sont simples dans leurs manieres & leurs habillemens. On dit, en parlant des Génois, *Uomini senza fide, donne senza vergogna, mare senza pesca*. La derniere épithete est fausse, les deux autres pourroient être aussi injustes. Les Génois sont plus inconstans qu'infideles. On mange d'excellent poisson à Gênes ; le reproche de sans foi vient sans doute de leur commerce ; il leur est assez difficile de faire aujourd'hui des dupes. Pour la galanterie des Dames Génoises, on les a peut-être jugées sur l'apparence, d'après l'usage d'avoir des Cavalieri servanti ou Sigisbés, qui sont sans cesse autour d'elles, & dont les maris n'ont aucun ombrage, parce que c'est la mode du pays.

La République qui possede le Golfe de la *Spezia*, a intérêt de le conserver. Il est d'un grand avantage pour elle. Dans l'avant derniere guerre, les Anglois lui offrirent quatre millions pour s'en servir contre la France ; mais elle ne put leur accorder cette demande, attendu l'engagement qu'elle a avec cette Couronne qui lui paie annuellement sept cent mille livres. (*Voyez* LA SPEZIA.)

La République ou État de Gènes est située près de la riviere de Gènes : sa longueur qui s'étend le long de la mer, est d'environ quatre-vingts lieues ; mais elle n'en a pas plus de dix de largeur. Elle est à couvert par de hautes montagnes du Piémont, du Montferrat, du Milanois & du Parmesan.

La Ville de Gènes est la Capitale de la République : on l'a nommée *La Superbe*, à cause de la décoration de ses Palais ; la plupart des façades des maisons sont peintes en dehors, & représentent, ou des ordres d'architecture, ou des figures d'animaux. L'ardoise & les vitres qui sont aussi communes à Gènes, qu'elles sont rares dans la plupart des autres Villes d'Italie, contribuent aussi à son embellissement : les deux plus belles rues sont la Strada Nuova & la Strada di Balbi : ce sont celles où se trouvent les belles Églises & les principaux Palais ; Les autres sont étroites, montueuses & mal alignées ; c'est un vrai labyrinthe pour les Étrangers. Il est vrai que l'on n'a point à craindre les voitures ni les carrosses. Les Dames Nobles vont en chaise à porteur ; les Gens de Qualité ont de petites caleches qu'ils menent eux-mêmes, & lorsqu'ils veulent aller à leur maison de plaisance, ils trouvent leur carrosse à la porte de la Ville. Les Fauxbourgs d'Arena & de Bisagno renferment de magnifiques Hôtels, sur-tout celui d'Arena, qui est le plus beau quartier de Gènes ; c'est le premier que l'on rencontre au sortir de la Mer. Il est séparé de la Ville par une montagne qui est sur la gauche du Port, & qui descendant insensiblement vient former un Promontoire qui s'avance un peu en Mer. A la pointe de ce rocher est la tour que l'on appelle *la Torre della Lanterna*. Tous les soirs on y allume un fanal pour guider pendant la nuit les vaisseaux qui sont en Mer, ou qui veulent entrer dans le Port. Sur la droite, au bas de la Tour, est le nouveau Môle qui s'avance beaucoup en Mer ; il est garni de batteries de canon, & sert à défendre la Ville. Le Golfe, au fond duquel est située la Ville, a la forme d'un demi-cercle dominé de tous les côtés par des montagnes plantées en citronniers. Gênes est bâtie sur le penchant de celle qui est à droite ; de façon que toutes ses maisons s'élevent, comme à Naples, en forme d'amphithéâtre. Le Port qui est très-profond, est sûr pour les vaisseaux, & commode pour la décharge des marchandises.

Le Quartier le plus fréquenté est celui de la Banque ou *Porto Franco* qui n'en est pas loin. La Banque se fait dans un grand sallon quarré qu'on appelle *La Loggia*. Il est revêtu de marbre en dehors, & fait face à la rue qui conduit au Pont Royal sur le Port. Les Commerçans & les Nobles s'y assemblent tous les jours, avec cette différence que les Nobles ne parlent aux Commerçans que lorsqu'il s'agit d'affaires. Le *Porto Franco* est un enclos rempli de bâtimens peints en dehors & placés dans un bel alignement. On y loue des magasins pour y recevoir toutes sortes de marchandises.

Les Places de Gênes ne sont point régulieres ; la plus belle est celle de la Justiniana ; mais les Eglises & les Palais sont de la plus grande richesse & d'une très-belle architecture moderne.

Les Génois croient que l'Eglise de S. Laurent fut élevée sur la maison même où il avoit logé en passant par Gênes, & qu'on la bâtit aussi-tôt qu'on apprit son martyre en 260 ; & érigée en Cathédrale en 985 ; elle est revêtue & pavée de marbre blanc & noir. Elle est d'une architecture gothique & lourde. Dans une de ses Chapelles est un grand vase d'argent porté sur quatre colonnes de porphyre. On dit qu'il contient les cendres de Saint Jean-Baptiste, Patron de la Ville. On montre dans le

Tréfor un plat d'émeraude, qu'on prétend être le même que celui fur lequel Jefus-Chrift mangea l'Agneau Paschal; il y en a qui difent que c'eft un des préfens que la Reine de Saba fit à Salomon.

L'Eglife de l'Annonciade des Cordeliers eft en même temps la plus gaie & la plus riche; c'eft la famille Lomellini qui a commencé cet Édifice, dont le Portail eft demeuré imparfait. Elle eft partagée en trois Nefs foutenues par des colonnes revêtues d'un marbre blanc & rouge très-éclatant; toute la voûte eft dorée; les murailles font couvertes de belles peintures à frefque; on y voit plufieurs tableaux de Camille Procacini, entr'autres, fa Cène. Le Pont qui eft au-devant de *Santa Maria di Carignano*, un des ouvrages les plus hardis qu'il y ait dans ce genre; les arches en font d'une hauteur prodigieufe; ce Pont joint une montagne de la Ville à l'autre. On prétend qu'il a été conftruit aux frais d'un Particulier de la Maifon de Saoli, Fondatrice de l'Eglife de Sainte Marie, pour y aller de fon Palais plus commodément. Cette Église a commencé d'être conftruite en 1552, fur les deffins du Puget. Le plan en eft beau & eft fagement décoré. On y voit deux très-belles ftatues de ce grand Artifte; un Saint Sébaftien, & le Bienheureux Alexandre Saoli, Evêque, de la famille des Fondateurs; il fuffit de nommer Puget pour dire que ces figures font des chef-d'œuvres. On y voit Saint Pierre & Saint Jean guériffant le Paralytique, tableau de Piola; le martyre de Saint Bazile, de Carle Maratte; Saint François recevant les Stigmates, du Guerchin. Saint Siro, ancienne Cathédrale de Gènes, appartient aux Théatins, eft richement conftruite & décorée avec trop de profufion & pas affez de goût: à Saint Ambroife, Maifon Profeffe des Jéfuites, Chapelle du Doge, eft l'Affomption, du Guide, un de fes chef-d'œuvres; Saint Ignace guériffant des Enfans & des Poffédés, de Rubens; une Circoncifion, du même: à Saint Luc, un beau tableau de Caftiglione; toute l'Eglife eft peinte par Piola. Le Puget a enrichi Notre-Dame des Vignes, d'un Autel autour duquel il a uni l'Ange, le Lion, l'Aigle & le Bœuf des quatre Evangéliftes.

Le Capucino a peint le plafond de San-Dominico. Dans l'Eglise de l'*Albergo di Poveri*, on admire l'Assomption, du Puget; c'est un groupe très-beau de marbre blanc.

Les Palais offrent aussi de grandes beautés, celui du Doge, ou le *Palazzo reale*, est celui où réside la Seigneurie; les Conseils, la plupart des Tribunaux & le Sénat s'y assemblent. Il est construit d'une maniere si solide, qu'il ressemble à une forteresse. Après avoir passé une grande grille saillante, une cour habitée par les Soldats de la garde & leurs femmes, entourée de petites boutiques, un grand vestibule, on trouve au bas du grand escalier deux statues des Doria: après avoir traversé une galerie, la salle des Suisses, on parvient au tambour des appartemens du Doge; ils sont meublés aux dépens de la République. On voit dans la salle du grand Conseil, dont les murailles sont ornées de peintures à fresque, plusieurs grandes statues de marbre blanc, élevées à la mémoire des nobles Génois, qui ont rendu d'importans services à la Patrie; c'est là qu'est celle de M. le Maréchal de Richelieu, que Gènes regarde comme son Libérateur: la frise de cette salle est peinte par le Pordenone. La salle du Conseil secret, ou des deux cens, est décorée de trois grands tableaux de Solimene, représentant, l'un la descente de Colomb en Amérique, l'autre l'arrivée des Reliques de Saint Jean-Baptiste au Port de Gènes, & le massacre de la famille Justiniani, dans l'Isle de Chio, par l'ordre de Soliman II.

Gènes est la Ville où l'on trouve les plus beaux édifices en marbre. On vante sur-tout le Palais Doria. C'est le plus vaste de ces Palais, & celui dont l'Architecture est la plus belle. On est étonné de la grandeur, & de la beauté des appartemens; une galerie couverte sert de communication à ses jardins qui sont de l'autre côté de la rue. Le célebre André Doria, le Dominateur des mers, est représenté au-dessus de la grande Fontaine en Neptune. Une galerie en colonnade de deux cent cinquante pieds de long, regne le long du jardin, c'est un ornement & un abri en même temps contre la pluie, qui manque au beau jardin des Thuilleries; le dessus de cette galerie forme une très-belle terrasse. Dans le Palais Balbi, un des plus remarquables, on voit des plafonds à fresque de Valerio Castelli ; une très-belle collection de tableaux, où l'on remarque, entr'autres, Joseph expliquant dans la prison le songe du Pannetier, par le *Capucino* ; une foire, de Jacob Bassan ; un portrait d'une Balbi, de Vandick, très-estimé ; Saint Jean & Saint Jérôme, du Guide ; d'autres tableaux des mêmes Maîtres & d'autres ; de très-belles fontaines pour l'usage du Palais, & pour celui des jardins. Dans le Palais Brignoli, on admire un grand nombre de tableaux de Vandick, de Paul Veronese, de l'Espagnolet, du Capucino, du Bassan, du Carravage, de Rubens ; des sculptures & peintures du Parodi. Dans les Palais des Durazzo, on trouve une collection de beaux tableaux, entr'autres, trois morceaux du Giordano ; le sublime tableau de la Madeleine aux pieds de Jésus-Christ. Dans le Palais Carrege, dont l'architecture est de Michel-Ange, la collection des tableaux est peu nombreuse ; mais très-bien choisie. Dans le Palais Pallavicino sont des tableaux du Guide, du Valentin. Ce qu'il y a d'agréable dans la plupart de ces Hôtels, c'est qu'ils ont tous la vue sur la mer. Plusieurs voyageurs se sont récriés sur la beauté des jardins de Gênes ; cependant ils sont petits à cause du peu de terrein dont l'on peut disposer. Ce ne sont la plupart que des terrasses qu'on couvre de caisses & de pots de fleurs ; on en voit plusieurs au niveau du premier appartement, & dans quelques maisons, à tous les étages ; aussi a-t-on dit que Gênes, comme Babylone, étoit remplie de jardins en l'air. Les Génois sont fort curieux en fleurs, & malgré la chaleur excessive du climat, elles sont très-belles. La beauté & la décoration extérieure des Palais est presque perdue pour le Public, les rues y sont si étroites qu'à peine peut-on en appercevoir la hauteur ; il n'y a que la *Strada-Nuova* qui est la plus belle à Gênes, & qui seroit très-ordinaire à Paris. Ce qui a donné lieu à cette magnificence de Palais, est la grande quantité de beaux marbres que produisent les montagnes voisines de Gênes.

Il y a des Magistrats, qu'on appelle de l'abondance, qui sont obligés de tenir la Ville approvisionnée de bled, de vin & d'huile, & d'avoir toujours une année devant soi. Les particuliers qui ne perçoivent point ces denrées, sont obligés de s'en fournir aux magasins publics qui les tirent de la Lombardie, de l'Afrique & de la Sicile. Le Peuple y est très-sobre. La République n'a que six millions de revenu; mais les particuliers sont très-riches; aussi dans les guerres pressantes, ce sont les particuliers qui en supportent tout le poids. Depuis le Traité fait au sujet du bombardement de Louis XIV, la République ne peut entretenir que quatre galeres & quelques grosses barques armées en course.

Dans une Ville dont les particuliers sont si riches, il n'y a d'Hôpitaux que pour les malades, les orphelins, les enfans trouvés & les estropiés. L'*Albergo di Poveri*, sert d'asyle à plus de mille pauvres infirmes, ou incapables de travailler: on y renferme les filles perdues, *Donne bandite*. L'autre Hôpital est celui de Sainte Catherine de Fiesque: les salles de celui-ci sont vastes & commodes pour les malades: l'Eglise en est très-jolie: dans une Chapelle haute, est le corps tout entier de Sainte Catherine, noble Génoise, qui en fut la fondatrice. Il est couché dans une châsse au-dessus du Maître-Hôtel.

L'Arsenal de Gènes n'est pas d'une si grande étendue que celui de Venise; mais il est très-bien entretenu; il contient de quoi armer trente-mille hommes. On y voit quelques armures d'une fabrique singuliere, qui ont servi, à ce que l'on prétend, à des Dames Génoises, qui firent une croisade contre les Turcs, où elles se signalerent, dit-on. D'autres disent qu'au moment de s'embarquer, le Pape leur écrivit de ne pas s'exposer aux travaux pénibles de la navigation & de la guerre, & que c'étoit assez pour leur zele de contribuer à l'armement. L'Arsenal tient au Palais de la Seigneurie, ainsi que la Rote, Tribunal payé par la République pour l'instruction & le jugement des Procès-criminels.

La Noblesse de Gènes est formée de quatre-cent vingt-huit familles; savoir, vingt-huit du portique vieux, & quatre cent du portique nouveau. Le Doge est pris alternativement de l'une & de l'autre. Les familles les plus riches ne dépensent que la moitié de leur revenu; elles mettent le reste en réserve, ou pour les besoins de l'Etat, ou pour faire bâtir. Les maisons sont fort élevées & terminées par des terrasses, sur lesquelles on forme des jardins, & on va prendre le frais sous des berceaux d'orangers, qui sont dans des caisses.

Un aqueduc qui vient de la Scuffara, à cinq milles au Levant de Gênes, fournit à toutes les fontaines de la Ville, & y fait même aller des moulins.

Les Génois ont une mauvaise réputation quant au caractere. Les Italiens ne les estiment pas. L'habit ordinaire à tous les états est de couleur noire. Celui des femmes est assujetti à l'inconstance de nos modes. Les femmes du commun n'ont point de coëffures, leurs cheveux tressés sont soutenus par des aiguilles d'argent, elles couvrent leur tête d'un voile d'indienne ou de quelqu'autre étoffe.

Le Gouvernement est fort doux à l'égard du Peuple: on ne punit avec sévérité que les vols de conséquence, les crimes publics & criants, & sur-tout ceux qui intéressent la sûreté des Citoyens & l'ordre de la République. Parmi les Nobles, il y a des personnes très-instruites & qui ont des talens pour le Gouvernement. Les Génois ne tiennent pas du reste des Italiens pour la jalousie. Le Cicisbeat est fort en honneur parmi la Noblesse; mais les Citadins ne souffrent point de Cicisbés auprès de leurs femmes, & il y va de la vie pour le Cicisbé qui s'attache à une Bourgeoise; les loix sont assez favorables au jaloux qui s'est vengé; elles favorisent aussi les demandes en divorce pour fait d'impuissance, & les séparations sous des prétextes assez légers.

Les Génois ont la passion du jeu; mais le Gouvernement ne souffre point d'assemblées de jeu, de crainte que les étrangers y étant admis, n'emportent l'argent des citoyens; mais ils jouent entr'eux: & quiconque a de l'argent, peut jouer avec les premiers de la République.

L'habit des Sénateurs est une robe longue d'étoffe de soie noire; le dessus des épaules est relevé par une espece de baleine, pour donner plus de grace à cette robe, dont la queue est fort longue. L'habit des Dames de qualité étoit autrefois de soie noire. Il est expressément défendu de porter l'épée, les Nobles même ne la portent pas.

Le pouvoir de juger n'est confié qu'à des Magistrats étrangers

gers, qu'on prend chez différens Princes d'Italie : il y en a trois pour la Rote Civile, & quatre pour la Rote Criminelle. On appelle de leurs jugemens devant trois Docteurs de la Nation, ou deux Docteurs & un Noble.

Un Dominicain & deux Sénateurs forment l'Inquisition ; le premier ne peut rien faire sans l'intervention des deux autres ; aussi est-elle très peu sévere.

Il y a dans Gênes environ quatre-vingt mille habitans, & quatre cent mille dans tout l'Etat. Il entretient en temps de paix vingt-cinq mille hommes de troupes réglées ; en temps de guerre, la République en a jusqu'à trente mille.

Le plus grand commerce consiste dans ses Fabriques de velours : les noirs sont d'une qualité fort estimée dans toute l'Europe. Les Paysans sont Fabricans & Agriculteurs : les damas de Gênes & les étoffes de soie à fleurs, manquent par les dessins. Les Génois font des bas des soie, des rubans, des papiers pour les Indes, & du savon. Leur commerce s'étend en Espagne, en Portugal, & échangent avec du sucre, du cacao, des laines, des cotons, de l'indigo, &c.

On travaille très-bien le marbre à Gênes ; on y fait de belles boëtes de vernis, les lampes à reverbere pour éclairer la Ville.

La Loterie de Gênes, *il Giotto del Lotto* ou *Seminario*, est la même, ou à peu-près, que celle de l'Ecole Royale Militaire de Paris. Elle a produit toutes les Loteries de ce genre. Celle de Gênes est la moins avantageuse pour les Actionnaires ; on la tire dix fois par an : elle est affermée trois cent six mille livres de Gênes.

Quant à l'Etat Ecclésiastique, ce que nous appellons le haut Clergé, est fort riche ; mais le second Ordre est si pauvre, qu'il y a beaucoup d'Ecclésiastiques qui se chargent des emplois les plus bas chez les Nobles : il est vrai que la plupart sont fort ignorans. Les Religieux se croient fort supérieurs aux Séculiers ; ils attirent tout à eux, & ont la confiance du Peuple & des Nobles, étant presque les seuls qui confessent. Quelque modique que soit le revenu qu'ils se procurent, ils sont toujours fort riches, n'ayant souci ni cure pour la vie animale, ni pour aucun des besoins de la vie : la liberté & la confidération dont ils jouiffent, leur donnent de grands avantages, qui font augmentés par l'aviliffement des Eccléfiaftiques ; on n'est pas étonné d'en voir qui demandent aux étrangers de quoi aller boire l'eau-de-vie : c'eft leur formule ordinaire pour demander l'aumône. La plupart des Prêtres de la campagne, qui n'ont pas ces reffources, vont voyager dans l'Italie, ou font leur tour de France en demandant l'aumône, & reviennent chez eux dépenfer l'argent qu'ils ont reçu.

Les petites pratiques de Religion, & en général tout ce qui concerne le culte extérieur, font très-bien obfervées à Gênes : tous les ans, le Dimanche avant la Pentecôte, fe fait la cérémonie de la bénédiction de la mer. Le Doge, accompagné des Sénateurs & d'une partie de la Nobleffe, de l'Evêque & du Clergé de la Ville, va en grande pompe, au bout du vieux Môle, pour bénir la mer. Cette cérémonie eft accompagnée d'une grande mufique ; plufieurs jeunes filles chantent des Cantiques fpirituels, dont le refrein eft, *di quefta cita e Padrona Maria*. Ce jour-là eft une fête pour toute la Ville : les Eglifes font décorées & les rues tapiffées. Le Vendredi Saint, il fe fait auffi une Proceffion folemnelle : elle dure depuis dix heures du matin jufqu'à dix heures du foir. La Fête-Dieu eft un grand jour de cérémonie. La Proceffion *del Corpus Domini* eft une des plus belles d'Italie ; le Doge y affifte avec fon cortege : les Dames jettent de leurs fenêtres fur les affiftans des fleurs qu'elles ont dans leurs corbeilles. La Fête de Sainte Catherine de Fiefque eft un grand jour de dévotion pour les Génois : elle arrive le premier Mai, & eft célébrée avec la plus grande folemnité. Tous les ans, aux Fêtes de Noël, le Chef des Payfans des Fauxbourgs de Befagno, fe rend au *Palazzo Reale*, pour haranguer le Doge. Il eft revêtu de l'habit de Sénateur, & accompagné de tous les drapeaux des Milices de la Vallée de Befagno. C'eft un grand jour de divertiffement pour le Peuple.

Il y a plufieurs Confrairies de piété : il y en a vingt-une

principales, qui ont la direction de plusieurs autres, qui sont subalternes : on les appelle *Casse*. Chacune a son Oratoire ou sa Chapelle particuliere, & leur administration tient de la forme Républicaine. Chacune a pour point de réunion sa *Cassa*. C'est une grande machine ou statue dans une espece de pavillon que trente hommes ont de la peine à porter. Elles sortent tous les Jeudi Saint pour aller en procession. Il y a de semblables pavillons dans quelques Processions du Languedoc, avec cette différence qu'ils sont beaucoup plus légers.

Quoique les Génois s'appliquent peu aux Lettres & aux Sciences, il est sorti des Hommes très-célebres de la République. Le plus illustre est Christophe Colomb. Il étoit des environs de Gênes. Il s'adressa à la République qui n'eut aucun égard à sa proposition, non plus que les Rois de Portugal & d'Angleterre. On sait que le Roi d'Arragon lui confia avec peine un vaisseau & deux caravelles.

Ildebrand, Bénédictin, qui fut le Pape Grégoire VII ; il parvint au Pontificat par son seul mérite.

Innocent IV, de la Maison de Fiesque, étoit Génois. Adrien V étoit aussi la Maison de Fiesque. Nicolas V étoit de Sarsane, s'appelloit Lucano, & avoit une si grande réputation de savoir, que dans la même année il fut fait Evêque, Cardinal & Pape. François de la Rovere, connu sous le nom de Sixte IV étoit de Savonne. Innocent VIII, ou Jean-Baptiste Cibo, étoit Génois ; ainsi que Jules II, Urbin VII, ou Jean-Baptiste Castagna, qui ne fut Pape que pendant douze jours. Cet État a produit une grande quantité d'Evêques & de Cardinaux. Parmi les Défenseurs de la Patrie, les Doria se sont acquis un nom immortel, sur-tout Obert Doria, Paganus Doria, & Branco Doria, qui fut Roi de Sardaigne. Opicineus Spinola, Charles Grimaldi.

Ils ont eu de grands Artistes, tels que le Benedetto, ou Benoît Castiglione, &c.

Le plus reconnu des Gens de Lettres, actuellement vivans, est le Marquis de Lomellino. Il a traduit en vers Italiens, l'Art de peindre de M. Watelet, & il a surpassé son modele. Il a beaucoup de talent pour la Poésie. Il y a encore quelques Savans très-estimables ; l'Académie des Adormentati de Gènes, a produit des Gens de Lettres estimés.

Parmi les curiosités naturelles, on remarque à six milles de Gènes, du côté de Saint Pierre d'Arena, un sable noir & magnétique. L'Amiral Hawk a éprouvé un dérangement de boussole occasionné par ce sable. Dans le Golfe de la Spezza, quatre lieues à l'Orient de Gènes, il y a une source d'eau douce au milieu de l'eau salée ; elle occupe un espace de quelques pieds sans se mêler avec elle.

Les Nobles Génois ne sont pas moins magnifiques dans leurs maisons de campagnes que dans leurs Palais ; on en trouve plusieurs dans les environs de Gènes.

Le Fauxbourg de Saint Pierre d'Arena est parsemé de grands Palais presque déserts ; en sortant de ce Fauxbourg on trouve la Polchevera, torrent qui coule des montagnes de l'Apennin ; ses bords sont couverts de maisons de campagne charmantes, & forment de loin la perspective la plus agréable, d'autant mieux qu'elles forment un amphithéâtre, qui se termine à la Mer.

Gènes est dans la position la plus heureuse. Sa situation qui en fait une des clefs de l'Italie, fait sa sûreté, parce que les Souverains qui l'avoisinent, sont tous intéressés qu'elle ne tombe entre les mains d'aucune Puissance de l'Europe. D'ailleurs la Capitale est si forte par elle-même, qu'elle a peu à craindre.

GÈNES. (État de) Il consiste en ce qu'on appelle la Côte de Gènes, qui s'étend le long de la Mer Méditerrannée ; elle est bornée à l'Occident & au Nord par les États de la Maison de Savoie, & à l'Orient, par une partie de la Toscane & le Comté de Massa, qui appartient au Duc de Modene. Cette Côte est couverte de Montagnes, & ne produit que des oranges, des citrons, des huiles & des vins fort estimés. Sa longueur est de cent quarante milles d'Italie, ou cinquante-six lieues ; sa largeur est fort resserrée entre la Mer & le Mont Apennin. Cette Côte s'appelle la Riviere de Gènes ; la Côte Occidentale *Riviera di Ponente* ; la Côte Orientale *Riviera di Levante*. La Côte Occidentale est plus fertile. Sa Capitale est Gènes. Les Évêques fragans de la Métropole de Gènes, sont *Noli* & *Albenga*, à l'Occident ; de *Brugneto* & de *Sarzana*, à l'Orient ; de *Bobbio* dans le Pavese Savoyard, & de *Mariana* & *Nebbio*, dans l'Isle de Corse. Les autres Villes de la Côte de Gènes sont, en allant vers l'Occident, *Cogoretto*, Patrie de Christophe Colomb, *Savone, Noli* & *Alberga, Final, Port Maurice, Traggia, San-Remo, Vintimiglia.* La Côte Orientale commence près de la Ville de Gènes : on y trouve, en allant vers l'Orient, *Nervi, Porto-Fino, Camogli, Rosagni, Chiavari, Lavagna, Sestri, Moneglia, Levanto, Portovenere, Spesa, Brunetto* & *Sarzana*, dont nous avons parlé.

GENEVOIS, (le) est entre le Bugey François, le Pays de Gex, le Faussigny, la Savoie particuliere & le Rhône. Il a environ quinze lieues d'étendue. Il a été possédé par des Comtes particuliers, Vassaux des Ducs de Savoie. Après la mort de l'Antipape Clément VII, en 1378, le dernier de la Maison des Comtes de Geneve, l'Empereur Sigismond transporta cet État à Amé VIII, Duc de Savoie, au préjudice de deux sœurs de Clément, l'une mariée au Sire de Villars, & l'autre au Prince d'Orange. Amé s'accommoda avec le Sire de Villars, & transporta le Comté à son fils Amé qui ne laissa point d'enfans. Il passa, faute de postérité, de James, fils de Louis, à Philippe, Duc de Savoie, qui mourut à Marseille, à la suite de François I en 1535 ; de Philippe à Jacques son fils, Duc du Genevois & de Nemours ; de Jacques à Charles-Emmanuel son fils, mort en 1595, sans avoir été marié ; enfin Geneve s'est érigée en République.

Le Genevois est divisé en onze Mandemens ou Bailliages : *Anneci, Châteauvieux, Albie, la Baume, Clermont, Chaumont, Croisilliez, Mornet, la Roche, Thomes* & *Beaufort*. Les Bourgs les plus remarquables du Genevois sont, *Taloire, Poumiers, Château de Salanove, Mornex, Sapay, Mont de Saint-Martin, Dingie, Menton, Fort de Sainte-Catherine, Entremont* & *Faverges*.

GENSANO, Bourg de la Campagne de Rome, à une lieue d'Albano, rempli d'Antiques & de ruines d'anciens Edifices, sur le bord Oriental du Lac de Nerni. On ne trouve que ruines le long de la route de Rome à Genſano. Ce ſont de petits Édifices ou ronds ou quarrés en briques, décorés de pillaſtres en forme de petits Temples. Il y a apparence que ce ſont des Tombeaux, ou des eſpeces de Chapelles. On voit à Genſano la Maiſon de Carle Maratte, Peintre célebre, qui l'a décorée de quelques-uns de ſes deſſins. On jouit d'un très-beau point de vue de Genſano qui domine ſur un grand nombre de collines plantées de vignes, dont le vin eſt très-eſtimé, ſur-tout celui de Monte-Giove. Entre Genſano & la Riccia, qui en eſt à un demi-mille, eſt *la Madona di Gallora*, petite Egliſe d'une agréable architecture ſur un plan en croix, avec une coupole au milieu.

GENTILIS. Il y a eu pluſieurs hommes célebres de ce nom. *Gentilis de Foligno*, ou *de Gentilibus*, fut un très-grand Médecin. On a de lui des Commentaires ſur Avicene, & quelques autres Ouvrages de Médecine, fort eſtimés. Un Traité des *Legations* ou *Ambaſſades;* un autre *des Interprêtes du Droit*. Il mourut à Foligno en 1348. *Alberic Gentilis* fut Profeſſeur de Droit à Londres en 1608 : il a compoſé un livre de *Jure belli,* où l'on trouve d'excellentes choſes. Scipion Gentilis, ſon frere, né en 1563, diſciple de Hugues Donneau & de Juſte Lipſe, à Leyde, fut Profeſſeur de Droit à Heidelberg & à Altorf, & enſuite Conſeiller à Nuremberg. Il a laiſſé un Traité du Droit Public du Peuple Romain; un Traité des conjurations; un de donations entre mari & femme, des biens maternels & des ſecondes noces. Jean Valentin Gentilis, de la même famille, eſt le plus célebre. Ayant avancé quelques opinions hardies, il s'enfuit à Geneve pour ſe ſouſtraire au ſupplice des Hérétiques. Il y trouva des Italiens qui s'y étoient réfugiés pour la même cauſe. Il s'en fit des Diſciples qui répandirent ſecrettement ſes erreurs. Il fut mis en priſon, condamné à faire amende honorable, & à brûler lui-même ſes écrits. Après l'exécution de ce jugement, il fut quelque temps tranquille; mais ayant lieu de craindre la haine de Calvin, il quitta Geneve, contre la parole qu'il avoit donnée aux Magiſtrats d'en ſortir ſans leur permiſſion. Il voyagea quelque temps, revint à Berne, fut reconnu, mis en priſon & s'évada; il alla en

Moravie, & à Vienne en Autriche, où ayant appris la mort de Calvin, il revint à Berne, & fut mis une seconde fois en prison. Convaincu d'avoir attaqué le Mystere de la Trinité, il fut condamné à perdre la tête. Il mourut glorieux, disoit-il, d'être le Martyr du Pere, tandis que les Apôtres ne l'avoient été que du Fils. Il fut décapité en 1566. Ce *Gentilis* étoit bien au-dessous des précédens. Il étoit plus entousiaste que savant.

GENTILIS ou GENTILE DA FABRIANO, fut un Peintre qui s'acquit de la réputation dans le quinzieme siecle, que Martin V employa à Saint Jean de Latran, & dont Michel-Ange, disoit que ses Ouvrages étoient bien analogues à son nom.

GEOFFROI DE VITERBE, Prêtre, né à Viterbe dans le douzieme siecle, étoit savant dans les langues mortes & vivantes, & sur-tout dans la Latine, la Grecque, l'Hébraïque & la Caldéenne, & qui étoit fort extraordinaire dans ce temps-là. Il fut aimé des Empereurs Conrad III, Frédéric I, & Henri VI. Il voyagea pendant quarante ans de sa vie, & recueillit de toutes les Bibliotheques tout ce qu'il trouva de curieux. Il a fait une Chronique en vers & en prose, qui lui fit un grand nom, il l'intitula *Pantheon*; elle renferme l'Histoire de tous les Princes, il la dédia à Urbin III.

GEORGE, (*San-Giorgio Majore*) Isle de Venise, vis-à-vis la Place de Saint Marc; on y voit un Monastere de Bénédictins; dont l'Eglise est une des plus belles & des plus riches qu'il y ait en Italie. Il y a dans le réfectoire un tableau de Paul Véronese, représentant les noces de Cana, de trente-deux pieds de large sur quinze de hauteur. On y compte cent-vingt-cinq figures. C'est un des chef-d'œuvres de ce Peintre. Cette Eglise est la sépulture de plusieurs Doges de Venise. Les Religieux sont au nombre de plus de soixante-dix; ils occupent toute l'Isle; ils y ont un beau & vaste jardin, partagé en plusieurs allées de charmille. L'Isle est dans la situation la plus agréable.

GEORGE, (*Jean-Antoine de Saint*) Cardinal, un des plus habiles Jurisconsultes de son temps, enseigna le Droit avec succès, fut Ambassadeur en Hongrie pour le Duc de Milan, qui lui fit donner l'Evêché d'Alexandrie; Alexandre VI le fit Cardinal, & il mourut à Rome, en 1509; il a donné au Public divers Ouvrages de Jurisprudence, & de Belles-Lettres.

GERGENTI, *Agrigentino, Agrigente, Agrigentum* & *Agragas*, Ville de Sicile, avec Evêché, autrefois suffragant de Syracuse, aujourd'hui de Palerme, dans la vallée de Mazara. Elle tire son nom du mont *Acragas*. On rapporte son origine aux Ioniens. Elle a passé de Phalaris & des Tyrans de Syracuse, aux Carthaginois, puis aux Romains. Virgile, Ciceron, Diodore de Sicile, en parlent comme d'une Ville superbe; les barbares l'ont dévastée. Elle est encore très-belle, quoiqu'elle ne soit pas dans le même lieu que l'ancienne Agrigente. Elle a un Château bien fortifié; son port, que l'on appelle *Caricatore di Gergenti*, est un des meilleurs de la Sicile; elle est bâtie près des ruines de l'ancienne, nommée aujourd'hui *Gergenti-Vecchio*, célebre par le Taureau d'airain, supplice horrible, inventé par Perillus, & dans lequel Phalaris faisoit brûler les victimes de sa cruauté. Gergenti est dans une situation très-agréable; elle est bien peuplée; les édifices bâtis dans le goût moderne, très-beaux; les Places assez belles. Elle est sur la riviere de Saint Blaise, à vingt-quatre lieues E. de Mazara, & vingt S. de Palerme.

GERMANO, (*San*) Ville du Royaume de Naples, dans la Terre de Labour, au pied du Mont-Cassin, à côté du lac d'*Agnano*. Il y a des bains très-célebres que l'on appelle *i Sudatorii di San Germano*. C'est à San-Germano qu'est l'hospice de l'Abbaye. Il n'y avoit qu'un petit Monastere, la dévotion y attira un grand nombre de personnes. Les ravages que les Sarrasins exercerent sur le Mont-Cassin, engagerent l'Abbé à fermer d'une enceinte de maisons, le Couvent de Saint Germain. C'est ainsi que se forma peu-à-peu cette Ville, qui fut achevée en 1022. Ce Monastere fut détruit & l'Eglise abandonnée à des Prêtres Séculiers. L'hospice qui y existe fut bâti ensuite. Les Etrangers y sont très-bien reçus par quatre Religieux: on y entretient des mulets, pour conduire les Etrangers au haut de la montagne à l'Abbaye.

GESUALDO, Maison illustre au Royaume de Naples, qui a presque toujours été attachée à la France. Alphonse Gesualdo, Archevêque de Naples, après avoir exercé plusieurs com-

GEZ

missions importantes, mourut Doyen des Cardinaux en 1603. Charles Gesualdo, Prince de Venise, inventa des tons nouveaux pour la Musique, & mourut en 1549.

GEZZA, (*Philippe*) né à Rome, Dominicain, Professeur en Théologie, Pénitencier de l'Eglise, ensuite Evêque de Tivoli; enfin Cardinal en 1378, mort vers l'an 1384, un des plus grands Prélats de son siecle, a laissé de bons Commentaires sur l'Ecriture Sainte.

GHETALDI, (*Marino*) né à Raguse, savant Mathématicien, vivoit en 1607; il a composé différens Ouvrages. On estime son *Appollonius redivivus*, & ses *Collectiones problematum*.

GHILINI, Famille de Savans, de Milan. Camille s'éleva par son mérite. Il étoit en estime parmi tous les Savans. Il étoit présent à la Treve conclue à Bologne. Il fut envoyé en Dannemarck & en Espagne, & fut empoisonné en Sicile en 1535. Il a composé un Recueil de divers exemples. Pierre Ghilini fut Professeur à Paris. Jérôme Ghilini, né à Monza, près de Milan, en 1589, se maria & devint veuf fort jeune. Il embrassa l'état ecclésiastique, eut l'Abbaye de Saint Jacques de Chanteloux, fut fait Théologal de l'Eglise de Saint Ambroise de Milan. Il mourut à Alexandrie de la Paille en 1670. Il étoit de l'Académie des Incogniti de Venise. Il a laissé plusieurs Ouvrages; le plus connu est son *Theatro di Homini Litterati*, deux volumes in-4°.

Il y a eu encore de ce nom le Cardinal Ghilini Malpiggi de Florence, qui fut Aumônier du Roi Charles-le-Bel en 1325, & favori du Roi Philippe de Valois, mort dans sa Légation d'Espagne en 1343.

GIAMBULARI, (*Pierre-François*) né à Florence dans le seizieme siecle, Chanoine de l'Eglise Saint Laurent. Il étoit savant dans les Belles-Lettres, la Théologie, les Mathématiques, & connoissoit les Langues mortes & vivantes, & sur-tout la Grecque, la Latine, l'Hébraïque & la sienne, pour la perfection de laquelle il a composé divers Ouvrages. Il avoit commencé une

Histoire d'Italie qu'il a continuée jusques en 1200, la mort l'ayant surpris à cette époque en 1564.

GIANONE, (*Pierre*) Napolitain, né en 1680, composa une Histoire de Naples, dans laquelle il ne ménagea pas assez la Cour de Rome, qui le persécuta; il se vit obligé de quitter sa Patrie qu'il abandonna; après avoir été long-temps errant, il se retira en Piémont; le Roi de Sardaigne lui donna asyle, mais à condition qu'il n'en sortiroit jamais, ménageant ainsi la Cour de Rome, & mettant à couvert la vie de Gianone. Son Histoire de Naples est fort estimée. Elle a été imprimée à Naples en quatre volumes in-4°. Elle est traduite en François avec un cinquieme volume, qui contient la profession de foi de l'Auteur, & la défense de son Histoire, sur l'origine de la puissance Pontificale. Il mourut en Piémont en 1748.

GIANOTTI, *Manetti*, illustre Sénateur de Florence, né dans cette Ville en 1396. Il étoit destiné au commerce; mais son goût pour les Belles-Lettres l'emporta. Son mérite l'éleva aux plus belles Charges de la République. Il fut déclaré vainqueur dans le *Forum*, par l'acclamation générale de tous les Savans. Rien ne pouvoit résister à la force de son éloquence. Des talens si rares lui susciterent des envieux qui le persécuterent; pour se mettre à couvert de leurs persécutions, il se retira à Rome avec sa famille. Le Pape Nicolas III le reçut avec bonté, & lui donna une pension de six cens ducats. Sa Patrie le déclara rebelle, & fit un décret contre lui. Gianotti vint, armé de sa seule éloquence, pour se justifier, & le discours qu'il fit à la Seigneurie fut si pathétique, qu'il arracha les larmes de tous les assistans. Il triompha, & la République le chargea de veiller aux soins de l'armée. Ce fut lui qui remit à Malatesta le bâton de Commandant. Il céda aux sollicitations du Roi de Naples, qui l'appelloit auprès de lui. Alphonse en le comblant d'honneurs, accompagna de ces paroles remarquables, le présent qu'il lui fit d'une pension de neuf cens ducats:
» Je vous exhorte, Gianotti, à continuer de vous appliquer aux Arts,
» ils feront passer votre nom & le mien à l'immortalité. Afin de le
» faire avec plus de tranquillité, ne soyez nullement inquiet du
» soin de me rendre visite; lorsque j'aurai besoin de vous, je

» vous enverrai chercher; ne craignez pas de me faire la moin-
» dre peine en ne venant pas me voir, ce sera assez de gloire pour
» moi qu'on sache que vous vivez sous mes auspices ». Gianotti
ne profita de cette protection, que pour rendre service à ces mêmes
Concitoyens qui avoient contribué à ses disgraces, lorsqu'il s'é-
toit vu forcé de s'exiler de sa Patrie. La mort vint l'enlever au
milieu de tant de gloire. Il étoit tourmenté de la galle, il crut s'en
délivrer en prenant les bains de Pouzzols; la grande chaleur de
l'eau fit rentrer l'humeur, la fievre le prit: il se fit reconduire à
Naples, où il mourut âgé de soixante-trois ans. Il a laissé quantité d'Ouvrages. M. Requier a publié la traduction françoise de
sa vie.

GIANNOTTI, (*Donat*) Secrétaire de la République de
Florence, mort en 1572: lorsque la Principauté de Florence fut
établie dans la Maison des Médicis, il aima mieux sortir de son
pays que de le voir assujetti. Il étoit très-savant, il se retira à
Venise & vécut libre, déplorant l'esclavage de sa Patrie. Il laissa
un Ouvrage en faveur du Gouvernement de Venise, & plusieurs
Mémoires manuscrits sur les affaires de son temps, qui n'ont
pas été imprimés.

GIBEL. *Voyez* ETHNA, MONT GIBEL.

GIBELINS, faction opposée à celle des Guelfes; l'une
& l'autre ont désolé l'Italie pendant près de trois siecles: on ne
sait pas trop quelle est l'origine de ces noms. En 1130, Innocent II & Anaclet se disputoient le Saint Siege : les Empereurs
d'Occident, & une grande partie du monde Chrétien, recon-
noissoient Innocent pour véritable Pape : Roger, Comte de
Naples & de Sicile, soutenoit l'Antipape Anaclet. La guerre
entre Roger & l'Empereur s'alluma, & dura huit années. Roger,
guerrier redoutable, triomphoit. Conrard III, à la tête d'une
armée d'Allemands, entra en Italie avec le Prince Henri son
petit-fils. Roger appella Guelfe, Duc de Baviere. L'armée de
Conrard étoit quelquefois commandée par le Prince Henri,
qui avoit été élevé dans un Bourg d'Allemagne, appellé Gibelin, qu'il aimoit beaucoup. Un jour que les armées étoient en
présence, les Bavarois, pour s'animer au combat, crioient en

leur langue : *her Guelf*. Les troupes de l'Empereur, pour flatter Henri, crierent de leur côté : *her Gibelin*. Les Italiens trouverent ces noms plaifans, & le Duc de Baviere leur apprit que les partifans du Pape s'appelloient les *Guelfes*, & ceux du parti contraire *Gibelins*. D'autres tirent l'origine de ces deux noms de deux freres, Guelphe & Gibel, dont l'un combattit pour le Pape Gregoire IX, & l'autre pour Frédéric II, dans une fédition à Piftoie.

GIBERTI, (*Jean-Mathieu*) Evêque de Vérone, très-favant, fut employé dans des commiffions importantes : il étoit né à Palerme. C'étoit un grand protecteur des Gens de Lettres. Il avoit une Preffe, & faifoit imprimer, fous fes yeux & dans fon Palais, les éditions des Peres Grecs. La plus belle eft celle des Homélies de Saint-Jean Chrifoftôme, qui parut en 1529. Elle eft très-recherchée par l'exactitude & la beauté des caracteres. Giberti mourut en 1543.

GIERACI, Ville au Royaume de Naples, dans la Calabre Ultérieure, près de la mer Ionienne, eft une Principauté qui appartient à la Maifon de Grimaldi, originaire de Gênes. Cet endroit eft renommé par fes bains fulfureux, & les femmes qui fouhaitent d'avoir des enfans s'y vont baigner. La Ville de Gieraci eft le Locri des Anciens, Capitale de toute la grande Grèce : elle a porté enfuite le nom de *Giracum* ou *Hieraclium* ; elle eft à trois lieues N. E. de Regio, fur une montagne près de la mer.

GILES DE VITERBE ou ANTONIN, Général de l'Ordre des Auguftins, vivoit dans le feizieme fiecle. Il étoit né de parens de la lie du peuple. Il étudia les Belles-Lettres & la Théologie, fe rendit d'abord célèbre par la prédication : il s'éleva jufqu'à la dignité de Général de fon Ordre. Jules II le nomma pour faire l'ouverture du Concile de Latran ; Leon X l'employa en Allemagne, & le fit Cardinal. Gilles favoit le Grec, le Latin, l'Hébreu, le Chaldéen. Il faifoit des vers latins fort eftimés de fon temps. Il a laiffé des notes & des Commentaires fur la Genefe & fur les Pfeaumes, des Dialogues, des Epîtres, des Odes. Il eft mort en 1532.

GIOCHIANO, (*Græco*) connu sous le nom du CALABROIS, vivoit vers l'an 1640. C'étoit le plus fameux joueur d'échecs qu'il y eût jamais eu. Il courut toutes les Cours de l'Europe pour trouver un rival digne de lui. Il y avoit alors à la Cour de France trois fameux joueurs d'échecs, le Duc de Nemours, Arnaud le Carabin, Chaumont de la Salle : ils lutterent contre Giochiano, & furent vaincus. Il a laissé un Traité des régles de ce jeu.

GIOCONDO (*Fra.*) Dominicain de Vérone, Philosophe, Théologien & Architecte. Dès sa jeunesse, il alla à Rome ; il y étudia l'Antiquité, dessina tous les monumens, les recueillit en un volume, & en fit présent à Laurent de Médicis, dit le Magnifique. Il demeura plusieurs années auprès de l'Empereur Maximilien. Cet Artiste conserva, par un moyen très-simple, la pile du milieu du Pont *della Petra* de Vérone. Cette pile avoit été ruinée plusieurs fois ; on croyoit qu'il falloit rebâtir le Pont. Fra. Giocondo fit seulement entourer la pile d'une double rangée de madriers, pointus par le bas, placés si près l'un de l'autre, qu'ils formerent une espece d'encaissement autour de la pile, & empêcherent l'eau de faire de nouvelles excavations dans un terrein qui avoit peu de consistance. Il donna des Observations sur les Commentaires de César, avec le dessin du Pont que ce Général fit construire sur le Rhône. Il corrigea plusieurs erreurs de Vitruve, en expliqua les passages obscurs. Il fut appellé en France par Louis XII. Il bâtit à Paris le Pont Saint-Michel & le Pont Notre-Dame. Il déterra un Manuscrit qui contenoit plusieurs lettres de Pline, relatives à l'Architecture des Anciens, & les fit imprimer à Venise. C'est dans cette Ville qu'il déploya ses grands talens. La Brenta avoit amoncelé des terres dans les lagunes ; ces terres en auroient formé peu-à-peu des isles : Fra. Giocondo proposa un projet tout simple, qui eut la préférence sur ceux des autres Architectes ; ce fut de faire décharger la moitié de la Brenta, du côté de Chioggia : il sauva les lagunes, & mérita d'être appellé le second fondateur de Venise. Tout le quartier de Rialto ayant été consumé par les flammes, Fra. Giocondo donna le dessin d'un pont magnifique & du quartier, on lui en préféra un autre; Giocondo en fut si piqué, qu'il abandonna Venise, & se retira à Rome, où il fut fait Architecte de Saint-Pierre, après la mort de Bramante, dont il reprit sous-œuvre avec Raphael & Ant. Sangallo, tout ce qu'il avoit fait & qui manquoit de solidité. Fra. Giocondo mourut dans un âge très-avancé. Il avoit été fort lié avec les Savans & les Gens de Lettres de son temps, Il fut l'ami particulier de Calderin, d'Alde-Manuce, de Budée, & fut le maître de Jules-César Scaliger.

GIOGO, l'une des montagnes les plus élevées de l'Apennin, très-difficile à traverser, malgré les ouvrages & les chemins qu'on y a faits; les eaux les gâtent à mesure qu'on les rétablit: il y a quelques années qu'elles en emporterent une partie à plus de six cents pas de son alignement. La Scarperia est au bas du Giogo, sur un petit ruisseau.

GIORDANI, (*Vitale*) Mathématicien, né à Bitonto, en 1633. Il se livra d'abord à la débauche, & épousa une fille sans biens. Son beau-frere ayant voulu l'exhorter à mener une vie moins libertine, ils se prirent de querelle, & le tua. Il s'enrôla dans la flotte que le Pape envoyoit contre les Turcs. L'Amiral lui trouva de l'esprit, lui donna l'emploi d'Ecrivain, & lui mit entre les mains *Clavius*, pour lui apprendre l'Arithmétique. Il la sut aussi-tôt, & prit du goût pour les Mathématiques. A son retour à Rome, il fut fait Garde du Château Saint-Ange, & s'adonna entièrement à l'étude des sciences abstraites. Il y fit les plus grands progrès. La Reine de Suede le nomma son Mathématicien; Louis XIV le choisit pour enseigner les Mathématiques dans l'Académie de Peinture qu'il venoit d'établir à Rome; Clément X le nomma Ingénieur du Château S. Ange. Il eut la Chaire de Mathématiques du Collége de la Sapience, & mourut en 1711, âgé de soixante-dix huit ans. Il a laissé plusieurs Ouvrages, *Euclide restituto; de componendis gravium momentis; Fundamentum doctrinæ motus gravium; ad Hyacinthum Christophorum Epistolæ.*

GIORGIO, (*François* de) de Sienne, né en 1423. Architecte & Sculpteur célèbre, de la famille des Martini de

Sienne. Il étoit grand connoisseur en Peinture, & très-bon Ingénieur. Il a bâti à Urbino le beau Palais, vanté par sa distribution & sa décoration : il surprit par la singularité des escaliers. Le même Artiste donna le plan du Palais de l'Evêché de Consignano, à Pienza, que Pie II érigea en Ville. Il mourut en 1470.

GIORGIONE, (*George*) Peintre, né dans le Trevisan, au Bourg de Castel-Franco, en 1478, s'adonna d'abord à la Musique, pour laquelle il sembloit être né. Il avoit une très-belle voix, & jouoit parfaitement des instrumens ; mais il se sentit plus de penchant pour la Peinture. Il en apprit les principes de Jean Bellin ; mais l'étude de la nature & celle des ouvrages de Léonard de Vinci lui firent bientôt sentir que son maître étoit encore bien loin de la perfection. Il se proposa d'engager les Grands à faire peindre le devant de leurs maisons, & il commença par la sienne : son exemple fut suivi. Il s'acquit une grande réputation : le Titien voulut connoître toutes les ressources de l'art du Giorgion. Il alloit souvent le voir : mais Giorgion trouva des prétextes pour refuser ses visites. Il mourut à l'âge de trente-deux ans, du chagrin que lui causa, dit-on, l'infidélité de sa Maîtresse. C'est dans ce court intervalle que Giorgion a porté la Peinture à ce haut degré de perfection. La force de l'expression & la fierté, qui caractérisent ses tableaux, l'élevent à cet égard au-dessus de tous les Peintres. L'ordonnance de ses tableaux est excellente ; son goût de dessin est vrai & gracieux, & son coloris admirable. On met ses portraits au-dessus de tous ses ouvrages. Il a fait peu de tableaux de chevalet : le Roi & M. le Duc d'Orléans, possèdent des morceaux de ce grand Peintre, qui mourut en 1511.

GIOTTO, (le) Peintre, Sculpteur & Architecte, né à Vespignano, Bourg près de Florence, en 1276. Il fut Disciple du Cimabué. Ses ouvrages sont répandus dans plusieurs Villes d'Italie, à Florence, à Pise, à Padoue, à Rome, dans le Vatican, où l'on voit avec vénération, sur la porte de l'Eglise de Saint-Pierre, son grand tableau en mosaïque, qui représente la barque du Saint Apôtre agitée par la tempête. On dit que le

Pape Benoît IX voulant juger par lui-même du mérite des plus grands Peintres d'Italie, envoya de tous côtés différentes personnes pour lui en rapporter des deſſins, & que Giotto ſe contenta de faire d'un ſeul trait avec la pointe du crayon un cercle parfait, que cette ſûreté de main & cette hardieſſe déciderent le Pape en ſa faveur. Giotto avoit dès l'enfance l'amour des arts. Cimabué le trouva un jour deſſinant, en gardant ſes brebis, un de ces animaux ſur un morceau de pierre qu'il avoit polie avec un caillou: il l'amena avec lui à Florence. Giotto fit les progrès les plus rapides, & fut le premier qui ſe fit une bonne maniere. Il acquit des connoiſſances fort étendues dans l'Architecture, & fut chargé de pluſieurs édifices conſidérables, parmi leſquels on remarque le clocher de Sainte-Marie *del Fiore* à Florence. On raconte de lui, que peignant à Naples pour le Roi Robert, ce Prince lui donna pour ſujet d'un tableau le Royaume de Naples, cet Artiſte peignit un âne bâté, qui avoit un autre bât à ſes pieds: il le flairoit, & ſembloit déſirer qu'on le lui mît à la place de celui qu'il avoit ſur le dos. Il mourut à Florence en 1336.

GIOTTINO, ainſi appellé, parce qu'il s'attacha à imiter la maniere du Giotto. Il mourut à Florence en 1576, à trente-deux ans.

GIOVAGNONI, (*Horace*) Juriſconſulte Bolonois, du ſeizieme ſiecle, a compoſé pluſieurs Ouvrages de Juriſprudence. Il y a de lui un Livre de Conſultations, qu'on eſtime. Il vivoit en 1588.

GIOVAN-ANT-DA VERCELLI, dit le SODOMA, Peintre, fut employé par Jules II à peindre le Vatican: ſes ouvrages ont été ruinés. Il excelloit ſur-tout dans les peintures laſcives, qu'il aimoit beaucoup: ce qui lui fit donner le ſurnom de *Sodoma*. Giovan fut fait Chevalier par Léon X; ſa mauvaiſe conduite le rendit mépriſable; il mourut pauvre à l'Hôpital de Sienne.

GIOVANI (San) *in fonte*, eſt le Baptiſtaire de Conſtantin, à côté de l'Egliſe de Saint-Jean de Latran; il fut bâti par cet Empereur, & il y en a qui croient qu'il y a été baptiſé. Il eſt

GIÒ

de forme octogone ; mais le Baptistaire, proprement dit, est un emplacement parfaitement rond, séparé dans son pourtour du reste de l'édifice par huit colonnes de porphyre les plus belles qu'il y ait à Rome, & qui soutiennent une architrave circulaire de marbre antique. On a suppléé à la hauteur des colonnes, en leur faisant supporter huit pieces d'architraves antiques, chargées de grands feuillages, du milieu desquels s'élevent huit autres petites colonnes de marbre blanc. On prétend que sur ces colonnes étoient des vases d'or, dans lesquels brûloient continuellement des parfums; on descend par quelques degrés dans le Baptistaire, qui est pavé de très-beaux marbres : au milieu est la fontaine. C'est un très-beau vase de marbre d'Egypte, avec un couvercle de bronze doré. On dit encore que sur cette fontaine, il y avoit un agneau d'or, qui jettoit de l'eau entre deux statues d'argent, l'une de J. C. l'autre de Saint Jean-Baptiste, pesant chacune cent soixante-dix livres; entre des pilastres qui sont derriere les colonnes, sont huit tableaux d'*André Sachi*, représentant des faits relatifs à l'histoire de la Vierge. Il y a des peintures à fresque de différens Peintres ; entr'autres, de Carle Maratte, dont le tableau de la destruction de l'Idolâtrie passe pour le meilleur de ces fresques : le tout est terminé par une coupole d'une architecture fort élégante.

GIOVENAZZO, Ville du Royaume de Naples, dans la Terre de Bari, avec titre de Duché, qui appartient à la Maison de *Giudice*. On y voit beaucoup de Noblesse : son Evêché est suffragant de Bari. Elle est située près de la mer, sur une montagne, à quatre lieues N. O. de Bari. Les Auteurs Latins l'appellent *Juvenacium*.

GIOYA, (*Flavio*) est un des hommes qui a fait le plus beau présent à ses semblables. C'est à lui qu'on est redevable de l'invention de la Boussole, vers l'an 1300. Il étoit natif d'Amalfi, au Royaume de Naples. Il marqua sur les cartes le Nord avec une fleur de lys, pour apprendre à la postérité que cet instrument avoit été trouvé sous les Rois de Naples, de la Maison de France.

GIRALATA, Ville peu considérable de l'Isle de Corse, dans la partie septentrionale, & dans la Jurisdiction de Calvi.

GIRALDI, (*Lilio Gregorio*) un des plus savans hommes que l'Italie ait eus, étoit de Ferrare, & fleurissoit dans les quinzieme & seizieme siecles. Il naquit en 1478. Il savoit parfaitement les Langues Grecque & Latine ; il étoit grand Littérateur, & connoissoit l'Antiquité, dont il avoit fait une étude profonde. Il fut toujours en butte à la fortune, & ne jouit jamais d'une bonne santé. Il disoit qu'il avoit toujours eu trois puissans ennemis à combattre, la nature, la fortune & l'injustice. Il étoit à Rome, lorsque l'armée de Charles V prit & pilla cette Ville. Lilio y perdit tout son bien ; ce qu'il regrettoit le plus étoit sa bibliothéque. Il se retira auprès de Pic la Mirandole, qui l'aimoit beaucoup. Pic succomba sous la trahison de Galeoti. Il revint dans son pays, où il eût vécu tranquillement ; mais la goutte le tourmenta le reste de ses jours : enfin il mourut dans la pauvreté, en 1552. Il a laissé plusieurs Ouvrages : les plus estimés sont l'Histoire des Dieux des Gentils, *Syntagena de Diis Gentium*, l'Histoire des Poëtes Grecs & Latins, & l'Histoire des Poëtes de son temps. Tous ses Ouvrages sont imprimés en deux vol. in-fol. Il inventa l'Epacte, pour suppléer le nombre d'Or. Il fit un Traité pour la réforme du Calendrier, que *Lilio Antonio* Giraldi son frere présenta au Pape Gregoire XIII, & qui fut exécuté.

GIRAUD ; (Palais à Rome) il a été bâti par Bramante, pour le Cardinal Adrien Cornero : il appartient actuellement au Comte Giraud, Nonce du Pape en France. Ce Palais, tout agréable qu'il est, est moins singulier que la maison de campagne du même nom ; elle est bâtie sur le modele d'un grand vaisseau de guerre, auquel il ne manque que les voiles & les mâts : elle est posée sur un rocher feint par des pierres brutes qui forment le rez-de-chaussée. Le plan de ce bâtiment singulier fut fait par Basile Bricci, Peintre Romain, & par sa sœur Plautille, qui le firent exécuter par l'Abbé Benedetti. Malgré la gêne que la forme du vaisseau semble devoir mettre à la distribution de l'intérieur, les appartemens ne s'en ressentent point.

GIU

Cette maison ayant été acquise par un François, il y a trouvé les portraits d'un grand nombre de Princes & de Seigneurs de France, & de femmes galantes du temps où cette Maison a été construite : M. Giraud y en a ajouté beaucoup.

GIUDECA, (la) une des grandes Isles ou Lagunes de Venise, appellée anciennement *Spinalongua*, à cause de sa forme longue & terminée en pointe par les deux bouts, a pris le nom de *Giudeca* ou *Zuecca*, comme prononcent les Vénitiens, parce que les Juifs l'ont habitée pendant long-temps avant d'habiter le *Ghetto*, où ils sont aujourd'hui. On y voit plusieurs belles Eglises. Il y a sur-tout deux Couvens, dont l'un est appellé le *Zitelle*, sous la protection du Sénat, établi en 1586, & destiné pour des Filles Nobles, qui n'ont pas assez de bien pour être mariées d'une maniere proportionnée à leur naissance; le second s'appelle le *Pentite*, où se retirent les filles qui veulent faire pénitence de leur vie libertine.

GIULIA LAMA, Vénitienne, qui se distingua dans l'art de la Peinture. On voit un de ses tableaux dans l'Eglise de *San-Vitale* à Venise; c'est un Christ, avec plusieurs Saints au pied de la croix; le coloris en est gracieux; elle paroît avoir étudié la maniere de Palma: elle péche par le dessin.

GIULIANA, petite Ville de Sicile, dans la Vallée de Mazare.

GIULIANA NOVA, autre petite Ville, au Royaume de Naples, dans l'Abruzze Ultérieure.

GIULIANO, petite Ville dans la Campagne de Rome, avec titre de Duché, qui appartient à la Maison Salviati.

GIULIANO DE MAYANO, Architecte, né à Florence en 1377, fils d'un Graveur, du Village de Mayano, près de Fiesole. Le Roi Alfonse l'appella à Naples, & il y bâtit le superbe Palais de *Poggio Reale*. Il éleva au Château neuf à Naples une porte en marbre, en forme d'arc de triomphe, d'ordre Corinthien, orné de figures & de bas-reliefs. Appellé à Rome par Paul II, il bâtit une des cours du Vatican, environnée de trois étages, ornés de galeries soutenues par des colonnes. Il bâtit à Rome le Palais & l'Eglise Saint-Marc, agrandit

L L ij

l'Eglise de Lorette, dont Benoît de Mayano son frere construisit la coupole. La mort surprit Giuliano au milieu de ses travaux en 1447 ; il fut fort regretté d'Alfonse, qui lui fit faire de magnifiques funérailles.

GIUSTINIANI, Palais à Rome, dans la rue Saint-Eustache, bâti pour le Marquis Vincent Justiniani, par Fontana & par le Borromini. C'est de tous les Palais particuliers celui qui renferme, sans exception, le plus grand nombre de bas-reliefs & de statues antiques ; on en compte cinq cent soixante, dont la plupart ont été trouvées dans les Thermes de Néron. La cour, les escaliers sont ornés d'Antiques. La meilleure de celle de la cour est une femme entiérement drapée, tenant de la main gauche l'extrémité de sa draperie. On estime une statue, qui tient un masque : on croit que c'est Térence. On y voit la belle statue de Domitia, assise avec un serpent ; un Mercure, tenant d'une main son caducée, & de l'autre sa bourse ; un bas-relief antique, représentant une Nymphe, donnant à boire à Jupiter dans la corne d'Amalthée ; des colonnes de porphyre verd, de marbre verd antique, des statues, des fresques & des tableaux ornent les appartemens. Parmi ces statues, on distingue deux Gladiateurs & deux Faunes, ouvrages Grecs ; Rome triomphante ; le Consul Marcellus, assis ; une tête de Sybille ; une tête d'Alexandre le Grand, en pierre de touche ; une de Scipion l'Africain, en marbre d'Egypte. Les statues & les bas-reliefs sont à double rang dans la galerie. Les meilleures sont un Hercule en bronze, une tête d'Homere, un buste de Serpentine unique, un Faune, un buste de Serapis, &c. Les tableaux excellens sont aussi en très-grand nombre. Un des meilleurs est le Massacre des Innocens, du Poussin ; le Christ devant Pilate, de Hundstorst, d'Utrecht, appellé Gherardo delle Notti ; la Cène, par l'Albane ; une Vierge, de Raphaël ; un Crucifix, de Carravage ; une Transfiguration, du Guerchin ; la Madeleine, l'Aveugle-né, le Fils de la Veuve, du Parmesan ; les Noces de Cana, de Paul Véronèse ; Saint Jérôme, du Guide ; Saint Paul, premier Hermite, & Saint Antoine, Abbé, du même ; Saint Pierre, que les Bourreaux déshabillent pour le mettre en croix ; Saint Jean l'Evangéliste, du Dominiquin; Jesus-Christ & la Chananéene, d'Annibal Carrache; Jesus-Christ lavant les pieds des Apôtres, de Michel-Ange; Socrate à qui l'on verse la ciguë, de Lanfranc; Séneque dans le bain, du même; & quantité d'autres des mêmes Peintres, dispersés dans différens appartemens.

Il y a dans la Villa Giustiniani une grande quantité d'Antiques, dont la maison, les jardins & les bosquets sont décorés. On distingue sur-tout un grand vase avec une Bachanale, Silene ivre, & un sacrifice à Bacchus, en relief; un Pasteur au pied duquel est un vase à mettre du vin; une fontaine au pied de la statue de Jupiter; des Bustes plus grands que la nature, entr'autres, Platon & *Julia Pia*; une figure colossale d'Aurélius César; une Minerve; un Mercure en forme de Planettes; des vases; une infinité d'autres statues, de colonnes, de bas reliefs. Les différens morceaux qui sont comme entassés, & qui n'ont pu trouver place ni dans le Palazzo ni dans la Villa Giustiniani, feroient une des plus riches collections.

GIUSTINIANI, (*Villa*) belle Maison de plaisance dans la Campagne de Rome. On y voit encore une statue de l'Empereur Justinien, & la Maison de Justinien, à qui l'endroit appartient, prétend descendre de cet Empereur.

GLACES DE VENISE. C'est à Marano qu'on les travaille. Ces Manufactures qui faisoient autrefois une des principales sources des richesses de la République, ne produisent que très-peu de chose depuis qu'on a trouvé en France le secret d'en faire de plus éclatantes & de plus grandes. Quoique celles de Venise aient un poli plus parfait, & qu'elles rendent les objets très-fidélement, leur obscurité fait donner l'avantage à celles de France. Ce qui fait que celles-ci sont plus grandes, c'est qu'elles sont coulées, au lieu que les autres sont soufflées.

GLISCENTI, (*Fabio*) Philosophe & Médecin de Bresce, a composé quelques Ouvrages de Philosophie & de Médecine, & est mort à Venise en 1620.

GLORIOSO, (*Jean-Camille*) né à Naples en 1572, Philosophe & Mathématicien, fut Professeur à Padoue, & s'acquit beaucoup de réputation : il a composé, *Exercitationes Mathematicæ ; Dissertatio Astronomica-Physico de Cometis.* Il mourut en 1643.

GOBBO, (*Pierre-Paul*) Peintre, né à Cortonne, étoit Paysagiste, & excelloit à peindre les forêts. Il les imitoit si parfaitement qu'il y avoit peu de Spectateurs qui n'y fussent trompés.

GOBELIN, (*Jean*) vivoit en 1460. Il écrivit des Mémoires qui comprennent depuis 1458 jusqu'en 1564, c'est-à-dire, avant, pendant & après le Pontificat de Pie II, dont Gobelin étoit Secrétaire. Il dit des choses si avantageuses au sujet de ce Pape, & de la Maison Picolomini, qu'on a cru que ce Pontife avoit fait l'Ouvrage publié sous le nom de Gobelin.

GOISTRE, (le) est une tumeur grumeleuse & charnue qui croît en forme de loupe sous la gorge; les Habitans de presque toute la Savoie y sont sujets, principalement les Villageois ; cela vient des eaux du Pays, la plupart n'étant que de la neige fondue procédant des Montagnes dont tout le Pays est rempli ; & l'humidité & la froideur de ces eaux leur causent cette incommodité, ce qui fait que les Riches qui boivent du vin n'y sont aucunement sujets.

GOITO, petite Ville au Duché de Mantoue, sur la riviere de Mincio, entre le Lac de Mantoue, & celui de Guarda, au N. d'Andez où naquit Virgile. Il y a à Goito un très-beau Château & un Jardin de plaisance très-agréable.

GONDI, Famille célèbre de Florence, a été très-féconde en Personnages Illustres. Antoine de Gondi, Sieur du Perron, passa en France avec la Reine Catherine de Médicis, & fut Maître-d'Hôtel de Henri II ; Jean de Gondi la suivit aussi, fut Maître-d'Hôtel de la Reine ; & sa femme, Dame d'Atour ; Pierre Cardinal de Gondi, Evêque de Paris, qui se distingua par son zèle pour Henri III. Il se demit de l'Evêché en faveur de Henri de Gondi, Cardinal de Retz, qui a joué un si grand rôle dans les derniers troubles de la France.

GONDOLES, GONDOLIERS. Les Gondoles sont des voitures

d'eau douce, & commodes, dont on se sert à Venise. Elles y sont très-communes. Ce sont de petits bâtimens longs de vingt-cinq pieds au moins, larges de cinq dans leur plus grande largeur : la proue fort alongée & tout-à-fait en pointe, est armée d'une très-grande piece de fer, qui ressemble à une scie à six ou sept dents très-larges à pointes tranchantes ; la pouppe, moins alongée, n'est pas armée. Le corps de la Gondole a six pieds de long, sur quatre à cinq de large, & autant de haut ; sa forme est un quarré, dont les angles sont arrondis par le dessus. Elle est doublée d'une étoffe noire, & recouverte par dessus d'un tapis de même, avec quelques houppes & autres agrémens de laine noire. Le siége du fond, où l'on peut s'asseoir deux, est fort large & garni d'un coussin de maroquin noir ; les deux siéges de côté sont très-étroits. La porte est ordinairement garnie d'une glace ; il y en a une derriere, & deux aux côtés : elles se tirent quand on le veut, & on y substitue des chassis garnis de crepe noir, pour n'être point vu.

Les Gondoliers sont ceux qui conduisent les Gondoles. Les riches Particuliers & les Nobles Vénitiens ont quelquefois deux Gondoliers à leurs gages ; les plus habiles sont les plus recherchés. Il y a en qui sont d'une adresse admirable ; ils se tiennent au bout de la Gondole & manient la rame si adroitement qu'ils font aller leur Gondole avec une vîtesse incroyable : ils esquivent & passent à côté des autres avec une facilité qui effraie les Etrangers qui ne sont point accoutumés à cette manœuvre, & ils entrent dans les canaux les plus étroits. Plusieurs Particuliers Nobles ou Citadins ont des Gondoles qu'ils donnent à loyer par an, par mois, ou par jour à des Gondoliers. L'habillement des Gondoliers est une veste juste à la matelotte, une grande culotte & un bonnet rond d'étoffe, suivant la saison. Personne, excepté le Doge, n'a le droit de leur faire porter sa livrée ; leur service est de la plus grande exactitude & d'une fidélité à toute épreuve. Ils se font justice entr'eux. Si quelqu'un avoit fait une friponnerie il seroit noyé, dit-on, par ses camarades ; ils sont gais, chantent des bacarolles fort amusantes, & sont très-secrets: une indiscrétion les décréditeroit pour toujours. Quant à leur agilité. *Voyez* MURANO.

GONFALONIER. (le) On nomme ainsi le Chef de la République de Lucques ; sa dignité répond à celle du Doge de Venise ou de Gênes, excepté qu'elle n'est que pour deux mois; mais il peut être élu de nouveau après un intervalle de six ans. Il est choisi entre les Nobles, & il est logé dans le Palais de la République, avec neuf Conseillers appellés *Auziani*. Le Gonfalonier porte la barette avec l'étole cramoisie, & on lui donne le nom de Prince; mais on ne le traite que d'Excellence. Sa garde ordinaire est de soixante Suisses.

On entend aussi en Italie par Gonfalonier celui qui est le Chef ou le Commandant d'une Ville. Autrefois la République de Florence étoit gouvernée par un Gonfalonier. L'étymologie de ce mot vient du Gonfanon, banniere découpée par le bas en plusieurs piéces pendantes, dont chacune se nomme Fanon. Les anciennes bannieres d'Eglises sont appellées ainsi, & sont portées par les Gonfaloniers, lorsqu'il faut lever des troupes pour la défense de l'Eglise, & des biens ecclésiastiques. A Sienne, trois Gonfaloniers commandent aux trois Quartiers de la Ville.

GONNELLI, (*Jean*) appellé l'Aveugle de Combassi, parce qu'il étoit aveugle & qu'il naquit à *Combassi*, Bourg de la Toscane auprès de Volterro. Il étoit Sculpteur; il avoit étudié son Art avant d'être aveugle, sous Pierre Tacia, Disciple de Jean de Bologne. Il perdit la vue à vingt ans; mais il ne cessa pas de travailler. Il modeloit ses figures par le secours du tact, & elles étoient aussi finies, aussi correctes que s'il eût joui de la vue : il entreprit de faire des portraits, & par le même secours, promenant sa main sur les traits de l'original, & les copiant, il parvint à attraper la ressemblance la plus parfaite. Le premier portrait qu'il fit fut celui de Cosme I, d'après une statue très-ressemblante de ce Prince sur laquelle Gonnelli modela la sienne. Le second fut celui d'Urbin VIII, aussi frappante pour sa ressemblance, que celle de Cosme.

GONZAGUE, petite Ville dans le Mantouan, à quelque distance de Guastalla, a donné la naissance aux Ducs de Mantoue qui en tirent leur nom, & qu'ils ont gouvernée près de quatre cents ans, jusqu'à Charles quatrieme du nom, dernier Duc de Mantoue, qui s'etant mal comporté dans son Gouvernement, & ayant refusé à l'Empire Romain les services qu'il lui devoit en qualité de Vassal, fut mis au Ban de l'Empire; il se retira à Venise où il mourut en 1708 sans laisser aucun héritier.

GONZAGUE, Maison des plus anciennes d'Italie & féconde en grands Hommes. Les Gonzagues sont Seigneurs de Mantoue depuis Louis I, qui tua Passarino Bonicolsa qui en étoit tyran, & qui en obtint la Seigneurie sous le titre de Vicaire de l'Empire en 1328. Louis III de Gonzague fut un des plus grands Capitaines de son siecle. Il fut regardé comme l'Arbitre de l'Italie. Fréderic I de Gonzague, Marquis de Mantoue, eut la réputation d'un bon Prince, généreux, craignant Dieu, & ami des Lettres & de la Justice; il fut Général des Troupes du Duc de Milan. François II de Gonzague fut d'abord Général des Vénitiens, & Louis XII lui donna ensuite le commandement de l'Armée Françoise en 1503. L'Empereur Maximilien I, le Duc de Milan, Jules II, les Vénitiens lui conferent successivement la conduite de leurs Armées. Vincent I, Duc de Mantoue, s'illustra par sa piété, par sa justice & par son amour pour les Lettres. Louis de Gonzague, Prince de Mantoue & Duc de Nevers, rendit de grands services en France, sous Charles IX, Henri III & Henri IV, & mourut de ses blessures. Charles de Gonzague, Cleves I, Duc de Mantoue, de Nevers & de Réthel, fut un des plus grands Négociateurs, & un des Seigneurs les plus magnifiques de son siecle. Cette Maison est alliée à la plupart des Souverains de l'Europe. Louis de Gonzague, Jésuite, mort en 1592, a été mis au catalogue des Saints. Louise-Marie de Gonzague, fille de Charles, Duc de Nevers & de Mantoue, épousa Sigismond IV, Roi de Pologne. Devenue veuve, cette Reine épousa Jean Casimir, Roi de Pologne, frere de Ladislas, & contribua au bonheur des Polonois. Cette Maison a produit des Femmes illustres. Cécile de Gonzague, fille de François, premier du nom, apprit les Belles-Lettres de Victorien de Feltri, & y fit les plus grands progrès;

elle ensevelit ses rares qualités dans le Cloître. Eléonore femme de François-Marie de la Rovere, Duc d'Urbin, ne voulut jamais abandonner son mari dans ses disgraces, qu'elle lui rendit légeres par son courage héroïque. Isabelle femme de Guy Ubaldo de Monte-Feltro, connoissant l'impuissance de son mari, ne s'en plaignit jamais, & ne révéla à personne les secrets de son lit: elle fut inconsolable de sa mort, & passa sa vie dans le veuvage le plus austere. Julie, femme de Vespasien Colonne, étoit de la plus grande beauté. Soliman II en étoit amoureux sur sa réputation. Barberousse, Roi d'Alger, se chargea de l'enlever. Il arriva de nuit à Fondi où elle étoit, emporte la Ville par escalade. Julie, au premier bruit, s'élance de son lit & se sauve dans les montagnes en chemise, & s'expose à mille dangers. Après la mort de son mari, elle refusa les partis les plus brillans. Cette Maison a fini à la mort de *Joseph-Marie*, Duc de Guastalla, en 1746.

GORELLI, Poëte, né à Arezzo, a mis en vers ce qui s'est passé de plus considérable depuis 1316, jusqu'en 1384. C'est un assez mauvais Poëme, quoique l'Auteur ait voulu prendre le Dante pour modele, mais c'est une excellente Chronique. C'est à-peu-près comme la Chronique de Loret pour nous.

GORSEGNO, Bourg & l'un des Fiefs dépendans de l'Empire, qui ont été cédés par l'Empereur, à la Maison de Savoie, dans une des *Langues* ou Contrées du Bas Montferrat.

GOSSALIN, ou GOSSALINI, (*Julien*) né à Rome, vivoit dans le seizieme siecle, & fut Secretaire de Ferdinand de Gonzague, Viceroi de Sicile; ensuite du Duc d'Albe, & de quelques autres Gouverneurs de Milan, mourut en 1587, âgé de soixante-trois ans. Il a laissé la Vie de Ferdinand de Gonzague, l'Histoire de la Conjuration des Pazzi & Salvigni à Florence, & de celle de Jean-Louis de Fiesques à Gènes.

GOVERNO, *Acroventum*, Bourg de la Seigneurie de Venise sur le Pô, à l'embouchure du Menzo, & dans le Duché de Mantoue, entre Mantoue & Concordia, près de la Mirande. Ce lieu est célebre par l'entrevue de Leon X avec Attila, Roi des Huns. Cette Ville a beaucoup souffert des sièges qu'elle a essuyés en 1703.

Gouvernolo, petite Ville du Duché de Mantoue, qui a beaucoup souffert des siéges qu'elle a essuyés en 1703. Elle est située sur le Mincio, près du Pô, à cinq lieues S. E. de Mantoue.

Gozzo, (l'Isle de) située au N. O. de l'Isle de Malthe, appartient à l'Ordre. Elle a quatre lieues de long, deux de large, sur dix de circuit. Elle est bordée d'écueils: l'air y est sain & le terroir fertile. M. le Bailli de Chambray a fait bâtir & fortifier à ses frais dans cette Isle une Cité neuve qui porte son nom. Cette Isle, qui est en Afrique, est appellée par ceux du Pays, *Gaudiseto*; les Auteurs Latins l'appelloient *Gaulos*. Il y a une autre Isle dans la Mer de Candie, appellée aussi Gozzo.

Gradaccio, Montagne qui est presqu'au milieu de l'Isle de Corse, sur le haut de laquelle sont deux Lacs. Le Lac *Creno* & le Lac *Ino*. Le premier donne naissance à deux Rivieres; le *Tavignano* qui coule à l'E. & le *Liamone* qui va du côté de l'O. L'une se décharge dans la Mer au-dessous d'Aleria; l'autre dans le Golfe de Sagona qui est tout opposé. Le Gerolo prend sa source dans le Lac *Ino*, coule par le N. E. se jette dans la Mer un peu au-dessous de *Mariana*. Le cours opposé de ces rivieres est une singularité curieuse.

Grado, petite Ville dans le Frioul; elle est dans l'Isle du même nom. Le Grado est une Isle médiocre, dans les Lagunes ou Marais du Golfe de Venise. Le Patriarche y avoit son Siége qui a été transféré à Venise. C'est au Grado qu'a été déposée la Chaire de Saint-Marc, qui fut envoyée par l'Empereur Héraclius.

Graim, (le) petite Monnoie de Naples qui vaut un sol de France.

Granacci, Peintre de Florence, un des Eleves de Michel-Ange, qui s'adonna à la Décoration, aux Fêtes, aux Mascarades; il en donnoit les dessins. Laurent de Médicis ayant le premier inventé les Mascarades représentant des Actions Héroïques, employa Granacci, pour l'entrée du Pape **Leon X** à Florence. Le Triomphe de Paul Emile lui servit de sujet, & fit honneur à Granacci qui mourut en 1543.

GRANELLO, (*Ambroise*) de l'État de Gènes, Poëte qui vivoit dans le quatorzieme siecle. Il a écrit la Guerre des Vénitiens avec Albert & Martin de la Scala, pour la Ville de Trévise, terminée 1339. Ce Poeme n'a point été imprimé. Le Manuscrit a passé de la Bibliothéque de Petarque dans celle de Saint Marc de Venise.

GRATIANI, (*Antonio-Maria*) né à Civitella dans la Toscane. Dès sa jeunesse le Cardinal de Commendon se l'attacha, & prit soin de lui former l'esprit ; il lui expliquoit la Rhétorique d'Aristote. Il en fit son Secretaire. Gratiani l'accompagna en Pologne. Henri de Valois, qui y régnoit alors, voulut se l'attacher, mais Gratiani ne voulut point quitter son Bienfaiteur, qui en reconnoissance le laissa en Pologne comme Nonce. Le Cardinal de Commendon ajouta à ce bienfait un présent de de 12000 liv. que Gratiani refusa, & lui dit que ce seroit perdre l'honneur qu'il avoit reçu auprès d'un si grand Homme. Le Cardinal venoit d'être pourvu d'une Abbaye qu'il obligea Gratiani d'accepter. Le Cardinal mourut en 1584. Gratiani fut choisi par Sixte V pour être son Secretaire, & ensuite celui de Clément VIII, qui avoua qu'il devoit la Tiare à Gratiani. Il lui donna l'Evêché d'Amelia, & l'envoya Nonce à Venise. Il composa un Traité dans lequel il prouva le droit que le Pape avoit sur la Mer Adriatiaque. Il rendit d'autres services au Saint Siége. Clément vouloit le faire Cardinal. Aldobrandin l'empêcha, pour ne pas mettre dans le sacré Collége un sujet du Duc de Ferrare. Gratiani se retira à Amelia son Diocèse, & y mourut en 1611, âgé de soixante-quinze ans. Il a publié des Ordonnances Synodales, la Vie du Cardinal Commendon qui a été traduite en françois, une Histoire de la Guerre de Chypre, des Malheurs des Hommes illustres de son siecle.

GRATIANI, ou GRAZIANI, (*Jerôme*) Comte de Sarzana, Poëte, né à Pergola, fut Secretaire & Conseiller d'État du Duc de Modene, comme son pere. Il étoit destiné à l'étude du Droit ; son amour pour la Poësie lui fit abandonner cette carriere. Il composa d'abord un Poëme de Cléopatre, & ensuite celui de la Conquête de Grenade. La versification en est agréable. Le Duc de Modene lui donna le Comté de Sarzana. Il a laissé quelqu'autres Poësies; une Tragédie, intitulée Cromwel, dédiée à Louis XIV; un Recueil de Sonnets, de Panégyriques, &c.

GRATIEN, Religieux de l'Ordre de Saint Benoît, né à Chiusi, dans la Toscane, Auteur du *Décret* qu'il publia sous le titre de *Concordia discordantium Canonum*. Cette Concordance suppose une grande lecture. Il rangea les Canons par ordre de matieres, & divisa son Décret en trois parties; les Choses, les Actions & les Jugemens. Il employa vingt-quatre ans à composer cet Ouvrage; il s'y est glissé quelques fautes en prenant des Canons d'un Concile pour ceux d'un autre. Gratien publia son Ouvrage en 1151.

GRAVINA, petite Ville au Royaume de Naples, dans la Province de Bari, avec un Evêché. Cette Ville qui a titre de Duché, appartient à la Maison des Ursini; elle est située au S. O. de Bitonto, à dix lieues de Cirenza, & treize S. O. de Bari. Cette Ville est sous la Métropole de Matera, & est peu considérable.

Il y a eu trois hommes célebres, du nom de *Gravina*, l'un est *Pierre Gravina*, qui prit le nom de sa Patrie, Poëte, mort en 1528, âgé de soixante-quinze ans. Il fut protégé par le Capitaine Consalve, qui lui fit donner un Canonicat à Naples. Sannazar a fait l'éloge de sa versification & de son talent pour l'épigramme. Il mourut à Concha, d'un ulcere à la jambe, formé par la piquûre d'une écorce de chataigne. Ses Poësies ont été publiées in-4°. On croit que la plupart de ses pieces se perdirent dans le temps des guerres de Louis XII, & des Napolitains, en 1501.

Dominique Gravina, de l'Ordre des Freres Prêcheurs, Maître du sacré Palais, a composé plusieurs Ouvrages de Théologie, dont le plus important est un Traité, *de catholicis Præscriptionibus*, en 4 volumes. Il mourut à Rome en 1643.

Le plus célebre & le plus savant des trois, est Jean-Vincent *Gravina*, né en 1668, à Romigliano, dans la Calabre Ultérieure. C'est à son amour pour les Lettres & à son zele pour le rétablissement du goût, que l'Académie des Arcades, formée peu à peu des personnes qu'il rassembloit chez lui, doit son établissement. Gravina en fit les réglemens, qu'il publia en même temps que ses opuscules, en 1696; il eut une chaire de Droit, & abolit l'argumentation. Il étoit un peu satyrique, ce qui lui suscita des ennemis. Il a donné au Pubic, *Originum Juris Libri tres*. Ces origines du Droit sont très-estimées. *De Romano imperio*, rempli d'une grande connoissance de l'antiquité. *De Ratione Poëtica*, en deux livres: cet Ouvrage suppose dans l'Auteur le goût le plus délicat, & le génie de la Poësie, quoiqu'il fût plus Philosophe que Poëte. *Institutiones Canonicæ*. Outre ces Ouvrages, il a composé cinq Tragédies, *Palamede*, *Andromede*, *Appius Claudius*, *Papinien*, *Servius Tullius*. Deux discours, l'un sur les fables, l'autre sur la tragédie. Gravina mourut à Rome en 1718, âgé de cinquante-six ans.

GRAVURE. Cet Art doit, à quelques égards, sa perfection aux Modernes: il se divise en plusieurs branches. La gravure en bois, au burin, en creux, à l'eau forte, en maniere noire & en clair obscur. Les Anciens ne connoissoient que la gravure en relief, & la gravure en creux des pierres. Ils gravoient sur le marbre & l'airain leurs loix & leurs inscriptions; il semble qu'il n'y avoit qu'un pas à faire pour graver la peinture sur le cuivre; mais ce pas qui nous paroît si extraordinaire qu'ils n'aient point fait, nous serions à le faire, si le hasard n'eût pas fait trouver auparavant le beau secret de l'Imprimerie.

On attribue à André Montagna la premiere idée de graver sur l'étain au burin: Albert Dure, Orfévre Flamand, grava ensuite sur des planches de cuivre; le hasard & l'expérience le conduisirent à se servir de l'eau forte pour creuser les traits. L'eau forte perfectionna l'ouvrage du burin, & le burin perfectionne à son tour ce que l'eau forte a continué. La gravure en creux fut connue des plus anciens Peuples; les cachets, les anneaux, & les pierres fines sur lesquelles ils représentoient des faits mémorables des Dieux & des hommes; des hyéroglyphes & toutes sortes de sujets, étoient des morceaux achevés, & les Modernes n'ont jamais égalé les Anciens à cet égard, soit pour la gravure profonde, soit de reliefs, soit pour la gravure platte. Cependant quelques Artistes Italiens en ont bien approché. La gravure en maniere noire est toute nouvelle; elle est plus facile que toute autre espece de gravure.

On prépare le cuivre avec le berceau, outil d'acier, d'une forme circulaire, armé de petites dents très-fines, formées par les hachures que l'on a fait à l'outil, en gravant dessus des traits droits fort près les uns des autres. On le balance sur la planche, sans appuyer beaucoup, en sens horizontal, en sens vertical & en diagonale. Cette opération recommence jusqu'à vingt fois, afin que le grain marqué sur le cuivre soit bien égal par-tout. On calque ensuite son trait sur le cuivre, en frottant le papier du trait par derriere avec de la craie; on gratte ensuite, & on use le grain de la planche, de maniere qu'on ne le laisse que dans les touches les plus fortes. On commence par les masses de lumieres: on va peu à peu dans les reflets. On essaie la planche, en la noircissant toute entiere avec un tampon de feutre. Cette gravure n'est pas propre à toute sorte de sujets; elle n'est point susceptible d'une touche hardie: elle est plus difficile à imprimer, & ne tire qu'un petit nombre d'épreuves. Cette gravure a donné lieu à la gravure en plusieurs couleurs.

GRAZZINI, (*Antoine-François*) dit LESCA, Poëte Italien, né en 1503, a composé des Comédies, des Stances & plusieurs autres Pieces diverses; ce Poëte est estimé; il est mort en 1583.

GRÉGOIRE. Il y a eu quinze Papes de ce nom & quantité de Personnages illustres. Saint Grégoire le Grand est le premier Pape. Il mérita le nom de grand à toute sorte de titres. Il étoit petit fils du Pape Félix III, & succéda à Pélage II. Il fut porté sur le Trône de Saint Pierre malgré lui, en 590. Ses soins & sa piété appaiserent la peste qui ravageoit Rome alors. Il envoyoit prêcher la Religion de tous côtés; mais il choisissoit des Apôtres de paix. Il réforma le Clergé: il détermina le chant de l'Eglise: il employoit la persuasion & jamais la violence, il défendit les vexations contre les Juifs & les Hérétiques. Il prêchoit d'exemple, l'humilité, la sobriété, la charité & toutes les vertus. Il a composé beaucoup d'Ouvrages ; un Traité des devoirs des Pasteurs, des Homélies, des Commentaires sur Job, des Dialogues sur les Miracles, quantité de Lettres recueillies en douze livres. Ses Œuvres forment quatre volumes in-fol. dans l'édition de D. de Sainte-Marthe. Ce Pape mourut le 12 Mars 604.

GRÉGOIRE II, (Saint) élu en 714. Il fit la guerre au Iconoclastes, & à quelques autres Hérétiques, reprit aux Lombards & au Duc de Bénévent des terres usurpées sur l'Eglise, rétablit le Monastere du Mont Cassin, & donna l'exemple des vertus. Il étoit Romain. Il mourut en 731.

GRÉGOIRE III succéda à Grégoire II, en 731. Il excommunia l'Empereur Léon, Fauteur des Iconoclastes, & qui avoit maltraité les Nonces de Grégoire. Il suscita Charles Martel contre Luitprand, & les Lombards, qui usurpoient les biens de l'Eglise ; mais Charles Martel étoit retenu en France par ses expéditions contre les Sarrasins. Grégoire fut un Prince magnifique. Il mourut en 741.

GRÉGOIRE IV, Romain, élu le 24 Septembre 827 ; il bâtit la Ville d'Ostie contre les incursions des Turcs. Il vint en France pour pacifier les querelles des enfans de Louis le Débonnaire. Il menaça d'excommunier les Evêques françois, du parti de l'Empereur ; les Evêques le menacerent de l'excommunier lui-même. Il s'en retourna à Rome mécontent de sa négociation & mourut en 844.

GRÉGOIRE V, ou BRUNON, neveu de l'Empereur Othon III, élu le 11 Juin 996 ; son oncle chassa l'Antipape Jean, Evêque de Plaisance, soutenu par l'ingrat Crescentius qui avoit de grandes obligations à ce Pape. Il mourut en 999, âgé de vingt-six ans.

GRÉGOIRE VI. Il y avoit trois Prêtres, tous les trois prenoient le titre de Pape ; l'un siégeoit à Saint Pierre, l'autre à Sainte Marie Majeure, le troisieme, à Saint Jean de Latran ; Grégoire, ou plutôt Gratien, fut les trouver chacun en particulier, & les détermina chacun à céder. Cette action parut si sage, que Gratien fut élu, & prit le nom de Grégoire VI, en

GRE 545

1044. Il détruisit les brigands qui dépouilloient les Pélerins. Henri III fit accuser Grégoire d'avoir obtenu la démission des trois Antipapes par argent; il assembla un Concile, & Grégoire se démit en 1046.

GRÉGOIRE VII, HILDEBRAND, fils d'un Charpentier de Soane en Toscane, Moine de Cluni. Il contribua à l'élection de Brunon, Evêque de Toul, sous le nom de Léon IX, qui lui laissa toute l'autorité. Il fut fait Cardinal, enfin Pape après la mort d'Alexandre II, le 22 Avril 1073. Ses réformes lui suscitèrent des ennemis, & principalement l'Empereur Henri IV, qui vendoit les bénéfices, & à qui le Pape en ôta la disposition dans un Concile. Henri le fit enlever pendant qu'il disoit la Messe. Le Peuple le délivra. Henri défendit à ses Sujets de reconnoître Grégoire, qui l'excommunia. Henri fit nommer Antipape Guibert, Evêque de Ravenne, sous le nom de Clément III. L'Empereur fut abandonné des Allemands; cependant secondé de Godefroi de Bouillon, il défit & tua Rodolphe, nommé Empereur à sa place, & fit assiéger Rome. Le Pape se retira à Salerne, & mourut le 24 Mai 1085; sa conduite à l'égard de Henri a été fort blâmée; & le Parlement de Paris a fait ôter du Breviaire la Légende & le nom de Grégoire, que Benoît XIII y avoit fait insérer. On a de ce Pape neuf livres de Lettres.

GRÉGOIRE VIII, ALBERT LE MORE, de Bénévent ne régna qu'un mois & vingt-huit jours.

GRÉGOIRE IX, HUGOLIN, Cardinal, élu Pape en 1227. Il fit prêcher la Croisade, excommunia Frédéric II, dont la maladie lui parut un prétexte pour ne point s'embarquer; mais cette affaire s'accommoda. Grégoire l'excommunia encore après son retour, pour avoir donné le Royaume de Sardaigne, sur lequel le Pape avoit des prétentions, à un de ses fils naturels; & offrit l'Empire à Saint Louis pour le Comte d'Artois son frere. Louis le refusa. Frédéric couroit à la vengeance, lorsque le Pape mourut le 22 Août 1241.

GRÉGOIRE X, THIBAULD, Archidiacre de Liège, né à Plaisance de la famille des Visconti, élu le premier Septembre 1271, pendant qu'il étoit à la Terre Sainte avec Edouard, fils du Roi d'Angleterre. Il assembla un Concile très-nombreux à Lyon en 1274. Il faisoit les préparatifs d'une nouvelle Croisade, lorsqu'il mourut à Arezzo, en Janvier 1276.

GRÉGOIRE XI, PIERRE ROGER, Limousin, élu en 1370, avoit été fait Cardinal à l'âge de dix-sept ans par son mérite. Il étoit neveu du Pape Clément VI ; il réconcilia les Princes Chrétiens, réforma les Ordres Religieux ; il rétablit le Saint Siége d'Avignon à Rome, commença à proscrire les erreurs de Wiclef, & mourut en 1378 à Rome, regrettant toujours Avignon.

GRÉGOIRE XII, ANGE CORRARIO, Vénitien, élu en 1406 ; c'étoit dans le temps du schisme. Il signa une promesse de renoncer à la Tiare si l'Antipape Benoît XIII y renonçoit. Ils n'en voulurent rien faire ni l'un ni l'autre ; les Cardinaux assemblerent un Concile, les déposerent tous les deux & nommerent Alexandre V. Grégoire se retira à Gaëte, auprès du Roi de Naples, qui l'abandonna. Le Pape envoya sa renonciation, en récompense il fut déclaré Doyen des Cardinaux & Légat perpétuel dans la Marche d'Ancône. Il mourut en 1417.

GRÉGOIRE XIII, BUONCOMPAGNO, Bolonois, élu en 1572 ; il étoit profond dans la Jurisprudence, & s'étoit distingué au Concile de Trente. La réforme du Calendrier rend son Pontificat à jamais célebre. La publication du décret de Gratien, avec de savantes notes de sa façon, & l'ambassade envoyée au Japon ne lui font pas moins d'honneur. Il mourut en 1585, âgé de quatre-vingt-trois ans.

GRÉGOIRE XIV, NICOLAS SFONDRATE, élu en 1590, le 5 Décembre, mourut dix mois & dix jours après. Philippe II, Roi d'Espagne, l'engagea de lever une armée contre Henri IV, Roi de France, qui la dissipa.

GRÉGOIRE XV, ALEXANDRE LUDOVISIO de Bologne, élu le 9 Février 1621, érigea l'Evêché de Paris en Métropole, fonda la Propagande, approuva la réforme de Saint Maur, aima les Pauvres. Il mourut le 8 Juillet 1623, après un Pontificat de deux ans & cinq mois.

GRÉGOIRE. Il y a eu trois Antipapes de ce nom. Le

premier fut élu par quelques Romains, qui chassèrent de Rome Benoît VIII; le Pape alla implorer le secours de l'Empereur Henri, qui le rétablit sur le Trône Pontifical, & chassa l'Antipape de Rome.

GRÉGOIRE qui prit le nom de Victor, étoit Cardinal & Romain. Il favorisa l'Antipape Anaclet II, & en 1138, après la mort de ce faux Pontife, il fut élu contre Innocent II. Roger, Roi de Sicile, soutint cette élection; mais Victor se voyant bientôt abandonné se soumit à Innocent. Cette soumission, & le zele de Saint Bernard, rendirent la paix à l'Eglise en 1138.

GRÉGOIRE VIII, MAURICE BURDIN, étoit de Limoges: il suivit en Espagne Bernard, Archevêque de Tolede, qui le fit Archidiacre; il fut ensuite Evêque de Conimbre, & enfin Archevêque de Brague en Portugal; il offrit beaucoup d'argent à Pascal II pour l'Archevêché de Tolede; mais ses offres ayant été rejettées avec indignation, il se jetta dans le parti de Henri V, obligea Gelase II de se retirer en France, où il mourut à Cluni. Burdin se fit élire en 1118, & prit le nom de Grégoire VIII. Il se fit détester par ses crimes, fut maltraité des soldats, & condamné à la prison perpétuelle par ordre de Calixte II, en 1121.

GRENIERS DU PAPE. (les) Outre plusieurs greniers publics que la police des Etats du Pape a eu soin d'établir dans plusieurs Villes & Villages, la Chambre Apostolique a soin d'amasser dans les vastes salles *des Thermes de Dioclétien*, une provision immense de bled, & la Police qui regne au sujet de la récolte des bleds, empêche que les Etats du Pape & la Ville de Rome manquent de grains, même pendant plusieurs années de stérilité; mais, sous prétexte d'approvisionner ces greniers, on taxe les grains des environs de Rome, & il est défendu de les vendre à d'autres qu'aux Commissaires de la Chambre Apostolique; ce qui décourage le Cultivateur, gêne le commerce, & donne lieu aux monoples.

GRIMALDI, Maison très-ancienne, dans laquelle la Principauté de Monaco est depuis plus de six cents ans. Elle tire son origine de Grimoald, Maire du Palais du Roi Childebert. Ce paroît difficile à prouver. On prétend que ce fut en 920, que l'Empereur Othon I donna à Grimoald la forteresse de Monaco, d'où il avoit chassé les Sarrasins. Cette Maison a produit de grands hommes dans tous les genres. Elle est alliée aux plus illustres de l'Europe. Elle jouit actuellement du Duché de Valentinois que Louis XIII donna à Honoré II de Grimaldi. Ce Prince de Monaco étoit Marquis de Campagna, Comte de Camouse. En 1641, il chassa les Espagnols de Monaco, & secoua avec la valeur la plus intrépide un joug importun. Louis XIII, outre le Duché de Valentinois, lui donna le Comté de Carladez en Auvergne, la Baronie de Calvinet dans la même Province, celle de Beaux en Provence & celle du Buis en Dauphiné. Ce Prince avoit de très-grandes qualités, étoit très-savant, d'un commerce agréable & d'une intrépidité invincible, mais éclairée. Il a écrit l'Histoire de sa Maison, publiée par Vénasque, son Secretaire. Il y a eu plusieurs Cardinaux & Prélats dans cette famille, en Italie, en France & en Espagne.

GRIMALDI, (*François-Marie*) Jésuite, né à Bologne, savant Mathématicien, enseigna les sciences abstraites avec beaucoup de réputation. Il mourut en 1563, & laissa un Traité *de Lumine, Coloribus, & Iride*.

GRIMANI, famille noble de Venise, qui a produit quantité de grands hommes : Antoine Grimani fait Doge en 1521; Marin en 1595. Le Cardinal Dominique Grimani, Patriarche d'Aquilée, après avoir rendu des services essentiels à la République, s'illustra par son amour pour son pere Antoine. Celui-ci étant Général d'une armée navale contre le Turc, eut le malheur de ne pas réussir : il perdit la Ville de Lépante, fut jetté en prison & traité très-rigoureusement par la République. Son fils sollicita vivement d'être mis à la place de ce vieillard, & n'ayant pu l'obtenir, il s'attacha à adoucir sa prison, par les services, les soins & les sacrifices les plus signalés. Enfin Antoine fut rétabli dans la charge de Procureur de Saint Marc, & fut fait Doge, après Léonard Loeidan.

GROSSETTO, petite Ville de la Toscane avec un Evêché & un bon Château proche de la mer, dans le Siennois, à quatre lieues de Sienne, s'appelloit autrefois, *Rosetum*, son Evêché est suffragant de Sienne.

GROTESQUES. *Voyez* JEAN DAUDINE, OU DE UDINE.

GROTESQUES, qu'on appelloit autrefois *Arabesques*, est dans les Arts une imitation forcée de la nature, ou plutôt ce sont ses grimaces. Vitruve fixe l'époque de cette bizarre invention au siecle d'Auguste : quoiqu'on ait trouvé de ces figures fort ressemblantes aux gothiques, dans les ruines de Persépolis & de Villes plus anciennes encore, il peut se faire que ce mauvais goût ne s'introduisît à Rome que sous Auguste. Le nom de grotesque a été substitué à celui d'arabesque, le seul que connussent les anciens, parce qu'on trouva de ces figures dans des grottes qui furent ouvertes du temps de Michel-Ange, qui fit appercevoir ce goût singulier. Vitruve dit que lorsque la mode en vint à Rome, tout le monde courut après ces peintures, & les préféra aux belles productions du goût ; il se récria contre cette manie, comme les gens de bon sens se sont récriés contre les Magots, contre la fureur pour les figures de la Chine, qu'on a apportées chez nous, & qui sont mauvaises à la Chine même. Dans les beaux jours du regne de Louis XIV, les tableaux de Teniers, & les bambochades Flamandes, prirent faveur en France. Ce Monarque, par un amour peut-être excessif du beau, témoigna une espece de mépris pour ce genre, dans lequel cependant nous avons des chef-d'œuvres ; ce n'est qu'après sa mort que les Teniers ont repris.

GROTTA-DRAGONARA, (la) située sous la pointe du Promontoire du Cap de Misene, aux environs de Naples, est une des cavernes spacieuses que la nature forma en cet endroit, & que les Romains ont agrandies & fortifiées. Les voûtes en sont soutenues par de gros piliers de briques & de roches tendres qu'on a taillées & laissées exprès de distance en distance. Les murailles sont revêtues de pierres liées avec un mastic fort dur. Il y a plusieurs réservoirs fabriqués au fond de ces cavernes, où il tombe beaucoup d'eau pluviale. C'étoit-là, dit-on, où l'on conservoit une grande quantité d'eau douce, qui, par ce moyen, étoit toujours toute prête pour la Flotte Romaine, que les Empereurs Romains entretenoient dans le *Porto Guilio*, construit par Jules César,

& qui étoit proche de là. Il y a plusieurs autres grottes curieuses. *Voyez* à POUZZOLS, *la Grotte du chien*, *les Catacombes*, *l'Antre de la Sybille & le Posilippo*, &c.

GROTTA-FERRATA, Abbaye de Moines Grecs, de l'Ordre de Saint Basile, qui s'y réfugierent vers la fin du dixieme siecle, sous la conduite de *Saint Nil*, lorsqu'ils furent chassés de la Calabre par les Sarrasins. Elle est située à deux ou trois milles de Frascati. Il y a dans la Bibliotheque des manuscrits grecs ascétiques, très-rares. Dans l'Eglise, les Chapelles de Saint Nil & de Saint Barthelemi, Abbés, sont du Dominiquin. Un bas relief antique, représentant un Général Romain, auquel on présente un soldat blessé. Parmi les tableaux de la Chapelle de Saint Nil, les plus célebres sont l'exorcisme d'un enfant, & les tableaux ovales de la coupole; on y admire une femme très-connue sous le nom de la Frascatane. Tous ces tableaux sont du Dominiquin.

GROTTE DU CHIEN, (la) petite caverne fort célebre au côté septentrional du lac d'Agnano, aux environs de Pouzzols, dans le Royaume de Naples : elle offre des phénomenes singuliers. Sa hauteur est d'environ neuf pieds, sa largeur de quatre, & sa profondeur de dix, dans un terrain sabloneux. Une vapeur légere, sensible à la vûe, semblable à celle du charbon, s'éleve jusqu'à six pouces du sol: cette vapeur est humide; mais cette humidité ne va pas jusqu'à la voûte, quoique dans certain temps elle distille quelques gouttes d'une eau fort lympide; ce qui prouve que cette eau ne vient que de l'humidité supérieure, c'est que le plus souvent cette voûte est seche, & que les vapeurs n'en produisent pas moins leurs phénomenes ordinaires ; elles n'occasionnent ni pleurs, ni écoulement sensible; on ne voit sur le mur aucune incrustation, ni dépôt de matiere saline ; on n'y sent d'autre odeur que celle qu'un souterrain chaud & enfermé a coutume de produire. On l'a appellée la grotte du chien, parce que c'est l'animal qu'on choisit presque toujours pour faire les expériences. Si l'on couche un chien, quelque gros qu'il soit, contre terre, seulement pendant quelques minutes, il est agité de convulsions violentes, qui le feroient mourir, si on ne le mettoit aussi-tôt hors de la grotte; il reprend alors ses forces en autant de temps qu'il en a mis à les perdre. On a essayé la même expérience sur plusieurs animaux qui ont plus ou moins résisté ; un crapaud n'est suffoqué qu'après demi-heure ; un lésard cinq quarts d'heure, une sauterelle plus de deux heures ; les oiseaux résistent très-peu ; un coq, dès qu'il a la tête dans la vapeur, vomit & expire. Un flambeau allumé s'éteint sans bruit, la fumée se soutient entre l'air & la vapeur, & sort de la grotte parallelement à la terre. Aucun insecte, ni aucun reptile ne résistent à cette vapeur ; les hommes n'en sont point affectés, s'il faut en croire M. de Lalande, qui ayant plongé la tête dans la vapeur, & mis le visage contre terre, sentit d'abord une vapeur d'étuve suffoquante, par sa chaleur humide, une odeur terreuse plutôt que saline ; il ajouta qu'il respira fortement cette vapeur pendant quelques secondes, & qu'elle ne le fit ni tousser ni éternuer ; qu'il recommença plusieurs fois & n'en reçut aucune incommodité ; cependant M. l'Abbé Richard assure, qu'ayant resté quelque temps debout dans la grotte, il éprouva une chaleur très-sensible à la hauteur d'environ dix à douze pouces ; que ses pieds & ses jambes s'engourdirent totalement jusqu'à cette hauteur, & perdirent le sentiment, au point qu'il avoit peine à se soutenir ; qu'il sortit & que peu à peu ses jambes reprirent leur force & leur agilité. L'un & l'autre rapportent que Charles VIII, Roi de France, lors de la conquête de Naples, fit coucher dans la grotte un âne qui y périt, & que le Viceroi, Pierre de Tolede, y ayant fait renfermer deux criminels, ils y moururent. Le dernier assure que le hasard fit découvrir les effets pernicieux de cette vapeur, qui étoit autrefois à découvert, & que des Cultivateurs qui s'y endormoient ne se réveilloient plus. Il y a plusieurs endroits dans ces montagnes qui produisent les mêmes effets.

GROTTE DU PAUSILIPPE, (la) chemin qui traverse la montagne de Naples à Pouzzols, dont les Anciens ont parlé, à cause de la poussiere qui le rendoit incommode, quoique surprenant par la hardiesse de l'entreprise. Ce chemin cessera d'être fréquenté, lorsque le chemin que le Roi de Naples fait construire le long de la mer, sera fini. *Voyez* PAUSILIPPE.

GROTTO, (*Louis*) né à *Adria*, en 1537, étoit aveugle de naissance ; malgré cette incommodité, il fit de grands progrès dans les Lettres & la Philosophie. Il harangua le Roi de France Henri III, lorsqu'il passa à Venise. Grotto fonda l'Académie de *Gli illustrati* à Venise, où il mourut en 1585. Il reste de lui des Poésies & des Lettres sur divers sujets.

GUADAGNE, noble & ancienne famille de Florence; qui lutta contre les Médicis, lorsqu'ils s'emparerent du Gouvernement. Thomas Guadagne exila Côme de Médicis, qui ensuite bannit Thomas & toute sa famille. Ce Thomas passa en France, s'y établit & rendit de grands services à François I, auquel il prêta cinquante mille écus, après la prise de Pavie. Un Guillaume de Guadagne, sieur de Bolheon, a servi avec distinction sous Henri II, Charles IX, Henri III qui l'envoya Ambassadeur en Allemagne & à Venise, & sous Henri IV, qui le fit Chevalier du Saint Esprit, & l'employa en différentes occasions.

GUADAGNOLO, (*Philippe*) étoit un des plus Savans Hommes dans les Langues orientales. Il professa avec le plus grand succès l'Arabe & le Chaldéen au Collége de la Sapience à Rome, sous le Pontificat d'Urbin VIII. Il traduisit la Bible en Arabe, par ordre de la Propagande. Il a composé un Traité contre le Mahométisme, & une Grammaire de la Langue Arabe, imprimée en 1742. Il mourut à Rome en 1656.

GUALDO, (*Galeasso Priorato*) né à Vicence, Historiographe de l'Empereur, a laissé plusieurs Ouvrages, dont les principaux sont, Histoire des Guerres de Ferdinand II & de Ferdinand III ; Histoire des Troubles de la France ; Histoire du Ministere du Cardinal Mazarin, qui a été traduite en François ; Histoire de l'Empereur Léopold, à Venise 1670, 2 vol. in-fol. avec fig. très-recherchés. Tous ces Ouvrages sont en italien. Gualdo mourut à Vicence en 1678.

GUARDA, petite Ville du Bolonois, remarquable par une de ces images de la Vierge, que la crédulité publique attribue au pinceau de S. Luc l'Evangéliste, qui ne fut jamais Peintre ; erreur qui s'est établie sur la ressemblance du nom d'un ancien Peintre appellé *San-Luca*, ou *Luca-Santo*, avec cet Evangéliste. Un tableau de Saint Luc feroit non-feulement très-précieux pour la Religion, mais encore pour l'Hiftoire des Arts.

GUARDA, (Lac de) ainfi appellé à caufe de la Ville de la Garde qui eft tout auprès. Le *Mincio* fort de ce Lac près la Citadelle de Pefchiera, qui appartient à la République de Venife. Depuis Pefchiera jufques dans les Alpes, le Lac a trente-cinq milles de longueur, il en a quatorze de large; fes bords font très-riants, fes eaux font très-lympides & très-bonnes à boire; le poiffon y eft fort abondant & délicieux. Il eft entouré en partie par les Alpes. On voit fur les bords des maifons & des jardins charmans.

GUARDIA, *Alferia*, Ville dans le Royaume de Naples, & dans le Comté de Moliffe, avec un Evêché fuffragant de l'Archevêché de Bénévent.

GUARDO, petite Ville du Breffan, dans l'Etat de Venife, fur la Chiefa.

GUARINI, (*Jean-Baptifte*) né à Ferrare en 1539, Poëte célèbre. Il étoit né de parens Nobles. Il fut Secretaire d'Alfonfe II, Duc de Ferrare, & fut chargé de Commiffions dans différentes Cours de l'Europe. Il paffa enfuite du fervice de Vincent de Gonzague à celui du Duc d'Urbin, & parcourut ainfi divers Seigneurs. Les Mufes aiment l'indépendance, Guarini ne quittoit une chaîne que pour en reprendre une autre. Cependant il faifoit des Poëfies charmantes, remplies d'efprit, de délicateffe, de douceur; mais il couroit trop après les jeux de mots, & s'attachoit plus au brillant qu'à la vérité fimple des penfées. Ce font les principaux défauts qu'on a reprochés au *Paftor Fido*, Drame Paftoral, qui d'ailleurs étincele de beautés. Il a laiffé un volume de Lettres, de *Poëfies* diverfes, *le Secretaire*, *l'Hydropique*. Il étoit des Académies des Humoriftes de Rome, de la Crufca, des Olimpiques, des Innominati, des Elevati, &c.

GUARINONE, (*Chriftophe*) né à Verone, Médecin du feizieme fiecle. Il fut attaché d'abord au Duc d'Urbin, & puis à l'Empereur Rodolphe II, & mourut à Prague. Il a compofé plusieurs Traités ; *De Natura Humana* ; *De Sententiis Aristot. De Principiis Venarum* ; *Disquisitio de Methodo*, &c.

GUARINO, GUARINI, (Dom) Clerc Régulier de l'Ordre des Théatins, né à Modene en 1624, Architecte, Philosophe, Mathématicien. Il adopta la maniere du Borromini, & enchérit sur sa bizarrerie. Il avoit fait une étude suivie des Auteurs qui traitent de l'Architecture, tels que Vitruve, Alberti, Palladio ; mais il semble qu'il n'ait étudié les bons principes que pour s'en écarter. Guarini étoit Architecte du Duc de Savoie ; il a bâti plusieurs Edifices à Turin pour ce Prince, tels que la porte du Pô qui est convexe & concave, ce qui la rend insupportable même à la vue ; la Chapelle du Saint Suaire ; l'Eglise de Saint Laurent des Théatins ; l'Eglise de Saint Philippe de Néri ; le Palais de Duc Philibert de Savoie ; un Palais pour le Prince de Carignan, à Turin ; un autre pour le même, à Raconigi. Il a bâti dans plusieurs autres Villes d'Italie ; à Modene, l'Eglise de Saint Vincent ; à Veronne, le Tabernacle de Saint Nicolas ; à Vicence, l'Eglise de Saint Gaëtan ; à Messine, celle des Somasques ; à Paris, celle de Sainte Anne, sur le quai des Théatins ; à Prague, celle de Sainte Marie d'Etingen ; à Lisbonne, celle de la Divine Providence. Par-tout c'est le même goût, des formes concaves & convexes, angulaires, bizarres ; jamais rien de droit. Comme il avoit lu dans Vitruve, que l'ordre Ionique est pris d'après les proportions d'une belle femme, il l'enrichit de guirlandes de fleurs, de perles, de pierreries & de tous les ornemens à l'usage des femmes : il adopta les frontons brisés de Palladio ; enfin tout ce qu'il a pu voir de plus bizarre. Il mourut en 1683.

GOUASPRE DU GUET, Peintre, Eleve & beaufrere du Poussin, né à Rome en 1613, un des meilleurs Paysagistes de son siecle. Il ne négligea rien pour perfectionner son talent. Il étudia sur-tout la nature. Il avoit loué quatre maisons dans les quartiers les plus élevés de Rome. Il aimoit la chasse, & s'y occupoit plus à chercher des sites agréables que du gibier. Sa touche est délicate, son coloris frais ; tout est vivant dans ses tableaux ; l'air, le vent, l'agitation des arbres ; il a donné du mouvement à tout. Au talent il joignoit les qualités les plus aimables du cœur & de l'esprit. Il mourut à Rome en 1675, regretté de tous les Artistes. Il peignoit avec tant de facilité qu'en un jour il finissoit un tableau. Le Poussin venoit quelquefois l'étudier.

GUASTALLA, Ville assez considérable, & Duché faisant partie des Etats du Duc de Parme. Elle faisoit autrefois partie du Duché de Mantoue, où elle est enclavée. Elle fut cédée à Philippe II, fils d'Elisabeth, avec le titre de Duché. Ce fut auprès de cette Ville que se donna le 19 Septembre 1734 la célèbre bataille que les François avec les Piémontois gagnerent sur les Autrichiens. Guastalla est près du Pô, à six lieues N. de Reggio, huit S. O. de Mantoue; long. 28, 8, lat. 44, 55. Elle s'appelle en latin *Guadastallum*. Elle doit ses embellissemens au Duc Ferdinand de Gonzague.

GUAZZI, ou GUAZZO, (*Marc*) né à Padoue, entra jeune dans la Profession des Armes, & se partagea entre la Guerre & les Arts. Il s'adonna principalement à l'Histoire. Il a composé l'Histore de son temps; celle de Charles VIII; la Chronique des Hommes de Lettres; un Abrégé de la Guerre des Turcs avec les Vénitiens, & beaucoup de Poësies. Il mourut à Padoue en 1556. Il ne faut pas le confondre avec Etienne Guazzi, Secrétaire de la Duchesse de Mantoue, né a Casal, & mort à Pavie en 1563. Celui-ci a composé des Dialogues, des Poësies, un Traité traduit de l'italien en latin, *de mutua & civili Conversatione*. Lib. IV.

GUBIO. *Voyez* EUGUBIO.

GUEDI, Bourg du Bressan. *Voyez* BRESSAN.

GUELFO, Château à quelque distance de Parme. Dans le temps des Guerres civiles qui désolerent l'Italie, ce Château appartenoit aux Guelfes, auxquels il servoit de rendez-vous, & qui peut-être leur a donné son nom; car rien n'est moins certain que l'origine des noms de Guelfe & de Gibelin.

GUERCHIN, (*Francisco Barbieri da Cento.*) Son nom est *Barbieri*. Il naquit à *Cento* près de Bologne en 1590, & fut appelé *Guercino*, parce qu'il étoit louche. Il dessina dès l'enfance. A l'âge de dix ans il peignit une Vierge fur la façade de fa maifon, & donna une grande idée de fes difpofitions. Il étudia fous des Peintres médiocres; mais il paffa dans l'Ecole des Carraches. Il fit des progrès étonnans. Il établit un Académie en 1626, qui lui attira des Eleves de tous côtés. Il fit pour eux le Livre à deffiner, gravé par Olivier *Gatti*. Les plus Grands de Rome alloient le vifiter; la Reine Chriftine fut de ce nombre : elle lui tendit la main & prit la fienne, difant qu'elle vouloit toucher une main qui avoit opéré tant de merveilles. Le Roi de France lui offrit la place de fon premier Peintre, il n'ofa l'accepter, après avoir refufé la même faveur du Roi d'Angleterre. Le détail des affaires domeftiques l'excédoit: fon frere, qui en prenoit foin, étant mort, il voulut renoncer à la Peinture, mais le Duc de Modene le retira dans fon Palais; un de fes amis le délivra des embarras du ménage, & le Guerchin reprit toute fa gaieté. Il peignoit avec une facilité furprenante. Des Religieux l'ayant prié, la veille d'une grande Fête, de leur peindre un Pere Éternel, il le peignit la nuit au flambeau. Il a fait une quantité incroyable de tableaux. Ses deffins qui en font des efquiffes, font fort recherchés des Amateurs & des Curieux. Il a beaucoup peint à frefque. Ses principaux Ouvrages font à Rome, à Bologne, à Parme, à Plaifance, à Modene, à Reggio, à Milan. Il y a beaucoup de fes tableaux dans les cabinets d'Angleterre, d'Allemagne & de France. La fierté du deffin, la nobleffe de l'expreffion, & l'inégalité du coloris caractérifent ce Peintre. Sa premiere maniere eft grife & foible; la feconde eft plus dure; il piquoit fes tableaux d'ombres fortes. La troifieme eft la plus belle, & tient du Correge & du Titien. Le Guerchin eft mort en 1666.

GUGLIELMINI, (*Dominique*) Mathématicien célebre, né à Bologne en 1655. Le Sénat de Bologne lui donna l'Intendance générale des eaux; la place de premier Profeffeur des Mathématiques, enfuite celle de Profeffeur d'Hydrometrie, pour le récompenfer de fon excellent Ouvrage fur la mefure des Eaux courantes, qui fut fuivi d'un Traité de la nature des Rivieres. C'eft fon plus bel Ouvrage; les idées fimples de la

Géométrie y marchent de front avec la Physique la plus compliquée. Guglielmini mourut en 1710. Il étoit de plusieurs Académies d'Italie, & de celle des Sciences de Paris, qui l'avoit reçu en 1696. Il eut part aux bienfaits que Louis XIV répandit sur les *Savans*. Il les employa à bâtir une maison dont le frontispice portoit le nom du Roi bienfaisant. Il a laissé, outre les Ouvrages dont on a parlé, un Traité de la nature & de l'origine des Cometes, plus ingénieux que solide; un autre de la nature & de la constitution du Sang, & des Lettres sur l'Hydrostatique.

GUI DE FERRARE, Prêtre du seizieme siecle, a donné un Commentaire en vers sur la Bible, sous le titre de *Margarita Bibliorum*, en 1310.

GUI DE RAVENNE, Prêtre du neuvieme siecle, est l'Auteur d'une Histoire des Goths qu'on trouve encore, & des Vies des Papes.

GUI DE SIENNE, Peintre, vivoit dans le treizieme siecle. On a de lui un excellent tableau de la Sainte Vierge tenant l'Enfant entre ses bras. Ce tableau est de 1221.

GUIA, petite Ville du Modenois, près de *Medola*. *Voyez* MODENOIS, ou DUCHÉ DE MODENE.

GUIBERT, Antipape, né à Parme, fut un des plus grands ennemis du Saint Siége. Il avoit puisé sa haine dans l'ame de l'Empereur Henri IV dont il étoit Chancelier. Après la mort d'Alexandre II, il engagea quelques Prélats de son parti à nommer, pour successeur du Pape, Cadalous, ou Cadaloë, Evêque de Parme; Guibert fut fait Archevêque de Ravenne par le crédit de Henri; quelques Prélats de la faction de ce Prince élurent Guibert dans le Conciliabule de Brexen, contre Grégoire VII, qu'on déposa, & qui fut remplacé par *Guibert*, sous le nom de Clément III, qui couronna Henri le jour de Pâque 1084. Guibert eut beaucoup à souffrir; il fut malheureux le reste de ses jours, persécuté; & enfin après sa mort arrivée en 1100, du temps de Pascal II, ses os furent déterrés, & jettés dans la riviere qui passe à Ravenne.

GUICCIARDINI, (*Francisco*) le plus grand Historien d'Italie, Sénateur de la République de Florence, employé dans les négociations les plus importantes, a écrit l'Histoire de son Pays, & a mérité les titres d'Hérodote, de Polybe & de Thucidide de Florence, parce qu'il réunit le mérite de ces trois Historiens, c'est-à-dire, l'élégance, la force, la précision & la vérité. Il a été traduit dans presque toutes les langues. Son Histoire va depuis 1490, jusqu'à 1532. Guicciardini mourut en 1540, avant d'avoir mis la derniere main à son Ouvrage, qu'il regardoit encore comme si imparfait, qu'à l'exemple de Virgile, il ordonna qu'on le jettât au feu. Les Florentins en font un si grand cas, qu'on conserve précieusement dans la *Villa Guicciardini*, la table sur laquelle l'Auteur l'a composé, & l'on a placé une inscription sur la porte de cette maison de plaisance, pour apprendre au Voyageur, que c'est là où Guicciardini a écrit son Histoire. Nous en avons une Traduction françoise, sous le titre des *Guerres d'Italie*, 3 vol. in-4°. Elle a été imprimée très-souvent.

GUICHARDIN, (*Louis*) neveu du précédent, a composé une Description très-bien faite & très-exacte des Pays-Bas, en italien, qui a été traduite en françois par Belleforêt, & en latin par Brantius & Rainer Vitelli. Louis a aussi donné des Mémoires de l'Europe, & sur-tout des Pays-Bas depuis 1530 jusqu'en 1560. Il mourut à Anvers en 1589, âgé de soixante-six ans.

GUIDI, (*Charles-Alexandre*) Poëte lyrique, né à Pavie en 1650 ; c'est, selon les Italiens, le premier de leurs Poëtes, qui a ranimé le genre lyrique. Il fut chargé par la Reine Christine de Suede, d'un Opéra pour célébrer l'avénement de Jacques II au Trône d'Angleterre. Cette piece eut le plus grand succès : elle passoit pour un chef-d'œuvre avant Métastase. Elle est encore très-estimée. Le Guidi a fait beaucoup d'autres Pieces dont on fait un très-grand cas.

GUIDICCIONI, famille des plus Nobles de Lucques. Elle a produit le Cardinal Barthelemi *Guidiccione*, Evêque de sa Patrie, né en 1469. Paul III, à qui il avoit rendu de grands services, fut obligé d'user de menaces pour arracher Barthelemi à sa retraite, où il s'occupoit entiérement de l'étude des Letres, & l'obligea, malgré lui, d'accepter la Pourpre. Il mourut en 1549, âgé de quatre-vingts ans. On a de lui vingt volumes de Droit. *Jean Guidiccione*, Evêque de Fossombrone, remplit avec distinction divers emplois à la Cour de Rome. Il a laissé beaucoup de Poësies & des Harangues. Il vivoit en 1540. Lélio Guidiccione, Chanoine de Sainte Marie Majeure, fort protégé par les Cardinaux Borghese & Barberin, a écrit la Vie du Pape Paul V, & plusieurs Ouvrages en prose & en vers formant un volume. Il vivoit en 1635.

GUIDO RENI, ou LE GUIDE, né à Bologne en 1575, fils de Daniel Reni, Joueur de Flûte. Son pere le mit au Clavecin, mais son attrait pour le dessin l'entraîna. On le mit chez Denis Calvart, Peintre Flamand, d'où il passa chez les Carraches. Il excita bientôt, par un génie supérieur, l'envie des Peintres. Le Caravage alla jusqu'à le frapper. Paul V lui accorda une protection particuliere. Le Guide ayant eu à se plaindre de quelques Officiers de Sa Sainteté, il sortit de Rome; le Pape lui dépêcha plusieurs Couriers. Le Guide se rendit. Dès qu'on sut qu'il étoit en route, la plupart des Cardinaux envoyerent leurs carrosses au-devant de lui, comme au-devant d'un Ambassadeur. Le Pape lui en laissa un à sa disposition. Il étoit malheureusement tourmenté par la passion du jeu qui consumoit sa fortune, & la meilleure partie de son temps. Il ne travailloit que lorsqu'il n'avoit plus d'argent; sa facilité à manier le pinceau étoit pour lui une ressource inépuisable. Dans un de ces momens, le Prince Charles de Toscane lui ayant demandé une tête d'Hercule, le Guide la peignit devant lui en moins de deux heures; le Prince lui donna soixante pistoles, une chaîne d'or & sa médaille. Il a eu plusieurs de ces événemens dans la vie; il satisfaisoit tout de suite ceux qui lui demandoient quelque morceau. Il se prévaloit beaucoup de sa qualité de Peintre à laquelle il vouloit qu'on fît honneur: il ne peignoit jamais, qu'il ne fût habillé magnifiquement; ses Eleves, rangés autour de lui, préparoient sa palette, nettoyoient ses pinceaux & le servoient. Il ne mettoit jamais de prix à ses tableaux; mais hors de son attelier, il étoit modeste, aimable dans la société, bon ami. Il eût pu faire la plus grande fortune. Le jeu la lui enleva. Sans ressource dans sa vieillesse, poursuivi par ses Créanciers, il mourut de chagrin en 1642. Il n'y a pas de genre de peinture dans lequel il n'ait réussi ; on distingue de lui trois manieres différentes. Dans la premiere, les ombres sont fortement touchées, plus de force que d'agrément. La seconde est l'imitation même de la belle nature. La troisieme est plus tendre & plus foible. La seconde est la meilleure. On regarde comme un des plus excellens tableaux qui existent, & celui qui réunit toutes les qualités de la peinture dans un degré éminent, le Saint Pierre & Saint Paul qui est au Palais Zampieri à Bologne. Il a peint un très-grand nombre de tableaux. On en vend de ses Eleves, comme s'ils étoient de ce grand Maître. Le Roi & M. le Duc d'Orléans en possédent plusieurs du Guide. On voit l'enlèvement d'Hélene par Pâris, à la galerie de l'Hôtel de Toulouse, & une Annonciation au Couvent des Carmelites de la rue Saint Jacques. Le Guide mourut à Bologne en 1642.

GUIDOTTI, (*Paul*) de Lucques, Peintre, Sculpteur & Architecte, né en 1569. Il a peint dans presque tous les édifices que Sixte-Quint a fait construire ; mais ses Ouvrages ont presque tous été détruits. Il s'adonna à la sculpture ; un groupe de six personnages en marbre, qu'il fit pour le Cardinal Scipion Borghese lui valut, de la part de Paul V, la Croix de l'Ordre du Christ, la permission de porter le surnom de Borghese, & la place de Conservateur du Capitole, qu'il remplit avec l'applaudissement général. Il fit rendre un décret, par lequel tout Peintre qui n'observeroit point les réglemens de l'Académie de Saint Luc, seroit poursuivi juridiquement. Comme Architecte, le Guidotti a été chargé de la direction de plusieurs fêtes publiques, entr'autres, de celle de la canonisation de Saint Isidore, Saint Ignace, Saint François Xavier, Saint Philippe de Néri & Sainte Thérese. Il étudia les Mathématiques, l'Astrologie, la Jurisprudence, la Musique vocale & instrumentale, & la Poësie. Il eut l'idée de parodier la Jérusalem délivrée, par un Poëme de la Jérusalem détruite, dont chaque Stance finissoit par les mêmes mots que le Poëme parodié.

parodié. Il avoit une si grande passion pour l'Anatomie, qu'il passoit les nuits dans les Cimetieres, pour enlever les cadavres nouvellement enterrés. Il essaya de voler, il se fabriqua des aîles de baleine qu'il couvrit de plumes, & qu'il rendit flexibles; il se les attacha sous les bras, & fit en secret plusieurs expériences; lorsqu'il se crut bien assuré, il annonça le jour qu'il voleroit. Il monta sur une tour des plus élevées de Lucques & se lança; il vola pendant un quart de mille; mais soit que ses bras fussent trop fatigués, soit que ses aîles ne pussent plus les supporter, il alla tomber sur une maison, dont il enfonça le toît par sa chûte, & se cassa une cuisse. Ces projets bizarres qui prirent tout le temps de cet Artiste, l'empêcherent de faire tous les progrès qu'il auroit pu dans l'architecture. Il étoit d'une très-belle figure, avoit beaucoup d'esprit, mais il raisonnoit d'une maniere bizarre. Il mourut en 1629.

GUILLAUDINI, (*Melchior*) a composé un Ouvrage sous le titre de *Papyrus*, imprimé à Venise, in-4°. 1572; c'est un très-bon Commentaire de trois Chapitres de Pline sur ce sujet.

GUILLAUME DE LA POUILLE, né dans cette Province, au Royaume de Naples, s'est rendu célebre vers la fin du onzieme siecle, par un Poëme héroïque latin, sur les Conquêtes des Normands en Italie, & qu'il composa à la priere d'Urbin II, & de Roger Bussi, frere de Guiscard, Comte de Sicile. Il fut imprimé en 1582.

GUILLAUMES, Ville de Savoie, dans le Comté de Beuil: c'est une des Villes qui a été donnée en échange par la France, dans le Traité de Turin, fait en 1760, qui regle les limites des deux Etats, & qui établit pour bornes le Var, quelques montagnes & l'Esteron.

GUIRLANDAIO, (*Dominique*) de Florence, Peintre moins célebre par ses talens que pour avoir été le Maître de Michel-Ange Buonarotti. Il étoit d'abord Orfévre, il s'adonna à la peinture & s'y acquit de la réputation. Il mourut âgé de quarante-quatre ans.

GUOLO, Riviere. *Voyez* GRADACCIO.

GUY D'AREZZO, ou ARETINO, Moine Bénédictin de Notre-Dame de Pompose, dans le Duché de Ferrare, fut le premier qui, vers l'année 1024, imagina de marquer les différentes intonations, par des points diſtribués ſur pluſieurs lignes. Les Anciens ſe ſervoient des vingt-quatre lettres de l'Alphabet grec, entieres ou mutilées, ſimples, doubles, alongées, tournées ou à droite ou à gauche, renverſées ou couchées, barrées ou accentuées, ce qui formoit cent-vingt cinq caracteres. Guy Aretin leur ſubſtitua ſix ſyllabes, *ut*, *re*, *mi*, *fa*, *ſol*, *la*; le Maire y ajouta le *ſi* : Deſmeures de Paris exprima la valeur des points trouvés par *Guy d'Arezzo*, par les différentes figures qu'il leur donna.

H

Haquenée, (*Hommage de la*) le 29 de Juin, jour de la Saint Pierre, le Roi de Naples fait préſenter au Pape, par ſon Ambaſſadeur, une mule blanche. Cette mule repréſente cent-cinquante onces d'or que Charles I, Roi de Sicile, promit de payer tous les ans au Souverain Pontife, en recevant la Couronne des mains de Clément IV, en prêtant ſerment de fidélité à lui & à ſes Succeſſeurs. L'acte original qui eſt dans les Archives du Pape eſt de 1266. Cet hommage eſt reçu avec la pompe la plus ſolemnelle.

Haute-Combe, *Alta Cumba*, célebre Abbaye des Moines de Cîteaux, dans le Duché de Savoie, près du lac de Bourguet. C'étoit la ſépulture des Comtes de Savoie ; les corps des Papes Céleſtin IV & Nicolas III y repoſent.

Helene, (la Bienheureuſe) de Bologne. On raconte à Pologne, que s'étant échappée d'entre les mains des Turcs & de la Cour de Mahomet, elle vint ſe réfugier à Bologne, & qu'elle entra dans la maiſon de Dogliolo ; que tout-à-coup elle changea de forme, & prit celle d'une des filles de Dogliolo, qui ſans doute avoit diſparue ; qu'elle fut regardée comme telle, & mariée, mais que durant ſon mariage, elle conſerva ſa virginité. On montre ſon corps qui eſt reſté entier & incorruptible, phénomene qu'il n'eſt pas difficile d'expliquer, & ſur lequel on a ſans doute bâti cette hiſtoire.

HEL 563

HÉLÈNE, (Sainte-) une des Isles de Venise, à une lieue de cette Ville. Dans le Couvent qui appartient aux Religieux du Mont des Oliviers, on voit le magnifique tombeau où repose le Corps de Sainte Hélène. Cette Eglise est très-belle & remplie de curiosités. C'est dans l'Isle de Sainte-Hélène que les Vénitiens font cuire tout le pain destiné pour la Milice.

HERCULANUM OU HERCULEIA, Ville très-ancienne, située sous les fondations de Portici & de Resino, au Royaume de Naples. Elle suivit le sort de Pompeïa, & fut engloutie par une irruption du mont Vésuve, qui arriva la premiere année du regne de Titus en 79 de Jesus-Christ, & qui la couvrit dans ce temps d'un solide qui a environ soixante-dix ou quatre-vingts pieds d'épaisseur depuis le fond où est le pavé des rues jusqu'au franc des terres, plantées de vignes, qui la cachent entiérement.

Le premier Auteur qui ait parlé d'Herculanum, est Strabon, qui vivoit du temps d'Auguste. Denis d'Halicarnasse remonte à sa fondation par Hercule, à son retour de l'expédition de Gérion. Denis place Herculanum entre Pompeïa & Naples. Les Romains l'occuperent deux cent quatre-vingt-treize ans avant Jesus-Christ. Étant entrée dans la guerre sociale, les Romains la reprirent deux cens ans après; elle fut faite Colonie Romaine. Florus & Pline la citent comme une des Villes principales de la Campanie. Les délices du pays où elle étoit située, avoient engagé plusieurs familles riches d'y bâtir des maisons de campagne. Les Fabius Caligula y avoient des maisons ornées des plus belles productions de la sculpture, de la peinture & des arts de la Grece.

Martial, Statius & Dion Cassius, parlent de l'irruption qui engloutit cette Ville. Le dernier raconte qu'une quantité incroyable de cendres enlevées par les vents, remplit l'air, la terre & la mer, étouffa les hommes, les troupeaux, les poissons & les oiseaux, & qu'elle engloutit deux Villes entieres, Herculanum & Pompeïa, dans le temps même que le Peuple étoit assis au spectacle.

Le massif dont elle est couverte est une cendre fine, grise, brillante, qui, mêlée avec de l'eau, a fait un composé que l'on brise, quoiqu'avec peine, & qui tombe en poussiere; & l'on découvre par l'analyse que c'est une matiere de même nature que la lave du Véſuve; à cela près, que l'acide ſulfureux eſt évaporé. Le peu de ſquelettes qu'on y a trouvés depuis qu'on y fouille, fait conjecturer que cette matiere ne couvrit Herculanum que peu à peu, & laiſſa aux Habitans le temps de s'enfuir avec les plus précieux effets qu'ils purent emporter. Cette pouſſiere brûlante réduiſit en charbons les portes & autres matieres qu'elle recouvrit. Il paroît que ſa chaleur ſe conſerva long-temps, & ſe communiqua à un aſſez haut degré, à tous les effets qui étoient dans les maiſons pour avoir réduit en charbons, ſans en avoir détruit la forme, le pain, les fruits, le bois, pluſieurs volumes en rouleaux : quoiqu'ils ſoient de vélin, ils ne ſont ni retirés ni pliſſés, & en les déroulant avec une grande patience, leurs cendres mêmes conſervent aſſez de ſolidité, pour avoir la forme d'une pellicule blanchâtre, chargée de caracteres encore aſſez noirs pour être liſibles, quand on les a raſſemblés & collés ſur du papier.

Les ſtatues, meubles, uſtenſiles de bronze ſont noircis ; mais aucun n'eſt brûlé, l'ouvrage n'en eſt point gâté. Comme on n'employoit dans la peinture que les minéraux & les terres coloriées, elles n'ont été que ternies ſans être altérées. M. l'Abbé Richard croit que l'humidité qui a pénétré, à la longue, à travers la couverture épaiſſe des laves & de cendres qui étoit au-deſſus, a renouvellé, en quelque ſorte, l'enduit, & a raffermi, les unes avec les autres, les parties des couleurs, qui, dépouillées de toute humidité, ne devoient plus tenir enſemble que par leur ſeule configuration. Après cette pluie de cendres, l'irruption du torrent de feu couvrit au large toute la campagne. Tout le pays fut inondé d'un liquide enflammé qui y porta le ravage & la déſolation ; ce liquide pénétra dans quelques endroits à travers la cendre & les ponces, qui, tombant ſur des endroits élevés, laiſſerent des cavités peu ſolides, formées en arcs, ce qui donna à la lave les moyens de s'inſinuer dans les corridors du théâtre, & dans quelques maiſons ; comme il s'étoit mêlé beaucoup d'eau à ce liquide, il ne brûla ni ne fondit les marbres & les bronzes qu'il entoura. Les laves & les cendres venues des éruptions du Véſuve depuis celle de 79, ont conſidérablement exhauſſé le terrein, & c'eſt ſur cet exhauſſement qu'ont été bâtis le Bourg & le Château de Portici; c'est sous ces constructions que se font aujourd'hui les fouilles où l'on trouve de si beaux monumens antiques.

On ignoroit où avoit été l'ancienne *Herculanum*, lorsque Emmanuel de Lorraine, Prince d'Elbeuf, faisoit bâtir une maison de campagne à Portici. Un François qui s'étoit chargé de la décorer de stucs, rassembloit des débris, des éclats & la poussiere de différens marbres pour ses compositions. Un paysan en avoit trouvé en creusant un puits; le Prince acheta de ce paysan la liberté de faire des fouilles au même endroit. Après quelques jours de travail, on découvrit une statue d'Hercule, & ensuite une de Cléopâtre. Le Prince, encouragé par la découverte de ces monumens, fit continuer la fouille avec plus d'ardeur; on trouva l'architrave & le dessus d'une porte en marbre, avec une inscription & sept statues Grecques, semblables à des Vestales, & qui furent envoyées en France. Ces fouilles avoient été commencées en 1713.

Quelque temps après on trouva un temple antique, de forme ronde, environné de vingt-quatre colonnes d'albâtre, & d'autant de statues de marbre grec, qui furent envoyées à Vienne au Prince Eugene. Le Gouvernement forma opposition aux travaux du Prince d'Elbeuf, & tout fut suspendu jusqu'à ce que Dom Carlos, parvenu au Trône de Naples, voulut faire bâtir un Château à Portici, en 1736. Ce Prince, à qui le Duc d'Elbeuf avoit cédé sa maison & le terrein déja fouillé, fit creuser à quatre-vingts pieds de profondeur perpendiculaire, & l'on reconnut une Ville entiere qui avoit existé à cette profondeur, & l'on retrouva même le lit de la riviere qui traversoit la Ville, & une partie de l'eau qui la formoit. On découvrit un Temple de Jupiter, où étoit une statue d'or & ensuite le Théâtre; les inscriptions qui étoient sur les principales portes, les fragmens des chevaux de bronze doré & du char auquel ils étoient attelés, qui avoient décoré la principale entrée, & un très-grand nombre de statues, de colonnes, de peintures, &c.

On a reconnu que les rues étoient tirées au cordeau, qu'elles avoient de chaque côté des trotoirs ou parapets pour les gens de pied, comme il y en a à Londres; elles étoient pavées de laves semblables à celles que jette actuellement le Vésuve.

Plusieurs des maisons étoient pavées de marbres de différentes couleurs, en compartimens, d'autres de mosaïque faite avec quatre ou cinq especes de pierres naturelles ; d'autres avec des briques de trois pieds de longueur & de six pouces d'épaisseur. Il y a autour des chambres, une espece de gradin, d'un pied de haut, où l'on croit que s'asseyoient les Esclaves. Les murs des maisons étoient le plus souvent peints à fresque : on y remarque des cercles, des losanges, des colonnes, des guirlandes, des oiseaux. Il n'y a guere de maisons où l'on n'en ait trouvé. Encore en Italie on ne voit presque pas de tapisseries dans les appartemens ordinaires ; mais des peintures à fresque sur les murs.

Il paroît que les fenêtres étoient fermées avec des contre-vents ou des volets pendant la nuit, & ouvertes pendant le jour. On n'a trouvé du verre qu'à un très-petit nombre de maisons, & ce verre étoit fort épais. On n'avoit point l'art de faire des verres aussi minces que les nôtres ; ou peut-être, parce que nous n'en trouvons pas des vestiges, nous imaginons-nous qu'ils ignoroient cet art : car on a trouvé à Herculanum des bouteilles & des gobelets de verre en grand nombre ; mais ils ont perdu leur poli. Ils se servoient aussi pour leurs fenêtres d'un gypse transparent débité par lames fort minces, comme la pierre spéculaire, dont on se sert encore quelquefois.

Les deux édifices les plus considérables qu'on a trouvés à Herculanum, sont le Théâtre & le Forum. Quant au premier, comme il répand un grand jour sur le Théâtre des Anciens, nous en avons fait un article particulier. *Voyez* THÉATRE D'HERCULANUM. Le Forum (on a du moins donné ce nom à un bâtiment vaste, dans lequel il paroît que se rendoit la justice) est une cour de deux cent-vingt-huit pieds, de forme rectangle, environnée d'un péristile ou portique de quarante-deux colonnes, plus haut de deux pieds que le niveau de la cour, pavée de marbre, & ornée de différentes peintures. Le portique d'entrée étoit composé de cinq arcades, ornées de statues équestres de marbre, du nombre desquelles étoient les statues des Balbus. *Voyez* PORTICI. La statue de l'Empereur Vespasien étoit dans une espece de sanctuaire, élevée sur trois marches, & à ses côtés deux autres figures dans des chaises curules. Ce sanctuaire étoit dans un enfoncement en face de l'entrée, à l'extrêmité de l'édifice, au-delà du portique parallele à celui de l'entrée. A droite & à gauche de la statue de Vespasien, il y avoit deux niches ornées de Peintures, avec les statues en bronze de Néron & de Germanicus, de neuf pieds de haut. Ce Forum étoit joint, par un portique commun, à deux Temples moins grands, voûtés, ornés intérieurement de peintures à fresque & de quelques inscriptions en bronze. Un de ces Temples avoit cent-cinquante pieds de long. Plusieurs pavés des chambres & des galeries ont été enlevés & replacés dans le Château & dans les différentes pieces du Cabinet du Roi à Portici. Quelques-uns de ces pavés étoient de marbre de rapport à grands dessins, d'autres en mosaïques : il y en a qui représentent des tapis, dans le même goût de dessin & de couleur que les tapis de Turquie.

On a remarqué dans une des maisons d'Herculanum une cave ou cantine qui occupoit tout le tour d'une grande chambre pavée, & revêtue de marbre, entourée d'une banquette d'un pied & demi de hauteur, avec sa corniche. Il y avoit autour de la banquette des couvercles de marbre, qui servoient à couvrir de grands vases de terre cuite engagés dans la maçonnerie, destinés sans doute à conserver des vins de plusieurs especes. Ces urnes étoient fort larges, d'une terre rougeâtre, à peu près de la forme de celles que l'on fabrique encore en Toscane ; l'orifice étoit plus étroit que le fond, pouvant contenir environ quarante pintes de Paris.

Les escaliers n'avoient qu'une rampe étroite ; il est vrai que les maisons étoient peu élevées : M. l'Abbé Richard a observé dans toutes les ruines qu'il a vues, qu'il n'a pas trouvé de restes de beaux escaliers, que les Romains n'en connoissoient que de deux sortes, ou les escaliers à vis, tels que ceux des colonnes Trajane & Antonine, ou les rampes droites en échelles, comme celles du grand Amphithéâtre de Rome.

Les découvertes qu'on fait encore journellement à Héraclée, nous donnent non-seulement une idée des arts des Romains ; mais encore de leur maniere de vivre ; & ce que les Commentateurs avoient conjecturé d'après leurs Ecrivains se trouve démenti ou confirmé par ces découvertes. Toutes ces Antiques sont rassemblées dans le *Musæum Herculanum.* Nous renvoyons à cet article ;

néanmoins comme nous avons déjà parlé de l'intérieur des maisons, nous n'en séparerons pas les ustensiles qui dépendent du ménage.

On a trouvé plusieurs meubles de verres, des carafes, des compotiers; plusieurs de ces verres sont blancs & bleuâtres ondés. On a conservé tous les instrumens qui servoient aux bains, des frottoirs, des racloirs, des petites fioles à mettre de l'huile, longues & à col étroit, plusieurs petits plats. Un grand vaisseau de bronze ou bouilloire propre à faire chauffer de l'eau, d'un beau travail, fait en demi-cercle; dans le centre est un réchaut, où l'on mettoit des charbons ardens, pour chauffer l'eau: il y a autour plusieurs clefs ou robinets; on la remplissoit par une espece de masque, de forme évasée, ouvert par le haut; elle est couronnée d'une petite galerie & ornée de bas reliefs; il y a des bouilloires en Hollande qui ressemblent un peu à cette description. Elles servent pour le thé; on les met sur table, comme les Romains. On a trouvé des balances à deux & à un bassin, les mesures des liquides. Le *Modium*, que nous appellons un muid, contenoit douze pintes de notre mesure de Paris.

On a trouvé des féves, des dattes, des poires, des pignons, des pains entiers, un morceau de pâte levée, prête à être cuite; du bled, de l'orge, du son, des raisins désséchés, un reste d'assez gros poisson, cuit au vin rouge avec sa sauce désséchée & durcie; des amandes, des grenades, des figues seches; du vin durci & devenu solide. Les vins d'Italie étoient si épais, lorsqu'ils étoient fort vieux, & ils acquéroient tant de solidité, que pour les boire, il falloit les dissoudre & les passer. On voit parmi les antiquités d'Herculanum, de ces passoires; l'urne qui contient ce vin est entiere & de la forme d'un petit baril; un pain de cire durcie; un morceau de baume rougeâtre, qui rend encore une bonne odeur; des filets à pêcher & à prendre des oiseaux, plusieurs pelotons de fil de différentes grosseurs; des sandales de cordes telles que celles des basques; des moules de boutons; deux morceaux de galon d'or, ils sont tissus d'or trait sans mêlange de fil ni de soie, très-souples & point cassants. Un pan de mur qu'on croit avoir été celui d'un cabaret, il est couvert d'un mortier blanc fort fier, sur lequel on voit en caracteres romains, plusieurs noms écrits avec de la craie de diverses couleurs.

Pour que rien ne se perde, on fait travailler à ces fouilles des forçats gardés à vue par un homme intelligent & préposé à cet ouvrage, accompagné de soldats qui font les excavations; on brise la lave, on en tire les cendres que l'on visite & que l'on porte plus loin. On n'a aucun ordre déterminé; quand on a visité une maison, & que l'on passe à une autre, on commence par les appartemens supérieurs; on tire de temps en temps de la terre pour se donner plus d'espace. On a pratiqué, au lieu de puits par lesquels on descendoit autrefois, des galeries souterraines qui conduisent aux quartiers obscurs où l'on travaille. Des soldats postés d'espace en espace empêchent que l'on n'y entre, & contiennent les forçats employés à l'enlèvement des terres & aux excavations.

HERCULE I, Duc de Ferrare, fils de Nicolas III, fut Général des Vénitiens & des Florentins. Il avoit succédé au Duché par la mort de son frere Borso. Il mourut en 1505.

HERCULE II, de Ferrare, Général de l'Armée de l'Eglise, & Lieutenant de celle de Henri II, contre Philippe II, Roi d'Espagne en 1557. Il épousa Renée, fille de Louis XII, en 1528, & mourut à Montargis en 1575.

HERMINE. Ordre de Chevaliers que Ferdinand, Roi de Naples, institua en 1463. Le collier est d'or d'où pend une Hermine. La divise est, *Malo mori quàm fœdari*: J'aime mieux mourir que d'être souillé. Cet Ordre n'existe plus.

HEURES D'ITALIE. La maniere de compter les Heures en Italie se regle sur le coucher du soleil. Ainsi elles varient selon qu'il paroît sur l'horison. Si le soleil se couche à huit heures, la premiere heure est à neuf, & ainsi de suite jusqu'à vingt-quatre. Dans les grands jours d'été, quand on compte six heures du matin en France, on compte dix heures en Italie; seize pour midi, & vingt-quatre pour huit heures du soir. Dans les plus courts jours de l'hiver, l'heure de midi de France est la vingtieme heure en Italie.

HIGIN, (Saint) *Hyginus*, Pape, né à Athenes, Philosophe, succéda à *Telesphore*, le 13 Janvier 153. Il ordonna qu'on ne confacreroit des Oratoires qu'avec folomnité, & qu'autant qu'on y célébreroit les Offices Divins; & que les matériaux n'en pourroient être employés à des ufages profanes.

HILAIRE, (Saint) de l'Ifle de Sardaigne, Pape, fuccefseur de Léon le Grand, le 12 Novembre 461. Hilaire avoit été employé aux affaires les plus importantes par fon Prédécefseur, qui l'envoya au fecond Concile d'Ephefe où ce Légat fe diftingua contre les erreurs d'Eutiches, dont les Fauteurs avoient juré la mort d'Hilaire. Il fe fauva comme par miracle. Dès qu'il fut Pape, il écrivit une lettre aux Evêques de toutes les Nations, dans laquelle il renouvella la condamnation des erreurs d'Eutiches, de Neftorius, & confirma les Conciles Généraux de Nicée, d'Ephefe & de Chalcédoine. Il rétablit la Difciplin eeccléfiaftique dans le Concile qu'il affembla à Rome en 465.

HIMERA, aujourd'hui *Termine*, ancienne Ville de Sicile, à l'embouchure du fleuve Himera, qu'on appelle aujourd'hui *Il fuime di Termine*. Cette Ville étoit confidérable. Elle fut détruite par Annibal fix cent quarante-huit ans avant Jefus Chrift. Les Carthaginois firent bâtir deux ans après une autre Ville auprès des ruines d'*Himera*. Les Latins l'appellerent *Thermæ Himeræ*, ou *Himerenfes*, à caufe des eaux Thermales, ou Bains chauds qui y étoient. Himera étoit le lieu de la naiffance du Poëte *Stefichore*, à qui elle avoit érigé une ftatue qui paffoit pour un chef-d'œuvre de l'Art.

HOMODEI, (Signorello) célebre Jurifconfulte du Milanois, vivoit vers l'an 1330. Il étoit Savant dans la Jurifprudence Civile & Canonique, & a compofé différens Ouvrages dans l'une & l'autre.

HONESTIS, (*Pierre-Damien de*) Cardinal, Evêque d'Oftie, né à Ravenne d'une famille noble, fe fit Bénédictin. Sa piété & fon mérite engagerent Etienne IX à le faire Cardinal. Il fallut que le Pape employât fon autorité pour vaincre fes refus. Il falloit l'arracher de fa folitude pour les affaires; il s'y renfermoit dès qu'il étoit débarraffé: il mourut néanmoins à Faenza, en revenant d'un voyage qu'il avoit fait par ordre du Pape Alexandre II, le 13 Février 1072. Ses Ouvrages sont huit Livres d'Epîtres ; un grand nombre de Sermons & de Vies des Saints ; soixante Traités Spirituels ; la Relation de son Voyage en France en qualité de Légat.

HONESTIS, (ou HONESTUS DE) Abbé de Sainte Marie du Port, près de Ravenne, écrivit les regles appellées *Constitutiones Portuenses*. Il mourut en 1119.

HONORIUS. Il y a eu quatre Papes de ce nom.

HONORIUS I, de la Campagne de Rome, succéda à Boniface V, le 24 Mai 626. Il fit cesser le schisme qui duroit depuis plus de soixante-dix ans ; retira le bois sacré des mains des Perses. L'Hérésiarque Sergius l'induisit en erreur, en lui écrivant qu'on étoit convenu de garder le silence sur la dispute des deux opérations de Jesus-Christ, quoique quelques Peres eussent enseigné une seule opération. Honorius en crut Sergius, & donna, sans s'en appercevoir, dans le Monothélisme ; mais il est douteux qu'il ait adopté l'opinion de Sergius, & il y a plus d'apparence que son approbation ne tomba que sur le silence que devoit produire la paix. Il mourut après douze ans de siege en 628.

HONORIUS II fut élu par un parti qu'avoit formé Robert Frangipani, qui interrompit le *Te Deum* qu'on chantoit après l'élection de Célestin, pour nommer l'Evêque d'Ostie. Célestin abdiqua aussi-tôt volontairement ; l'Evêque d'Ostie de son côté se démit ; mais son élection fut confirmée le 21 Décembre 1124. Il fut un Juge integre, & les Souverains qu'il ne ménagea point, n'appellerent point de ses décisions. Il mourut après avoir siégé cinq ans un mois & dix-sept jours, le 24 Février 1130.

HONORIUS III, (*Censius Savelli*) Romain, fut élu le 17 Juillet 1216. Il confirma l'Ordre de Saint Dominique, institua l'Office de Maître du Sacré Palais. Il approuva plusieurs Ordres Religieux. Il couronna Pierre de Courtenai, Empereur de Constantinople en 1217, & l'Empereur Fréderic II en 1220. Il mourut le 18 Mars 1227.

HONORIUS IV, (*Jacques Savelli*) de Rome, fut élu

le 2 Avril 1285. Quoiqu'affligé de la goutte, il étoit d'un zele & d'une activité surprenante. Il chassa de l'Etat Ecclésiastique les malfaicteurs qui le dévastoient. Il s'opposa avec la plus grande fermeté au Roi d'Angleterre qui vouloit établir les dixmes sur les Ecclésiastiques. Il fonda à Paris un Collége pour y enseigner les Langues orientales; il mourut le trois Avril 1287. Il y a un volume de ses Lettres, & l'on garde précieusement son testament manuscrit à Rome.

L'Antipape *Honorius* fut *Cadolus* ou *Cadalous*, Evêque de Parme, homme ambitieux & perdu de crimes. L'Empereur Henri IV étoit l'ennemi des Papes; deux Prélats ses partisans, élurent Cadolus pour l'opposer à Alexandre II, élu en 1061. A peine élu sous le nom d'Honorius II, il leve des troupes, se met à leur tête & se présente devant Rome; mais il fut chassé par Godefroy, & obligé de s'enfuir à Parme. Il fut rappellé à Rome par une faction. Il s'empara de l'Eglise du Vatican; mais il fut encore battu & assiégé dans le Château Saint-Ange. Il racheta sa liberté & se sauva tout seul. Il fut condamné au Concile de Mantoue en 1064. Il mourut misérablement avec le titre de Pape auquel il ne voulut jamais renoncer.

Hôpital du Saint-Esprit, (le grand) à Rome, est une maison de correction comme celle de Saint Lazare à Paris. Ce qu'on y voit de plus particulier est une longue salle qu'on appelle la Galere; les enfans de force y sont enchaînés par les pieds, assis sur des bancs, éloignés les uns des autres d'environ quatre pieds. On les fait travailler à plusieurs métiers; les uns à filer du coton, d'autres à tricoter. Dans d'autres salles on en voit qui sont occupés au dessin ou à des ouvrages de tapisserie.

Hôpitaux. (les) Ces établissemens en Italie sont dignes de l'admiration de tous les Voyageurs. Ces superbes monumens font l'éloge de leurs Fondateurs, tant par la magnificence que par les secours & les commodités que les malades y trouvent. Il y en a beaucoup, & trop peut-être: car souvent ces asyles de l'infortune le sont de l'oisiveté qui les regarde comme une ressource. Ceux qui semblent mériter la préférence, sont les deux Hôpitaux du

HOP

Saint-Esprit à Rome, celui de l'Annonciade à Naples, & celui de Milan. *Voyez* HÔPITAL DU SAINT-ESPRIT.

Le grand Hôpital du Saint-Esprit à Rome, doit sa premiere fondation à un Roi des Saxons, nommé Issa, en 715. Cette maison ayant été brûlée deux fois, & presqu'anéantie, Innocent III la fit rebâtir en 1198. Cet Hôpital portoit le nom de Sainte Marie *in Seffa*; mais quelques Pêcheurs ayant trouvé dans le Tibre plusieurs petits enfans qui y avoient été précipités, ce pieux Pape le dédia au Saint-Esprit; & depuis les libéralités de différens Papes en ont fait un des plus riches de Rome. Les Malades y ont chacun leur lit, & sont distribués dans plusieurs salles pour y être secourus plus facilement selon leur condition & la qualité de leur maladie. Au milieu de la grande salle, il y a un dôme au-dessous duquel est un Autel disposé de maniere que tous les malades peuvent entendre commodément la Messe de leurs lits. Dans une autre salle sont les enfans trouvés. On y entretient toujours quarante Nourices pour les allaiter en attendant que celles de la campagne les viennent chercher : lorsque les enfans sont grands, l'on pourvoit à leur établissement ; l'Eglise du Saint-Esprit est de la plus grande beauté. L'Architecte Antoine de Saint-Gal n'y a rien laissé à désirer sous le Pontificat de Sixte V. Le maître-autel qui est à la Romaine, est orné d'un tabernacle de pierres de grand prix, soutenu par quatre colonnes de la même matiere. C'est un ouvrage de Palladio.

Celui de l'Annonciade à Naples est aussi destiné pour les enfans trouvés: les freres *Sconditi* le fonderent en 1304. Jeanne II, Reine de Naples, y a beaucoup ajouté en 1433. C'est un Hôpital très-vaste & très-étendu : on y apporte les mêmes soins que dans celui du Saint-Esprit. L'Eglise de cet Hôpital est un des plus beaux édifices de Naples : il semble qu'on y ait prodigué le marbre, le jaspe, l'agathe & la cornaline; les peintures & les sculptures sont des meilleurs Maîtres. Outre cet Hôpital, il y en a encore quatre autres qui en dépendent; un pour les malades ordinaires ; un pour les blessés ; le troisieme est hors de la Ville pour y recevoir les convalescens; le quatrieme est celui des bains pour y recevoir les pauvres dans les grandes chaleurs. Sur la principale porte de l'Hôpital de l'Annonciade, on lit cette inscription :

Lac pueris, dotem nuptis, velumque pudicis ;
Datque medelam ægris hæc opulenta Domus :
Hinc merito sacra est illi, quæ nupta, pudica,
Et lactans, orbis vera medela fuit.

L'Hôpital de Milan, fondé par Charles Borromée, peut être comparé aux deux autres par sa magnificence & par ses commodités. Les salles y sont distribuées comme dans celui du Saint-Esprit à Rome. La grande Cour est un quarré de cent vingt pas, environnée d'un portique à double étage, soutenu par de belles colonnes d'une espece de marbre. Tout le corps du bâtiment est de brique. Outre cet Hôpital, il y en a encore beaucoup d'autres qui en dépendent. Le principal est le Lazaret, composé de quatre bâtimens qui forment une cour quarrée, arrosée d'une source d'eau vive. Ces bâtimens renferment deux cent soixante-huit chambres dans lesquelles on met les pestiférés.

Ces Hôpitaux sont très-bien servis ; & outre les impôts que l'on leve sur les Peuples pour subvenir au soulagement des malades, des Seigneurs y ajoutent chaque jour des libéralités.

HORACE, né à Rome, Poëte du XVe siecle ; il est le premier qui ait traduit Homere en latin, ce qu'il fit à la priere de Nicolas V ; il composa un Poeme intitulé *Porcaria*, ou la Conspiration de *Porcario* contre ce Pontife. Il a laissé plusieurs pieces de poésie.

HORMISDAS, Pape, né à Frosinone dans la Campagne de Rome, succéda à Symmaque, le 26 Juillet 514. Il employa tout son zéle pour faire cesser le schisme, entre les Eglises d'Orient & l'Eglise Latine, au sujet des erreurs d'Eutyches. L'Empereur Anastase auquel Hormisdas envoya plusieurs Ambassades, ne s'expliqua jamais clairement avec lui ; mais sous l'empire de Justin, Hormisdas convoqua à Rome un Synode où il eut plus de succès. Ce Pape fut un exemple de vertu, il édifioit les Chrétiens, en les instruisant; il envoya en exil quelques Manichéens qu'il découvroit à Rome. Il reste presque toutes les épîtres qu'il écrivit de son vivant, soit aux Evêques, soit à d'autres personnes; il mourut le 6 Août 523.

HOSTASIUS, natif de Ravenne, Soldat de l'armée de Lautrec. Lorsque les François prirent Pavie en 1527, Hostasius fut le premier qui se fit jour dans la Ville, à travers les plus grands dangers. Il demanda pour récompense une statue de cuivre qui étoit dans la place; on dit que c'étoit la statue de l'Empereur Antonin. Lautrec la lui accorda, mais les Habitans ne voulurent jamais consentir qu'on leur enlevât ce beau monument; ils donnerent au soldat, au lieu de cette statue, une couronne d'or massif. Il ne l'accepta que pour la suspendre dans l'Eglise de Ravenne sa patrie, comme un témoignage de sa valeur à ses concitoyens & à la postérité.

HUGOLIN, (*Barthelemi*) Canoniste Lombard, a laissé plusieurs ouvrages qui lui ont fait une grande réputation. On estime sur-tout son Traité des Sacremens, qu'il dédia à Sixte V.

HUGOLIN MALABROMA, Evêque de Rimini & ensuite Patriarche de Constantinople, étoit d'Orvieto, de l'Ordre des Hermites de Saint Augustin, vivoit vers l'an 1290. Il travailla beaucoup, par ordre de Nicolas IV, à la réunion des Grecs schismatiques à l'Eglise Romaine. Il a laissé un Ouvrage sur le Maître des Sentences.

HUMBERT I du nom, surnommé aux mains blanches, fils de Berrauld, qui le premier fut Comte de Savoie & de Maurienne, succéda à son pere, vers l'an 1004; il se distingua dans les guerres qu'il eut en Savoie & en Piémont. Ce Prince étoit fort pieux, il fit beaucoup de donations à différentes Abbayes, sur-tout à celle de Cluni. Il mourut l'an 1048, sa sépulture est devant le grand portail de l'Eglise de Saint-Jean de Maurienne. Amédée son fils lui succéda.

HUMBERT II, surnommé le Renforcé à cause de la grosseur de sa taille & de sa grandeur, Comte de Savoie, succéda à Amédée II, son pere; à la mort d'Adélaïde de Suze son aïeule, il entra en possession du Marquisat de Suze & de Turin; il fut du nombre des Croisés sous Godefroi de Bouillon. Il eut de Gisle de Bourgogne son épouse, cinq fils, dont Amédée III fut l'aîné, & deux filles. Il mourut en Tarentaise, le 19 Octobre 1103 : Amédée III lui succéda.

HUMBERT III, Comte de Savoie, surnommé le Saint, à cause de sa grande piété, naquit le premier Août 1136, au Château de Vaillane en Piémont; il eut pour tuteur à la mort d'Amédée III son pere, l'Evêque de Lausane, un des grands personnages de son siecle. Ce Prince durant sa vie essuya des disgraces, & eut beaucoup de guerres à soutenir. La derniere fut contre les Milanois, elle lui fut funeste, il perdit beaucoup & le Château de Veillanne fut démoli. Sa grande piété le fit retirer dans différens Monasteres. Humbert mourut à Chamberi le 4 Mars 1188. Il fut marié quatre fois. Enfin de Beatrix de Vienne sa derniere femme, il eut Thomas I, qui lui succéda.

HYACINTE, (*François*) Duc de Savoie, n'étoit âgé que de cinq ans, lorsque Victor Amédée son pere mourut; la Duchesse Christine sa mere fut chargée de sa tutele, il ne vécut qu'un an. Charles Emmanuel son frere lui succéda.

J

JACOBATII, (*Dominique*) Evêque de Luaria, Romain, fut employé dans diverses affaires de la Cour de Rome, par Sixte IV, Innocent VIII, Alexandre VI, Jules II & Leon X, qui le fit Cardinal en 1517 : Jacobatii avoit alors 74 ans. Il mourut en 1528. On a de lui un savant Traité des Conciles, souvent imprimé. Il eut un neveu Christophe Jacobatii qui fut aussi Cardinal en 1536 & qui mourut en 1540.

JACOBILLI, il y a eu trois hommes célèbres de ce nom, tous les trois de Foligno. *François* fut un habile Mathématicien, mort à Rome en 1623. Il publia des Ouvrages de Mathématiques. *Vincent* s'acquit beaucoup de réputation par quantité d'Ouvrages de prose & de vers. *Louis*, Auteur de la Bibliotheque d'Ombrie, & de divers autres Ouvrages, & en particulier de l'Histoire de Foligno & d'une vie des Saints, &c. mort en 1601, en allant prendre possession du Gouvernement de Terni. Un quatrieme Jacobilli, qui vivoit dans le même temps, a rendu de grands services à Grégoire XIII à Avignon aux Rois de France, Henri III & Henri IV, & mourut en Provence où il s'étoit établi.

JACQUES de Savoie, Prince d'Achaie & de la Morée, Comte de Piémont en 1344, fils de Philippe de Savoie. Enorgueilli par ses succès contre les Milanois & le Marquis de Saluces, il voulut imposer en Piémont un impôt sur les Marchandises qui venoient de Savoie. Amé V, surnommé le *Verd*, Comte de Savoie, envoya des Commissaires en Piémont : Jacques en fit mourir un, Gentilhomme de la maison de Provans. Le Comte *Verd* prit les armes, fit Jacques prisonnier & lui enleva plusieurs places, trop heureux, pour sortir de prison, d'accepter toutes les conditions qu'on voulut lui imposer. Il mourut le 17 Mai 1366.

JACQUES de Savoie, Duc de Nemours & du Gevois, fils de Philippe de Savoie, Duc de Nemours, né en Champagne en 1531; il perdit son pere deux ans après sa naissance. Charlotte d'Orléans sa mere fut sa tutrice & l'éleva avec un soin infini. Lorsque François I déclara la guerre au Duc de Savoie en 1536, elle le mena à Anneci, & conserva ses Terres. Jacques se distingua à la Cour de France, où il revint à l'âge de 15 ans. Il se signala au siége de Metz en 1551, au combat de Dourlans, à la bataille de Renti, au combat des quatre François contre quatre Espagnols; en Italie, sous le Duc de Guise; en Dauphiné, contre le Baron des Adrets; il contribua à sauver Charles IX à Meaux, lorsque les Religionnaires avoient promis de l'enlever. Il fit encore plusieurs actions d'éclat: il mourut à Anneci en 1585. Les Historiens sont inépuisables sur l'éloge de ce Prince, qui joignoit la beauté du corps à toutes les belles qualités de l'esprit & du cœur. Il étoit savant, parloit plusieurs langues, écrivoit très-bien en prose & en vers, se battoit en héros, & manioit la politique en habile négociateur.

JACQUES de Savoie, Comte de Romont, Baron de Vaux, Prince brave, mais inquiet. Il servit Charles le Téméraire contre Louis XI; un Suisse, conduisant à Genève un charriot de peaux de mouton, s'étant plaint aux Ligues Suisses des mauvais traitemens qu'il avoit essuyés dans le pays de Vaux; les Ligues demanderent justice à Jacques qui la refusa; les Suisses prirent les armes, le Duc de Bourgogne prit parti pour Jacques, & la guerre fut funeste à Jacques & à son allié; ils perdirent les fameuses batailles de Grandson & de Morat, comme on sait. Après la mort du Duc Jacques, il s'attacha à Maximilien d'Autriche, & lui rendit de grands services; il mourut au Château de Ham en Picardie, le 30 Janvier 1486.

JACQUES de Viterbe, Archevêque de Naples, mort en 1308, s'éleva par son savoir & par sa piété. Il a laissé plusieurs Ouvrages, *de Regimine Christianorum, quod libata,* &c.

JACQUES de Voragine, Archevêque de Gênes, avoit un si grand mérite qu'on l'arracha de son Couvent des Dominicains, pour le mettre sur le Siége Episcopal. Il est le premier qui ait fait une version italienne de la Bible. Il a composé plusieurs Ouvrages ; une Chronique de Gênes ; la *Légende dorée*, mêlée de fables ; des sermons, &c.

JANICULE, aujourd'hui *Monte Montorio*, Montagne de Rome, au-delà du Tibre, où Janus avoit un temple. Cette montagne étant plus élevée que les autres, la vue de Rome est la plus belle de ce lieu-là. On l'appelle *Montorio*, parce que la terre y est couleur d'or.

JANVIER (Saint) est le Patron de la Ville de Naples; le martyre de ce Saint arriva l'an 305 ; il étoit Evêque de Benevent. Son corps est gardé dans l'Eglise Cathédrale de Naples, *Voyez* NAPLES. On expose au Peuple, plusieurs fois l'année, avec la plus grande solemnité, un vase de cristal, dans lequel on dit que le sang du Saint s'est conservé. Il est figé & comme glacé ; mais lorsqu'on l'approche de la tête du Saint, il se liquéfie, dit-on, & bouillonne. Lorsque le miracle ne s'opère pas, ce qui arrive quelquefois, les Napolitains se croient menacés de quelque fléau, & sont dans la consternation.

JARDINS D'ITALIE. Sous ce nom générique il faut comprendre les maisons de campagne, les vignes, &c. Les Jardins en Italie ne sont point plantés dans cet ordre symmétrique & arrangé comme les nôtres ; ce sont de grandes palissades de toutes sortes de lauriers, des plantations d'Orangers, de Citronniers. Les premiers ont l'avantage de mettre à couvert des rigueurs de l'hiver, de conserver une verdure éternelle, de perpétuer le regne de Flore, parce qu'ils fleurissent dans le temps le plus froid, & suppléent aux autres fleurs. Dans les jardins qui sont d'une certaine étendue, on y trouve des bois, des prairies, des pâturages. A la Chine, les jardins offrent un tableau varié de la nature. On passe d'un bois dans une grotte qui conduit à une riviere sur les bords de laquelle sont ou des rochers, ou des plantations ; on les traverse & l'on passe dans une prairie au fond de laquelle on trouve de nouveaux objets. Les Italiens n'ont pas porté si loin l'imitation de la nature : mais ils s'en rapprochent beaucoup plus que nous. Ils ont des parterres, mais l'utile & le commode sont toujours mêlés à l'agréable ;

d'ailleurs ce qui fait les principales beautés des jardins d'Italie, sont les statues anciennes & modernes, les morceaux d'Architecture ; les fontaines, les eaux abondantes & lympides dont ils sont ornés, richesses que les plus grands Souverains ne peuvent pas toujours se procurer : d'ailleurs la fertilité du sol, la situation du pays, la beauté du Ciel, fournissent aux Habitans tous les moyens de rendre leurs jardins agréables ; il n'y a pas de parti qu'on ne puisse tirer d'un fonds aussi riche ; aussi l'Italie a-t-elle toujours été la contrée où les jardins ont été en plus grand nombre ; dans la plupart, l'inégalité du terrain n'a presque rien laissé à faire à l'art, pour se procurer les plus magnifiques terrasses. Dans les Villes qui par la nature du pays sont privées de ces avantages comme à Gênes & à Venise, des plattes-formes qui sont au-dessus des maisons, ornées de fleurs, tiennent lieu de parterres ; cet agrément n'est pas négligé dans les villes mêmes où il y a des jardins, comme à Naples. Les Italiens appellent ces plattes-formes *loggie*. Rome & ses environs sont, sans contredit, les lieux de l'Italie où l'on voit les plus beaux jardins. Ceux de *Monte Cavallo*, des *Villé Borghese*, *Pamphili*, *Barbarini*, *Corsini*, &c. sont de la plus grande beauté & d'une magnificence royale. Malgré ce goût général pour les jardins, il n'y en a point de publics, & plusieurs même de ceux à qui ils appartiennent, leur préfèrent les promenades sur les quais, dans les places publiques, ou dans les plus belles rues. A Rome, la *Strada del Corso* est la promenade ordinaire. En général les Italiens sont peu curieux de promenades ; s'ils s'y rencontrent, c'est pour y traiter d'affaires. Les jardins ne sont peuplés que dans le temps des villégiatures. *Voyez* VILLÉGIATURES.

IDRO, Bourg du Bressan, dans les Etats de Venise, sur la Chiesa. *Voyez* BRESSAN.

JEAN. Il y a eu vingt-trois Papes de ce nom ; Jean I, né en Toscane, succéda à Hormisdas en 523. Il fut forcé par Théodoric, d'aller en Ambassade à Constantinople, pour fléchir l'Empereur en faveur des Ariens ; mais Théodoric peu content de Jean, qui n'étoit parti que parce que ce Prince menaçoit d'abolir la Religion, le fit mettre en prison à Ravenne, où il mourut de misere, le 17 Mai 526.

JEAN II Mercure, né à Rome, succéda à Boniface II en 532. Justinien lui envoya une Ambassade pour lui demander comment il devoit se conduire envers certains Moines hérétiques, nommés Acomites. Jean assembla un synode qui les condamna, & Justinien se conduisit en conséquence. Jean mourut le 26 Juin 535.

JEAN III, de Rome, appellé Catelin, succéda à Pélage I en 559. Il répara les cimetieres des Martyrs, bâtit les Eglises de Saint Jacques & de Saint Philippe, & mourut en 572.

JEAN IV Sclavon, dit le Scholastique, élu le 31 Décembre 639, après la mort de Severin, mort le 12 Octobre 641. On a de lui deux lettres remplies d'érudition, l'une aux Prélats d'Ecosse, sur la célébration de la fête de Pâques ; l'autre à Constantin, fils d'Héraclius, pour l'apologie d'Honorius touchant les Monothelites.

JEAN V, d'Antioche en Syrie, succéda à Benoît II, en 685, après avoir exercé de grands emplois. Il fut toujours malade pendant son Pontificat, qui ne fut que d'un an & onze jours.

JEAN VI, succéda à Serge I, le 30 Octobre 701, mourut le 10 Janvier 705, après avoir souffert des persécutions de la part de Tibere, usurpateur de l'Empire, & après avoir réparé quelques Eglises.

JEAN VII, Grec comme son prédécesseur, élu le premier Mars 705, reçut une Ambassade solemnelle de l'Empereur Justinien, avec quelques cahiers, qu'il soumettoit au jugement de l'Eglise. Jean assembla un synode, qui condamna ce qui étoit condamnable, mais qui ne fut point retranché. Il mourut le 18 Octobre 707. C'est après lui qu'on place la fable de la Papesse Jeanne.

JEAN VIII, Romain, succéda à Adrien II le 14 Décembre 872 : il excita contre lui une conjuration pour avoir couronné Charles-le-Chauve Empereur. Il l'appella à son secours, & Charles fut empoisonné. Jean fut pris & mis en prison ; il s'évada, vint en France, assembla un Concile à Troyes, & y couronna Louis-le-Begue en 878 ; les ravages des Sarrasins en Italie y rappellerent le Pape : il surprit l'Eglise en rétablissant Photius. Il couronna encore Empereur Charles-le-Gros l'an 880. Il mourut le 15 Décembre 882.

JEAN IX, de Tivoli, succéda à Théodore II en 901 : il tint Concile où les Actes de Formose furent confirmés, & ceux d'un Concile d'Etienne furent brûlés : il mourut en 905.

JEAN X, Romain, succéda à Landon, le 24 Janvier 913 ; avec le secours d'Albéric, Marquis de Toscane, il donna bataille aux Sarrasins, les vainquit & les poursuivit. Jean fut un Prince guerrier. Il fut fait prisonnier par Gui, Duc de Toscane, mari de la célebre Marosie, qui vouloit placer sur le Trône de Saint Pierre, un fils qu'elle avoit eu du Pape Serge III ; elle fit étrangler Jean en 929.

JEAN XI étoit ce fils de Serge & de Marosie ; il parvint à la Tiare après la mort d'Etienne VIII en 931. Après la mort du Duc de Toscane, Marosie offrit à Hugues son beau-frere, de lui livrer Rome, à condition qu'il l'épouseroit ; Albéric son fils en fut si indigné qu'il la fit mettre en prison avec Jean, & Albéric gouverna Rome. Il vendit aux Patriarches de Constantinople le droit de porter le pallium. Jean mourut en prison en 956.

JEAN XII, fils d'Albéric, s'empara du Pontificat après la mort du Pape Agapet II, & de son pere. Il n'avoit que dix-huit ans. Il changea son nom d'Octavien en celui de Jean, sur ce qu'un flatteur lui avoit appliqué le *fuit homo missus à Deo*. Bérenger & Albert exerçoient des brigandages dans Rome, Jean appella contr'eux Othon I, qu'il couronna Empereur & lui jura sur le corps de Saint Pierre de lui être toujours attaché. Dès qu'il n'eut plus besoin de lui, il oublia ses sermens. Othon revint, & Jean s'enfuit. Un Concile le déposa pour ses débauches & ses crimes de toute espece. Jean rentra dans Rome, fit brûler par un Concile les actes de celui qui avoit été tenu contre lui, & fit couper la tête à Jean, Cardinal Diacre, & la langue, le nez & les oreilles à Ason ; il fut tué dans son lit par le mari d'une femme avec laquelle il étoit couché le 15 Mai 995.

JEAN XIII, élu en 965, après la mort de Benoît V. Othon le fit Empereur, malgré les Romains. La sévérité du Pape augmenta leur haine; ils le forcèrent de se retirer à Capoue. Othon le rétablit & fit pendre les douze principaux auteurs de la sédition. Il livra Pierre, Préfet de Rome, qu'il fit promener assis à rebours sur un âne, le fit fustiger & l'envoya en exil. Jean mourut le 6 Septembre 967.

JEAN XIV, Evêque de Pavie, Chancelier de l'Empereur Othon II, fut élu après Benoît VII, en 994. Il quitta le nom de Pierre, par respect pour le premier Pape. Boniface VII, Antipape, qui étoit à Constantinople, vint dès qu'il sut la mort de Benoît, & trouvant Jean à sa place, il le mit en prison & l'y fit étrangler en 985.

JEAN XV fut élu après la mort de l'Antipape, à la fin de 985. Crescentius lui fit craindre le sort de Jean XIV. Il se retira en Toscane sous la protection d'Othon III. Les Romains le rappellerent. Crescentius s'enferma au Château Saint-Ange, Othon vint l'y assiéger, & le Pape mourut durant ce siége en 996.

JEAN XVI, élu après Jean XV. Il étoit Romain comme son prédécesseur. Crescentius l'obligea de sortir de Rome, on le rappella & il mourut le premier Juin 996.

JEAN XVII, Antipape, nommé Philagathe, né à Rossani, élu par l'autorité de Crescentius contre Grégoire V. L'Empereur Othon enleva *Crescentius*, fit l'Antipape prisonnier, lui fit arracher les yeux & couper les mains & les oreilles. Il le remit aux Romains, qui le promenerent sur un âne, monté la tête vers la queue, & tenant la queue entre ses mains; ce qui arriva en 998.

JEAN XVIII fut élu après Silvestre II, en 1003, par la faction des Comtes de Toscanelle.

JEAN XIX, élu le 20 Novembre 1003. On sait peu de chose de ce Pape. Il faut observer qu'il y a une grande différence dans la maniere de compter les Papes Jean, à cause de l'histoire fabuleuse de la Papesse Jeanne & de Jean l'Antipape; les uns comptant ces deux personnes & les autres ne les comptant point au nombre des Papes : cette diversité fait qu'on attribue à Jean XVIII l'histoire de Jean XIX, &c.

JEAN XX, fils de Grégoire, Comte de Toscanelle, succéda à Benoît VIII son frere, en 1024. Il parvint à la Tiare par ses grands biens, & par le crédit de son pere. Il couronna l'Empereur Conrad II, & mourut en 1033.

JEAN XXI, Portugais, né à Lisbonne, fils d'un Médecin, avoit lui-même exercé la Médecine & composé un Ouvrage sous le titre de *Trésor des Remedes*. Il embrassa l'état ecclésiastique, devint Archevêque de Brague, fut honoré de la pourpre Romaine par Grégoire X, & enfin élu après la mort d'Adrien V, le 13 Septembre 1276. On lui attribue plusieurs Ouvrages de Médecine & de Théologie. Il avoit la manie, commune en ce temps, de croire à l'Astronomie. Il avoit vu, disoit-il, dans les astres qu'il vivroit long-temps ; mais il fut écrasé par la chûte d'un bâtiment qu'il faisoit construire à Viterbe, un an après son élection.

JEAN XXII, appellé auparavant Jacques d'Ossa ou Deussé, étoit né à Cahors. Il avoit de l'esprit & du savoir. Après la mort de Clément V, en 1316, le Siege, qui étoit à Avignon vaqua pendant deux ans, les Cardinaux ne pouvant s'accorder sur le choix d'un Pape. Louis X, Roi de France, envoya son frere Philippe-le-Long à Lyon pour terminer ces différends & donner un Pape à l'Eglise. Philippe rassembla adroitement tous les Cardinaux dans le Couvent des Jacobins à Lyon ; il les y enferma, mit des Gardes autour du Conclave, & leur protesta qu'ils n'en sortiroient que lorsqu'ils auroient nommé le Pape. Ils furent quarante jours à pouvoir s'accorder ; enfin ils convinrent de donner le choix au Cardinal d'Ossa, Evêque de Port, & promirent de reconnoître celui qu'il nommeroit. La nomination fut bientôt faite. D'Ossa s'écria, *Ego sum Papa*. Personne ne s'y opposa, & il fut couronné dans l'Eglise de Lyon, & alla tenir le siege à Avignon. Beaucoup d'Historiens ont prétendu qu'il étoit fils d'un pauvre Cordonnier. Quoi qu'il en soit, c'étoit un Prélat d'un très-grand mérite. Il étoit profond dans la Jurisprudence civile & canonique. Il s'éleva à la charge de Chancelier de Robert, Roi de Naples, eut successivement l'Evêché de Fréjus, l'Archevêché d'Avignon, & Clément V le fit Cardinal. Il fit beaucoup de fondations dans le Languedoc, la Guyenne, le Poitou, en Espagne. Il érigea l'Evêché de Toulouse en Archevêché, & créa plusieurs Evêchés, Abbayes, &c. Il publia les *Clémentines* & les *Extravagantes*. Jean ayant favorisé Frédéric d'Autriche contre Louis de Baviere, lors de leur élection à l'Empire, Louis fit dégrader Jean de la Papauté, & fit nommer à sa place Pierre Ramache de Corberia, Cordelier, sous le nom de Nicolas V: les Religieux de son Ordre soutinrent l'Antipape; mais Jean dissipa ce parti: Corberia fut pris & obligé de demander pardon au Pape, la corde au col. *Corberia* mourut deux mois après en prison. Jean mourut le 4 Décembre 1334, âgé de plus de quatre-vingt-dix ans, laissant la réputation d'un grand homme, mais l'avarice fit un peu de tort à sa réputation. On trouva après sa mort, dans ses coffres, la valeur de vingt-huit millions de ducats.

JEAN XXIII, BALTHASAR COSSA, Napolitain, avoit été d'abord Corsaire, & ayant pris l'état ecclésiastique, il eut la Légation de Bologne; l'argent qu'il y acquit lui servit à parvenir au Saint-Siége après la mort d'Alexandre V, en 1410. Grégoire XII & Pierre de Lune appellé Benoît XII, avoient été élus chacun par son parti, & avoient chacun leur Siége. Jean XXIII promit que s'ils se désistoient, il se désisteroit aussi, & qu'on auroit la liberté de choisir; mais se repentant bientôt de cette promesse, il choisit le temps d'un tournois, que le Duc d'Autriche donnoit, & se sauva, déguisé en Palfrenier. Il fut arrêté à Fribourg. Le Concile de Constantinople commença son procès; on l'accusa des crimes les plus abominables. Il fut déposé & mis en prison. Il n'en sortit que pour reconnoître le Pape Martin V, qui le fit Doyen du sacré Collége. Jean mourut six mois après. Il mourut en Philosophe, dit un Ecrivain, après avoir vécu en brigand.

Il y a plusieurs grands hommes en Italie du nom de Jean, tels que l'Auteur de la vie de Saint Odillon; il étoit de l'Ordre de Cluny; l'Auteur de la vie de Constantin le Grand, de celle d'Alexandre le Grand, imprimée à la suite de Quinte-Curce; celui de la vie du Cardinal Pierre Damien. Jean d'*Agnani*, dans le quinzieme siecle, Auteur d'un Commentaire sur les Décrétales. Jean, Diacre, Auteur du neuvieme siecle, de la vie de Saint Grégoire le Grand, &c. Un autre Jean Diacre, Chanoine de Vérone, Auteur d'une Histoire depuis Jules-César jusqu'à Henri VII, dans le seizieme siecle. Jean de Parme, à qui on a attribué un livre sous le titre de l'*Evangile éternel*, brûlé en 1258.

JEAN D'AUDINÉ, ou D'UDINE, où il étoit né en 1494, fut d'abord Eleve du Giorgion. Étant à Rome, Balthasar Castiglioni le mit auprès de Raphaël ; il fit de si grands progrès sous ce célebre Peintre, que personne ne put l'égaler dans les représentations d'animaux, de draperies, de vases, de fruits, de fleurs & de tout ce que les Peintres appellent la nature morte. Il étoit excellent paysagiste. Il réussit parfaitement dans les ouvrages de stuc. Il devina la maniere dont les Anciens composoient cette matiere, dont il trouva des morceaux qu'il analysa. Il découvrit en même temps dans des grottes anciennes, des petites figures bizarres très-bien dessinées, & dont l'élégance faisoit disparoître les monstruosités ; il les imita des Anciens & s'y rendit supérieur à ses modeles. Ne sachant quel nom donner à ces figures, on les appella grotesques, parce les premieres furent découvertes dans des grottes. Jean d'Udine avoit l'esprit inventif ; il aimoit la chasse ; il imagina pour approcher de plus près le gibier, de faire un bœuf de toile peinte & de s'y enfermer. Il mourut à Rome en 1564.

JEAN DE CASTEL-BOLOGNESE, Graveur célebre du seizieme siecle ; il porta cet art si loin, que sur des petites pierres il gravoit les plus grandes compositions d'Histoire des Peintres les plus habiles ; mais avec une si grande perfection, que tout y étoit aussi fini qu'avec le pinceau. Il mourut à Faenza en 1555.

JEAN D'IMOLA, célebre Jurisconsulte de Bologne, & Disciple de Balde. Il a laissé de savans Commentaires sur les Décrétales, les Clémentines, &c. Il mourut en 1436.

JEAN DE MAURIENNE, (Saint) petite Ville de Savoie, Capitale du Comté de Maurienne. Elle est située dans une vallée très riante, sur la riviere d'Arche, à neuf lieues S. E. de Chamberi.

JEAN DE PISE, Architecte célebre du quatorzieme siecle, fils & Eleve de Nicolas de Pise, fut aussi un excellent Sculpteur. Il est l'Auteur du *Campo Santo* ou Cimetiere de Pise. *Voyez* PISE. Charles I d'Anjou l'appella à Naples où il bâtit le Château-neuf; Sainte-Marie nouvelle, la belle façade de la Cathédrale de Sienne, la grande tribune de la Cathédrale de Pise. Il a fait élever plusieurs édifices à Arezzo, à Orviette, à Pérouse, à Pistoie, & dans plusieurs autres Villes d'Italie: il mourut dans un âge très-avancé, à Pise, où il est enterré dans le *Campo-Santo*.

JEANNE I, de Naples, Reine de Jerusalem, de Naples & de Sicile, Duchesse de la Pouille & de Calabre, fille de Charles de Sicile, mort en 1328, prit le timon du Gouvernement, n'ayant que dix-huit ans. Elle étoit mariée à André de Hongrie. Jamais mariage ne fut plus mal assorti, ni plus malheureux: Jeanne se laissoit mener par Philippine Catanoise, simple Lavandiere, & André, par le Cordelier Robert: ces deux misérables entretenoient la haine entre les deux Epoux. André fut étranglé: les Historiens ne disent point que Jeanne ait trempé dans ce crime. Elle se maria en secondes noces avec Louis de Tarente son Cousin; Louis, Roi de Hongrie, porta sa vengeance dans les Etats de Jeanne. Elle vint à bout de l'appaiser. Son second mari mourut; elle en épousa un troisieme, Jacques d'Arragon qui mourut encore, & elle épousa Othon de Brunswick de la Maison de Saxe. Elle adopta Charles de Duras, qui la paya de la plus noire ingratitude; il se révolta contre elle, & le Pape Urbin VI, qui eût dû le punir, lui donna l'investiture du Royaume de Naples. Alors la Reine transféra son adoption à Louis de France, Duc d'Anjou. Charles de Duras prit les armes, s'empara de Naples & assiégea sa bienfaitrice dans le Châteauneuf, où elle s'étoit retirée; elle se rendit, & l'ingrat Charles la fit mourir en prison quelque temps après en 1382, Princesse aimable, généreuse, remplie de talens, & très-belle. Elle périt dans sa quarantieme année.

JEANNE II, niéce de la précédente, fille de Charles III, Duc de Duras, née en 1371 ; elle eut pour premier mari Guillaume d'Autriche, qu'elle épousa en 1403, & qui mourut en 1406. Après la mort de Ladiflas, son frere, en 1414, elle prit possession du Royaume de Naples. Elle épousa Jacques de Bourbon, qui, désespéré des infidélités de sa femme, alla se faire Cordelier à Besançon. Le Pape Martin V donna l'investiture du Royaume de Naples à Louis III, Duc d'Anjou ; Louis fit la guerre à Jeanne, qui adopta en 1420, Alfonse V, Roi d'Arragon. Celui-ci lui donna mille sujets de mécontentement qui l'obligerent à transférer son adoption sur Louis Duc d'Anjou : elle laissa par testament tous ses Etats à René d'Anjou, frere de Louis, & mourut en 1435, âgée de soixante-cinq ans.

JEANNE, (la Papesse) fable inventée par les ennemis de l'Eglise, & accréditée par quelques Ecrivains trop crédules. On a prétendu qu'une jeune fille, les uns disent Allemande, les autres Anglaise, fut élevée par un homme très-savant, qui lui enseigna les Langues & les Sciences ; qu'elle se déguisa en garçon, voyagea, vint à Rome, se fit beaucoup de partisans, parvint aux dignités eccléfiaftiques, & fut élue Pape après la mort de Léon IV, & qu'elle prit le nom de Jean VIII ; que personne ne se doutoit de son sexe ; mais qu'elle devint grosse & que sa grossesse trahit son secret ; d'autres disent qu'elle accoucha dans une procession. Cette Fable a été également réfutée par les partisans & par les ennemis de la Religion.

JENNEBELLI, (*Frederic*) de Mantoue, un des plus grands Ingénieurs de son siecle. La Reine Elisabeth l'envoya au secours d'Anvers affiégé en 1585. Il avoit imaginé les machines les plus meurtrieres pour détruire les travaux des Assiégeans, mais il n'eut pas le temps de s'en servir, parce que les Assiégés, réduits à l'extrêmité, capitulerent.

Jesi, ou Yesi, petite Ville dans la Marche d'Ancône, avec un Evêché qui ne releve que du Saint Siége, située sur une montagne proche de la riviere de Iesis, à sept lieues S. O. d'Ancône. Les Sectateurs de Molinos ont rendu cet endroit fameux.

JESUATES, (la Congrégation des) fut fondée par Saint Jean Colombin, noble Siennois, & confirmée l'an 1367 par Urbin V. On les appelle aussi Jéronimistes, à cause de Saint Jerôme qu'ils prenoient pour Patron. Le nom de Jesuates leur fut donné, parce qu'ils avoient toujours à la bouche le nom de Jesus. Ils prirent la Regle de Saint Augustin. Les Papes leur ont donné dans quelques Bulles le titre de Clercs Apostoliques. Clément IX abolit cet Ordre en 1668.

JESUITES, ou Religieux de la Compagnie de Jesus, fondés par Saint Ignace de Loyola en 1574. Cette Congrégation ne fut établie que pour soixante Religieux ; mais bientôt ce nombre fut plus étendu, jusqu'à ce qu'enfin ils se sont répandus sur toute la surface de la terre. L'ambition de ces Religieux leur a été funeste en Portugal, en Espagne & en France. Cet Ordre s'est trop fait connoître pour que nous nous y arrêtions plus long-temps. Clément XIV l'a supprimé.

IMOLA, *Forum Cornelii*, Ville fort ancienne sur les frontieres du Bolonois & de la Romagne, à sept lieues de Bologne sur le Santerno, & au commencement de la grande & belle plaine de la Lombardie ; les dehors d'Imola sont très-rians. Cette Ville est entourée de grandes plantations de peupliers. On ne sait pas d'où lui vient le nom de *Forum Cornelii*, sur les ruines duquel un Roi de Lombardie fit bâtir *Imola*. Après que les Lombards eurent abandonné l'Italie, Imola tomba au pouvoir des Bolonnois ; elle passa ensuite à différens Maîtres, usurpateurs ou conquérants. Le dernier fut le cruel César de Borgia à qui Jules II l'enleva. Il y a eu une Académie à Imola sous le titre des *Industriosi*, qui a produit plusieurs Hommes célebres.

IMPERIALI, une des principales familles de Gènes. Elle a produit plusieurs Hommes célebres. Jean Impériali fut Doge de la République en 1617 ; Jean-Vincent Impériali, dans le même siecle, a été un des Hommes qui ont rendu plus de services à leur Patrie. Il soutint la gloire de Gènes sur terre & sur mer. Il excita l'envie de ses concitoyens ; le Sénat l'exila. Il se consola de cette injustice avec les Lettres & les Muses. Il a laissé plusieurs Ouvrages en prose & en vers : *Lo Stato rusticio*, *Glin-*

dovini Paſtori; La Santa Thereſa. Il mourut à Gênes en 1645.

IMPERIALI, (*Jean-Baptiſte*) de Vicence, Médecin, né en 1568. Il connoiſſoit parfaitement les Langues & les Sciences. Il enſeigna la Philoſophie & la Médecine à Padoue. Il a beaucoup écrit. Il mourut en 1623. Jean-Baptiſte Imperiali ſon fils, ſuccéda à ſes talens. Il a laiſſé : *Muſæum Phyſicum, ſeu de humano Ingenio; Muſæum Hiſtoricum, ſive de Viris Doctrinâ illuſtribus*.

IMPRIMERIE D'ITALIE. (l') Cet Art fut porté à Rome ſous le Pontificat de Paul II; du moins c'eſt ſous le regne de ce Pape que Conrad Suventhein & Arnold Parmarts, imprimerent en 1467, le livre de la Cité de Dieu, compoſé par Saint Auguſtin, & qu'ils donnerent enſuite au Public pluſieurs autres Ouvrages, comme les *Offices de Ciceron, Speculum vitæ humanæ, Biblia ſacra*, &c. Depuis que l'Art de l'Imprimerie s'eſt répandu en Italie, les lumieres y ſont devenues plus communes. Veniſe aujourd'hui eſt la Ville où on imprime le plus, & en même temps où les éditions ſont les plus vicieuſes. Les Imprimeurs n'y ſont point gênés comme à Rome où l'Imprimerie eſt ſoumiſe à la Juriſdiction du Sacré Palais. Avant qu'un livre ſoit mis ſous preſſe, il eſt examiné ſévérement par trois ou quatre perſonnes, & cet examen dure quelquefois dix-huit mois ; ce qui dégoûte beaucoup les Auteurs & les Libraires. Cette rigueur fait ſouvent qu'on ſe ſouſtrait à l'examen, & que les livres s'impriment clandeſtinement. L'Imprimerie de Florence eſt plus exacte, mais la modicité du prix de celle de Veniſe lui enleve tout. La plupart des Ouvrages d'Italie paſſent en France ou à Amſterdam pour être imprimés, ſur-tout lorſqu'on veut faire choix de beaux caracteres. On ne s'attache plus à cette partie de la Typographie qui a été portée ſi loin à Veniſe même, lorſque Nicolas Janſon, Imprimeur François, alla s'y établir en 1485. Il fut le premier qui commença à perfectionner ſon Art; il ſurpaſſa tout ce qu'il y avoit eu d'Imprimeurs en Europe juſqu'alors ; les Manuces marcherent ſur ſes traces, & allerent bien plus loin encore.

IMPROVISATORI, IMPROVISEURS, Auteurs de Poëſies impromptu. Cette ſorte de Poëtes eſt fort commune en Italie. Ils font toujours prêts à parler en vers fur tous les fujets qu'on leur propofe ; ils les traitent, tantôt dans le genre plaifant, tantôt dans le genre heroïque. A Florence & dans la Tofcane, on trouve un grand nombre d'Improvifeurs. C'eft fur-tout dans les promenades de nuit. Dans quelques endroits ils font mafqués. Lorfqu'un de ces Poëtes en rencontre un autre, il le défie ; le défié répond : l'attaquant ripofte : fon adverfaire replique ; & il s'établit entr'eux un combat poëtique plaifant ou férieux felon la matiere ; mais quelquefois pétillant d'efprit & d'une verfification très-agréable. Ces mêmes fcenes qui plaifent beaucoup dans le moment, paroîtroient fouvent ridicules, fi les Acteurs les écrivoient ; & tels Improvifeurs, qui dans l'enthoufiafme dit de très-belles chofes qu'on retient & qu'on cite, n'écriroit pas dix vers fupportables. Les Improvifeurs ne font pas toujours à portée d'être animés au combat par leurs rivaux ; ils compofent & récitent feuls des impromptu de longue tirade, quelquefois de deux cents vers fur le premier fujet qu'un inconnu propofera ; ils fe livrent à la fureur poëtique qui les anime, les enflamme jufqu'à leur faire perdre le fommeil pour plufieurs jours. Quelques-uns ont porté fort loin cet art d'improvifer. Bernardino Perfetti, Siennois, s'acquit une fi grande réputation dans la *Poëfia eftamporanea*, que non-feulement il obtint les fuffrages de fa Patrie & de l'Académie des Intronati de Sienne, mais qu'il reçut à Rome dans le Capitole la couronne de laurier en 1725. On voit dans la Cathédrale de Sienne le monument qui fut érigé à fa gloire.

INDEX. (Congrégation de l') Elle fut établie par Pie V pour aider la Congrégation du Saint-Office dans l'examen des livres. Elle eft compofée de plufieurs Cardinaux, Confulteurs, du Maître du Sacré Palais & d'un Secrétaire qui convoque l'Affemblée, & fait au Pape le rapport des délibérations pour faire inférer dans l'*Index* le livre profcrit. Cet Index eft un catalogue de près de vingt mille Ouvrages dont la lecture eft défendue. Il fut publié en 1559, en conféquence du Décret du Concile de Trente. Il fut refait au commencement du dernier fiecle, & depuis quelques années il a été confidérablement augmenté. On en retranche quelquefois des livres condamnés sans connoissance de cause, tels que ceux qui ont établi le mouvement de la terre, les systèmes de Copernic, de Galilée, les Ouvrages de Boerrhaave.

INNOCENT. Il y a eu treize Papes de ce nom. Innocent I, né à Albe, fut élu l'an 402, après la mort d'Anastase I. Il défendit Jean Chrysostôme contre ses persécuteurs. Il condamna Pélage & ses erreurs. Il régna environ quinze ans, gouverna l'Eglise avec un zèle éclairé, & mourut en 417. Il a laissé plusieurs Epîtres.

INNOCENT II, (*Grégoire Paparescis*) né à Rome, parvint par son mérite aux plus éminentes dignités de l'Eglise, & enfin à la Papauté en 1130. Il succéda à Honoré II. Il eut à combattre l'Antipape Anaclet II, élu en même temps que lui, & soutenu par un parti considérable. Innocent se retira en France, où il fut déclaré Pape légitime, dans un Concile de Prélats françois, auquel Saint Bernard se trouva. Il couronna l'Empereur à Liege, Louis le Jeune à Rheims, & sacra l'Empereur Lothaire à Rome. Les partisans d'Anaclet élurent à sa place, après sa mort, Victor IV. Saint Bernard l'engagea à se désister. Innocent condamna Abelard & Arnaud de Bresse. Roger, qui étoit en guerre avec lui, le fit prisonnier; le Pape lui donna l'investiture de la Sicile, la guerre finit, & le Pape mourut le 24 Septembre 1143.

INNOCENT III, (*Jean-Lothaire d'Anagni*) succéda à Célestin III en 1198. Il avoit la réputation d'un homme très-savant; il l'avoit méritée par beaucoup d'écrits. Il n'avoit que trente-cinq ou trente-sept ans, lorsqu'on lui donna la Tiare; il ne l'accepta qu'après un refus marqué. Il fit vendre toute sa vaisselle d'argent, en fit distribuer le produit aux pauvres, & ne se servit que de vaisselle de bois, de terre & de verre. Il s'appliqua à pacifier les querelles des Princes. Il mourut à Pérouse en 1216. Il a composé des Commentaires sur les sept Pseaumes pénitentiaux, un Traité du mépris du monde ou de la misere humaine, huit cent vingt-une Epîtres, recueillies en deux livres, *Coloniæ*, 1595, *Tolosæ*, 1635. On lui attribue un très-grand nombre

nombre d'autres Ouvrages : *De Clauſtro animæ, de Laude Charitatis*, le *Stabat*, &c.

INNOCENT IV, (*Sinibalde*) né à Gênes, de la Maiſon de Fieſque, élu en 1243. On l'appelloit le *Pere du Droit*. L'Empereur Frédéric, ami du Cardinal de Fieſque, devint l'ennemi d'Innocent IV, qui ſe réfugia en France. Il convoqua à Lyon un Concile général, le premier qui eût été aſſemblé. Il y donna le chapeau rouge aux Cardinaux ; on excommunia Frédéric II, qui mourut peu de temps après. Le Pape retourna en Italie après avoir vu Saint Louis qui ſe diſpoſoit à partir pour la Terre ſainte. Innocent avoit paſſé ſix ans & demi à Lyon. Il alla à Naples pour recouvrer ce Royaume ; il fut battu par Mainfroy & les Sarraſins. Il mourut le 7 Décembre 1254. Il a compoſé pluſieurs ouvrages de Droit.

INNOCENT V, (*Pierre de Tarantaiſe*) Dominicain, élu le 21 Janvier, & couronné le 22 Février 1276, mort le 22 Juin de la même année, fort regretté pour ſon ſavoir & ſes lumieres. Il a compoſé des commentaires ſur les quatre livres des Sentences, ſur le Pentateuque, ſur les Epîtres de Saint Paul, &c.

INNOCENT VI, (*Etienne d'Albert*) Limoſin, élu le 18 Décembre 1352, mort le 12 Septembre 1362. Il travailla toute ſa vie à la paix de l'Europe, & mourut de chagrin de la voir en guerre.

INNOCENT VII, (*Coſme Meliorati*) de Sulmone, élu après Boniface IX, le 17 Octobre 1404, à condition qu'il céderoit, ſi Benoît XIII ſe déſiſtoit. Celui-ci n'en fit rien. Onze factieux qu'Innocent fit mourir, furent cauſe de la rébellion des Romains ; il ſe mit à couvert à Viterbe, & revint à Rome en 1406. Il y mourut d'apoplexie la même année.

INNOCENT VIII, (*Jean-Baptiſte Cibo*) Génois, élu le 29 Août 1484 ; il pacifia l'Italie, & répara par ſa douceur le mal que la ſévérité de ſon prédéceſſeur avoit fait. Il fit cependant au Roi de Naples une guerre néceſſaire. Il mourut le 25 Juillet 1492, & laiſſa deux fils qu'il avoit eus avant ſon élévation, d'une demoiſelle de la Cour de Naples.

INNOCENT IX, (*Jean-Antoine Fachineti*) de Bologne, élu après Grégoire XIV, le 29 Octobre 1591. Ses vertus, ses talens & sa piété le conduisirent à la Tiare. Il mourut deux mois après son élection.

INNOCENT X, (*Jean-Baptiste Pamfilio*) Romain, élu après Urbin VIII, le 15 Septembre 1644. *Olimpia Maldaschini*, sa belle-sœur, & la Princesse *Rossana*, sa nièce, gouvernerent sous son Pontificat, & firent tort à sa réputation. Il devoit son élévation aux Barberins, & il les chassa dès qu'il fut Pape. Il publia la fameuse Bulle contre les cinq propositions de Jansénius, quoiqu'il se fût bien promis de ne pas prendre connoissance de cette affaire. Il mourut le 6 Janvier 1655, âgé de quatre-vingt-un ans.

INNOCENT XI, (*Benoit Odescalchi*) né à Côme, dans l'Etat de Milan. Sa douceur, sa bonté dans le temps qu'il n'étoit encore que Clerc de Chambre d'Urbin VIII & d'Innocent X, lui gagnerent tous les cœurs. Il obtint par son mérite le chapeau de Cardinal en 1645. Il eut l'Evêché de Novarre; il édifia par sa piété, & se fit adorer par sa charité. Après la mort d'Innocent X en 1676, on ne crut pas pouvoir faire un meilleur choix ; son élévation ne changea rien à son caractere ni à ses mœurs. Il tint toujours ferme dans l'affaire de la Régale & de la franchise des Ambassadeurs. Il condamna les erreurs du Quiétisme, & mourut en 1689.

INNOCENT XII avoit passé par toutes les dignités ecclésiastiques ; il avoit été Inquisiteur de Malthe, Gouverneur de Viterbe, Nonce en Pologne, à Vienne, à Florence, Maître de Chambre, Légat de Bologne, Archevêque de Naples, lorsqu'il fut fait Pape en 1691. Il étoit Napolitain, & son nom étoit Antonio Pignatelli. Il étoit adoré des Romains ; la charité étoit la base de ses vertus. Il disoit que les Pauvres étoient ses neveux. Il mourut en 1700, âgé de quatre-vingt-six ans.

INNOCENT XIII, (*Michel-Ange Conti*) Romain, fut élu en 1721, & mourut en 1724. Il avoit des projets que la briéveté de son Pontificat ne lui permit pas d'exécuter.

INO, lac formé sur le Mont *Gradaccio*, dans la Corse, & qui donne naissance au *Guolo*. *Voyez* GRADACCIO.

INQUISITEURS D'ÉTAT. Magistrats de Venise qui sont regardés comme les plus formidables de la République. Ils jouissent d'un pouvoir illimité. Tout leur est soumis ; ils ne sont que trois, ils sont tirés du Conseil des Dix. Il faut que leur avis soit unanime ; avec cette unanimité, ils peuvent arrêter le Doge, le condamner à mort, & le faire exécuter tout de suite. Ils ont des espions affidés répandus de tous côtés. Ils ne disent jamais les motifs de leurs jugemens ; ils déclarent seulement que le coupable est atteint du crime de Leze-Majesté. Ils ont pour maxime de punir avant d'examiner le crime. *Voyez* FOSCARINI. Leur sévérité est inexorable ; un Patricien convaincu d'avoir quelqu'intimité avec un Ministre étranger, court risque de la vie. Il n'est permis aux Vénitiens de recevoir les étrangers qu'autant que ceux-ci ne fréquentent point leurs Ambassadeurs. Souvent les exécutions des Inquisiteurs d'État, comme celles du Conseil des Dix, sont secrettes, & le coupable disparoît, sans qu'on sache ce qu'il est devenu.

INQUISITION, (l') ou LE SAINT OFFICE, une des principales Congrégations de Rome, composée de douze Cardinaux, d'un Cardinal Secrétaire, d'un Commissaire Inquisiteur, qui est toujours un Dominicain, d'un Prélat Assesseur, de Jurisconsultes, de Théologiens séculiers & réguliers, parmi lesquels sont toujours le Général des Dominicains, le Maître du sacré Palais, qui est du même Ordre, & un Cordelier conventuel, d'un Qualificateur chargé de l'examen de certains livres ou pièces, d'un Promoteur qui fait l'office d'accusateur, & d'un Avocat pour la défense des coupables. Cette Congrégation connoît de tous les délits ecclésiastiques, ou qui intéressent la Religion ou la Foi. Ce Tribunal, tout effrayant qu'il est, parce qu'il porte l'idée de persécution, & que dans certains temps, il s'est montré, du moins en Espagne & en Portugal, inexorable jusqu'à la cruauté, n'est plus ce qu'il fut autrefois ; il faut qu'un crime soit bien avéré, que les preuves soient évidentes pour décerner la prison. Ceux qui préviennent le décret en venant s'avouer coupables, sont presque toujours renvoyés absous. Mais le secret est l'ame de ce Tribunal. Il s'assemble trois fois la semaine ; le Lundi dans le Palais du Saint Office, qui est derriere l'Eglise de Saint Pierre, où sont les prisons de l'Inquisition ; on ne fait qu'y préparer les affaires. Le Mercredi on en fait le rapport aux Cardinaux qui s'assemblent à la Minerve. Le Jeudi, la Congrégation s'assemble au Palais Pontifical, en présence du Pape qui en est le chef, & qui confirme les délibérations.

INSTITUT DE BOLOGNE, ou ACADÉMIE DES SCIENCES ET BEAUX-ARTS. Cet établissement, presque unique en Europe, doit son origine au Comte Louis-Ferdinand Marsigli, Officier Général des Armées de l'Empereur. Il réunissoit à toutes les vertus de son état, les plus grands talens, & l'amour le plus actif pour les Sciences & pour les Arts. A la tête des Armées où il s'est distingué par des actions d'éclat, au milieu des négociations où il s'est acquis la réputation du Ministre le plus habile, il s'appliquoit avec toute la vivacité du savant le plus obstiné, à l'Histoire naturelle, à la Physique expérimentale, à toutes les parties des Mathématiques ; il publia un grand nombre d'Ouvrages très-estimés. En 1690, Eustache Manfredi, qui n'avoit alors que seize ans, rassembloit chez lui plusieurs Savans, & cultivoit les Sciences avec eux. J. Sandry, J. B. Morgagni & Victor Stancari étoient les plus célèbres de cette Société. Ils l'érigerent en Académie. Le Comte Marsigli avoit chez lui une Académie de Peinture. Il projetta d'y joindre celle de Manfredi, & ayant formé le dessein de l'Institut, il obtint qu'elle fût logée dans son Palais. Elle y commença ses assemblées en 1714. Elle a déja publié huit volumes de ses Mémoires.

L'Académie de Peinture avoit une origine moins ancienne ; elle a pris le nom de Clémentine, parce que Clément XI Albani s'en déclara le protecteur, quoique M. Marsigli en eût jetté les fondemens en 1710. Ainsi l'Institut réunit ces deux corps, & rassemble tous les Beaux-Arts & toutes les Sciences. Le Pape Benoît XIV, Bolonois, très-savant, homme de génie, & protecteur zélé des Arts & des Artistes, cultivant les Sciences & aimant les Savans, a perfectionné l'établissement que le Comte Marsigli avoit commencé.

Le Bâtiment qu'on appelle l'Institut, est vaste, d'une belle décoration, de l'Architecture de Pelegrino Tibaldi. C'étoit un Palais qui, dans l'origine, appartenoit à la Maison Cellesi. M. Marsigli ayant fait présent à Bologne de son cabinet, le Sénat acheta ce Palais en 1714, pour y déposer cette vaste collection, & y réunir les deux Académies.

Pour l'Académie des Sciences, l'Institut renferme une Bibliothéque, un Observatoire, un Cabinet d'Histoire naturelle & un de Physique; des Salles pour la Marine, pour l'Art militaire, pour les Antiquités, pour la Chymie, pour les Accouchemens, pour la Peinture & pour la Sculpture. Il y a des Professeurs pour chacune de ces parties. Cet établissement est sous la direction d'un Bureau, composé de six Sénateurs. Le Président actuel est M. Zannotti, qui a succédé à Jacques Beccari, Chymiste habile, grand Médecin & Physicien.

La Bibliothéque est composée de cinquante mille volumes, & de quantité de manuscrits. Ceux dont on y fait le plus de cas, sont ceux du Pape Benoît XIV, ceux du Comte Marsigli, & quatre cents volumes du célébre Aldrovandi: c'est sa grande Histoire naturelle avec les dessins coloriés, pour laquelle il avoit fait des dépenses & des voyages immenses. Il en fit présent au Sénat, qui en prit le plus grand soin; plusieurs Souverains & les plus grands Seigneurs d'Italie concoururent à son projet, & l'aiderent dans ses dépenses. Un autre manuscrit précieux est celui de Ferdinand Cospi, qui continua l'entreprise d'Aldrovandi. Leurs cabinets & leurs manuscrits ont passé à l'Institut avec beaucoup d'autres.

Dans la Salle des Accouchemens on voit un grand nombre de piéces & de modeles de toutes les parties relatives à la génération, & des fœtus de toutes espéces; aucun détail n'est oublié, soit relativement aux conformations, soit aux maladies, soit aux accouchemens.

La Salle de Chymie est meublée de tout ce qui a rapport à

cette science; la plupart des instrumens ont été donnés par la Comtesse Caprara. La Salle des Antiques renferme un très-grand nombre de monumens Etrusque & Egyptiens, les plâtres des plus belles Statues & des plus beaux bas reliefs de Rome & de Florence. C'est d'après ces modeles que les Eleves de Peinture & de Sculpture dessinent pendant l'été. Dans l'hiver ils modelent sur le nud dans une salle basse, dans laquelle est une suite de médailles Grecques & Romaines. Ces médailles & la plupart des plâtres, ont été donnés par Benoît XIV.

La Chambre du Tour renferme tous les instrumens propres à tourner, que le Comte de Marsigli avoit rassemblés en Allemagne.

Dans la Chambre de la Dioptrique sont renfermés les télescopes, lunettes & autres instrumens relatifs à cette science & à la fabrication des verres. Benoît XIV les acheta des héritiers du célebre Joseph Campana.

La Salle de l'Art militaire contient les dessins des machines de guerre anciennes & modernes, trophées d'armes des Orientaux & des Sauvages, les modeles des machines, des armes, &c.

Le portrait en grand de Benoit XIV, incrusté dans le mur, exécuté en mosaïque au Vatican, est dans la salle qui précede l'appartement destiné à la Physique expérimentale. Trois piéces composent cet appartement; on y voit des aimans d'une force considérable, des machines pour les expériences sur toutes les parties de la Physique.

Six piéces composent l'appartement destiné à l'Histoire naturelle, dont les différentes parties sont distribuées selon le système des trois regnes.

- Les leçons de Géographie & de l'art de la Navigation, se font dans une salle où sont les cartes, les livres & les instrumens propres à ces sciences.

Une grande quantité de tableaux, de figures en cire exécutées par Ercole Lelli, meublent la salle d'Anatomie. Ces Ouvrages sont très-précieux; Lelli a été fort aidé par Anna Mansolini, sa femme, qui professe l'Anatomie. L'Institut lui a demandé le buste de son mari & le sien, qu'elle a exécutés en cire.

L'Inſtitut eſt diviſé en deux Académies. L'Académie Bénédictine, fondée par Benoît XIV, d'où ſont tirés les Profeſſeurs des Sciences & Belles-Lettres. Parmi ces Profeſſeurs eſt la célebre *Laura-Maria-Catharina Baſſi Verati*, qui profeſſe la Philoſophie. Ces Profeſſeurs, tirés du nombre des Académiciens, n'enſeignent qu'à l'Inſtitut.

L'Académie Clémentine fournit les Profeſſeurs de Sculpture, Peinture, Architecture. Cette Académie a ſuccédé à la fameuſe Ecole de Bologne. (Voyez cet article) Le premier Chef de cette Académie fondée par Clément XI, fut le Cavalier Carlo Cignani; le premier Secrétaire fut J. P. Zannotti. Il dreſſa les ſtatuts, & en écrivit l'hiſtoire & la vie des Peintres qui y avoient été aggrégés. Elle diſtribue tous les ans aux Eleves, dans une aſſemblée publique, ſeize médailles, fondées par M. le Comte de Marſigli en 1727, & par M. Fiori, Bolonois, mort en 1743.

Dans la galerie des ſtatues, deſtinée principalement pour l'inſtruction des Eleves, & formée des bienfaits de Benoît XIV, on voit pluſieurs originaux & les modeles de ce qu'il y a de plus célebre à Rome & à Florence, le Laocoon du Belvedere, l'Hercule & la Flore du Palais Farneſe, l'Arrotino de Florence, le Mars, Arrie & Pœtus de la Villa Ludoviſi, le Méleagre de la Maiſon Pichini, des bas reliefs de la colonne Trajane, le Neptune de Jean de Bologne, les bas reliefs qui ont remporté le prix depuis M. Lelli, qui eut le premier en 1727, &c. Il y a encore une galerie de Peinture, commencée par M. Zambeccati, qui a acheté pluſieurs tableaux de prix dont il l'a ornée.

JOACHIN, Abbé, Calabrois, Religieux de l'Ordre de Cîtaux, quitta ſon Abbaye de Forazzo, pour en fonder une à Flore. Calixte III approuva les Conſtitutions qu'il donna aux Monaſteres dépendans de ſon Abbaye, qu'il gouverna avec beaucoup de ſageſſe. Il mourut en 1202, à l'âge de ſoixante-douze ans. Il avoit compoſé pluſieurs Ouvrages, dont les plus renommés ſont des Commentaires ſur Jérémie, Iſaïe & l'Apocalypſe. Pénétré de l'eſprit des Prophetes qu'il commentoit, il ima-

P P iv

gina de faire des Prophéties qui ne manquerent pas de trouver des personnes crédules.

JOCONDE, (*Jean*) Dominicain, né à Vérone, se rendit célèbre par ses talens; il avoit étudié toutes les Sciences & tous les Arts; mais il avoit porté très-loin la connoissance des Antiquités & de l'Architecture. Il étoit connu dans toutes les parties de l'Europe. Après la mort du Bramante, Joconde fut, dit-on, le seul en état d'exécuter ses desseins. Budé & Jules Scaliger se glorifioient de l'avoir eu pour Maître. Il quitta de bonne heure l'habit de Dominicain, & voyagea beaucoup en Europe en Prêtre Séculier. Il travailla à l'Eglise S. Pierre de Rome, & donna de bonnes éditions de Vitruve, de César, de Frontin; Il déterra dans les Bibliothéques la plupart des lettres de Pline, qui furent imprimées par Alde-manuce. Joconde mourut vers l'an 1530. Il étoit venu à Paris en 1507, & y avoit fait bâtir le Pont Notre-Dame & le petit Pont. Les Savans contemporains de Joconde en font un grand éloge.

JORDANS, (*Luca*) né à Naples en 1632, surnommé *Fa Presto*, soit à cause de sa facilité, soit parce que son pere, pour ne pas lui laisser perdre un moment, lui préparoit son manger, & ne cessoit de lui répéter ce mot *fa presto*; il ne faut pas le confondre avec Jacques Jordans, Peintre célèbre de l'Ecole Flamande, mort à Anvers en 1678; *Luca Jordano* n'étoit pas même son parent. Il étoit dans l'Ecole de Ribera ou l'Espagnolet. Il en sortit secrettement, fit connoissance avec Pierre de Cortone, & l'aida dans ses ouvrages: il s'attacha à la maniere de Paul Veronese; mais il avoit tant copié, il avoit une mémoire si heureuse, & avoit fait des études si approfondies, que sa maniere tenoit un peu de chacun des grands Maîtres. Il a beaucoup travaillé. Il fut employé à l'Escurial par Charles II, Roi d'Espagne; ce Prince, ainsi que la Reine, le voyoient travailler, & le faisoient couvrir en leur présence. L'humeur gaie du Jordans, ses saillies heureuses le faisoient ami de tout le monde. Un jour la Reine lui témoigna qu'elle désireroit voir sa femme. Jordans, sans prévenir la Princesse, & continuant le tableau qui étoit sur son chevalet, représenta une femme, & dit à la Reine que c'étoit la sienne; c'étoit en effet son vrai portrait; la Reine aussi-tôt détacha son collier & en fait présent à Jordans pour son épouse. Une autre fois le Roi lui ayant montré un tableau du Bassan, dont il étoit fâché de n'avoir pas le pendant, peu de jours après Jordans lui en présenta un que tout le monde crut être du Bassan même; mais il détruisit bientôt cette erreur. Le Roi aimoit beaucoup Jordans, il le fit Chevalier, lui donna plusieurs places importantes, maria ses filles avec ceux de ses Officiers qu'il honoroit le plus de sa protection, & plaça ses fils avantageusement. Il trouva la même protection dans Philippe V. De retour à Naples sa patrie, il trouva une si grande quantité d'ouvrages à faire, qu'il ne se donnoit pas le temps d'attendre que ses pinceaux fussent nettoyés. Cette rapidité de travail fait que ses tableaux ne sont pas de la même force; mais on y admire toujours sa touche d'une liberté qui lui étoit particuliere, la plus belle expression & un coloris excellent. Il a peint à l'huile & à fresque. Deux particuliers de la Ville de Naples négligeant de venir retirer leurs portraits qu'ils lui avoient fait faire, Jordans les exposa en public, après les avoir rendus si ridicules, avec quelques coups de pinceau, qu'ils prirent le parti de venir les retirer. Ses principaux ouvrages sont à Naples, à l'Escurial, à Madrid, à Florence, à Rome. Il y a deux tableaux au Palais Royal, la Piscine & les Vendeurs chassés du Temple. Il est mort à Naples en 1689, âgé de cinquante-cinq ans. On diroit à la quantité de ses ouvrages, qu'il en auroit vécu plus de cent.

JOSEPIN, célebre Peintre. *Voyez* ARPIN. (*Joseph-Césard d'*)

ISCHIA est une Isle considérable dans la mer de Toscane, sur la Terre de Labour, à l'opposite de la Ville de Naples. Ce lieu est un des plus agréables d'Italie. Non-seulement il y a des bains très-salubres; mais il y croît d'excellent vin blanc. Le gibier y est très-commun. On y trouve aussi des mines d'or & de fer. *Ischia*, qui est la Capitale de l'Isle, est munie de très-bonnes fortifications. Ses environs sont charmans, tant par les maisons de plaisance qu'on y trouve en quantité, que par la nature de sa situation : c'est à Ischia que se retira Ferdinand, lorsque Charles VIII, après l'avoir détrôné, s'empara du Royaume de Naples.

Isco, Lac du Bergamasque, dans l'Etat de Venise. Il tire son nom de la Ville d'Isco qui est sur ses bords. Ce Lac n'est pas éloigné de celui de la Guarda.

Isere, (l') une des principales rivieres de Savoie. Elle a sa source vers les confins du Piémont & de la Savoie, passe à Moustier, baigne le pied du Fort Barraut qui domine son cours jusqu'à Montmelian, bâti sur une éminence, au bas de laquelle coule cette riviere, entre dans le Dauphiné, & va se jetter dans le Rhône au-dessus de Valence.

Isernia, petite Ville du Royaume de Naples, dans le Comté de Molise, au pied de l'Apennin, avec un Evêché suffragant de Capoue. C'est le lieu de la naissance du Saint Pape Pierre Célestin. Isernia a titre de Principauté, & appartient au Marquis de Vasto.

Isles Borromées, dans le Lac majeur, sont au nombre de trois. Elles offrent tout ce que la Fable nous raconte de plus délicieux des Isles consacrées à Vénus & à l'Amour. On les appelle Borromées, du nom de cette Maison à laquelle elles appartiennent; elles ne sont point éloignées de la Ville d'Aronne, qui donna la naissance au Saint Evêque de Milan; leur exposition est séduisante : on y va de Milan par un chemin de traverse qui conduit à Festo sur le bord du Tesin, où l'on s'embarque pour entrer dans le Lac. On a d'un côté la vue d'Aronne & les montagnes du Piémont, & de l'autre Anghierra & le Milanois.

Ces trois Isles sont *Isola Bella*, ou Belle-Isle; *Isola Madre*, ou l'Isle Mere; la troisieme est appellée indistinctement l'Isle Borromée; c'est la moins considérable.

L'Isle-Belle appartient au Comte Renati Borromei, l'aîné de la Maison Borromée. Voici la description qu'en fait M. l'Abbé Richard dans ses Mémoires d'Italie. L'*Isola Bella*, dit-il, est couverte de jardins en terrasses palissadées d'orangers, de citronniers & d'autres arbres de ce genre; le cedre & le myrthe les remplacent dans les expositions les moins favorables; le corps de bâtiment qu'accompagnent ces jardins, est vaste & d'une bonne architecture; les appartemens en sont grands, nobles & proprement meublés. Les galeries sont ornées d'une grande quantité de tableaux, dont on veut faire passer la plupart pour des originaux précieux, &c. Au sortir de la grande galerie, on passe sur une terrasse assez longue, qui a pour perspective une grande grotte d'architecture rustique; deux escaliers de chaque côté de la grotte conduisent à une terrasse élevée, ornée de quelques statues & de petits obélisques; de-là on découvre d'un côté les Alpes qui forment trois rangs de montagnes; le premier cultivé, le second couvert de bois, & le troisieme blanc de neige ou hérissé de glace. Il fait beau voir cette partie le matin, lorsqu'elle est éclairée du soleil; ces rochers couverts de glace en réfléchissent les rayons, & se montrent dans un éclat majestueux, qui fait disparoître tout ce qu'ils ont d'horrible. De l'autre côté, la vue s'étend dans un espace immense jusqu'à l'extrémité la plus orientale du Lac, & donne, du côté du nord, la vue d'un long côteau, presque par-tout planté de vignes & très-peuplé de Villages, de Bourgs bien bâtis, de quelques petites Villes; le Lac lui-même n'est pas moins agréable à voir: outre la beauté de ses eaux, & une multitude de grands oiseaux de riviere, on y voit continuellement des barques à voile, dont les unes traversent du Milanois en Suisse; les autres en reviennent, soit pour les affaires de politique & de commerce, soit pour celles des Particuliers; car c'est la route ordinaire des Couriers qui passent de Lombardie en Suisse, & de-là en France, en Angleterre & en Hollande.

De cette grande terrasse qui a de tous côtés des perspectives si agréables & si variées, on peut descendre jusqu'au niveau des eaux du Lac, par neuf autres terrasses palissadées d'orangers & de citronniers. Dans le retour, du côté du midi, est un espace considérable rempli par un grand berceau formé par des orangers & un bosquet des mêmes arbres. Mais ce qu'il y a de plus agréable dans le Palais de l'*Isola Bella*, est l'appartement du rez-du-chauſſée tout en grotte ruſtique, pavé, revêtu & plafoné de petits cailloux de toutes ſortes de couleurs ; il eſt compoſé de pluſieurs pieces, & d'une grande galerie d'où on a la vue du Lac & des autres Iſles. Cet appartement eſt deſtiné uniquement à prendre le frais & eſt délicieux dans la ſaiſon des chaleurs. Rien n'eſt plus ſimple & en même temps plus agréable que cette eſpece de conſtruction qui n'exige aucun ornement étranger. Il y a ſeulement quelques ſtatues grotteſques faites de coquillages & de cailloux de rapport, &c.

L'*Iſola Madre*, à un mille au nord, a quelque choſe de moins recherché & de plus champêtre. On a cherché à y joindre l'agréable à l'utile. Il y a une eſpece de limons d'une groſſeur prodigieuſe, & d'un parfum exquis. On voit avec étonnement ſur des arbres peu élevés, ſur des branches foibles & minces, une quantité de fruits qui ont un pied de longueur ſur ſept à huit pouces de diametre & d'une couleur éclatante comme l'or. Les oranges de toute eſpece, & les citrons y croiſſent à profuſion & d'une grande beauté. Le petit port par où l'on aborde eſt couvert par un bois de futaie, de lauriers francs fort élevés. Un peu plus loin on voit une faiſanderie bien peuplée. La maiſon a peu d'apparence. Le Comte Frédéric Borromée, à qui elle appartient, y a fait conſtruire un théâtre à deux rangs de loges. On y joue les Comédies de Goldoni, & quelques-unes de Moliere & de Regnard, quand il ſe trouve des Acteurs qui parlent françois.

Quoique le voiſinage des Alpes rendent l'hiver rigoureux, les arbres qui craignent le plus le froid, n'en ſouffrent point par les précautions qu'on prend de les barraquer depuis le commencement de Novembre, & d'entretenir la chaleur par des fourneaux.

La troiſieme Iſle eſt comme les deux autres, ſituée ſur un rocher, mais n'offre rien de curieux. Elle n'a que quelques maiſons de Payſans, & une Egliſe qui eſt la Paroiſſe des autres Iſles. Les Habitans, qui ne s'occupent point de la pêche, profitent du voiſinage de la terre, pour aller cultiver les vignes & les champs qui ſont ſur la côte. La ſaiſon la plus favorable pour y aller, est le printems & l'automne ; en été & au temps des solstices, il y a beaucoup à risquer sur le Lac, à cause des orages occasionnés par le voisinage des montagnes. On quitte rarement le Lac sans faire provision de truites saumonées qui sont excellentes, & qu'on y pêche en abondance.

Isles de Venise, (les) sont distribuées çà & là, à peu de distance de la Ville. C'est dans ces Isles qu'on trouve tout à la fois l'utile & l'agréable dont jouissent les Vénitiens. Ils tirent de la plupart de ces Isles toutes les choses nécessaires à la vie ; les unes travaillent à rendre le commerce florissant ; d'autres leur offrent des asyles charmans & délicieux, où sont bâtis plusieurs Palais avec des jardins magnifiques. Les principales de ces Isles sont Chiogia, la Giudeca & Morano qui est la plus agréable de toutes.

Isola, ancien Château qui appartenoit à la Maison Farnese, à vingt-cinq milles de Ronciglione ; on croit qu'Isola est bâti sur le terrain de l'ancienne Veïes. On y montre un souterrain qu'on dit être le même que celui par où les Romains parvinrent à prendre cette Ville après dix ans de siege ; d'autres placent Veïes à Cita Castellana. (Voyez cette derniere Ville au mot Citta.)

ISOLANI, (*Jacques*) Bolonois, s'étoit appliqué à l'une & à l'autre Jurisprudence. Il s'acquit beaucoup de réputation comme Jurisconsulte. Ayant eu le malheur de perdre sa femme, il embrassa l'état ecclésiastique. Le Pape Jean XXIII le fit Cardinal en 1413, & le laissa son Vicaire à Rome, lorsque Ladislas y entra à main armée, & força le Pontife d'en sortir. Isolani fut fait prisonnier ; Sforce lui fit rendre la liberté. Le Duc de Milan le fit Gouverneur de Gênes. Il mourut à Milan le 19 Février 1421. Il avoit composé plusieurs Ouvrages de Droits.

ISOLANI, (*Isidore*) de la même famille, né à Milan, Dominicain, florissoit au commencement du seizieme siécle. On a de lui un Ouvrage dont le titre est bien imposant, *De Regum & Principum omnium Institutis*. Les autres sont moins fastueux ;

Quæstiones de Igne Inferni, de Purgatorio, de Imperio Militantis Ecclesiæ; De Æternitate Mundi.

ISOLETTA, Bourg très-agréable dans le Bressan, sur la *Chiaza* qui l'entoure.

ISOTE, Fille célebre de Léonard Nogarole de Vérone, dans le quinzieme siecle. Son éloquence naturelle subjugoit tous les esprits. A une lecture assidue des Peres de l'Eglise, elle joignoit la connoissance des langues, & peu de Théologiens étoient en état de lutter contr'elle. Elle avoit approfondi plusieurs sciences, & sur-tout la Philosophie. M. de Thou avoit dans sa bibliothéque cinq cent soixante-quatre lettres d'Isote manuscrites. Elle exhorta dans des harangues véhémentes les Papes & les premiers Chrétiens à prendre les armes contre les Turcs. Le Cardinal Bessarion vit un de ses Ouvrages, & ne pouvant croire qu'elle en fût l'Auteur, alla à Vérone pour la voir. On a d'elle un Dialogue très-ingénieux entre Adam & Eve, dans lequel elle donne beaucoup d'avantages à Eve. Ce Discours est l'effet d'une dispute qu'elle eut avec Louis Foscaro, Ambassadeur de Venise, sur la question: qui avoit le plus péché d'Eve ou d'Adam? Tous les Savans de son temps la consultoient. Elle eût pu choisir parmi les partis les plus avantageux, mais elle ne voulut jamais se marier. Elle mourut à l'âge de trente-huit ans en 1466. Elle avoit une sœur presqu'aussi savante. Hilarion de Coste qui a fait leur éloge, dit que dans la famille de Nogarole plusieurs femmes ont fait d'aussi grands progrès dans les Sciences.

ISTRIA, Fief de l'Isle de Corse, dans la Jurisdiction de Sartena.

ISTRIE, (l') Province & presqu'Isle dans l'Etat de Venise, au N. E. du golfe, entre le golfe de Trieste & celui de Quarnes. Ses principales Villes sont *Capo d'Istria*, autrefois *Justinopolis*, *Parenzo*, *Pola*, *Cittanuova*, &c. qui appartiennent aux Vénitiens. Trieste & Pedena appartiennent à la Maison d'Autriche. L'air y est mal sain, sur-tout le long de la mer, ce qui fait que cette presqu'Isle est mal peuplée, & que ceux qui l'habitent ne parviennent pas à un âge fort avancé. Il y a des endroits où l'on ne trouve point d'eau douce ; malgré ces inconvéniens, le pays est très-fertile en bons vins, en excellentes olives : mais la principale utilité qu'en retirent les Vénitiens, consiste dans la quantité des bois qui sont très-propres à la construction des vaisseaux. *Capo d'Istria* en est la Capitale. *Voyez* CAPO D'ISTRIA. *Parenzo* & *Pola* sont des Villes Episcopales. Albona est sur le golfe de Quarnes. *Cittanuova* a un Evêché & un bon port. Rovigno a seulement un port ; Pirano & Umago sont sur la mer.

ITALIE, (l') est une grande presqu'Isle d'Europe, bornée au levant par la mer Adriatique, que l'on appelle communément le golfe de Venise ; au midi & au couchant par la mer de Toscane, & au septentrion par les Alpes, qui la séparent de la France, de la Savoie & de l'Allemagne. Elle se divise en trois parties. La septentrionale, celle du milieu & la méridionale, à quoi il faut ajouter les Isles. La partie septentrionale, appellée autrefois la Gaule Cisalpine, se divise aujourd'hui en six Souverainetés ; savoir, la Savoie, le Piémont, le Montferrat, la partie occidentale du Duché de Milan, la République de Gènes, le Duché de Parme, le Duché de Modene, les Duchés de Milan & de Mantoue, qui appartiennent à la Maison d'Autriche, & la République de Venise. La partie du milieu comprend l'Etat de l'Eglise, le Grand Duché de Toscane, & quelques petits Etats, tels que la République de Lucques. La partie méridionale renferme le Royaume de Naples, la Sicile, la Sardaigne, la Corse & l'Isle de Malthe. L'Italie est un mélange de plaines & de montagnes ; la montagne principale est l'Apennin, qui commence près de Savonne dans l'Etat de Gènes, traverse toute l'Italie jusqu'à la Basilicate, où l'Apenin se partage en deux branches. Cette montagne, & bien d'autres, donnent la source à une infinité de rivieres qui contribuent toutes à la fertilité du pays. Les plus considérables sont le Pô, l'Adige, l'Adda, le Tesin, l'Arno, le Tibre, la Trebia, le Taro, le Réno, le Garigliano, le Volture, le Silaro & l'Offante. Outre ces différentes rivieres, il y a des lacs considérables, tels que le lac Majeur, celui de

Como dans le Duché de Milan, le lac de Garda dans l'Etat de Venise, les lacs de Perouse, de Bracciano, de Trasimene & de Castel-Gandolfo, dans l'Etat de l'Eglise. L'air dans l'Italie n'est pas également sain par-tout; des eaux croupies ou trop resserrées en certains endroits, exhalent aux environs de plusieurs Villes, des odeurs pernicieuses aux habitans, comme on l'éprouve dans la Campagne de Rome, où l'air est le plus mal sain. Mais en général l'Italie est un pays délicieux & champêtre tout à-la-fois; rien de plus fertile que son terroir, si tous ses habitans vouloient contribuer également à sa culture. Les Florentins, les Vénitiens & les Napolitains sont adonnés à l'agriculture. Chez eux le commerce est libre; les Nobles comme les Roturiers travaillent également à le faire fleurir. D'autres Peuples, tels que ceux qui habitent l'Etat de l'Eglise, aiment mieux se contenter de peu que de se donner la peine de cultiver leurs terres. La modicité des impôts entretient leur fainéantise. D'autres enfin, riches par eux-mêmes, se contentent de leurs propres fonds, & la fertilité naturelle de leurs terres assure leur tranquillité. On reproche aux Italiens d'être vindicatifs, dissimulés & remplis de présomption. Ces défauts ne peuvent être que très-généraux. Il y a sans doute en Italie, comme dans tous les autres pays, des hommes qui déshonorent leur patrie; mais l'on peut dire, à la louange des Italiens, qu'ils travaillent tous les jours à détruire ces vices; & la sagesse des Souverains qui les gouvernent, contribue tous les jours à les faire disparoître. Déja cette barbarie des Goths & des Lombards a fait place à la politesse françoise; & Turin, Naples, Rome, peuvent aller de pair avec Paris. Les modes s'y succedent comme en France; les Italiens sont industrieux, & presque toujours leurs desseins sont accompagnés de la plus fine politique. En cette partie, ils ne le cedent à aucun autre peuple. La facilité qu'ils ont de concevoir tout ce qu'ils entreprennent, leur est d'un grand secours. Avec un esprit naturellement vif & intelligent, les talens leur deviennent un jeu. La Poësie, la Musique, la Danse, font partie de leur caractere. L'Eloquence leur est naturelle; ils ont du génie, ils aiment les Arts, les Lettres & les Sciences. C'est à l'Italie que

l'on

l'on est redevable de la renaissance des Arts, & certains y ont été portés à la perfection, en sortant du berceau, tels que la Sculpture & la Gravure. C'est chez eux que la Peinture & l'Architecture ont pris un nouveau lustre. Raphaël, Michel-Ange, Bernin, Fontana, sont des hommes que la postérité n'oubliera jamais. Que l'on parcoure les fastes d'Italie, l'on n'y rencontre que des révolutions ; d'un côté, des Royaumes entiers saccagés & passant successivement dans les mains de différens Maîtres ; d'un autre côté, le Paganisme fait essuyer les persécutions les plus cruelles, & détruit des milliers d'hommes. Dans un temps, c'est un Empereur qui, pour accommoder tout à son goût, renverse en un instant ce que des années entières n'ont pu voir finir ; dans un autre, c'est l'envie d'un voisin trop ambitieux, qui, pour assouvir sa cupidité, met au pillage ou détruit ce qu'il ne peut emporter : malgré tout cela, rien ne change le génie de l'Italien ; s'il paroît un peu refroidi par ces différens fléaux, qu'il est obligé d'essuyer, un siécle plus heureux le releve bientôt de ses malheurs. Il trouve toujours dans son propre fond de quoi réparer ses pertes. Sixte-Quint, en cinq années, rétablit ce qu'ont renversé les désastres de plusieurs siécles. Il n'est pas content, il y ajoute encore. Quelques-uns des Princes qui lui ont succédé, ont contribué à rétablir l'Italie. Tous les jours de nouveaux fonds font reparoître des trésors enfouis. La Ville d'*Herculanum* nous en fournit un exemple. Le sage Prince qui veille sans cesse aux découvertes qu'on y peut faire, témoigne combien l'Italie a à cœur de recouvrer au moins une bonne partie de son ancien lustre. Déchirée par une infinité de factions, elle a vu diminuer un grand nombre de ses habitans, aussi n'est-elle pas peuplée autant qu'elle devroit l'être : les différentes révolutions qu'elle a essuyées lui ont donné tant de Maîtres, que par la suite l'Italie s'est trouvée divisée en une infinité de Principautés, dont un grand nombre subsiste encore aujourd'hui. C'est le pays où il y a le plus d'Archevêchés & d'Evêchés. Il s'y trouve aussi plusieurs Tribunaux d'Inquisition.

L'Italie, avant d'être soumise aux Romains, fut gouvernée par des Rois. Le Gouvernement Républicain s'introduisit dans quelques-unes de ses parties. Les Romains soumirent peu-à-peu les différens peuples de cette presqu'Isle. Ils la rendirent la plus belle partie du monde connu; elle déchut avec l'Empire Romain. Les Goths, les Ostrogoths, les Vandales, les Hérules, les Huns, & quelques autres peuples barbares s'y établirent dans le cinquiéme siécle. Belisaire & Narsès la purgerent de ces brigands dans le sixiéme. Alors commença une nouvelle forme de gouvernement, connu sous le nom d'*Exarcat d'Italie*, établi à Ravenne. Bientôt les Lombards, autres barbares, appellés par les dissentions des Chefs, s'emparerent de Ravenne, & se formerent un Etat dans le pays, qui porte encore le nom de Lombardie. Ils tyrannisérent l'Italie, jusqu'à ce que, deux cent quatre ans après, l'Empereur Charlemagne mit fin à leur Empire. Il chassa les Lombards en 774. Le Royaume d'Italie s'éleva sur les ruines de ces Usurpateurs. A la prise de Pavie par Charlemagne, le Royaume des Lombards comprenoit le Montferrat, le Piémont, l'Etat de Gênes, le Parmesan, le Modenois, la Toscane, le Milanez, le Bressan, le Veronois, le Frioul, & tout ce que l'Empereur avoit abandonné au Pape, c'est-à-dire, Ravenne, la Pentapole, la Sabine, Terracine, les Duchés de Spolette & de Benevent, la Marche d'Ancône, le Ferrarois & le Bolonois. Tout se faisoit dans cette étendue de pays par les ordres de ce Monarque, qui réunissoit sur sa tête l'Empire, le Royaume de France, & de plus vastes pays que les Romains, du temps d'Auguste, n'en avoient conquis. Il y rendoit la justice & jusques dans Rome même, tout se faisoit sous l'autorité du Roi François; on y datoit les actes des années de son Regne: les monnoies étoient frappées à son nom. On appelloit à son Tribunal des jugemens rendus par les Souverains Pontifes, & les Papes eux-mêmes avoient recours à ce Monarque dans leurs affaires personnelles. Dans les neuf, dix & onziéme siécles, les Sarrasins firent des incursions dans l'Italie. Ils s'établirent en Sicile en 1058. Les Normands les en chasserent, & y resterent. Les François, les Espagnols, y ont régné, & y ont eu de longues guerres. Ces faits sont indiqués dans les articles auxquels ils ont rapport.

ITRI, petite Ville à trois lieues de Fondi, sur les confins du Royaume de Naples, située sur un rocher. On prétend que c'est la Ville qu'Horace appelle *Urbs Mamurrarum* ou *Mamurra*, dans le *Latium*. Elle est dans la situation la plus agréable, entre des collines couvertes de vignes, d'oliviers, de figuiers, de lauriers, de myrthes, de lentisques; mais la Ville en elle-même est très-peu de chose; elle est pauvre & dépeuplée, l'air y est très-mal sain, sur-tout en été; la voie Appienne la traverse; mais elle est fort dégradée dans cette partie : on remarque en divers endroits des montagnes des environs, de forts grands arbres, qu'on appelle dans ce pays-là des Carabba. *Voyez* CARABBE.

JUBILÉ. Institution dont l'origine remonte au temps du Peuple de Dieu, & qui fut établie dans le quatorzieme siecle. Boniface VIII avoit fixé cette pratique religieuse à chaque centiéme année; Clément VI la mit à chaque cinquantiéme; Urbin VI à chaque trente-troisiéme; Paul II enfin la mit à chaque vingt-cinquiéme. Dans les premiers temps, elle étoit pour Rome une source de richesses, par les offrandes que l'on y portoit de toutes les parties du monde. L'ancienne Rome célébroit des jeux séculaires; Rome la Sainte a institué des fêtes que la Religion & la piété ont consacrées.

La cérémonie de l'ouverture du Jubilé, ou de la porte sainte, attire une foule d'étrangers à Rome. Le jour de cette cérémonie, le Pape, porté dans sa chaise gestatoire par huit hommes, arrive sur la Place de Saint Pierre, précédé des Cardinaux en chapes & en mitres blanches brodées d'or, des Archevêques, Evêques, Chefs de tous les Ordres, de ses Officiers & de sa Garde; il s'assied sur son Trône, placé entre la porte principale & la porte sainte; alors les Cardinaux viennent à l'adoration; après quelques prieres, il prend un marteau d'or, frappe trois coups, & la porte murée se renverse : le Pape entre à genoux, suivi des Cardinaux. On le porte ensuite devant la Chapelle du Saint Sacrement, d'où, après les Vêpres, on le reporte, suivi du même cortege.

JUIFS D'ITALIE (les) sont répandus dans presque toutes les villes; mais dans ces villes, l'endroit où ils sont obligés de vivre,

& où ils tiennent leur Synagogue, est un quartier séparé, qu'on appelle le *Ghetto*. A Trente, il n'y a point de Juifs : Sixte IV, en 1180, pour les punir des cruautés qu'ils avoient exercées sur un jeune enfant, nommé depuis Saint Simonin, les bannit à perpétuité de la Ville. L'Etat de Milan n'en souffre qu'autant qu'ils peuvent favoriser son commerce, & la ville d'Alexandrie ne les reçoit dans ses murs que dans le temps des foires. Il n'en est pas de même de Livourne : cette Ville, dont le port, franc de tous droits, est ouvert à toutes les Nations étrangeres, y reçoit indistinctement tous les Juifs en tout temps. Aussi y en a-t'il un très-grand nombre qui y font un très-gros commerce, sur-tout les Juifs Portugais, qui passent pour être les plus riches. Cette Ville est si indulgente pour eux, qu'ils l'appellent leur Paradis. Ils y ont une belle Synagogue ; ils ne sont point obligés de porter aucune marque distinctive, comme dans les autres Villes d'Italie. Rome, avant le Pontificat de Paul IV, étoit pour eux une retraite assurée ; ils y arrivoient comme à Livourne ; mais ce Pape qui ne put souffrir les usures continuelles qu'ils exerçoient sur tous les habitans, après avoir confirmé les Monts de piété à Rome & dans beaucoup de Villes de ses Etats, interdit le commerce aux Juifs, les obligea de vendre leurs possessions ; & après leur avoir assigné un quartier séparé, qu'on a appellé le *Ghetto de gli Ebri*, il ne leur permit de vendre que des vieilles hardes. Il voulut aussi qu'ils fussent distingués par un chapeau rouge. C'est la marque où on les reconnoît en Italie. Ceux qui sont riches ont un chapeau couvert d'un drap d'écarlate. Ceux qui sont pauvres mettent une toile cirée au lieu de drap. Depuis la réformation de Paul IV, les Juifs ont mené une vie très-misérable ; la plupart sont fort gueux, & leur Ghetto est comme un cloaque. On en compte environ six mille. Tous les Dimanches on les oblige d'aller à l'Eglise entendre un Sermon, & lorsque quelqu'un d'entr'eux a le bonheur d'embrasser le Christianisme, on remet la cérémonie du Baptême au Samedi de la Semaine Sainte & elle est faite ordinairement par un des Cardinaux dans l'Eglise de Saint Jean de Latran. A l'élévation d'un nouveau Pape sur le Trône de l'Eglise, les Juifs, qui sont obligés de lui rendre leurs

hommages, dreſſent un arc de triomphe près du Coliſée, & là ils préſentent à ſa Sainteté le Pentateuque en hébreu, en lui diſant : » Très-ſaint Pontife, voici les Loix & les Statuts que l'E-
» ternel donna autrefois à Moyſe pour les faire obſerver à nos
» Peres & à leur poſterité ; c'eſt pourquoi nous les préſentons à
» votre béatitude, requerant très-humblement que pendant tout le
» cours de votre Pontificat, elles ſoient exécutées de point en point,
» afin que le Tout-Puiſſant béniſſe le regne de votre Sainteté, &
» lui donne des jours de paix & de ſalut ». Le Pape répond aux Juifs : » J'ai du reſpect, de l'eſtime pour la Loi de Moyſe, parce
» qu'elle eſt venue de Dieu ; mais je n'approuve pas l'interpréta-
» tion que vous lui donnez, en rejettant le Meſſie, dont je ſuis
» le Vicaire ; c'eſt pourquoi l'Eternel vous a diſſipés ſur la terre ;
» mais quand le Tout-Puiſſant vous aura réunis dans le Chriſ-
» tianiſme, vous y aurez paix & ſalut ». Les Juifs ne répliquent plus & ſe retirent. A Veniſe, la Nation Juive ne ſe procure des commodités, qu'à proportion des ſervices qu'ils rendent aux Nobles, qui les regardent comme leurs valets ; il y en a environ trois mille aſſujettis aux mêmes regles qu'à Rome, quant au Ghetto & au chapeau rouge ; mais le commerce leur eſt permis, & ils en font un conſidérable. Ils ont auſſi une petite Juriſdiction pour terminer leurs procès de peu d'importance. Quelques-uns ſe font recevoir Docteurs en Médecine à Padoue, & en exercent la profeſſion à Veniſe & dans tout l'Etat.

JULES. Il y a eu trois Papes de ce nom. Saint Jules eſt le premier. Il étoit Romain, & ſuccéda au Pape Saint Marc, le 4 Février 337. Il défendit Saint Athanaſe avec le zele le plus enflammé. Ce Saint a conſervé les deux Lettres que ce Pape a écrites à ſon ſujet. Il mourut le 12 Avril 352.

JULES II, JULIEN DE LA ROVERE, du Bourg d'Albizola près de Savone, eut ſucceſſivement les Evêchés de Carpentras, d'Albano, d'Oſtie, de Bologne, d'Avignon. Sixte IV, ſon oncle, le fit Cardinal en 1471. Il prit la conduite des troupes eccléſiaſtiques, & défit les Rebelles d'Ombrie. Il éleva au Trône Pontifical Pie III, après la mort d'Alexandre VI, & ſuccéda à Pie, qui ne regna que vingt-ſept jours. Il fut élu en 1503. Il jetta les premiers fondemens de l'Eglise de Saint Pierre, en 1506. Il forma une Ligue redoutable contre les Vénitiens, qui refusoient de rendre les Villes qu'Alexandre VI leur avoit enlevées, & qu'ils avoient reprises. Cette Ligue, connue sous le nom de Ligue de Cambrai, où entrerent les plus grands Souverains de l'Europe, est un chef-d'œuvre de Politique ; leurs armes, les excommunications du Pontife, forcerent les Vénitiens à subir la loi de Jules. Ce Pontife qui vouloit chasser les François d'Italie, après en avoir tiré les secours dont il avoit besoin, se ligua contr'eux avec les Vénitiens, les Suisses, le Roi d'Arragon & le Roi d'Angleterre. Pour avoir un prétexte de faire la guerre aux François, il demanda à Louis XII quelques Villes sur lesquelles il prétendoit avoir des droits : Louis refusa, Jules l'excommunia ; la guerre fut déclarée. Jules assiégea la Mirandole en personne, le casque en tête & l'épée à la main, le successeur de Pierre entra par la bréche en vainqueur ; mais Trivulce, à la tête de l'armée françoise, défit celle de Jules & celle des Vénitiens. Louis XII indiqua un Concile à Pise, manœuvre plus redoutable pour Jules qu'une défaite. Le Concile le déclare suspens. Le Pape met en interdit le Royaume de France, & délie les Sujets du serment de fidélité ; Louis fait excommunier le Pape, qui convoqua le Concile de Latran, pour l'opposer à celui de Pise ; mais la mort le délivra de ces embarras, le 21 Février 1513. Il protégea les Arts ; il aimoit les Savans : il disoit que les Lettres sont de l'argent pour les Roturiers, de l'or pour les Nobles, des diamans pour les Souverains.

JULES III, JEAN-MARIE DUMONT, d'Arezzo, aimoit & cultivoit les Lettres ; il connoissoit l'une & l'autre Jurisprudence. Il eut successivement plusieurs Evêchés, & fut fait Cardinal en 1536. Il fut fait Pape en 1550. Il avoit témoigné jusqu'alors une sévérité de mœurs effrayante ; parvenu au Trône, il se livra aux plaisirs. Il fit continuer le Concile de Trente, & mourut en faisant la guerre avec l'Empereur, au Duc de Parme, Farnese, en 1555.

JULES ROMAIN, (*Giulio Pippi*) né à Rome en 1492, Disciple & héritier conjointement avec Penni, de Raphaël leur maître & leur ami. Jules Romain peignit longtemps d'après les deſſins de Raphaël, & acheva avec Penni la Salle de Conſtantin, que ce grand Peintre avoit comhencée; tant qu'il marcha ſur ſes pas, ſon pinceau fut doux, ſage & gracieux: lorſqu'il vola de ſes propres ailes, ſon ſtyle fut hardi, fier, énergique; ſa compoſition étincele de feu; ſa maniere eſt vaſte, ſes penſées ſublimes & poëtiques; ſon expreſſion frappante & terrible. Son génie embraſſoit tous les genres de Peinture: il négligea trop l'antiquité, ſon coloris eſt foible & obſcur; mais il l'emporte par ſon eſprit & par ſon ſavoir. *Jules* excelloit auſſi dans l'Architecture, pluſieurs beaux édifices d'Italie ont été élevés ſur ſes plans. Le Duc de Mantoue l'employa à la décoration de ſon Château du T, comme Architecte & comme Peintre. Le Duc le combla de bienfaits, & le protégea dans les recherches qu'on faiſoit contre lui, au ſujet de vingt deſſins très-obſcurs qu'il avoit compoſés, que Marc-Antoine avoit gravés, & qu'Arétin accompagna de vingt ſonnets. Le Cardinal de Médicis ſauva la vie au Graveur. Jules Romain a laiſſé beaucoup de deſſins lavés au biſtre. Les traits qu'il faiſoit à la plume, ſont de la plus grande hardieſſe; le Roi a quelques tableaux de ce grand Peintre; l'Adoration des Bergers, le Triomphe de Titus & de Veſpaſien, la Circonciſion de Notre Seigneur, des portraits. On en voit pluſieurs chez M. le Duc d'Orléans. Jules Romain mourut à Mantoue, en 1546, âgé de cinquante-quatre ans.

IVRÉE (*Ivoreia*, *Eporedia*) Ville & place forte du Duché de Savoie; ſon territoire s'appelle le Canavois, dont elle eſt la capitale, avec un Evêché ſuffragant de Turin, & titre de Marquiſat. Elle a été, dit-on, fondée cent ans avant Jéſus-Chriſt; elle a appartenu aux Berengers; enſuite aux Empereurs. Frédéric II & Guillaume, Comte de Hollande, la donnerent à Thomas de Savoie II du nom, Comte de Maurienne, en 1240. Les François la prirent en 1554, elle a eſſuyé pluſieurs ſiéges; mais depuis 1706, elle appartient au Roi de Sardaigne. On y fait un commerce conſidérable en fromages; elle eſt sur la Doria, entre deux collines, à huit lieues N. de Turin, & treize E. p. N. de Suze.

JUSTICE CRIMINELLE, (la) n'est pas assez sévere en Italie, & principalement à Rome: il n'y a pas de Ville où il se commette plus d'assassinats, & où il se fasse moins d'exécutions. La protection sauve une grande partie des coupables: la maniere d'instruire & la difficulté d'acquérir des preuves aussi évidentes qu'il le faut, sont la sauve-garde des Criminels. Le Marquis Beccaria a fait un excellent livre, dans lequel il prétend prouver que la peine de mort ne fait pas sur les scélérats une aussi forte impression qu'on se l'imagine, & qu'il faudroit la convertir en un supplice permanent, qui effrayât par sa durée: quoiqu'il semble qu'il soit très-juste de punir par la mort celui qui a tué, si néanmoins on jugeoit à propos de suppléer aux peines capitales, par des punitions qui pussent produire le même effet; c'est-à-dire, effrayer les Malfaiteurs, il seroit encore plus nécessaire d'infliger promptement ces peines.

JUSTINIANI. Il y a eu plusieurs hommes célebres de ce nom; le premier est Saint Laurent Justiniani, né à Venise, en 1381, premier Général des Chanoines de Saint George in Alga, auxquels il donna de sages constitutions, ensuite Evêque & premier Patriarche de Venise, mort en 1455. Il a laissé plusieurs Ouvrages de piété, imprimés en un volume in-folio, à Venise, 1715.

Le second, est *Bernard Justiniani*, neveu du précédent, qui parvint aux premieres charges à Venise, & qui s'acquit beaucoup de réputation dans les Lettres. Il composa plusieurs Ouvrages; le plus considérable est son Histoire de Venise, en italien, depuis son origine, jusqu'en 809, imprimée à Venise, In-folio, 1492 & 1504. Il a composé la vie de son oncle, & est mort en 1489.

Le troisieme, est Augustin Justiniani, Evêque de Nebbio, né à Gènes en 1470. Il se fit Dominicain, vint à Paris, & s'acquit une grande réputation par sa connoissance des langues Orientales. Il a publié un Psautier en Hébreu, en Grec, en Arabe

& en Chaldéen, avec des versions latines & des notes. Il composa des *Annales de Gênes*. Il fut submergé avec son vaisseau en passant de Gênes à Nebbio en 1536.

La famille de Justiniani est originaire de Venise, & ses branches se sont étendues à Gênes, dans le Royaume de Naples, dans l'Isle de Corse & dans celle de Chio. L'Empereur Andronic Paléologue avoit donné à celle de Gênes la Seigneurie de l'Isle de Chio. Il y a eu des hommes célèbres dans l'Eglise, & à la guerre, de cette famille, quantité de Prélats & quelques Ecrivains.

JUVARA, (*Philippe*) Architecte, né à Messine, d'une famille ancienne, mais très-pauvre, en 1685, prit l'habit ecclésiastique, & alla de bonne heure à Rome. Il fit le modèle d'un palais, d'après ses idées, & alla le présenter à Fontana, qui lui dit que s'il vouloit rester dans son école, il falloit qu'il oubliât tout ce qu'il avoit appris jusques-là ; il lui fit copier des édifices d'un style simple, afin qu'il prît l'habitude & la simplicité. L'Abbé Juvara sentit l'utilité de ce conseil & ne cessa de travailler, mais il étoit très-pauvre. Pellegrini, Maître de la chambre du Cardinal Ottoboni, le présenta à son Maître, qui lui fit faire les décorations du Théâtre de Buratini. Juvara, persécuté par la nécessité, apprit à graver, & grava ces décorations, qui furent fort estimées. Sur sa réputation, le Roi de Sicile le chargea de lui bâtir un Palais sur le port de Messine. Juvara fit le dessin & le présenta au Prince qui en fut si content qu'il le nomma son Architecte, & lui donna trois mille cinq cents livres de pension annuelle. Le Duc de Savoie lui donna l'Abbaye de Selve, qui en rapporte cinq mille cinq cents. L'Abbé Juvara bâtit à Turin, par ordre de Madame Royale, la façade des Carmelites, sur la place Saint-Charles. Ses Ouvrages sont l'escalier & la façade du Palais du Duc de Savoie, l'Eglise pour le vœu de Victor Amédée, sur la Montagne de la Superga ; la Chapelle Royale de la Vénerie, près Turin. Tous ces Ouvrages sont très-beaux & fort renommés ; l'Eglise du Carmel, le grand escalier du Palais de Turin, le Palais ou rendez-vous de chasse de Stupigni. Tous ces

Ouvrages font à Turin ; il paſſoit l'Hiver à Rome, il y donna le deſſin & le modele d'une Sacriſtie & d'une ſalle de Chapitre pour l'Egliſe de Saint Pierre. Il avoit une facilité ſinguliere pour le deſſin ; un jour qu'il étoit occupé à faire ſes malles, pour aller en Portugal où le Roi l'avoit mandé, le Provincial des Minimes vint réclamer un plan que Juvara lui faiſoit attendre, pour l'eſcalier de la Trinité du Mont. Juvara ne l'avoit point fait, & dit au Religieux qu'il n'avoit pas le temps de le faire ; le Moine ſe mit en fureur. Juvara prend ſon crayon, fait une eſquiſſe ſans s'aſſeoir & la lui donne. On aſſure que ce plan, qui n'a point été exécuté, eſt un chef-d'œuvre. On conſerve ſous des glaces, des morceaux qu'il faiſoit au Café, en s'amuſant, avec de mauvaiſes plumes. A Liſbonne il donna le plan de l'Egliſe Patriarchale, & d'un Palais pour le Roi, & les deſſins de pluſieurs édifices. Le Roi de Portugal le combla de préſens, & lui donna l'Ordre du Chriſt & une Croix de diamans de très-grand prix. Il paſſa par Londres & Paris, revint à Turin, & fut appellé à Mantoue, pour la coupole de l'Egliſe de Saint André ; à Côme, pour celle de la Cathédrale ; & à Milan, pour la façade de la fameuſe Egliſe de Saint Ambroiſe. Il mourut à Madrid, où le Roi d'Eſpagne l'avoit appellé, pour rebâtir le Palais Royal qui avoit été brûlé ; il mettoit ſes projets au net lorſqu'une fiévre violente l'emporta à l'âge de cinquante ans, en 1735.

L

LABADIA, Ville forte dans le Poleſin de Rovigo, ſituée ſur l'Adige dans une ſituation agréable. Elle appartient aux Vénitiens, à ſix lieues O. de Rovigo & à huit N. E. de Ferrare.

LABOUR, (la Terre de) dans le Royaume de Naples. Cette belle Province comprend toute l'ancienne Campagnie, qu'on appelle encore la Campagne heureuſe, à cauſe de ſa fertilitité. C'eſt un des pays les plus agréables de l'Italie par la beauté des plaines. Les chemins y sont tirés au cordeau, & bordés d'arbres; mais comme ils ne sont point pavés, la poussiere les rend très-incommodes. Les champs y offrent une variété singuliere : on y voit de distance en distance, des ormeaux, au pied desquels s'élévent des ceps de vigne qui montent jusqu'aux branches ; la quantité de raisins qu'ils produisent est si considérable, que d'arbre en arbre ils forment des festons très-agréables à la vue. Cette Province, dont Naples est la capitale est bornée N. par l'Abruzze, E. par le Comté de Molise, S. par le Golfe de Naples, O par la mer de Toscane, & par la Campagne de Rome.

LAC MAJEUR. Ce Lac qui dépend du Milanois, & qui comprend les Isles Borromées, a vingt milles de longueur du Tesin aux frontieres des Grisons, sur sept à huit dans sa plus grande largeur. Il est très-poissonneux & ses eaux sont très-lympides. Ses vagues sont très-fortes, & pour le traverser on doit se munir de bonnes barques. On y entre par le Tesin qui y prend sa source au Mont Saint-Gothard, & traverse le Lac. On s'embarque à Festo, Village assez gros, qui n'a rien de remarquable que l'oisiveté de ses Habitans ; ce Lac comprend les Isles Borromées, qui surpassent peut-être par leurs agrémens réels les délices fabuleux des Isles de Circé, de Calipso & des jardins d'Armide. Les terrasses, dit un Voyageur, les grottes, les jardins, les fontaines, les berceaux de limonniers, de cedras ; la vue admirable du Lac & des montagnes, tout y est enchanteur. Les Isles Borromées sont au fond d'un Golfe que forme le Lac au couchant. Ces Isles sont l'*Isola Bella*, l'*Isola Madre*, & une troisieme qui n'a que quelques maisons. *Voyez* ISLES BORROMÉES. Le Lac Majeur a sur ses bords Festo, Aronne, Anghierna, Belgerati, au couchant les frontieres du Piémont, & au levant les frontieres du Milanois & des Suisses. La Maison Borromée a des droits considérables sur ce Lac ; elle les tient en Principauté relevant du Piémont.

LACO FUSARO, ou COLLUCCIO, est un Lac à droite de Bauli, plus long que large, qui communique à la mer par un canal étroit, où l'on retient le poisson, au moyen d'une digue qu'on ferme; c'est ce que les Anciens appelloient l'Acheron. Il est situé entre la pointe de Misene & les ruines de Cumes. C'étoit-là que le Battelier Caron, selon les Poëtes, passoit les ames dans les enfers. Ce qui peut avoir donné lieu à cette fable, c'est que pour parvenir aux Champs Elisées, qui étoient les cimetieres des Romains, il falloit passer l'Acheron, que le Battelier ne passoit personne sans argent; & que d'ailleurs il failoit être riche pour être inhumé aux Champs Elisées, & qu'enfin si l'on n'avoit de quoi payer, on restoit en deçà de l'Acheron.

LACRIMA CHRISTI, est un endroit proche le Mont Vésuve & dans ses cendres mêmes, qui produit le vin de ce nom, réputé dans tout l'univers; sa qualité est supérieure à tous les vins d'Italie; & ceux des côteaux de Cécube & de Falerne, chargés de vignes, sont encore très-bons; mais le Lacrima Christi les surpasse tous; ce qui faisoit dire à un Allemand qui en buvoit un jour: *Bon Jesus, pourquoi n'avez-vous pas aussi versé quelques larmes dans mon pays?*

LACS D'ITALIE. Les plus considérables sont:

Le LAC D'AGNANO. *Voyez* AGNANO.

Le LAGO CASTELLO, ou de NERNI. *Voyez* CASTELLO.

Le LAC DE CÔME, *Lago di Como*, près de la Ville du même nom, dans le Milanez, a environ quatorze lieues de longueur sur deux de largeur: le fleuve d'Adda le traverse. Ce Lac prend sa source dans le Païs des Grisons. On y pêche de très-bons poissons, & sur-tout d'excellentes truites.

Le LAC FUSARO. *Voyez* LAGO FUSARO.

Le LAC DE GUARDA. *Voyez* GUARDA.

Le LAC LUCRIN. *Voyez* MONTE NUOVO.

Le LAC DE LUGANO, situé dans le Milanez, n'a tout au plus que huit lieues de longueur; sa figure approche de celle d'une croix. Il prend son nom de la petite Ville de Lugano, qui est tout auprès. Il se vuide à l'occident par la Tresa, qui va se jetter dans le Lac Majeur. *Voyez* LAC MAJEUR.

LAC NERNI. *Voyez* LAGO DE CASTELLO.

LAC DE PEROUSE, à trois lieues de la Ville du même nom.

Il est presque rond & a environ deux lieues de diametre. Il renferme trois Isles.

LADISLAS, ou LANCELOT, fameux Roi de Naples, surnommé le Victorieux & le Magnanime, fit la guerre Louis II d'Anjou, & alla à Javarin se faire couronner Roi de Hongrie en 1403; il repassa en Italie, & se rendit maître de Rome, où il commit mille violences. Il perdit la bataille de Roquesèche, le 19 Mai 1411, contre Louis d'Anjou, & mourut à Naples le 16 Août 1414, à trente-huit ans, d'un poison que la fille d'un Médecin lui avoit donné à Perouse.

LAGO-CASTELLO, LAC DE CASTEL GANDOLFO OU D'ALBANO, est dans la Campagne de Rome, dans un très-agréable bassin entouré de montagnes très-cultivées. Le canal du Lac est un des ouvrages les plus anciens & les plus singuliers des Romains, qui le construisirent trois cent quatre-vingt-dix-huit ans avant J. C. à cause d'une crue extraordinaire qui menaçoit Rome, d'une inondation, dans le temps qu'on faisoit le siége de Veies. Ce siege traînant en longueur, on consulta l'Oracle d'Apollon Pythien à Delphes, qui répondit que le siége ne finiroit que lorsqu'on auroit fait couler les eaux du Lac par une autre route que celle de la mer. On perça la montagne qui borde le Lac vers Castel Gandolfo, on y creusa un canal qui a trois pieds & demi de large sur six de hauteur, & sur la longueur de douze cent soixante toises; c'est l'émissaire ou épanchoir du Lac qui sert encore au même usage, & n'a jamais eu besoin de réparation, tant il est solide. Ce qu'il y a de plus étonnant, c'est que ce canal où il semble que deux hommes pouvoient seuls travailler, ait été fait en une année, les eaux du Lac sur-tout devant empêcher qu'on ouvrît ce canal jusqu'au Lac.

Le Lac d'Albano a un sable noir & blanc. Le Lac de Nemi, ou Lago Nemorense, est renfermé dans la même chaîne de montagnes, près de Gensano; il a quatre milles de tour; l'un & l'autre ressemblent à des entonnoirs de volcans. Les Anciens parlent d'éruption de volcans qui ont formé des gouffres; ce qui confirme ces phénomenes, ce sont les bords de ces Lacs formés d'une espece de lave ferrugineuse, à moitié vitrifiée & disposée par lits inclinés du côté extérieur, c'est-à-dire, vers les campagnes.

Le Lac de Nemi donne son nom au Château qui est vis-à-vis de l'autre côté ; on croit que Virgile en parle dans ces vers :

.... *Contremuit nemus, & sylvæ intonuêre.*
Audiit & triviæ longè lacus, &c.

Ce Lac est appellé dans les Anciens *Aricinum*, *Albanum*, *Lacus Treviæ*, & *Speculum Dianæ*. Il y avoit sur ses bords un Temple de Diane, élevé par Oreste & Iphigenie, & un bois consacré à cette Déesse. Non loin, à la *Villa del Duca*, on trouve des ruines qu'on croit être du Palais des Antonins.

LAGUNES, espece de grand Lac, ou plutôt de marais, ou étangs, séparés de la mer par des bancs de sable, dans lesquels Venise est située. Ce fut-là que quelques restes de l'Empire Romain, & sur-tout les Venetes, se réfugierent pour se mettre à couvert des incursions des Barbares conduits par Attila, & qu'ils jetterent les fondemens de Venise. Ces Lagunes composent plus de cent petites Isles. On y jouit du plus beau coup d'œil, & du spectacle le plus singulier, sur-tout depuis Venise jusqu'à la Brenta ; d'un côté, s'offre la perspective singuliere d'une Ville immense sortant des eaux ; de l'autre, un rivage non moins étonnant, couvert de maisons qui semblent aussi sortir de la mer.

LAINO, petite Ville au Royaume de Naples, dans la Calabre Ultérieure, avec un bon Château & titre de Marquisat qui appartient à la Maison Cardenas originaire d'Espagne.

LALLIUS, (*Jean-Baptiste*, né à Norcia dans l'Ombrie, Poëte & Jurisconsulte, mourut en 1637. Outre plusieurs Ouvrages de Poësie, publiés par Jean Lalli son fils, il a laissé un Ouvrage de Jurisprudence sous le titre de *Viridarium Materiarum praticabilium in utroque Jure, ordine alphabetico concinnatum*.

LAMBERT, Roi d'Italie, étoit fils de Guy, Duc de Spolette, auquel il succéda en 894. Deux ans après, il s'accommoda avec Bérenger, son compétiteur, & fut tué à la chasse, par Huges, Comte de Milan, en 898.

LAMPEDOSA, LAMPEDOUSE & LINOSA, sont deux Isles à l'O. de Malthe, vers les côtes d'Afrique, qui n'ont ni maîtres ni habitans. Dans l'Isle de Lampedouse il y a une ancienne Eglise, dédiée à la Vierge. Elle est divisée par une simple tapisserie, de sorte que la moitié est une Eglise Catholique & l'autre une Mosquée; les Catholiques & les Mahométans y viennent avec la même dévotion. Les Navigateurs, de quelque Nation & de quelque Religion qu'ils soient, trouvent à côté de l'Eglise un magasin très-bien pourvu, où ils peuvent renouveller leurs agrêts; ils laissent la valeur de ce qu'ils ont pris, ou en argent qu'ils mettent dans le tronc de la Sainte Vierge, ou en marchandises qu'ils déposent dans l'Eglise. Il est inouï qu'aucun Navigateur ait manqué de bonne foi dans cette espece d'achat volontaire. Des Religieux Siciliens viennent à certains jours retirer l'argent & les marchandises, & remplacent les agrêts qui manquent au magasin. Les profits de ce commerce plein de franchise, sont appliqués à un Hôpital de Trapani.

LAMPUGNANI, (*Jean-André*) avec Charles Visconti & Olgiati, conspira la mort de Galeas Sforce. Lampugnani étoit son domestique & fut excité à cet assassinat pour se venger de son Maître, qu'il accusoit de lui avoir fait tort, en ne prenant pas son parti contre l'Evêque de Côme, qui l'avoit privé d'un Bénéfice. Lampugnani porta les premiers coups en présentant des papiers au Duc de Milan: il fut frappé lui-même. Cette horrible scene se passoit dans l'Eglise de Saint Etienne de Milan. Lampugnani alla tomber & mourir au milieu de l'Eglise; les deux autres Conjurés furent pris & expirerent dans les plus horribles supplices, qu'ils souffrirent avec la plus incroyable fermeté. Le bourreau qui tourmentoit Olgiati, détournoit la tête d'horreur, ne pouvant soutenir la vue des maux qu'il lui faisoit. Olgiati soutenoit son courage, en lui disant: *les tourmens que tu crois me faire souffrir sont ma consolation, puisque je ne les endure que pour avoir délivré ma Patrie d'un Tyran, & lui avoir rendu la liberté.*

LAMPUGNANI, (*Jérôme*) né à Milan, de la famille du précédent, fut un célèbre Jurisconsulte. Il professa le Droit & a laissé *Compendium introductionis ad Justinianias Institutiones, de ratione studendi in utroque Jure*, & plusieurs autres Ouvrages.

LANA SUCIDA, laine ou espece de soie, qui provient de la Pinne marine, que l'on trouve dans la Calabre ultérieure & sur les côtes de la Sicile. La Pinne marine est une espece de moule longue de six à huit pouces. Ses écailles sont couvertes d'un poil extrêmement fin, de différente longueur. On le met tremper pendant quelques jours dans l'eau, ensuite on le bat & on le carde : il devient par-là aussi doux que la soie, & propre à être filé. La couleur de ce poil est brune & naturellement lustrée. Il y a dans la Ville de Reggio plusieurs manufactures de ces laines, que l'on emploie à différens usages, comme gants, bas, camisolles, &c.

LANCIANO, Ville au Royaume de Naples, dans l'Abruzze Citérieure, avec un Archevêché érigé en 1562. Cette Ville est célebre pour les foires qui s'y tiennent deux fois l'année en Mai & en Août. Elle est sur le torrent de Feltrino, près du Sangro, à sept lieues S. de Chieti, & trente-cinq N. E. de Naples. On croit que c'est l'*Auxanum* des Anciens. Ceux du pays l'appellent encore *Lausano*.

LANCISI, (*Jean-Marie*) né à Rome, en 1656, Médecin, & savant Professeur d'Anatomie au College de la Sapience. Il fut Médecin & Camerier secret d'Innocent XI & de Clément XI. Il a composé plusieurs Ouvrages fort estimés, & entr'autres sur la maniere dont les Médecins doivent étudier ; des Traités sur les morts subites, sur les vapeurs des marais ; &c. Ses meilleurs Ouvrages ont été recueillis & publiés à Geneve en deux volumes in-4°. 1718.

LANDA, (*Catherine*) l'une des Dames savantes du seizieme siecle, étoit de Plaisance, aussi célebre par sa beauté que par son esprit. En 1526, elle écrivit une lettre au Cardinal Bembo, qu'on trouve parmi celles de ce grand Ecrivain. Elle étoit sœur du Comte Augustin *Landa*, & femme du Comte Jean Fermo *Trivulcio*.

LAN

LANDI, (*Bassiano*) Médecin, né à Plaisance, savant Professeur de Padoue, y fut assassiné en 1562, par un scélérat, qui le perça de plusieurs coups de bayonnette comme il se retiroit un soir chez lui. Il a composé plusieurs Ouvrages, & entr'autres *de Humana Historia. Lairologia.*

LANDINI, (*Christophe*) Littérateur célebre du quinzieme siecle. On a de lui une traduction Italienne de Pline le Naturaliste, in-fol. à Venise, de l'Imprimerie de Sanson, 1482; des Commentaires sur Horace; des Notes sur le Dante, *de gli habiti & de gli Magistrati di Fiorenza; I Dialoghi dell' anima.*

LANDO, noble & ancienne famille de Venise, a produit des hommes célebres. Pierre Lando, Doge en 1539. Le Cardinal François Lando, Patriarche de Grado, grand Jurisconsulte, s'employa avec beaucoup de zele pour procurer la paix à l'Eglise, pendant le schisme de Grégoire XIII & Benoît XIII. Il eut seize voix au Concile de Constance pour l'élire Pape à la place de Jean XXIII, qui l'avoit fait Cardinal. Il mourut à Rome en 1427.

LANDO, (*Hortensio*) né à Milan, Médecin, publia plusieurs Ouvrages sous des noms supposés. On a de lui deux Dialogues, attribués au Cardinal Alexandre, sous le titre de *Cicero Relegatus & Cicero Revocatus. Lugduni*, 1534. Il a composé des Nouvelles, des Fables, des Dialogues, recueillis en un volume in-8°.

LANDON, Pape, du pays des Sabins, dans le dixieme siecle, fut élu après la mort d'Anastase III, en 912. Il ne regna que deux mois, ou, selon d'autres, quatre & quelques jours; mais dans cet intervalle, Théodore le força de donner l'Archevêché de Ravenne à Jean, Evêque de Bologne, son ami, qui succéda à Landon.

LANEBOURG, dernier Village de la Maurienne, au pied du Mont Cénis, à quatre lieues de Modene, sur l'Arc, a environ deux cens maisons. Il est à six lieues de la source de l'Arc. Ce Village est assez peuplé; sa principale ressource consiste dans le transport des voyageurs de ce lieu à la Novalese, qui est de l'autre côté du Mont Cénis. Il y a toujours plus de cent personnes avec autant de mulets, occupés à ce transport. Quoiqu'il y ait six lieues, ces porteurs & ces mulets sont si habitués à ce genre de voyage, qu'on le fait en moins de six heures. Il y a beaucoup de daims aux environs de Lànebourg.

LANFRANC, (*Giovani*) Peintre, né à Parme en 1581, de parens pauvres. Il entra au service du Comte Horace *Scotti*, en qualité de Page. Ce Seigneur reconnut en lui des dispositions surprenantes : il le conduisit lui-même dans l'école d'Augustin Carrache, & ensuite dans celle d'Annibal Carrache. Lanfranc étudia les Ouvrages de Raphaël & du Correge ; il s'attacha aux racourcis dont le Correge a embelli la Coupole de Parme, & réussit aussi dans ce genre ; les grands progrès de Lanfranc lui firent une réputation très-étendue. Ses talens éclaterent dans la Coupole de Saint André *de la Valle*. Les Papes Paul V & Urbin VIII le comblerent de biens & d'honneurs. Il en profita pour vivre avec splendeur & dans une tranquillité philosophique, avec une femme aimable & des enfans chéris. Il avoit un génie hardi, il n'aimoit que les grandes machines ; il avoit une exécution facile, du goût dans ses draperies, grouppoit avec intelligence ; il connoissoit peu le clair obscur. Son coloris est noir, les teintes de ses carnations sont triviales ; il a souvent manqué de correction. Le Roi & M. le Duc d'Orléans ont quelques tableaux de ce Maître qui mourut à Rome en 1647.

LANFRANC, Médecin célebre de Milan, & Professeur de Médecine & de Chirurgie dans cette Ville. Il y fut persécuté, mis en prison & obligé de se retirer en France. Il séjourna à Lyon, & y composa sa petite Chirurgie. En 1295, il fut appellé à Paris par les Médecins, pour démontrer la Chirurgie & donner des leçons. Dans ce temps-là la Chirurgie & la Médecine, étoient dans l'état le plus déplorable. On appelloit *Physicus*, un simple Médecin ; *Medicus*, le Médecin qui opéroit, tel qu'étoit Lanfranc lui-même. On appelloit *Laïcus*, un Barbier-Chirurgien. Lanfranc se glorifioit d'unir la Médecine & la Chirurgie, & blâmoit les Médecins d'avoir laissé ce dernier Art aux Barbiers. Lanfranc a composé *Chirurgica parva*;

Ars completa totius Chirurgiæ, sivé Practica Major, libri quinque.

LANFRANC, célebre Archevêque de Cantorbery, au onzieme siécle, étoit natif de Pavie, & d'une bonne famille; il fit ses études à Bologne, vint en France où il se fit Religieux dans l'Abbaye du Bec, dont il devint Prieur; il s'éleva fortement contre Berenger, dont il combattit l'hérésie au Concile de Rome en 1059: Guillaume le Conquérant le tira de l'Abbaye de Saint-Etienne de Caen, où il étoit Abbé, pour le placer sur le siége de Cantorbery en 1070; Lanfranc se montra toujours zélé à soutenir les droits de son Eglise, & à maintenir les immunités ecclésiastiques. Il mourut le 28 Mai 1089. Il a laissé divers Ouvrages, entr'autres celui *du Corps & du Sang du Seigneur*, contre Berenger.

LANGHES (les) *Feuda Langarum*, étendue de pays qui comprend les collines du commencement de l'Apennin. Cette Contrée renferme cinquante-huit Fiefs, qui relevent du Saint Empire, & qui furent accordés par l'Empereur au Duc de Savoie, dans le Traité de paix conclu en 1735. Ces Fiefs sont situés entre Ceva & Albe.

LANGIN, petite Ville du Chablais en Savoie, près du Lac de Geneve.

LANTI, petite Ville dans le Patrimoine de Saint Pierre. Les Princes de Lanti y ont une maison de plaisance superbe.

LANTOSCA, Bourg du Piémont, dans le Comté de Nice, près de *Sospello*, au N. du Comté.

LANZONI (*Joseph*) Médecin, né à Ferrare en 1663. Il fut Professeur de Médecine dans sa patrie, & entra jeune dans l'Académie des Curieux de la nature. Il unissoit à l'étude de sa profession la culture des Lettres & de l'Antiquité. Il fut pris pendant long-temps pour Juge dans les disputes des Savans, sur les matieres de Philosophie & de Littérature; il a rétabli l'Académie de Ferrare. Il mourut en 1730. Ses Ouvrages ont été recueillis en trois volumes in-quarto, en latin, imprimés à Lausane, en 1738.

R r ij

LAPARELLI, (*François*) Architecte & Guerrier, né à Cortonne en 1521. Il s'appliqua fort jeune à la méchanique & aux sciences militaires. Pie IV le chargea de la garde de Civita Vecchia, & lui donna une Compagnie de deux cens hommes. Laparelli fortifia Civita Vecchia & le port. Michel-Ange lui laissa ses desseins de l'Eglise de Saint Pierre, que Laparelli exécuta. Pie IV l'envoya à Malthe, dans le temps que Soliman II se disposoit à l'assiéger; Laparelli donna à la Valette le plan de la nouvelle Ville qui porte le nom de ce Grand Maître. Il alla offrir ses talens aux Vénitiens contre les Turcs, mais étant arrivé à Candie, où la flotte Chrétienne étoit assemblée, il y mourut de la peste en 1570.

LARINO, Ville Episcopale au Duché de Naples, dans le Comté de Molise; son Evêché est suffragant de *Benevent*. Cette Ville est à huit lieues de Molise & située au S. E. de Trivento.

LARNO, petite Ville de la République de Gênes, à six lieues de Savonne. La Maison Doria y possède un Palais superbe.

LASCENA, (*Pierre*) Avocat célèbre, né à Naples en 1590; son pere Jordain Lascena étoit de la Province de Normandie. Il connoissoit très-bien les langues, étoit très-savant dans l'un & l'autre Droit & dans les Belles-Lettres. Il s'étoit acquis un grand nom à Naples. Il alla à Rome & y mourut en 1636; a laissé plusieurs Ouvrages, & entr'autres, *de Nepenthe Homeri, de iis qui in aquis pereunt*, &c.

LATERINA, petit Village sur l'Arno, à trois lieues d'Arezzo: vis-à-vis de ce Village, de l'autre côté de la riviere, il s'éleve des mofites ou vapeurs sulfureuses; elles sont si actives, que les animaux n'y peuvent passer sans être suffoqués; les Paysans y chassent le gibier, qui meurt dès qu'il est atteint de la vapeur. Il y a des eaux minérales.

LATINIUS, (*Latinus*) un des Savans qui furent employés avec les Cardinaux Buon Compagno & Montalte, depuis Papes, Sirlet, Saint Charles, &c. à la correction du Décret de Gratien. Il naquit à Viterbe en 1513. Il acquit une très-grande connoissance dans les Belles-Lettres. Il étoit très-grand Critique; mais on lui reproche un esprit systématique, qui lui fit supprimer dans les Anciens ce qui contrarioit ses sentimens. Il travailla, pendant treize années, à la correction du Décret de Gratien. Il a laissé *Observationes & Emendationes in Tertulianum*; *Bibliotheca sacra & prophana, sive observationes, correctiones, conjecturæ & variæ lectiones*. Il mourut à Rome âgé de quatre-vingts ans, en 1593.

LATIUM, pays des Latins, appellé aujourd'hui *Campagna di Roma*, ne s'étendit d'abord que depuis le Tibre jusqu'au Cap Circelli; les Romains y joignirent ensuite le pays qu'ils conquirent sur les Herniques, les Æquiens, les Volsques & les Ausonniens. La Campagne de Rome comprend aujourd'hui Alatri, Anagni, Aquino, Gaeta, Fondi, Piperino, Sezza, Segni, Sora, Veletri, &c.

LATOMIES, (*le Tagliato*) Caverne en Sicile, que Denis le Tyran fit creuser, pour y renfermer ceux qu'il jugeoit criminels. Il les y retenoit si long-temps, qu'ils s'y marioient & avoient des enfans. On dit que Philoxene y composa son Poëme du Cyclope, dans lequel il répandit des traits satyriques contre le Tyran.

LATRAN, (Eglise de Saint Jean de) est appellée la mere & la principale des Eglises de Rome & de l'Univers. C'est le véritable Siége des Souverains Pontifes; c'est celle dont après son élection, il va prendre possession en grande cérémonie. Elle fut bâtie par ordre de Constantin en 324, sur les ruines du Palais de *Lateranus*, Sénateur, dit-on, sous l'Empire de Néron. Elle fut consacrée par Saint Silvestre. Depuis le Pape Saint Zacharie, jusqu'à Clément XII, plusieurs Papes l'ont restaurée & embellie. Ce dernier y fit faire la belle façade qu'on y voit, sur les desseins d'Alexandre Galilée; elle est imposante par sa grandeur & son exécution. La Tribune des bénédictions du Pape, & le Vestibule, sont dignes de l'attention des Savans. La nef, les doubles bas côtés & les Chapelles renferment trois cent trente-cinq colonnes, dont la plupart sont très-belles, sur-tout celles qui soutiennent l'orgue, qui ont vingt-sept pieds & demi d'élévation, & les deux qui soutiennent le grand arc, qui sont de granite, & qui ont environ trente-cinq pieds de haut. Dans les piliers de la grande nef, sont douze niches, entre vingt-quatre colonnes de verd antique, où sont les statues colossales des douze Apôtres. Legros, Sculpteur François, a fait celles de Saint Barthelemi & de Saint Thomas, & Monot, autre Sculpteur François, a fait celles de Saint Pierre & de Saint Paul ; au-dessus de ces niches sont des tableaux ovales représentant les Prophètes ; Jérémie, de Sébastien *Concha* ; le Baruc, du *Trevisan* ; le Daniel, du *Procaccini* ; l'Amos, de *Nasini* ; l'Abdias, de Guiseppe *Chari*. L'Autel du Saint Sacrement est de la plus belle & de la plus riche décoration. Au-dessous du Tabernacle, est un bas-relief d'argent, représentant la Cene, soutenu par deux grands Anges de bronze doré ; il y a quatre belles statues d'Elie, de Moïse, d'Aaron & de Melchisedec. Le grand Autel est surmonté d'un pavillon de marbre ciselé, à fond d'or, soutenu de quatre belles colonnes de porphyre ; mais les plus belles colonnes sont celles qui sont autour de l'autel du Saint Sacrement ; il y en a quatre de verd antique, & quatre de bronze, qui ont neuf pieds de circonférence : on prétend qu'elles ont été faites par Auguste, du bronze des proues des vaisseaux Egyptiens, après la bataille d'*Actium*. La Chapelle de la Maison *Corsini* est fort admirée, elle est de *Galilei*. Le tableau de l'Autel est une mosaïque représentant Saint André Corsini, d'après le Guide. On voit de l'autre côté le tombeau de Clément XII, dont le corps est dans une urne antique de porphyre, que l'on croit avoir renfermé les cendres d'Agrippa. Dans le chœur des Chanoines, l'Autel est sous une grande tribune, ornée de belles mosaïques. Il y a plusieurs autres Mausolées très précieux dans cette Eglise ; tels sont celui du Cardinal Farnese, de l'architecture de Vignole ; celui de Sainte Hélene, mere de Constantin, formé d'un grand vase antique de porphyre, avec des bas-reliefs ; d'Alexandre III ; de Martin V, en bronze. Plus de vingt Papes & un grand nombre de Cardinaux. Au tombeau de Boniface VIII, Giotto a représenté ce Pape publiant l'indulgence du Jubilé de 1300. Le Mausolée du Cardinal Jérôme Casanatta, est de Legros, & fort estimé. Les chefs de

Saint Pierre & Saint Paul sont renfermés dans deux bustes d'argent, enrichis de diamans, avec une fleur de lys en or, garnie de diamans, dont Charles V, Roi de France, fit présent à l'Eglise. Le détail des reliques & de tout ce qui a rapport à cette Eglise, est immense. On y conserve une partie de la vraie croix de sa robe, de la tunique de pourpre, la robe de la Vierge, celle de S. Jean l'Evangéliste, l'Autel où Saint Pierre & ses successeurs célébroient la Messe avant la construction de cette Eglise. Le cloître présente plusieurs inscriptions anciennes, Hébraïques, Grecques & Latines; la *Sella Stercoraria* est un siége de porphyre percé dans le milieu, à l'usage des bains des anciens Romains, sur lequel on faisoit placer autrefois le Pape dans sa prise de possession, pour lui rappeller qu'il étoit homme. On y voit le plus grand tombeau de porphyre qui soit à Rome, sur lequel on voit un lion & trois enfans, un combat à cheval & des prisonniers. Il y a une infinité d'autres objets intéressans dans cette Eglise. Outre le portail qui est très-beau, il faut voir la statue de Henri IV, Roi de France, monument de la reconnoissance du Chapitre envers ce Monarque, après qu'il lui eut fait présent de l'Abbaye de Clérac, dont les Chanoines jouissent encore.

LAVAGNA, Ville de la côte de Gênes, avec titre de Comté. Il appartenoit autrefois à la Maison de Fiesque; elle en fut dépossédée lors de la conjuration des Fiesques contre Doria. Les Anciens appelloient cette Ville *Lavania* ou *Labonia*.

LAVANGES, (les) ou masses énormes de neige qui se détachent du haut des Alpes sur la fin de l'hiver. En roulant du haut de la montagne, elles grossissent par la neige qu'elles rencontrent & qu'elles rassemblent. M. de la Lande rapporte le fait suivant. Il y a quelques années qu'une cabane fut engloutie, dans le Comté de Nice, par une de ces lavanges, sous quarante-deux pieds de neige. Trois femmes qui s'y rencontrerent resterent engourdies, mais vivantes, pendant l'espace de plus d'un mois, depuis le 19 Mars jusqu'au 25 Avril, qu'on les retira pour les rappeller à la vie. Le fait a été vérifié par ordre du Roi de Sardaigne. Les noms de ces trois femmes sont Anne-Marie Roccia-Bruno, Anne & Marguerite Roccia.

LAVELLO, Ville au Royaume de Naples, dans la Basilicate, avec un Evêché suffragant de Bari. Cette Ville qui est fort ancienne, a titre de Marquisat, & appartient à la Maison Taffo. Elle est à sept lieues de Cirenza. Les Latins l'appellent indifféremment *Labellum* & *Lavellum*.

LAVENSA, petite Ville du Duché de Massa, dans les Etats de Modene, est située à l'embouchure d'une petite riviere de même nom. Il y a un très-beau port que le Duc de Modene vient d'y faire, & qui n'est pas encore fini. Ce Prince a fait construire de grands chemins à travers l'Apennin.

LAVES, LAVÉ, Les Napolitains appellent ainsi ces rivieres de soufre, de minéraux & de pierres en fusion, de bitume mêlés ensemble, que le Mont Vésuve vomit dans ses fureurs : cette matiere enflammée coule lentement en conservant sa chaleur, mais après elle devient si dure, qu'il n'est pas possible de la séparer. On prétend que les voies Appienne & Flaminienne sont pavées de ces pierres, qu'on voit encore presqu'entieres, après dix-huit siécles.

LAVINIA, (Citta) que quelques Auteurs prennent pour l'ancienne Lavinie, est un bourg de la Campagne de Rome. D'autres placent l'ancienne Lavinia, à *Patrica*, d'autres sur le Mont de *Levano*. La *Citta Lavinia* ou *San Lorenzo*, est située entre *Ostie* & *Antio ruinato*.

LAUMELINE ou LUMELINE, (la) est une Province du Milanez Savoyard, près des frontieres du Montferrat. Ce territoire appartient au Roi de Sardaigne, à qui l'Empereur le céda en 1708. La Capitale de la Laumeline est Valence, Ville assez forte sur le Pô. Au nord de Valence est Laumello ou Lumello, qui donne son nom à la Province; les autres Villes comprises dans la Laumeline, sont *Mortara*, place forte, *Cozzo*, *Dorno* & *Pieva del Cairo*. On voit dans cette derniere un beau Palais appartenant à la Maison d'*Isembardo*.

LAUMELLO ou LUMELLO, Ville autrefois considérable, mais fort déchue aujourd'hui, est située sur la riviere de Gogna. Les anciens Rois Lombards y ont fait leur résidence. Elle appartient aux Comtes de Crivelli.

LAURATI, (*Pietro*) Peintre, né à Sienne, vivoit dans le quatorziéme siécle: il étoit disciple du Giotto. Ce Peintre s'acquit de la réputation par la vérité de son imitation. Il réussissoit sur-tout à faire sentir le nud sous la draperie, & dans la perspective.

LAURE. *Voyez* PÉTRARQUE.

LAURENT, Antipape. Festus, Sénateur, & dévoué à l'Empereur Anastase, n'ayant pu réussir à faire souscrire le Pape Symmaque à l'Edit de Zenon, en faveur des Eutychiens, opposa à ce Pontife, Laurent, Archidiacre de la Basilique de Sainte Marie-Majeure à Rome. Festus & Probinus se mirent à la tête du parti de Laurent, & occasionnerent bien des troubles dans Rome. Enfin Laurent & Symmaque consentirent de s'en rapporter au jugement de Théodoric, Roi des Goths, quoiqu'il fût Arien. Ce Prince jugea en faveur de Symmaque. Laurent fut le premier à reconnoître le véritable Pape, qui lui donna l'Evêché de Nocera; mais ayant causé de nouveaux troubles, il fut déposé & exilé en 502.

LAURENTIANO; (*Laurenzo*) savant Professeur de Médecine à Florence, & ensuite à Pise, dans le quinzieme siécle, étoit de l'humeur la plus bizarre & la plus sombre. Il acheta une maison pour être à lui, & ne dépendre de personne. Il paya comptant le tiers du prix, & convint que si dans six mois il ne payoit pas les deux autres tiers, il abandonnoit au vendeur la maison & l'argent qu'il lui comptoit. Ne se trouvant pas toute la somme au bout des six mois, il alla se jetter dans un puits où il se noya. Il a fait une traduction d'Hippocrate en latin, des Observations sur Galien.

LAURI, (*Philippe*) Peintre, né à Rome en 1623. Il fut Eleve d'Angelo Caroselli, son parent; il peignoit en petit avec un goût infini, des sujets tirés des métamorphoses; des morceaux d'histoire, des bachanales. Son coloris est inégal & n'est pas toujours de la même force; d'ailleurs il a mis beaucoup de grace dans ses compositions, de correction dans ses desseins, & sa touche est très-légere; ses payfages ont de la fraîcheur & respirent le goût. Il entendoit très-bien la perspective.

Lauri joignoit au talent de la peinture celui de la poësie, un caractere doux & un esprit très-enjoué; saisissant très-bien les ridicules & les transportant sur la toile. Il aimoit beaucoup sa liberté; ce qui l'éloigna toujours du mariage & l'empêcha d'avoir des Eleves. Il mourut à Rome en 1694.

LAURIA BRANCATI, (*François-Laurent de*) natif de Lauria, Ville de Naples & célebre Cardinal, sous le Pape Innocent II. Après avoir été Professeur de Théologie & Consulteur du Saint Office, il fit d'excellens Ouvrages, entr'autres, un Traité latin de la *Prédestination ; de la Réprobation & des graces actuelles*. Il mourut à Rome en 1693, à quatre-vingt-trois ans.

LAURIANO, petite Ville au Royaume de Naples, dans la Principauté Citérieure, avec titre de Duché, appartient à la Maison *Spinelli*.

LAURO, (*Jean-Baptiste*) né à Pérouse, jouissoit de sa réputation sous Urbin VIII, qui se l'attacha en qualité de Camerier secret. Lauro avoit beaucoup de savoir. Il a composé plusieurs Ouvrages, soit en prose, soit en vers. On a de lui un poëme. *De Theatro Romano. Orchestra de Viris illustribus*. Il a laissé plusieurs Epîtres. Il mourut en 1629.

LAURO, (*Cosmo*) de la Ville de Bresse, a écrit l'histoire des Evêques & des principales familles de sa Patrie.

LAURO, (*Vincentio*) né à Tropea, dans la Calabre, fut un habile Médecin & un grand homme d'affaires. Pie V lui donna l'Evêché de Mondovi, en Piémont. Grégoire XIII l'envoya Nonce en Pologne, il se distingua dans cette Nonciature sous Sigismond Auguste, Henri de Valois & Etienne Bathory. Ce même Pape récompensa ses services de la pourpre romaine, & dans cinq Conclaves, il eut un grand nombre de voix pour être Pape. Il mourut à l'âge de soixante-dix ans, en 1592.

LAZARELLI, (*Jean-François*) fameux Poëte, natif de Gubio, fut Auditeur de Rote, ensuite Prêtre & Prevôt de la Mirandole. On a de lui un Poëme singulier, intitulé *la Cicceide*. C'est un tissu de satyres ameres & obscenes, contre un des Auditeurs de Rote. Il y repasse toute sa vie depuis la naissance de l'Auditeur, jusqu'après sa mort. Cet Ouvrage affreux quant à l'objet, est charmant quant à la Poësie & à l'esprit, quoiqu'il y ait des obscénités & des épigrammes sanglantes. Lazarelli mourut en 1684, âgé de plus de quatre-vingts ans.

LAZARETTO-VECCHIO, une des Isles de Venise. La République y fit construire en 1423, au temps de la peste, une Maladrerie. Le Lazaretto-Nuovo est une autre Isle, où les étrangers sont obligés de faire leur quarantaine.

LAZARI, (*Pierre-Antoine*) Prevôt de l'Eglise de Notre-Dame de Pavie, Chevalier de Latran, étoit fort estimé pour ses connoissances & pour sa piété. Il a fait un abregé des Ouvrages de Navarre, & est mort à Pavie sa Patrie, en 1630, âgé de cinquante-huit ans.

LECCÉ, LECCIE, *Aletium*. Ville considérable au Royaume de Naples, dans la Terre ou Province d'Otrante, dont elle est la Capitale, avec un Evêché suffragant d'Otrante, est la résidence du Gouverneur & le siége d'une Audience Royale. C'étoit la Patrie de Scipion Ammirate. Leccé est très-bien peuplée & fort commerçante. Elle est à quatre lieues du Golfe de Venise, huit N. E. d'Otrante, & huit S. E. de Brindes.

LECCO, petite Ville dans le territoire de Côme, sur l'Adda & près d'une branche du Lac de Côme, dans le voisinage des frontieres des États de Venise, est bien peuplée, assez commerçante & bien fortifiée. Elle appartient à la Maison d'Autriche.

LÉGATS, VICE-LÉGATS & NONCES. Les Légats & Nonces sont les Ambassadeurs ou Envoyés de la Cour de Rome chez les Puissances étrangeres. Les Italiens, dévoués à l'intrigue, par caractere & par état, regardent comme funestes des honneurs ou des dignités qui les éloigneroient de la Cour. Les Légations & les Nonciatures ont des avantages trop considérables pour n'être pas ambitionnées; elles sont toujours données à des Cardinaux; mais ils les font remplir par de jeunes Prélats, avec les titres de Vices-Légats. Les Légations qui éloignent de la Cour, sont celles de Bologne, de Ferrare & de la Romagne; les Nonciatures sont à Vienne, Paris, Madrid, Lisbonne, Naples, Turin, Varsovie, Venise, Bruxelles, Cologne, Florence, Lucerne; la place d'Inquisiteur à Malthe ; la Vice-Légation d'Avignon & la Présidence de la Légation d'Urbin.

LEGNANO, Ville dans le Véronois, dans l'État de Venise, située sur l'Adige, est défendue par une forteresse assez considérable.

LEGNANO, (*Jean*) Jurisconsulte né à Milan, dans le quatorzieme siecle, d'une famille noble. Il réunissoit à la connoissance du Droit, celle des Mathématiques & de la Philosophie. Il a composé un Ouvrage sur les Clémentines ; sur la Censure ecclésiastique ; un Traité de l'interdit ; un autre des Heures canoniales ; un autre sur la pluralité des Bénéfices. Il mourut à Bologne en 1382.

LELLIS, (*Camille*) né à Buchiniano dans l'Abbruzze, en 1550. Une vie dérangée qu'il avoit menée pendant plusieurs années, l'obligea de se retirer à l'Hôpital de Saint Jacques des Incurables à Rome, pour se guérir d'un ulcere qui lui étoit venu à la jambe. La sage conduite qu'il y tint, les bons exemples qu'il y donna, lui procurerent l'emploi d'Œconome. Son zele & son active charité pour les malades redoublerent. Il institua, d'après un plan qu'il avoit combiné pour le soulagement de l'humanité souffrante, la Congrégation des Clers Réguliers Hospitaliers. Il se défit en 1584 de son œconomat, & fit approuver sa Congrégation par les Papes Sixte V, Grégoire XIV & Clément VIII. Le Cardinal Mondovi, qui avoit été son protecteur, lui laissa tous ses biens après sa mort. Camille, après avoir fait plusieurs établissemens, mourut à Rome âgé de soixante-quatre ans.

LENA, (*Vincent*) connu en France sous le nom de Laisné, Prêtre de l'Oratoire, né à Lucques en 1633, fut un des plus grands Prédicateurs de son siecle. Il vint très-jeune en France. On l'avoit envoyé à Aix pour y rétablir sa santé, qui s'étoit affoiblie par ses travaux : ses prédications attirerent un si grand concours d'Auditeurs, que l'Eglise d'Aix ne suffisant pas pour les contenir, on fut obligé de mettre échafaud sur échafaud. Il mourut dans cette Ville en 1677. Il reste de lui les Oraisons funebres du *Chancelier Seguier* & du Maréchal de Choiseul ; des

Conférences sur le Concile de Trente, & des Conférences manuscrites sur l'Écriture Sainte, quatre volumes in-fol.

LENDENARA, petite Ville de la Polésine de Rovigo, dans les États de Venise.

LEON. Il y a onze Papes de ce nom. Le premier est Saint Leon, dit le Grand, Toscan, élu en 440, il succéda à Sixte III. Il étoit occupé dans les Gaules, lorsque son prédécesseur mourut, à réconcilier Aëtius & Albinus. L'Eglise étoit déchirée en Orient par les Nestoriens ; en Afrique, par les Vandales ; & en Occident, par les Manichéens & par les Pélagiens. Eutyches répandoit ses erreurs, & opposa Concile à Concile. Leon vint à bout d'extirper ces hérésies ; & par le secours de l'autorité séculiere, il punit & contint les Hérétiques. Attila, vaincu dans les Gaules, venoit s'en venger sur l'Italie, & marchoit vers Rome ; l'intrépide Leon vole au-devant de lui, & lui parle avec tant d'éloquence, que le féroce conquérant s'arrête & revient sur ses pas, avouant que, tandis que Leon lui parloit, il avoit cru voir un Dieu qui le menaçoit de le réduire en poudre. Leon, vainqueur d'Attila, fut attaqué par ses ennemis, qui l'accuserent d'avoir favorisé Eutyches. Il eut plus de peine à se débarrasser des envieux, qu'il n'en avoit eu à faire renoncer Attila à ses conquêtes. Dans le pillage de Rome par Genseric, il obtint du Barbare, qu'on ne mettroit point le feu dans cette Ville infortunée, & que les trois principales Basiliques ne seroient point pillées. Il mourut le 11 Avril 461. Il reste de lui des Sermons & des Epîtres Décrétales.

LEON II, élu le 15 Août 683, étoit né en Sicile. Il étoit très-savant & grand Musicien. Il s'occupa, avec beaucoup de zele, du bien de l'Eglise. Il mourut le 28 Juin 684.

LEON III, Romain, élu le jour même de la mort d'Adrien I, le 26 Décembre 795. Les parens d'Adrien, jaloux de la joie qu'excita l'élection de Leon, se jetterent sur lui pendant une procession, l'entraînerent dans un Monastere, & se disposoient à lui couper la langue & lui crever les yeux ; on lui fournit les moyens de s'échapper ; il se retira auprès des Ambassadeurs de Charlemagne, qui l'envoyerent sous une bonne escorte à ce Prince, qui étoit alors à Paderborn. Charles le ramena à Rome, condamna les affaſſins, & Leon demanda & obtint leur grace. Il couronna ſon bienfaiƈteur Empereur d'Occident. Il vint enſuite le voir en France. Charles envoya ſon fils, & alla lui-même au-devant du Pontife juſqu'à Reims. Il l'amena à Aix-la-Chapelle pour y conſacrer l'Egliſe. Charles voulut que Leon ſignât le partage qu'il avoit fait entre ſes enfans. Mais après la mort de Charles, Leon fut encore attaqué par ſes ennemis; il en punit quelques-uns par la mort; les Romains en murmurerent, & pendant ſa maladie pillerent ſes Châteaux. Louis le Débonnaire envoya des Commiſſaires pour s'aſſurer des faits. Leon mourut le 12 Juin 816.

LEON IV, élu le 12 Avril 847 à la place de Serge II, répara les déſordres des Barbares; le quartier de Saint Pierre, refait à neuf, fut nommé la Ville Leonine. Il ſe lia avec les Napolitains, & mit un frein aux entrepriſes des Sarraſins. Il donna le nom de Leopolis à une Ville qu'ils avoient dévaſtée, & qu'il rebâtit. Il mourut le 17 Juin 855, emportant la réputation d'un grand Prince & d'un Saint Pontife.

LEON V, né à Andrea, ſuccéda à Benoît IV, en 906, & ne régna que quarante jours, ayant été détrôné par Chriſtophe qui le mit en priſon.

LEON VI étoit Romain. Maroſie ayant fait mettre Jean X en priſon, Leon fut élu en 926, & ne régna que ſix mois, ayant été jetté dans la même priſon que ſon Prédéceſſeur.

LEON VII, Romain, ſuccéda à Jean XI, en 936. Il rétablit l'état Monaſtique, fut juſte & ami de la paix. Il ne régna que trois ans.

LEON VIII, Antipape, élevé par l'Empereur Othon, qui fit dépoſer Jean XII par une Aſſemblée d'Evêques en 963. Jean fit condamner l'élection d'Othon par un autre Concile. Benoît V fut élu par le Clergé & par le Peuple. Othon prit Rome, & fit dépoſer Benoît, & le tint priſonnier à Hambourg. Leon mourut en 965.

LEON IX, auparavant Brunon, de la Maiſon des

LEO

Comtes d'Asbourg, Evêque de Toul, donné à l'Eglise à la priere des Romains, par l'Empereur Henri III qui le leur envoya, & qui fut élu en 1049. Il conserva son Evêché de Toul tout le temps de son Pontificat. Il assembla plusieurs Synodes pour les affaires de l'Eglise. Il mit fin, par une réconciliation sincere, à la haine de Godefroi le Preux, Duc de Lorraine, & de l'Empereur. Il assembla un Concile contre Berenger en 1050 à son retour de Lorraine. Il revint en France, & ramena avec lui une troupe de Guerriers contre les Normands qui avoient pris la Pouille. Il eut quelques succès; mais l'année d'après ayant encore marché contr'eux, il fut battu & fait prisonnier. Mais, après une année de captivité qu'il passa dans l'exercice de la piété la plus austere, il fut ramené à Rome où il mourut le 19 Avril 1504.

LEON X, (*Médicis*) élu en 1513, n'ayant que trente-six ans. Il avoit été fait Cardinal à quatorze. Il succéda à Jules II. Eleve d'Ange Politien & de Démétrius Chalcondyle, formé dès le berceau par le commerce des Savans & des Artistes, il protégea & cultiva les Lettres. Florence étoit l'asyle des Muses & du Génie, ils suivirent Leon à Rome. Les plaisirs, la délicatesse, la volupté régnerent à sa Cour. Tandis que les Cardinaux Bembe & Sadolet substituoient le style & l'éloquence de l'ancienne Rome, au langage barbare de la moderne, Leon excitoit les beaux Arts par ses bienfaits, & punissoit les Cardinaux *Petrucci*, *Soli* & leurs complices, qui avoient conspiré la mort du Pape, murissoit les projets d'armer les Princes Chrétiens contre les Turcs, & d'achever la Basilique de Saint Pierre, anathématisoit Luther qu'il n'avoit pu ramener par la douceur, se ménageoit, en habile Politique, des ressources contre François I & contre Charles-Quint, obtenoit la révocation de la Pragmatique, & passoit tour à tour des plaisirs aux affaires ; une mort prématurée l'enleva à l'âge de quarante-quatre ans, en 1521.

LEON XI, Florentin, & de la Maison de Médicis, comme le précédent, élu le 1er. Avril 1605, succéda à Clément VIII, à l'âge de soixante-dix ans. Il ne régna que vingt-six jours.

LEON D'OSTIE, (*Leo Musicanus*) né à Marsin,

Religieux du Mont-Caſſin, enſuite Cardinal & Evêque d'Oſtie, vivoit dans le douzieme ſiecle. Il a compoſé trois Livres de Chroniques du Mont-Caſſin ; le quatrieme eſt de Pierre, Diacre ; il laiſſa auſſi des Sermons, & quelques Vies de Saints.

Il y a pluſieurs Perſonnages célebres du nom de Leon. Outre Leon le Grammairien, dont nous avons parlé ailleurs, Ambroiſe Leon, né a Nole, Médecin & Philoſophe, au commencement du ſeizieme ſiecle, a compoſé une Hiſtoire de Nole en trois livres ; un Traité ſous le titre d'*Opus Quæſtionum*.

LEON DE MODENE, Rabbin de Veniſe, étoit un homme très-ſavant du dernier ſiecle. Il a compoſé une Hiſtoire des Rits Hébraïques en italien. C'eſt un petit Traité dans lequel il expoſe les Cérémonies & les Coutumes des Juifs, avec une préciſion peu commune. Il a été traduit en françois par Richard Simon. Le Rabbin ajouta à l'édition qu'il fit imprimer à Veniſe en 1638, deux morceaux précieux remplis d'érudition, ſur la Secte des Caraïtes & ſur celle des Samaritains de ſon temps.

LEON D'ORVIETTE, Religieux, a compoſé une Chronique des Papes juſqu'en 1314, & une autre des Empereurs juſqu'en 1308, publiées par Jean Lami en 1737, 2 vol. in-8°.

LEON PILATE, Moine de Calabre, regardé comme le premier qui fit connoître la Littérature grecque à l'Italie, lors de la renaiſſance des Lettres. Il enſeigna cette langue à Petrarque & à Bocace. Il étoit très-ſavant, mais ſon extérieur étoit groſſier, ſale, bruſque. Il alla en Grece pour en rapporter des Manuſcrits ; mais comme il revenoit en Italie, un coup de foudre termina ſes jours ſur la mer Adriatique.

LEONARDO DA VINCI, Peintre célebre, né de parens nobles, dans le Château de Vinci, près de Florence en 1443. Non-ſeulement il étoit fort adroit à tous les exercices du corps, mais il réuſſit ſupérieurement dans tous les Arts ; Peinture, Sculpture, Architecture, Poëſie, Mathématiques, Méchaniques, Hydrologie, il travailla avec ſuccès dans tous ces

ces genres. Il avoit inventé une lyre dont il tiroit les sons les plus harmonieux. Le canal qui communique de l'Adda à Milan étoit un ouvrage que plusieurs Ingénieurs n'avoient pu finir : Leonard l'entreprit & l'acheva. Il étoit à Milan lorsque Louis XII y passa; les Milanois le prierent d'imaginer quelque chose qui pût plaire au Roi : il fit un lion rempli de ressorts, qui marcha dans une salle quelques pas au-devant de ce Prince; la machine s'arrêta, sa poitrine s'ouvrit d'elle-même, & laissa voir les armes de France. Il fut l'Eleve de Varrochio. Pendant qu'il étoit encore dans son attelier, cet habile Peintre chargea le jeune Leonard de faire la figure d'un ange qui restoit à peindre dans un tableau du Baptême de Jesus-Christ. Cette figure étoit si belle qu'elle écrasoit le reste du tableau, & que Varrochio renonça à la Peinture. Quoique émule de Michel-Ange, ils étoient fort liés. Ils travaillerent long-temps ensemble. Ils ornerent la grande salle du Conseil de Florence par l'ordre du Sénat. Ils firent ces beaux cartons, chef-d'œuvres de l'Art; le tableau de la Cene qui est dans le réfectoire des Dominicains de Milan, passe pour un de ses chef-d'œuvres. Dans le temps qu'il le peignoit, ayant épuisé tout son art à peindre les Apôtres, il laissa la figure de J. C. en blanc, jusqu'à ce qu'il eût trouvé quelque pensée supérieure. Le Prieur du Couvent le tourmentoit tous les jours pour qu'il peignît cette figure. Toutes les raisons de Leonard glissoient sur cet homme inquiet & ignorant. Malheureusement pour le Moine la figure de Judas restoit aussi à faire, il en fit le portrait du Religieux. Ses plus beaux ouvrages sont à Rome, à Milan, à Florence, ses tableaux sont répandus dans toute l'Europe : le Roi de France & M. le Duc d'Orléans en possédent plusieurs. Parmi ceux que le Roi de Naples a dans son Palais, il y a un portrait qu'on admire pour sa vérité. Dans la Galerie de Florence, il y en a de très-précieux. Sa tête de Méduse coupée & le portrait de Raphael sont deux chef-d'œuvres dignes l'un de l'autre. La force & la vérité sont ses caracteres. Leonard fut forcé par l'envie à quitter son pays; il vint à la Cour de François I, qui lui donna des marques de la plus grande considération. Etant tombé malade à Fontainebleau, à l'âge de soixante-cinq ans, le Roi alla le visiter; Leonard faisoit effort pour se lever; le Roi courut à lui pour l'en empêcher; il voulut le retenir, & le malade expira dans ses bras en 1520. Leonard étoit très-aimable dans la société, d'une belle figure, d'une force si extraordinaire, qu'il rompeit d'une seule main un fer à cheval, quelque fort qu'il fût. Il inventa dans les Sciences. Il a écrit sur la Méchanique, sur l'Hydraulique, sur la Peinture, & sur beaucoup d'autres matieres. On lui reproche un peu de foiblesse dans le coloris. D'ailleurs il cherchoit la nature dans les plus petites choses. Il excelloit dans l'expression des passions & dans le goût du dessin.

LEONI, (*Pierre*) né à Spolette, Médecin & Astrologue, se fit un nom célebre dans les plus belles Universités d'Italie. Il fut précipité dans un puits; ce qui a donné lieu de faire croire qu'il s'y étoit jetté lui-même du chagrin qu'il conçut de la mort de Laurent de Médicis, son malade, arrivée en 1492. Il a laissé un Traité des Urines.

LEONICENUS, (*Nicolaus*) un des plus grands Médecins de son temps, joignit aux connoissances relatives à sa profession, le talent de l'éloquence & le titre de Philosophe. Il étoit né à Lunigo dans le Vicentin en 1428. Il a donné la premiere Traduction latine de Galien. Il fut estimé des Savans & aimé du Peuple. Il mourut en 1524, âgé de quatre-vingt-seize ans, qu'il a passés dans la profession de son Art, & à écrire. On a de lui, entre plusieurs autres ouvrages, une Traduction des Aphorismes d'Hypocrate, la Traduction de Galien, un Traité des Erreurs de Pline, & de plusieurs Médecins dans cette science, à Bude, in fol. 1532; une Traduction Italienne de l'Histoire de Dion, une des Dialogues de Lucren; trois Livres d'Histoires diverses, in-fol. &c.

LEONTINI, Bourg de Sicile dans la Vallée de Noto.

LEONTINO, (*Alain*) Sicilien, & Président de la Chambre de Justice du Royaume, proposa l'affreuse conspiration connue sous le nom de Vêpres Siciliennes en 1285, & il en dirigea l'exécution. Après cet horrible massacre, il voulut se ménager une réconciliation avec les François. Les Siciliens le découvrirent, le firent arrêter & périr en prison.

LER

LERICÉ ou LERICÉE, petite Ville dans l'Etat de Gènes, sur la côte orientale du golfe de la Spezia, est défendue par un fort considérable, qu'on appelle *le Château de Sainte-Maria*. Elle est à quatre ou cinq milles de Sarzane. On croit que c'est le *Portus* Ericis de Ptolomée ; il y a un golfe particulier, séparé d'une langue de terre de celui de la Spezia. Lericée est située au pied des rochers & n'a vue que sur la mer.

LESINA, petite Ville du Royaume de Naples dans la Capitanate sur le Lac de *Lesina*, a un Evêché suffragant de Manfredonia.

LESINA, Isle dans le Golfe de Venise, sur la côte de la Dalmatie, avec un Evêché suffragant de Spalatro, & un bon Port. On y trouve une quantité prodigieuse de lievres & de lapins, & on y recueille des figues excellentes. La pêche du poisson y est si abondante, qu'on dit que les Italiens & les Grecs en auroient assez pour s'en nourrir. Cette Isle appartient aux Vénitiens.

LESSA, petite Ville de l'Etat de l'Eglise, dans la Campagne de Rome, près des Marais Pontins ; elle est peu peuplée & peu considérable.

LESTIGNANO, Bourg de Pisan, dans le Duché de Toscane.

LETI, (*Gregorio*) Savant Historien, né à Milan, d'une famille noble, originaire de Bologne, qui s'est distinguée dans de grands emplois. *Gregorio* perdit son pere jeune, né en 1630, il resta sous la tutele de sa mere en 1639 ; elle s'en retourna à Milan. Son oncle l'appella à Rome en 1644, il vouloit que son neveu prît l'état ecclésiastique ; mais Gregorio étoit né avec des inclinations bien opposées. Cet oncle ayant été fait Evêque *d'Aquapendente*, fit de nouvelles instances. Gregorio, maître de son bien, jouissant de tous les avantages de la nature, beau, jeune, fait pour les plaisirs, refusa constamment, & son oncle le chassa de sa maison, en lui prédisant qu'il deviendroit hérétique. Leti avoit le goût des voyages. Il y avoit pris, ainsi que dans ses lectures, du goût pour les opinions nouvelles; il alla à Gènes & un Calviniste acheva de l'ébranler. Il passa en France & de-là à Geneve, où il se confirma dans son dessein; à Lausane, il fit connoissance avec Antoine Guerin, qui, charmé des manieres, de l'esprit & des connoissances de Leti, lui donna sa fille en mariage; il revint à Geneve où il obtint le droit de bourgeoisie, faveur qui n'avoit encore été accordée à personne. Il y séjourna vingt ans distingué & considéré des Genevois. Il y eut quelques disputes, il vint en France, où il lui arriva plusieurs choses. Il passa en Angleterre, où Charles II lui accorda mille écus de pension, avec la promesse de la place d'Historiographe: son Histoire d'Angleterre déplut par la liberté de l'Historien, qui reçut ordre de sortir de l'Isle dans dix jours. Il se retira à Amsterdam en 1682; il y obtint le titre d'Historiographe de la Ville, & y mourut en 1701, âgé de soixante-onze ans. Il avoit coutume de dire qu'un Historien ne doit avoir *ni Religion ni Patrie*. Il ne s'est pas toujours conformé à cette régle. Les Ecrivains Protestans l'ont loué outre mesure; les Catholiques l'ont blâmé avec excès. Il a composé en italien; il a publié à Geneve, le *Visioni Politiche*; *la Vita di Donna Olympia*; *la Vita di Sixto V*, trad. en franç. deux volumes in-douze; *il Syndicato Alexandro VII*, trad. en franç. *Ambasciata di Romulo à Romani*; *Gli amori di Carlo de Gonzagua*; *il Nepotismo di Roma*. trad. en franç. deux volumes in-douze; *il Cardinalismo*, trois volumes; *Dialoghi Historici*, trois volumes in-douze: *Itinerario della Corte di Roma*, trois volumes in-douze; *il Livello Politico*, quatre volumes in-douze; *il Vaticano Languente*, trois volumes in-douze; *La Vita di Philippo II*, trad. en franç. deux volumes in-quarto; *Discorsi di Martiri e Epithalami*; le troisieme volume de la *Balancia Politica*. Il publia en France le Panégyrique de Louis XIV sous le titre *della Fama gelosa della Fortuna*. A Londres, *il Theatro Britannico*, in-quarto deux volumes; à Amsterdam, *il Ceremoniale*, six volumes in-douze; *la Historia Genevrina*, cinq volumes in-douze; *la Monarchia di Luigi XIV*, trad. en franç. deux volumes in-douze; *il Theatro Germa-*

nico, in-quarto deux volumes; *la Historia di Brandeburgo*, deux volumes in-douze; *la Historia di Saffonia*, deux volumes in-douze; *il Theatro Belgico*, deux volumes in-douze; *la Memoria della real Casa di Borbone*, sept volumes in-douze; *la Vita di Cromwel*, in-octavo deux volumes trad. en franç. *la Vita della Regina Elisabeth*, trad. en franç. deux volumes in-douze, *la Vita di Car. V*, trad. en franç. quatre volumes in-douze; *la Vita del Duca Diffueno*, trad. en franç. trois volumes in-douze; *Critique des Loteries*, trad. en franç. in-douze, &c.

LETTERE, petite Ville assez commerçante, du Royaume de Naples, dans la Principauté Citérieure avec un Evêché suffragant d'Amalfi, à cinq lieues N. O. de Salerne, & huit S. E. de Naples. Ce fut dans cet endroit que Tejas, dernier Roi des Ostrogoths, fut défait par Bélifaire, Général des Troupes de Justinien.

LEVANT, (le) *il Levante*, comprend toutes les terres situées le long de la mer méditerranée, & possédées en grande partie par les Turcs; ce qui en appartient aux Vénitiens, consiste en plusieurs Villes & Isles considérables, telles que *Corfou*, *Santa-Maura*, la *Céphalonie*, *Zante*, *Curfolari* & *Cerigo*. Le Sénat de Venise envoie dans ces Isles un Noble, avec titre de Provéditeur.

LEVANTO, Ville sur la côte orientale de la riviere de Gênes, appartenante à la République.

LEVENZO, petite Isle de la Sicile, dans la Vallée de Mazara, près de Trepano. Parmi celles de cette Vallée ou Province, on remarque Levenzo, Favagnano, & Maretino.

LIAMONE, Riviere qui prend sa source du Lac Cremo, au sommet du Mont *Gradaccio*, dans l'Isle de Corse. *Voyez* GRADACCIO.

LIBERIUS, Pape, Romain, succéda à Jules 1, au mois de Mars 352. Il eut beaucoup à souffrir des Ariens. Ceux-ci demandoient la condamnation de Saint Athanase, qu'ils accusoient de plusieurs crimes. Libérius lui écrivit & lui envoya trois Prélats, pour l'engager de venir à Rome, pour se faire juger, avec menace, s'il défobéiſſoit, de le regarder comme féparé de ſa Communion; mais les Evêques d'Egypte juſtifièrent Athanaſe, & firent changer d'avis à Libérius. Il envoya enſuite une Légation à Arles, pour demander à l'Empereur Conſtance un Concile à Aquilée, & la condamnation d'Arius; mais Vincent, un des Légats, Evêque de Capoue, n'ayant rien pu obtenir, fouſcrivit à la condamnation de Saint Athanaſe. Le Pape en fut affligé, juſqu'à déſirer la mort, dans la crainte qu'on ne le prît pour un calomniateur. Il députa de nouveaux Légats à Conſtance, & lui demanda, avec la plus vive inſtance, un Concile. Conſtance y conſentit, & le Concile fut aſſemblé à Milan en 355. Ce Concile, auquel préſidoit un Arien, & compoſé d'Ariens, ne fit qu'aggraver le mal. Les Prélats Catholiques furent exilés. Conſtance eſſaya de corrompre le Pape; mais n'en pouvant venir à bout, il le fit enlever de nuit, & tranſférer à Milan. L'Empereur le tenta de toutes les manieres; mais n'ayant pu réuſſir, il l'envoya en exil à Berée, en Thrace. Les Ariens éleverent Felix à ſa place; ils firent enſuite une Confeſſion de foi très-captieuſe, & une ſeconde entiérement hérétique. On ôta à Libere toute conſolation dans ſon exil; enfin, vaincu par l'ennui de deux ans d'exil de toute ſorte de privations, par la crainte de la mort dont on le menaçoit, & par la jalouſie de voir Felix ſur ſon Trône, il ſouſcrivit la condamnation de Saint Athanaſe, & la Confeſſion de foi des Ariens. Il en avertit les Evêques d'Orient, & ſollicita, par le moyen des Ariens mêmes, la faveur de Conſtance. L'Egliſe fut ſcandaliſée; Libérius fut regardé par Saint Hilaire de Poitiers comme un *Apoſtat*, lorſqu'en 358 Conſtance le renvoya à Rome. Le Peuple le regrettoit dans ſon exil, & vit ſon retour avec indignation; cependant *Libérius* ſe repentit, & répara le ſcandale qu'il avoit donné par ſon zèle pour l'Egliſe. Il anathématiſa la Confeſſion de foi de Rimini, & ſollicita ſa réconciliation auprès d'Athanaſe. Il ſe releva de ſa chûte: & l'Egliſe, malgré ſa foibleſſe, le regarda avec vénération: il mourut le 24 Septembre 366. Il orna le tombeau de Sainte Agnès, en marbre; bâtit une Egliſe, qu'on croit être celle de Sainte Marie Majeure.

LIBRAIRIE D'ITALIE. Quoiqu'il y ait dans ce pays beaucoup de gens de lettres, cependant la Librairie n'y est pas aussi florissante que dans quelques autres Royaumes de l'Europe. Venise est la Ville où il y a le plus de Libraires. Comme on y imprime à bon marché, il s'y fait un grand débit des éditions, dont une grande quantité est fort vicieuse. A Rome, il n'y a qu'une vingtaine de Libraires. La Librairie travaille beaucoup plus à Turin. Dans toute l'Italie, presque toutes les reliures se font en parchemin blanc, que l'on appelle *carta pecora*, parce que le veau est rare & fort cher, de façon que chez les Libraires, & dans beaucoup de Bibliothéques, on ne voit que très-peu de reliures en veau, mais beaucoup en maroquin rouge ; le reste est en parchemin blanc, avec l'étiquette rouge.

LICETI, (*Fortunio*) célebre Médecin, naquit avant terme l'an 1577, à Rapallo, Ville de Gènes ; il fut élevé d'une maniere qui tient du prodige, pour suppléer à la foiblesse de son tempérament, occasionné par sa naissance avant le septiéme mois. Malgré cela, il vécut quatre-vingts ans, & composa divers Ouvrages fort estimés ; entr'autres un, à l'âge de dix-neuf ans, qui traite de l'origine de l'ame, *de Ortu animæ humanæ*. Sa jeunesse fit qu'on attribua cet Ouvrage à son pere ; mais son mérite le justifia. On lui donna une Chaire à Padoue, où il mourut en 1656. Il a composé une grande quantité d'Ouvrages, & entr'autres, *de Lucernis antiquis ; de Monstris ; de Gemmis ; de novis Astris ; de Immortalitate animæ ; de Fulminum naturâ ; de Ortu viventium ; de Cometarum attributis ; de his qui vivunt sine alimentis ; Mundi & hominis analogia ; de Annulis antiquis ; de Hydrologia sine fluxu maris*.

LIDO, Isle considérable de Venise, qui lui sert de digue & la défend contre la violence des tempêtes. Il y a au Lido de très-belles Eglises, entr'autres un Couvent de Bénédictins. Son port contient toutes les galeres des Vénitiens, & la République peut y mettre une garnison de quatre mille hommes. Les Juifs y ont aussi un cimetiere.

LIGORIO, (*Pirro*) Peintre médiocre, mais grand Architecte. Il a peint plusieurs ornemens en camayeux & en couleur jaune, qui imitoient parfaitement l'or. Il s'appliqua à l'étude des anciens monumens, il les mesura presque tous; & les dessins qu'il en a faits de sa propre main, sont la plupart dans la Bibliothéque du Roi de Sardaigne, à Turin. Il fut nommé Architecte de l'Eglise de Saint Pierre de Rome, sous le Pontificat de Paul IV, qui le priva de son emploi à cause de ses démêlés avec Michel-Ange. Il fut chargé des dessins du Mausolée de ce Pontife après sa mort. On lui attribue le petit Palais qui est dans les bosquets du jardin du Belvedere du Vatican. Ligorio fut encore Ingénieur d'Alfonse II, dernier Duc de Ferrare, & répara tous les dommages que les inondations du Pô avoient causés dans cette Ville. Ligorio mourut à Naples, sa patrie, en 1580.

LIN, (*Saint*) premier Successeur de Saint Pierre, qui du vivant de cet Apôtre eut soin de son Eglise naissante; de sorte que les Auteurs sont embarrassés s'ils doivent dater le commencement du Pontificat de Lin, du vivant de Saint Pierre ou après sa mort. Cependant on le fait commencer à l'an 67 de Jésus-Christ. L'Eglise étoit fort persécutée; & Saint Lin termina sa carriere par le martyre, le 23 Septembre 78, sous l'Empire de Vespasien. Il eut la tête tranchée. Il avoit ordonné que les femmes n'entreroient à l'Eglise que voilées. On lui attribue les actes de de la Passion de Saint Pierre & de Saint Paul.

LINOSA, Isle. *Voyez* FAMAGOUSTE.

LIPARI, (*les Isles de*) sont au nombre de sept; savoir, Lipari, qui est la plus considérable, Stromboli, Pancori, les Salines, Felicar, Alicar & Vulcano. Elles sont dans la mer Tyrrhene, au septentrion de la Sicile. La premiere a environ six lieues de tour, l'air y est sain, les fruits, les grains en très-grande quantité; on y trouve beaucoup de bitume, du soufre & de l'alun. Il y a des eaux chaudes & thermales. Le commerce qu'elle fait de figues, de raisins & de poissons, lui procure un revenu considérable. La Ville de Lipari, qui a donné son nom à l'Isle, le tire elle-même, selon Pline, de Liparus, qui succéda à Eole. Elle fut rebâtie par Charles V, après avoir été ruinée en 1544 par Barberousse. Ces sept principales Isles étoient appellées par les Poëtes *Æolia* & *Vulcania*. C'étoit là qu'ils plaçoient le trône du Dieu des vents, & les forges de Vulcain, parce qu'elles sont exposées à la fureur des vents de mer les plus violens, & qu'il s'y rencontre quantité de petits volcans; elles sont comme annexées à la Sicile. Il y a à Lipari un Evêché suffragant de Messine.

LIPIZA, est un Haras qui appartient à la Reine d'Hongrie, situé dans l'Istrie, à vingt lieues de Trieste; l'on en tire quantité de chevaux.

LIPPI (*Lorenzo*) Peintre & Poëte célebre, né à Florence en 1606, & mort en 1664. Il a laissé plusieurs Ouvrages dans les deux Arts qui l'ont fait connoître. Son Poëme le plus estimé est *Il malmantile raquistato*, la masure reconquise; il l'a mis sous le nom di Perlone Zipoli, qui est l'anagramme de Lorenzo Zippi. Il est imprimé *Colle noto di Puccio Lamoni & d'Altri*. Ce Commentaire étoit essentiel pour l'intelligence de cet Ouvrage. Les plus belles peintures de Lippi décorent les Eglises de la Ville d'Ancône, & sont fort estimées.

LIPPOMAN, (*Louis*) né à Venise, eut beaucoup de réputation dans le seizième siécle, fut chargé de grandes affaires pour la République & pour la Religion. Il fut un des trois Présidens au Concile de Trente. Paul IV l'envoya Nonce en Pologne, & le fit ensuite son Secrétaire; il eut successivement les Evêchés de Modon, de Vérone & de Bergame; il mourut en 1559. Il savoit les Langues, la Théologie & l'Histoire de l'Eglise. On lui reproche une dureté peu chrétienne envers les Juifs & les Hérétiques.. Il a composé un grand nombre de *Vies des Saints*, 8 vol. & *Catena in Genesim, in Exodum & in aliquot Psalmos*. Il ne faut pas le confondre avec un autre grand Négociateur, aussi Vénitien, appellé Jérôme Lippoman, qui fut accusé d'avoir vendu les secrets de l'Etat aux Princes étrangers, fut arrêté à Constantinople, & qui, pour éviter un supplice infaillible, se jetta dans la mer pour se sauver à la nage: ayant été repris par les mariniers, il mourut deux heures après en 1591.

LIVOURNE, *Castrum Liburni*, *Livorno*, à six lieues de

Pise & à vingt de Florence, Ville de la Toscane, très-commerçante & très-bien peuplée. Lorsque le port de Pise fut entièrement détruit, (*voyez* PORTO PISANO) ses environs se peuplerent: le *Castrum Liburni*, qui, de l'Archevêque de Pise avoit passé au Marquis de Livourne par la concession des Empereurs, passa ensuite à Gabriel-Marie Visconti, qui étoit maître de Pise, & qu'il remit, avec *Porto Pisano*, entre les mains du Maréchal de Boucicaut; celui-ci rendit *Porto Pisano* & *Liborno* aux Génois, qui vendirent Livourne aux Florentins. Lorsque Pierre de Médicis fut exilé, il remit plusieurs places à Charles VIII, Roi de France, dont il sollicitoit le secours. Parmi ces places étoit Livourne, qui fut rendue aux Florentins l'année suivante 1495. Ce fut alors que tout le commerce de la Toscane se faisant par le port de Livourne, on commença d'y bâtir des murs & d'y former une Ville; elle fut fortifiée en 1537 par Alexandre de Médicis. Côme I en fit un port franc en 1543, le fit aggrandir, augmenta la Ville, fit élever un fanal, accorda des priviléges à ceux qui viendroient s'y établir. Ferdinand commença la construction de la nouvelle forteresse, fit des acqueducs & des fontaines. Ferdinand II fit faire le nouvel arsenal en 1626. Ce qui contribua le plus à la population de la Ville, fut l'asyle qu'on y accorda aux Juifs chassés d'Espagne & de Portugal. La protection que Ferdinand I leur accordoit étoit si étendue, qu'il punissoit très-rigoureusement quiconque leur marquoit le moindre dédain. Ces Juifs ont établi le grand commerce de Livourne, ils y sont encore très-riches. L'un d'eux faisoit à lui seul un commerce de plus de quinze cent mille livres, de colliers & de bracelets de corail, à l'usage des Barbaresques d'Afrique, & des Indiennes, qui se travailloient chez lui.

Le port est précédé d'une très-bonne rade; il est défendu par un môle qui s'étend à plus d'un mille dans la mer. Il est très-bien fortifié & protégé par une excellente artillerie, les étrangers y viennent de toutes parts. Tout auprès du port, est une place au milieu de laquelle est la statue en bronze du Duc Ferdinand I, de grandeur surnaturelle. La Ville, qui n'étoit qu'un Village, il-y-a deux cens ans, est devenue une des Villes les plus considérables de la Toscane; elle a environ deux milles de tour, fortifiée du côté de la terre par de bons bastions, avec de larges fossés pleins d'eau, soutenus de différens ouvrages, avec deux mille hommes de garnison. Elle paroît toute neuve; toutes les rues en sont alignées; elle est partagée par une grande place; à l'une des extrémités est l'Eglise principale. Au couchant de la Ville, entre la Citadelle & l'ancien Château, est la nouvelle Venise, ainsi appellée, parce que ce quartier est partagé par des canaux, dans lesquels entre l'eau de la mer, traversés par plusieurs ponts à une arcade: presque tous les magasins des Négocians sont le long de ces canaux. Quoique cette Ville ne soit pas grande, on y compte plus de quarante mille habitans. Une partie de la Ville est traversée par un beau canal que fit construire le Duc Ferdinand. Les maisons sont presque toutes peintes en dehors par Auguste *Tasso*, Bolonois.

Il y a une grande Maison de force, dont les murs sont fort élevés, où l'on resserre les Forçats, comme les Turcs renferment les Chrétiens. Les principales Eglises sont la Cathédrale, l'Eglise des Grecs, dont la construction est fort simple; on y voit deux tableaux du Sauveur & de la Vierge, peints sur un fond d'or, dans l'ancien goût des Grecs. La Synagogue est une des plus belles de l'Europe, & des plus riches; c'est un quarré long avec des bas côtés, soutenus par des colonnes. Au-dessus est une galerie grillée, où se placent toutes les femmes. Au milieu de la nef est une tribune bâtie de marbres choisis, avec des pupîtres de même. Au fond de la nef est une espece de sanctuaire, dans lequel sont enfermés les différens volumes de l'Ecriture Sainte, enveloppés des plus riches étoffes, recouverts de couronnes d'argent, & d'autres ornemens. On compte cinq mille Juifs à Livourne. Ils ont des Ecoles dirigées par les Rabins. Le cimetiere des Anglois, qui est hors de la Ville, est une vaste enceinte, entourée d'une clôture de trois pieds d'élévation, de marbre de Carrare, sur laquelle sont élevés, d'espace en espace, de piliers & de grilles de fer.

Le magasin des huiles est une chose curieuse; il est très-grand, les voûtes en sont basses; on a pratiqué dans toute leur étendue de petites cuves quarrées de pierre, que l'on remplit d'huile, & où elle se conserve très-bien. C'est-là que les Marchands, moyennant une modique rétribution, y déposent leurs huiles, & les en retirent pour les vendre.

Le commerce de Livourne est un commerce d'entrepôt; les Juifs & les Arméniens y sont les Courtiers de presque toutes les Nations. Les Anglois & les Hollandois y envoient deux fois l'an une flotte marchande. La France y fait un grand commerce d'étoffes de soie de Lyon, de modes, de quincailleries, tabacs, vins & eaux-de-vie & bleds. Les seules Manufactures qu'il y ait à Livourne, sont des ouvrages de corail.

Il y a près de la Ville deux Tours bâties sur deux rochers, environnées de la mer, & à peu de distance l'une de l'autre. L'une, qu'on appelle *Mazocco*, est blanche & la plus élevée: on y conserve des poudres; c'est sous le canon de cette Tour que l'on fait faire quarantaine aux vaisseaux qui viennent du Levant. Il y a deux autres Tours: celle du Fanal ressemble à deux Tours l'une sur l'autre.

LIVOURNO, gros Bourg dans le Piémont, dont le Prince de Francavilla, de la Maison des Imperiali de Gènes, est le Seigneur. Les soies qu'on fait à Livourno passent pour être les meilleures du Piémont: aussi son commerce est très-considérable & fort étendu relativement au lieu.

LIVRE D'OR; (le) c'est ainsi qu'on appelle à Venise le Catalogue dans lequel tous les fils aînés des Nobles sont enregistrés aussi-tôt après leur naissance. Tous les freres sont également Nobles, & jouissent des mêmes priviléges.

LOCATELLI, (*Eustache*) né à Bologne, de l'Ordre de Saint Dominique, estimé pour son savoir, eut l'Evêché de Reggio, que lui donna Pie V, dont il étoit Confesseur. Il mourut à Reggio en 1573. Il a laissé des Traités de Théologie, & un Traité sur le Maître des Sentences.

LODESAN, (le) est à l'orient du Pavese, dans le Duché de Milan. Ce pays est gras & fertile: *Lodi* en est la Capitale. *Voyez* LODI. Les lieux les plus remarquables qui forment le Lodesan,

LOD 653

font le *Lodi Vecchio* ou l'ancien *Lodi, San - l'Angelo, San-Colombano, Codogno* & *Macaftorna*.

LODI, appellée *Laus Pompeia*, parce que le pere du grand Pompée y établit une colonie romaine. Les Milanois la détruifirent fur la fin du douzieme fiecle, de forte qu'elle ne forme plus à préfent qu'un gros bourg, qu'on appelle aujourd'hui Lodive par corruption de *Lodi Vecchio*; elle avoit été bâtie par les Gaulois Boyens. La Ville de Lodi, qui exifte aujourd'hui, Capitale du Lodefan, fut bâtie par l'Empereur Frédéric Barberouffe, peu de temps après la deftruction du vieux Lodi, à peu de diftance, fur la riviere de l'Adda. Les Veftafini, famille qui fubfifte encore, s'en rendirent maîtres ; mais les Ducs de Milan les forcerent de l'abandonner. Le territoire de Lodi, arrofé de plufieurs canaux, eft très-abondant en foin. Il y a plufieurs manufactures de vaiffelle qui égalent la fayance pour la beauté, & la furpaffent pour la folidité. C'eft du Lodefan qu'on tire les vrais fromages Parmefans. L'air y eft très-fain, on y compte jufqu'à douze mille habitans. L'Eglife de l'Incoronata mérite d'être vue. C'eft la Patrie du célebre Maffée Regio ; Lodi eft fituée fur une éminence dans une plaine très-fpacieufe au N. O. de Crémone, à huit lieues S. E. de Milan & huit N. E. de Pavie.

LOISSEI, Ville & l'un des quatre Mandemens ou Bailliages qui font compris dans la partie du Bugey, qui eft demeurée au Duc de Savoie, par le Traité de Lyon, en 1601.

LOLLIO, (*Alberto*) de Ferrare, Poëte & Orateur dans le feizieme fiecle. Il a laiffé un volume de Lettres. *La virtu de gli Academici Paffati nobilita creanza de prefenti. Orazioni. l'Aretufa.*

LOMAZZI, (*Jean-Paul*) né à Milan en 1598. Lorfqu'il s'adonna à la Peinture, il avoit quelque connoiffance des Lettres, & ayant perdu la vue à la fleur de fon âge, il s'adonna à la Littérature ; il y fit de grands progrès comme il en avoit fait dans les arts ; il compofa plufieurs Ouvrages eftimés, en profe & en vers ; & entr'autres un Traité de la peinture en fept livres.

LOMBARD DE SERICHO, né à Padoue, Difciple de Pétrarque. Il acheva un Ouvrage des Hommes illuftres que Pétrarque avoit commencé, à la priere du Prince de Carare, & qu'il avoit laissé imparfait.

LOMBARDIE, (la) belle & vaste plaine de plus de cent lieues de longueur, sur une largeur inégale, au pied des Alpes. Elle s'étend jusqu'au Golfe Adriatique, & forme un triangle, ayant d'un côté les Alpes, de l'autre la chaîne des Apennins, & pour base le Golfe. Milan, Capitale du Milanois est presque à la tête du triangle, à une distance d'environ douze milles des Alpes. Cette plaine est la plus fertile & la plus riche de l'Europe. Elle a retenu le nom de Lombardie du Royaume qu'y établirent les Lombards. Elle contient la plus grande partie de l'ancienne *Gaule Cisalpine*. Elle est divisée en supérieure & en inférieure. Dans la premiere, sont compris le Piémont, le Duché de Milan & le Montferrat. Dans la seconde, les Duchés de Mantoue, de Modene, le Parmesan, le Ferrarois, le Padouan, le Bressan, le Crémonois, le Vicentin, le Véronois, le Bergamasque aux Vénitiens, & le Bolonois au Pape. La Lombardie fut gouvernée par des Rois Lombards, depuis 568, jusqu'à 756, que Charlemagne détrôna Didier, leur dernier Roi.

LOMBARDO, (*Carlo*) Architecte & Ingénieur, né à Arezzo d'une famille noble en 1559, a réparé à Rome un petit Palais sur le Mont Magnianopoli, vis-à-vis Saint Dominique & Saint Sixte; a élevé la façade de Sainte Françoise à *Campo-Vaccino*. Il a donné le plan de la *Villa Justiniani*, hors la porte du Peuple, & qui tombe en ruine. Il a laissé un Ouvrage sur les causes des inondations du Tibre. Il mourut en 1620.

LONATO, Ville du Bressan sur la *Chiesa. Voyez* BRESSAN.

LONGO-BUCO, petite Ville au Royaume de Naples dans la Calabre Citérieure, avec titre de Marquisat. On trouve aux environs de cette Ville plusieurs mines d'argent & de mercure.

LONIGO, petite Ville du *Vicentin* dans l'État de Venise. *Voyez* VICENTIN.

LOREDA, Bourg de la Polesine de *Rovigo*, dans l'État de Venise, sur le Golfe, près d'*Adria*.

LOREDANO, (*Francisco*) Doge de Venise, naquit en 1675. Il avoit été élu Doge le 18 Mars 1752; mais pendant la plus grande partie de son regne, il a été accablé d'infirmités, qui ne lui ont presque point permis de remplir les fonctions de sa dignité. La mort du Doge Loredano étant arrivée le 20 Mai 1762, elle ne fut notifiée que le 24, à cause de la solemnité & des divertissemens de la fête de l'Ascension, & pour donner aux Marchands qui avoient étalé sur la Place de Saint Marc, le temps de faire quelque débit de leurs marchandises. Loredano étoit très-instruit dans les Lettres. Il s'est rendu aussi célebre par ses Ouvrages que par son Dogat. Tous les Savans recevoient de lui l'accueil le plus agréable. Il jetta les fondemens de l'Académie de *Gli Inconiti*. Plusieurs de ses Ouvrages furent traduits de son vivant en diverses langues. Il a laissé *Scherzi geniali*; *Bizarie academiche*; *Vita del Azarini*; *Morte del Vastain*; *Ragguagli del Parnassi*; *Historia del Re Lusignani*; *Lettera*. La famille de Loredano a produit plusieurs hommes illustres. C'est une des plus anciennes de Venise. Léonard Loredano fut Doge en 1501, & mourut en 1520, après avoir été témoin de la défaite des Vénitiens à Aguadel, de la prise de Bresse, de Crémone, de Bergame. Paul-Marc, & Bernardin Loredano, ont laissé des Ouvrages d'érudition.

LOREDO, petite Ville du Dogado. *Voyez* DOGADO.

LORENZETTI, (*Ambrosio*) Peintre, né à Sienne, célebre dans le seizieme siecle, Eleve du Giotto. Il se fit un genre particulier ; il s'attacha à peindre dans la plus grande vérité les mouvemens & les agitations de l'air, les vents, les tempêtes, les différentes nuances des temps ; il réussit parfaitement dans ce genre, que M. Vernet porte parmi nous à un si haut degré de perfection.

LORERIO, (*Denis*) né à Bénévent en 1497, fut Général des Servites, ensuite fut fait Cardinal par Paul III, auquel il avoit prédit qu'il seroit Pape. Il s'étoit acquis beaucoup de réputation dans son Ordre, en enseignant les Mathématiques à Pérouse. Il devint ambitieux & intéressé. Charles V flatta ses passions au point qu'il engagea *Lorerio* à proposer dans le sacré College d'ôter au Roi de France le titre de Roi Très-Chrétien. On entendit cette proposition avec indignation. Le Doyen du sacré College, *Dominico de Cupi*, le regardant avec mépris, dit: *Laissez abboyer ce chien, il cherche encore quelques os à ronger*. Lorerio mourut en 1542.

LORETTE, LORETTO, petite Ville dans la Marche d'Ancône, située sur une montagne, à trois quarts de lieue du Golfe de Venise, est la plus nouvelle de tout le pays. Elle doit son origine & son accroissement à la *Casa Santa*, qui y fut, dit-on, miraculeusement transportée dans le treizieme siecle. La Ville est bien peuplée pour son étendue; tout son commerce, qui est considérable, consiste uniquement en chapelets, médailles, rubans, fleurs artificielles & autres marchandises relatives à la dévotion du lieu: le commerce de ces bagatelles, que la piété rend précieuses aux dévots, monte toutes les années à plus de cent-quatre-vingt mille livres. Lorette n'a, à proprement parler, qu'une rue principale; celles des fauxbourgs sont alignées au cordeau & fort basses; elle est bien fortifiée par une bonne muraille; Sixte V y fit ajouter plusieurs bastions pour la mettre à couvert des surprises des Corsaires Turcs, qui avoient déja fait des descentes sur ces côtes sous Mahomet II & sous Sélim, son neveu, attirés l'un & l'autre par l'espoir du butin du trésor de Notre-Dame. Ce qu'il y a de plus curieux à voir dans cette Ville est la *Sainte Case* ou Maison sainte de la Vierge, dans l'Eglise de Notre-Dame, & un Palais superbe où logent l'Evêque, les Chanoines & les Jésuites Pénitenciers pour toutes les langues de l'Europe; on y distribue tous les jours du pain & du vin aux pauvres Pelerins, & l'Evêque y reçoit gratis les Nobles qui y sont connus. Ils y sont traités pendant plusieurs jours, avec toute leur suite. Ce Palais renferme deux objets très-intéressans, l'Apothicairerie & la Cave; l'une a plusieurs pieces très-propres & ornées de trois-cent quarante-cinq vases de fayance, sur lesquels on voit des jeux d'enfans, peints d'après les dessins de Raphaël; les caves sont vastes & remplies de toutes sortes d'excellens vins: il y a en tout près de cent-cinquante tonneaux, dont chacun contient trois muids, serrés avec de grands cercles de fer. Tout le pays, depuis Lorette jusqu'à Ancône est bien cultivé & très-fertile.

La Santa Casa est placée au milieu de l'Eglise de Notre-Dame

Dame sous un dôme. Cette Eglise fut bâtie autour de la Maison sainte dans le treizieme siecle. Dans le seizieme, on a fait à cette maison ou chambre, un encaissement de marbre de Carrare, qui est un chef-d'œuvre de l'art, d'ordre Corinthien, orné de grands bas reliefs représentant les Mysteres de la Vierge; l'Architrave qui regne tout autour est soutenue par des colonnes, entre lesquelles sont vingt niches, où sont placées les statues des Prophêtes & des Sibylles; l'architecture de cet édifice est du Bramante, qui a été secondé pour les ornemens de sculpture, par André Contucci, Sansovin, Tribolo, Saint Gal, Baccio, Bandinelli. *La Santa Casa* est une grande chambre bâtie de briques; c'est un quarré long d'un peu plus de trente pieds, sur quinze de largeur & dix-huit de hauteur, voûté; les murailles sont entiérement de briques; l'on y remarque quelques restes de peintures, noircies par la fumée des lampes & des cierges : les chambranles des portes & des fenêtres sont revêtus d'épaisses lames d'argent; le pavé est formé de carreaux de marbre blanc & rouge: on prétend que les Anges, en transportant cette maison, laisserent l'ancien pavé à Nazareth, avec les fondations. Au dessus de la cheminée qui est au fond du côté de l'Orient, est une niche dans laquelle on a mis une statue de la Vierge, qui a quatre pieds de haut, on la dit de bois de cédre, & sculptée par Saint Luc, qu'on ne s'est pas contenté de faire Peintre, & qu'on fait encore Sculpteur. Cette figure est couverte d'une robe magnifique où l'or & les pierreries brillent de tous côtés : elle en a plusieurs qu'on change dans certaines fêtes. Outre cela, elle en a encore sept de deuil pour chaque jour de la Semaine Sainte. L'Enfant Jesus, qu'elle porte sur son bras droit, a aussi une robe très-magnifique, chargée d'or & de pierreries. L'un & l'autre ont une couronne d'or, enrichie des plus beaux diamans; celle de la Vierge est triple. Ces deux couronnes, qui sont d'un prix infini, sont un présent de Louis XIII, lorsqu'il demandoit un fils qui lui succédât. Aux deux côtés de la Madona, sont deux armoires remplies des ornemens qui lui servent; il y a une châsse fermée d'une glace, au travers de laquelle on apperçoit une robe rougeâtre, que l'on dit avoir été celle de la Sainte Vierge. Dans le mur de brique, à main droite, est pratiquée une petite armoire, où l'on conserve quelques plats de terre qui ont servi à la sainte Famille, & que l'on a revêtus de lames d'or. La fenêtre par où entra l'Ange Gabriel, est du côté de l'Occident, & est fermée par des barreaux d'argent. L'Autel posé contre cette grille, est un massif d'Orfévrerie. On a fait un retranchement sur la longueur de la chambre, d'environ six pieds, & qui a la même largeur que le reste de l'édifice, toute cette partie est revêtue de lames d'or & d'argent depuis le bas jusqu'à la voûte, & renferme le trésor le plus riche. La corniche & le revêtissement de la niche où est la Vierge sont d'or. Il y a dans ce petit espace des richesses inappréciables; vingt lampes d'or, dont quelques-unes sont enrichies de diamans, y brûlent nuit & jour; tout est couvert d'*Ex-voto* d'or & d'argent : on y voit un Ange qui présente Louis XIV à la Vierge, en venant au monde; l'Ange est d'argent, l'enfant est d'or du même poids qu'avoit l'enfant en venant de naître; il pese, dit-on, trente-six marcs. Il y a des *Ex-voto* beaucoup plus riches encore. Ces richesses éblouissantes ne sont pas encore ce qu'il y a de plus précieux; le trésor qui est une salle tenante à l'Eglise en renferme un amas plus considérable encore. Ce sont des calices, des vases sacrés, des bijoux de toute espece. On y voit une grande étoile d'or, ornée de trente-cinq grosses perles, huit diamans, dix rubis & seize opales, dont le centre est une grosse émeraude taillée en cœur, entourée de six rubis & de neuf diamans; l'inscription porte, qu'elle a été offerte par Louise, épouse de Henri III, Roi de France & de Pologne, en 1598. Le colier de la toison d'or de Philippe IV, Roi d'Espagne, plus merveilleux encore par le travail que par le grand nombre de diamans dont il est couvert; un cordon de chapeau d'un Duc de Baviere, formé de deux cent-vingt-quatre diamans; une citadelle, qui paroît être celle du Havre, en argent, donnée, dit-on, par le grand Condé. Enfin la liste des principales pieces que contient ce trésor, forme un volume. L'œil a de la peine à en soutenir l'éclat, & l'imagination à évaluer ces richesses. Les peintures de la voûte de cette salle sont du Pomérancio, qui y a représenté les Prophêtes, les Sybilles & la vie de Marie. On y admire un tableau de la Nativité de la Vierge, d'Annibal Carrache, & une sainte Famille, par Raphaël; dans le vestibule est un grand tableau du Guide, représentant la Vierge à l'ouvrage, avec six jeunes filles de son âge, & des vieilles qui les instruisent: on admire ce tableau pour les graces.

La translation de la *Casa Santa*, que Misson attribue à une ruse de Boniface VIII, qui se servit pour ce miracle des mêmes Anges dont il s'étoit servi pour effrayer pendant la nuit le bon Célestin III, son prédécesseur, qu'il força d'abdiquer le Pontificat par une fausse vision, est racontée comme un fait certain par d'autres Historiens. Ils disent que le 10 de Mai 1291, les Anges transporterent la maison de la Vierge, de Nazareth en Dalmatie, sur une petite montagne appellée *Tersato*, & qu'elle resta là trois ans & sept mois; après quoi les Anges l'enleverent encore & l'apporterent au milieu d'une forêt, dans la Marche d'Ancône, vers *Recanati*; qu'au bout de huit mois elle en fut encore enlevée à cause des péchés des habitans, & qu'elle fut transportée pour la troisieme fois sur la montagne où fut depuis bâtie la Ville de Lorette; mais que comme il survint de grandes contestations entre deux freres, dont chacun vouloit l'avoir, parce qu'elle se trouvoit sur leur terrein, les Anges qui n'avoient pas prévu ce cas, l'enleverent pour la quatrieme fois, & la poserent dans l'endroit où on la voit aujourd'hui. Quoi qu'il en soit, les Peuples y ont une si grande dévotion, que cet endroit est devenu le plus fameux pélerinage qui soit au monde. Il n'y a pas de jour dans l'année, qu'on n'y voye quantité de Pélerins & Pélerines, qui viennent séparément ou en petites compagnies, vers Pâque & dans le mois de Septembre, à la fête de la Nativité, qui sont les deux plus grandes solemnités. Ces Pélerins se rassemblent en grandes compagnies & forment plusieurs Confréries ou plusieurs caravanes, qui ont, chacune leur banniere, leur Gouverneur & leurs Prêtres qui chantent. Ce grand concours va quelquefois au nombre de cent mille. Ce Pélerinage, qui est un sujet de dévotion pour différentes personnes, est souvent une grande partie de plaisir pour les Dames Italiennes, qui se servent de ce prétexte, pour se délivrer pendant quelques jours de la servitude

& de la contrainte où les tiennent des maris jaloux ou des parens trop séveres. Il n'y a point d'Italien qui n'ait fait au moins une fois ce Pélerinage, & chaque Pélerin ne s'en retourne jamais qu'il n'ait laissé son présent suivant ses facultés; ce qui grossit considérablement le trésor de Lorette. Les vrais Pélerins, ceux qui font le voyage à pied, entrent par troupes dans la Ville: ils commencent à la porte à chanter les Litanies de la Vierge à deux chœurs: ils vont droit à l'Eglise, dont ils baisent les murs, si elle est fermée; ils font leurs dévotions; une des principales & des plus pénibles, est de faire à genoux nuds le tour de la *Santa Casa*. Le pavé, quoique de marbre, est sillonné à la profondeur de plus d'un pouce & demi, les hommes & femmes suivent exactement la trace marquée. On est souvent obligé de renouveller ce pavé. Ce qu'il y a de singulier, c'est qu'on donne à chaque Pélerin, riche ou pauvre, deux fois par jour à manger; qu'ils y ont le séjour franc le jour de l'arrivée & le jour du départ, ce qui fait quatre repas pour chacun, & qu'ils reçoivent en partant deux sols & demi d'argent. Il est de la dévotion de se soumettre à cette aumône; si l'on joint à cette dépense ce qu'il en coûte pour l'entretien de l'Evêque, du Chapitre, des Pénitenciers & de toutes les personnes préposées au service & aux réparations de l'Eglise, il faut que le produit des revenus, & des offrandes que les Pélerins mettent dans le tronc soit immense.

Quant à l'Eglise qui renferme la *Santa Casa*, elle est vaste & d'une belle construction. Sur les degrés du portail est la statue de Sixte V, assis, en bronze, avec les quatre Vertus Cardinales; c'est le principal ornement de la Place qui est au-devant de cette Eglise: il y a encore une très-belle fontaine, dont le bassin est de marbre avec des ornemens de bronze. Cet Ouvrage a été ordonné par Paul V; cette Place, qui n'est pas encore achevée, est décorée de portiques de deux côtés; elle est encore décorée par le Palais de l'Evêque, par celui du Gouverneur & par celui des Pénitenciers.

La porte de l'Eglise est de bronze, il y a des bas reliefs, représentant la création du monde; Adam & Eve chassés, Caïn, &c. La coupole est peinte par le Pomérancio; c'est l'Assomption de la Vierge; les quatre Evangélistes sont dans les Pendentifs. On voit dans la premiere Chapelle à droite une belle Annonciation, de Barroche. Dans la sixieme, la Cene de J. C. par Vouet, Peintre François, tableau fort estimé par la composition, le coloris, les beaux caracteres de têtes. Les tableaux de la coupole & des pendentifs sont un peu gâtés par la quantité de lampes toujours allumées dans cette Eglise.

Entre le Palais du Gouverneur & l'Eglise, est un petit arsenal qui contient des canons pris sur les Turcs, & des armes en assez grande quantité pour armer deux mille soldats. On y voit deux grandes armoires remplies d'une quantité énorme de stylets de toute espece & des formes les plus meurtrieres; ils furent tous remis à un Capucin, qui faisoit, dit-on, une Mission, dans laquelle il convertit une foule d'assassins. Depuis ce temps-là, il se commet peu d'assassinats à Lorette; mais le stylet n'est que trop en usage dans le reste de l'Italie. C'est du côté de l'Arsenal qu'est le clocher qui a été élevé depuis peu sur les dessins de Vanvitelli, d'une architecture agréable & légere.

Lorette est à trois milles de la mer; cet espace est rempli de maisons de campagne très-agréables, & de jardins très-bien entretenus; ce qui, de la mer, forme un amphithéâtre, dont le coup d'œil est charmant; l'aspect de la mer qui termine ces bords en pente douce, n'est pas moins délicieux pour Lorette qui est sur une hauteur.

LORRAIN, (*Claude* GELÉE, dit le) Peintre, né en 1600, dans le Diocese de Toul en Lorraine, de parens pauvres : il passa de l'école chez un Pâtissier, où ses parens n'en pouvoient rien faire, & où il perdit le temps de son apprentissage sans avoir pu rien apprendre. Il n'eut d'autre ressource que de tâcher de se placer en qualité de domestique : il passa avec des jeunes gens de cette espece, en Italie, & se mit au service de Tassi, Peintre, Eleve de Paul Bril. Son Maître lui donna quelques principes de Peinture, auxquels d'abord il ne comprit rien ; mais ses leçons fermentant dans sa tête, il lui prit la plus grande envie d'apprendre. Il s'attacha à l'étude de la Nature, & la suivoit dans tous ses rapports. Il en acquit un goût très-sévere.

Il travailloit avec beaucoup de peine, passant quelquefois huit jours à faire & à défaire la même chose. Il parvint au point d'être regardé comme le premier Peintre de Paysage. Personne n'a entendu comme lui la perspective Aérienne, & n'a mieux rendu les beautés différentes des vues qu'il a toujours peintes d'après la nature la plus piquante. Ses marines sont de la plus grande beauté. Il peignoit mal les figures, aussi il se servoit pour celles qu'il étoit obligé de mettre dans ses tableaux, du Bourguignon son élève. On trouve dans ses desseins la couleur & l'effet des peintures. Le Roi a plusieurs de ses tableaux. M. le Duc d'Orléans en possède un très-estimé. Il y en a deux d'un très-grand prix à l'Hôtel de Pouillon. Le Lorrain mourut à Rome en 1682, âgé de quatre-vingt-deux ans.

LOTH, (*Gio-Carlo*) Peintre de l'Ecole Vénitiene, né à Munich en 1611. Son pere lui enseigna le dessin; Michel-Ange & le Cavalier Liberi furent ses Maîtres. L'Empereur Léopold lui donna le titre de son premier Peintre. Il étoit grand coloriste; sa maniere est large & facile. Ses tableaux sont fort recherchés.

LOVERO, Bourg du Bergamasque, dans l'Etat de Venise, sur le Lac Iseo. *Voyez* BERGAMASQUE.

LOUIS DE FRANCE, Duc d'Anjou, Roi de Jérusalem, de Naples & de Sicile, né en 1359. Jeanne I, Reine de Sicile, l'adopta en 1380. Il fut couronné à Avignon deux ans après. Il partit pour l'Italie. Charles de Duras, qui avoit fait mourir la Reine Jeanne, s'étoit emparé de ses Etats. Louis d'Anjou prit quelques Places; mais l'argent lui manqua. Pierre de Craon, qu'il avoit envoyé en France pour en chercher, s'arrêta trop long-temps à Venise, retenu par la débauche. Louis se trouva dans la plus grande disette, & mourut de chagrin ou de poison à Talesine, en 1384.

LOUIS II, Duc d'Anjou, fils du précédent, & de Marie de Châtillon, né en 1377, succéda à son pere. Sa mere l'amena en Provence, le fit couronner Roi de Naples, à Avignon; lui ramena les Provençaux qui s'étoient déclarés pour Ladiflas, fils de Charles de Duras. Il alla à Naples; les Peuples se déclarerent pour lui; mais dès qu'il fut parti, ils retournerent à Duras.

Il éprouva deux fois la même inconstance ; ce qui l'empêcha de retourner à Naples après la mort de Ladiflas qu'il avoit battu à la bataille de Rosefeche. Il mourut à Angers le 29 Avril 1417. Il fut un des meilleurs Princes de la Maison d'Anjou.

LOUIS III, fils du précédent, & de Iolande, fille de Jean I, Roi d'Arragon, succéda à son pere. Il étoit né en 1403. Il fut appellé en Italie par le Pape Martin V & par Sforce, pour détrôner Jeanne II, Reine de Naples, livrée à ses plaisirs. Alfonse, Roi d'Arragon, prit le parti de Jeanne, qui se réconcilia avec Sforce. Louis fut obligé de s'en retourner. L'ingratitude d'Alfonse que Jeanne avoit adopté, engagea cette Princesse à rappeller Louis, qu'elle adopta, & qu'elle fit Duc de Calabre. Louis & Jeanne chasserent les Catalans du Royaume de Naples ; mais le Roi d'Arragon prit Marseille, en passant en Provence. Louis mourut à Cosence, en Novembre 1434. René son frere lui succéda.

LOUIS DE SAVOIE, fils de Jacques de Savoie, & de Marguerite de Beaujeu, sa troisieme femme, succéda à son frere Amé, Comte de Piémont, en 1402. Il suivit Amé IV, dit le *Verd*, son tuteur, à la conquête de Naples pour la Maison d'Anjou, en 1403. Il servit le Roi de Naples dans diverses autres occasions ; fonda une Université à Turin en 1405. Il s'employa pour éteindre le schisme qui déchiroit l'Eglise. Il se trouva au Concile de Constance, & mourut à Pignerol, en Décembre 1418, n'ayant point d'enfans. Il laissa ses Etats à Amé VIII, premier Duc de Savoie.

LOUIS, Duc de Savoie, qui succéda à Amé VIII son pere, naquit à Geneve le 14 Février 1402. Amé VIII le fit Lieutenant Général de ses Etats en 1434. Son pere ayant été élu Pape, sous le nom de Félix V, Louis conduisit toute la Noblesse de Savoie à Bâle pour l'entrée du nouveau Pape. Louis prit parti dans les affaires de la Lombardie, fut défait près de la riviere de Sezia ; mais il fut plus heureux, & contribua à la paix. Quoique Louis, Dauphin de France, eût épousé sa fille Charlotte, le Duc de Savoie refusa au fils rébelle des secours contre son pere. Il n'en fut pas moins attaché au Dauphin ; & lorsqu'il fut parvenu au

Trône de France, sous le nom de Louis XI, le Duc ayant découvert une conspiration contre lui, vint en France pour l'en avertir. Il mourut à Lyon le 29 Janvier 1465. Ce Prince créa le Sénat de Turin, & recouvra le Saint Suaire, relique célebre.

LOUIS, second fils du précédent, épousa Charlotte, fille de Jean II, Roi de Chypre, qui lui porta ce Royaume en dot; mais Jacques, fils naturel de ce Jean, usurpa ses Etats; & quoique Ecclésiastique, il épousa Marguerite Cornaro, qui donna le Royaume de Chypre à l'Etat de Venise. Louis ayant affaire à trop forte partie, se retira à Ripaille où il mourut en 1482 sans enfans.

LOUP, dit PROTOSPATA, ou premier Capitaine des Gardes, né dans la Pouille, composa dans le douzieme siecle, une Chronique des choses mémorables du Royaume de Naples, depuis 860 jusqu'en 1202. Carracioli, Théatin, la publia à Naples en 1266, avec une continuation jusqu'en 1519, & les Chroniques d'Heremport & de Facon de Benevent.

Lu, petite Ville du haut Montferrat. *Voyez* MONTFERRAT.

LUCA-SANTO, nom d'un Peintre Florentin fort ancien, qui a donné lieu à la supposition des Images de la Vierge, peintes par Saint Luc qui n'étoit ni Peintre ni Sculpteur. Ce fut vers le seizieme siecle, que confondant le nom de ce Peintre avec celui de l'Evangéliste, le Peuple s'accoutuma peu-à-peu à l'idée que le Saint avoit peint la Vierge; les Moines, soit par intérêt, soit par ignorance, accrediterent cette erreur, & ceux qui avoient des tableaux de Luca-Santo, les exposerent à la vénération publique, & les *ex voto* vinrent de toutes parts. Les Peintres, de leur côté, qui n'auroient pas dû partager l'ignorance des Moines, prirent Saint Luc pour leur Patron. En vain plusieurs Savans ont prouvé que Saint Luc étant Hébreu, la loi Judaïque lui interdisoit toute peinture; qu'étant Médecin, sa profession n'avoit rien de commun avec cet Art: on a toujours continué d'être fort dévot aux prétendus portraits de la Vierge par l'Evangéliste S. Luc. On en conserve dans plusieurs Villes d'Italie. *Voyez* BOLOGNE, MADONE DE SAINT LUC, &c.

LUC

LUCA SIGNORELLI, né à Cortone en 1439, Peintre, Eleve de Pietro *della Francesca*, mit dans ses tableaux qu'on trouve à Orviette, à Lorette, à Cortone, à Rome, une précision de dessin qui surprend; sa composition est grande & très-savante, mais son coloris est foible. Il imitoit si bien la maniere de son Maître qu'on ne la distingue pas de la sienne dans les tableaux qu'ils ont travaillés ensemble. Michel-Ange estimoit ce Peintre au point de n'avoir pas dédaigné de copier quelques-uns de ses traits. Il avoit un fils qui donnoit les plus grandes espérances, & qu'il aimoit beaucoup. Il fut tué à Cortone. Son pere, plongé dans la douleur la plus vive, fit porter le cadavre dans son attelier, & s'attacha à le peindre avec toutes les ressources de son art. Il mourut à Cortone en 1521, âgé de quatre-vingt-deux ans.

LUCE. Il y a trois Papes de ce nom. Le premier étoit Romain, & succéda à Saint Corneille en 253. Il fut chassé de Rome pendant la persécution. Il revint dans la Ville, mais Gallus & Volusien le firent mourir en 255. Les calomnies que les Persécuteurs du Christianisme avoient inventées contre Saint Corneille, engagerent Luce à porter un Décret, par lequel il ordonna que l'Evêque fût toujours accompagné de deux Prêtres pour être témoins de sa conduite.

LUCE II, (*Gerard Caccianimici*) Bolonois, Bibliothécaire & Chancelier de l'Eglise, fut élu après la mort de Célestin II, le 9 Mars 1144. Il avoit eu différentes Légations. Il ne regna que onze mois & quatorze jours, ayant eu à souffrir des politiques ou fauteurs des erreurs d'Arnaud de Bresse. Il a composé un grand nombre d'Epîtres.

LUCE III, (*Hubaldo Allucingoli*) né à Lucques, dont il fut Chanoine, ensuite Cardinal de Sainte Praxede, Légat en Sicile, Evêque d'Ostie, Légat vers l'Empereur Fréderic Barberousse, qu'il porta à la paix, enfin Pape en 1181, après la mort d'Alexandre III. Sa justice, au sujet de quelques abus, révolta les Romains, qui l'obligerent de se retirer à Vérone; les Princes d'Italie pûrent son parti contre les Romains qui se foumirent. Il soutint toujours avec zele les intérêts de l'Eglise. Il mourut en 1185. Il a laissé plusieurs Epîtres.

L u c e d a, petite Ville de la Province de Trin, dans le Montferrat, est située au N. du Pô. *Voyez* Montferrat.

L u c e r a, petite Ville, mais agréable, au Royaume de Naples, dans la Capitanate, dont elle est la capitale, & qu'on appelle aussi la Province de *Lucera*, est fort commerçante; il s'y fabrique quantité de draps. Elle est la résidence des Gouverneurs de la Province. Elle est située sur une hauteur, à douze lieues S. O. de *Manfredonia*.

L U C I F E R, Evêque de Cagliari, s'est rendu célèbre par le zele avec lequel il défendit Saint Athanase au Concile de Milan; l'intrépide fermeté avec laquelle il parla, lui valut de la part de l'Empereur Constance un exil plus glorieux pour Lucifer, que les faveurs dont l'Empereur combla ceux qui souscrivoient à la condamnation d'Athanase. Il fut rappellé sous Julien en 361: l'Eglise d'Antioche étoit divisée: Eusebe de Verceil avoit été envoyé pour terminer le schisme, Lucifer l'augmenta en ordonnant Paulin. Il eut des prises avec Eusebe, & se retira à Cagliari, après s'être séparé de sa communion; il mourut en 370, en persistant dans ses sentimens; ce qui n'empêcha pas qu'on ne célébrât sa fête à Cagliari. Ses ouvrages ont été receuillis & imprimés en 1568. On y trouve cinq Livres contre l'Empereur Constance.

L u c i o l e s, *Luccioli*, mouches ou insectes lumineux, que l'on trouve après avoir passé le Mont-Cenis, & qui sont communs dans la Lombardie & dans quelqu'autres parties de l'Italie. Les campagnes en sont quelquefois étincelantes. Cet insecte differe de notre ver luisant, en ce que celui-ci est une espece de chenille qui rampe & n'a point d'aîles, quoique son male en ait. Les Lucioles volent & éclairent, ont quatre lignes de long, le corps ou les étuis de leurs aîles, d'une couleur noirâtre, le dessus des épaules rougeâtre, le dessous du corps jaune. La femelle seule du ver luisant est phosphorique; le Luciole brille sans différence. Quoique la partie éclatante n'ait pas plus d'une ligne de large, cinq à six Lucioles donneront assez de lumiere pour lire des caracteres un peu gros. M. Linneus le met, ainsi que le ver luisant, au rang des cantharides. M. de la Lande, dans son voyage en Italie, observe que notre ver luisant mâle a le corselet plus large, plus bordé que celui d'Italie ; qu'il est tout gris, & qu'il ne donne presque point de trace de lumiere, au lieu que le Luciole est noir, a la poitrine & les pieds couleur de fer, & le dos jaune.

LUCQUES, *Lucca, Luca,* sur la riviere de *Cerchio,* Ville & Capitale d'une République du même nom, à cinq lieues de la mer de Toscane, à quatre au nord de Pise, située au milieu d'une plaine qui peut avoir vingt milles d'étendue, est si ancienne, qu'on n'en connoît point l'origine. Elle a été long-temps sous la domination des Florentins. Elle avoit été Colonie Romaine. Jules César y passa l'hiver de l'an 53 avant Jesus-Christ ; il y reçut une grande partie du Sénat & de la Noblesse de Rome. En 550, Totila s'en rendit maitre. Narsès ayant enlevé la Toscane aux Goths, fit le siége de Lucques, dont la prise lui coûta beaucoup de travail & de troupes. Elle fut gouvernée par des Ducs ; en 917 Adalbert, qui prenoit le titre de Marquis de la Toscane, étoit Souverain de Lucques ; c'est de cet Adalbert que descendent les Princes d'Est & la Maison de Brunswik-Hanovre. La célebre Princesse Mathilde mourut à Lucques, dont elle étoit originaire. A sa mort, arrivée en 1115, la Ville de Lucques reprit sa liberté. Elle embrassa tantôt le parti des Guelfes, tantôt celui des Gibelins. En 1325 elle tomba avec Florence au pouvoir de *Castruccio Castracani.* Henri IV, Empereur, lui rendit sa liberté en 1369. Elle l'a toujours conservée depuis 1450 ; & quoique l'Empereur la regarde comme Fief de l'Empire, elle n'est pas moins indépendante que Venise. La plaine où Lucques est située, est entourée de côteaux riants & fertiles. La Ville a environ deux milles d'Italie ; ses fortifications sont régulieres & bien entretenues ; elles servent de promenades aux habitans ; il y a onze bastions plantés de fort beaux arbres, qui forment autant de bosquets ; les fossés sont très-larges & baignés par un des bras du *Cerchio.* Le mot *Libertas,* qui est la devise de la République, est écrit en grosses lettres d'or sur la porte de la Ville. Elle est bien bâtie; les édifices, sans être somptueux, sont fort élevés, les rues sont pavées de grandes pierres.

La Cathédrale, sous l'invocation de Saint Martin, est revêtue de marbre; elle fut bâtie en 1070. La façade & le dedans sont Gothiques; la voûte est peinte à fresque par *Coli* & *San Casciani*, Lucquois. L'Adoration des Mages, par *Zuccari*; une Cène, par le *Tintoret*; les quatre Evangélistes, statues de *Fancelli*, sont les principaux morceaux de cette Eglise, fameuse par un Crucifix miraculeux, appellé *il Volto Santo*: il est de bois de cedre, a une couronne de pierres précieuses, & des pantoufles de velours cramoisi; la figure est mauvaise. *Voyez* VOLTO SANTO. On dit que ce Crucifix s'est transporté lui-même de l'Eglise de Saint Frediano, dans celle de Saint Martin; en mémoire de cette translation, on fait tous les ans une procession solemnelle de Saint Frediano à Saint Martin. La Chapelle du San Volto est remplie de vœux & de témoignages de la vénération publique; quarante-six grosses lampes d'argent brûlent à l'extérieur jour & nuit. Dans l'Eglise de Sainte Marie on voit une Nativité de la Vierge, par *Guidotti*; un Christ, du *Guide*; une Madeleine, du même; ces tableaux ne sont pas les meilleurs de cet Artiste. Dans celle de Notre-Dame de l'Humilité est un tableau du *Titien*. Le Palais de la République est le bâtiment le plus remarquable. Les appartemens sont ornés de quelques beaux tableaux de l'Enfant Jésus, de *Paolini*; d'Hercule & Omphale, par *Luc Jordans*; d'un Banquier rendant ses comptes, par *Albert Dure*; de la Samaritaine, du *Guerchin*, & d'un Concert, du *Titien*. L'Arsenal est fourni d'armes pour vingt mille hommes très-bien entretenus. A la loge du Podestat on voit une fresque représentant une Madone à qui deux Saints font donner une sérénade par des Anges. On trouve à Lucques des restes d'un ancien Amphithéâtre. Le Théâtre actuel est propre, mais petit. Il y a encore quelques Eglises dont on peut voir les tableaux; il y en a deux fort estimés de *Pierre Lombard* à Saint Pontian.

Depuis que les Lucquois ont secoué le joug de Paul Guinigi,

un de leurs concitoyens, qui s'empara de l'autorité, ils se gouvernent eux-mêmes. C'est une Aristocratie dont la souveraineté réside dans un Conseil de deux cent quarante Nobles, qui se partagent en deux, & qui servent par semestre. Ils ont à leur tête un Gonfalonnier, choisi d'entre les Nobles, dont la dignité répond à celle du Doge de Venise & de Gènes, excepté qu'il change tous les deux mois, & ne peut être élu qu'après un intervalle de six ans. La suprême Magistrature, composée de neuf anciens & du Gonfalonnier, se renouvelle tous les deux mois. La *Rinuovazione della Tasca*, ou élection de ceux qui sont destinés à devenir Gonfalonniers ou anciens, se fait avec beaucoup de solemnité & de précaution, dans un Conseil de trente-six. On choisit cent cinquante ou cent quatre-vingt Nobles, parmi lesquels neuf sont destinés à faire l'élection du Gonfalonnier, & à choisir les Magistrats qui devront, de deux en deux mois, former la suprême Magistrature. Tous les deux mois on extrait de la boîte du scrutin dix noms au hasard, l'un est le Gonfalonnier, & les neuf autres le Conseil. Le Gonfalonnier représente & propose, a le titre de Prince de la République, est vêtu d'une robe de velours ou de damas cramoisi; on lui donne le titre d'Excellence, est nourri aux dépens de l'Etat, a une garde composée de soixante-dix Suisses, & les honneurs de la Souveraineté. Le soin de rendre la justice est abandonné à un Podestat pour la justice criminelle, & à quatre Auditeurs pour le civil; ils sont tous étrangers. Les Arrêts de mort du Podestat sont envoyés au Sénat. La police est exercée avec beaucoup de sévérité. Il y a peine de galere pour quiconque est surpris avec des armes. On entretient par toutes sortes de moyens, l'esprit de liberté parmi le peuple; il y a tous les ans une procession solemnelle, le Dimanche de *Quasimodo*, pour remercier Dieu d'avoir rendu la liberté à la République. C'est à la sagesse de ce Gouvernement qu'on doit attribuer la population presque triple de celle de la France, la prospérité & l'abondance de ce petit Etat. Il y a deux cens ans que la République n'a point eu de guerre, les impositions n'y vont pas à plus de six cent mille livres. Le Conseil veille à toutes les parties du bien public; jamais on n'y éprouve de disette, des magasins sont prêts au besoin; des Médecins sont envoyés dans les campagnes dans les maladies épidémiques. Les Nobles font hors d'état de nuire; les injustices sont sévérement punies. L'abondance & la sûreté sont les principaux objets des Magistrats, mais sur-tout la liberté. L'égalité Républicaine regne partout; on n'y connoît que le luxe public, le luxe particulier est réprimé; il n'y a que le Gonfalonnier qui ait du galon. Point de titres de Ducs, Comtes & Marquis. On ne souffre ni pauvres, ni fainéans, ni mendians, ni vagabonds; les loix sont très-séveres à cet égard.

L'état militaire est subordonné à des Commissaires tirés de la Noblesse. Il y a un fanal sur la Tour du Palais de la République; dès qu'on le voit allumé, les Commissaires rassemblent les troupes au nombre de six mille, & les font marcher sur le champ au secours de la Ville.

Les habitans sont fort adroits & fort industrieux. Le territoire de la République a huit à neuf lieues en quarré; les terres y sont très-bien cultivées; les Lucquois ont rendu les montagnes fertiles; mais cette culture & cette fertilité ne suffisent pas à la grande population; on tire des bleds de chez l'étranger. La mer abonde en poisson: comme le pays est très-bas du côté de la mer, on y nourrit beaucoup de bestiaux. On y éleve avec soin les vers à soie. Il y a de très belles fabriques; la Noblesse commerce sans déroger; l'huile & les olives de Lucques sont fort estimées, & font un grand objet de commerce. *Viaregio* est la seule place qui serve de port à la République. Ses autres Villes sont Castiglione & Coreglia. Lucques a produit des Papes, des Empereurs & des Savans. Les Nobles y ont l'esprit fort cultivé; on y aime les Sciences & les Arts, & sur tout la Musique.

LUCRIN, (Lac) sur la côte de Pouzzols, étoit fameux par le goût excellent de ses huitres vertes, que les Romains y faisoient nourrir. Ce Lac n'existe plus: un tremblement de terre, arrivé en 1538, mit toutes ses eaux à sec. Il ne reste plus dans son bassin qu'un terrein marécageux, rempli de joncs: mais on n'y retrouve aucune trace de coquillages; seulement, quand les pluies ont détrempé la vase, on sent une odeur de marée très-forte.

LUDOVIC SFORCE, Duc de Milan, profita de la foiblesse de l'âge de Jean Galeas Marie son neveu. Il s'empara d'abord de la Régence du Milanez, ne laissa à son pupille que le titre de Duc, & gouverna en Souverain. Après la mort de Jean Galeas, dont on le soupçonnoit d'être l'auteur, il entra dans les intérêts de l'Empereur Maximilien, contre Charles VIII, Roi de France, qui en fut vengé par Louis XII, entre les mains duquel Ludovic tomba. Il fut fait prisonnier dans la Ville de Novarre : Louis l'envoya en France, & le fit enfermer au Château de Loches, où il mourut. Ce fut alors que la Ville de Milan tomba au pouvoir de la France, en 1522. François Sforce, aidé de l'Empereur Charles V, fut rétabli dans le Duché de Milan ; mais ce Prince étant mort sans enfans, l'Empereur s'empara du Milanez, qui par la suite passa sous la domination de la Maison d'Autriche.

LUDOVISI, (Villa) sur le mont Pincio, appartenante au Prince de Piombino, bâtie par le Cardinal Louis Ludovisi, d'après les dessins du Dominiquin, & sur une partie de l'emplacement des jardins de Saluste. La maison est ornée en dehors de statues & de bas-reliefs antiques ; il y a plusieurs statues dans les jardins, qui sont très-agréables. Le bas-relief qui est au-dessus de la porte, représente un Empereur sur son trône, & Faustine la jeune. On voit dans le dedans deux Gladiateurs, l'un restauré par Bernin, ayant un Amour à ses pieds : on croit que c'est ce Charinus que Marc-Aurele fit tuer, à cause de la passion que Faustine lui avoua qu'elle avoit conçue pour lui, & dans le sang duquel il la fit laver. On attribue à ce goût de Faustine celui que Commode eut toute sa vie pour la profession de Gladiateur, qu'il eût certainement mieux remplie que celle d'Empereur. Ce qu'il y a de plus précieux parmi ces Antiques, est le groupe de Papirius & de sa mere, qui veut savoir de lui le secret du Sénat : mais qu'il trompe adroitement par une délibération supposée ; un Marc-Aurele, dont le buste est de porphyre & la tête de bronze ; un buste de *Pessennius Niger* ; le beau groupe d'Arie & Pœtus, très-célebre : Pœtus soutient sa femme dans le temps qu'elle tombe, & de l'autre main il se frappe ; un autre groupe du Cavalier Bernin, qui ne foutient pas la comparaifon avec l'Antique : c'eft l'enlévement de Proferpine. On admire dans le plafond du *Cafino* du jardin, une peinture à frefque du Guerchin, repréfentant le lever de l'Aurore, précédé de la Rofée & des Etoiles perfonnifiées, qui femblent difparoître peu à peu. Cette Aurore & celle du Guide du Palais Rofpigliofi, font célebres. Les jardins, ouvrages de Lenoftre, font charmans : ils renferment de belles ftatues ; une Fauftine coloffale antique ; un Satyre de grandeur naturelle, par Michel-Ange ; un Sylène antique, dormant la tête appuyée fur un outre ; un tombeau antique entre quatre grands cyprès, fervant de point de vue à une des allées.

Il y a auprès de Frafcati une autre Villa Ludovifi, bâtie par Gregoire XV, de la famille Ludovifi. On vante fes beaux & vaftes jardins, fes jets d'eau les plus confidérables de Frafcati, fa grande girande, fa cafcade, fon labyrinthe des eaux.

LUGARI ou CAPO DI LUGODARI, Province confidérable de l'Ifle de Sardaigne, dont Saffari eft la Capitale. Ses autres Villes font Caftel Aragonefe, Ville bien fortifiée, avec un Evêché & un Port, Algeri & Boza, Evêchés.

LUITPRAND, Roi des Lombards, fucceffeur d'Arifprand, en 713. Il obtint des Sarrafins les Reliques de Saint Auguftin, qu'il dépofa à Pavie : Charles Martel l'eftimoit & l'aimoit beaucoup. Trafimond, Duc de Spolette, s'étant ligué avec Godefchalk, ufurpateur du Duché de Benevent, Luitprand leur fit la guerre, les pourfuivit, & ils fe refugierent dans les Etats de Gregoire III. Luitprand fe difpofoit à affiéger Rome ; mais le Pape ayant imploré le fecours de Charles Martel, ce Guerrier accommoda l'affaire en 742. Il affiégea Ravenne. Zaccharie fit la paix entre ce Roi & l'Exarque : il mourut en 743.

LUITPRAND, Evêque de Cremone, dans le dixieme fiecle, fe brouilla avec Berenger II, Roi d'Italie, qui le chaffa de fon Evêché : il écrivit contre ce Roi. L'Empereur Othon l'envoya à Conftantinople vers l'Empereur Phocas. les Œuvres de Luitprand, imprimées à Anvers en 1640, contiennent fix
Livres

LUN

Livres de ce qui s'est passé en Europe, son Ambassade à Nicephore Phocas.

LUNGHI, (*Martin*) Architecte, né à Vigici, dans le Milanois, de tailleur de pierre devint, à force d'étude, un bon Architecte. Il bâtit, par l'ordre de Grégoire XIII, la partie du Palais de *Monte-Cavallo*, appellée la tour des vents. Il construisit la *Chiesa-Nova*, pour les Peres de l'Oratoire, la façade fut élevée long-temps après sur son plan. Les façades de l'Eglise de Saint Jérôme des Esclavons à Ripette, de l'Eglise des Converties au Cours & de la Consolation, sont de cet Artiste. Il éleva le clocher du Capitole, répara l'Eglise de Sainte-Marie *in Transtevere* & le Palais des Ducs d'Altems. Le Palais du Prince Borghese passe pour un des plus beaux édifices de cet Architecte. Il mourut à la fin du seizieme siecle. Il laissa après lui :

LUNGHI, (*Honoré*) né en 1569. Il fut élevé par son pere & se rendit bientôt célebre ; mais il se fit détester par des Architectes de son temps, par le mal qu'il en dit. Le chœur & le grand autel de l'Eglise de Saint Paul, hors des murs ; la cour, la galerie & le belvedere du Palais *Vorospi* ; l'Eglise de Sainte-Marie Libératrice, à *Campo-Vaccino* ; celle de Saint Charles, au Cours, sont de cet Artiste. Il a bâti beaucoup d'autres édifices à Bologne, à Ferrare, en Toscane, & à Naples. Il a fait beaucoup de dessins pour différens pays de l'Europe. Il étoit très-versé dans l'architecture militaire, très-savant dans le Droit & connoissoit très-bien les Auteurs Grecs & Latins. Il mourut en 1619. Il laissa :

LUNGHI, (*Martin*) qui bâtit plusieurs édifices en Sicile, à Naples, à Venise, à Milan. Il fit élever à Rome la façade de l'Eglise de Saint Antoine des Portugais, & de Saint Athanase ; répara l'Eglise de Saint Adrien, donna le dessin de Notre-Dame *d'ell'Orto*. Il fit le grand autel de Saint Charles, au Cours ; l'escalier du Palais, aujourd'hui *Vorospi*, qu'il fit pour le Cardinal Gaëtan, passe pour son meilleur Ouvrage. En général, cet architecte est médiocre, son goût est bisarre, parce qu'il voulut s'écarter de toutes les regles. Il étoit très-grand Légiste, & possédoit plusieurs sciences; mais du caractere le plus dangereux & le plus fier. Il fut mis en prison pour ses propos, dans lesquels on l'accusoit d'avoir mêlé le Pape. Il mourut en 1657.

LURAGO, (*Rocco*) Architecte, né à Pilsopra, dans le territoire de Cosme, en Lombardie. Il a fait plusieurs édifices à Gênes, & entr'autres le Palais du Duc de Turri; il y a de belles parties, mais en général l'architecture est irréguliere & bisarre. Cependant Pie V fut si satisfait de l'Eglise & du Couvent des Dominicains à Bosco, que ce Pontife fit tous ses efforts pour retenir à Rome Lurago, qui refusa de quitter Gênes. Il mourut en 1590.

LUTTI, (*Benoit*) Peintre, né à Florence, en 1666. Il a excellé dans la partie du coloris. Son pinceau est vigoureux; l'expression de ses figures est belle & forte; il manquoit un peu de correction. Toutes les Cours de l'Europe ont voulu avoir de ses tableaux. On regarde comme son plus bel Ouvrage, le miracle de Saint Pie, qu'il fit pour le Palais Albani. L'Empereur le fit Chevalier; l'Electeur de Mayence en lui envoyant les Lettres-Patentes, y ajouta une Croix enrichie de diamans. Lutti mourut à Rome en 1724.

LUZARA, Bourg sur les confins des Duchés de Mantoue & de Guastalle, au confluent du Pô & de la rive de Crostolo. Il se livra près de là une sanglante bataille en 1702, où le Roi d'Espagne étoit en personne & où les deux partis s'attribuerent la victoire; mais qui resta aux Impériaux contre les François, les premiers avoient été repoussés trois fois. Une branche de la Maison de Gonzague porte le nom de Luzara.

LUZERNE, l'une des quatre vallées qui forment la Province de Pignerol dans le Piémont, & qui sont habitées en grande partie par les Vaudois ou Barbets.

Fin du premier Volume.

APPROBATION.

J'AI lu, par l'ordre de Monseigneur le Chancelier, & approuvé un Manuscrit qui a pour titre, *Dictionnaire Historique & Géographique Portatif de l'Italie*. A Paris, ce 24 Septembre 1773.

l'Abbé DE LA CHAPELLE.

PRIVILÉGE DU ROI.

LOUIS, par la grace de Dieu, Roi de France & de Navarre: A nos amés & féaux Conseillers les Gens tenans nos Cours de Parlement, Maîtres des Requêtes ordinaires de notre Hôtel, Conseils Supérieurs, Prévôt de Paris, Baillifs, Sénéchaux, leurs Lieutenans civils, & autres nos Justiciers qu'il appartiendra, SALUT. Notre amé DEMONVILLE, Imprimeur-Libraire à Paris, Nous a fait exposer qu'il désireroit faire imprimer & donner au Public un Ouvrage intitulé : *Dictionnaire Historique & Géographique Portatif de l'Italie* : s'il Nous plaisoit lui accorder nos Lettres de Permission pour ce nécessaires. A CES CAUSES, voulant favorablement traiter l'Exposant, Nous lui avons permis & permettons par ces Présentes de faire imprimer ledit Ouvrage autant de fois que bon lui semblera, & de le faire vendre & débiter par-tout notre Royaume pendant le temps de trois années consécutives, à compter du jour de la date des Présentes. Faisons défenses à tous Imprimeurs, Libraires, & autres personnes de quelque qualité & condition qu'elles soient, d'en introduire d'impression étrangere dans aucun lieu de notre obéissance, à la charge que ces Présentes seront enregistrées tout au long sur le registre de la Communauté des Imprimeurs & Libraires de Paris, dans trois mois de la date d'icelles; que l'impression dudit Ouvrage sera faite dans notre Royaume, & non ailleurs, en bon papier & beaux caracteres, que l'impétrant se conformera en tout aux Réglemens de la Librairie, & notamment à celui du 10 Avril 1725, à peine de déchéance de la présente Permission ; qu'avant de l'exposer en vente, le manuscrit qui aura servi de copie à l'impression dudit Ouvrage, sera remis dans le même état où l'approbation y aura été donnée, ès mains de notre très-cher & féal Chevalier, Garde des Sceaux de France, le Sieur HUE DE MIROMENIL; qu'il en sera ensuite remis deux

Exemplaires dans notre Bibliothèque publique, un dans celle de notre Château du Louvre, un dans celle de notre très-cher & féal Chevalier Chancelier de France le Sieur DE MAUPEOU, & un dans celle dudit Sieur HUE DE MIROMENIL; le tout à peine de nullité des Présentes: au contenu desquelles vous mandons & enjoignons de faire jouir ledit Exposant & ses Ayans-causes, pleinement & paisiblement, sans souffrir qu'il leur soit fait aucun trouble ou empêchement: Voulons qu'à la copie des Présentes, qui sera imprimée tout au long au commencement ou à la fin dudit Ouvrage, foi soit ajoutée comme à l'original. Commandons au premier notre Huissier ou Sergent sur ce requis, de faire pour l'exécution d'icelles tous actes requis & nécessaires, sans demander autre permission & nonobstant clameur de Haro, Charte Normande, & Lettres à ce contraires: CAR tel est notre plaisir. DONNÉ à Paris le huitième jour du mois de Février l'an mil sept cent soixante-quinze, & de notre règne le premier. Par le Roi en son Conseil. LE BEGUE.

J'ai cédé à M. LACOMBE, Libraire, la présente Permission. A Paris le 1er Juin 1775, DEMONVILLE.

Regiſtré la préſente Permiſſion & enſemble la ceſſion ſur le Regiſtre XIX. de la Chambre Royale & Syndicale des Libraires & Imprimeurs de Paris, N°. 2649. fol°. 447. conformément au Réglement de 1723. A Paris ce 30 Juin 1775.

SAILLANT Syndic.

www.ingramcontent.com/pod-product-compliance
Lightning Source LLC
Chambersburg PA
CBHW061959300426
44117CB00010B/1400